Erwin Sailer | Henning J. Grabener | Ulf Matzen

Prof. Dr. Hansjörg Bach
Dipl.-Volksw. Volker Bielefeld
Thordis Eckhardt
Prof. Dr. Klaus Fiedler
Prof. Dr. Stephan Kippes
Rudolf Koch
RA Michael Simon
u. a. m.

Alles über Immobilien
Von A bis Z durch die Immobilienwirtschaft

2. Auflage

Grabener

Bibliografische Information der Deutschen Bibliothek Die Deutsche Nationalbibliothek verzeichnet diese Publikation in der Deutschen Nationalbibliografie; detaillierte bibliografische Daten sind im Internet über http://dnb.d-nb.de abrufbar.

Die Inhalte dieses Buches sind in Teilen dem nachfolgend genannten Buch entnommen worden:
ISBN 978-3925573-521 · Immobilien-Fachwissen von A-Z
Eine entsprechende Lizenzvereinbarung liegt vor.

Der Inhalt des Lexikons wird laufend aktualisiert.
www.grabener-verlag.de unter Online-Lexikon.

© 2014 | Grabener Verlag GmbH | Kiel
Fachverlag der Immobilienwirtschaft
Niemannsweg 8 | 24105 Kiel
Telefon 0431 560 1 560 | Fax: 0431 560 1 580
E-Mail: info@grabener-verlag.de
www.grabener-verlag.de

Haupt-Autoren: Erwin Sailer | Henning J. Grabener | Ulf Matzen
Redaktionsleitung: Henning J. Grabener
Redaktionsschluss: 12-2013
Vorwort: Ulf Matzen
Umschlaggestaltung: Sarah Feutlinske
Layout: Astrid Grabener
Satz: Petra Matzen
Fotos: Grabener Verlag | Kiel
Druck: BuK! Breitschuh & Kock GmbH | Kiel

2. Auflage 2014
Preis: 22,00 Euro [D]
ISBN 978-3-925573-651

Bücher haben feste Preise.

Vorwort

Die Immobilienwirtschaft ist einem rasanten Wandel unterworfen. Neue Gesetze werden in immer schnellerer Folge erlassen. Wer in diesem Bereich arbeitet, muss sich mit vielen Rechtsgebieten befassen – vom Baurecht über das Mietrecht und Wohnungseigentumsrecht bis hin zum Unternehmensrecht, zum Steuerrecht und nicht zuletzt zu den Regelungen über Fördergelder aller Art. Natürlich sind auch das Berufsrecht der immobilienwirtschaftlichen Berufe und die Vorgaben für wettbewerbsrechtlich einwandfreie Zeitungs- und Internetwerbung zu beachten. Auch die Rechtsprechung der Gerichte wird immer umfangreicher – und die Bereitschaft, einen Streit auch vor Gericht auszutragen, ist heute hoch.

Wie kann nun ein weiteres Lexikon mit Fachbegriffen hier helfen? Es kann helfen, indem es Wissen vermittelt. Denn ein Wissensvorsprung ist im Geschäftsleben bares Geld wert. Das vorliegende Buch kann helfen, weil es – anders als herkömmliche Lexika – nicht nur knappe Begriffserklärungen bietet. Vielmehr liefert es auch den notwenigen fachlichen Background und erklärt Hintergründe. Der Anspruch dieses Buches ist es, einen rechtlichen Begriff nicht nur zu erklären, sondern auch die zugrunde liegenden Rechtsvorschriften zu nennen und dazu Urteile aus der aktuellen Rechtsprechung zu liefern – soweit möglich mit Gericht und Aktenzeichen, damit der Leser selbst recherchieren oder Munition für seinen Streitfall gewinnen kann.

Ob Gesetze oder Rechtsprechung, ob Hypothekenzinsentwicklung, Kapitalmarktregulierung oder technische Neuerungen im Baubereich – Fachinformationen müssen aktuell sein, wenn sie für den Leser einen Nutzen haben sollen. Hier kommen wir zu einem weiteren Vorteil dieses Buches: Die Grundlage für dieses Buch – die Online-Version „Immobilien-Fachwissen von A-Z" – unterliegt permanenter Aktualisierung durch versierte Fachautoren, die in ihrem jeweiligen Bereich ständig Augen und Ohren nach Neuerungen offen halten.

Alles in allem halten Sie mit dem vorliegenden Buch eigentlich kein Lexikon in der Hand – sondern ein Arbeitswerkzeug für Ihren Alltag. Seine Leistung besteht darin, Hintergründe zu liefern, ohne allzu tief in wissenschaftliche Details abzutauchen, bestehendes Wissen durch weitere Fakten zu untermauern und Denkanstöße für die weitere Lektüre zu geben. Damit Sie, lieber Leser, jederzeit kompakt und kompetent informiert sind und sich voll und ganz auf ihre Arbeit konzentrieren können, statt viele wertvolle Stunden mit Internet- oder Literaturrecherchen zu verbringen.

Ulf Matzen
Hamburg I Januar 2014

A

AAA-Mieter
triple A tenant
Der AAA-Mieter (gesprochen Triple-A-Mieter) ist ein derzeitiger oder potenzieller Mieter mit einer erstklassigen Bonität und Kreditwürdigkeit. Demzufolge ist es sehr unwahrscheinlich, dass der Mieter mit seinen Zahlungsverpflichtungen in Verzug kommt oder dass gar Ausfälle zu erwarten sind. Im angloamerikanischen Raum entspricht der Begriff den AAA-Anleihen, der aus der Investment-Branche stammt.
Je mehr AAA-Mieter beispielsweise eine Büroimmobilie nutzen, desto höher ist der Immobilienwert. Beispiele für AAA-Mieter: die öffentliche Hand, bestimmte Kreditinstitute, Telekommunikations-, Handels-, Pharma- und Produktionsunternehmen einer gewissen Größenordnung. Die allermeisten so genannten Global-Player-Unternehmen sind AAA-Mieter. Diese haben häufig jedoch Strukturen und Verfahrensweisen in Bezug auf das Management von Immobilien aufgebaut (beispielsweise eigene Expansionsabteilungen) und versuchen – je nach Marktlage – ihre eigenen Bedingungen zu diktieren. Im Falle von Global-Player-Unternehmen als Mieter besteht weiterhin die Gefahr, dass deren standortpolitische Entscheidungen aufgrund der sich schnell verändernden Wirtschaftswelt zu Leerständen führen können.
Eine Rangordnung im Hinblick auf eine Mieterklassifizierung, inwiefern es noch oder bereits ein AAA-Mieter ist, unterliegt einem ständigen Wandel, so dass die Einstufung im Laufe der Zeit hochgestuft oder herabgesetzt werden kann. Hierin liegt das Risiko oder die Chance des Vermieters.

Abbruch eines Mietshauses
demolition of a block of rented flats
Ein Gebäude mit vermieteten Räumen darf nicht abgerissen werden, bevor nicht alle Mietverträge rechtswirksam beendet und alle Wohnungen geräumt sind. Der gewünschte Abriss allein ist dabei kein Grund, der den Vermieter zur Kündigung berechtigen würde. Denkbar ist allenfalls die Verwertungskündigung im Sinne von § 573 Abs. 2 Nr. 3 BGB. Sie ist möglich, wenn der Vermieter durch eine weitere Nutzung im Rahmen des Mietvertrages an einer angemessenen wirtschaftlichen Verwendung der vermieteten Räume gehindert wäre.
Mit der wirtschaftlichen Verwertung muss sich dem Bundesgerichtshof zufolge ein in dem Grundstück liegender Wert realisieren lassen. Bei einem Abriss mit darauf folgendem Neubau ist dies der Fall (BGH, Urteil vom 9.2.2011, VIII ZR 155/10). Bei einem ersatzlosen Abriss lehnte der BGH jedoch die Verwertungskündigung ab (Urteil vom 24.3.2004, Az. VIII ZR 188/03).
Eine Kündigung aus anderen Gründen sei jedoch nicht ausgeschlossen, nur weil die Verwertungskündigung nicht greife. Solle etwa in einem Gebiet mit extremen Wohnungsleerständen dem letzten Mieter in einem Plattenbau gekündigt werden, könne auch ohne angemessene wirtschaftliche Verwertung ein berechtigtes Interesse an der Kündigung nach § 573 Abs. 1 BGB bestehen. Zu solchen Fallkonstellationen kam es insbesondere, weil in den neuen Bundesländern die Verwertungskündigung zunächst durch Art. 232 § 2 Abs. 2 EGBGB (Einführungsgesetz zum Bürgerlichen Gesetzbuch) ausgeschlossen war. Diese Regelung wurde mit Wirkung zum 30.4.2004 aufgehoben.

Abdichtungen
seal; packing; sealant
Die Anforderungen an Bauwerksabdichtungen ergeben sich aus DIN 18195. Abdichtungen sollen das Eindringen von Wasser und Feuchtigkeit in Bauwerkskörper verhindern. Zu unterscheiden sind vertikale von horizontalen Abdichtungen. Vertikale Abdichtungen beziehen sich auf Maßnahmen an den Außenwänden. Putz reicht in der Regel nicht aus. Bitumenbasierte Spachtelmasse, mehrlagig aufgetragen, ist heute Standard. Gegen drückendes Wasser kann unterstützend ein Dränagesystem eingesetzt werden, das das Wasser vom Gebäude ableitet. Die horizontale Abdichtung erfolgt durch Horizontalsperren oberhalb der Bodenplatten. Die Abdichtung von Flachdächern erfolgt durch bituminöse Dachbahnen oder Polyethylenfolien.
Gegen hohes Grundwasser helfen nur Wannen. Dränagesysteme sind eher schädlich. So genannte weiße Wannen bestehen aus einer Betonmasse, die selbst die Abdichtungsfunktion übernimmt. Besonders wichtig sind Abdichtungen von Flachdächern und Hochterrassen, um den darunter liegenden Wohnraum vor Feuchtigkeitsschäden zu schützen.

Abfallentsorgung
waste disposal
Nach der Deponieverordnung dürfen seit 1.6.2005 nicht vorbehandelte Abfälle nicht mehr auf Deponien abgelagert werden. Die Deponieverordnung wurde am 1.12.2011 und 14.11.2012 auf der Grundlage einer EU-Richtlinie ergänzt. Diese Richtlinien dienten dazu, die globale Belastung durch Quecksilber und Quecksilberverbindungen zu vermeiden beziehungsweise zu reduzieren.
Um im Interesse des Klimaschutzes Methanemissionen aus Deponien zu vermeiden, müssen Sied-

lungs- und andere Abfälle mit biologisch abbaubaren Bestandteilen zur Einhaltung der Zuordnungskriterien vor der Ablagerung mit thermischen oder mechanisch-biologischen Abfallbehandlungsverfahren bearbeitet werden. Zuständig für den Vollzug der entsprechenden Umweltgesetze ist in Deutschland das Umweltbundesamt mit Sitz in Dessau.

Nicht alle Abfälle landen auf Deponien. Dies trifft zum Beispiel auf sogenannte Wertstoffe zu, für deren Sammlung Wertstoffhöfe eingerichtet werden. Auf ihnen werden vor allem recyclebare Wertstoffe gesammelt. Bei der Organisation der Abfallentsorgung wird zwischen dem Hol- und dem Bringsystem unterschieden. Das Holsystem zeichnet sich dadurch aus, dass Abfallerzeuger aufgefordert werden, zu einem bestimmten Zeitpunkt oder innerhalb eines bestimmten Zeitraums die Stoffe in Sammelbehältern auf öffentlichen Flächen zur Abholung bereit zu stellen. Alternativ werden Flächen mit Sammelbehältern zur Verfügung gestellt, in denen Abfälle eingefüllt werden können. Diese werden dann mit Hilfe von Hecklaaderfahrzeugen zum Abtransport umgefüllt. Beim Bringsystem übernehmen die Abfallerzeuger den Abtransport der Stoffe an die entsprechenden Stellen beziehungsweise Wertstoffhöfe zur Entsorgung.

Abfallrecht
waste legislation
Das Abfallrecht ist Teil des Umweltrechtes. Es regelt den Umgang mit Abfällen. Die wichtigsten Gesetze sind das Kreislaufwirtschafts- und Abfallgesetz (KrW-/AbfG) und teilweise auch das Bundes-Immissionsschutzgesetz (BImSchG). Hinzu kommt eine große Anzahl von Verordnungen auf der Rechtsgrundlage dieser Gesetze.

Abgabenordnung (AO)
German fiscal code; tax law
Die Abgabenordnung gilt für alle Steuern einschließlich der Steuervergütungen, die durch Bundesrecht oder Recht der Europäischen Gemeinschaft geregelt sind, soweit sie durch Bundesfinanzbehörden oder durch Landesfinanzbehörden verwaltet werden. Sie besteht aus neun Teilen mit insgesamt über 400 Paragraphen und enthält
• Begriffsdefinitionen
  (zum Beispiel der Begriff Steuern)
• Zuständigkeitsvorschriften,
• Vorschriften über das Steuergeheimnis,
• das Steuerschuldrecht (Entstehen von Steueransprüchen),
• das Verfahrensrecht mit Fristen und Terminen,

• die Durchführung der Besteuerung
  (Steuererklärungen),
• die Steuererhebung mit Regeln über Fälligkeit und Verjährung,
• Vorschriften über die Vollstreckung, die außergerichtliche Rechtsbehelfsverfahren und Straf- und Bußgeldvorschriften.

Völkerrechtliche Vereinbarungen haben – zum Zweck der Vermeidung von Doppelbesteuerung – Vorrang vor deutschem Steuerrecht.

Im Anhang enthält die Abgabenordnung eine Mustersatzung für Vereine, Stiftungen, Betriebe gewerblicher Art von juristischen Personen des öffentlichen Rechts, geistliche Genossenschaften und Kapitalgesellschaften.

Abgeltungsklausel
general release clause
Die Abgeltungsklausel ist eine Klausel im Mietvertrag, nach der der Mieter beim Auszug einen Anteil der Kosten für Schönheitsreparaturen laut Voranschlag einer Fachfirma übernehmen muss, wenn die Fristen für Schönheitsreparaturen noch nicht abgelaufen sind. Teilweise wird für derartige Vertragsregelungen auch der Begriff Quotenabgeltungsklausel verwendet.

Beispiel: Liegen zum Zeitpunkt des Auszuges die letzten Schönheitsreparaturen innerhalb der Mietzeit länger als ein Jahr zurück, zahlt der Mieter 20 Prozent der Kosten laut Kostenvoranschlag einer Fachfirma; liegen sie über zwei Jahre zurück zahlt er 40 Prozent, über drei Jahre 60 Prozent, über vier Jahre 80 Prozent.

Abgeltungsklauseln sind grundsätzlich rechtlich nicht zu beanstanden. Allerdings hat der Bundesgerichtshof (BGH) entschieden, dass die vom Mieter zu leistende Beteiligungsquote nicht nur vom Zeitablauf – zum Beispiel von der tatsächlichen Dauer des Vertragsverhältnisses – abhängig sein darf. Eine solche Regelung wäre eine so genannte „starre Abgeltungsklausel", welche die Rechtsprechung als unwirksam ansieht. Auch der wirkliche Zustand der Wohnung und der Zeitabstand zu den letzten Schönheitsreparaturen müssen berücksichtigt werden. Grund: Der Mieter soll aus Sicht des BGH nicht dadurch unangemessen benachteiligt werden, dass er kurz nach einer während des Mietverhältnisses erfolgten Renovierung überflüssigerweise noch einmal renovieren muss, weil er unerwartet – etwa aus beruflichen Gründen – umzieht (BGH, Az. VIII ZR 52/06, Urteil vom 18.10.2006). In einer weiteren Entscheidung betonten die Bundesrichter, dass Abgeltungsklauseln laienverständlich formuliert werden müssten.

Sie erklärten eine Klausel für unwirksam, die nach ihrer Ansicht nur ein Jurist hätte verstehen können (Az. VIII ZR 143/06, Urteil vom 26.9.2007).

Abgeltungssteuer
compensation tax on capital gains

Seit 1.1.2009 werden private Kapitaleinkünfte mit einer pauschalen Abgeltungssteuer von 25 Prozent (zuzüglich Solidaritätszuschlag von 5,5 Prozent und gegebenenfalls Kirchensteuer) in Form einer Quellensteuer belegt. Die einjährige Spekulationsfrist des § 23 EStG für private Veräußerungsgeschäfte von Kapitalanlagen fiel mit Einführung der Abgeltungssteuer ersatzlos weg, es sei denn, die Kapitalanlagen wurden vor 2009 angeschafft (bestimmte Anlageformen ausgenommen). Dies führt dazu, dass sämtliche Kursgewinne, die bei Verkauf der Anlage realisiert werden, steuerpflichtig sind, wenn die Kapitalanlage nach dem 31.12.2008 angeschafft wurde. Auch die Freigrenze für private Veräußerungsgewinne und die Anwendung des Halbeinkünfteverfahrens bei Erträgen aus Dividenden sind entfallen. Die Steuerfreiheit des § 23 EStG für private Veräußerungsgeschäfte von Grundstücken (10-jährige Bindungsfrist) blieb jedoch erhalten. An die Stelle von Sparer-Freibetrag und Werbungskosten-Pauschale für Kapitaleinkünfte trat der neue Sparer-Pauschbetrag (801 Euro für Einzelperson/1.602 Euro für zusammen veranlagte Ehegatten). Der Abzug höherer Werbungskosten ist ausgeschlossen, zum Beispiel von Finanzierungskosten (verfassungsrechtlich höchst umstritten). Erträge aus vermieteten Immobilien unterliegen nicht der Abgeltungssteuer, wohl aber der Zinsertrag zum Beispiel aus der Anlage der Instandhaltungsrücklage. Im Wege einer Günstigerprüfung prüft das Finanzamt, ob die Abgeltungssteuer oder ob der persönliche Steuersatz günstiger für den Steuerpflichtigen ist. Es gibt aber Ausnahmen von der Abgeltungssteuer, so zum Beispiel Zinserträge von nahe stehenden Personen.

Für Immobilienfonds gilt seit 1.1.2009:

Bei seit 1.1.2009 erworbenen offenen Immobilienfonds unterliegen Zinsen, Mieteinnahmen, Kursgewinne und sonstige laufende Erträge der Abgeltungssteuer. Aus Verkäufen von Bestandsimmobilien erzielte Gewinne sind bei Beachtung der 10-jährigen Haltefrist steuerfrei. Auch Verkaufsgewinne von Fondsanteilen fallen unter die Abgeltungssteuer.

Offene Immobilienfonds, die mit Auslandsimmobilien arbeiten, sind seit 2009 besonders steuergünstig, da ausländische Mieteinnahmen dank Doppelbesteuerungsabkommen meist in Deutschland steuerfrei sind. Bei Auslandserträgen kommt nach dem neuen Recht der Progressionsvorbehalt nicht mehr zum Tragen. Für geschlossene Immobilienfonds ergaben sich durch die Einführung der Abgeltungssteuer keine Änderungen. Es werden Einkünfte aus Vermietung und Verpachtung erzielt, die in der Steuererklärung anzugeben und mit dem persönlichen Steuersatz zu versteuern sind. Die 10-jährige Spekulationsfrist blieb erhalten.

Abgeschlossenheit/Abgeschlossenheitsbescheinigung
completeness; self-containment/certificate of completeness, required for a flat that can be sold as a self-contained freehold flat

Damit an Räumen rechtlich selbständiges Alleineigentum als Wohnungseigentum (Sondereigentum an Wohnungen) oder als Teileigentum (Sondereigentum an nicht zu Wohnzwecken dienenden Räumen) entstehen kann, müssen die jeweils zugehörigen Räume nach den Vorschriften des Wohnungseigentumsgesetzes abgeschlossen sein (§ 3 Abs. 2 Satz 1 WEG). Als abgeschlossen im Sinne des Gesetzes gelten Wohnungen und nicht zu Wohnzwecken dienende Räumlichkeiten dann, wenn sie baulich vollkommen gegenüber anderen Wohnungen und Räumen abgeschlossen sind. Die Zugänge vom Freien, vom Treppenhaus oder von Vorräumen aus müssen verschließbar sein. Wohnungen müssen über Wasserversorgung, Ausguss und WC verfügen. Zusätzliche Räume (Keller-, Boden- und/oder Abstellräume), die außerhalb der abgeschlossenen Wohnung liegen, müssen ebenfalls verschließbar sein. Auch Balkone und Loggien gelten im Allgemeinen wegen ihrer räumlichen Umgrenzung als abgeschlossen. Ebenerdige Terrassen vor Erdgeschosswohnungen gelten dagegen nur dann als abgeschlossen, wenn sie direkt an die Wohnung anschließen und gegenüber der übrigen Grundstücksfläche vertikal durch eine Ummauerung abgegrenzt sind. Stellplätze in einer (Tief-)Garage gelten als abgeschlossen, wenn sie durch Wände oder Geländer abgegrenzt oder auch dauerhaft markiert sind (§ 3 Abs. 2 Satz 2 WEG). Das gleiche gilt für Stellplätze auf einem Garagenoberdeck. Kraftfahrzeugstellplätze im Freien und ebenso Carports gelten dagegen grundsätzlich nicht als abgeschlossen. Die Abgeschlossenheit ist bei der Begründung von Wohnungs- oder Teileigentum durch eine von der zuständigen Baubehörde auszustellende Abgeschlossenheitsbescheinigung gegenüber dem Grundbuchamt nachzuweisen. Für die Ausstellung dieser Bescheinigungen gilt die Allgemeine

Verwaltungsvorschrift für die Ausstellung von Bescheinigungen gemäß § 7 Abs. 4 Nr.2 und § 32 Abs. 2 Nr. 2 des Wohnungseigentumsgesetzes. Die Ausstellung der Abgeschlossenheitsbescheinigung kann gemäß § 7 Abs. 4 Satz 3 WEG auch durch öffentlich bestellte oder anerkannte Sachverständige für das Bauwesen erfolgen, wenn dies von den Landesregierungen durch Rechtsverordnung so bestimmt wird.

Ablaufleistung
maturity payment

Bei der Ablaufleistung handelt es sich um den Geldbetrag, den der Versicherungsnehmer einer Kapital-Police am Ende der vertraglich vereinbarten Laufzeit ausbezahlt bekommt. Diese Ablaufleistung ergibt sich, vereinfacht ausgedrückt, aus der garantierten Versicherungssumme sowie aus den Überschüssen, die während der Vertragslaufzeit durch die rentierliche Anlage der vom Versicherungsnehmer gezahlten Beiträge erreicht werden. Ärgerlich für viele Versicherungsnehmer ist, dass die Überschussbeteiligung in den vergangenen Jahren spürbar reduziert wurde.

Mit der Folge, dass die seinerzeit bei Vertragsabschluss hochgerechneten Ablaufleistungen nicht mehr erreicht werden. Eine missliche Situation für zahlreiche Immobilieneigentümer, die vor Jahren ihr selbstgenutztes oder vermietetes Wohneigentum mit Hilfe einer Kapitallebensversicherung finanziert haben. Abgeschlossen wurden in der Regel sogenannte endfällige Hypotheken-Darlehen ohne laufende Tilgung. Stattdessen fand oder findet die Rückzahlung des Immobilienkredits auf einen Schlag mit Hilfe der Ablaufleistung einer Kapital-Police statt.

In vielen Fällen aber reicht jetzt und auch in den nächsten Jahren das von den Assekuranzen überwiesene Geld nicht mehr zur vollständigen Schuldentilgung aus, eben weil die Überschüsse verringert wurden und die Ablaufleistungen niedriger ausfallen als gedacht. Auch aus steuerlichen Gründen ist der Einbau von Kapital-Policen seit Beginn des Jahres 2005 nicht mehr sinnvoll. Bei Vertragsabschlüssen nämlich, die nach Silvester 2004 stattfanden, wurde das sogenannte Steuerprivileg von Kapitallebensversicherungen weitgehend beseitigt. Seitdem gilt: Sofern eine Police eine Laufzeit von mindestens zwölf Jahren hat und der Vertrag nach dem vollendeten 60. Lebensjahr des Versicherungsnehmers endet, ist die Hälfte der in jener Ablaufleistung enthaltenen Überschüsse steuerfrei. Hat der Policenkunde hingegen sein 60. Lebensjahr bei Vertragsende noch nicht erreicht, greift das Finanz-amt auf sämtliche Überschüsse zu und unterwirft diese dem persönlichen Steuersatz des Fiskuskunden. Weil die Steuerregeln Anfang 2005 auf diese Weise verschärft wurden, lohnt auch bei vermieteten Immobilien das Zins- und Steuer-Differenzgeschäft aufgrund des Einbaus einer Kapital-Police in die Finanzierungsstrategie kaum noch. **Wichtig:** Bei Versicherungsverträgen, die bis einschließlich Silvester 2004 abgeschlossen wurden, gelten die früheren Steuervorteile von Kapitallebensversicherungen nach wie vor. Allerdings kann auch dieses Privileg nichts an der immer noch recht mageren Überschussbeteiligung ändern.

Ablöse
compensation

Die auch nach der Mietrechtsreform von 2001 weiterhin zulässige „Ablöse" für Einrichtungsgegenstände war mehrfach Gegenstand von Gerichtsverfahren, bei denen um die zulässige Höhe des Kaufpreises für Einbauküchen, alte Schränke etc. gestritten wurde. Nach der Rechtsprechung darf der Preis für die Einrichtungsgegenstände deren tatsächlichen Wert nicht um mehr als 50 Prozent überschreiten – andernfalls ist die Vereinbarung unwirksam.

Beispiel: Der Vormieter verlangt für einige Küchenschränke 1.000 Euro. Die Schränke sind aber nur 200 Euro wert. Dazu rechnet man die 50 Prozent, also 100 Euro. Bezahlen müsste der neue Mieter also 300 Euro – und nicht mehr. Alles, was darüber hinaus gezahlt wurde, kann sogar als ungerechtfertigte Bereicherung zurückverlangt werden. Die Verjährungsfrist für diesen Anspruch liegt bei drei Jahren ab dem Ende des Jahres, in dem der Anspruch entstanden ist und der Gläubiger Kenntnis erhalten hat (oder ohne grobe Fahrlässigkeit hätte erhalten müssen).

Der Wert der Einrichtungsgegenstände richtet sich übrigens nach deren tatsächlichem, marktüblichen Zeitwert und deren Zustand. Dabei ist allerdings der Gebrauchswert in der Wohnung, das heißt in zusammengebautem und benutzbarem Zustand, zugrunde zu legen und nicht der mögliche Einzelverkaufspreis auf dem nächsten Flohmarkt.

Hier muss unter Zugrundelegung des Neupreises geschätzt werden. Aus einem Urteil des Berliner Kammergerichts (Az. 8 U 314/03) geht hervor, dass der tatsächliche Wert des eingebauten Inventars meist höher anzusetzen ist als der Zeitwert der einzelnen Inventargegenstände auf dem Gebrauchtwarenmarkt. So müssen die vom Nachmieter eingesparten Transport- und Einbaukosten berücksichtigt werden. Nachmieter sollten eine genaue Liste der übernommenen Gegenstände anfertigen und gegebenenfalls den Zustand durch Zeugen bestätigen lassen.

Der Vermieter ist bei einem Mieterwechsel nicht verpflichtet, dem bisherigen Mieter den Verkauf von Einrichtungsgegenständen an den Nachmieter über eine Ablöse zu ermöglichen. Er muss auch einen vom Mieter empfohlenen Nachmieter nicht akzeptieren, der die geforderte Ablöse zahlen will. Entscheidet er sich für einen anderen Mietinteressenten, der jedoch die Ablöse nicht zahlen möchte, macht sich der Vermieter gegenüber dem Altmieter nicht schadenersatzpflichtig (Amtsgericht München, Urteil vom 6.7.2009, Az. 412 C 3825/08).

Ablösung von Stellplätzen
payment for exemption from obligation to provide parking spaces

Die Landesbauordnungen bzw. Stellplatzordnungen schreiben die Anzahl von Stellplätzen vor, die im Rahmen eines Neubaus errichtet werden muss. Auch eine Maximalzahl kann vorgegeben werden. Will der Bauherr nicht die vorgegebene Anzahl von Stellplätzen oder Garagen errichten, kann er durch die Zahlung eines Geldbetrages pro Stellplatz die Verpflichtung zum Bau von Stellplätzen ablösen. **Beispiel:** Die Stellplatzsatzung der Stadt Kronach vom 12.3.2001 sieht einen Ablösebetrag von 2.550 Euro pro Stellplatz in der Altstadt vor (wobei dies auch für Gebäude auf den Stadtmauern gilt). Die Stellplatzsatzung von Potsdam von 2012 legt je nach Stadtgebiet Ablösebeträge zwischen 3.000 und 8.000 Euro pro Stellplatz fest.

Abmahnung
reminder

Allgemein

Mit einer Abmahnung soll verhindert werden, dass bestimmte Handlungen oder Verhaltensweisen wiederholt oder fortgesetzt werden. Abmahnungen sind bekannt in den Bereichen des Arbeits-, Miet- und Wettbewerbsrechts. Im Gegensatz dazu steht die Mahnung, die sich darauf bezieht, den säumigen Schuldner zu bewegen, eine fällige Leistung zu erbringen, beziehungsweise eine Handlung vorzunehmen, zu der er verpflichtet ist. Eine Abmahnung muss das Fehlverhalten beziehungsweise die „verwerfliche Handlung" bezeichnen und auf die drohenden Folgen hinweisen, die entstehen, wenn sie nicht beachtet wird. Die Abmahnung ist in der Regel Voraussetzung für ein weiteres rechtliches Vorgehen, wenn der oder die Abgemahnte nicht innerhalb einer gesetzten Frist reagiert.

Mietrecht

Im Mietrecht bezieht sich die Abmahnung darauf, einen vertragswidrigen Gebrauch der Mieträume durch den Mieter zu unterbinden. Es kann sich dabei zum Beispiel um eine nicht tolerierte Tierhaltung in der Wohnung, um das Anbringen von Schildern am Hauseingang, um eine Zweckentfremdung der Mieträume oder eine unbefugte Gebrauchsüberlassung (Untervermietung) handeln. Der Mieter wird zur Unterlassung aufgefordert. Ignoriert der Mieter die Abmahnung, kann der Vermieter auf Unterlassung klagen.

Gegenstand mietrechtlicher Abmahnung können auch erhebliche Pflichtverletzungen sein, die bei Wohnraummietverhältnissen zu einem berechtigten Interesse des Vermieters zur Kündigung des Mietverhältnisses führen. Eine Abmahnung ist zwar bei besonders schweren Pflichtverletzungen nicht erforderlich, erscheint aber zweckmäßig, etwa bei sich laufend wiederholenden nächtlichen Ruhestörungen und sonstigen den Hausfrieden beeinträchtigenden Handlungen des Mieters. Bei laufend unpünktlichen Mietzahlungen ist eine Abmahnung dann erforderlich, wenn als Folge weiterer Unpünktlichkeiten eine fristlose Kündigung ins Auge gefasst wird.

Mieter können nach dem Bundesgerichtshof nicht separat gegen eine Abmahnung des Vermieters gerichtlich vorgehen, indem sie zum Beispiel auf Beseitigung oder Unterlassung der Abmahnung klagen. Grund: Die Abmahnung soll dem Mieter lediglich sein Fehlverhalten vor Augen führen, hat aber sonst keine Rechtsfolgen. Zwar ist sie in vielen Fällen vor einer Kündigung des Mietvertrages erforderlich. Der Vermieter muss jedoch bei der Kündigung im Fall eines Rechtsstreits trotz Abmahnung das zur Kündigung führende Fehlverhalten des Mieters in jedem einzelnen Fall beweisen. Im Unterschied zur arbeitsrechtlichen Abmahnung verletzt die mietrechtliche Abmahnung den Mieter auch dann nicht in seinen Rechten, wenn sie zu Unrecht erfolgt (Az. VIII ZR 139/07, Urteil vom 20.2.2008).

Arbeitsrecht

Der Arbeitgeber kann den Arbeitnehmer abmahnen, wenn dieser seine Arbeitspflicht (zum Beispiel Bummelei am Arbeitsplatz) oder seine Treuepflicht gegenüber dem Arbeitgeber verletzt. Zu den Treuepflichten zählt zum Beispiel die Verschwiegenheitspflicht, die etwa im Maklergeschäft eine sehr große Bedeutung hat. Die Kündigung eines Arbeitsverhältnisses kann nur ausgesprochen werden, wenn der Arbeitnehmer trotz vorhergehender

Abmahnung nicht reagiert und die ihm auferlegten Pflichten weiterhin verletzt. Allerdings muss die vorausgegangene Abmahnung mit einer Kündigungsandrohung verbunden sein. Arbeitnehmer haben bei einer ungerechtfertigten Abmahnung einen Anspruch auf deren Beseitigung bzw. auf ihre Entfernung aus der Personalakte.

Wettbewerbsrecht

Wettbewerbsrechtliche Verstöße berechtigen die davon beeinträchtigten Mitbewerber, aber auch Vereine, deren satzungsgemäßer Zweck in der Förderung des lauteren und Bekämpfung des unlauteren Wettbewerbs besteht, Unterlassungsansprüche geltend zu machen (§ 8 Abs. 3 UWG). Auch Industrie- und Handelskammern und Handwerkskammern können unlauteren Wettbewerb verfolgen. Diese bedienen sich in der Regel jedoch der maßgeblich von ihnen mit getragenen „Zentrale zur Bekämpfung unlauteren Wettbewerbs". Schließlich haben auch noch sogenannte „qualifizierte" Verbraucherschutzverbände eine Anspruchsberechtigung. Dies ist zum Beispiel bei rechtswidrigen Allgemeinen Geschäftsbedingungen der Fall. Mitbewerber können sich zur Abmahnung eines Rechtsanwalts bedienen. Die erforderlichen Aufwendungen des Abmahners sind zu erstatten (§ 12 Abs. 1 UWG). Das seit Sommer 2004 geltende Gesetz gegen den unlauteren Wettbewerb schränkt die Klagebefugnis des Mitbewerbers auf den Fall ein, dass ein konkretes Wettbewerbsverhältnis vorliegt. Dies ist der Fall, wenn ein vergleichbares Angebot an einen sich teilweise überschneidenden Kundenkreis vorliegt. Die Erfahrung seit 2004 mit dem UWG zeigt die gleiche Tendenz wie in der Vergangenheit. Einem kurzfristigen Einbruch bei der Anzahl der Abmahner und Abmahnungen steht in der Regel schon nach einem Jahr ein deutlicher Anstieg der Zahlen gegenüber. Eine wichtige Rolle spielen hier das Internet und Suchmaschinen. Die gerichtliche Verfolgung unlauteren Wettbewerbs setzt in der Regel die Abmahnung voraus, in welcher der Wettbewerbsverstoß bezeichnet werden muss. Sinn der Abmahnung ist es, die Wiederholungsgefahr auszuräumen. Dies geschieht dadurch, dass der „Wettbewerbssünder" aufgefordert wird, innerhalb einer bestimmten, meist recht kurzen Frist (vier bis zehn Tage) eine Unterlassungserklärung abzugeben, in der für den Wiederholungsfall eine von der Höhe bestimmte – oder auch von unbestimmter Höhe – Vertragsstrafe versprochen wird.

Mit der Abgabe einer ausreichenden Unterlassungserklärung kommt ein Vertrag zustande, mit dem die Wiederholungsgefahr als ausgeräumt gilt.

Für Unterlassungsforderungen weiterer Mitbewerber in der gleichen Angelegenheit entfällt damit das Rechtsschutzinteresse. Allerdings muss der Betroffene jedem weiteren Abmahnenden gegenüber offen legen, zum Beispiel durch Kopien der Abmahnung und der abgegebenen Unterlassungserklärung, dass er bereits eine strafbewehrte Unterlassungsverpflichtung abgegeben hat.

In den meisten Fällen lohnt es sich für den Abgemahnten, die geforderte Unterlassungserklärung nicht wie vorgegeben zu unterzeichnen, sondern in wichtigen Punkten abzuändern, um die Einschränkungen für seinen Geschäftsbetrieb bzw. seine Werbemaßnahmen auf ein zumutbares Maß zu beschränken. Dazu zählt eine auflösende Bedingung und ein Vertragsstrafversprechen nach dem „neuen Hamburger Brauch". Dabei wird keine feste Vertragsstrafe versprochen, sondern eine nach billigem Ermessen festzusetzende Vertragsstrafenzahlung. Die juristische Beratung durch einen spezialisierten Anwalt, Berufsverband oder IHK hilft dabei.

Abnahme
acceptance

Der Begriff der Abnahme bezieht sich auf eine erbrachte Leistung, die vertraglich geschuldet ist und übergeben wird (Besitzübergang). Der Begriff wird aber auch gebraucht im Zusammenhang mit der Rückgabe einer genutzten Sache an den Eigentümer zum Beispiel bei Übergabe einer Mietwohnung zum Zeitpunkt der Beendigung des Mietverhältnisses. Im Regelfall erfolgt die Abnahme in Gegenwart der Vertragsparteien oder deren Vertreter. Je nach Gegenstand der Abnahme knüpfen sich an sie unterschiedliche Rechtsfolgen.

Abnahmeprotokoll
certificate of acceptance; certificate of completion (CC)

Beim Abnahmeprotokoll handelt es sich um die Niederschrift über das Ergebnis einer förmlichen Abnahme. Mit Unterzeichnung des Abnahmeprotokolls durch die Parteien wird dieses Ergebnis vom diesen anerkannt. Soweit nicht Beanstandungen oder Vorbehalte ausdrücklich in das Protokoll aufgenommen wurden, erlöschen mit Unterzeichnung gegenseitige Erfüllungsansprüche.

Abschlagszahlung
part payment; instalment; progress payment

Als Abschlagszahlung bezeichnet man generell das teilweise Begleichen einer Gesamtschuld. Später wird dann der Restbetrag bezahlt. Für eine Abschlagszahlung ist grundsätzlich das Einverständnis des Gläubigers erforderlich. Ausnahme: Die Abschlagszahlung wurde zuvor vertraglich vereinbart. Lehnt der Gläubiger die Abschlagszahlung ab, hat der Schuldner den Gesamtbetrag zu begleichen.

Baurechtlich

Die Abschlagszahlung bezieht sich auf eine nachweislich ausgeführte, eingrenzbare Teilleistung der Gesamtbauleistung. Abschlagszahlungen sind nach § 16 VOB/B (2012) auf Antrag in Höhe des Wertes dieser Leistungen einschließlich darauf entfallender Umsatzsteuer innerhalb von 21 Werktagen nach Zugang der Aufstellung über die erbrachten Bauleistungen zu überweisen. Als Leistungen werden dabei auch für die Leistung extra angefertigte Bauteile und die auf der Baustelle angelieferten Stoffe und Bauteile angesehen, wenn dem Auftraggeber nach seiner Wahl entweder das Eigentum an ihnen übertragen oder entsprechende Sicherheit gestellt wurde. Abschlagszahlungen haben keinen Einfluss auf die Haftung des Auftragnehmers; sie werden nicht als Abnahme von Teilen der Bauleistung angesehen.

Mietrechtlich

Als Abschlagszahlungen oder „Abschläge" bezeichnet man bei den Mietnebenkosten auch die Beträge, die monatlich für Fernwärme, Gas, Strom etc. zu zahlen sind. Sie beruhen auf einer überschlägigen oder auf Erfahrungswerten beruhenden Schätzung des Verbrauches der jeweiligen Wohneinheit. Am Ende des Abrechnungszeitraumes wird mit Hilfe der Messdaten der tatsächliche Verbrauch ermittelt, was zu Nachzahlungen oder einem Guthaben führen kann.

Abschreibung

write-off; depreciation allowance; depletion; deduction; capital allowance; amortisation

Der Tatsache, dass Bauwerke im Zeitverlauf abgenutzt werden und daher mit einer zeitlich beschränkten Nutzungsdauer gerechnet werden muss, ist in den verschiedenen Teilbereichen der Immobilienwirtschaft Rechnung zu tragen.

Abschreibung bei Mietenkalkulation

Bei Wohngebäuden, die bis 31.12.2001 mit öffentlichen Mitteln nach dem II. WoBauG gefördert wurden, musste die Kostenmiete ermittelt werden. Sie gilt für diesen Wohnraum bis zum Ende des Zeitraums, in dem der Wohnraum als gefördert anzusehen ist. Bei Änderung der Kostenansätze, ist auch in Zukunft die Kostenmiete im Rahmen einer Teilwirtschaftlichkeitsberechnung fortzuschreiben.

Das kann – bei werterhöhenden Investitionen – auch die Abschreibung betreffen.

Die Mietkalkulation erfolgte im Rahmen der Wirtschaftlichkeitsberechnung nach der II. Berechnungsverordnung. Für die Wohngebäude wurde eine hundertjährige Nutzungsdauer unterstellt, was zu einem linearen Abschreibungssatz von ein Prozent führt. Dieser Satz erhöhte sich für Einrichtungen und Teile, die erfahrungsgemäß in kürzeren Zeitabschnitten erneuert werden müssen. So lagen etwa die Sätze für die Sammelheizung und für Einbaumöbel bei vier Prozent, für Gemeinschaftsantennen oder maschinelle Wascheinrichtung bei zehn Prozent. Für Wohnraum, der nach dem Wohnraumförderungsgesetz gefördert wurde bzw. künftig gefördert wird, die Antragstellung also nach dem 31.12.2001 erfolgte bzw. erfolgt, ist nicht mehr die nach der II. BV berechnete Kostenmiete, sondern die „vereinbarte Miete" relevant. Die Abschreibung spielt hier keine Rolle mehr. Das Kalkulationsschema der II. BV kann aber als reines Berechnungsschema für jede Art Wohnraum nach wie vor verwendet werden, auch wenn sie ihre rechtliche Bedeutung eingebüßt hat.

Abschreibung bei Wertermittlung

Die ImmoWertV kennt den Begriff Abschreibung nicht. Dort wird von Wertminderung gesprochen. Er entspricht jedoch dem, was in der Abschreibung zum Ausdruck kommt, nämlich in der Berücksichtigung der Tatsache, dass die Nutzbarkeit eines hergestellten physischen Gutes u. a. durch den laufenden Nutzungsprozess zeitlich begrenzt ist. Es wird deshalb am Bewertungsstichtag auf die (wirtschaftliche) Restnutzungsdauer abgestellt. Im Ertragswertverfahren ist die sich aus der Restnutzungsdauer ergebende „Abschreibung" Teil des Vervielfältigers, mit dem der Gebäudereinertrag multipliziert wird. Beim Sachwertverfahren wird die der wirtschaftlichen Alterswertminderung entsprechende Abschreibung teils linear, teils nach statistisch-empirischen und teils in Form von mathematisch-theoretischen Ableitungen ermittelt. Sie führt vom ursprünglichen Herstellungswert zum Zeitwert des Gebäudes, sofern aus bestimmten Gründen keine Zu- oder Abschläge erforderlich sind.

Grundsätzlich kann zwischen einem progressiven, linearen und degressiven Wertminderungsverlauf unterschieden werden. Das bedeutet, dass die Abschreibungsquoten im Zeitverlauf steigen, gleich bleiben oder fallen können. Entspricht der Ausgangswert des neu hergestellten Gebäudes einem nachhaltig hohen Gebäudestandard, der auch im längeren Zeitverlauf durch altersbedingte Nutzungsminderungen in hohem Maße marktfähig bleibt, wird eher eine progressive Verlaufsform der Abschreibung unterstellt werden können. Die Abschreibungsquoten sind in den ersten Jahrzehnten gering und werden erst später zunehmend größer. Bei einem durchschnittlichen Zustandsniveau des Gebäudes wird der Abschreibungsverlauf eher linear sein. Die degressive Verlaufsform wird in Fällen zu unterstellen sein, in denen die Nutzungsfähigkeit und -intensität schon im ersten Zeitabschnitt der Gesamtnutzungsdauer stark abnimmt. Auf welche Abschreibungsmethode im Verfahren auch immer zurückgegriffen wird, der Sachverständige muss die Heranziehung der jeweiligen Methode einleuchtend begründen. Die Nachfolgeverordnung der WertV, die ImmoWertV, sieht nur noch eine linear anzusetzende Wertminderung vor.

Abschreibung im Rechnungswesen

Im Rechnungswesen bezieht sich die Abschreibung nicht nur auf „Sachanlagen", sondern auch auf Finanzanlagen und Forderungen (insbesondere Mietforderungen). Bei den Abschreibungen auf Anlagevermögen wird zwischen linearer und degressiver Abschreibung einerseits, sowie planmäßiger und außerplanmäßiger Abschreibung andererseits unterschieden. Außerplanmäßige Abschreibungen können wirtschaftlich bedingt sein (zum Beispiel fehlende Anpassung an den technischen Fortschritt, der zu erheblichen Einsparungen im Bereich der Bewirtschaftungskosten führen würde) oder sie sind faktischer Natur (zum Beispiel Zerstörung durch Brand). Abschreibungen können auch steuerlich von den Einkünften aus Vermietung und Verpachtung oder aus Gewerbebetrieb „abgesetzt" werden. Man spricht hier von „Absetzung für Abnutzung", die in den Einkommensteuerrichtlinien auch mit dem Kürzel „AfA" bezeichnet wird. Daneben kennt das Einkommensteuerrecht auch eine „erhöhte Absetzung für Abnutzung" bei Gebäuden in Sanierungs- und städtebaulichen Entwicklungsgebieten und bei Baudenkmälern.

Abstandsfläche
separation area (typically between a building and site boundary or adjoining building)
In den Landesbauordnungen der Bundesländer wird als Abstandsfläche der Mindestabstand bezeichnet, der vor den Außenwänden eines Gebäudes oder Gebäudeteils gegenüber der Grundstücksgrenze oder anderen Gebäuden freigehalten werden muss („Bauwich"). Nach den Bestimmungen der jeweiligen Landesbauordnungen entspricht im Regelfall die Tiefe der Abstandsfläche der Gebäudehöhe.

Beträgt die Gebäudehöhe (H) zum Beispiel zehn Meter, dann muss zur Nachbargrenze ein Abstand von ebenfalls zehn Metern eingehalten werden. Der Lichteinfallswinkel beträgt damit 45 Grad. Die vorgeschriebenen Mindesttiefen liegen zwischen 2,5 bis drei Metern. Stellplätze und sogenannte „Grenzgaragen" sind in Abstandsflächen meist zulässig. Abstandsflächen dürfen auch auf öffentlichen Verkehrs- und Grünflächen liegen, jedoch nur bis zu deren Mitte. Mit Abstandsflächen sollen eine ausreichende Belichtung und Belüftung eines Gebäudes sichergestellt werden. Außerdem dienen sie dem Brandschutz, dem ungestörten Wohnen aber auch dem Nachbarschutz.

Durch das „Gesetz zur Erleichterung von Planungsvorhaben für die Innenentwicklung der Städte" vom 21.12.2006 wird den Gemeinden ermöglicht, vom Bauordnungsrecht abweichende (also auch geringere) Maße der Tiefe der Abstandsflächen festzusetzen. Es handelt sich um eine bauplanungsrechtliche Ergänzung des Baugesetzbuches. Damit wird der ohnehin schon vorhandenen Tendenz, die Abstandsflächen zu verringern, Rechnung getragen.

Abstandszahlung
key money; compensation (e.g. to outgoing tenant); option money
Unter einer Abstandszahlung versteht man eine einmalige Zahlung des neuen Mieters an den Vermieter oder Vormieter. Als Gegenleistung macht der Vormieter die Wohnung frei bzw. der Vermieter lässt den Nachmieter zügig einziehen. Damit nicht zu verwechseln ist der häufig verwendete Begriff „Ablöse". Eine Ablöse zahlt der neue Mieter für Einrichtungsgegenstände, die er vom bisherigen Mieter übernimmt. Abstandszahlungen sind seit dem Vierten Mietrechtsreformgesetz nicht mehr zulässig. Durch diese Reform wurde u. a. ein § 4a in das Wohnungsvermittlungsgesetz eingefügt, der eindeutig regelt:

- Eine Vereinbarung, die einen Wohnungssuchenden dazu verpflichtet, ein Entgelt dafür zu zahlen, dass der Vormieter die Wohnung räumt, ist unwirksam. Ausnahme: Die Erstattung von Umzugskosten für den bisherigen Mieter ist möglich.
- Ein Vertrag des Wohnungssuchenden mit Vormieter oder Vermieter, nach dem der Wohnungssuchende Einrichtungsgegenstände oder Inventar der Wohnung kaufen muss, gilt nur, wenn tatsächlich ein Mietvertrag zustande kommt.

Der Kaufpreis für Einrichtungs- oder Inventarteile darf nicht außer Verhältnis zu deren wirklichem

Wert stehen. Das früher zum Teil von Vermietern in Gebieten mit Wohnungsnot angewendete Verfahren, sich die Vermietung einer Wohnung durch einen zusätzlichen Geldbetrag „versüßen" zu lassen, ist damit nicht mehr zulässig. Eine solche Vereinbarung – auch in mündlicher Form – ist schlicht unwirksam. Ebenso dürfen Mieter keine verschleierte Provision dafür verlangen, dass sie einem Nachmieter, den sie mit Zustimmung des Vermieters selbst gesucht haben, die Wohnung überlassen. Die Erstattung von Umzugskosten des Vormieters darf nicht die Form einer „verkappten Abstandszahlung" annehmen. Ersetzen muss der Nachmieter auch im Rahmen einer entsprechenden Vereinbarung nur Kosten, die durch Belege nachgewiesen werden können. Zulässig – wenn auch in der Praxis eher unüblich – sind Vereinbarungen, nach denen der Vermieter dem Mieter einen Geldbetrag als „Abstand" zahlt, damit dieser vorzeitig die Wohnung räumt. Interessant ist allerdings ein vor dem Bundesfinanzhof verhandelter Fall: Ein Vermieterpaar hatte die Mieter eines Mehrfamilienhauses durch Abstandszahlungen zur vorzeitigen Auflösung des Mietverhältnisses gebracht. Das Objekt wurde renoviert, teils neu vermietet, überwiegend jedoch von den Eigentümern selbst genutzt. Der BFH entschied, dass die Abstandszahlungen für später selbst genutzte Wohnungen nicht als Werbungskosten bei den Einnahmen aus Vermietung und Verpachtung geltend gemacht werden können (Urteil vom 7.7.2005, Az. IX R 38/03).

Abtretung
assignment of a claim/debt; assignment; transfer

Der Gläubiger einer Forderung kann diese mittels Vertrag auf einen Dritten übertragen, mit dem Abschluss tritt gemäß § 398 BGB der neue Inhaber der Forderung an die Stelle des bisherigen Gläubigers. Grundsätzlich können alle Forderungen ohne Mitwirkung des Schuldners übertragen werden. Sie gehören wirtschaftlich und rechtlich zum Eigentum (vergleiche BGH NJW 1980, 2705). Der Abtretungsvertrag hat nur den Übergang der Forderung zum Gegenstand. Daher ist ein weiterer Vertrag erforderlich – das schuldrechtliche Grundgeschäft – das den Rechtsgrund für die Übertragung darstellt. Häufige Grundgeschäfte sind Kauf, Schenkung, Geschäftsbesorgung.
Beispiel: Beim Kauf eines Miethauses tritt der Verkäufer dem Käufer die Mieten ab dem Zeitpunkt des Nutzen- und Lastenübergangs ab, das wird im notariellen Kaufvertrag vereinbart und mit einer Einziehungsvollmacht versehen.

Die Abtretung ist formfrei, und zwar auch dann, wenn das Grundgeschäft formbedürftig ist, wie zum Beispiel der Grundstückskaufvertrag nach § 311b BGB. Das folgt aus der Unabhängigkeit beider Geschäfte voneinander. Mängel des Grundgeschäfts berühren daher die Wirksamkeit der Abtretung, des Erfüllungsgeschäfts, nicht (Abstraktionsprinzip). Die Vertragsparteien können jedoch zu ihrem eigenen Schutz beide Geschäfte zu einer Einheit zusammenfassen (vergleiche Palandt-Heinrichs § 139 Rd-Nr. 7-9). Es müssen jedoch konkrete Anhaltspunkte gegeben sein. Der wirtschaftliche Zusammenhang ist praktisch immer vorhanden und genügt daher nicht. Die Zusammenfassung beider Verträge in einer Urkunde ist lediglich ein Indiz, reicht aber nicht aus. Anders liegt es bei der Sicherungsabtretung (vergleiche BGH NJW 1982, 275). Der Schuldner kann zwar die Abtretung nicht verhindern, doch schutzlos ist er nicht. Nach § 404 BGB kann er dem neuen Gläubiger die Einwendungen entgegensetzen, die er zur Zeit der Abtretung der Forderung gegen den bisherigen Gläubiger hatte.

Abwasser
waste water; sewage; foul water; (industrial) effluents

Beim Abwasser handelt es sich um Wasser, das im Haushalt gebraucht und verunreinigt in das kommunale Abwassersystem abgeleitet wird. Bevor es in den natürlichen Gewässerhaushalt zurückgeführt wird, muss das Abwasser in Kläranlagen vorgeklärt, biologisch gereinigt und schließlich nachgeklärt werden. Früher wurde auch das Niederschlagswasser (zum Beispiel Regen, Schnee auf überbauten oder befestigten Grundstücksflächen) in den Kanal eingeleitet. Heute wird großer Wert darauf gelegt, die Abwassermengen dadurch zu verringern, dass Niederschlagswasser direkt in den entsiegelten Boden gelangt. Werden Schmutz- und Regenwasser getrennt abgeleitet, spricht man vom so genannten Trennsystem. Für die Einleitung von Abwasser in die öffentliche Kanalisation wird von der Gemeinde eine Entwässerungsgebühr verlangt. Bei einer Trennkanalisation richtet sich die Höhe der vom Grundstückseigentümer zu zahlenden Schmutzwassergebühr nach dem gemessenen Verbrauch von Frischwasser und die Höhe der Gebühr für Oberflächen- oder Niederschlagswasser nach der baulich versiegelten Fläche des Grundstücks. Eine einheitliche Gebührenberechnung für Schmutzwasser und Niederschlagswasser nach dem Frischwassermaßstab ist heute unzulässig (so zum Beispiel der VGH Baden-Württemberg, Urteil vom 11.3.2010, Az. 2 S 2938/08).

Agenda 21
Agenda 21

Die Agenda 21 (21. Jahrhundert) ist eines von fünf Dokumenten, die auf der Konferenz der Vereinigten Nationen für Umwelt und Entwicklung im Juni 1992 in Rio de Janeiro von über 170 Teilnehmerstaaten (darunter auch Deutschland) verabschiedet wurde. Sie enthalten Grundprinzipien, Strategieelemente und Maßnahmen, die sich auf den Schutz und die Entwicklung der bedrohten Umwelt zur Erhaltung der menschlichen Existenz beziehen. Unter den fünf Dokumenten ist die Agenda 21 das „Aktionspapier" (Agenda kommt von agere = agieren). Es enthält detaillierte Handlungsaufträge, um einer weiteren Verschlechterung der globalen Umweltbedingungen entgegenzuwirken und schrittweise eine Verbesserung zu erreichen. Die Umsetzung soll auf breiter Basis unter besonderer Einbeziehung von Nichtregierungsorganisationen (NRO) erfolgen, wobei auf der untersten Ebene die Initiativen von den Kommunen ausgehen sollen („Lokale Agenda 21"). Die Kommune sucht dabei den Dialog mit den Bürgern und örtlichen Organisationen. Diese bieten ihr Fachwissen an, wirken als Multiplikatoren und sollen eine kontrollierende und bewertende Funktion hinsichtlich der von den Kommunen initiierten Programme zur Verwirklichung der Lokalen Agenda 21 übernehmen. Die Agenda 21 enthält unter anderem auch ein Kapitel über die Förderung einer nachhaltigen Siedlungsentwicklung, ein Aspekt, der auf der „HABITAT II" (Weltsiedlungskonferenz der Vereinten Nationen) in Istanbul vertieft wurde. Die Beratungen wurden von der Erkenntnis getragen, dass im 21. Jahrhundert weltweit ein Verstädterungsprozess stattfindet und es vor allem in den Entwicklungsländern vermehrt zu Verslumungserscheinungen kommen wird. 27 der derzeit insgesamt 33 „Megastädte" (Städte jeweils mit über 8 Millionen Einwohnern) liegen in den Entwicklungsländern. 600 Millionen Menschen der Stadtbevölkerung leben heute bereits in Slums am Rande von Großstädten. Nach der Erklärung von Istanbul geht es um die Entwicklung globaler Aktionspläne für lebenswerte Städte durch Stärkung der kommunalen Selbstverwaltung, einer entsprechenden Finanzausstattung und Förderung des Selbsthilfegedankens in einem Zeitrahmen von 20 Jahren.

Zur Umsetzung der Agenda 21 auf kommunaler Ebene in Europa wurde im Mai 1994 in Dänemark die „Charta von Aalborg" verabschiedet. In diesem Rahmen können sich die Gemeinden verpflichten, in lokale Agenda-21-Prozesse einzutreten. Im März 2001 wurde ermittelt, dass über 1.892 Gemeinden in Deutschland, vor allem Großstädte, eine lokale Agenda 21 erstellt haben oder dabei sind sie zu erstellen. Der Anstoß zu Agenda 21-Prozessen in den Gemeinden kommt nicht selten von privaten Organisationen, bevor sie in eine Gemeindeinitiative umschlagen. Hessen, Nordrhein-Westfalen, das Saarland und Bayern spielen dabei eine Vorreiterrolle. Viele Agenda 21-Initiativen werden im Internet dokumentiert.

Konkret können Agenda 21-Prozesse ihren Niederschlag auch in Flächennutzungs- und Bebauungsplänen unter den Gesichtspunkten der flächensparenden Siedlungsentwicklung und der Verkehrsvermeidung finden.

Agio
premium

Aufgeld beim Wertpapierkauf, das sich bei der Wertpapieremission als Differenz zwischen dem Nennwert und dem tatsächlich zu zahlenden Preis darstellt. Auch bei geschlossenen Immobilienfonds findet man die Bezeichnung Agio. Es handelt sich um eine Provision, die direkt an den Initiator oder die Vertriebsgesellschaft bezahlt wird. Bei offenen Immobilienfonds und anderen Investmentfonds wird von „Ausgabeaufschlag" gesprochen, der in den jeweiligen Ausgabepreis einbezogen wird. Er entspricht der Differenz zwischen dem Ausgabe- und dem Rücknahmepreis. Aus dem Ausgabeaufschlag wird unter anderem die Vertriebsprovision an den Berater bezahlt. Bei sogenannten No-load-Fonds gibt es keinen Ausgabeaufschlag und damit auch keine Beratung. Die Höhe des Agios oder des Ausgabeaufschlages liegt zwischen drei und 5,5 Prozent. Im Gegensatz zum Agio beim Erwerb von Forderungen in Form von Wertpapieren wird bei Schuldverschreibungen oder Darlehen häufig ein Disagio (Abgeld) vereinbart.

Agrarland
agricultural land; farmland

Unter Agrarland versteht man jegliche Art landwirtschaftlich genutzter Bodenflächen. Agrarland stellt in der Bewertung nach Entwicklungszuständen hinsichtlich einer baulichen Nutzung den untersten Entwicklungsstand dar. Die Bewertung erfolgt ausschließlich auf der Grundlage der landwirtschaftlichen Ertragsfähigkeit des Bodens.

Liegt eine landwirtschaftlich genutzte Bodenfläche im Einzugsbereich eines Siedlungsgebietes und bestehen in der Gemeinde Tendenzen zur Erweiterung dieses Gebietes auf dieses Agrarland, spricht man von Bauerwartungsland. Ein Indiz dafür ist die Ausweisung dieses Gebietes im Flächennutzungsplan als Baufläche.

Begünstigtes Agrarland zeichnet sich dadurch aus, dass aufgrund seiner „Lagegunst" zwar keine bauliche, aber doch eine höherwertige Nutzung als eine rein agrarische möglich erscheint. Beispiel: Eine Nutzung als Golfplatz.

All-Risk-Versicherung
all-risk insurance

Als All-Risk-Versicherung wird eine umfassende Versicherung bezeichnet, welche in einem bestimmten Bereich Schäden aus Gefahren aller Art absichern soll. Es gibt sie als Gebäudeversicherung, aber auch im Industriebereich oder speziell für bestimmte Branchen wie etwa Apotheken. Sie wird auch All-Gefahrenversicherung genannt. Die in Deutschland relativ neue All-Risk-Versicherung für Wohngebäude deckt mehr Risiken ab als die traditionellen Gebäudeversicherungen (Feuerversicherung, Zusatzdeckung und erweiterte Zusatzdeckung).

Im Gegensatz zu herkömmlichen Versicherungen, die einzeln in der Police aufgelistete Risiken berücksichtigen, schließt die All-Risk-Versicherung nur wenige Schadensfälle aus. Wer eine solche Versicherung abschließt, sollte nicht davon ausgehen, dass jeglicher denkbare Schaden versichert ist. All-Risk-Versicherungen können diverse Risiken ausschließen, die obendrein von Gesellschaft zu Gesellschaft unterschiedlich sind. In einigen Fällen wird für All-Risk-Versicherungen auch mit dem Argument geworben, dass hier eine besonders individuelle Vertragsgestaltung für den jeweiligen Kunden erfolgen könne. In jedem Fall empfiehlt sich eine gründliche Lektüre der Vertragsbedingungen.

Alleinauftrag
sole agency; sole right to sell (or rent); exclusive listing

Der Alleinauftrag, auch Makler-Alleinauftrag oder Exklusivauftrag genannt, ist eine besondere Art des Maklervertrages. Er ist nicht im BGB geregelt. Der Alleinauftrag verleiht dem Makler eine besondere Vertrauensposition gegenüber dem Auftraggeber. Anders als nach den BGB-Vorschriften wird der Makler durch den Alleinauftrag verpflichtet, zur Erreichung des Auftragszwecks tätig zu werden. Eine Verkaufsverpflichtung des Auftraggebers ist, wie auch bei dem „normalen" Maklerauftrag, mit dem Alleinauftrag jedoch nicht verbunden. Unterschieden wird zwischen dem einfachen und qualifizierten Alleinauftrag.

Einfacher Alleinauftrag

Beim einfachen Alleinauftrag genießt der Makler während der Auftragsdauer Konkurrenzschutz. Mit dem Alleinauftrag verpflichtet sich der Auftraggeber, keine weiteren Makler zu beauftragen. Solche Verpflichtungen können im Rahmen Allgemeiner Geschäftsbedingungen, also auf Vertragsformularen, vereinbart werden. Das Recht des Auftraggebers, selbst einen Interessenten zu finden und mit dem einen Vertrag abzuschließen, bleibt davon unberührt. Dieses Recht kann durch keine Formulierung in einem Maklervertrag eingeschränkt oder gar ausgeschlossen werden. Der Makler läuft in diesem Fall eventuell sogar die Gefahr, dass er seinen Provisionsanspruch verliert.

Qualifizierter Alleinauftrag

Beim qualifizierten Alleinauftrag ist der Auftraggeber darüber hinaus verpflichtet, Interessenten, die an ihn herantreten, an den Makler zu verweisen (sog. Verweisungsklausel) und/oder den Makler zu Verhandlungen mit solchen Interessenten hinzuzuziehen (sog. Hinzuziehungsklausel). Es soll damit erreicht werden, dass das in Auftrag gegebene Geschäft nur mit Beteiligung des Maklers abgewickelt wird. Im Gegensatz zum einfachen Alleinauftrag ist die in Allgemeinen Geschäftsbedingungen – also formularmäßig vereinbarte Verweisungs- oder Hinzuziehungsvereinbarung – unwirksam. Das OLG Hamm hat sogar entschieden, dass der Makler, wenn er solche unwirksamen Vereinbarungen trifft, seinen Provisionsanspruch verwirkt (Az. 18 U 236/99). Der BGH hat ausdrücklich auch gegen das OLG Hamm entschieden, dass die Verwendung unzulässiger AGB „im Regelfall – ohne Hinzutreten besonderer Umstände – keine Verwirkung des Maklerlohnanspruchs" rechtfertigt (BGH, Urteil vom 19.5.2005, III ZR 322/04). Das hier gefällte Urteil bezieht sich auf den Provisionsanspruch eines Handelsmaklers, der einen Versicherungsvertrag vermitteln sollte, dessen Inhalt sich dann aber für den Auftraggeber für die von ihm erstrebte Alterssicherung als ungeeignet erwies.

Die Vereinbarung einer Verweisungs- und/oder Hinzuziehungsklausel ist im Wege einer individuellen Vereinbarung möglich. Als besondere, ebenfalls nur individuell auszuhandelnde Klausel gilt eine Vereinbarung, nach der ein Makler im Abschlussfall auch dann die vereinbarte Provision erhält, wenn er zum Zustandekommen des beabsichtigten Vertrages keinen Beitrag geleistet hat.

Entgegen landläufiger Meinung sichert der qualifizierte Alleinauftrag, den ein Verkäufer erteilt, nicht vor einem Verlust einer etwaigen Käuferprovision. Auch wenn der Verkäufer seine Verweisungs- und Hinzuziehungspflicht erfüllt, muss es dem Makler gelingen, mit dem in Aussicht genommenen Kaufinteressenten eine Provision zu vereinbaren. Verweigert der Käufer ein Provisionsversprechen, darf der Makler nicht versuchen, den sonst möglichen Verkauf zu verhindern. Dies wäre ein Treueverstoß gegenüber dem Alleinauftraggeber und würde gegebenenfalls auch noch zur Verwirkung seines Provisionsanspruches diesem gegenüber führen.

Allgemeine Geschäftsbedingungen (AGB)
General Terms and Conditions

Allgemeine Geschäftsbedingungen sind vorformulierte Vertragsbedingungen, die der Verwender dieser Bedingungen dem Kunden im Geschäftsverkehr „stellen" will. Sie unterliegen einer besonderen Inhaltskontrolle durch die Gerichte. Diese entscheiden im Rechtsstreit darüber, ob bestimmte Bedingungen den Vertragspartner unangemessen benachteiligen oder ob sie zulässig sind. Die Regelungen fanden sich früher in einem eigenen Gesetz, dem ABG-Gesetz, bis sie dann im Zuge der Schuldrechtsreform in teils veränderter Fassung in das BGB übernommen wurden. Im Geschäftsverkehr zwischen Kaufleuten gelten die Vorschriften über AGB nur eingeschränkt. Dabei gelten nur solche vorformulierten Vertragsbedingungen als AGB, die bestimmt sind, in einer „Vielzahl" von Fällen eingesetzt zu werden. Bei vorformulierten Geschäftsbedingungen im Geschäftsverkehr mit Verbrauchern kommt es dagegen nicht auf diesen Bestimmungszweck an. Das Gesetz unterwirft hier bereits die einmalige Verwendung dieser Geschäftsbedingung der gerichtlichen Inhaltskontrolle. Unter die Inhaltskontrolle fallen auch notarielle Verträge. Gerichtlicher Beurteilungsmaßstab dafür, ob eine Geschäftsbedingung den Vertragspartner, der sich ihr unterworfen hat, unangemessen benachteiligt, ist meistens das gesetzliche Leitbild. Eine unangemessene Benachteiligung kann sich unabhängig davon aber auch ergeben, wenn wesentliche Rechte und Pflichten, die sich aus der Natur des Vertrages ergeben, so eingeschränkt werden, dass die Erreichung des Vertragszweckes gefährdet ist. Beim Maklervertrag ist gesetzliches Leitbild vor allem § 652 BGB, in dem die Voraussetzungen für das Entstehen eines Provisionsanspruchs geregelt sind. Wird in Vertragsbedingungen hiervon wesentlich abgewichen, können diese im Rechtsstreit nicht durchgesetzt werden. Dies gilt zum Beispiel für den qualifizierten Alleinauftrag, der bei einer entsprechenden Konstellation dem Makler auch dann zu einem Provisionsanspruch verhelfen würde, wenn er einen Kunden, mit dem der Vertrag geschlossen wurde, weder nachgewiesen noch mit ihm Verhandlungen geführt hat.

Ursprüngliche Allgemeine Geschäftsbedingungen können nachträglich dadurch wirksam werden, dass sie vom Verwender für den Vertragspartner deutlich erkennbar zur Verhandlungssache erklärt werden. Es genügt dabei nicht, dass nur ihr Inhalt erklärt wird. Vielmehr muss für den Vertragspartner die Möglichkeit bestehen, die Bedingung durch eine andere, von ihm vorgeschlagene Bedingung ersetzen zu können. Ob der Vertragspartner von dieser Möglichkeit Gebrauch macht, ist dabei nicht entscheidend. Eine so zur Disposition gestellte Bedingung wird zur Individualvereinbarung.

Im immobilienwirtschaftlichen Geschäftsbereich haben AGB-Fragen besonders auch bei Formularmietverträgen, Verwalterverträgen, Darlehensverträgen und Bauverträgen besondere Bedeutung. Sie unterliegen also grundsätzlich der Inhaltskontrolle durch die Gerichte. Wer in seinen Allgemeinen Geschäftsbedingungen oder Formularverträgen unwirksame Bestimmungen verwendet, muss nicht nur damit rechnen, den Prozess zu verlieren (Beispiele: Hinzuziehungsklausel, Verweisungsklausel, Vorkenntnisklausel). Wie bisher nach dem Gesetz über Allgemeine Geschäftsbedingungen, AGBG, kann er nun nach § 1 des Unterlassungsklagengesetzes, UklaG, auf Unterlassung und Widerruf in Anspruch genommen werden.

Allgemeines Wohngebiet WA (Bauplanungsrecht)
general residential area

Allgemeine Wohngebiete sind von den vier Wohngebietsarten, die die BauNVO beschreibt, das am häufigsten festgesetzte Wohngebiet. Sie haben nicht den strengen Wohncharakter des reinen Wohngebietes, denn sie dienen nur „vorwiegend" dem Wohnen. Was im allgemeinen Wohngebiet an Bauvorhaben zulässig bzw. ausnahmsweise zulässig ist, ergibt sich aus § 4 BauNVO.

Das typische Profil des allgemeinen Wohngebietes ist geprägt durch Wohngebäude, Läden, Gastwirtschaften und nicht störende Handwerksbetriebe. Außerdem können Anlagen für kirchliche, kulturelle, soziale, gesundheitliche und sportliche Zwecke errichtet werden. Zu den im Ausnahmekatalog stehenden möglichen Vorhaben zählen Betriebe des Beherbergungsgewerbes (ohne Größenbegrenzung), nicht störende Gewerbebetriebe, Verwaltungsgebäude, Gärtnereien und auch Tankstellen. Garagen sind nur für den durch die zugelassene Nutzung verursachten Bedarf zulässig. Beurteilungsprobleme bei allgemeinen Wohngebieten ergeben sich oft, wenn festgestellt werden soll, welcher Gewerbebetrieb nicht störend ist bzw. ab wann von einem störenden Gewerbebetrieb auszugehen ist. Als Immissionsrichtwerte gelten tagsüber 55 Dezibel und nachts 40 Dezibel. Störungsquellen sind aber nicht nur Lärmimmissionen, sondern auch Beeinträchtigungen durch Geruchsimmissionen zum Beispiel von an das allgemeine Wohngebiet angrenzenden landwirtschaftlichen Nutzungen. Die Verdichtungsgrenzen im allgemeinen Wohngebiet liegen bei 0,4 Gundflächenzahl und 1,2 Geschossflächenzahl.

Altbaumodernisierung
modernisation/refurbishment of old buildings
Darunter wird meist eine umfassende Erneuerung bestehender Gebäude verstanden. Eines der Hauptziele der Altbaumodernisierung ist die energetische Sanierung, d. h. die Verbesserung der Energiebilanz des Objektes. Durch Wärmedämmung der Fassade und des Daches sowie Einbau einer zeitgemäßen Heizanlage und moderner Fenster lassen sich die Kosten für den Energieverbrauch um bis zu 65 Prozent verringern. Die umfassende Modernisierung eines Altbaus sollte mit der Wärmedämmung der Fassade beginnen. So kann zum Beispiel eine Außendämmung installiert werden, vor die Verblendmauerwerk gesetzt wird. Weniger aufwändig, aber auch weniger effektiv ist eine Innendämmung der Wände. Als nächster Schritt ist das Dach zu dämmen. Erhebliche Energieeinsparungen versprechen Wärmeschutzfenster. Das Entweichen von Wärme nach unten wird durch eine Dämmung der Kellerdecke erreicht. Eine moderne Heizanlage rundet das Energiesparprogramm ab. Bei vielen älteren Häusern ist die Feuchtigkeitsisolierung des Kellers im Laufe der Zeit schadhaft geworden. Hier empfiehlt sich eine Prüfung, ob von außen eine neue Isolierschicht aufgetragen werden muss. Alternativen sind auch hier Innendämmungen oder das Einspritzen von Isoliermaterial in das Mauerwerk. Berücksichtigt werden sollte auch die Erneuerung des elektrischen Systems. In vielen Altbauten finden sich noch Elektrokabel, die modernen Verhältnissen nicht angepasst sind. Folge sind herausgesprungene Sicherungen bei Einschalten mehrerer Elektro-Großgeräte. Wenn alte Leitungen dauerhaft überlastet werden (zum Beispiel durch Hintereinanderhängen mehrerer Mehrfachsteckdosen) besteht Brandgefahr. Nicht vergessen werden sollten auch die Rohrleitungen. Sind Abflussrohre schadhaft, sind noch alte Wasserrohre aus Blei verbaut? Bei der Altbaumodernisierung helfen spezialisierte Fachbetriebe. Eine qualifizierte Planung des Gesamtprojektes durch einen Fachmann kann Kosten

sparen (zum Beispiel Verwendung eines Baugerüstes für mehrere Modernisierungsbereiche). Vor dem Kauf eines zu modernisierenden Altbauobjektes kann ein unabhängiger Bausachverständiger den Umfang der notwendigen Arbeiten ermitteln. Die KfW bietet Förderprogramme an, die Eigentümern von Altbauten beim Modernisieren finanziell unter die Arme greifen können. Weitere Informationen: www.kfw-foerderbank.de

Bauherren sollten ferner prüfen, ob ein Einsatz regenerativer Energieträger in Betracht kommt. So kann eine solarthermische Anlage in unseren Breiten 60 Prozent des Jahresbedarfs an Trinkwarmwasser für ein Einfamilienhaus erwärmen. Auch Strom kann über Solarzellen erzeugt werden. Verschiedene Heizkonzepte verbinden konventionelle und neuartige Heizmethoden miteinander und helfen Energie sparen – unter Umständen kann auch ins öffentliche Netz eingespeister Strom dazu beitragen, die neue Heizanlage mit zu finanzieren. Auch diesem Bereich gibt es in Fördermittel von der KfW sowie von Bundesländern und Gemeinden.

Bei der Altbaumodernisierung müssen u. a. die folgenden gesetzlichen Regelungen beachtet werden:
• Denkmalschutzgesetz
• Energieeinsparverordnung (EnEV)
• Baugesetzbuch (BauGB)
• 1. Bundesimmissionsschutzverordnung (Heizanlage)
• Landesbauordnung
• örtliche Bebauungspläne der Gemeinden

Altengerechtes Wohnen
accommodation designed for the requirements of the elderly
Den speziellen Wohnbedürfnissen alter Menschen sollen Empfehlungen gerecht werden, die unter dem Schlagwort des altengerechten Wohnens vom Bundesministerium für Verkehr, Bau- und Wohnungswesen zusammengestellt worden sind. Sie gehen von einer mit zunehmendem Alter einhergehenden Einschränkung der Bewegungsfähigkeit der älter werdenden Menschen aus. Die Empfehlungen beziehen sich vor allem auf Ausstattungsnotwendigkeiten im Sanitärbereich (Bad, WC, Dusche), in den Küchen und Schlafzimmern, sowie innerhalb des Gebäudes auf Zugänge und Treppen. Mit Hilfe entsprechender Wohnkonzepte soll älteren Menschen eine möglichst lange Zeit ein selbständiges, unabhängiges Wohnen in vertrauter Umgebung ermöglicht werden.

Viele Menschen stehen mit zunehmendem Alter vor der Frage, ob sie ihre bisherige Wohnung behalten und gegebenenfalls durch bauliche Änderungen anpassen sollen, oder ob ein Umzug in ein bereits von vornherein altersgerecht konzipiertes Wohnobjekt erforderlich ist. Die genannten Empfehlungen können bei dieser Entscheidung helfen. Bei Konzepten des so genannten „Betreuten Wohnens" ist zu beachten, dass dieser Begriff nicht gesetzlich geschützt ist. Hier sollte also vom Bewohner besonderer Wert darauf gelegt werden, dass auch tatsächlich alle Ausstattungsnotwendigkeiten beachtet wurden und dass gegebenenfalls eine ständige medizinische Versorgung im Haus möglich ist.

Altenheim
retirement home; home for the aged; old people's home

Altenheim oder Altersheim steht in der Umgangssprache für eine Einrichtung, die die Unterbringung von alten Menschen mit Betreuung und Pflege verbindet. In der Praxis gibt es wenige „Altenheime" die nur dem Wohnen dienen und keine Pflegemöglichkeit bieten. Oft wird von Betreibern versucht, den negativen Klang der Bezeichnung „Altenheim" durch die Verwendung von Bezeichnungen wie „Seniorenheim" zu vermeiden.

Träger können sowohl Gemeinde- oder Kreisverwaltungen wie auch die Kirche, gemeinnützige Organisationen oder kommerzielle Betreiber sein. In Deutschland, Österreich und der Schweiz existieren gesetzliche Regelungen über die Finanzierung der Kosten für Einrichtungen der Altenhilfe. Aufgrund dieser Regelungen werden behördlicherseits Vergütungssätze pro Tag und Bewohner festgesetzt, die die Kosten für Unterbringung, Betreuung, Essen und Trinken sowie Pflege einschließen. Bezahlt wird diese Vergütung vom Bewohner mit Hilfe seiner Pflegeversicherung bzw. seiner Rentenbezüge.

Zwischen Bewohnern und Heimträger wird ein Heimvertrag geschlossen, der im Einzelnen Leistungen, Vergütungsbeträge und Rechte und Pflichten der Beteiligten regelt.

Bedarf ein Heimbewohner der Pflege, wird durch den Medizinischen Dienst der Krankenkassen auf der Grundlage seines körperlichen Zustandes seine Pflegestufe festgesetzt. Es gibt vier Pflegestufen, die Zugehörigkeit zur jeweiligen Stufe wird regelmäßig überprüft. Die Kosten der Pflege steigen von Stufe zu Stufe.

Die gesetzlichen Anforderungen an Altenheime regelt das Heimgesetz (HeimG). Es schreibt unter anderem regelmäßige Überprüfungen durch die kommunale Heimaufsicht vor und ermöglicht eine Mitbestimmung der Bewohner. Nicht jede Wohneinrichtung für Senioren unterliegt allerdings dem Heimgesetz und dieser Kontrolle. Die Voraus-

setzungen dafür sind, dass die Einrichtung außer Wohnraum auch Betreuung und Verpflegung bereitstellt, unabhängig von der Anzahl der Bewohner existiert und entgeltlich betrieben wird. Das Heimgesetz gilt in der Regel nicht für Einrichtungen, bei denen der Wohnraum schlicht vermietet wird und der Vermieter Serviceverträge für Verpflegung und Pflege mit externen Dienstleisten abschließt. Im Zweifel kann die zuständige Heimaufsicht bei Gemeinde oder Kreis Auskunft darüber geben, ob Einrichtung ihrer Kontrolle unterliegt.

Einrichtungen für „Betreutes Wohnen" gelten in der Regel nicht als Heim im Sinne des Heimgesetzes. Im Zweifel kann die zuständige Heimaufsicht bei Gemeinde oder Kreis Auskunft darüber geben, ob die Einrichtung ihrer Kontrolle unterliegt.

Der Heimvertrag zwischen Bewohner und Altenheim war bis September 2009 ebenfalls im Heimgesetz geregelt. Seit 1.10.2009 ist für den Heimvertrag das Wohn- und Betreuungsvertragsgesetz einschlägig. Die Neuregelung soll den Verbraucherschutz verbessern; sie gibt den Bewohnern mehr Rechte. Der Betreiber darf jetzt nur noch aus wichtigen Gründen den Vertrag kündigen.

Neu ist auch, dass für typische Formen des „Betreuten Wohnens" nun ebenfalls das Wohn- und Betreuungsvertragsgesetz gilt. Ausreichend ist, dass sich der Betreiber zum Vorhalten von Pflege- oder Betreuungsleistungen verpflichtet. Zu beachten ist jedoch, dass der Begriff „Betreutes Wohnen" nach wie vor nicht gesetzlich definiert ist. Konstruktionen, bei denen der Anbieter lediglich den Wohnraum zur Verfügung stellt, Serviceeinrichtungen wie Notrufsystem und hauswirtschaftliche Unterstützung anbietet, Pflegeleistungen aber nur vermittelt, werden auch vom Wohn- und Betreuungsvertragsgesetz nicht erfasst. Weitere für Altenheime relevante Rechtsvorschriften:

- Heim-Mindestbauverordnung (HeimMindBauVO): Baurechtliche Anforderungen an Altenheime
- Heim-Mindestpersonalverordnung: Danach muss mindestens die Hälfte des Personals aus ausgebildeten Pflegefachkräften bestehen.
- Altenpflegegesetz: Ausbildung, Erlaubnis und Berufsausübung für Altenpfleger.
- Neuntes Sozialgesetzbuch (SGB IX): Rehabilitation und Teilhabe behinderter Menschen

Altenteil
retirement; settlement on retirement; provision for retired farmers

Das Altenteilsrecht bezieht sich auf dinglich gesicherte Nutzungen sowie Sach- und Dienstleistungen aus oder auf einem Grundstück. Zweck des Altenteils ist die leibliche und persönliche Versorgung des Berechtigten im Zusammenhang mit der Übertragung eines in der Regel landwirtschaftlichen Anwesens im Wege der vorweggenommenen Erbfolge. Die Versorgungs- und Pflegeverpflichtung sowie die Einräumung des Wohnungsrechts als Gegenleistung für die Übertragung des Hofes wird als „Leibgeding" bezeichnet. Die dingliche Absicherung erfolgt auf dem übertragenen Anwesen durch Eintragung einer Reallast und – hinsichtlich der Nutzungsrechte – einer beschränkten persönlichen Dienstbarkeit in Form eines Wohnungsrechts.

Altersvorsorge
old-age provision
Da die gesetzliche Altersrente aufgrund der sich ständig wandelnden Altersstruktur in Zusammenhang mit dem Generationenvertrag zunehmend zu Anpassungszwängen führt, ist jeder in Deutschland gut beraten, privat für den Lebensabend vorzusorgen. Das bedeutet nichts anderes, als sich möglichst früh für eine langfristig rentable Kapitalanlage zu entscheiden, die im Alter entweder von bestimmten Kosten entlastet oder aber für zusätzliche Einnahmen sorgt. Die optimale Form der privaten Altersvorsorge besteht aus einem ausgewogenen Portfolio, in dem Immobilien einen wertbeständigen Teil darstellen, unabhängig von ihrer Nutzung.

Grundgedanke: Eine schuldenfreie Wohnung oder ein durch Kredite nicht belastetes Haus ersparen in späteren Jahren Mietzahlungen. Instandhaltungsmaßnahmen können beim selbst genutzten Haus, wenn erforderlich, individuell „gestreckt" und vom Kostenvolumen geplant werden. Ein Haus kann nötigenfalls auch „konsumiert" oder im Rahmen des Verkaufes „verrentet" werden. Die Einnahmen aus einem Mietobjekt können nach Steuern und Kosten eine deutliche Aufbesserung der Renteneinnahmen bringen. Aus diesem Grund sollte jeder versuchen, möglichst früh Wohneigentum anzuschaffen. Die private Altersvorsorge wird gefördert. Man spricht von „Riesterförderung". Sie steigt ab Beginn der Renteneinzahlung in vier Schritten an. Neben der Zulage besteht auch die Möglichkeit, die Sparbeiträge steuerlich geltend zu machen.

Seit Januar 2008 kann die Riesterrente auch im Zusammenhang mit dem Kauf, der Errichtung oder Entschuldung von Immobilieneigentum verwendet werden. Man bezeichnet diese Fördermöglichkeit, die als Ersatz für die weggefallene Eigenheimzulage gilt, als „Wohn-Riester". Die staatlichen Zulagen ergeben sich aus nach folgendem Schaubild.

Altersvorsorge

Jahr	Single	Ehepaare*	Kinder**
2004/2005	38	76	46
2006/2007	76	152	92
2008/2009	114	228	138
ab 2009	154	308	185
seit 2008	für neugeborene Kinder 300		

Zulage in Euro, *jeder Partner mit eigenem förderungsfähigem Vertrag, **Zulage zusätzlich zum Kindergeld

Altlasten
brownfield site; (suject to) soil contamination; contaminated site; old industrial site
Nach der Definition des Bundes-Bodenschutzgesetzes vom 1.3.1999 gibt es zwei Gruppen von Altlasten, nämlich
• Stillgelegte Abfallbeseitigungsanlagen und Grundstücke, auf denen Abfälle behandelt, gelagert oder abgelagert worden sind (Altablagerungen).
• Grundstücke stillgelegter Anlagen und sonstige Grundstücke, auf denen mit umweltgefährdenden Stoffen „umgegangen" worden ist („Altstandorte"). Hierzu zählen nicht Anlagen, deren Stilllegung einer Genehmigung nach dem Atomgesetz bedarf.

Von Altlasten zu unterscheiden sind „schädliche Bodenveränderungen", die die „Bodenfunktionen" insoweit beeinträchtigen, als dadurch aktuelle Gefahren, erhebliche Nachteile oder Belästigungen für den Einzelnen oder die Allgemeinheit ausgehen. Sie entsprechen dem Begriff der „schädlichen Umwelteinwirkungen" nach dem Bundes-Immissionsschutzgesetz. Zur Gefahrenabwehr gegen drohende schädliche Bodenveränderungen sind nur der Grundstückseigentümer bzw. derjenige, der die tatsächliche Gewalt über das Grundstück innehat, verpflichtet. Dagegen erstreckt sich die Sanierungspflicht bei Altlasten (und falls schädliche Bodenveränderungen eingetreten sind, auch bei diesen) auf einen viel größeren Personenkreis. Hierzu gehören:
• Der Verursacher und dessen Gesamtrechtsnachfolger
• der aktuelle Bodeneigentümer und
• derjenige, der die tatsächliche Gewalt über das Grundstück ausübt. Dies schließt ein: Mieter, Pächter und jeden, der aufgrund eines notariellen Kaufvertrages Besitz am Grundstück erlangt hat.
• Der frühere Grundstückseigentümer.

Wer von diesen Personen vorrangig zu den Kosten herangezogen wird, legt das Gesetz nicht fest. Alle Sanierungspflichtigen können zur Kostenübernahme für alle im Zusammenhang mit der Sanierung erforderlichen Maßnahmen herangezogen werden. Zum Schutz des Erwerbers altlastenbehafteter Grundstücke oder von Grundstücken mit schädlichen Bodenveränderungen gibt es jetzt bundeseinheitliche Bestimmungen. Der frühere Eigentümer ist danach bei allen Kaufvertragsabschlüssen nach dem 1.3.1999 zur Sanierung verpflichtet, sofern er die Altlast oder schädliche Bodenveränderung kannte bzw. kennen musste. Unabhängig davon sollte in Kaufverträgen dafür gesorgt werden, dass dem Grundstückserwerber das Recht eingeräumt wird, Regressansprüche gegen den Voreigentümer geltend machen zu können, falls die Behörde auf ihn zurückgreift. Der in Grundstückskaufverträgen übliche Sachmängelausschluss kann sonst zu fatalen Folgen für den Erwerber führen.

Auch bei bloßen „Verdachtsflächen" ist auf jeden Fall ratsam, ein Bodengutachten erstellen zu lassen. Der Erwerber eines Altlastengrundstücks kann jedenfalls sein Grundstück erst nutzen, wenn er durch ein Bodengutachten nachweist, dass von den Ablagerungen keine Gefährdung mehr ausgeht. Um das zu erreichen, muss das Grundstück im Zweifel saniert werden.

Das Altlastenkataster verzeichnet auf einer geografischen Karte bekannte Altlasten und kann im örtlichen Bauamt eingesehen werden. Eine Garantie auf Vollständigkeit besteht jedoch nicht.

Amtliches Verzeichnis der Grundstücke
official register of real estate holdings

Das amtliche Verzeichnis der Grundstücke ist nach § 3 der Grundbuchordnung (GO) das Liegenschaftskataster. Im Gegensatz zu den Grundbüchern sind in den Liegenschaftskatastern auch die für Grundbücher buchungsfreien Grundstücke (Flurstücke) erfasst, so dass in ihnen die Gesamtheit der Flurstücke der Erdoberfläche eines Liegenschaftsbezirks (einschließlich Flüsse und stehende Gewässer) aufgeführt und hinsichtlich ihrer Nutzungsfunktion (zum Beispiel Gebäude- und Freifläche, Waldfläche usw.) nach einem einheitlichen Schema bezeichnet sind. Während im Liegenschaftskataster die gesamte Erdoberfläche eines Katasterbezirks erfasst ist, sind für bestimmte Grundstücke keine Grundbücher angelegt, zum Beispiel Seen, Flüsse, Straßen, aber auch Gebäude der öffentlichen Verwaltung müssen nicht „gebucht" sein.

Amtshaftung
government liability; official responsibility

Unter Amtshaftung versteht man die Haftung des Staates für das pflichtwidrige Verhalten eines Beamten, durch das dem Bürger ein Schaden entstanden ist. § 839 des Bürgerlichen Gesetzbuches macht den Beamten haftbar; Art. 34 Grundgesetz legt fest, dass der Staat diese Haftung übernimmt.

Voraussetzung für einen Amtshaftungsanspruch ist, dass der Betreffende (zum Beispiel Beamter oder Angestellter im öffentlichen Dienst, mit öffentlichen Aufgaben betrautes Unternehmen) in Ausübung eines öffentlichen Amtes gehandelt hat. Die den Schaden verursachende Handlung muss direkt bei Wahrnehmung einer hoheitlichen Aufgabe stattgefunden haben. Es muss zu einer Verletzung von dienstlichen Pflichten gekommen sein, die dem Beamten gegenüber Dritten (zum Beispiel einem Bürger) obliegen. Die Dienstpflichtverletzung muss schuldhaft (vorsätzlich oder fahrlässig) erfolgen und für den erlittenen Schaden ursächlich sein.

Unter diesen Voraussetzungen kann Schadenersatz und gegebenenfalls auch Schmerzensgeld gefordert werden. Der Amtshaftungsanspruch ist allein auf finanziellen Ausgleich gerichtet. Ausgeschlossen ist der Amtshaftungsanspruch, wenn der Geschädigte es versäumt hat, den Schaden durch Einlegen eines Rechtsmittels abzuwenden.

Nach einem Urteil des Bundesgerichtshofes (Az. III ZR 302/05 vom 11.1.2007) kann ein Amtshaftungsanspruch gegeben sein, wenn eine Grundbucheintragung aufgrund Überlastung des zuständigen Rechtspflegers unzumutbar verzögert wird. Ein Bauträger hatte Eigentumswohnungen errichtet und diese verkauft. Die Kaufpreiszahlung sollte stattfinden, sobald im Grundbuch Auflassungsvormerkungen zu Gunsten der Käufer eingetragen waren. Dieser Vorgang verzögerte sich jedoch um 20 Monate. Der Bauträger ging in Insolvenz, die finanzierende Sparkasse klagte auf Ersatz ihres Zinsschadens. Der Bundesgerichtshof gestand der Sparkasse den Amtshaftungsanspruch grundsätzlich zu. Jede Behörde habe die Amtspflicht, Anträge mit der gebotenen Beschleunigung zu bearbeiten. Sei dies wegen Überlastung des zuständigen Beamten nicht möglich, so hätten nicht nur die zuständige Behörde (Amtsgericht), sondern auch die übergeordneten Stellen (Landgericht, Oberlandesgericht, Justizministerien) im Rahmen ihrer Möglichkeiten Abhilfe schaffen müssen.

Der BGH wies auch darauf hin, dass hier außer dem Amtshaftungsanspruch auch ein Anspruch des Grundstückseigentümers auf angemessene Entschädigung für die entgangene Nutzung seines

Eigentums aufgrund eines „enteignungsgleichen Eingriffs" in Betracht komme.

Anderkonto
client(s') account; trust account; escrow account; earnest money account; securities escrow account; third-party account

Unter einem Anderkonto versteht man ein Treuhandkonto, das vom Notar bei der Abwicklung von Immobiliengeschäften zur zwischen-zeitlichen Verwahrung von Fremdgeldern benutzt wird. Ist der Notar von den Vertragsparteien mit der Abwicklung der Kaufpreiszahlungen beauftragt, hält er den vom Käufer entrichteten Kaufpreis so lange auf einem Anderkonto zurück, bis sämtliche Verpflichtungen aus dem Kaufvertrag erfüllt sind. Hierzu können gehören: Löschung der Vorlasten, Eintragung der Auflassungsvormerkung, behördliche Genehmigungen usw. Für die Führung eines Anderkontos verlangt der Notar eine zusätzliche Gebühr.

Ankaufsrecht
option to purchase; right to acquire; right to purchase

Das Ankaufsrecht (Optionsrecht) gibt dem Berechtigten die schuldrechtliche Befugnis, das Grundstück zu erwerben, wenn bestimmte vertraglich vereinbarte Voraussetzungen eingetreten sind. Dem Ankaufsrecht entspricht eine Veräußerungspflicht des Eigentümers. Zu seiner Wirksamkeit bedarf es der notariellen Beurkundung. Die grundbuchliche Absicherung kann nur über eine Auflassungsvormerkung erfolgen.

Annuitätendarlehen
annuity loan; self-amortising loan/mortgage; level-payment mortgage; constant payment loan

Beim Annuitätendarlehen (auch Tilgungsdarlehen) handelt es sich um ein Immobiliendarlehen, für das gleichbleibende Jahresraten an Zins- und Tilgungsleistungen zu zahlen sind. Die jährliche Belastung (Annuität) setzt sich zusammen aus dem für das Darlehen vereinbarten Zinssatz sowie der Darlehenstilgung, die sich um den geringer werdenden Zinsbetrag jeweils erhöht. Dieser Effekt führt dazu, dass zum Beispiel ein Darlehen mit einem Zinssatz von sechs Prozent und ein Prozent Tilgung in 33,5 Jahren, bei zwei Prozent Tilgung in 24 Jahren getilgt ist.

In der Regel wird eine bestimmte Zinsbindungsdauer vereinbart. Nach Ablauf der Zinsbindung kann sich durch Änderung der Zinsanteils an der (gleich bleibenden) Annuität die Laufzeit verkürzen (bei niedrigerem Folgezinssatz) oder erhöhen (bei höherem Folgezinssatz).

Während sich die Laufzeit des Annuitätendarlehens durch die Zins- und Tilgungsbedingungen bestimmt, besteht auch die Möglichkeit, eine bestimmte Laufzeit, zum Beispiel 15 Jahre bei einem bestimmten Zinssatz zu vereinbaren. Daraus errechnet sich dann die Höhe des Tilgungsanteils an der Annuität. Man spricht in diesem Fall von Volltilgungsdarlehen. Die Raten bleiben dann für die Gesamtlaufzeit konstant.

Laufzeit von Annuitätendarlehen in Jahren

Tilgung	Zinszahlung (Nominalzins) pro Jahr				
	5,0%	7,0%	7,5%	8,0%	9,0%
1 %	33,4	30,7	29,6	28,5	27,6
2 %	23,8	22,2	21,5	20,9	20,3
3 %	18,8	17,8	17,3	16,8	16,4
4 %	15,7	14,9	14,6	14,2	13,9
5 %	13,5	12,9	12,6	12,4	12,1
6 %	11,9	11,4	11,2	11,0	10,8
7 %	10,6	10,2	10,0	9,9	9,7
8 %	9,6	9,3	9,1	9,0	8,8
9 %	8,8	8,5	8,3	8,2	8,1

Anti-Graffiti-Gesetz
anti-graffiti law

Am 1.9.2005 beschloss der Bundestag eine Ergänzung der §§ 303 und 304 des Strafgesetzbuches, mit der eine nicht unerhebliche oder nicht nur vorübergehende Veränderung des Erscheinungsbildes einer fremden Sache strafrechtlich geahndet wird. Dieser Tatbestand wird jetzt wie eine Sachbeschädigung behandelt und mit einer Freiheitsstrafe von bis zu zwei Jahren oder mit Geldstrafe bestraft. Noch härter (mit einer Freiheitsstrafe bis zu drei Jahren) wird bestraft, wer das Erscheinungsbild von Gegenständen oder Sachen der religiösen Verehrung, Grabmäler, Denkmäler, Naturdenkmäler oder Gegenstände der Kunst und der Wissenschaft usw. nicht nur unerheblich oder nur vorübergehend verändert. Mit diesen Vorschriften wollte der Gesetzgeber Graffitisprayern das Handwerk legen. Da es jedoch weiterhin schwierig ist, die Verantwortlichen zu identifizieren, konnte das Problem auf diese Weise nicht gelöst werden. Immer noch entstehen in Deutschland durch Graffiti jedes Jahr Schäden in Höhe von vielen Millionen Euro. Eine ganze Antigraffiti-Industrie lebt von der Graffitibeseitigung.

Anzeigepflicht
duty of disclosure; obligation to give notice

Gewerberechtlich
Ein Betrieb, der den Vorschriften der Makler- und Bauträger-Verordnung unterliegt, ist nach § 9 MaBV verpflichtet, personelle Änderungen in der Leitung des Betriebes oder einer Zweigstelle der Gewerbebehörde unverzüglich anzuzeigen – bei juristischen Personen sind das diejenigen, die nach der Satzung das Unternehmen vertreten. Damit soll die Behörde in die Lage versetzt werden, prüfen zu können, ob bei den neuen Personen die Voraussetzungen für die Erlaubnis nach § 34c GewO gegeben sind. Ein Unterlassen der Anzeige stellt eine Ordnungswidrigkeit dar und wird mit Bußgeld geahndet.

Baurechtlich
Baurechtliche Anzeigepflichten beziehen sich auf die beabsichtigte Ausführung kleinerer Baumaßnahmen, für die eine Genehmigung nicht erforderlich ist. Diesbezügliche Einzelregelungen sind Ländersache.

Nach dem Geldwäschegesetz
Jeder Makler ist im Zusammenhang mit Immobiliengeschäften verpflichtet, der Zentralstelle für Verdachtsanzeigen beim Bundeskriminalamt oder der Staatsanwaltschaft zu melden, wenn der Verdacht der Geldwäsche oder Terrorismusfinanzierung besteht. Die Pflicht zur Verdachtsmeldung besteht unabhängig vom Geschäftsumfang bei verdächtigen Vorgängen bei Verdacht auf Geldwäsche oder Terrorismusfinanzierung.

Nach dem Gesetz über den Versicherungsvertrag
Wer eine Versicherung abschließen will, muss dem Versicherer alle ihm bekannten Umstände anzeigen, die zur Beurteilung des Versicherungsrisikos wichtig sind. Gefahrenerheblich sind solche Umstände, die geeignet sind, den Vertrag nicht zu schließen oder nur zu anderen Bedingungen. Wird die Anzeigepflicht verletzt, kann die Versicherungsgesellschaft den Vertrag anfechten. Vor allem bei Haftpflichtversicherungen spielt die Anzeigepflicht eine größere Rolle.

Mietrechtlich
Im Rahmen seiner mietvertraglichen Pflichten muss jeder Mieter gegenüber dem Vermieter Schäden oder Mängel anzeigen, die an der Wohnung oder am Gebäude entstanden sind und womöglich zu weiteren Schäden oder Gefahren führen können.

Wenn Maßnahmen zum Schutz gegen eine unvorhergesehene Gefahr für die Mietsache notwendig werden, muss er den Vermieter darauf hinweisen. **Beispiele:** Feuchtigkeitsschaden bei Mietwohnung durch undichte Kellerwand; morscher Baum auf Mietgrundstück droht, auf die Straße zu fallen; Dachstuhl wird massiv vom Holzwurm befallen etc. Der Mieter muss dem Vermieter ebenfalls mitteilen, wenn ein Dritter sich Rechte an der Mietsache anmaßt. Falls in allen diesen Fällen keine Anzeige (= Information) beim Vermieter erfolgt, macht sich der Mieter schadenersatzpflichtig. Er muss für alle Schäden aufkommen, die infolge seines Schweigens entstanden sind. Obendrein verliert der Mieter seine Rechte auf Mietminderung oder Schadenersatz wegen Mängeln und auf fristlose Kündigung wegen Verletzung des Mietvertrages durch den Vermieter (§ 536c BGB).

Die Anzeigepflichten des Vermieters werden als Mitteilungspflichten bezeichnet. So besteht u. a. die Pflicht, drei Monate vor einer Modernisierung den Mieter über die geplanten Arbeiten zu informieren.

Arbeitgeberdarlehen
loan by employer to employee

Das Arbeitgeberdarlehen zählt zu den freiwilligen Sozialleistungen vieler Unternehmen. Es ist oft – besonders in Hochzinszeiten – günstiger als ein Baudarlehen von Sparkassen und Banken. Die soziale Komponente eines solchen Kredits besteht darin, dass der Arbeitgeber eben einen Zinssatz berechnet, der zum Teil deutlich niedriger ist als die aktuellen Marktkonditionen oder sogar völlig zinslos ist.

Der finanzielle Vorteil für den Arbeitnehmer, den Darlehensempfänger, besteht in der Zinsdifferenz. Der vom Firmenchef subventionierte Darlehenszins darf aus steuerlichen Gründen allerdings eine bestimmte Grenze nicht unterschreiten.

Falls er dies doch tut, gilt der Zinsvorteil als sogenannter Sachbezug, den der Darlehensnehmer und Arbeitnehmer versteuern muss. Ein steuerlich relevanter Zinsvorteil liegt vor, wenn der gezahlte Zinssatz den marktüblichen Zinssatz unterschreitet und zwar in Höhe der Differenz zwischen diesen beiden Zinssätzen. Der marktübliche Zinssatz kann aus den von der Deutschen Bundesbank laufend veröffentlichten Effektivzinssätzen unter Abschlag von vier Prozent abgeleitet werden.

Architekt
architect

Neben dem als Architekt betitelten Hochbauarchitekten gibt es noch den Landschafts- und den Innenarchitekten. Aus dem Griechischen abgeleitet bedeutet archós der Anführer oder das Oberhaupt und tékton der Zimmermann oder der Zimmerer. Ab dem 16. Jahrhundert hat sich in der Übersetzung des Wortes Architekt die Bezeichnung Baumeister etabliert. Die Architektin oder der Architekt wird in Vertretung der Bauherren tätig. Die Aufgabe umfasst im Wesentlichen die Beratung der Bauherren, das Zeichnen der Baupläne, die Eingabe des Bauantrages mit allen notwendigen Formularen bei den Behörden, die Erstellung der Werkpläne, die Ausschreibung, die Vergabe und die Verhandlung mit den Handwerkern und Baufirmen, die Betreuung der Baustelle und die Abrechnung mit den beteiligten Firmen.

In größeren Büros werden diese Leistungen in zwei Bereiche eingeteilt, die des Planers im Büro und die des Bauleiters auf der Baustelle. Diese Leistungen werden in neun Leistungsphasen der HOAI eingeteilt und vergütet. Der Absolvent einer Fachhochschule oder einer Universität der Architektur erhält eine Urkunde, die ihn als „Diplom-Ingenieur" ausweist.

Nach wenigstens zweijähriger, nachgewiesener Bautätigkeit kann er sich in die Liste der Architekten- und Ingenieurkammer eintragen lassen. Mit diesem Schritt ist er uneingeschränkt und eigenverantwortlich bauvorlageberechtigt und befugt, die Berufsbezeichnung Architektin oder Architekt zu führen.

Architektenleistungen
architectural services

Das Leistungsbild der Architekten ergibt sich aus der Honorarordnung für Architekten und Ingenieure (HOAI 2009). Von den elf großen Leistungsbereichen sind für den immobilienwirtschaftlichen Bereich vor allem die in Teil 3 § 33 (Leistungen bei Gebäuden und raumbildenden Ausbauten), und § 38 (Leistungsbild Freianlagen) und die sich darauf beziehenden zusätzlichen Leistungen von Bedeutung. § 3 enthält im Rahmen des Leistungsbildes für Objektplanung bei Gebäuden neun Grundleistungen. Diese sind in folgende Leistungsphasen zusammengefasst:

• Grundlagenermittlung
• Vorplanung
• Entwurfsplanung
• Genehmigungsplanung
• Ausführungsplanung
• Vorbereitung der Vergabe
• Mitwirkung bei der Vergabe
• Objektüberwachung
• Objektbetreuung, Dokumentation

Besondere Leistungen ergeben sich aufgrund besonderer Anforderungen. Teilweise handelt es sich um Leistungen, die normalerweise zum Aufgabenbereich des wirtschaftlichen Baubetreuers zählen, etwa Aufstellung eines Finanzierungsplanes und Mitwirkung bei der Beschaffung der Finanzierungsmittel, Aufstellen und Überwachen eines Zahlungsplanes, Objektverwaltung. Die „zusätzlichen Leistungen" beziehen sich auf die Entwicklung und Herstellung von Fertigteilen, Rationalisierungsmaßnahmen, die Projektsteuerung und die besonderen Maßnahmen im Zusammenhang mit der Durchführung eines Winterbaus.

Bauherr und Architekt können im Rahmen der Vertragsfreiheit ihr Geschäftsverhältnis frei gestalten. Es gilt das Werkvertragsrecht des BGB. Seitens der Architekten werden überwiegend Musterverträge von Architektenkammern und anderen Anbietern verwendet Ein neu gefasster Einheitsvertrag, den die Interessentenverbände der Architekten durchsetzen wollten, wurde, nachdem er vom Bundeskartellamt bereits veröffentlicht war, wieder zurückgezogen.

Arkade
arcade; colonnade

Der Begriff leitet sich aus dem Bogen (lat. arcus) ab und bezeichnet Säulen, die einen Bogen tragen. Im antiken Rom wurde diese Bogenkonstruktion für imposante Triumphbögen und endlos scheinende Aquädukte (Brückenkonstruktion, um Wasser in die weit entfernten Städte zu leiten) verwendet, denn der Bogen ist imstande, größere Lasten zu tragen und ermöglicht weitere Spannweiten als ein horizontaler Träger auf zwei Stützen.

Die Arkade ist ebenso ein überdeckter und gestreckter Laufgang, dessen Längswand von Bogenöffnungen aufgelöst wird, auch Arkadengang oder

Bogengang genannt. Im Gegensatz dazu steht die Blendarkade. Die aus dem Mauerwerk hervortretende Bogenkonstruktion gliedert die geschlossene Wand und unterstützt deren Statik. Arkadengänge finden oft in Außenräumen Verwendung. Sie schützen Fußgänger vor Regen und in südlichen Ländern verschatten sie die angrenzenden Räume. Im Innenraum wurde die Arkade als konstruktives Mittel genutzt, zum Beispiel in den Kirchen des Mittelalters. Statt der massiven Mauern, die die einzelnen Gewölbe tragen, schuf der Einsatz von Arkaden beeindruckend geräumige und trotzdem ausreichend belichtete Gotteshäuser.

Art der baulichen Nutzung
type of structural use

In einem Flächennutzungsplan können Bauflächen dargestellt werden, die die allgemeine Art der baulichen Nutzung bezeichnen (W = Wohnbauflächen, M = gemischte Bauflächen, G = gewerbliche Bauflächen und S = Sonderbauflächen). Es besteht auch die Möglichkeit der Darstellung von Baugebieten. Im Bebauungsplan können nur Baugebiete festgesetzt werden. Sie enthalten nähere Festsetzungen der Nutzungsart. Allerdings ist darauf hinzuweisen, dass auch in Flächennutzungsplänen Baugebiete „dargestellt", aber nicht „festgesetzt" werden können.

Nach der Baunutzungsverordnung (BauNVO) gibt es zehn verschiedene Baugebiete, darunter vier Wohngebietsarten nämlich Kleinsiedlungsgebiet (WS), reines, allgemeines und besonderes Wohngebiet (WR, WA, WB), drei Mischgebietsarten nämlich Dorfgebiet, „Mischgebiet", Kerngebiet (MD, MI, MK) und drei gewerbliche Gebietsarten. Zu diesen gehören Gewerbegebiet, Industriegebiet und Sondergebiet (GE, GI, SO). Eine „Nebenart" des Sondergebiets sind Wochenendhausgebiete. Das eigentliche Sondergebiet bezieht sich auf die Beschreibung eines Baugebietes, in dem besondere bauliche Anlagen errichtet werden können wie Flughäfen, Hochschulen, Großkliniken, Einkaufszentren, Kurgebiete und dergleichen (Beispiel SO KLINIK für ein Sondergebiet, für das der Bau einer Klinik festgesetzt ist).

Jede Baugebietsart wird in einem eigenen Paragrafen beschrieben. Im ersten Absatz steht die Zwecksetzung: zum Beispiel bei § 3 Reine Wohngebiete: „Reine Wohngebiete dienen dem Wohnen". Es folgt im 2. Absatz jeweils der Katalog der baulichen Nutzung, der zulässig ist und damit die Baugebietsart charakterisiert zum Beispiel bei § 2 Kleinsiedlungsgebiete. Zulässig sind
- Kleinsiedlungen einschließlich Wohngebäude mit entsprechenden Nutzgärten, landwirt-

schaftliche Nebenerwerbsstellen und Gartenbaubetriebe sowie
- die der Versorgung des Gebietes dienenden Läden, Schank- und Speisewirtschaften sowie nicht störende Handwerksbetriebe."

Der 3. Absatz ist schließlich den zulässigen Ausnahmen gewidmet. So können bei Gewerbegebieten (§ 8) ausnahmsweise zugelassen werden:
- Wohnungen für Aufsichts- und Bereitschaftspersonen sowie Betriebsinhaber und Betriebsleiter.
- Anlagen für kirchliche, kulturelle, soziale und gesundheitliche Zwecke.
- Vergnügungsstätten.

Bei der konkreten Gestaltung eines Bebauungsplanes muss sich eine Gemeinde für eine Nutzungsart entscheiden, wobei sie allerdings von den Vorgaben der Verordnung durch Festsetzungen abweichen kann, soweit dadurch der Gesamtcharakter des Baugebietes nicht wesentlich beeinträchtigt wird. Im Übrigen wird die jeweilige Baugebietsbeschreibung der Baunutzungsverordnung Bestandteil des Bebauungsplans. Die festgesetzt Baugebietsart enthält wichtige Informationen für die Lageanalysen von Maklern und Sachverständigen und für Standortanalysen von Projektentwicklern.

Attika/Attikawohnung
attic/attic flat

Das Wort stammt aus dem Griechischen und soll auf den Namen der Stadt Athen zurückzuführen sein (athenisch). Bezeichnet wurde damit ein Kranzgesims mit Inschriften oder Figuren. Im Klassizismus wurde die Attika ein beliebtes Architekturelement. Heute wird der Begriff Attika im Bereich der Architektur für unterschiedliche Gestaltungselemente verwendet. So wird mit „Attika" die Überdeckung der Dachkante bezeichnet. Man trifft sie häufig in Form von Weißblechverkleidungen der Ränder der Flachdächer (bei Bungalows und mehrstöckigen Häusern mit Flachdächern und Dachterrassen) an, mit denen die Dachkante abgedichtet und verdeckt wird. Die Aufkantungshöhe liegt zwischen zehn und 25 Zentimeter. Vermieden wird dadurch der Regenwasserabfluss an den Hauswänden. Aber auch Aufmauerungen, die über die Dachkante hinausragen, werden unter dem Begriff Attika subsumiert.

In der Schweiz bezieht sich der Begriff der Attikawohnung auf eine Wohnung, die auf ein Flachdach aufgebaut ist. Die zurückgesetzte Wohnung ermöglicht auf dem als Terrasse gestalteten Dach einen Rundgang um die Wohnung. In Deutschland verwendet man hierfür den aus Amerika stammenden Begriff Penthouse.

Aufenthaltsräume
recreation rooms; lounges

Aufenthaltsraum ist ein Begriff des Bauordnungs-rechts. Unter Aufenthaltsräume versteht man Räume, die zum dauernden Aufenthalt für Menschen bestimmt sind. Beurteilungskriterien sind die lichte Höhe (zwischen mindestens 2,20 Meter und 2,50 Meter je nach Landesbauordnung) und senkrecht stehende Fenster (ausnahmsweise sind geneigte Fenster zulässig).

Für Dach- und Kellergeschosse gelten besondere Regelungen. Beim Dachgeschoss bleiben bei der Berechnung der Nutzfläche solche mit einer lichten Höhe unter 1,50 Meter außer Betracht.

Bei Kellergeschossen wird darauf abgestellt, dass ein bestimmter Höchstabstand zwischen dem Kellerboden und der Ebene der natürlichen Geländeoberflächen eingehalten werden muss. Ausnahmen gelten für Gaststätten, Verkaufsräume, Spielräume, Werkräume usw. Diese können in Kellerräumen als Aufenthaltsräume zugelassen werden.

Auflassung
conveyance; conveyance by agreement; common assurance on conveyance of land; formal in rem transfer agreement; notarised conveyance of ownership

Auflassung bezeichnet die Einigung zwischen Verkäufer und Käufer über den Eigentumswechsel beim Grundstückskauf. Die Auflassung muss zusätzlich zum Kaufvertrag erfolgen und von beiden Vertragsseiten bei gleichzeitiger Anwesenheit vor einem Notar erklärt werden. Die Vertragsparteien können sich auch vertreten lassen. Anschließend wird der Eigentümerwechsel im Grundbuch eingetragen. Beim Immobilienkaufvertrag wird die Auflassung in der Regel bereits in der Kaufvertragsurkunde erklärt. Existiert das Kaufgrundstück noch nicht als handelbares Gut, weil es erst Vermessen werden muss, kann die Auflassung erst dann erklärt werden, wenn das Grundstück als Rechtsobjekt entstanden ist.

Aufmaß
measurement(s); bill of quantities

Sofern ein Bauvertrag auf Einheitspreisen (Preise für Leistungseinheiten) beruht, ist es erforderlich, die erbrachte Leistung quantitativ zu erfassen. Dies erfolgt durch das Aufmaß, einem Zählen und Nachmessen der Längen (zum Beispiel Rohre), Flächen (zum Beispiel Wände) und Massen (zum Beispiel Mauerwerk). Zum Aufmaß sollte der Architekt des Bauherrn hinzugezogen werden („gemeinsames Aufmaß").

Aufpflasterung
speed bump

Zum Zweck der Entschleunigung des innerörtlichen Straßenverkehrs wurden in vielen deutschen Gemeinden Straßen mit Pflastersteinreihen versehen, etwa der Übergang in eine 30-km-Zone. Man spricht hier von „Aufpflasterung". Solche Maßnahmen sind umstritten, weil damit in der Regel auch zusätzlicher Verkehrslärm und Feinstaub erzeugt wird. Die Gemeinden sind verpflichtet, bevor eine solche Entscheidung getroffen wird, abzuwägen, ob die Entschleunigung des Straßenverkehrs nicht auf andere Weise erreicht werden kann, zum Beispiel durch Verengung der Straßenführung. Das OVG Koblenz hat mit Urteil vom 11.5.1999 (Az 7 A 10095/99, NJW 2000, S. 234) einem Anlieger den Anspruch auf Unterlassung der Aufpflasterung, beziehungsweise der Beseitigung einer bereits durchgeführten Aufpflasterung gegen eine Gemeinde zugesprochen.

Aufteilungsplan
partition plan; constructional drawing approved by the local building department, certifying the apportionment of individual apartments and common elements of a condominium

Um Wohnungseigentum rechtswirksam durch Anlegung der Wohnungsgrundbücher zu begründen, ist es gemäß § 7 Abs. 4 Nr. 1 WEG erforderlich, der Eintragungsbewilligung neben der Abgeschlossenheitsbescheinigung eine von der Baubehörde mit Siegel und Stempel versehene Bauzeichnung beizufügen, die allgemein als Aufteilungsplan bezeichnet und zum Bestandteil der Grundakte wird.

Die Anfertigung des Aufteilungsplanes kann gemäß § 7 Abs. 4 Satz 3 WEG auch durch öffentlich bestellte oder anerkannte Sachverständige für das

Bauwesen erfolgen, wenn dies die Landesregierungen durch Rechtsverordnung bestimmt haben. In diesem Fall bedarf der als Anlage beizufügende Aufteilungsplan nicht der Form des § 29 der Grundbuchordnung.

Der Aufteilungsplan soll Aufschluss über die Aufteilung des Gebäudes sowie über Lage und Größe der im Sondereigentum und der im Gemeinschaftseigentum stehenden Gebäudeteile geben. Bei bestehenden Gebäuden muss der Aufteilungsplan grundsätzlich den aktuellen Bauzustand zutreffend wiedergeben. Alle zu demselben Sondereigentum gehörenden Einzelräume sind mit der jeweils gleichen Nummer zu kennzeichnen (§ 7 Abs. 4 Satz 1 Nr. 1 WEG). Zur klaren Abgrenzung von Sonder- und Gemeinschaftseigentum ist erforderlich, dass der Aufteilungsplan nicht nur die Grundrisse, sondern auch Schnitte und Ansichten des Gebäudes enthält. Die Nummerierung der zu einem Sondereigentum gehörigen Räume, einschließlich Balkone, Loggien, Keller-, Boden- und Abstellräume, Garagenstellplätze, muss mit der entsprechenden Nummerierung des Sondereigentums in der Teilungserklärung übereinstimmen.

Ist Sondereigentum in der Teilungserklärung und im Aufteilungsplan nicht hinreichend und übereinstimmend ausgewiesen, zum Beispiel bei abweichender oder fehlender Nummerierung, ist Sondereigentum nicht rechtswirksam entstanden. Ebenso sind Sondernutzungsrechte im Aufteilungsplan auszuweisen, also alleinige Gebrauchs- und Nutzungsrechte an gemeinschaftlichen Flächen (Gartenflächen, Kraftfahrzeug-Stellplätze im Freien) und Räumen.

In den Aufteilungsplänen nach Angaben des Architekten eingetragene Nutzungsvorschläge (Wohnzimmer, Kinderzimmer, Arbeitszimmer etc.) haben grundsätzlich nicht die Bedeutung einer Zweckbestimmung mit Vereinbarungscharakter (BGH, Urteil vom 15.1.2010, V ZR 40/90). Das heißt, es handelt sich um unverbindliche Vorschläge, die nicht zwingend sind und deshalb auch andere Nutzungsmöglichkeiten zulassen. (BGH, Urteil vom 16.11.2012, V ZR 246/11).

Aufwendungsdarlehen und Aufwendungszuschüsse
redemption loan and redemption subsidies

Als rückzahlbares Aufwendungsdarlehen werden vom Staat im sogenannten 2. Förderweg für Neubauten gewährte Darlehen bezeichnet, das Bauherren oder Käufern mit niedrigen Einkommen erhalten konnten. Der Bauherr erhielt mehrere Jahre einen bestimmten Darlehensbetrag pro Quadratmeter Wohnfläche, dessen Höhe sich nach der Zahl der Familienmitglieder richtete. Im Vergleich dazu brauchten Aufwendungszuschüsse nicht zurückgezahlt zu werden. Sie wurden oft bei Wohnungen, die im 1. oder 2. Förderweg gefördert wurden, von den Bundesländern zusätzlich gewährt. Diese staatliche Förderung richtete sich in ihrer Höhe nach der Wohnfläche. Der Aufwendungszuschuss verringerte sich außerdem alljährlich um einen bestimmten Satz, bezogen auf die Anfangsleistung. Durch die Aufhebung des 2. Wohnungsbaugesetzes zum Ablauf des 31.12.2002, (optional des 31.12.2003) das hierfür die Gesetzesgrundlage war, ist diese Förderung auf dieser Rechtsgrundlage nicht mehr möglich. Heute gilt das Wohnraumförderungsgesetz, das allerdings ähnliche Förderungsmöglichkeiten vorsieht.

Auktion (Immobilien)
auction (real estate)

Außer der Zwangsversteigerung gibt es die Form der freiwilligen Versteigerung einer Immobilie – auch Auktion genannt. In Niedersachsen hat diese Form der Vermittlung über einen Auktionator eine lange Tradition. Mit der Gründung eines ersten Auktionshauses in Berlin im Jahre 1985 durch den damaligen Berliner Wirtschaftssenator Hans Peter Plettner begann eine neue Entwicklung. Das Unternehmen existiert heute unter dem Namen Deutsche Grundstücksauktionen AG (DGA). 1992 erfolgte ebenfalls in Berlin die Gründung der Karhausen Immobilien Organisationen GmbH & Co (KIA). Weitere neuere Auktionshäuser für Immobilien sind die Deutsche Haus- und Grundauktionen AG in Stuttgart, Bremen und Düsseldorf, die die Auktionen der EXPO-Pavillions in Hannover übernahm. Zu nennen sind auch Waitz & Richter GmbH in Leipzig sowie Jones Lang LaSalle die mit Engels & Völkers sich um Grundstücksauktionen unter dem Dach des Auktionshauses Sotheby's bemühen. Die beiden Berliner Versteigerungshäuser zusammen versteigern im Jahresschnitt Objekte im Wert zwischen 45 und 100 Millionen Euro. Die Erfolgsquote bei Versteigerungen liegt relativ hoch. Es wird geschätzt, dass über 90 Prozent der eingelieferten Objekte auch im Versteigerungsverfahren umgesetzt werden. Allerdings liegt in vielen Fällen die Zuschlagsumme nicht oder nicht wesentlich über dem Mindestgebot. Andererseits können hier auch Objekte am Markt untergebracht werden, die bei Verkaufsbemühungen am normalen Markt kaum Chancen haben.

Über den Versteigerungserfolg (Versteigerungserlös im Vergleich zum Mindestgebot) entscheidet auch die Vermarktungsstrategie. Für einen Versteigerungstermin werden oft bis zu 50.000 Objektkataloge versandt. Wichtig ist die Zielgruppenschärfe der Werbemaßnahmen.

Der Versteigerer bedarf einer Erlaubnis nach § 34b der Gewerbeordnung. Sie wird erteilt, wenn der Antragsteller geordnete Vermögensverhältnisse nachweisen kann, und die das Versteigerergewerbe erforderlich Zuverlässigkeit besitzt. Außerdem muss der Grundstücksversteigerer die erforderlichen Kenntnisse über den Grundstücksverkehr nachweisen. Besonders sachkundige Versteigerer können öffentlich bestellt und vereidigt werden.

Weder der Versteigerer noch seine Angestellten dürfen als Bieter auftreten. Nähere Regelungen über den Versteigerungsvorgang enthält die Versteigerer-Verordnung (VerstV). In ihr sind unter anderem geregelt Form und Inhalt des Auftragsverhältnisses mit dem Auftraggeber (u. a. das von ihm zu entrichtende „Aufgeld"), die Versteigerungsbedingungen, die der Versteigerer festlegen muss, die etwaige Hinzuziehung eines vereidigten Sachverständigen zur Ermittlung des Verkehrswertes sowie die Anzeigepflicht eines Versteigerungstermins bei der zuständigen Behörde.

Wird im Grundstücksversteigerungsverfahren der Zuschlag erteilt, erfolgt in der Regel die notarielle Beurkundung durch den anwesenden Notar. Denkbar ist im Übrigen auch, dass der Notar selbst eine Auktion leitet und den Zuschlag beurkundet.

Ausbauhaus
(usually prefabricated) house without finishings, which are left for the purchaser to complete

Haus, das in verschiedenen Ausbaustufen angeboten wird, wobei der Restausbau durch den Bauherrn erfolgt. Insbesondere die Eigenleistungen und damit die Restkosten werden häufig falsch eingeschätzt. Ebenfalls gestaltet sich die Bewertung der Immobilie und damit auch die Beleihung in der Regel nicht einfach.

Ausgleichsflächen
compensatory areas

Die im Zusammenhang mit der Aufstellung, Änderung, Ergänzung oder Aufhebung von Bauleitplänen zu erwartende mögliche Versiegelung des Bodens erfordert einen Ausgleich durch Bereitstellung von sogenannten Ausgleichsflächen etwa in Gestalt von Grünflächen (Streuwiesen), Biotopen, extensiv genutzten Wiesen, die einer intensiven landwirtschaftlichen Nutzung entzogen sind. Diese sind in den Flächennutzungsplänen darzustellen und in den Bebauungsplänen festzusetzen. Die Ausgleichsflä-

chen müssen nicht im räumlichen Zusammenhang mit dem Baugebiet stehen (sogenannte externe Kompensation). Andererseits kann der Ausgleich auch in einer Dachbegrünung des Gebäudes bestehen, mit dem der Boden versiegelt wird. Grundlage bildet die Eingriffsregelung des Bundesnaturschutzgesetzes und §§ 1 Abs. 7, sowie 1a Abs. 3 BauGB.

Die Kosten für die Bereitstellung der Ausgleichsflächen sind nach bestimmten Umlegungsmaßstäben, die sich am Versiegelungsgrad des Bodens durch die Bebauung orientieren (überbaubare Grundstücksflächen, zulässige Grundfläche, zu erwartende Versiegelungsfläche, Schwere des Eingriffs), auf die Eigentümer der Flächen des neuen Baugebietes abzuwälzen. Im Gegensatz zum Erschließungsaufwand werden die Gesamtkosten der Ausgleichsmaßnahmen umgelegt.

Beschaffung und Bereitstellung von Ausgleichsflächen können auch durch städtebaulichen Vertrag auf Unternehmen übertragen werden.

Ausnahmen und Befreiungen (öffentliches Baurecht)
exceptions and exemptions (public building law)

Im Bauplanungsrecht sind Ausnahmen in den Rechtsvorschriften geregelt. So können Festsetzungen in Bebauungsplänen Ausnahmeregelungen enthalten, die ein Bauherr für sich in Anspruch nehmen kann. Außerdem finden sich in der Baunutzungsverordnung bei Beschreibung der Baugebietsarten viele Ausnahmetatbestände, der der Gemeinde eine größere Planungsfreiheit einräumen.

Von Befreiungen im Sinne des Bauplanungsrechts (§ 31 BauGB) dagegen spricht man, wenn zugelassen wird, dass der Bauherr von Festsetzungen des Bebauungsplanes abweichen darf. Die Befreiung ist möglich, wenn mit der beabsichtigten Abweichung die Grundzüge des Bebauungsplanes unberührt bleiben und entweder Gründe des Gemeinwohls dies erfordern oder die Abweichung städtebaulich vertretbar ist. Befreiungen sind ferner dann möglich, wenn die Durchführung des Bebauungsplanes zu einer nicht beabsichtigten Härte führen würde. Stets muss dabei abgewogen werden, ob die Abweichung auch mit den öffentlichen Belangen (Interessen) vereinbar ist.

Auch in den Landesbauordnungen finden sich Möglichkeiten, von der Einhaltung zwingender Vorschriften insbesondere im Genehmigungsverfahren befreit zu werden („Dispens"). Bei Befreiungen im Rahmen des öffentlichen Baurechts muss nicht selten auch auf nachbarrechtliche Belange Rücksicht genommen werden.

Ausschreibung
tender; invitation to tender

Unter Ausschreibung versteht man die Aufforderung an Bauunternehmer und Handwerker zur Angebotsabgabe. Grundlage ist die detaillierte Darstellung der gewünschten Bauleistung mit Hilfe eines Leistungsverzeichnisses und einer Leistungsbeschreibung. Die Regeln für die Ausschreibung enthält die VOB Teil A. Sie haben Empfehlungscharakter, soweit nicht die öffentliche Hand Bauherr ist oder das Baugeschehen im Rahmen von PPP-Konstruktionen beeinflussen kann. In diesem Fall ist eine europaweite Ausschreibung vorgesehen, wenn der Gesamtauftragswert fünf Millionen Euro ohne Umsatzsteuer übersteigt. Unterschieden wird zwischen folgenden Arten der Ausschreibung:

- Öffentliche Ausschreibung, zum Beispiel in Tageszeitungen, die umfangreiche Informationen enthalten muss. Sie richtet sich an eine unbeschränkte Anzahl von Unternehmen.
- Beschränkte Ausschreibung an 3-8 Bewerber (wenn die öffentliche Ausschreibung zu keinem Ergebnis oder einem zu hohen Aufwand führt)
- Beschränkte Ausschreibung nach öffentlicher Aufforderung
- Freihändige Vergabe in ganz bestimmten Fällen

Die Ausschreibung dient dazu, die Vergabe von Bauleistungen im Regelfall auf die Grundlage des Wettbewerbs zu stellen.

Außenanlagen
grounds; exterior features (landscaping, parking, etc.); outdoor facilities

Zu den Außenanlagen gehören nach Anlage 1 der (außer Kraft gesetzten) II. BV u. a.

- Entwässerungs- und Versorgungsanlagen vom Hausanschluss bis zum öffentlichen Netz, Kleinkläranlagen, Brunnen und dergleichen,
- Befestigungen von Wegen, Höfen, Spielplätzen,
- Gartenanlagen mit Pflanzungen, Stützmauern, Teppichklopfstangen und so weiter

Die Kosten für Außenanlagen sind Teil der Baukosten. Nach der DIN 276 (Kosten im Hochbau) zählen zu den Außenanlagen Geländeflächen (zum Beispiel Pflanzen, Rasen, Wasserflächen), befestigte Flächen (Wege, Höfe und so weiter), Baukonstruktionen in Außenanlagen (Einfriedung, Mauern, Rampen und so weiter), technische Anlagen (zum Beispiel Abwasser- und Wasseranlagen, Fernmelde- und informations-technische Anlagen), Einbauten und sonstige Maßnahmen für Außenanlagen.

Außenbereich (§ 35 BauGB)
white land (planning); outskirts; exterior; unallocated (unzoned) land (Section 35 of the Federal German Building Code)

Zum Außenbereich gehören die Gebiete einer Gemeinde, die nicht im Geltungsbereich eines qualifizierten Bebauungsplanes liegen und nicht unbeplanter Innenbereich sind. Außenbereichsflächen können aber innerhalb des unbeplanten Innenbereiches liegen. Grundsätzlich ist der Außenbereich von einer Bebauung freizuhalten. Allerdings sind Ausnahmen zulässig, nämlich so genannte privilegierte Vorhaben. Dabei handelt es sich um, die Vorhaben, die land- und forstwirtschaftlichen Betrieben, Gartenbaubetrieben, der öffentlichen Versorgung zum Beispiel mit Energie und Entsorgung dienen. Hinzu kommen Anlagen zur Erforschung und Entwicklung oder Nutzung der Windkraft- oder Wasserenergie und der energetischen Nutzung von Biomassen. Kernkraftwerke, die ohnehin nicht mehr zulässig sein sollen, wurden aus dem Katalog gestrichen. Sonstige Vorhaben können im Einzelfall zugelassen werden. Außerdem gibt es „begünstigte Vorhaben", die eine Folgenutzung, Nutzungsänderungen, Umbau, Wiederaufbau und Erweiterungsmaßnahmen in beschränktem Umfange ermöglichen. Durch eine Außenbereichssatzung kann für überwiegend mit Wohnungen bebaute Bereiche im Außenbereich eine weitere Wohnbebauung ermöglicht werden, aber auch eine Bebauung mit kleineren Gewerbe- und Handwerksbetrieben.

Außendämmung
external insulation

Eine Außendämmung ist an den Außenflächen eines Gebäudes angebrachtes Material zur Dämmung gegen Wärmeverluste oder gegen Lärmbelastung. Die Außendämmung kann bereits während des Baus angebracht worden sein, aber erst nachträglich im Rahmen von Sanierungs- und Modernisierungsmaßnahmen hinzugefügt werden. Eine ausreichende Außendämmung ist eine wesentliche Voraussetzung für das Einhalten der Energieeinsparverordnung (EnEV).

Aufgrund erheblich gestiegener Heizkosten, verschärfter gesetzlicher Regelungen und begünstigt durch die Einführung des Energieausweises für Wohngebäude wurden in den vergangenen Jahren viele Wohngebäude mit einer nachgerüsteten Außendämmung versehen. Wird die Gebäudehülle gedämmt und mit neuen Fenstern und Außentüren versehen, muss erheblich mehr gelüftet werden als zuvor, da sonst die Gefahr der Schimmelbildung besteht. Für Modernisierungen in diesem Bereich, sowie für energieeffiziente Neubauten stehen verschiedenartige Fördermöglichkeiten zur Verfügung – u. a. bei der KfW (www.kfw.de) sowie bei Ländern und Gemeinden.

Aussiedlerhof
farm resited away from a village

Im Zusammenhang mit dem in der Nachkriegszeit beginnenden Konzentrationsprozess landwirtschaftlicher Betriebsstrukturen wurden in einer weiteren Entfernung zu den Dörfern so genannte Aussiedlerhöfe gegründet. Deren Zweck war das Bestreben, die landwirtschaftlichen Arbeitsprozesse zu rationalisieren. Die Gründung von Aussiedlerhöfen war eine Alternative zur Althofsanierung. Voraussetzung war die Konzeption entsprechender Hofstrukturen in Verbindung mit durch die Flurbereinigung geschaffenen zusammenhängenden Flächenarealen um die neuen Höfe. In den 50er-Jahren des vergangenen Jahrhunderts wurden damit auch heimatvertriebene Bauern, die einen entsprechenden Besitz in ihrem Ursprungsland nachweisen konnten, entschädigt. Gleichzeitig wurden damit die Immissionslasten der Dörfer, die durch landwirtschaftliche Betriebe entstanden, herabgesenkt.

Die Betreuung der Aussiedlung wurde früher vielfach von gemeinnützigen Siedlungsunternehmen beziehungsweise „Landgesellschaften" übernommen. Allerdings hat sich in den letzten zehn Jahren ein Trend zur Umnutzung entwickelt. Aus manchen Aussiedlerhöfen wurden Reiterhöfe oder Gewerbebetriebe. Gegen neue Aussiedlungen sprechen heute erhebliche Kosten für Infrastrukturmaßnahmen (Erschließungsstraßen, Strom- Wasserversorgung, Abwasserentsorgung) und die mit der Aussiedlung verbundene Zersiedelung.

Avalkredit
surety credit/acceptance; credit by way of guarantee; guaranteed credit

Der Avalkredit ist seinem Wesen nach ein Bürgschaftskredit. Das Kreditinstitut übernimmt für seinen Kunden einem Dritten gegenüber eine Bürgschaft oder Garantie. Der Avalkredit beinhaltet ein bedingtes Zahlungsversprechen für den Fall, dass der Kunde seinen Zahlungsverpflichtungen nicht fristgerecht nachkommt.

In der Immobilienwirtschaft ist der Avalkredit ein Mittel für die Bauträgerfinanzierung. Nach § 7 MaBV kann der Bauträger anstelle der in § 3 MaBV vorgesehenen Zahlungsraten Sicherheit für alle von ihm in Anspruch genommenen Vermögenswerte seines Auftraggebers leisten und sich damit von dem durch § 3 MaBV begrenzten Liquiditätsspielraum befreien. Er muss die Sicherheit bis zur endgültigen Fertigstellung der Baumaßnahme aufrechterhalten. Abgesichert werden alle Rückgewährsansprüche, die dem Auftraggeber im Falle der Nichterfüllung oder der mangelhaften Erfüllung des Bauträgervertrages durch den Bauträger entstehen.

Anwendung findet der Avalkredit auch als Gewährleistungsbürgschaft im Baugewerbe. Sie steht für die Kosten der Beseitigung von Baumängeln ein, die während der Gewährleistungsfrist entstehen, falls das Bauunternehmen nicht mehr dazu in der Lage ist. Als Gegenleistung für die Übernahme der Bürgschaft verlangt das Kreditinstitut eine Avalprovision, die je nach Kreditrisiko unterschiedlich hoch ist und etwa zwischen ein Prozent und 2,5 Prozent der abgesicherten Summe liegt.

Balkon
balcony

Unter Balkon versteht man eine nach mindestens einer Seite offene, mit einer Brüstung gesicherte, begehbare Fläche in Obergeschossen, die – im Gegensatz zur Loggia – über die Außenwand eines Gebäudes hinausragt. Inwieweit die Fläche des Balkons zur Wohnfläche der Wohnung zählt, hängt vom Datum des Mietvertrages ab. Wurde der Vertrag vor dem 1.1.2004 abgeschlossen, kann die Quadratmeterfläche einer Dachterrasse oder eines Balkons mit bis zu 50 Prozent in die Wohnflächenberechnung einfließen. Grundlage dafür ist die Zweite Berechnungsverordnung (II. BV). Geringere Flächenanteile können jedoch angerechnet werden, wenn dies ortsüblich ist oder im Mietvertrag ein anderer Berechnungsmaßstab vereinbart wurde.

Wurde der Mietvertrag ab 1.1.2004 geschlossen, kommt die zu diesem Zeitpunkt in Kraft getretene Wohnflächenverordnung zur Anwendung. Danach sind Balkone in der Regel mit 25 Prozent, maximal mit 50 Prozent in die Wohnfläche mit einzubeziehen. Eine höhere Anrechnung als mit 25 Prozent ist nach der Verordnungsbegründung bei einer besonders hochwertigen Ausgestaltung oder Lage des Balkons möglich. Auch die Ortsüblichkeit ist nach wie vor ein Kriterium.

Mieter können den Balkon ihrer Wohnung unbeschränkt nutzen, solange sie dabei nicht Rechte der anderen Mieter oder des Vermieters verletzen.

Es ist bei der Balkonnutzung also darauf zu achten, dass niemand belästigt wird, zum Beispieldurch Lärm, Geruch (Grillen im Sommer) und herabfallende Dinge (Vogelkot von ausufernden Pflanzen). Einige herabfallende Blätter muss der darunter wohnende Mieter jedoch hinnehmen.

Für Instandsetzungsmaßnahmen ist der Vermieter zuständig. Der Balkon darf dabei nicht flächenmäßig verkleinert werden.

Ist durch einen Mieter eigenmächtig eine Balkonverglasung installiert worden, kann der Vermieter deren Beseitigung fordern (Landgericht Berlin, Az. 65 S 152/99, Urteil vom 8.2.2000). Es ist allein Sache des Vermieters, wie er unter Berücksichtigung baulicher Gesichtspunkte das Äußere des Mietobjekts gestaltet. Belästigungen durch Tabakrauch vom Nachbarbalkon müssen Mieter dulden (Landgericht Essen, Az. 10 S 438/01, Urteil vom 7.2.2002).

Bei Eigentumswohnungen zählt der Balkon als zur Wohnung gehöriger „Balkonraum" zum Sondereigentum. Ebenfalls dem Sondereigentum sind der begehbare Fliesen- oder Plattenbelag zugeordnet sowie innenseitig angebrachte Balkonverkleidungen, sofern sie nicht von außen einsehbar

sind. Die konstruktiven Bestandteile des Balkons (Balkonplatte, -isolierungsschicht, -brüstung/-gitter) sind dagegen zwingend gemeinschaftliches Eigentum. Sie können auch durch Vereinbarung nicht zum Gegenstand des Sondereigentums erklärt werden.

Daher sind auch die Kosten für die Instandhaltung und -setzung, beispielsweise bei Feuchtigkeitsschäden in der darunter liegenden Wohnung aufgrund schadhafter oder fehlender Balkonisolierungsschicht, von allen Eigentümern gemäß § 16 Abs. 2 WEG im Verhältnis ihrer Miteigentumsanteile zu tragen, sofern keine abweichende Kostenverteilung gemäß § 10 Abs. 2 Satz 2 WEG vereinbart ist oder im konkreten Einzelfall gemäß § 16 Abs. 4 WEG mehrheitlich beschlossen wurde.

Bannwaldgebiet
protected forest area

Unter einem Bannwald versteht man ein zusammenhängendes Waldgebiet, das wegen seiner besonderen Bedeutung in einem naturnahen Zustand erhalten werden soll. Bannwälder können auf unterschiedliche Weise nützlich sein. Ein im Alpengebiet stehender Bannwald kann zum Beispiel eine Schutzzone bilden. Er schützt dann vor Lawinen und Steinschlag oder begrenzt die hiervon ausgehenden Gefahren. In anderen Gegenden dient er als Sickerboden bei Hochwasser. Ein in Großstadtnähe liegender Bannwald kann für die Luftreinigung der Stadt nützlich sein. Zuständig für entsprechende Reglungen sind im Wesentlichen die Bundesländer. Ein Bannwaldgebiet wird durch Rechtsverordnung auf der Grundlage von Landeswaldgesetzen ausgewiesen. Das Bundeswaldgesetz enthält hinsichtlich der Bestimmung von Waldkategorien ausschließlich Rahmenregelungen für die Landesgesetzgeber. Der Bannwald selbst spielt dort keine Rolle.

Bargebot
cash bid/offer

Als Bargebot wird der Teil des Gebotes bei einer Zwangsversteigerung bezeichnet, der bei Erteilung des Zuschlags zu zahlen ist. Darin nicht enthalten sind die zu übernehmenden Rechte und Lasten. Dabei kann es sich um das jeweils an 1. Rangstelle eingetragene Erbbaurecht handeln, aber auch um ein Altenteil, das nach länderrechtlichen Regelungen selbst dann übernommen werden muss, wenn es im Rang außerhalb des bestrangig betreibenden Gläubigers liegt. Unter bestimmten Voraussetzungen kann jedoch auch das Altenteil untergehen. Notwegerechte und Überbaurechte sind bestehen bleibende Rechte. Belastungen, die im Falle des Zuschlags außerhalb des Bargebots liegen, entfallen. Vom Bargebot nicht abgedeckt, also zusätzlich zu erbringen, sind die Grunderwerbsteuer, die Gebühren für die Erteilung des Zuschlags und für die Umschreibung im Grundbuch. „Bargebot" bedeutet nicht, dass man den Preis bar während des Versteigerungstermins zahlen muss. Von Bietern kann aber sofort eine Sicherheitsleistung in Höhe von zehn Prozent des Verkehrswertes der Immobilie verlangt werden.

Barrierefreiheit
accessibility; barrier-free (washrooms, etc.)
Barrierefreiheit ist besonders bei Wohnungen für Behinderte oder ältere Mitbürger wichtig. Barrierefreiheit bedeutet:
- Keine Stufen und Türschwellen in der Wohnung
- bodengleiche Dusche ohne Duschwanne
- ausreichende Bewegungsflächen, zum Beispiel zwischen Bett und Wänden und vor der Küchenzeile
- ausreichende Türbreiten (Innentüren mindestens 80 Zentimeter).

Die DIN 18025, Teil 2 legt noch weitere „Hauptanforderungen" für barrierefreies Wohnen fest. § 554a BGB gewährt dem Mieter einen Anspruch auf Zustimmung des Vermieters zu baulichen Veränderungen, wenn diese für eine behindertengerechte Nutzung des Mietobjektes erforderlich sind. Der Vermieter kann die Zustimmung nur verweigern, wenn sein Interesse an der unveränderten Erhaltung der Mietsache das Interesse des Mieters überwiegt, wobei die Interessen der anderen Mieter in den Abwägungsprozess einzubeziehen sind. Der Umbau von Wohnungen mit dem Ziel, diese seniorengerecht zu gestalten, wird von der KfW mit zinsgünstigen Darlehen gefördert. Dies gilt auch für den Kauf von kürzlich umgebauten Wohnimmobilien.

Bauabnahme, werkvertragliche
final building inspection; acceptance of building work (by owner); final approval; final inspection of completed building by appropriate authority
Zu werkvertraglicher Leistungspflicht des Auftragnehmers (Unternehmers) gehört es, dass er dem Auftraggeber die Bauleistung (das Bauwerk) zum Zeitpunkt der Abnahme nach der vereinbarten Beschaffenheit frei von Sachmängeln verschafft. Am besten erfolgt die Bauabnahme mit Unterstützung eines Sachverständigen, der nach erfolgter Abnahme eine Fertigstellungsbescheinigung ausstellt. Diese Abnahme erfolgt zu dem zwischen Bauherren und Bauunternehmen, bzw. Erwerber und

Bauträger vereinbarten Termin. Im Abnahmeprotokoll listet der Bauherr alle Mängel auf, die noch beseitigt werden müssen. Abschließender Akt der förmlichen Bauabnahme ist die Schlüsselübergabe an den Auftraggeber.

Der Bauherr (Auftraggeber) ist stets zur Abnahme der von ihm in Auftrag gegebenen Bauleistungen verpflichtet. Die Abnahme kann nicht verweigert werden, wenn die Bauleistung nur noch unwesentliche Mängel aufweist. Wenn der Auftraggeber zum Abnahmetermin nicht erscheint, kann die Abnahme in seiner Abwesenheit erfolgen. Der Auftragnehmer muss das Ergebnis dem Auftraggeber mitteilen, der dann Zeit hat, etwaige weitere Mängel geltend zu machen. Von „fiktiver Abnahme" im Sinne der VOB 2006/B wird gesprochen, wenn sechs Werktage nach Beginn der Nutzung des Bauwerkes eine Abnahme nicht verlangt wird und beide Parteien vereinbaren, auf eine förmliche Abnahme zu verzichten. Bei der fiktiven Abnahme wird keine Abnahmereife vorausgesetzt. Das BGB kennt die fiktive Abnahme nicht.

Neben der förmlichen Abnahme, die innerhalb von zwölf Tagen nach Aufforderung durch den Auftragnehmer erfolgen muss, gibt es eine stillschweigende, die dadurch zustande kommt, dass der Bauherr durch schlüssiges Verhalten den Bau abnimmt, zum Beispiel dadurch, dass er das Gebäude in Gebrauch nimmt oder die Schlussrechnung vorbehaltlos bezahlt.

Mit der Bauabnahme sind wichtige rechtliche Konsequenzen für den Bauherrn verknüpft: Zum einen beginnt ab diesem Zeitpunkt die Mängelbeseitigungsfrist zu laufen. Darüber hinaus wird – bei fehlerfreier Arbeit – der Anspruch des Unternehmers auf die vereinbarte Vergütung fällig. Außerdem tritt eine Beweislastumkehr ein. Den Beweis dafür, dass später auftretende Schäden „Baumängel" sind, hat der Bauherr zu führen. Schließlich geht mit der Bauabnahme auch die Gefahr auf den Bauherrn über. Wurde eine Vertragsstrafe für den Verzugsfall vereinbart, muss sie im Abnahmeprotokoll vermerkt werden, da sonst der Anspruch verloren geht. Wird ein Abnahmeprotokoll vom Bauherrn „unter Vorbehalt" unterzeichnet, ist der Bauherr deswegen nicht berechtigt, die Bezahlung der Werkleistung zu verweigern. Der Vorbehalt dient der Absicherung von Gewährleistungsansprüchen wegen Baumängeln; er steht jedoch der rechtlichen Wirkung der Abnahme nicht entgegen. Wird das Abnahmeprotokoll vom Bauherrn unterzeichnet, gilt die Werkleistung auch bei einem Vorbehalt als im Wesentlichen vertragsgerecht (Urteil des OLG Hamm vom 30.10.2007, Az. 21 U 34/07).

Bauamt
building authority; local building control department; board of works

Das Bauamt ist die für Bauangelegenheiten zuständige kommunale Behörde. Teilweise wird die Bezeichnung auch für übergeordnete Behörden verwendet, etwa für Landesbauämter. Diese beschäftigen sich meist mit übergeordneten Planungsaufgaben auf der Ebene des jeweiligen Bundeslandes. Die Zuständigkeiten der Bauämter können sich je nach Bundesland und Verwaltungsebene unterscheiden.

Ein wichtiger Bereich der Tätigkeit der kommunalen Bauämter ist das Bauordnungsrecht. Hierzu gehören die Bearbeitung von Baugenehmigungsanträgen und die Bauaufsicht. Das Bauamt prüft dabei die Einhaltung gesetzlich geregelter technischer Anforderungen an die beantragten Bauvorhaben und ist für die Abwehr möglicher Gefahren verantwortlich, die von der Errichtung, dem Bestand und der Nutzung baulicher Anlagen ausgehen können.

Eine weitere Aufgabe liegt im Bereich der Raumordnungs- und Bauleitplanung. Hierbei geht es um die Ausweisung von Neubaugebieten, die Festlegung von Gewerbe-, Industrie-, gemischten- und reinen Wohngebieten.

Das Bauamt leistet dabei die vorbereitende Arbeit, über den eigentlichen Bebauungsplan muss dann der Stadt- beziehungsweise Gemeinderat abstimmen. Bei der Vorplanung muss das Bauamt zum Beispiel gesetzliche Vorschriften und übergeordnete Raumordnungspläne beachten und die Interessen verschiedener Träger öffentlicher Belange – zum Beispiel anderer Behörden wie der Umweltbehörde – mit einbeziehen.

Das kommunale Bauamt ist auch für Erschließungsaufgaben zuständig – so müssen Neubaugebiete an das Straßen- und Wegenetz und an die Ver- und Entsorgungsleitungen angeschlossen und mit Straßenbeleuchtung etc. versehen werden. Auch bei bestehenden bebauten Gebieten kann das Bauamt Verbesserungen der Infrastruktur vorbereiten. Das Bauamt erhebt von Grundstückseigentümern Erschließungsbeiträge, mit deren Hilfe der Anschluss von Grundstücken an das öffentliche Straßen- und Leitungsnetz beziehungsweise der Ausbau von Netzen und Wegen finanziert wird. Rechtsgrundlage sind Gemeindesatzungen.

Ferner betreut das Bauamt auch gemeindliche Bauprojekte, zum Beispiel den Bau oder die Renovierung von Verwaltungsgebäuden, Schulen, Kindergärten, Klärwerken, Feuerwehrstationen oder Sportanlagen. Oft sind die einzelnen Aufgaben der Bauämter – wie etwa Bauordnung oder Bauleit-

planung beziehungsweise Stadtplanung – in unterschiedlichen Abteilungen der Behörde angesiedelt. Für verschiedene Sonderbereiche gibt es spezielle Bauämter, etwa Straßenbauämter.

Bauantrag
planning application; application for building licence; application for building permit; application for construction permit

Mit dem Bauantrag leitet der Bauherr das Baugenehmigungsverfahren ein. Ganz gleich, wie die Baugenehmigung im jeweiligen Bundesland geregelt ist, muss der Bauherr in jedem Fall dem Bauantrag einen Lageplan, Bauzeichnungen, eine Baubeschreibung, sowie statische Nachweise beifügen. Es handelt sich um so genannte Bauvorlagen, deren Bestandteile in Bauvorlagenverordnungen geregelt sind.

Der Bauantrag ist bei der Gemeinde oder der Kreisbehörde (je nach Länderrecht) einzureichen. Er ist vom Bauherrn und dem Entwurfsverfasser zu unterschreiben. Im vereinfachten Genehmigungsverfahren und in Verfahren, in denen keine Genehmigung eingeholt werden soll, gelten teilweise abweichende Vorschriften. Auch hier ist zu beachten, dass die Länderregelungen unterschiedlich sind.

Bauaufsicht
supervision; building control; construction supervision; supervision of construction work

Die Aufgabe der Bauaufsichtsbehörden ist die staatliche Überwachung der Bautätigkeiten. Hierzu zählen die Erteilung oder das Versagen von Bau- und Teilbaugenehmigungen, bzw. die Prüfung eingereichter Unterlagen bei genehmigungsfreien Verfahren auf baurechtliche Zulässigkeit. Ferner zählen zu den Aufgaben der Bauaufsichtsbehörde die Erteilung von Vorbescheiden auf Bauvoranfragen, Erteilung von Dispensen, Teilungsgenehmigungen i. S. d. Wohnungseigentumsgesetzes, Erlass von Nutzungsuntersagungen, Abbruchanordnungen Stilllegen und Versiegelung von Baustellen usw. Als Träger hoheitlicher Gewalt kann sie sich Amtspflichtverletzungen zu Schulden kommen lassen, was dann zu Schadensersatzansprüchen führen kann. Die unterste Baubehörde ist auf Kreisebene angesiedelt, die mittlere auf der Ebene der Regierungsbezirke und die oberste auf der Ebene des zuständigen Ministeriums eines Bundeslandes.

Baubeschreibung
specification; building description; general construction description; specification (of a building)

Als Teil der Bauvorlage

Die Baubeschreibung ist Teil der Bauvorlagen, die bei der Bauaufsichtsbehörde einzureichen sind. Inhalt und Umfang bestimmen sich nach den Bauvorlagenverordnungen der Bundesländer. Zum Inhalt der Baubeschreibung zählen alle Einzelheiten des Bauvorhabens, die sich nicht aus den Bauzeichnungen und dem Lageplan ergeben. In der Regel gehören dazu die Beschreibung der Baukonstruktion, der Wärme- und Wasserversorgungsanlagen, der umbaute Raum, die Wohnfläche (Nutzfläche), die Grund- und Geschoßflächenzahl usw.

Als Teil des Bauträgervertrages

Die Baubeschreibung des Bauträgers dient dazu, die werkvertraglichen Leistungspflichten des Bauträgers so detailliert darzustellen, dass sie eine vernünftige und sichere Entscheidungsgrundlage für Kaufinteressenten sein können. Dazu gehört die Beschreibung der Beton und Maurerarbeiten mit Angaben zu den Wandstärken, dem Baumaterial, der Art der Decken, die Beschreibung der Ausführungen von Zimmer- Spengler- und Dachdeckerarbeiten, der sanitären und der Elektroinstallationen, der Heizung, der Glas-, Gips- und Fliesenarbeiten, die Schreiner- und Malerarbeiten, die Beschreibung der Bodenbeläge usw.In den Bauträgerverträgen werden meist auch Abweichungsvorbehalte aufgenommen, die allerdings zu keinen wertmäßigen Beeinträchtigungen führen dürfen. In der Regel wird den Erwerbern eine Auswahl von qualitätssteigernden Sonderwünschen gegen Aufpreis angeboten.

Baubetreuung
construction supervision; project/building/ construction management

Baubetreuer ist, wer Bauvorhaben im Namen und auf Rechnung des Bauherrn vorbereitet oder durchführt. Dadurch unterscheidet sich der Baubetreuer wesentlich vom Bauträger, der Bauvorhaben in eigenem Namen und auf eigene Rechnung vorbereitet und durchführt. Beim Baubetreuer ist zu unterscheiden zwischen Teil- und Vollbetreuung. Die Vollbetreuung umfasst sowohl die wirtschaftliche als auch die technische Betreuung. Die Teilbetreuung bezieht sich entweder auf die wirtschaftliche oder technische Betreuung. Bei der wirtschaftlichen Betreuung schaltet der Baubetreuer im Namen und für Rechnung des Bauherrn den Architekten und die Sonderfachleute ein. Bei der Vollbetreuung übernimmt der Baubetreuer auch die technischen Leistungen entweder durch einen hauseigenen Architekten oder durch einen freischaffenden Architekten, der dann für den Baubetreuer tätig wird.

Das Leistungsbild des Baubetreuers entspricht dem des Bauträgers. Er ist – stellvertretend für den Bauherrn – der Organisator des Baugeschehens. Die Zulassungsvoraussetzungen des § 34c GewO und die einschlägigen Vorschriften der MaBV beziehen sich auf den wirtschaftlichen Baubetreuer. Das bedeutet u. a., dass der Baubetreuer Sicherheit in Höhe der Vermögenswerte des Bauherrn leisten muss, über die er im Zusammenhang mit der Durchführung des Bauvorhabens verfügt. Die Sicherheit kann durch eine Bankbürgschaft erbracht werden, die so ausgestattet ist, dass Bürgschaftszahlungen stets auf erste Anforderung durch den Bauherrn zu leisten sind. Keine Sicherheit muss geleistet werden, wenn der Baubetreuer nur gemeinsam mit dem Bauherrn über das Baukonto verfügen darf.

Der wirtschaftliche Baubetreuer haftet nach dem Auftrags- und Dienstvertragsrecht. Haftungsfälle können sein: Erhebliche Bausummenüberschreitung, fehlerhafte Kostenermittlungen, vorvertragliche Pflichtverletzungen (zum Beispiel Verschweigen der Tatsache, dass der Baubetreuer nicht über eine Erlaubnis nach § 34c GewO verfügt), aber auch die Prospekthaftung spielt eine Rolle. Der Vollbetreuer haftet nach dem Werkvertragsrecht und muss deshalb auch Gewähr für eine mängelfreie technische Planungsleistung übernehmen.

Die Haftung erweitert sich in den Fällen, in denen auf eine Überprüfung der Einhaltung von bauordnungsrechtlichen Vorschriften im Rahmen eines Baugenehmigungsverfahrens verzichtet und eine der Formen des genehmigungsfreien Bauens (zum Beispiel des „Genehmigungsfreistellungsverfahrens" in Bayern oder des „Kenntnisgabeverfahrens" in Baden Württemberg) gewählt wird.

Baudenkmal
architectural monument; historic monument; historic structure; listed building

Gebäude bzw. einzelne Bauteile können je nach landesrechtlichen Vorschriften durch einen Verwaltungsakt, eine Rechtsverordnung oder schlicht durch Eintrag in ein Denkmalbuch oder eine Denkmalliste die Eigenschaft eines Baudenkmals erhalten. Unterstellt werden muss dabei ein öffentliches Interesse an der Erhaltung und Nutzung des Baudenkmals. Eine Reihe von Maßnahmen wie Beseitigung, Änderungen am geschützten Gebäude/Gebäudeteil, Nutzungsänderungen bis hin zu Modernisierungen bedürfen der Erlaubnis der zuständigen Denkmalschutzbehörde. Der Eigentümer ist im Rahmen der Zumutbarkeit zur Erhaltung, Instandsetzung und sachgemäßen Behandlung verpflichtet.

Bauen im Bestand
building in an existing context
„Bauen im Bestand" bezeichnet Baumaßnahmen aller Art an bestehenden Gebäuden. Es kann sich um eine energetische Sanierung, um eine Umnutzung, um An- und Ausbau, um Modernisierung oder auch um Revitalisierungsmaßnahmen handeln. Auch die Substanz erhaltende Baumaßnahmen an Baudenkmälern sind unter den Oberbegriff des Bauens im Bestand einzuordnen.

Ein besonderer Akzent des Bauens im Bestand ist die geforderte Nachhaltigkeit und die damit verbundene Werthaltigkeit. Im Hinblick auf die stagnierende Bevölkerungsbewegung gewinnt Bauen im Bestand gegenüber Neubaumaßnahmen zunehmend an Bedeutung. Das Investitionsvolumen beim Bauen im Bestand lag 2004 bei 78 Milliarden Euro, wogegen das Neubauvolumen nur noch 52 Milliarden Euro betrug. 2008 lag der Anteil an Bauinvestitionen, die sich allein auf Maßnahmen der Sanierung, Revitalisierung und Konversion bezog, bei 60 Prozent aller Bauinvestitionen. 2010 betrug dieses Investitionsvolumen 109 Milliarden Euro Bauen im Bestand unterscheidet sich in vielfacher Hinsicht von Neubaumaßnahmen. Es handelt sich in jedem Fall um eine Einzelmaßnahme die eine genaue Bestandsaufnahme voraussetzt. Diese wiederum ist Grundlage für die Analyse der erforderlichen Maßnahmen und der Vorgehensweise um eine zielgerechte Lösung zu ermöglichen. Bauen im Bestand wird heute an einer Reihe von Hochschulen als Masterstudiengang oder Studienschwerpunkt angeboten, zum Beispiel an den Hochschulen in Deggendorf, Heidelberg, Potsdam, Regensburg, Rosenheim und Siegen.

Bauerwartungsland
land earmarked for development; land set aside for building; potential development

land; prospective building land; land with hope value
Unter Bauerwartungsland versteht man Flächen, die nach der Definition der Immobilienwertermittlungsverordnung nach ihrer Eigenschaft, ihrer sonstigen Beschaffenheit, und ihrer Lage eine bauliche Nutzung in absehbarer Zeit erwarten lassen. Indizien dafür können sein eine Darstellung des Gebietes als Baufläche in einem Flächennutzungsplan, ein entsprechendes Verhalten der Gemeinde oder die allgemeine städtebauliche Entwicklung des betroffenen Gemeindegebietes. Ein „Restrisiko" der Einschätzung bleibt allerdings bestehen, da die Gemeindepolitik nicht immer mit der wünschenswerten Deutlichkeit vorhersehbar ist. Für Bauerwartungsland wird ein spekulativer Preis bezahlt, der die Entwicklungsnähe dieses Gebietes in Richtung Bauland zum Ausdruck bringt.

Baufenster
developable site
Als Baufenster bezeichnet man die planerische Darstellung des Flächenteils eines Baugrundstücks in einem Bebauungsplan, innerhalb der die Gebäude errichtet werden dürfen. Es handelt sich um die überbaubare Grundstücksfläche. Baufenster werden begrenzt durch Baugrenzen, Baulinien und Bebauungstiefen. Zu unterscheiden ist die überbaubare Grundstücksfläche von der zulässigen Grundfläche, die sich aus der „Grundflächenzahl" ergibt. Außerhalb des Baufensters können in der Regel Garagen (Grenzgaragen), Carports, Gartenhäuschen und dergleichen errichtet werden. Das Baufenster kann die sich aus der Grundflächenzahl (GRZ) ergebende Bebauungsmöglichkeit einschränken. Baufenster ist kein baurechtlich definierter Begriff, sondern ein Begriff aus der Baupraxis.

Baufinanzierung/Kaufpreisfinanzierung
construction finance; financing of building project
Die Baufinanzierung bezieht sich auf die langfristige Finanzierung von Bauvorhaben oder einen Immobilienerwerb mit Hilfe eines oder verschiedener Finanzierungsbausteine. Die klassische Baufinanzierung besteht im Einsatz von erstrangigen Immobiliendarlehen von Banken und Versicherungen und zweitrangigen Bauspardarlehen.

Um eine solide Baufinanzierung zu gewährleisten, sollte die Eigenkapitalquote des Bauherrn oder Käufers 25 bis 30 Prozent des insgesamt für die Anschaffung benötigten Kapitals nicht unterschreiten. Allerdings können die Einkommensverhältnisse und Lebensumstände und Lebensgewohnheiten dessen, der die Finanzierung beansprucht, eine höhere Eigenkapitalquote nahe legen oder auch eine niedrigere ermöglichen.

In bestimmten Fällen (zum Beispiel im sozialen Wohnungsbau) können ergänzende Finanzierungsmittel eingeplant werden. Vor Darlehenszusage muss das Kreditinstitut feststellen, wie hoch die Beleihungsgrenze ist. Wird sie überschritten, muss besonderer Wert auf die Kreditwürdigkeitsprüfung des Bauherrn bzw. Erwerbers gelegt werden. Dabei wird zunehmend auf die individuellen Verhältnisse (zum Beispiel Lebensarbeitszeit, Arbeitsplatzrisiko, Familienstand, Vermögenshintergrund, Entschuldungsziele) des Bauherrn oder Erwerbers abgestellt.

Die im Rahmen der Baufinanzierung gewährten Darlehen werden durch Grundschulden abgesichert. Bei der Finanzierung eines Kaufpreises ergibt sich allerdings das Problem, dass der Käufer zur Beschaffung der Finanzierungsmittel noch keine Grundschuld am erworbenen Grundstück eintragen kann, weil er zum Zeitpunkt des Kaufvertragsabschlusses noch nicht Eigentümer ist. Gelöst wird dieses Problem dadurch, dass mit Zustimmung des Verkäufers die Grundschuld im Range vor der Auflassungsvormerkung eingetragen wird. Gleichzeitig werden hinsichtlich des Darlehens die Auszahlungsansprüche gegenüber dem Kreditinstitut an den Verkäufer abgetreten.

Bauflächen
construction areas; land designated for development; land zoned for development

Bauflächen werden im Flächennutzungsplan nach der vorgesehenen allgemeinen Art ihrer baulichen Nutzung dargestellt. Unterschieden wird dabei zwischen Wohnbauflächen (W), gemischten Bauflächen (M), gewerblichen Bauflächen (G) und Sonderbauflächen (S). Auf der Grundlage dieser Darstellungen werden in den Bebauungsplänen die verschiedenen Baugebiete festgesetzt. Aus Wohnbauflächen können Kleinsiedlungsgebiete, reine Wohngebiete, allgemeine Wohngebiete und besondere Wohngebiete entwickelt werden. Die Darstellung gemischter Bauflächen ist Grundlage entweder für Dorfgebiete, für Mischgebiete oder Kerngebiete. Aus gewerblichen Bauflächen können Gewerbegebiete und Industriegebiete entwickelt werden. Bei den Sonderbauflächen gibt es Abzweigungen in Richtung Sondergebiete, die der Erholung dienen und die besonders wichtigen sonstigen Sondergebiete (Ladengebiete, Gebiete für Einkaufszentren, für Messen und Ausstellungen,

für Hochschulen, Kliniken, Hafenanlagen usw.) Die Charakterisierung der Baugebiete erfolgt in der Baunutzungsverordnung (BauNVO).

Baugebiet
building area; building site; construction ground

Jede Gemeinde kann durch Ausweisung von Baugebieten Baurecht schaffen. Voraussetzung ist, dass im Flächennutzungsplan Bauflächen dargestellt sind, aus denen die allgemeine Art der Nutzung deutlich wird. Will die Gemeinde von den Vorgaben des Flächennutzungsplanes abweichen, muss sie vorher oder in einem Parallelverfahren den Flächennutzungsplan entsprechend ändern.

Die Ausweisung eines Baugebietes erfolgt auf der Rechtgrundlage einer Gemeindesatzung. Das Aufstellungsverfahren folgt bestimmten Regeln, in denen sowohl die Beteiligung der Öffentlichkeit (der Bürger) als auch die Beteiligung der von der Planung berührten Behörden und sonstigen Träger öffentlicher Belange vorgesehen ist. Deren Anregungen und Bedenken müssen in einem Abwägungsverfahren behandelt werden. Die Ergebnisse der Abwägung finden Eingang in die Begründung des Bebauungsplanes. Vorzusehen ist auch eine Umweltprüfung, in der die Auswirkungen untersucht werden, die sich aus dem vorgesehenen Bebauungsplan auf die Umwelt ergeben. Auch diese Ergebnisse sind in die Abwägung mit einzubeziehen. Der Umweltbericht bildet einen gesonderten Teil der Begründung.

Im Bebauungsplan selbst muss stets eine bestimmte Art der baulichen Nutzung festgesetzt werden. Nähere Erläuterungen der Baugebietsarten enthält die Baunutzungsverordnung. Geregelt ist dort, welcher Nutzung die jeweilige Baugebietsart dient, was an Bauvorhaben zulässig ist und was ausnahmsweise zugelassen werden kann. Es gibt insgesamt folgende Arten baulicher Nutzung:

• Kleinsiedlungsgebiete (WS)
• reine Wohngebiete (WR)
• allgemeine Wohngebiete (WA)
• besondere Wohngebiete (WB)
• Dorfgebiete (MD)
• Mischgebiete (MI)
• Kerngebiete (MK)
• Gewerbegebiete (GE)
• Industriegebiete (GI)
• Sondergebiete

Bei den Sondergebieten gibt es zwei verschiedene Grundtypen. Der eine Typus bezeichnet Gebiete, die der Erholung dienen. Im anderen Typus (sonstige Sondergebiete) wird auf eine besondere Nutzungsart abgestellt. In Frage kommen vor allem Gebiete für den Fremdenverkehr, den großflächigen Einzelhandel, Gebiete für Messen, Ausstellungen und Kongresse, Hochschulgebiete, Hafengebiete und Gebiete für Anlagen, die der Erforschung oder Nutzung erneuerbarer Energien wie Wind- und Sonnenenergie dienen. Wenn eine Baugebietsart festgesetzt wurde, gelten die entsprechenden Bestimmungen der Baunutzungsverordnung. Die Gemeinde kann zwar von diesen Festsetzungen abweichen, soweit die vorgegebene allgemeine Zweckbestimmung der Baugebietsart dadurch nicht tangiert wird.

Neben der Art der baulichen Nutzung werden auch deren Maße und die überbaubare Grundstücksfläche sowie die Bauweise festgesetzt. Zu den Maßen, die zwingend festgesetzt werden müssen, gehört die zulässige Grundfläche (Grundflächenzahl-GRZ). Darüberhinaus werden in der Regel Geschossflächenzahl (bei Gewerbe- Industrie- und sonstigen Sondergebieten die Baumassenzahl), die Zahl der Vollgeschosse oder alternativ die Höhe der baulichen Anlage festgesetzt. Der Höhe der baulichen Nutzung kommt wegen der damit möglicherweise bewirkten Veränderung des Stadtbildes besondere Bedeutung zu.

Zur Sicherung des Bebauungsplanverfahrens kann die Gemeinde nach dem Aufstellungsbeschluss eine Veränderungssperre erlassen, um die Durchführung von Vorhaben zu verhindern, die mit dem beabsichtigten Bebauungsplan nicht übereinstimmen.

Baugenehmigung
planning permission; consent; building permit; building permission; building licence
Die Baugenehmigung ist eine Unbedenklichkeitsbescheinigung der Baubehörde für ein Bauvorhaben. Da die Regelung von Baugenehmigungen Ländersache ist, fallen die Baugenehmigungsverfahren je nach Bundesland unterschiedlich aus. Regelungsgrundlage sind die Länderbauordnungen. Mit Erteilung der Genehmigung entsteht ein Rechtsanspruch auf Durchführung des Bauvorhabens. Die Genehmigungsbehörde übernimmt die Haftung. Genehmigte Bauten genießen Bestandsschutz. Die Geltungsdauer einer Baugenehmigung liegt zwischen drei und vier Jahren. Für Ein- und Zweifamilienhäuser, sowie andere Gebäude (in Bayern und in anderen Bundesländern bis zur Hochhausgrenze) die im Geltungsbereich eines Bebauungsplanes gebaut werden sollen, bieten die meisten Länder vereinfachte Verfahren an. Der Bauherr muss dabei unter Einreichung der Bauvorlagen lediglich anzeigen, dass er bauen will (Anzeigeverfahren,

Kenntnisgabeverfahren, Genehmigungsfreistellungsverfahren usw.). Erhebt die Behörde gegen sein Vorhaben innerhalb der geltenden kurzen Fristen (überwiegend zwei Wochen) keinen Einspruch, kann der Baubeginn angezeigt und mit dem Bau begonnen werden. Die Haftung für die Einhaltung der Bauvorschriften zum Beispiel über Standsicherheit, Wärmeschutz usw. geht bei diesen Verfahren auf den Architekten über.

Baugrundverhältnisse
subsoil conditions
Baugrundverhältnisse haben eine große Bedeutung für die tatsächliche Bebaubarkeit eines Grundstücks und die zusätzlichen Kosten, die bei Durchführung von Bauvorhaben bei ungünstigen Baugrundverhältnissen (zum Beispiel bei Auffüllungen) entstehen.

Die Beschaffenheit der Baugrundverhältnisse kann durch Baugrund- oder Gründungsgutachten erforscht werden. Informationen können auch geologischen und hydrologischen Karten entnommen werden. Sogenannte bindige Böden (Lehm, Mergel, Schlick, Torf u.s.w.) sind ungünstiger als nicht bindige, wasserdurchlässige Böden (Sand, Kies, Steine und Fels). Bei bindigen Böden kann Standsicherheit durch Tiefgründungen (Bohr- oder Rammpfähle nach DIN 4026) und Flachgründungen mit unelastischen Bodenplatten erreicht werden. Eine denkbare Lösung ist auch ein Bodenaustausch.

Hohe Grundwasserspiegel zwingen zur Verwendung von wasserundurchlässigem Beton oder spezielle Abdichtungen gegen drückendes Wasser nach DIN 18 195. Besondere Aufmerksamkeit sollte solchen Grundstücken gewidmet werden, auf denen früher Lager- oder Fabrikationshallen standen, da es sich um sogenannte „Altstandorte" handeln könnte. Erforderliche Sanierungsmaßnahmen können sehr kostenintensiv sein. Eine Besonderheit ist in Bergwerksgebieten zu beachten. Durch Bergsenkungen können erhebliche Gebäudeschäden entstehen.

Bauhaus
Bauhaus (literally: „Building School"), a style combining crafts and fine arts
Bauhaus ist eine Hochschule für bildende Kunst, die auf eine Gründungsinitiative von Walther Gropius im Jahr 1919 in Weimar zurückzuführen ist. Ziel war es, als künstlerische Beratungsstelle für Industrie, Gewerbe und Handwerk zu fungieren und hierfür alle künstlerischen Gestaltungselemente einzusetzen (Architektur, Bildhauerei, Malerei, Kunstgewerbe). Das breite Lehrspektrum und die ungewohnte Ausrichtung (Synthese von Handwerk und Kunst) führten in der damaligen Zeit

politischer Unruhen zu erheblichen Anfeindungen. Fragen der Architektur traten dann immer mehr in den Vordergrund. Unter Mies van der Rohe wurde das Bauhaus in der Zeit zwischen 1930 bis 1933 eine „Hochschule für das Zweitstudium". Bis zur Machtübernahme durch die Nazis entstanden vorwiegend in Dessau Häuser und Siedlungen u. a. der Architekten Walther Gropius, Carl Fieger, Hannes Meyer, Richard Paulick, Georg Muche. Ein Teil wurde im 2. Weltkrieg zerstört. Die Häuser zeichnen sich durch ihre kubischen Formen aus. Einen bebilderten Überblick über Bauhausbauten aus dieser Zeit findet man unter www.bauhaus-dessau.de 1994 wurde Bauhaus Dessau als gemeinnützige Stiftung neu gegründet. Seit 1999 bietet die Stiftung unter anderem eine berufliche Weiterbildung in den Bereichen Stadtforschung und Stadtgestaltung an und wendet sich dabei an Absolventen unterschiedlicher Disziplinen aus aller Welt an. Das einjährige Studium, das jährlich wechselnde Projekte zum Gegenstand hat, besteht aus zwei Semestern. Dabei stehen einleitend Aspekte der Sozialgeographie, der Soziologie und Anthropologie im Vordergrund. Das zweite Semester widmet sich urbanen Strategien und künstlerischen Konzepten.

Bauhelferversicherung
insurance for assistant building labourers

Bei vielen Bauvorhaben werden in erheblichem Umfang Eigenleistungen durch den Bauherrn, Verwandte oder Freunde erbracht. Für diese Helfer besteht Versicherungspflicht bei der örtlichen Bauberufsgenossenschaft. Nur der Bauherr und dessen Ehegatte beziehungsweise eingetragener Lebenspartner sind von der Versicherungspflicht befreit. Diese können sich jedoch bei der Berufsgenossenschaft freiwillig versichern. Eine Versicherungspflicht für Helfer besteht nicht, wenn es sich um

geringfügige Bauarbeiten handelt und die Gesamtarbeitszeit aller Beschäftigten nicht mehr als 39 Stunden beträgt. Eine preiswerte Möglichkeit, die Helfer in einem solchen Fall gegen Unfälle auf der Baustelle abzusichern, ist der Abschluss einer kurzfristigen privaten Unfallversicherung. Bereits ab ca. 150 Euro können drei Helfer für drei Monate in folgendem Umfang versichert werden:
• Invalidität: 50.000 Euro
• Unfalltod: 5.000 Euro
• Krankenhaus-Tagegeld: 10 Euro
Auskunftsquelle ist diejenige regional zuständige Bauberufsgenossenschaft, an die auch die vom Gesetz vorgeschriebenen Meldungen der Helfer und deren Arbeitsstunden gehen müssen. Eine zusätzliche private Bauhelferversicherung kann bei unterschiedlichen Gesellschaften abgeschlossen werden.

Bauherr
promoter; principal; owner; building owner; construction manager; owner of a building
Wer in eigenem Namen, auf eigene Rechnung und Gefahr und auf eigenem Grundstück ein Bauvorhaben durchführt oder durchführen lässt ist Bauherr. Kennzeichnende Merkmale des Bauherrn sind das Bauherrenrisiko und die Bauherreninitiative. Im Gegensatz zum Bauträger ist der Privatbauherr kein Gewerbetreibender.

Bauherrenhaftpflichtversicherung
insurance against liability of building principal
Die Bauherrenhaftpflichtversicherung deckt Schäden ab, die sich aus der Verletzung der Verkehrssicherungspflicht des Bauherrn ergeben. Der Bauherr ist immer für die Schäden, die andere Personen aufgrund des Bauvorhabens erleiden, verantwortlich. Er muss dafür sorgen, dass die Baustelle ausreichend beleuchtet und abgesperrt ist, dass Gruben abgedeckt und alle am Bau Beteiligten (Bauunternehmer, Architekten usw.) zuverlässig sind. Unfälle von Handwerkern und anderen an der Durchführung des Baus beteiligten Arbeitern werden über deren Versicherung abgedeckt. Die Prämie für die Bauherrenhaftpflichtversicherung berechnet sich nach der Bausumme.

Baukosten
construction costs; building cost; production costs
Die Baukosten sind ein Teil der Gesamtkosten einer Baumaßnahme. Zu den Gesamtkosten zählen die reinen Baukosten (Kosten der Gewerke), die Kosten für die Außenanlagen, die Baunebenkosten, die Kosten der besonderen Betriebseinrich-

tung sowie die Kosten des Geräts und besonderer Wirtschaftsausstattung. Die Baukostenentwicklung wird mit Hilfe des Baupreisindex des Statistischen Bundesamtes Wiesbaden gemessen. Es handelt sich um eine in Prozent ausgedrückte Messzahl auf der Grundlage eines Basisjahres = 100. Basisjahr ist derzeit das Jahr 2005. Der Baupreisindex wird monatlich vom Statistischen Bundesamt in Wiesbaden ermittelt. Im Februar 2009 betrug der Preisindex für Wohngebäude 112,8 und lag um 2,3 Prozentpunkte über dem Wert vom Vorjahresmonat.

Wie sehr die Baukosten über die lange Zeit vor dem 1. Weltkrieg bis heute gestiegen sind, ergibt sich aus den Wiederherstellungswerten der für 1913 erstellten Wohngebäude. Der Index betrug (auf Euro-Basis) im Februar 2009 12.690. Die Wiederherstellung eines Wohngebäudes würde mit anderen Worten 2009 um mehr als zwölfmal so viel kosten, wie 1913. Bezogen auf das erste Weltkriegsjahr 1914 betrug der Index im Februar 2009 11.882. Allerdings kommt im Baukostenindex auch die Inflationsrate zum Ausdruck, die diese Zahlen stark relativiert.

Bei durchschnittlicher Ausstattung für Wohngebäude teilen sich die Baukosten prozentual in etwa auf, wie in folgender Tabelle wiedergegeben ist. In der Planungsphase können diese Angaben bei der Kalkulation und der Auftragsvergabe hilfreich sein. Die für den Kubikmeter errechneten Baukosten können anteilig auf die einzelnen Gewerke aufgeteilt werden. Dadurch erhält man eine genauere Kostenübersicht bei der Vergabe der einzelnen Bauleistungen, in denen sich die Kosten bewegen dürfen.

Aufteilung der reinen Bauleistung in %

Rohbau:

Erdarbeiten	2,5
Maurer-, Beton- und Stahlbetonarbeiten	38,0
Zimmererarbeiten	4,5
Dachdecker- und Spenglerarbeiten	4,5
Summe Rohbau	**49,5**

Ausbau:

Sanitärarbeiten	7,0
Heizungsarbeiten	4,5
Elektroarbeiten	4,0
Fenster	6,5
Steinmetzarbeiten	1,0
Putzarbeiten (Innen- und Außenputz)	8,0
Estricharbeiten	3,0
Fliesenarbeiten	3,0
Innentüren	3,5
Schlosserarbeiten	2,0
Bodenbeläge	2,5
Rolläden	1,0
Malerarbeiten	2,5
Dachgeschossausbau	2,0
Summe Ausbau	**50,5**
Gesamtsumme	**100,0**

Bauland
building land; developable land

Bauland bezeichnet im engeren Sinne Flächen, auf denen bauliche Anlagen errichtet werden dürfen („Baugrundstücke"). Baurechte können nach Vorliegen der bauordnungsrechtlichen Erfordernisse (Baugenehmigung) sofort genutzt werden. Die Erschließung muss gesichert sein. In diesem Sinne ist Bauland = baureifes Land. Im weiteren Sinne werden unter dem Baulandbegriff auch Flächen bezeichnet, für die zwar ein Baurecht besteht, das aber wegen fehlender Umlegung („Bruttorohbauland") und mangelnder Erschließungssicherheit noch nicht bebaut werden kann. Als Nettorohbauland bezeichnet man Einzelparzellen, bei denen die Erschließungsanlagen noch nicht vorhanden sind.

Baulandkataster
official listing of areas in a municipality that are available or suitable for development

Gemeinden können auf der Grundlage des § 200 BauGB unbebaute Grundstücke mit Baulandqualität in einer Liste erfassen und kartographisch darstellen, um der interessierten Öffentlichkeit einen Überblick über das vorhandene Bauland zu geben. Eingetragen werden Straße, Flur- und Flurstücksnummer, sowie die Größe.

In Verbindung mit der Angabe von Bodenrichtwerten kann der Baulandkataster eine besondere Informationsqualität bekommen. Eine Veröffentlichung von Grundstücken, die in den Kataster einbezogen sind, bedarf der Zustimmung der betroffenen Grundstückseigentümer. Sie gilt als erteilt, wenn der öffentlich bekannt gemachten Veröffentlichungsabsicht von den betroffenen Grundstückseigentümern nicht innerhalb eines Monats widersprochen wird.

Gemeinden haben von dieser Möglichkeit vielfach Gebrauch gemacht, wobei der Kataster vor allem auf die Erfassung der Baulücken fokussiert ist. Man spricht in diesem Fall auch von Baulückenkataster.

Baulast
obligation to construct and maintain (church, school, motorway, etc.); building encumbrance; public land chrage; public obligation; development restriction

Bei der Baulast handelt es sich um eine öffentlich-rechtliche Last, die sich aus einer freiwilligen Verpflichtung des Grundstückseigentümers zu einem Tun, Dulden oder Unterlassen gegenüber der Bauaufsichtsbehörde ergibt. Aus einer solchen Baulast kann also der Nachbar keine direkten Rechte gegen den Grundstückseigentümer herleiten.

Gegenstände einer solchen Verpflichtung sind nachbarrechtliche Beschränkungen, die sich nicht bereits aus öffentlich-rechtlichen Vorschriften ergeben, zum Beispiel Duldung, dass der Nachbar das Grundstück befährt. Der häufigste Fall einer Baulast ist die Einräumung einer Bebauungsmöglichkeit im Grenzabstandsbereich. In diesem Fall muss der Eigentümer des belasteten Grundstücks bei Errichtung eines Gebäudes den nachbarlichen Grenzabstand zusätzlich übernehmen. Der Grundstückseigentümer muss eine Erklärung über die Einräumung der Baulast gegenüber der Baubehörde abgeben. Mit Eintrag in das Baulastenverzeichnis wird die Baulast eine öffentlich rechtliche Last. Sie wird gelöscht auf Antrag des belasteten Grundeigentümers durch Verzicht der zuständigen Behörde. Der Verzicht wird dann erklärt, wenn kein weiteres öffentliches Interesse an der Baulast mehr besteht.

Baulastenverzeichnisse werden in Bayern und Brandenburg nicht geführt. Hier wird auf beschränkt persönliche Dienstbarkeiten in den Grundbüchern zugunsten der Gemeinden ausgewichen. Baulasten werden nicht im Grundbuch eingetragen.

Baulastenverzeichnis
land charges register; registry of public land charges; register of public obligations

Auf der Grundlage der Länderbauordnungen werden von Gemeinden in den Bundesländern mit Ausnahme von Bayern Baulastenverzeichnisse geführt. Seit 1994 wird in Brandenburg das 1991 eingeführte

Baulastenverzeichnis ebenfalls nicht mehr weitergeführt. In Baulastenverzeichnisse werden die von Grundstückseigentümern übernommenen Baubeschränkungen (Baulasten) eingetragen. Es handelt sich um nachbarrechtliche Regelungen, die durch die Eintragung ins Verzeichnis öffentlich rechtliche Qualität bekommen. So kann zum Beispiel ein Eigentümer seinem Nachbarn die Möglichkeit einer Grenzbebauung (Bebauung ohne Einhaltung sonst geltender Abstandsflächen) einräumen und übernimmt damit für seine baulichen Anlagen diesen Grenzabstand zusätzlich zu seinem eigenen. Die Eintragung bewirkt dann neben der bestehenden nachbarrechtlichen Regelung eine Verpflichtung gegenüber der Baubehörde.

Das Baulastenverzeichnis wird in der Regel in Loseblattform geführt. Es besteht aus Baulastenblättern. Jedes Grundstück, auf dem erstmals eine Baulast eingetragen wird, erhält ein Baulastenblatt mit einer eigenen Nummer. Das Baulastenblatt wird mit fortlaufenden Seitenzahlen versehen. Die Verpflichtungserklärung muss vom Grundstückseigentümer, bei Erbbaurechten zusätzlich vom Erbbauberechtigten abgegeben werden. Ist im Grundbuch eine Auflassungsvormerkung eingetragen, dann muss auch der Auflassungsberechtigte die Verpflichtungserklärung unterschreiben.

Gelöscht wird eine Baulast durch rotes Durchstreichen und Eintragung eines Löschungsvermerks. Die Löschung wird nur dann vorgenommen, wenn die Baulast nicht mehr von öffentlichem Interesse ist.

Neben dem Baulastenverzeichnis werden Baulastakten geführt, in denen die Verpflichtungserklärung und die Eintragungsverfügung aufbewahrt werden. Ähnlich wie beim Grundbuch setzt der Einblick in das Baulastenverzeichnis und die Baulastakte die Darlegung eines berechtigten Interesses voraus. In Bayern und Brandenburg sichern Gemeinden die von Eigentümern übernommenen Lasten im Grundbuch in Form beschränkter persönlicher Dienstbarkeiten ab.

Bauleistungen
building work; construction activities; building output

Bauleistungen sind alle Leistungen, durch die eine bauliche Anlage hergestellt, Instand gehalten, geändert oder beseitigt wird. Bauleistungen sind in der Vergabe- und Vertragsordnung für Bauleistungen (VOB) geregelt. Eine Neufassung der VOB erfolgte 2009, die Änderungen bezogen sich dabei insbesondere auf die VOB A.

VOB A enthält Allgemeine Bestimmungen für die

Vergabe von Bauleistungen, VOB B Allgemeine Vertragsbedingungen für die Ausführung von Bauleistungen und VOB C das technische Regelwerk für Bauleistungen.

Wird ein Bauvorhaben durchgeführt, basiert es auf einer Baubeschreibung (Beschreibung von Bauleistungen), die Grundlage für ein Bauleistungsverzeichnis ist. Hier werden die Leistungen jedes Gewerkes innerhalb einiger Hierarchiestufen jeweils in einzelne Teilleistungen aufgegliedert.

Erbrachte Bauleistungen in einer im Bau befindlichen Anlage können durch die Bauleistungsversicherung gegen Zerstörung oder Diebstahl versichert werden.

Bauleitplanung
town and country planning; land use planning; area development planning; development planning

Bauleitplanung ist der Oberbegriff für die planerischen Darstellungen und Festsetzungen hinsichtlich einer baulichen Nutzung von Flächen der Gemeinden oder gemeindlicher Planungsverbände. Bauleitpläne müssen sich an den Zielen der Raumordnung, das heißt an den Vorgaben der Regionalpläne orientieren. Die Planungshoheit liegt bei den Gemeinden. Die Bauleitpläne benachbarter Gemeinden sind aufeinander abzustimmen, wobei die Auswirkungen auf die zentralen Versorgungsbereiche zu beachten sind. Mehrere Gemeinden können sich zum Zweck einer gemeinsamen Bauleitplanung zu Planungsverbänden zusammenschließen. Die Aufstellung von Bauleitplänen ist im Baugesetzbuch, der Baunutzungsverordnung und der Planzeichenverordnung geregelt.

Die Bauleitplanung besteht aus dem Flächennutzungsplan, der sich grundsätzlich auf das gesamte Gemeindegebiet bezieht (vorbereitender Bauleitplan), und dem Bebauungsplan (verbindlicher Bauleitplan) dessen Geltungsbereich räumlich auf bestimmte Gemeindegebiete beschränkt ist. Auf beiden Planungsebenen ist die Beteiligung der Öffentlichkeit und der Behörden vorgesehen. Im Zuge der Änderung des BauGB vom 1.1.2007 wurde die Beteiligung der Öffentlichkeit und der Behörden mit dem Gesetz zur Erleichterung von Planungsvorhaben für die Innenentwicklung der Städte gestrafft.

Der Flächennutzungsplan kommt durch einen Feststellungsbeschluss des Gemeinderates zustande und bedarf der Genehmigung. In ihm werden Bauflächen als allgemeine Art der baulichen Nutzung sowie das allgemeine Maß der baulichen Nutzung dargestellt (nicht festgesetzt). Da Baugebiete in einem Bebauungsplan aus den Vorgaben des Flächennutzungsplanes zu entwickeln sind, ist es ratsam, die Darstellungen im Flächennutzungsplan möglichst allgemein zu halten. Der Bebauungsplan wird durch eine Satzung verabschiedet. Erst dieser Bebauungsplan schafft Baurecht innerhalb der darin getroffenen Festsetzungen.

Bürger können im Rahmen einer Normenkontrollklage gegen Bebauungspläne der Gemeinde vorgehen. Rechtsgrundlage ist § 47 Verwaltungsgerichtsordnung (VwGO); der Antrag kann von natürlichen sowie juristischen Personen und von Behörden gestellt werden. Wichtigste Voraussetzung: Der Kläger muss durch den Bebauungsplan in seinen eigenen Rechten verletzt sein.

Baumangel
building defect

Weist die Leistung des Bauunternehmers bzw. Handwerkers nicht die „vereinbarte Beschaffenheit" auf und weicht sie von den anerkannten Regeln der Technik ab, liegt ein Baumangel vor. Fehlt eine Beschaffenheitsvereinbarung, ist die Leistung mangelfrei, wenn sie sich „für die nach dem Vertrag vorausgesetzte", bei Fehlen einer vertraglichen Klarstellung „für die gewöhnliche Verwendung" eignet Es ist immer ratsam, einen solchen Baumangel durch einen Sachverständigen begutachten zu lassen oder vor Anhängigkeit eines Rechtsstreites ein „Selbständiges Beweisverfahren" – früher Beweissicherungsverfahren – einzuleiten.

Damit wird auch eine etwa drohende Verjährung unterbrochen. Wird dabei ein Baumangel festgestellt, stehen dem Bauherrn Mängelhaftungsansprüche (früher „Gewährleistung") nach dem Werkvertragsrecht des BGB oder – wenn vereinbart – nach VOB zu.

Baumkataster
register of trees

Das Baumkataster wird von den Städten und Gemeinden üblicherweise bei den Grünflächenämtern geführt. Im Baumkataster sind Angaben zur Gattung, Krone, Wurzel des Baumes, zur Unterhaltspflege, sowie zum Eigentum an den erfassten Bäumen im Gemeindegebiet vermerkt.

Baumschutz
protection of trees

In vielen Gemeinden bestehen Baumschutzverordnungen, die das Fällen von Bäumen bestimmter Höhe bzw. Größe untersagen oder von einer Genehmigung abhängig machen. Solche Regelungen können die Bebaubarkeit eines Grundstücks und damit seinen Wert teilweise erheblich beeinträchtigen.Rechtsgrundlage für gemeindliche oder vom Landkreis erlassene Baumschutzverordnungen (auch Baumschutzsatzungen genannt) sind die Naturschutzgesetze bzw. Landschaftspflegegesetze der Bundesländer, die wiederum dem Bundesnaturschutzgesetz als Rahmengesetz folgen.

Baunebenkosten
additional costs of construction; ancillary construction costs; building incidentals; incidental construction expenses; incidentals; incidental (building) costs; soft development costs

Baunebenkosten sind Teil der Gesamtkosten eines Bauvorhabens. Zu ihnen zählen im wesentlichen:
- Kosten für Architekten, Ingenieure und Sonderfachleute
- Kosten der Verwaltungsleistungen des Bauherrn (u.a. auch eine eventuelle Baubetreuungsgebühr)
- Kosten der Behördenleistungen wie Baugenehmigung, Gebrauchsabnahmen
- Kosten der Finanzierungsbeschaffung, Bauzeitzinsen, Bereitstellungszinsen
- Grundsteuern während der Bauphase
- Beiträge zur Bauherrenhaftpflicht und Bauleistungsversicherung

Was Baunebenkosten sind, ergibt sich aus § 8 der mittlerweile außer Kraft gesetzten II. Berechnungsverordnung. Zur Ermittlung der Kosten für Architekten und Ingenieure gilt die HOAI. Die Kosten der Verwaltungsleistungen sind in der II. BV begrenzt auf 1 Prozent bis 3,4 Prozent der Baukosten, zuzüglich etwaiger Zuschläge in besonderen Fällen. Baunebenkosten sind auch in der DIN 276 unter der Hauptgruppe 700 (7.1.1-7.5.9) erfasst. Sie entsprechen in etwa trotz teils anderer Bezeichnung denen der II. BV.

Bauordnungsrecht
building law; construction code; construction law

Das Bauordnungsrecht hat sich aus früheren baupolizeilichen Vorschriften entwickelt. Es regelt, was bei der Errichtung, Änderung und dem Abbruch baulicher Anlagen zu beachten ist. Neben Begriffsdefinitionen ist u. a. folgendes Regelungsgegenstand des Bauordnungsrechts: Abstandsflächen und Nachbarschutz, Sicherheit am Bau, Standsicherheit einer baulichen Anlage, Tragfähigkeit des Baugrunds. Ferner sind in den Landesbauordnungen formale Verfahren wie Bauantrag, Bauvoranfrage, Baugenehmigung und Genehmigungsfreistellung, sowie materielles Recht wie Ausnahmen und Befreiungen, Baulasten, Vorschriften zur Baueinstellung, Nutzungsuntersagung und anderes geregelt.

Die Bestimmungen finden sich den Landesbauordnungen der einzelnen Bundesländer. Diese sind nicht einheitlich, so dass die bauordnungsrechtliche Beurteilung von Sachverhalten sich nach dem jeweiligen Landesrecht richtet. Eine Musterbauordnung, die von Zeit zu Zeit durch die für das Bauwesen zuständigen Minister der Bundesländer in der Bauministerkonferenz aktualisiert wird, dient als Richtschnur für die Gesetzgebung der Bundesländer.

Durch das „Gesetz zur Erleichterung von Planungsvorhaben für die Innenentwicklung der Städte" vom 21.12.2006 wurde vom Bund in das Landesrecht insofern eingegriffen, als nunmehr bestimmt wurde, dass Gemeinden in Bebauungsplänen aus städtebaulichen Gründen vom Landesrecht abweichende Maße der Tiefe der Abstandsflächen festsetzen können. Die Regelung zielt im Interesse der Erleichterung der Nachverdichtung von Innenbereichen in den Städten auf eine Verringerung der Abstandsflächen ab.

Bauplan
layout; floor pla; architectural drawing; construction plan; building plan

Ein Bauplan stellt die zeichnerische Darstellung eines Objektes jeglicher Art dar. Der Begriff kann also sehr vielfältig verwendet werden. Im immobilienwirtschaftlichen Bereich dient der Bauplan als zeichnerische Anleitung für die planvolle Errichtung eines Bauwerks. In diesem Sinne wird der Bauplan auch Bauzeichnung genannt. Die Bauzeichnung ist Bestandteil der Bauvorlagen im Sinne der Bauvorlagenverordnungen der Bundesländer. Bauzeichnungen, die die Gebäudekonstruktion widerspiegeln, werden im Maßstab 1:100 angefertigt. Es handelt sich um Genehmigungsplanungen. Aus ihnen ergeben sich die Raumeinteilung in den Querschnitten (Grundrisse pro Etage) die Raumhöhen in den Längsschnitten (Aufrisse) und die Außenansichten. Ausführungsplanungen, die Grundlage für Ausschreibungen sind und den am Bau beteiligten Unternehmen zur Verfügung gestellt werden, haben je nach Plandetail Maßstäbe von 1:50, 1:20 oder 1:1. Mit Hilfe der Ausführungsplanung soll auch den Anforderungen an den Schall- und Wärmeschutz, sowie den statischen Erfordernissen eines Bauwerks Rechnung getragen werden.

Bauplanungsrecht
planning law

Das derzeit geltende Bauplanungsrecht fußt auf dem Bundesbaugesetz von 1960 und wurde 1971 durch das Städtebaurecht ergänzt. Zusammengeführt wurden diese beiden Rechtsgebiete 1986 im Baugesetzbuch. Dabei wurden auch Aspekte der Stadtökologie, des Umweltschutzes, des Flächenrecyling erstmals in den Regelungsbereich einbezogen. Seitdem erfuhr das Baugesetzbuch einige Novellierungen. Das für die östlichen Bundesländer gedachte BauGB-Maßnahmegesetz, das Erleichterungen bei der Umsetzung bauplanungsrechtlicher und städtebaurechtlicher Ziele gebracht hat, wurde 1998 in das Baugesetzbuch überführt. Dann wurden zunehmend europarechtliche Normen berücksichtigt. Nach der Änderung des deutschen Bauplanungsrechts durch das Europarechtsanpassungsgesetz 2004 erfolgte nochmals eine Änderung am 27.8.2007 mit der Zielrichtung weiterer Vereinfachungen.

Das Bauplanungsrecht ist Bundesrecht. Es regelt im allgemeinen Städtebaurecht umfassend die gemeindlichen Kompetenzen und Aufgaben im Zusammenhang mit der Bauleitplanung, die Instrumente zu deren Sicherung, die Rechtsgrundlagen der baulichen Nutzung des Bodens, die Bodenordnung und Erschließung sowie die Enteignung.

Gegenstand des Besonderen Städtebaurechts sind Vorschriften über städtebauliche Sanierungs- und Entwicklungsmaßnahmen, Vorschriften zum Stadtumbau und zur Sozialen Stadt, über die Erhaltungssatzung und städtebaulichen Gebote und die im Zusammenhang mit solchen Maßnahmen erforderliche soziale Abfederung (Sozialplan) und die notwendige Aufhebung von Miet- und Pachtverhältnissen im Zuge solcher Maßnahmen.

Einbezogen wurde auch das Wertermittlungsrecht mit der Installation und dem Aufgabenbereich von Gutachterausschüssen. Zum Bauplanungsrecht zählen auch die zugehörigen Verfahrensvorschriften einschließlich der Verfahren vor den Kammern für Baulandsachen.

Bauschaden
building defect and deficiency; structural damage

Im Gegensatz zum Baumangel, der auf eine mangelhafte Bauausführung zurückzuführen ist, entstehen Bauschäden durch unterlassene Instandhaltungsarbeiten oder durch Einwirkungen von außen (Sturm, Blitz und dergleichen). Bauschäden können aber auch durch einen Baumangel verursacht werden. Etwaige Sachmängelansprüche (Gewährleistungsansprüche) beziehen sich nicht auf Bauschäden, es sei denn, es handelt sich um Mangelfolgeschäden, die auf einen Baumangel eng und unmittelbar zurückzuführen sind.

Bauspardarlehen
building society loan

Bauspardarlehen sind Darlehen von Bausparkassen, auf die der Bausparer einen Anspruch hat, wenn er die Zuteilungsvoraussetzungen erfüllt hat. Der Bausparzins liegt in der Regel zwischen 4,5 und 5 Prozent. Die Regellaufzeit liegt zwischen 10 und 11 Jahren. Die Höhe der Annuität richtet sich nach dem gewählten Tarif und bewegt sich zwischen drei und zehn Promille der Bausparsumme pro Monat. In den Standardtarifen beträgt die Monatsrate, die an die Bausparkasse abzuführen ist, sechs Promille der Bausparsumme. Die für die Zuteilung zu erreichende Bewertungszahl wird nach einem „Zeit-mal-Geld-System" ermittelt.

Bauspardarlehen können bis zur Höhe von 15.000 Euro ohne grundbuchliche Absicherung gewährt werden, wenn sich der Darlehensnehmer verpflichtet, eine mögliche Sicherung von Forderungen durch Grundpfandrechte zugunsten anderer oder durch Veräußerung des Grundstücks zu verhindern (§ 7 Abs. 4 Gesetz über Bausparkassen). Es handelt sich um ein „Bauspardarlehen gegen Verpflichtungserklärung".

Das Bauspardarlehen muss für wohnungswirtschaftliche Zwecke verwendet werden. Dazu zählen nicht nur der Bau und der Erwerb von Wohnhäusern, sondern auch erhebliche Verbesserungen an Wohnhäusern und auch an Mietwohnungen, Modernisierungen, Einkauf in ein Altenheim mit dem Recht auf dauerhafte Selbstnutzung einer Wohnung usw.

Bausparen
saving for building purposes

Bausparen ist das Einzahlen von Beträgen bei einer Bausparkasse auf der Grundlage eines Bausparvertrages. Die Einzahlungen können regelmäßig, unregelmäßig bis hin zur Einmalzahlung erfolgen. Ziel des Bausparens ist es, später ein zinsgünstiges Darlehen zum Kauf, Bau oder zur Renovierung einer Wohnung bzw. eines Hauses aufnehmen zu können. Die Höhe der Einzahlungen richtet sich nach der Höhe der Bausparvertragssumme. Der Bausparer spart 40 Prozent bis 50 Prozent auf seinem Bausparkonto an (Mindestansparsumme). Erreicht er eine vorgegebene Bewertungszahl – sie richtet sich danach, wie viel der Bausparer eingezahlt hat und wie lange die Einzahlungen zurück liegen – und erfüllt er die Wartezeit, erhält er ein Darlehen, das je nach Bausparkasse normalerweise mit 4,5 bis 5,0 Prozent zu verzinsen ist. Mit der Zuteilung bekommt er ebenfalls sein Bausparguthaben zurück. Das Guthaben enthält die angesparten Raten, die angefallenen Zinsen (üblicher Zinssatz 2,5 bis 3,0 Prozent im Jahr) und etwaige Förderbeträge. Die Tilgung ist relativ hoch, so dass die jährliche Annuität – bezogen auf das Darlehen – über derjenigen von üblichen Baudarlehen liegt. Bausparen wird durch die Wohnungsbauprämie und Arbeitnehmersparzulage staatlich gefördert. Welche der Förderungsmöglichkeiten im Einzelfall in Frage kommen, erläutern Finanzierungsberater und die Bausparkassen. Allerdings ist darauf hinzuweisen, dass die Bausparfinanzierung effektiv teurer sein kann, als eine Bankfinanzierung. Dies kann dann der Fall sein, wenn auf das Bankkonto in der Ansparzeit die gleiche Sparrate einbezahlt und höher verzinslich angelegt wird als bei einer Bausparkasse – selbst wenn später das Bankdarlehen für sich genommen teurer ist. Nur bei relativ niedrigen Bausparvertragssummen, bei denen das Verhältnis zwischen der Einzahlungssumme einerseits und den staatlichen Förderungsmitteln plus Einlagenverzinsung andererseits zu einer höheren Gesamtverzinsung des Guthabens führt, erscheint Bausparen als geeignetes Restfinanzierungsinstrument attraktiv.

Bausparkassen
building societies; home building and loan associations; housing credit institutions

Bei den Bausparkassen handelt es sich nach dem Bausparkassengesetz von 1973 um Kreditinstitute, auf die das Kreditwesengesetz anzuwenden ist und die der Überwachung durch die Bundesanstalt für Finanzdienstleistungsaufsicht (BaFin) unterliegen. Die ersten Bausparkassen wurden Anfang des 19. Jahrhunderts in England gegründet. In Deutschland folgte nach englischem Vorbild 1868 in Breslau die erste Gründung als Genossenschaft. Durchgesetzt hat sich der Bauspargedanke allerdings erst mit Gründung der Wüstenrot 1924. Heute gibt es 21 private und 13 öffentliche Bausparkassen.

Bausparvertrag
building loan contract; savings contract with a building society or bank

Der Bausparvertrag ist ein Vertrag, den ein Bausparer mit einer Bausparkasse abschließt. Damit strebt der Bausparer in aller Regel an, ein künftiges Bauvorhaben mit einem zinsgünstigen Darlehen zu finanzieren. Bausparverträge können nicht nur durch den Bausparer, sondern auch durch dessen nahe Verwandte für Bauzwecke genutzt werden. Welche Verwandte hierfür in Betracht kommen, regelt der Gesetzgeber. Einzahlungen auf Bausparverträge werden vom Staat durch Gewährung von Arbeitnehmersparzulage und Wohnungsbauprämie unterstützt. Die Verwendung der Bausparguthaben ist dafür zweckgebunden. Bausparverträge können nur für wohnungswirtschaftliche Zwecke verwendet werden. Hierzu zählen die Finanzierung von Erwerbsvorgängen und die Durchführung von Wohnbauvorhaben, Umbauten und Modernisierungen. Außerdem werden die Auszahlung von Miterben, die Ablösung von Fremdfinanzierungsmitteln (Umschuldungen) soweit jeweils wohnungswirtschaftliche Objekte betroffen sind, sowie die Modernisierung der Mietwohnung durch den Mieter als wohnungswirtschaftlicher Verwendungszweck anerkannt.

Eine anderweitige Verwendung des Bausparguthabens vor Ende der 7-jährigen Sperrfrist führt dazu, dass die gewährten Wohnungsbauprämien wieder an den Fiskus zurückerstattet werden müssen. Verschiedene Banken schließen mit Bausparkassen Bausparverträge ab, die sie selbst besparen und bei Zuteilung ausgewählten Kunden als Finanzierungsmittel anbieten. In Zeiten hoher Zinsen kann dies eine interessante Finanzierungsalternative darstellen. Es handelt sich um sogenannte Bauspar-Vorratsverträge. Neben dem Standard-Bausparvertrag gibt es Schnellsparvarianten und Langsamsparvarianten, wobei grundsätzlich einer kurzen/langen Darlehenslaufzeit immer eine kurze/lange Ansparzeit bis zur Zuteilung entspricht. Im Zuge des Wandels der Tariflandschaft mit dem Ziel, den unterschiedlichen Bedürfnissen der Bausparer gerecht zu werden, werden heute auch Bausparverträge angeboten, bei denen Bauspardarlehen in Höhe der Bausparvertragssumme gewährt werden. Bei Tarifen mit hohen Guthabenzinsen (zum Beispiel fünf Prozent) werden entsprechend höhere Darlehenszinsen gefordert. Der Variationsreichtum ist mittlerweile außerordentlich groß. Bausparverträge können geteilt, ermäßigt oder erhöht werden. Auch eine Zusammenlegung mehrerer Verträge ist möglich. Bei Übertragung ist darauf zu achten, dass nur

Angehörige den bereits entstandenen Anspruch auf Wohnbauprämien mit übernehmen können.

Bausummenüberschreitung
exceeding total construction cost

Liegen die vorab veranschlagten Kosten unter den tatsächlich vom Bauherrn aufgewendeten Ausgaben, liegt eine Bausummenüberschreitung vor. Der Finanzierungsplan sollte für einen solchen Fall genügend Spielraum vorsehen. Die Haftung des Architekten, der im Rahmen der Honorarordnung für Architekten und Ingenieure hierzu Feststellungen getroffen hat, beginnt erst, wenn bestimmte, von der Rechtsprechung großzügig bemessene Toleranzgrenzen überschritten werden. Bei Kostenschätzungen betragen sie etwa 30 Prozent, bei Kostenberechnungen 20 Prozent und bei der Zusammenstellung der Kostenanschläge als Ergebnis von Ausschreibungen fünf bis zehn Prozent. Allerdings muss festgestellt werden, dass Rechtslehre und Rechtsprechung hierzu etwas uneinheitlich sind.

Bauträger
development company; developer; builder; building promoter; commercial developer; property developer

Bauträger führen in eigenem Namen, auf eigene Rechnung und auf eigenem Grundstück Baumaßnahmen durch, die sie am Markt an „Ersterwerber" im Rahmen eines Bauträgervertrages verkaufen. Sofern sich das Objekt beim Verkauf noch in der Bauphase befindet, geht der Bauträger eine Verpflichtung ein zur Fertigstellung nach Maßgabe der Baubeschreibung und der Bauzeichnungen. Der Bauträgervertrag mit dem Ersterwerber ist seiner Rechtsnatur nach ein Werkvertrag. Bedeutsame Folge hieraus sind werkvertragliche Sachmängelansprüche, die erst nach fünf Jahren ab Abnahme verjähren. Die auf neuerdings vier Jahre dimensionierte VOB-Mangelhaftung scheidet innerhalb dieser Rechtsbeziehung zwischen Bauträger und Erwerber faktisch aus. Zum Haftungsrisiko des Bauträgers zählen nicht nur Baumängel, die bei Abnahme nicht entdeckt wurden. Der Bauträger haftet auch für das Baugrundrisiko, wenn etwa Risse am Mauerwerk entstehen, der Baugrund untauglich war oder eine andere statische Berechnungsgrundlage erfordert hätte.

Tritt der Bauträger seine Nacherfüllungsansprüche gegenüber den von ihm beauftragten Unternehmen an die Erwerber seiner Objekte ab, dann verbleibt bei ihm dennoch die Subsidiärhaftung. Sie verpflichtet ihn, für die Beseitigung des Baumangels zu sorgen, wenn dies dem Erwerber nicht gelingt, weil das betroffene Bauunternehmen insolvent wurde oder sich sonst verweigert.

Der Bauträger bedarf als gewerbsmäßiger Bauherr einer Erlaubnis nach § 34c GewO und unterliegt zum Schutz der Vermögensinteressen der Erwerber speziellen Vorschriften der Makler- und Bauträgerverordnung. Vom Generalunternehmer und Generalübernehmer unterscheidet sich der Bauträger dadurch, dass er Bauherr ist und auf eigenem Grundstück baut. Generalunternehmer wie Generalübernehmer bauen dagegen auf dem Grundstück des Bauherrn. Sie übernehmen dadurch einen Teil des Bauherrenrisikos, dass sie – gleich wie der Bauträger – Festpreise garantieren. Weder Generalunternehmer noch Generalübernehmer unterliegen wegen Fehlens der gewerblichen Bauherreneigenschaft dem Vorschriftenbereich des § 34c GewO und der MaBV.

Bauträgervertrag
construction contract; development contract; contract for complete development rather than only partial building work

In einem Bauträgervertrag verpflichtet sich der Bauträger dem Erwerber des Bauträgerobjektes gegenüber zur Übertragung des Eigentums an dem erworbenen Grundstück und zur Herstellung des Bauwerkes. Im Vordergrund stehen nicht die kaufrechtlichen, sondern die werkvertragsrechtlichen Verpflichtungen. Neben den zivilrechtlichen Vorschriften des Werkvertragsrechts sind auch öffentlich rechtliche Vorschriften der MaBV zu beachten und in den Vertrag einzubeziehen. Ihr Sinn ist, die Vermögensinteressen der Erwerber von Bauträgerobjekten zu schützen.

Der Bauträger darf deshalb nach § 3 MaBV über Baugelder des Erwerbers nur verfügen, wenn

- der mit dem Erwerber abgeschlossene Vertrag rechtswirksam ist und vorbehaltene Rücktrittsrechte des Bauträgers nicht mehr bestehen,
- zugunsten des Erwerbers eine Auflassungsvormerkung im Grundbuch eingetragen ist (bei Wohnungs- und Teileigentum muss deshalb die Teilung im Grundbuch vollzogen sein),
- etwaige Grundpfandgläubiger, die einen Grundstücksankaufskredit oder andere grundpfandrechtlich abgesicherte Vorfinanzierungsmittel zur Verfügung gestellt haben, eine unwiderrufliche Freistellungserklärung gegenüber dem Erwerber abgegeben haben und
- die Baugenehmigung erteilt ist oder – sofern sie nicht erforderlich ist – eine Bestätigung von der zuständigen Behörde vorgelegt wird,

wonach die Voraussetzung für den Baubeginn gegeben ist.

Außerdem dürfen bestimmte Baufortschrittsraten nicht überschritten werden. Für den Abruf der Baufortschrittsraten werden Höchstbeträge genannt, die dem Bauträger jedoch einen gewissen Handlungsspielraum in der Zusammenstellung der Leistungen lassen, für die die Raten fällig gestellt werden. Der Bauträgervertrag muss notariell beurkundet werden, da die Bauleistung und der Grundstückserwerb rechtlich als Einheit zu werten sind. Bei einem Bauträgervertrag kann das eine (Bauleistung) nicht vom anderen (Grundstückserwerb) getrennt werden.

Bauvoranfrage
outline planning application; request for preliminary planning permission

Will der Bauherr sicher gehen, dass seine Pläne über das Bauvorhaben auch tatsächlich genehmigt werden, kann er vorab beim örtlichen Bauamt einen Vorbescheid erwirken. Dazu muss er eine Bauvoranfrage stellen. Diese ist wesentlich zeit- und kostengünstiger für den Bauherrn als das eigentliche Genehmigungsverfahren. Bei einem späteren Baugenehmigungsverfahren sind die im Vorbescheid von der Baubehörde entschiedenen Punkte für den Zeitraum von drei Jahren verbindlich.

Bauweise
design; construction; architectural style; building method; construction method; type of construction

Neben dem Maß der baulichen Nutzung wird in Bebauungsplänen auch die Bauweise festgesetzt. Dabei wird unterschieden zwischen einer offenen und geschlossenen Bauweise. Die offene Bauweise ist dadurch gekennzeichnet, dass bei den Gebäuden seitliche Grenzabstände einzuhalten sind. Zur offenen Bauweise zählen neben Einzel- und Doppelhäusern auch Hausgruppen bis maximal 50 m Länge. Garagen und Stellplätze können dabei in der Regel an die Grenze gebaut werden. Die geschlossene Bauweise kennt keine seitlichen Grenzabstände. Die Häuser werden zusammengebaut. Die Grenzwände sind als „Brandwände" bzw. „Gebäudeabschlusswände" zu errichten. Besondere Formen der geschlossenen Bauweise sind die Blockbebauung und die Kettenbauweise, bei der jeweils Einzelhäuser und Garagen wie an einer Kette aneinandergebaut sind.

Bebaubarkeitsprüfung
inspection for building development/zoning potential

Bevor ein Grundstück mit der Absicht erworben wird, es zu bebauen, ist stets eine Bebaubarkeitsprüfung erforderlich. Sie umfasst die Prüfung
• der Beschaffenheit des Baugrunds,
• des Baurechts,
• der rechtlichen Verhältnisse und etwaiger vorhandener Baubeschränkungen,
• des Grades der Erschließung und etwa notwendiger Bodenordnungsmaßnahmen,
• der Lage.
• Beschaffenheit des Baugrundes
Die Beschaffenheit des zu bebauenden Bodens kann durch eine Baugrunduntersuchung ermittelt werden. Es geht vor allem um die Ermittlung der statischen Tragfähigkeit des Baubodens. Bodengrundkarten geben darüber hinaus Aufschluss über die hydrologischen Verhältnisse (Grundwasserspiegel). Aus Altlastenkatastern kann entnommen werden, ob sich das Grundstück auf einem „Altstandort" befindet oder ob es altlastenverdächtig ist. Im Zweifel sollte der Architekt mit der Entnahme von Bodenproben beauftragt werden.

Baurecht
Die Prüfung des Baurechts ist der wichtigste Teil der Bebaubarkeitsprüfung. Es gibt drei Bereiche, in denen ein aktuelles Baurecht besteht: Im Geltungsbereich eines Bebauungsplanes, im Innenbereich und – sehr beschränkt – im Außenbereich. Der Prüfungsbereich des Bebauungsplanes umfasst Art und Maß der baulichen Nutzung sowie die weiteren dort enthaltenen oft sehr umfangreichen Festsetzungen. Im Innenbereich richtet sich das Baurecht nach der Umgebungsbebauung. Hier kann durch eine Bauvoranfrage Rechtssicherheit geschaffen werden. Bei der Prüfung ist auch zu ermitteln, ob gegebene Baurechte auch tatsächlich genutzt werden können. Zu denken ist an den Grundstückzuschnitt. Ist eine Fläche als Baufläche im Flächennutzungsplan ausgewiesen, kann Baurecht mit Hilfe eines Vorhaben- und Erschließungsplanes geschaffen werden, der dann bei einer Einigung mit der Gemeinde über das geplante Bauvorhaben zu einem vorhabenbezogenen Bebauungsplan führt.

Rechtliche Verhältnisse, Baubeschränkungen
Die Prüfung der rechtlichen Verhältnisse bezieht sich vor allem auf Eintragungen im Grundbuch (zum Beispiel Dienstbarkeiten) oder im Baulastenverzeichnis. Es muss aber auch geprüft werden, ob Verträge mit Pächtern oder Mietern bestehen. Baubeschränkungen können die bauliche Nutzbarkeit des Grundstücks erheblich einschränken.

Grad der Erschließung

Ferner muss geprüft werden, ob und inwieweit Erschließungsanlagen bereits vorhanden sind oder erst hergestellt werden müssen. Beim Grundstück im Geltungsbereich eines Bebauungsplanes ist dies weniger bedeutsam, da die Gemeinde bei Aufstellung eines Bebauungsplanes auch für die Erschließung des Baugebiets sorgen muss. Bei einem vorhabenbezogenen Bebauungsplan oder einer sonstigen Bebauung im Rahmen eines städtebaulichen Vertrages fällt die Durchführung der Erschließung aber in den Pflichtenbereich des Bauherrn. In der Regel werden Baugrundstücke erst angeboten, wenn das Bodenordnungsverfahren durchgeführt und damit bebaubare Parzellen hergestellt sind, so dass sich Fragen hierzu in der Regel nicht stellen.

Lage des Grundstücks

Zur Bebaubarkeitsprüfung können auch Aspekte zählen, die die Nutzungsphase des beabsichtigten Bauwerks betreffen. Zu denken ist zum Beispiel an die Lageanalyse.

Die Lage des Grundstücks ist für die Marktfähigkeit einer Baumaßnahme von entscheidender Bedeutung. Sie kann positiv oder negativ durch externe Faktoren beeinflusst werden. Je nach vorgesehener Nutzungsart ist besonders auf die Analyse der Mikro- oder der Makrolage sowie der harten und weichen Lagefaktoren Wert zu legen.

Bebauungspläne der Innenentwicklung
development plans for redevelopment of an (inner city) area

Bei „Bebauungsplänen der Innenentwicklung" nach § 13a BauGB handelt es sich um einen besonderen Typ von Bebauungsplänen, für Flächen, die zur Wiedernutzung, Nachverdichtung oder andere Maßnahmen der Innenentwicklung im Innenbereich geeignet sind. Die gesetzliche Grundlage hierfür wurde durch das „Gesetz zur Erleichterung von Planungsvorhaben für die Innenentwicklung der Städte" vom 21.12.2006 geschaffen. Dieses Gesetz wurde verabschiedet, nachdem das Deutsche Institut für Urbanistik (Difu) unter Beteiligung von sechs Städten Praxistests erfolgreich durchgeführt hatte.

Ziel des Gesetzes ist es unter anderem, durch Einführung eines „beschleunigten Verfahrens" der Baulandausweisung im Innenbereich den in den letzten Jahren schwindenden Standortvorteil der Innenstädte gegenüber Bauinvestitionen „auf der grünen Wiese" zu stärken. Außerdem soll ein Beitrag zur Reduzierung des Flächenverbrauchs geleis-

tet werden. Kennzeichnend für diese Bebauungspläne, die sich auf Innenbereichsflächen beziehen, sind Erleichterungen insbesondere durch den Wegfall der sonst vorgeschriebenen zeit- und kostenaufwendigen Umweltprüfungen. Ein Bebauungsplan im sogenannten „beschleunigten Verfahren" darf danach aufgestellt werden, wenn in ihm eine zulässige Grundfläche im Sinne des § 19 Abs. 2 BauN-VO festgesetzt wird von insgesamt

- weniger als 20.000 Quadratmeter, wobei die Grundflächen mehrerer Bebauungspläne, die in einem engen sachlichen, räumlichen und zeitlichen Zusammenhang stehen, zusammenzurechnen sind, oder
- 20.000 Quadratmeter bis weniger als 70.000 Quadratmeter, wenn dadurch voraussichtlich keine erheblichen Umweltauswirkungen zu befürchten sind. Dies muss dann vorweg eingeschätzt werden.

Bei Bebauungsplänen bis zu 20.000 Quadratmeter zulässiger Grundfläche entfällt auch die Pflicht zur Kompensation des Eingriffs durch Ausgleichsmaßnahmen im Sinne des § 135 BauGB.

Von Darstellungen des Flächennutzungsplanes kann bei diesen beschleunigten Verfahren vorweg schon abgewichen werden, sofern dadurch nicht eine geordnete städtebauliche Entwicklung des Gemeindegebiets beeinträchtigt wird. Eine spätere Anpassung des Flächennutzungsplanes ist dann aber erforderlich.

Die Festsetzungen im Bebauungsplan können geringere Abstandsflächen vorsehen, als die in den Länderbauordnungen vorgegebenen.

Im Fokus der Abwägung bei Bebauungsplänen der Innenentwicklung steht die Deckung des Bedarfs an Investitionen zur Erhaltung, Sicherung und Schaffung von Arbeitsplätzen, der Versorgung der Bevölkerung mit Wohnraum oder die Verwirklichung wichtiger Vorhaben in der Infrastruktur.

Bebauungsplan
local plan; development plan; local development plan; land-use plan (legally binding)

Durch den Bebauungsplan werden Baurechte für die Eigentümer der Grundstücke geschaffen, die im Geltungsbereich des Bebauungsplanes liegen. Der „qualifizierte" Bebauungsplan enthält mindestens Festsetzungen über Art und Maß der baulichen Nutzung, überbaubare Grundstücksflächen und die örtlichen Verkehrsflächen. Ein Bebauungsplan, der diesen Mindestfestsetzungen nicht entspricht, gilt als „einfacher" Bebauungsplan.

Dieser enthält in der Regel nur die Festsetzung der Gebietsart und/oder von Baugrenzen bzw. Baulinien. Darüber hinaus richtet sich die Bebauung nach der Umgebung. Einfache Bebauungspläne setzen also einen bestimmten Bebauungsbestand voraus, der Orientierungsgrundlage bei Beurteilung der Zulässigkeit eines Bauvorhabens ist. Sie enthalten häufig noch altrechtliche Bestimmungen aus der Ära vor Inkrafttreten des früheren Bundesbaugesetzes, soweit sie nicht außer Kraft gesetzt wurden.

§ 9 Abs. 1 BauGB enthält 26 verschiedene Festsetzungsmöglichkeiten für einen Bebauungsplan bis hin zu Anpflanzungen mit Bäumen und Sträuchern. Den Bundesländern werden weitere Festsetzungsmöglichkeiten eingeräumt, deren Rechtsgrundlage Länderverordnungen sind. Ein Bebauungsplan gilt für einen genau abgegrenzten Teil des Gemeindegebietes. Der Bebauungsplan besteht aus einem zeichnerischen Teil mit Erklärungen der verwendeten Planzeichen und einer „Begründung". Die Ziele, Zwecke und wesentlichen Auswirkungen des Bebauungsplanes sind dabei zu erläutern. Im Hinblick darauf, dass manche Bebauungspläne in den schriftlichen Ausführungen bis zu 50 Seiten stark geworden sind, gibt es zunehmend Initiativen, die für „schlanke Bebauungspläne" plädieren.

Bebauungspläne sind jeweils mit den benachbarten Gemeinden abzustimmen. Dabei muss der Tatsache Rechnung getragen werden, dass Einrichtungen von benachbarten Gemeinden, die sich aus ihrer zentralörtlichen Funktion ergeben, nicht durch Vorhaben unterlaufen werden, die die Auswirkungen solcher Einrichtungen beeinträchtigen.

Der Bebauungsplan kommt wie folgt zustande: Nach einem öffentlich bekannt zugebenden Aufstellungsbeschluss wird ein Vorentwurf mit den Bürgern (seit 2004 „Öffentlichkeit") und den Behörden und sonstigen Trägern öffentlicher Belange (TÖB) erörtert. (Dies entfällt bei „beschleunigten Verfahren" im Sinne des § 13a Abs. 2 BauGB.) Dabei sich ergebende Erkenntnisse werden erörtert und – wenn mehr dafür als dagegen spricht – im Entwurf des Bebauungsplanes berücksichtigt. Die Gemeinde beschließt dann, diesen Entwurf öffentlich auszulegen. Auch dieser Beschluss ist bekannt zu machen.

Den Bürgern, Fachbehörden und sonstigen Trägern öffentlicher Belange ist damit noch einmal eine Möglichkeit gegeben, Bedenken und Anregungen zu äußern, die in die Abwägung durch den Gemeinderat einfließen. Durch das Europarechtsanpassungsgesetz von 2004 wurde eine Umweltprüfung vorgeschrieben, die mögliche erhebliche Umweltauswirkungen ermittelt und bewertet. Das Ergebnis fließt in einen Umweltbericht ein. Auch er ist Gegenstand der Abwägung.

Der Bebauungsplan wird schließlich durch Satzung beschlossen. Er tritt mit der Bekanntmachung in Kraft. Zur Beschleunigung des Planungsverfahrens hat es sich als zweckmäßig erwiesen, die Beteiligung der Öffentlichkeit dem Aufstellungsbeschluss vorzuziehen („vorgezogene Bürgerbeteiligung"). Es kann dann auf die Erörterung des unter Mitwirkung der Bürger zustande gekommenen Entwurfs verzichtet werden. Welche Bedenken und Anregungen der Öffentlichkeit und der Behörden berücksichtigt, teilweise berücksichtigt oder nicht berücksichtigt wurden, wird in einen Abwägungsbeschluss festgehalten. Der Beschleunigung dient auch die Beteiligung der Behörden und der Träger öffentlicher Belange im so genannten Sternverfahren. Alle von der Planung berührten Institutionen werden dabei unter Fristsetzung gleichzeitig zur Stellungnahme aufgefordert.

In bestimmten Ausnahmefällen ist eine Genehmigung des Bebauungsplanes erforderlich, nämlich immer dann, wenn ein Flächennutzungsplan zum Zeitpunkt der Bekanntmachung des Bebauungsplanes (noch) nicht vorliegt oder der Flächennutzungsplan parallel zur Aufstellung des Bebauungsplanes geändert werden muss. Dies ist immer dann der Fall, wenn die Vorgaben des Flächennutzungsplanes mit den Vorstellungen zum Bebauungsplan nicht übereinstimmen. Überwiegend kann jedoch davon ausgegangen werden, dass Flächennutzungspläne existieren und der Aufstellungsbeschluss über einen Bebauungsplan auf der Grundlage eines bestehenden Flächennutzungsplanes gefasst wird.

Seit 1.1.2007 gibt es für Innenbereiche die neue Variante der „Bebauungspläne der Innenentwicklung", die zur Anwendung gelangen können, wenn die entsprechenden Voraussetzungen des § 13a BauGB gegeben sind. Es handelt sich um Bebauungspläne, die im „beschleunigten Verfahren" zustande kommen. Dabei entfällt die Notwendigkeit der Umweltprüfung und damit auch eines Umweltberichts. Dies gilt uneingeschränkt für Baugebiete mit einer zulässigen Grundfläche von bis 20.000 Quadratmeter. Bei Bebauungsplangebieten mit einer zulässigen Grundfläche zwischen 20.000 und 70.000 Quadratmeter muss in einer Vorprüfung festgestellt werden, ob der Bebauungsplan erhebliche Umweltauswirkungen nach sich zieht. Kann dies verneint werden, kann auch hier das beschleunigte Verfahren zum Zuge kommen.

Eine zunehmende Bedeutung hat der vorhabenbezogene Bebauungsplan, der auf der Grundlage eines von einem Investor vorgelegten Vorhaben- und Erschließungsplans beruht. Für das vorgesehene Gebiet darf noch kein anderer Bebauungsplan vorliegen. Das geplante Vorhaben muss aber kompatibel mit dem bestehenden Flächennutzungsplan sein. Seit 1.1.2007 kann sich der vorhabenbezogene Bebauungsplan darauf beschränken, nur die im Durchführungsvertrag mit dem Vorhabenträger konkret vereinbarte bauliche Nutzung als festgesetzt anzusehen.

Beendigung eines Mietverhältnisses
termination of a lease
Mietverhältnisse werden entweder durch Zeitablauf, Kündigung oder Mietaufhebungsvertrag beendigt.

Zeitablauf
Beim Wohnungsmietvertrag besteht seit 1.9.2001 keine Möglichkeit mehr, einen sogenannten „einfachen Zeitmietvertrag" zu vereinbaren. Er sah vor, dass dem Mieter das Recht auf Fortsetzung zustand, wenn der Vermieter kein berechtigtes Interesse an einer Vertragsbeendigung geltend machen konnte. Dagegen gibt es nach wie vor den so genannten „qualifizierten Zeitmietvertrag", bei dem schon bei Vertragsabschluss die Gründe für die vereinbarte Beendigung des Mietverhältnisses schriftlich dargelegt werden müssen.

Als Gründe kommen nur in Betracht: Eigenbedarf, die Absicht, die Mieträume zu beseitigen oder sie so wesentlich zu verändern beziehungsweise instand zu setzen, dass die Maßnahmen durch die Fortsetzung des Mietverhältnisses erheblich erschwert würden. Schließlich kann auch noch eine vorgesehene anderweitige Vermietung an eine zur Dienstleistung verpflichtete Person als Grund für die Beendigung des Mietvertrages angeführt werden.

Auch beim Gewerberaummietvertrag endet der Zeitmietvertrag mit seinem Ablauf. Besteht zugunsten des Mieters eine Verlängerungsoption und wird sie entsprechend der Vereinbarung geltend gemacht, verlängert sich das Mietverhältnis um den für die Option maßgeblichen Zeitraum.

Kündigung
Die Beendigung des Mietverhältnisses durch Kündigung durch den Vermieter ist bei Wohnraum auf Fälle beschränkt, in denen ein berechtigtes Interesse vorliegt. Eine Kündigung zum Zweck der Mieterhöhung ist unzulässig. Ein berechtigtes Interesse liegt nach § 573 BGB bei schuldhaften erheblichen Vertragsverletzungen des Mieters, bei Eigenbedarf des Vermieters oder wenn der Vermieter durch die Vertragsfortsetzung an einer angemessenen wirtschaftlichen Verwertung des Grundstücks gehindert würde, vor. Stirbt der Mieter, können Angehörige,

die mit ihm im gleichen Haushalt gelebt haben, in den Mietvertrag eintreten. Der Vermieter kann das Mietverhältnis innerhalb eines Monats, nachdem er vom Eintritt in das Mietverhältnis erfahren hat, außerordentlich mit gesetzlicher Frist kündigen, wenn in der Person des Eingetretenen ein wichtiger Grund vorliegt (§ 563 BGB). Treten beim Tod des Mieters keine Angehörigen (Ehegatte, Lebenspartner, Kinder) in das Mietverhältnis ein oder wird es nicht mit anderen Mietern fortgesetzt, findet eine Vertragsfortsetzung mit den Erben statt. Dabei können sowohl der Erbe als auch der Vermieter den Vertrag innerhalb eines Monats außerordentlich mit der gesetzlichen Frist kündigen, nachdem sie vom Tod des Mieters und davon erfahren haben, dass kein Eintritt in das Mietverhältnis oder dessen Fortsetzung stattgefunden hat. Der Vermieter muss zum Zeitpunkt der Kündigung im Grundbuch als Eigentümer eingetragen sein, es sei denn, er ist Zwischenmieter.

Die ordentliche Kündigungsfrist des Wohnungsmieters beträgt drei Monate, wobei die Kündigung spätestens am dritten Werktag des ersten Monats erfolgt sein muss. Eine längere Frist kann nicht vereinbart werden. Die Kündigung bedarf bei Wohnraum stets der Schriftform.

Ein Sonderkündigungsrecht für Mieter besteht beim preisfreien Wohnraum, wenn der Vermieter ein Mieterhöhungsverlangen zur ortsüblichen Vergleichsmiete stellt oder eine Mieterhöhung wegen baulicher Änderungen (Modernisierung) fordert. Innerhalb eines Zeitraumes von zwei Monaten nach Zugang der Erhöhungserklärung (Überlegungsfrist) kann der Mieter das Mietverhältnis außerordentlich zum Ablauf des übernächsten Monats kündigen. Die Mieterhöhung tritt bei Kündigung nicht in Kraft. Die Mieterhöhung tritt bei Kündigung nicht in Kraft. Von dieser Regelung (§ 561 BGB) kann vertraglich nicht zum Nachteil des Mieters abgewichen werden.

Lange umstritten war die Rechtslage bei so genannten Altmietverträgen, die vor der Mietrechtsreform 2001 und damit vor dem 1.9.2001 abgeschlossen worden sind. Der Bundesgerichtshof entschied dazu am 18.6.2003, dass mietvertraglich vereinbarte Kündigungsfristen im Sinne der alten Rechtslage (Kündigungsfrist für den Mieter bei Mietdauer von bis zu fünf Jahren – drei Monate, bis zu acht Jahren – sechs Monate, bis zu zehn Jahren – neun Monate und bis über zehn Jahren – ein Jahr) weiterhin Bestand haben sollten (BGH, Az. VIII ZR 240, 324, 339 und 355/02).

Seit 1.6.2005 ist jedoch eine gesetzliche Neuregelung in Kraft. Danach gilt die dreimonatige Frist für Kündigungen durch den Mieter auch für Altmietverträge, in denen die bis 1.9.2001 gültigen gesetzlichen Kündigungsfristen formularmäßig vereinbart worden sind. Seit dem 1.6.2005 können diese Mieter also mit dreimonatiger Frist kündigen. Niedergelegt ist die Regelung in Artikel 229 § 3 Abs. 10 des Einführungsgesetzes zum Bürgerlichen Gesetzbuch (EGBGB).

Für Vermieter von Wohnraum bei der ordentlichen Kündigung staffeln sich die Kündigungsfristen wie folgt: Drei Monate bei Mietverhältnissen bis fünf Jahre Dauer, sechs Monate bei Mietverhältnissen zwischen fünf und bis acht Jahren Dauer, neun Monate bei Mietverhältnissen von über acht Jahren Dauer. Diese Fristen sind zu Lasten des Mieters nicht veränderbar.

Beim Gewerberaum gibt es keinerlei gesetzlichen Kündigungsschutz. Die gesetzliche Kündigungsfrist beträgt ein halbes Jahr (Kündigung spätestens am dritten Werktag eines Kalendervierteljahres zum Ablauf des nächsten Kalendervierteljahres). Die Frist kann durch vertragliche Vereinbarung geändert werden. Die gesetzliche Regelung findet sich in § 580a Abs. 2 BGB.

Im Übrigen besteht die Möglichkeit, das Kündigungsrecht der Mietvertragsparteien für eine bestimmte Zeit auszuschließen. Der BGH hat in seiner Entscheidung vom 6.4.2005 (Az. VIII ZR 27/04) die Vereinbarung eines Kündigungsverzichts durch einen Wohnungsmieter – auch im Wege einer Allgemeinen Geschäftsbedingung – jedoch auf vier Jahre beschränkt. Er lehnte sich dabei an die Bestimmung an, dass bei einem Staffelmietvertrag dem Mieter ein Kündigungsrecht zum Ablauf des vierten Jahres zustünde.

Bei Vorliegen eines wichtigen Grundes können beide Mietvertragsparteien nach § 543 Abs. 1, § 569 BGB auch außerordentlich fristlos kündigen. Ein solcher Grund liegt vor, wenn dem Kündigenden in der konkreten Situation, unter Berücksichtigung eines Verschuldens der Beteiligten und unter Abwägung ihrer jeweiligen Interessen eine Fortsetzung des Mietvertrages bis zum Ende der normalen Kündigungsfrist nicht zugemutet werden kann. Das Gesetz nennt Beispiele für wichtige Gründe, unter anderem die Verweigerung des Gebrauchs der Mietsache durch den Vermieter und das Unterlassen der Mietzahlung an zwei aufeinander folgenden Terminen durch den Mieter. Auch ein Mietrückstand innerhalb eines Zeitraums von mehr als zwei Monaten, der die Miete für zwei Monate erreicht, berechtigt zur außerordentlichen Kündigung. Ebenso liegt ein wichtiger Grund vor, wenn der Mieter mit einer Kautionszahlung in Höhe eines Betrages

in Rückstand ist, der der zweifachen Monatsmiete ohne Nebenkosten entspricht (§ 569 Abs. 2a BGB). Nach einem Urteil des Bundesgerichtshofes kann auch eine mehr als zehnprozentige Abweichung der tatsächlichen von der vertraglich vereinbarten Wohnfläche einen wichtigen Grund für eine außerordentliche fristlose Kündigung durch den Mieter darstellen. Im Fall war die Wohnfläche um über 22 Prozent kleiner als vereinbart. Im Einzelfall kann nach dem BGH das Recht auf eine außerordentliche fristlose Kündigung jedoch verwirkt sein, wenn zum Beispieler Mieter schon zu einem früheren Zeitpunkt die Flächenabweichung festgestellt hat, ohne zeitnah eine Kündigung vorzunehmen (Az. VIII ZR 142/08, Urteil vom 29.4.2009).

In einem Urteil vom 11.7.2012 hat der Bundesgerichtshof betont, dass eine fristlose Kündigung auch möglich ist, wenn der Mieter irrtümlich die Miete mindert, weil er etwa einen Wohnungsmangel fälschlicherweise dem Verantwortungsbereich des Vermieters zuschreibt. Im konkreten Fall ging es um das Thema „Schimmel". Der Mieter hatte angenommen, dass die Schimmelbildung im gemieteten Einfamilienhaus auf Baumängel zurückzuführen sei. Das Gericht kam jedoch zu dem Ergebnis, dass dies nicht der Fall war und tatsächlich mehr hätte gelüftet und geheizt werden müssen. Erreicht der Betrag der ausstehenden Miete in solchen Fällen die Höhe von zwei Monatsmieten, kann eine fristlose Kündigung berechtigt sein (BGH, Az. VIII ZR 138/11). Es muss jedoch darauf hingewiesen werden, dass der Ausgang von Gerichtsverfahren zu möglichen baulichen Mängeln (wie in diesem Fall) oft von Sachverständigengutachten abhängt.

Übergibt ein Vermieter ein Kündigungsschreiben persönlich an der Wohnungstür und klingelt zu diesem Zweck „Sturm", stellt dies keinen erheblichen Eingriff in die Privatsphäre des Mieters dar. Auch kann der Mieter aus diesem Grund keinen Schadenersatzanspruch in fünfstelliger Höhe geltend machen, mit dem er dann gegen die ausstehende Miete aufrechnen will (AG München, Urteil vom 13.8.2012, Az. 473 C 31187/11).

Mietaufhebungsvertrag

Die Mietaufhebungsvereinbarung ist angesichts der streng regulierten Kündigungsvorschriften bei Wohnraum ein beliebtes Mittel, um im Kompromisswege eine Beendigung des Mietverhältnisses zu erreichen. In der Regel werden in diesem Zusammenhang Ablösevereinbarungen zwischen Vermieter und Mieter getroffen. Der Mieter kann sich nach einer solchen Vereinbarung nicht mehr auf den Mieterschutz berufen.

Rückgabe der Mietsache

In tatsächlicher Hinsicht erfolgt die Beendigung des Mietverhältnisses nach Räumung durch Schlüsselübergabe vom Mieter an den Vermieter. Damit wird die Mietsache zurückgegeben. Der Mieter gibt seinen Besitz auf. Die Zurücknahme der Wohnung erfolgt in der Regel in Form der Abnahme. Dabei werden der Zustand im Hinblick auf die zuletzt durchgeführten Schönheitsreparaturen der Wohnung überprüft, sowie die Vollständigkeit des gemieteten Inventars, und die Stände der Wasser-, Strom-, Gasverbrauchs-, Wärme- und Warmwasserzähler festgestellt.

Dies und etwaige Schäden, die nicht auf normale Abnutzung zurückzuführen sind, werden im Abnahmeprotokoll festgehalten, das von den Vertragsparteien unterzeichnet wird. Das Abnahmeprotokoll dient damit als Grundlage der privaten Beweissicherung für die spätere Abrechnung der Mietkaution.

Begründung von Wohnungseigentum
establishment of commonhold/flat ownership

Wohnungseigentum kann durch vertragliche Einräumung von Sondereigentum (§ 3 WEG) oder durch Teilung (§ 8 WEG) begründet werden. Wohnungseigentum kann nur an Gebäuden begründet werden, die sich auf einem einzigen Grundstück (nicht zu verwechseln mit Flurstück) befinden. Ein Grundstück kann aus mehreren Flurstücken bestehen. Befindet sich ein Teil des Gebäudes auf einem fremden Grundstück, ist die Begründung von Wohnungs- oder Teileigentum nicht mehr möglich.

Die Begründung durch vertragliche Einräumung setzt stets zwei oder mehrere Grundstückseigentümer voraus, die im Grundbuch eingetragen sind. Es kann sich zum Beispiel um eine Erbengemeinschaft handeln, die sich darauf einigt, Wohnungseigentum gemäß ihrer jeweiligen Miteigentumsanteile zu begründen. Handelt es sich bei der Erbengemeinschaft um eine Gesamthandsgemeinschaft, muss sie zuerst in eine Bruchteilsgemeinschaft umgewandelt werden, damit die Eigentumsanteile mit Sondereigentum verknüpft werden können. Die Begründung von Wohnungseigentum durch vertragliche Einräumung ist heute ein Ausnahmefall. In der Regel entsteht Wohnungseigentum durch Teilung.

Die Teilungserklärung erfolgt durch den jeweiligen Eigentümer des Grundstücks. Sie muss entweder von einem Notar beglaubigt werden (wobei der Notar nur die Echtheit der Unterschrift bestätigt) oder sie wird notariell beurkundet. Üblich ist heute die Beurkundung. Die Teilungserklärung nimmt hinsichtlich der Sondereigentumseinheiten auf einen Aufteilungsplan Bezug, in dem die einzelnen Wohn- bzw. Teileigentumseinheiten zeichnerisch dargestellt und jeweils mit einer Nummer versehen sind. Da Sondereigentum nur begründet werden kann, wenn die Wohnungen bzw. sonstigen Räume abgeschlossen sind, muss durch eine Bescheinigung die Abgeschlossenheit nachgewiesen werden. (Abgeschlossenheitsbescheinigung). Gemeinschaftliches Eigentum muss stets mit einem Sondereigentum verbunden sein, wenn Wohnungs- bzw. Teileigentum entstehen soll.

Belastung
encumbrance; debit; charge; fee; load; pressure; remuneration

... des Eigentümers einer selbstgenutzten Wohnung

Unter Belastung wir die Summe aller regelmäßig wiederkehrenden Ausgaben verstanden, die ein Eigentümer eines selbstgenutzten Hauses oder einer Eigentumswohnung zu tragen hat. Dazu zählen die monatlich, vierteljährlich, halbjährlich oder jährlich zur fristgerechten Bedienung des Darlehens anfallenden Zins- und Tilgungsbeträge. Hinzuzurechnen sind außerdem wiederholt anfallende Bewirtschaftungskosten (zum Beispiel für die Verwaltung) sowie Betriebskosten (Gebäudeversicherung, Grundsteuer, Heizung, Wartung, Strom etc.). Die Belastung wird mit Hilfe einer Lastenberechnung ermittelt. Das Schema der Lastenberechnung kann der II. Berechnungsverordnung entnommen werden, das für den mit öffentlichen Mitteln nach dem II. WoBauG geförderten Wohnraum Geltung hatte.

... des Eigentums an einem Grundstück

Im übertragenen Sinne wird von Belastung auch im Zusammenhang mit auf einem Grundstück ruhenden Grundpfandrechten und den in Abteilung II des Grundbuchs eingetragenen Lasten gesprochen. Hinzu kommen die im Baulastenverzeichnis eingetragenen Baulasten.

Belegungsbindung (Wohnungsbindung)
occupancy commitment; period of fixed percentage of occupancy by people with low income

Alle mit staatlichen Mitteln geförderten Wohnungen unterliegen einer Belegungsbindung und einer Preisbindung. Dies gilt für den geförderten Wohnungsbestand aus der Förderungsära des II. Wohnungsbaugesetzes (WoBauG) ebenso wie für

Wohnraum, der nach den geltenden Vorschriften des Wohnraumförderungsgesetzes (WoFG) gefördert wurde bzw. wird. Wer zum Bezug einer öffentlich geförderten Wohnung berechtigt ist, muss dies durch einen Wohnberechtigungsschein nachweisen. Die Preisbindung der nach dem II. WoBauG geförderten Wohnungen wurde im Wohnungsbindungsgesetz geregelt. Danach gilt für den nach dem II. WoBauG geförderten Wohnraum noch eine Preis- und Belegungsbindung bis zur regulären Rückzahlung der öffentlichen Darlehen nach dem vereinbarten Tilgungsplan. Wird das Darlehen freiwillig vorzeitig zurückgezahlt, wirkt die Bindung weiter und zwar so lange, bis das Darlehen nach dem Tilgungsplan zurückbezahlt worden wäre, höchsten aber zehn Jahre. Man spricht hier von einer Nachwirkungsfrist. Wurde das Darlehen gekündigt, weil der Darlehensnehmer seinen Verpflichtungen (Einhaltung der Bindungsvorschriften) nicht nachgekommen ist, verlängert sich die Nachwirkungsfrist auf zwölf Jahre.

Das novellierte Wohnungsbindungsgesetz in seiner Fassung vom 13.9.2001 regelt die Bindungsvorschriften des nach dem WoFG geförderten Wohnraums.

Dabei muss das Wohnungsamt der Gemeinde dem Vermieter drei Mieter mit einem Berechtigungsschein benennen, von denen einer ausgewählt werden muss. In Fällen, in denen der Gemeinde das „Besetzungsrecht" zusteht, kann die Gemeinde in Bezug auf ihre Vermietung über den Wohnraum selbst verfügen.

Beleihung
lending; hypothecation; mortgaging

Als Sicherheit für die Vergabe eines Immobiliendarlehens dient das zu finanzierende Grundstück. Die maximale Kredithöhe richtet sich nach dem Beleihungswert und der Beleihungsgrenze des Objekts.

Der Beleihungswert ist nach § 16 des Pfandbriefgesetzes ein durch einen unabhängigen Gutachter festgesetzter Wert, „der sich im Rahmen einer vorsichtigen Bewertung der zukünftigen Verkäuflichkeit einer Immobilie und unter Berücksichtigung der langfristigen, nachhaltigen Merkmale des Objektes, der normalen regionalen Marktgegebenheiten sowie der derzeitigen und möglichen anderweitigen Nutzungen ergibt". Spekulative Elemente dürfen dabei nicht berücksichtigt werden. Er darf den „Marktwert" nicht übersteigen.

Die Ermittlung des Beleihungswerts soll auf der Grundlage der am 1.8.2006 in Kraft getretenen Beleihungswertverordnung erfolgen. Die Beleihungswertverordnung stimmt inhaltlich zu großen Teilen mit der Immobilienwertermittlungsverordnung überein. Rechtsgrundlage für die Verordnung ist das Pfandbriefgesetz, das mit Inkrafttreten, das am 19.7.2005 in Kraft getreten ist und das frühere Hypothekenbankgesetz ersetzt hat. Nach § 14 PfandBG beträgt die Beleihungsgrenze für Hypotheken, die auf Pfandbriefbasis beruhen, 60 Prozent des Beleihungswertes.

Das Pfandbriefgesetz gilt für alle Pfandbriefbanken (bisher Hypothekenbanken). Dazu zählen alle Banken, die mit dem Pfandbriefprivileg ausgestattet sind. Deshalb werden sich auch die Landesbanken hinsichtlich ihrer Objektbeleihungen nach diesen Vorschriften richten. Bei Bauspardarlehen, deren dingliche Absicherung üblicherweise nachrangig erfolgt, liegt die Beleihungsgrenze bei 80 Prozent des Beleihungswertes. Die Versicherungsgesellschaften lehnen sich bei der Beleihung an die Beleihungsgrundsätze der Pfandbriefbanken an.

Um die Forderung des Gläubigers dinglich abzusichern, wird das zu beleihende Objekt mit einer Grundschuld belastet, für die als Zweckbestimmung die Darlehenssicherung vereinbart ist. Darlehen von Realkreditinstituten, die die Beleihungsgrenze überschreiten, sind keine Realkredite, sondern „gedeckte" Personenkredite. Bei ihnen spielt die Bonitätsprüfung des Darlehensnehmers eine besondere Rolle.

Beleihungsgrenze
lending ceiling; lending limit; limited loan on; marginal loan value

Bei der Beleihung von Immobilien müssen Realkreditinstitute, die ihre Darlehen mit der Ausgabe von Pfandbriefen refinanzieren, darauf achten, dass sie die Beleihungsgrenze nicht überschreiten. Sie liegt nach § 14 des Pfandbriefgesetzes bei 60 Prozent des Beleihungswertes Die Beleihung bis zu dieser Grenze wird als „1a-Hypothek" bezeichnet. Ist ein Kaufpreis aus einem Grundstückskaufvertrag zu finanzieren, darf der Beleihungswert nicht mit dem Kaufpreis angesetzt werden. Dieser ist vielmehr – wenn er im gewöhnlichen Geschäftsverkehr ausgehandelt wurde, Ausdruck des Verkehrswertes. Der Beleihungswert liegt regelmäßig darunter. Als Faustregel kann gelten, dass der Fremdfinanzierungsspielraum innerhalb der Beleihungsgrenze damit zwischen 50 und 55 Prozent des Kaufpreises angesiedelt ist.

Kreditinstitute, die nicht über das Pfandbrief-Privileg verfügen, sind an diese Vorschrift nicht gebunden und verfahren nach eigenen Regeln. Sparkassen lehnen sich in ihrer Beleihungspraxis den bei Realkreditinstituten geltenden Regeln an. Allerdings können sie auf der Grundlage von Bürgschaften den Beleihungsspielraum erhöhen. Bausparkassen können bis zu 80 Prozent des Beleihungswertes Bauspardarlehen vergeben.

Die Sparkassengesetze sind Ländersachen. Das Bundesland Sachsen-Anhalt hat 2004 bisher als einziges Bundesland zur Bestimmung von Beleihungswerten die „Verordnung über Beleihungsgrundsätze für Sparkassen" erlassen. Diese befasst sich aber nicht mit Beleihungsgrenzen, sondern nur mit Beleihungswerten für verschiedene Objekttypen.

Beleihungswert
mortgage lending value; lending value; collateral value; hypothecation value; loan (security) value

Der Beleihungswert ist nach § 3 der Beleihungswertverordnung (BelWertVo) „der Wert der Immobilie, der erfahrungsgemäß unabhängig von vorübergehenden, etwa konjunkturell bedingten Wertschwankungen am maßgeblichen Grundstücksmarkt unter Ausschaltung von spekulativen Elementen während der gesamten Dauer der Beleihung bei einer Veräußerung voraussichtlich erzielt werden kann." Dabei kommt es auf die künftige Verkäuflichkeit unter Berücksichtigung der nachhaltig gegebenen Merkmale dieser Immobilie an. Unterstellt werden normale regionale Marktverhältnisse und die aus der gegenwärtigen Perspektive sich ergebenden anderweitigen Nutzungsmöglichkeiten. Der sich daraus ergebende Unterschied zum Verkehrswert liegt in der besonderen Berücksichtigung von denkbaren Veränderungen während der Dauer der Beleihung.

Hinsichtlich der Verfahren, die für die Ermittlung des Beleihungswertes vorausgesetzt werden, gibt es einengende Vorschriften. Im Ertragswertverfahren gehören dazu zum Beispiel eine Mindesthöhe des Bewirtschaftungskostenansatzes (15 Prozent des Rohertrages), Mindestansätze für Kapitalisierungszinssätze (entspricht den Liegenschaftszinssätzen) bei bestimmten Objektarten, eine genaue Bezeichnung der Kriterien, die gegeben sein müssen, wenn der Mindestzinssatz unterschritten werden soll, usw. Beim Sachwertverfahren darf zum Beispiel der Ansatz für die Außenanlagen in der Regel fünf Prozent des Herstellungswertes nicht überschreiten. Der Ansatz der Baunebenkosten ist auf 20 Prozent des Herstellungswertes beschränkt. Der Beleihungswert ist Bemessungsgrundlage für die Beleihungsgrenze, d. h. den Beleihungsspielraum für Kreditinstitute, der eine dingliche Absicherung von in der Regel erstrangigen Darlehen gewährleistet.

Beratungsvertrag
consultancy contract

Immobilienberatung als Leistung von Immobilienmaklern tritt immer mehr in den Vordergrund. Grundlage einer Immobilienberatung als Hauptleistung immobilienwirtschaftlicher Unternehmen ist ein Beratungsvertrag. Der Beratungsvertrag ist ein Vertrag über eine entgeltliche Geschäftsbesorgung auf der Grundlage eines Dienstvertrags, dessen Regelungsgegenstand die Verpflichtung zur Erbringung von Beratungsleistungen ist. In Fällen, in denen zum Beispiel technische Beratungselemente (zum Beispiel bei der Systementwicklung einer EDV-Anlage) hinzukommen, was über die reine Beratung hinausgeht, kann der Beratungsvertrag werkvertragliche Elemente enthalten. Der Beratungsvertrag bedarf keiner Form, kann also auch schlüssig zustande kommen. Davon ist auszugehen, wenn sich eine Person als Berater bezeichnet und sein Geschäftspartner Beratungsleistungen von ihm als Berater anfordert. Allerdings darf diese Beratung als Geschäftszweig nicht verwechselt werden mit einer Beratung, die sich als Nebenpflicht aus einer beruflichen Tätigkeit ergibt. Einer solchen Beratung liegt kein Beratungsvertrag zugrunde.

In der Immobilienwirtschaft gibt es vielfältige Felder, in denen wegen fehlender Fachkenntnisse eine professionelle Beratung von Personen erforderlich ist. Beispiele hierfür sind Anlageberatung, Finanzierungsberatung, Immobilienberatung und immobilienwirtschaftlich orientierte Versicherungsberatung. Letztere ist gesetzlich separat geregelt. Grundsätzlich gilt, dass ein Berater von Dritten unabhängig sein muss und nicht von anderweitigen Geschäftsinteressen geleitet werden darf. Bei der Beratung um ein Vorhaben müssen auch die Risiken erläutert werden. Um Klarheit über die Rechte und Pflichten eines Beraters und des Beratenen zu schaffen, empfiehlt sich stets, einen Beratungsvertrag schriftlich abzuschließen. Er enthält unter anderem die genaue Festlegung des Beratungsgegenstandes, die Mitwirkungs- und Informationspflicht des Beratenen und seiner etwaigen Vertreter, eine etwaige Einbeziehung von qualifizierten Mitarbeitern des Beraters in den Beratungsablauf, Ort und Zeit der Beratungstätigkeit, Regelungen zu Reisekosten und Auslagen, Vergütung (pro Stunde oder Tag), eine Verschwiegenheitsklausel, sowie Haftungsregelungen. Der Berater haftet für die Richtigkeit und Geeignetheit seiner Beratungsleistungen.

Es gibt drei Vertragskonstruktionen, mit deren Hilfe eine Vertragsgrundlage im Bereich der immobilienwirtschaftlichen Beratung zur Verfügung gestellt werden kann. Dabei handelt es sich um die projektbezogene Beratung, die zeitlich unbegrenzte Beratung (Dauerberatung) und um die Beratung auf Abruf. Die spezielle Projektberatung ist sachlich und zeitlich durch das Projektziel und die Dimensionen des Projektes begrenzt. Der Projektberatungsvertrag kann aus wichtigem Grund, zum Beispiel bei Aufgabe des Projektes durch den Auftraggeber, gekündigt werden. Ansonsten endet der Vertrag mit dem Abschluss des Projektes.

Beispiele für Gegenstände der Projektberatung:
• Immobilienobjektanalysen
• Baurechtsanalysen
• Lageanalysen
• Marktanalysen
• Standort- und Marktanalysen (STOMA)

Beratungsleistungen, die sich nicht auf ein Projekt beziehen, deshalb zeitlich unbegrenzt sind und mit deren Hilfe zum Beispiel laufende betriebliche Prozesse eines Unternehmens gesteuert werden sollen, gehören zur zweiten Kategorie der Immobilienberatung. Solche Vertragsverhältnisse können durch Kündigung jederzeit beendet werden.

Schließlich gibt es noch einen reinen Beratungsrahmenvertrag, der den Auftraggeber in die Lage versetzt, Beratung bei Bedarf abzurufen. Auch ein solcher Rahmenvertrag kann durch Kündigung jederzeit beendet werden. Die beiden zuletzt genannten Verträge sind nicht Gegenstand dieser Erläuterung.

Bereitstellungszinsen
commitment interest

Kreditinstitute verlangen diese Finanzierungsnebenkosten, wenn das Darlehen nicht innerhalb einer bestimmten Frist abgerufen wird. Die Zeitspannen, wann die Bereitstellungszinsen fällig werden, variieren stark: Einige Kreditgeber verlangen sie bereits nach einem Monat, andere gedulden sich bis zu neun Monate. Da Bereitstellungszinsen nicht in die Effektivzinsberechnung eingehen, können sie besonders für Bauherren, die ihr Darlehen nach Baufortschritt abrufen, teuer werden. Deshalb sollte der Finanzierer über Fälligkeit (möglichst spät nach Darlehenszusage) und Höhe dieser zusätzlichen Kosten, die ebenfalls mit ein bis vier Prozent vom Darlehen erheblich schwanken können, verhandeln.

Bergschaden
coal mining subsidence

Bergschäden können sowohl durch den aktiv betriebenen als auch durch stillgelegten Bergbau entstehen. Die Ursache sind durch den Vortrieb von Stollen erzeugte Bodenbewegungen oder Bodensenkungen durch den Einsturz alter, nicht genügend gesicherter Stollen. Gegen Haftungsansprüche wehren sich Bergwerkseigentümer durch Bergschadenverzichtserklärungen, die im Grundbuch in Form einer Grunddienstbarkeit oder einer beschränkten persönlichen Dienstbarkeit abgesichert werden. Dies ist seit dem Jahr 1900 möglich und gilt vor allem für solche Grundstücke, die sich früher im Eigentum eines Bergwerkeigentümers befanden und an Bauwillige verkauft wurden.

Da nicht alle bergbaulichen Aktivitäten aus der früheren Zeit dokumentiert sind, kann durch mehrere Suchbohrungen festgestellt werden, ob ein oberflächennaher Bergbau betrieben wurde. Man kann mit Hilfe von solchen Suchbohrungen ziemlich sicher feststellen, ob eine Bergschadensgefahr besteht. Sind entsprechende Feststellungen zu treffen, muss der für Siedlungszwecke vorgesehene Bereich saniert werden.

Berliner Räumung
so-called 'Berlin' eviction in which only the tenant is evicted from the flat and the landlord keeps the tenant's household goods as security for the rent he is owed

Bei der herkömmlichen Räumung einer Mietwohnung lässt der Gerichtsvollzieher die Möbel und sonstigen Sachen des Mieters mit Hilfe einer Spedition aus der Wohnung entfernen und einlagern. Für den Vermieter entstehen erhebliche Kosten für Transport und Lagerung. Allerdings ist die Wohnung sofort frei und wichtige Schritte wie etwa die Unterscheidung von zu entsorgendem Müll, aufzubewahrenden Gegenständen und unpfändbaren Sachen, die auf Anforderung sofort an den Mieter herauszugeben sind, obliegen dem Gerichtsvollzieher. Diese Form der Räumung ist weiterhin gesetzlich vorgesehen.

Allerdings gibt es nun eine weitere Möglichkeit, die bisher nur von der Rechtsprechung anerkannt worden war: Die sogenannte Berliner Räumung wurde im Rahmen der Mietrechtsreform 2013 im Gesetz verankert. Der Vermieter kann den Vollstreckungsauftrag des Gerichtsvollziehers darauf beschränken, dass dieser den Mieter außer Besitz der Wohnung setzt und den Vermieter wieder zum Besitzer macht. Der Mieter wird gegebenenfalls also aus der Wohnung entfernt, die Schlösser werden ausgetauscht und der Vermieter erhält die neuen Schlüssel und damit die Verfügungsgewalt über die Wohnung zurück. Der Gerichtsvollzieher erstellt eine Inventarliste. Bei dieser Konstruktion macht der Vermieter in der Regel sein Vermieterpfandrecht an den Sachen des Mieters geltend; diese können zunächst in der Wohnung bleiben. Es entfallen die Kosten für Transport und Einlagerung. Die bewegliche Habe des Mieters kann, wenn sich die Zwangsvollstreckung nicht auf sie bezieht, vom Vermieter aber auch aus der Wohnung gebracht werden. Der Vermieter muss die Gegenstände dann aufbewahren, darf aber offensichtlichen Müll entsorgen. Für Schäden am Eigentum des Mieters haftet der Vermieter bei Vorsatz und grober Fahrlässigkeit. Der Mieter hat nach der Räumung einen Monat Zeit, seine Sachen beim Vermieter abzufordern. Danach darf der Vermieter die Sachen verwerten oder, wenn dies nicht möglich ist, vernichten. Der Vermieter ist jedoch gesetzlich verpflichtet, sogenannte unpfändbare Sachen und solche, die keinen materiellen Wert haben, auf Anforderung des ehemaligen Mieters sofort wieder herauszugeben. Zum Beispiel sind Ausweispapiere, Zeugnisse und andere wichtige Dokumente, Gegenstände, die der Mieter zur Berufsausübung benötigt und alles was zur Führung eines einfachen Haushalts dient, grundsätzlich nicht pfändbar. Unter Verwertung ist nicht der Verkauf auf dem Flohmarkt oder im Internet zu verstehen, sondern eine öffentliche Versteigerung durch dazu befugte Personen im Sinne von § 383, § 385 BGB. Allerdings muss die Versteigerung dem Schuldner nicht angedroht werden. Die Regelung zur Berliner Räumung findet sich in § 885a ZPO. Nach § 272 Abs. 4 ZPO sind Räumungssachen nunmehr von den Gerichten vorrangig und beschleunigt zu behandeln.

Die Berliner Räumung erleichtert zwar manches, bringt für den Vermieter jedoch auch neue Pflichten und Haftungsrisiken mit sich: Etwa bei der Unterscheidung von Müll und verwendbaren Sachen, von pfändbaren oder unpfändbaren Gegenständen. Ein unterscheidungsloses Entsorgen der Mietergegenstände ist nicht zu empfehlen. Auch sollte dringend ein vollständiges Verzeichnis der aufgefundenen Gegenstände angelegt werden.

Beschleunigtes Verfahren (Bebauungsplan)
accelerated procedure (development plan)
Während sich das „vereinfachte Verfahren" bei der Bauleitplanung auf die Änderung oder Ergänzung bestehender Bauleitpläne bezieht, bei denen eine Umweltprüfung entfällt, handelt es sich beim „beschleunigten Verfahren" um die Ausweisung eines Bebauungsplanes im unbeplanten Innenbereich, der der Wiedernutzbarmachung von Altflächen, der Nachverdichtung und anderer Maßnahmen der Innenentwicklung einer Gemeinde dient.
Die Flächen, auf die sich dieses Verfahren bezieht, sind begrenzt. Die zulässige Grundfläche darf 20.000 Quadratmeter nicht übersteigen. Bei Flächen zwischen 20.000 und 70.000 Quadratmeter muss vorgeprüft werden, ob die mit dem angestrebten Bebauungsplan verbundenen Eingriffe erhebliche Umweltauswirkungen nach sich ziehen. Ist dies der Fall, muss eine Umweltprüfung durchgeführt werden.
Bei der ortsüblichen Bekanntmachung über die Aufstellung eines solchen Bebauungsplanes ist darauf hinzuweisen, dass es sich um ein beschleunigtes Verfahren handelt, wo sich die Öffentlichkeit über Ziel und Zweck, sowie die Auswirkungen der Planung unterrichten kann. Sie hat dann die Möglichkeit, sich innerhalb einer bestimmten Frist hierzu zu äußern.

Beschluss (Wohnungseigentümer)
decision; order; determination; court order; ruling (flatholders)
Die rechtlichen und wirtschaftlichen Angelegenheiten der Wohnungseigentümer werden durch Gesetz, Vereinbarung (Teilungserklärung und Gemeinschaftsordnung) und durch Beschluss geregelt. Soweit danach im Einzelfall bestimmte Angelegenheiten nicht rechtlich wirksam geklärt sind, bedarf es gegebenenfalls der Entscheidung durch das Gericht.
Vereinbarungen sind erforderlich, wenn die Wohnungseigentümer ihr Verhältnis untereinander abweichend vom Gesetz regeln oder so getroffene Vereinbarungen ändern oder aufheben wollen (§ 10 Abs. 2 Satz 2 WEG). Im Übrigen kann jeder Wohnungseigentümer eine vom Gesetz abweichende Vereinbarung oder die Anpassung einer Vereinbarung verlangen. Voraussetzung ist, dass ein Festhalten an der geltenden Regelung aus schwerwiegenden Gründen unter Berücksichtigung aller Umstände des Einzelfalls, insbesondere der Rechte und Interessen der anderen Wohnungseigentümer, unbillig erscheint (§ 10 Abs. 2 Satz 3 WEG).
Geht es dagegen um Angelegenheiten des Gebrauchs des Gemeinschafts- und des Sondereigentums (§ 15 Abs. 2 WEG), die Änderung der Verteilung der Betriebs- und Verwaltungskosten (§ 16 Abs. 3 WEG), die Änderung der Kostenverteilung bei Instandhaltungs- und Instandsetzungsmaßnahmen, bei baulichen Veränderungen und Modernisierungsmaßnahmen (§ 16 Abs. 4 WEG) oder um die Verwaltung des gemeinschaftlichen Eigentums (§§ 20 ff. WEG), erfolgt die Regelung, wenn nicht das Gesetz oder entsprechende Vereinbarungen etwas anderes ausdrücklich bestimmen, durch Beschluss der Wohnungseigentümer.
Die durch Beschluss zu regelnden Angelegenheiten

werden durch Beschlussfassung in der Wohnungs-eigentümerversammlung (§ 23 Abs. 1 WEG) oder außerhalb der Versammlung durch schriftliche Be-schlussfassung geordnet (§ 23 Abs. 3 WEG). Angelegenheiten der ordnungsgemäßen Verwal-tung werden durch mehrheitliche Beschlussfassung geregelt (§ 21 Abs. 3 WEG).

Zu diesen Angelegenheiten zählen gemäß § 21 Abs. 5 WEG unter anderem die Aufstellung der Haus-ordnung, die ordnungsmäßige Instandhaltung und Instandsetzung, der Abschluss von Versicherungen für das gemeinschaftliche Eigentum, die Ansamm-lung einer angemessenen Instandhaltungsrückstel-lung und die Aufstellung eines Wirtschaftsplans.

Weiterhin zählen gemäß § 21 Abs. 7 WEG zu die-sen mehrheitlich zu beschließenden Verwaltungs-maßnahmen Regelungen über die Art und Weise von Zahlungen, der Fälligkeit und der Folgen des Verzugs sowie Kostenregelungen für besondere Nutzungen des gemeinschaftlichen Eigentums und für besonderen Verwaltungsaufwand.

Entgegen der früheren Bestimmungen können die Wohnungseigentümer auch über die Änderung der Verteilung von Betriebs- und Verwaltungskosten, Kosten der Instandhaltung und Instandsetzung und über die Kosten von baulichen Veränderungen und Modernisierungsmaßnahmen abweichend von § 16 Abs. 2 WEG mit einfacher bzw. mit qualifizierter Mehrheit beschließen (WEG § 16 Abs. 3 und 4 WEG).

Der Beschlusskompetenz durch qualifizierte Mehr-heit unterliegen ferner bauliche Veränderungen (§ 22 Abs. 1 WEG) und Modernisierungsmaßnahmen (§ 22 Abs. 2 WEG).

Ebenfalls der mehrheitlichen Beschlussfassung unterliegen die Bestellung und die Abberufung des Verwalters (§ 26 Abs. 1 WEG), des Verwaltungs-beirates (§ 29 WEG) und die Beschlussfassung über die Jahresabrechnung und den Wirtschaftsplan.

Handelt es sich um Angelegenheiten, die über einen ordnungsmäßigen Gebrauch des Sonder- und Ge-meinschaftseigentums oder die ordnungsgemäße Verwaltung hinausgehen, reicht ein Mehrheitsbe-schluss nicht aus.

Erforderlich ist in diesen Fällen die Zustimmung aller Eigentümer in der Form des ein- oder allstim-migen Beschlusses. Gemeint ist in beiden Fällen die Zustimmung aller stimmberechtigten bezie-hungsweise aller im Grundbuch eingetragenen Eigentümer im Wege der Beschlussfassung.

Hier gilt aber eine Besonderheit. Kommt in Ange-genheiten, die an sich einen ein- oder allstimmigen Beschluss erfordern, nur ein Mehrheitsbeschluss zustande, ist auch dieser Beschluss gültig und bin-det alle Wohnungseigentümer – auch die, die nicht zugestimmt haben – wenn er nicht innerhalb Mo-natsfrist bei Gericht angefochten und durch rechts-kräftiges Urteil für ungültig erklärt wird (§ 23 Abs. 4 WEG). Voraussetzung ist aber auch hier, dass den Wohnungseigentümern durch gesetzliche Regelung die Beschlusskompetenz eingeräumt ist. Ist keine Beschlusskompetenz gegeben, sind Beschlüsse nichtig.

Beschlusskompetenz (Wohnungseigentümer)
having the competence to make decisions (flatholders)

Die Verwaltung des gemeinschaftlichen Eigentums obliegt allen Wohnungseigentümern gemeinschaft-lich durch Beschlussfassung in der Wohnungs-eigentümerversammlung (§§ 21 Abs. 3, 23 Abs. 1 WEG). Dieser gemeinschaftlichen Verwaltung durch Beschluss unterliegen jedoch nur solche Angelegenheiten, für die das Gesetz oder eine Ver-einbarung den Wohnungseigentümern ausdrücklich das Recht zur Beschlussfassung, die so genannte Beschlusskompetenz, einräumt (BGH, V ZB 58/99, Beschluss vom 20.9.2000; V ZB 34 /03, Beschluss vom 2.10.2003). Fehlt es an dieser ausdrücklichen Beschlusskompetenz, bedarf es entsprechender Regelungen durch Vereinbarung gemäß § 10 Abs. 2 Satz 2 WEG. Ausdrücklich der Beschlusskompe-tenz zugewiesen sind:

- Gebrauchsregelungen gemäß § 15 Abs. 2 WEG
- die Entziehung des Wohnungseigentums gemäß § 18 Abs. 3 WEG
- Angelegenheiten der ordnungsmäßigen Ver-waltung gemäß § 21 Abs. 3, 5 und 7 WEG
- die Bestellung und Abberufung des Verwalters gemäß § 26 Abs. 1 WEG
- die Beschlussfassung über den Wirtschafts-plan, die Jahresabrechnung und die Rechnungslegung gemäß § 28 Abs. 5 WEG
- die Bestellung des Verwaltungsbeirates gemäß § 29 Abs. 1 WEG

Unter bestimmten Voraussetzungen ist den Woh-nungseigentümern gemäß § 16 Abs. 3 und 4 WEG auch eine Beschlusskompetenz zur Änderung der Kostenverteilung bei Betriebs-, Verwaltungs- und im Einzelfall auch bei Instandhaltungs- und In-standsetzungskosten und bei Kosten für bauliche Veränderungen und Modernisierungsmaßnahmen eingeräumt.

Eine Beschlusskompetenz kann den Wohnungs-eigentümern allerdings auch durch eine Vereinba-rung gemäß § 10 Abs. 2 Satz 2 WEG eingeräumt

werden. Danach können beispielsweise Regelungen getroffen werden, wonach bauliche Veränderungen grundsätzlich mit einer Mehrheit von zwei Drittel aller stimmberechtigten Eigentümer beschlossen werden können. Die aufgrund einer solchen Öffnungsklausel gefassten Beschlüsse bedürfen gemäß § 10 Abs. 4 Satz 2 WEG nicht der Eintragung in das Grundbuch.
Eine Vereinbarung im Sinne von § 10 Abs. 2 Satz 2 WEG ist dagegen stets dann erforderlich, wenn die Wohnungseigentümer von einer abdingbaren Vorschrift des Wohnungseigentumsgesetzes oder von einer Regelung der Teilungserklärung beziehungsweise der Gemeinschaftsordnung abweichen wollen, beispielsweise bei Einräumung eines Sondernutzungsrechts gemäß §§ 13 Abs. 2, 15 Abs. 1 WEG oder auch bei Änderungen des Stimmrechts (§ 25 Abs. 2 WEG).

Beschlusssammlung
collection of decisions by flatholders' association

Die mit der WEG-Reform 2007 eingeführte Erweiterung der Beschlusskompetenz hat den Wohnungseigentümern die Möglichkeit eröffnet, insbesondere Änderungen der Verteilung von Betriebs- und Instandhaltungskosten sowie von Kosten für bauliche Veränderungen und Modernisierungsmaßnahmen abweichend von der gesetzlichen Regelung gemäß § 16 Abs. 2 durch Beschluss zu entscheiden und darüber hinaus weitere Regelungen über Zahlungspflichten, Verzugsregelungen und Verzugszinsen abweichend vom Gesetz oder einer Vereinbarung durch mehrheitliche Beschlussfassung zu treffen.
Da Beschlüsse jedoch nicht in das Grundbuch eingetragen werden, andererseits aber Wohnungseigentümern und vor allem auch Kaufinteressenten eine Möglichkeit gegeben werden muss, sich jederzeit aktuell und umfassend insbesondere über die von gesetzlichen Bestimmungen abweichenden Beschlüsse zu informieren, ist der Verwalter nach § 24 Abs. 7 und 8 WEG verpflichtet, neben der ohnehin gemäß § 24 Abs. 6 WEG anzufertigenden Beschlussniederschrift eine Beschlusssammlung zu führen. In diese Beschlusssammlung sind neben den Beschlüssen der Versammlungen auch sämtliche schriftlichen Beschlüsse sowie sämtliche gerichtlichen Entscheidungen aufzunehmen. Zu dokumentieren ist nur der Beschlusswortlaut, der allerdings auch den Gegenstand beziehungsweise den Inhalt erkennen lassen muss.
Die Sammlung kann in schriftlicher und/oder elektronischer Form erfolgen, dann aber mit der Möglichkeit des Ausdrucks. Laufende Nummerierung, Zeitpunkt und Ort der Versammlung sollen den lückenlosen Nachweis ermöglichen, der auch einem Kaufinteressenten durch Gewährung der Einsichtnahme ermöglicht werden muss. Die Eintragung dieser Angaben hat unverzüglich, also innerhalb einer Woche nach Versammlungstermin zu erfolgen. Um die Bedeutung der Beschlusssammlung auch für eine als ordnungsgemäß anzusehende Verwaltung durch den Verwalter hervorzuheben, soll die nicht ordnungsgemäße Führung dieser Sammlung regelmäßig einen Grund darstellen, um den Verwalter aus wichtigem Grund abzuberufen (§ 26 Abs. 1 Satz 4 WEG).
Dabei haben die Wohnungseigentümer grundsätzlich einen Ermessensspielraum, so dass auch die nicht ordnungsgemäße Führung der Beschlusssammlung nicht zwingend zur Abberufung führen muss.
Haben die Wohnungseigentümer daher nachvollziehbare Motive, von einer Abberufung Abstand zu nehmen, weil sie mit den bisherigen Leistungen des Verwalters zufrieden waren und für die Zukunft auf eine ordnungsgemäße Führung der Beschlusssammlung vertrauen können, kann hieran ein Mehrheitsbeschluss über die Abberufung des Verwalters aus wichtigem Grund scheitern. (BGH, V ZR 105/11, Urteil vom 10.2.2012).

Beschränkte persönliche Dienstbarkeit
limited personal easement

Das Wesen der beschränkten persönlichen Dienstbarkeit besteht darin, dass es ein auf eine Person bezogenes Nutzungsrecht an einem Grundstück gewährt. Die Absicherung im Grundbuch erfolgt in Abteilung II. Die beschränkte persönliche Dienstbarkeit ist weder vererblich noch sonst übertragbar. Sie kann sich aber auf mehrere Personen beziehen. So kann zum Beispiel ein Wohnungsrecht für Ehegatten bestellt werden. Am besten werden in einem solchen Fall zwei gleichrangige Dienstbarkeiten ins Grundbuch eingetragen. Die Dienstbarkeit kann nicht mit Leistungspflichten des Berechtigten verbunden werden, es sei denn, sie haben eine wirtschaftlich untergeordnete Bedeutung (zum Beispiel Durchführung von Schönheitsreparaturen an der Wohnung durch die Wohnungsberechtigten, Zahlung der Strom-, Wasser-, Heizkosten). Beschränkte persönliche Dienstbarkeiten werden vielfach zugunsten von Versorgungsunternehmen eingetragen, die das belastete Grundstück zur Durchführung einer Leitung, Unterbringung einer Trafostation u. a. benutzen wollen.

Besenrein
swept clean (in clean and tidy condition but not redecorated)

Besenrein bedeutet, dass der Mieter beim Auszug die von ihm gemieteten Räume in gesäubertem Zustand übergeben muss. Gesäubert bedeutet dabei ausgeräumt und ausgefegt. Grobe Verschmutzungen sind zu beseitigen. Fenster müssen nicht geputzt, aber gegebenenfalls von groben Verschmutzungen wie Kleberesten gereinigt werden. Allerdings sind vorhandene Spinnweben in Wohnung und Kellerräumen zu entfernen (Urteil des Bundesgerichtshofes vom 28.6.2006, Az. VIII ZR 124/05). Wenn nichts anderes vertraglich vereinbart wurde, ist der Mieter zu mehr – insbesondere zur Durchführung von Schönheitsreparaturen – nicht verpflichtet. Auch Klauseln wie:
- „der Mieter muss den ursprünglichen Zustand wiederherstellen"
- „die Räume müssen in bezugsfertigem Zustand zurückgegeben werden" oder
- „die Mietsache ist wie übernommen zurückzugeben"

verpflichten nicht zu Schönheitsreparaturen, sondern allenfalls zur besenreinen Übergabe. Die Herstellung des ursprünglichen Zustandes erfordert allerdings zusätzlich den Rückbau von Einbauten oder vom Mieter vorgenommen Veränderungen der Wohnung. „Bezugsfertig" bedeutet nur, dass der neue Mieter jederzeit einziehen können muss. „Wie übernommen" bedeutet, dass die Wohnung sich im gleichen Zustand wie beim Einzug befinden muss.

Besichtigung einer Immobilie
viewing/inspecting real estate

Die wichtigste Informationsquelle für die Kauf- oder Mietentscheidung des Interessenten für eine Bestandsimmobilie ergibt sich aus ihrer Besichtigung. Da üblicherweise bei Bestandsimmobilien im Kaufvertrag Gewährleistungsansprüche ausgeschlossen werden, wird die Immobilie „gekauft wie besichtigt". Bei Mietobjekten wird nach Abschluss einer Besichtigung im Falle einer Anmietung ein Übergabeprotokoll erstellt. Wer ein Objekt anbietet oder als Makler mit der Objektvermittlung beraut ist, dem stellt sich die Frage, wie eine Besichtigung organisiert werden soll.

Voraussetzung für jede Besichtigung, die nicht von vorneherein nutzlos sein soll, ist eine Grundvorstellung des Interessenten über das Objekt, das er besichtigen will. Sie muss im Wesentlichen dem entsprechen, was der Interessent erwartet. Die Besichtigungsvorbereitung besteht deshalb darin, dem Interessenten bebilderte Informationen in Form von Exposés oder Objektpräsentationen im Internet zu liefern. Die Angaben müssen mit den tatsächlichen Objektmerkmalen übereinstimmen und dürfen nicht zu falschen Vorstellungen führen. Aber auch für den Objektanbieter ist es wichtig, zum Besichtigungstermin das Objekt vorab besichtigungsreif zu machen, um damit zu einer angenehmen Besichtigungsatmosphäre beizutragen. Der Objektanbieter muss also auch genügend Zeit haben, sich auf die Besichtigung vorbereiten können. Eine bewohnte Wohnung muss aufgeräumt sein. War sie längere Zeit nicht benutzt, muss vorher auf jeden Fall gelüftet werden.

Bei Vereinbarung eines Besichtigungstermins ist darauf zu achten, dass der Besichtigungsvorgang nicht unter Zeitnot eines der Beteiligten gerät. Handelt es sich um ein leer stehendes Objekt, sollte für eine qualitätsadäquate Minimalausstattung (Stühle, Tisch, Spiegel, Lampen, Vorhänge) gesorgt werden, um eine reale Wohnatmosphäre zu erzeugen und Sitzgelegenheit zu bieten. Ausgeführte Schönheitsreparaturen (auch wenn sie steuerlich irrelevant sein sollten) schützen beim Verhandeln vor unverhältnismäßigen Preisabschlägen. Die Besichtigung erfolgt in der Regel von außen nach innen. Gehört zum Haus ein Garten, dann geht man vom Haus in den Garten. Bei der Besichtigung selbst ist darauf zu achten, dass Hinweise auf Aspekte gegeben werden, die nicht ohne Weiteres im Blickfeld liegen. Nützlich ist es manchmal, etwas zur Hausgeschichte zu sagen, über freundliche Nachbarn (wenn es stimmt!) und die Nähe eines Weihers (wenn es ihn gibt). Werden vom Interessenten kritische Fragen gestellt – ein Zeichen für Interesse – sollte nichts schön geredet werden.

Besitz
property; possession; ownership; occupation; occupancy; holding; plant and equipment; tenure; seisin

Besitz ist die tatsächliche Herrschaft einer Person über eine Sache – sei sie beweglich oder unbeweglich. So ist der Mieter Besitzer der von ihm gemieteten Wohnung. Man unterscheidet mittelbaren und unmittelbaren Besitz. Im Mietverhältnis übt der Mieter die unmittelbare Sachherrschaft über die Wohnung aus und ist insofern unmittelbarer Besitzer der Mietwohnung. Als solcher ist er zum Beispiel Inhaber des Hausrechtes. Mittelbarer Besitzer ist derjenige, der den Besitz nicht selbst ausübt, sondern durch einen anderen ausüben lässt. Man spricht hier von einem Besitzmittlungsverhältnis. Der Eigentümer der Wohnung übt die unmittelbare Sachherrschaft nicht selbst aus, sondern überlässt sie seinem Mieter. Als Vermieter ist er damit mittelbarer Besitzer. Das Hausrecht an der Wohnung kann er damit nicht mehr ausüben.

Der Eigentümer hat jedoch das verfassungsmäßig garantierte Recht, in jeder anderen Hinsicht über die Wohnung zu verfügen – zum Beispiel durch Abriss, Verkauf oder Vermietung. Dabei sind allerdings die Einschränkungen des Mieterschutzes zu beachten.

Besitzübergang an einer Immobilie
change of possession of property

Kommt es an einer Immobilie zu einem Eigentümerwechsel, stellt sich auch die Frage des Besitzüberganges. In der Regel wird dies in einem Grundstückskaufvertrag oder einem sonstigen Übertragungsvertrag geregelt. Der Besitzübergang bewirkt, dass der Erwerber die tatsächlichen Herrschaftsbefugnisse über die Immobilie erwirbt. Er kann einerseits die Immobilie nutzen, erhält den Anspruch auf die Mieteinnahmen und muss andererseits die Bewirtschaftungskosten tragen. Auch die Gefahr des zufälligen Untergangs des Gebäudes (zum Beispiel durch Brand) oder einer zufälligen Verschlechterung geht auf den Erwerber über. Im notariellen Kaufvertrag sind spezielle Vereinbarungen hinsichtlich der Zeitpunkte des Besitzübergangs, des Übergangs der Gefahr, der Nutzungen und der Lasten möglich. In steuerlicher Hinsicht kann der Erwerber ab dem Zeitpunkt des Besitzüberganges gegenüber dem Finanzamt die AfA jahresanteilig geltend machen. Normalerweise wird der Besitzübergang für den Tag vereinbart, an dem auch der Kaufpreis fällig wird. Abweichende Vereinbarungen sind natürlich möglich.

Besonderes Wohngebiet WB (Bauplanungsrecht)
special residential area

Wird ein Teil der Wohnbaufläche in einem Flächennutzungsplan als besonderes Wohngebiet ausgewiesen, dann handelt es sich um einen Gemeindebereich, der bereits überwiegend bebaut ist. Die Gebietsstruktur ist gekennzeichnet durch unterschiedliche Nutzungen (Läden, Hotels, Gaststätten, Geschäfts- und Bürogebäude, kirchliche Einrichtungen, Anlagen die kulturellen sozialen, gesundheitlichen und sportlichen Zwecken dienen). Mit der Ausweisung als besonderes Wohngebiet soll die Wohnfunktion dieses Gebietes gegenüber anderen Funktionen im Rahmen der Weiterentwicklung des Gebietes erhalten und gestärkt werden. Als Ausnahmen für neue Vorhaben sind allerdings zulässig Verwaltungsgebäude, in beschränkten Umfange

Vergnügungsstätten und Tankstellen.

In reinen Wohngeboten kann zum Beispiel festgesetzt werden, dass oberhalb eines im Bebauungsplan festgesetzten Geschosses nur Wohnungen zulässig sein sollen oder dass ein bestimmter Mindestanteil der Geschossfläche neu zu schaffender Gebäude der Wohnnutzung vorbehalten sein muss. Mit der Festsetzung besonderer Wohngebiete soll ein Verdrängungsprozess hinsichtlich der Wohnnutzung in innerstädtischen Bereichen verhindert werden. Die Schallgrenzen in besonderen Wohngebieten liegen tagsüber (2-22 Uhr) bei 60 Dezibel und nachts bei 45/40 Dezibel. Es handelt sich um Orientierungswerte nach DIN 18005, an die die Gemeinden allerdings nicht gebunden sind. Die Verdichtungsgrenzen im besonderen Wohngebiet liegen bei 0,4 Gundflächenzahl und 1,6 Geschossflächenzahl.

Bestandsschutz
protection of existing developments from changes in (e.g. planning) law

In Artikel 14 des Grundgesetzes wird das Recht auf Eigentum gewährleistet. Es handelt sich um eine Eigentumsbestandsgarantie. Besondere Bedeutung hat der Bestandsschutz im Immobilienrecht. Wurde Eigentum legal erworben, legal bebaut und legal genutzt, kann dieser Bestand durch Gesetz nicht mehr rückwirkend in Frage gestellt werden. Das Bundesverfassungsgericht hat sogar das Besitzrecht des Mieters an der gemieteten Wohnung als Eigentum i. S. des § 14 GG bezeichnet. Es gibt jedoch keinen unbeschränkten Bestandsschutz. So kann der Eigentümer eines Grundstücks, das im Gebiet eines Bebauungsplans liegt, sein Baurecht verlieren, wenn es nicht innerhalb von sieben Jahren nutzt.

Wurde eine Baugenehmigung rechtswirksam erteilt, hat sie Bestand. Aber auch sie ist zeitlich begrenzt. Enteignung von Grundstücken ist aus Gründen des Wohls der Allgemeinheit – als Ultima Ratio – möglich, aber nur gegen eine Enteignungsentschädigung.

Bestellung des Verwalters (WEG)
appointment of an estate manager/service agent

Die Verwaltung des gemeinschaftlichen Eigentums obliegt den Wohnungseigentümern, dem Verwalter und dem Verwaltungsbeirat, sofern ein solcher bestellt wird (§ 20 Abs. 1 WEG). Die Wohnungseigentümer entscheiden, der Verwalter führt die Entscheidungen aus und der Verwaltungsbeirat unterstützt den Verwalter bei der Durchführung seiner Aufgaben.

Die Bestellung des Verwalters ist nicht zwingend vorgeschrieben, sie kann aber auch nicht ausgeschlossen werden (§ 20 Abs. 2 WEG). Das bedeutet, dass eine Wohnungseigentümergemeinschaft, wenn sie sich einig ist, auf die Bestellung eines gewerblich tätigen Verwalters verzichten und die Verwaltung in „Eigenregie" durchführen kann. Verlangt aber nur ein einzelner Eigentümer im Rahmen seines individuell durchsetzbaren Anspruchs auf ordnungsgemäße Verwaltung die Bestellung eines Verwalters, können sich die übrigen Eigentümer dieser Forderung nicht widersetzen.

Kommt daher ein Beschluss in der Wohnungseigentümerversammlung über die Verwalterbestellung nicht zustande, kann jeder Wohnungseigentümer die Bestellung eines Verwalters gemäß § 43 Nr. 1 WEG geltend machen.

Für die Bestellung des Verwalters reicht der einfache Mehrheitsbeschluss in der beschlussfähigen Wohnungseigentümerversammlung aus. Vereinbarungen, wonach andere Mehrheiten (Zwei-Drittel- oder Drei-Viertel-Mehrheit) erforderlich sind oder die Zustimmung Dritter (Grundpfandrechtsgläubiger) sind nichtig (§ 26 Abs. 1 Satz 5 WEG). Auch eine Übertragung der Verwalterbestellung, beispielsweise auf den Verwaltungsbeirat, ist nicht zulässig. Die Bestellung darf auf maximal fünf Jahre vorgenommen werden, bei Erstbestellung nach Begründung des Wohnungseigentums auf maximal drei Jahre (§ 26 Abs. 1 Satz 1 WEG). Nach Ablauf dieses Zeitraums endet die Bestellung und damit das Vertragsverhältnis automatisch, das heißt eine Aufhebung der Bestellung oder eine Kündigung des Vertrages ist nicht erforderlich. Eine Wiederbestellung – und zwar dann auf wiederum maximal fünf Jahre – ist grundsätzlich möglich (§ 26 Abs. 2 WEG).

Der Bestellungsbeschluss beinhaltet allerdings zunächst nur das Angebot an den bestellten Verwalter, zwischen ihm und der Wohnungseigentümergemeinschaft einen Vertrag zur Übernahme der Verwaltung des gemeinschaftlichen Eigentums abzuschließen. Das Vertragsverhältnis kommt in der Regel durch Abschluss eines schriftlichen Verwaltungsvertrages zwischen dem Verwalter und der rechtsfähigen Wohnungseigentümergemeinschaft zustande. Die Unterzeichnung des Vertrages für die Gemeinschaft erfolgt durch von der Versammlung durch Mehrheitsbeschluss bevollmächtigte Wohnungseigentümer. Aber auch ohne schriftlichen Vertrag begründet die Aufnahme der Verwaltertätigkeit – stillschweigend – das Zustandekommen eines Vertragsverhältnisses.

Betreutes Wohnen
assisted living

Betreutes Wohnen ist eine Wohnform, die – besonders für Senioren – immer gebräuchlicher wird. Meist angeboten in speziellen Wohnanlagen, in denen jeder Bewohner eine eigene, komplett mit Küche und Bad ausgestattete Wohnung zur Verfügung hat. Je nach Bedarf und Gesundheit können oft Zusatzdienste und Pflege in Anspruch genommen werden. Beim Bau sollten die speziellen Anforderungen altersgerechten Wohnens beachtet werden: Zum Beispiel Barrierefreiheit, behindertengerechte Badezimmer und Küchen, Aufzüge, Notrufknöpfe in jedem Raum, Anschlüsse für medizinische Geräte im Schlafzimmer usw.

In vielen Anlagen steht rund um die Uhr medizinisch ausgebildetes Personal bereit, um im Notfall oder Pflegefall helfen zu können. Angeboten werden oft auch Mahlzeiten im gemeinsamen Speiseraum auf Wunsch, Massagen oder medizinische Bäder im Haus, Einkaufsservice, Wäscheservice und andere Dienstleistungen.

Wichtig: „Betreutes Wohnen" ist kein gesetzlich geschützter Begriff. Es gibt daher eine Vielzahl von unterschiedlichen Angeboten, von denen einige wenig mit dem oben beschriebenen Wohnkonzept zu tun haben. So machen Notrufknöpfe nur dann Sinn, wenn tatsächlich im Haus qualifiziertes Personal zur Verfügung steht. Auch mit der behindertengerechten Wohnungsausstattung und der Barrierefreiheit ist es oft nicht weit her. Daher muss sich der Interessent vor Abschluss eines Kauf- oder Mietvertrages über eine solche Wohnung sorgfältig informieren und Angebote vergleichen. Vertraglich wird meist neben Kauf- oder Mietvertrag ein Betreuungsvertrag abgeschlossen. Miete bzw. Kaufpreis liegen oft über dem ortsüblichen Niveau, was sich – in Grenzen – durch zusätzliche Serviceangebote im Haus rechtfertigen lässt. Einige wichtige Fragen bei Kombinationen mehrerer Anbieter:

- Wer ist Wohnungseigentümer?
- Wer ist für das Gebäude/Mängel/technische Probleme zuständig?
- Wer ist für die medizinische Versorgung verantwortlich?

Mietverträge sollten auf das Betreute Wohnen zugeschnitten sein. Das heißt zumindest:

- Ausschluss der Eigenbedarfskündigung,
- Pflegebedürftigkeit kein Kündigungsgrund (sinnvoll soweit Pflege in der Anlage möglich ist),
- Sonderkündigungsrecht des Mieters falls Umzug in Pflegeheim erforderlich.

Die gesetzlichen Regelungen über den sogenannten Heimvertrag galten bisher nur für Altenheime im engeren Sinne. Seit 1.10.2009 sind gesetzliche Neuregelungen in Kraft getreten. Der Heimvertrag ist nun im neuen Wohn- und Betreuungsvertragsgesetz geregelt. Das Gesetz stärkt die Rechte der Bewohner. Die Vorschriften gelten auch für typische Formen des Betreuten Wohnens. Ausreichend ist, dass sich der Betreiber zum Vorhalten von Pflege- oder Betreuungsleistungen verpflichtet. Die Vorschriften gelten nicht für das sogenannte „Service-Wohnen", also für Konstruktionen, bei denen der Anbieter nur den Wohnraum zur Verfügung stellt, Serviceeinrichtungen wie Notrufsysteme und hauswirtschaftliche Unterstützung anbietet; Pflegeleistungen aber nur von Drittanbietern vermittelt.

Betreuungsgericht
adult guardianship court
Das Betreuungsgericht, welches nach dem Gesetz über das Verfahren in Familiensachen und in den Angelegenheiten der freiwilligen Gerichtsbarkeit seit 1.9.2009 bei den Amtsgerichten als Teil der freiwilligen Gerichtsbarkeit eingeführt wurde, hat bestimmte Aufgaben des früheren Vormundschaftsgerichts übernommen. Hierzu zählen die von Amts wegen einzuleitenden Betreuungs- und Unterbringungsverfahren von volljährigen, psychisch Kranken. Die Entscheidungen über solche Anträge obliegen dem Richter oder einem Rechtspfleger. Für die Betreuung wird ein Betreuer bestellt, dessen Aufgabenbereich sich ausschließlich auf die Betreuung beschränken muss. Der Ausgewählte darf erst dann zum Betreuer bestellt werden, wenn er sich zur Übernahme der Betreuung bereit erklärt hat. Der Betreuer hat Wünschen des Betreuten zu entsprechen, soweit dies dessen Wohl nicht zuwiderläuft und dem Betreuer zuzumuten ist. Grundsätzlich gilt für die Betreuung: Stärkung der Autonomie des Betreuten, statt Bevormundung.

Betriebskosten
operating expenses; operating costs; operational costs; overhead expenditure; running costs
Betriebskosten sind die Kosten, die dem Eigentümer durch das Eigentum am Grundstück oder durch den bestimmungsmäßigen Gebrauch des Gebäudes, der Nebengebäude, Anlagen, Einrichtungen und des Grundstücks laufend entstehen. Neben der „Grundmiete" sind die Betriebskosten die laufend anfallenden Kosten einer Mietwohnung. Man unterscheidet zwischen verbrauchsabhängigen (zum Beispiel Heizkosten) und nicht verbrauchsabhängigen Betriebskosten (zum Beispiel Grundsteuer). Ferner werden die „warmen Betriebskosten" (Kosten für Heizung und Wassererwärmung) von den „kalten Betriebskosten" (zum Beispiel Kaltwasser, Abwasser, Grundsteuer) unterschieden. Was Betriebskosten sind, ist in der Betriebskostenverordnung gesetzlich definiert. Nur die dort genannten Betriebskostenarten darf der Vermieter anteilig auf die Mieter verteilen („umlegen"). Derzeit gibt es drei gesetzlich zulässige Arten von Betriebskostenvereinbarungen im Mietvertrag:
- Betriebskostenvorauszahlung/Umlage: Der Mieter zahlt einen per Umlageschlüssel errechneten monatlichen Anteil an den Betriebskosten des Gebäudes. Der Vermieter muss eine jährliche Abrechnung über die Betriebskosten erstellen. Je nach Ergebnis muss der Mieter eine Nachzahlung leisten oder der Vermieter ein Guthaben auszahlen.
- Betriebskostenpauschale: Der Mieter zahlt seinen Betriebskostenanteil als monatliche Pauschale, mit der dann alle Betriebskosten abgegolten sind. Eine Jahresabrechnung oder Nachzahlungen/Guthaben-Erstattungen finden nicht statt.
- Teilinklusivmiete: Die Betriebskosten gelten teilweise als abgegolten mit der Miete. Eine derartige Vereinbarung kann heute nicht mehr die Heiz- und Warmwasserkosten einbeziehen, da diese laut Heizkostenverordnung verbrauchsabhängig abzurechnen sind. Meist werden daher die nicht verbrauchsabhängigen Betriebskosten in die Teilinklusivmiete eingeschlossen und die verbrauchsabhängigen Kosten getrennt abgerechnet.

Ist mietvertraglich vereinbart, dass die Betriebskosten nicht verbrauchsabhängig umgelegt werden sollen, kann der Vermieter nach § 556a BGB einseitig durch Erklärung in Textform festlegen, dass die Betriebskosten künftig ganz oder teilweise nach erfasstem Verbrauch oder erfasster unterschiedlicher Verursachung durch die Mieter verteilt werden. Eine solche Erklärung darf der Vermieter nur für den noch nicht begonnenen Abrechnungszeitraum abgeben. Waren die Betriebskosten bis dahin in der Miete enthalten, ist die Miete (Bruttomiete) nun entsprechend zu verringern und zur Grundmiete der neue Betriebskostenbetrag (Vorauszahlung) hinzuzurechnen.
Besteht keine anderweitige mietvertragliche Vereinbarung, sind verbrauchsunabhängige Betriebskosten „vorbehaltlich anderer Vorschriften" nach dem Anteil der Wohnfläche umzulegen. Betriebskosten, deren Höhe verbrauchs- oder verursachungsbedingt im Rahmen der Nutzung der

Mieträume durch den Mieter entstehen, sind nach einem Maßstab umzulegen, der dem unterschiedlichen Verbrauch oder der unterschiedlichen Verursachung Rechnung trägt.

Nach Wohnfläche umlagefähig sind: Grundsteuer, Kosten der Straßenreinigung, der Müllentsorgung, des Aufzugbetriebes, der Hausreinigung und Ungezieferbekämpfung. Außerdem zählen hierzu die Kosten der Gartenpflege, der Außen-, Treppen- und Flurbeleuchtung, der Schornsteinreinigung, Prämien bestimmter Versicherungen (Wohngebäudeversicherung, Haftpflichtversicherung für Grundbesitzer usw.), Hausmeisterlöhne (mit Ausnahme von Lohnanteilen, die sich auf Reparaturarbeiten und die Verwaltung beziehen). In der Regel können auch noch Kosten des Betriebs einer Gemeinschaftsantennenanlage sowie bestimmte sonstige Betriebskosten (zum Beispiel für Gemeinschaftseinrichtungen wie Sauna oder Schwimmbad) nach Wohnfläche umgelegt werden.

Nettokaltmiete und Vorauszahlungen für warme und kalte Betriebskosten

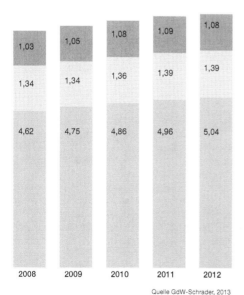

	2008	2009	2010	2011	2012
warme Betriebskosten	1,03	1,05	1,08	1,09	1,08
kalte Betriebskosten	1,34	1,34	1,36	1,39	1,39
Nettokaltmiete	4,62	4,75	4,86	4,96	5,04

Quelle GdW-Schrader, 2013

warme Betriebskosten
kalte Betriebskosten
Nettokaltmiete

Verbrauchs- oder verursachungsbedingt abzurechnen sind die Kosten der Wasserversorgung und (sofern daran gekoppelt) die Kosten der Entwässerung, die Heiz und Warmwasserkosten sowie die Kosten einer Gemeinschaftswaschmaschine. Bei den „sonstigen Betriebskosten" muss analysiert werden, ob sie wohnflächen- oder verbrauchs- bzw. verursachungsbezogen abgerechnet werden können. Der Vermieter kann nach der gesetzlichen Neuregelung einen vereinbarten Umlageschlüssel durch eine einseitige Erklärung dem Mieter gegenüber anpassen.

Enthält der Mietvertrag eine Regelung, nach der in einem Mehrfamilienhaus die Betriebskosten nach dem Verhältnis der Wohnfläche der jeweiligen Wohnung zur Gesamtwohnfläche des Gebäudes umgelegt werden sollen, kann bei Leerstand einzelner Wohnungen keine Umlage der Betriebskosten unbenutzter Wohnungen auf die verbleibenden Mieter stattfinden (Bundesgerichtshof, Az. VIII ZR 159/05, Urteil vom 31.5.2006).

Die unberechtigte Kürzung der Betriebskosten durch den Mieter kann ein Kündigungsgrund sein. Voraussetzung: Der Fehlbetrag erreicht die Höhe von zwei Monatsmieten. Nach einem Urteil des BGH entschuldigt ein Beratungsfehler des Mietervereins den Mieter in solchen Fällen nicht (BGH, Az. VIII ZR 102/06, Urteil vom 25.10.2006).

Die Betriebskostenabrechnung muss dem Mieter innerhalb von zwölf Monaten nach Ende des Abrechnungszeitraumes zugehen, sonst können etwaige Nachforderungen nicht mehr geltend gemacht werden. Ausnahme: Der Vermieter ist nicht selbst für die Verspätung verantwortlich zu machen. Dies ist beispielsweise der Fall, wenn ein Versorgungsunternehmen zu spät abgerechnet hat. Dann kann innerhalb von drei Monaten nach Eingang der fehlenden Unterlagen eine Nebenkostennachforderung beim Mieter erfolgen. (BGH, Az. VIII ZR 220/05, Urteil vom 5.7.2006). Ein rechtzeitiges Abschicken der Abrechnung ist nicht ausreichend, entscheidend ist der Zugang beim Mieter (Bundesgerichtshof, Urteil vom 21.1.2009, Az. VIII ZR 107/08). Auch bei Gewerbemietverträgen sollte die Abrechnungsfrist von 12 Monaten eingehalten werden. Zwar ist diese Frist nach Ansicht einzelner Gerichte beim Gewerbemietvertrag unbeachtlich (OLG Köln, Az. 1 U 12/06); eine Entscheidung des Bundesgerichtshofes ist dazu jedoch noch nicht ergangen. Für die Abrechnung der Heiz- und Warmwasserkosten gilt zusätzlich die Heizkostenverordnung. Das kontinuierliche Ansteigen der Betriebskosten führte zu der Bezeichnung „zweite Miete". Drastisch lässt sich dieses Ansteigen an nebenstehenden Zahlen darstellen.

Der Bundesgerichtshof hat in einer Entscheidung vom 28.5.2008 darauf hingewiesen, dass sich der Abrechnungszeitraum formal auf ein Jahr erstreckt.

Auf diesen Zeitraum bezogen muss die Abrechnung nachvollziehbar sein – nicht unbedingt im Vergleich mit anderen Zeiträumen. Ändern sich also die Flächenangaben einer Mietwohnung in der Abrechnung (nicht: in der Realität) von Jahr zu Jahr, ändert dies nichts an der formellen Ordnungsmäßigkeit der Abrechnung und am Fälligwerden der Nachzahlungsforderungen. Trotzdem können nach dem BGH derartige Schwankungen berechtigten Anlass zur gerichtlichen Prüfung der Frage geben, welche Werte denn nun die richtigen sind (Az. VIII ZR 261/07).

Eine Erhöhung der Betriebskostenvorauszahlungen kann dem BGH zufolge nicht auf eine fehlerhafte Jahresabrechnung der Betriebskosten gestützt werden. In Abänderung der vorherigen Rechtsprechung entschied der BGH am 15.5.2012, dass die Abrechnung dazu nicht nur formell, sondern auch inhaltlich und rechnerisch korrekt sein muss. Der Vermieter sei zur Erteilung einer korrekten Abrechnung verpflichtet und dürfe aus einer Verletzung dieser Pflicht keine Vorteile ziehen (VIII ZR 245/11 und VIII ZR 246/11).

Bewertung von Immobilien (allgemein)
valuation of real estate (general)
Bei Immobilien werden mehrere Wertbegriffe unterschieden. Der Verkehrswert ist der zum Bewertungsstichtag zu ermittelnde fiktive Preis, der im gewöhnlichen Geschäftsverkehr unter Außerachtlassung persönlicher oder ungewöhnlicher Umstände zu erzielen wäre. Dabei sind Grundstücksbeschaffenheit, rechtliche Gegebenheiten und die Lage auf dem Grundstücksmarkt zu berücksichtigen. Für die Ermittlung des Verkehrswertes einer Immobilie werden drei alternative Verfahren herangezogen, nämlich das Vergleichswert-, das Sachwert- und das Ertragswertverfahren. Zu Zwecken der Beleihung wird der Beleihungswert ermittelt, der vom Verkehrswert abgeleitet werden kann.

Neben dem Verkehrs- und Beleihungswert einer Immobilie spielen noch der Einheits- und der Grundbesitzwert eine Rolle.

Der Einheitswert ist weiterhin Bemessungsgrundlage für die Berechnung der Grundsteuer. Die Bewertung des Grundstücks erfolgt zum Hauptfeststellungszeitpunkt. Der Grundbesitzwert ist Bemessungsgrundlage für die Erbschaft- und Schenkungsteuer bei der Immobilienübertragung und in Sonderfällen auch für die Grunderwerbsteuer. Die Bewertung erfolgt zum Zeitpunkt des Erbanfalles.

Im Bereich der Versicherungen wird von Ersatzwert gesprochen. Dabei ist zwischen dem Ersatzwert als Neuwert (Wiederherstellungswert) und dem Ersatzwert als Zeitwert zu unterscheiden. Letzterer ist der um die Alterswertminderung verminderte Neuwert.

Bewirtschaftung (Immobilien)
control; running (e.g. of real estate); management (real estate)
In der Immobilienwirtschaft wird der Begriff der Bewirtschaftung verwendet, um damit eine nach Wirtschaftlichkeitsgrundsätzen betriebene Verwaltung von Haus- und Grundbesitz zu charakterisieren. Man spricht deshalb auch von (Miet-)Hausverwaltung, Gebäude- oder Immobilienmanagement oder neuerdings auch von „Property-Management".

Über den Begriff der Bewirtschaftung hinaus greift derjenige des „Facility Management", der einerseits die Zeitdimension der Lebenszyklusbetrachtung und andererseits neben den Gebäuden alle Betriebseinrichtung mit umfasst. Während Bewirtschaftung auf Sicherung der Wirtschaftlichkeit eines Objektes im Bewirtschaftungszeitraum abzielt, steht beim Facility Management die Optimierung der von den Gebäudenutzern zu steuernden Ablaufprozesse in den Gebäuden im Vordergrund.

Bei der Bewirtschaftung wird unterschieden zwischen Eigen- und Fremdbewirtschaftung. Wenn Eigentümer sich professioneller Objektbetreuer für die Hausbewirtschaftung bedienen, übernehmen diese bei ihren Tätigkeiten die Rolle eines Stellvertreters des Eigentümers. Dessen Zuständigkeiten werden in einem Hausverwaltervertrag festgelegt und begrenzt.

Fachspezifisch wird zwischen der kaufmännischen, einschließlich der finanziellen Seite der Bewirtschaftung und der technischen Seite unterschieden. Daneben ist der Hausverwalter auch für das Flächenmanagement zuständig.

Die Kosten der Bewirtschaftung werden konventionell eingeteilt in Abschreibung, Verwaltungskosten, Instandhaltungskosten, Mietausfallwagnis und Betriebskosten. Die möglichen Kosteneinsparungspotenziale bei gleichzeitiger Sicherung der Ertragsfähigkeit systematisch zu nutzen gehört zum kaufmännischen Bereich der Bewirtschaftung. Maßnahmen der Sicherung und Steigerung der Ertragsfähigkeit verursachen in der Regel über die genannten Bewirtschaftungskosten hinausgehende Kosten der Modernisierung, Sanierung, Energieeinsparung und der Objektimagepflege.

Bezugsfertigkeit
ready for occupation
Bezugsfertigkeit von Gebäuden und einzelnen Wohnungen setzt ihre zweckentsprechende Nut-

zungsfähigkeit voraus. Die Nutzung muss zumutbar sein. Wann konkret der Zeitpunkt der Bezugsfertigkeit eintritt, ist eine Frage der Verkehrsanschauung. Klar ist, dass Bezugsfertigkeit nicht bedeutet, dass eine Baumaßnahme endgültig fertig gestellt sein muss. So ist es nicht erforderlich, dass zum Beispiel die Außenanlagen bereits den vereinbarten Zustand haben müssen. Andererseits ist ebenso klar, dass die Funktionsfähigkeit der Versorgungsanschlüsse (Strom, Wasser, gegebenenfalls Erdgas) sowie Entsorgungsanlagen (Kanalisation) gegeben sein muss. Die Malerarbeiten in den Räumen müssen durchgeführt sein. Bezugsfertigkeit bedeutet andererseits nicht Baumängelfreiheit. Die bei Bezugsfertigkeit bestehenden Baumängel werden im Abnahmeprotokoll festgehalten.

In der Regel wird bei der Endabnahme eines Hauses oder einer Wohnung durch den Bauherrn bzw. den Ersterwerber Bezugsfertigkeit vorausgesetzt.

In Bauträgerverträgen wird nach § 3 MaBV die Zahlung der vorletzten Kaufpreisrate (15 Prozent der Bausumme) von der Bezugsfertigkeit Zug um Zug gegen Besitzübergabe des Hauses oder der Wohnung abhängig gemacht. Es handelt sich hierbei um einen Höchstansatz, von dem je nach Fertigkeitszustand nach unten abgewichen werden kann.

BGB-Informationspflichten-Verordnung (BGB-InfoV)
Duty to Supply Information Ordinance of the German Civil Code [BGB-Informationspflichten-Verordnung/„BGB-InfoV"]

Die Verordnung vom 5.8.2002 ist auf Grund von EU-Richtlinien erlassen worden. Der Inhalt wird, soweit für den Immobilienbereich von Belang, kurz dargestellt. § 2 BGB InfoV legt in Ergänzung zu § 482 BGB die Informationspflichten des Unternehmers bei dem Angebot von Teilzeitwohnrechteverträgen und deren Inhalt fest.

Unter anderem sind folgende Angaben vorgeschrieben: genaue Angaben zum Unternehmen, zum Objekt, auch wenn es sich in Planung befindet, die genaue Beschreibung des Nutzungsrechts nebst Hinweisen auf die Voraussetzung der Nutzung in fremden Staaten, die Angabe, ob der Verbraucher Teilzeiteigentum erwirbt, das Recht zum Widerruf gemäß §§ 485, 355 BGB.

§ 14 BGB InfoV, bestimmt die Form der Widerrufs- und Rückgabebelehrung. Das Widerrufs- und Rückgaberecht ist in §§ 355 ff. BGB geregelt. Daher nimmt § 14 auf diese Vorschriften Bezug. Er stellt eine Hilfe in Gestalt je eines Musters als Anlage 2 (Widerrufsbelehrung) und Anlage 3 (Rückgabebelehrung) zur Verfügung. Die Muster müssen nicht verwendet werden, der Inhalt der Belehrungen sollte jedoch dem des jeweiligen Musters entsprechen. Da die geforderten Angaben sowohl umfangreich als auch schwierig sind, ist hier sorgfältige rechtliche Beratung erforderlich.

Bieterverfahren
bidding procedure

Der klassische Verkauf von Immobilien durch Vermittlung von Maklern erfolgt in der Regel dadurch, dass mit akquirierten Interessenten Einzelbesichtigungstermine vereinbart werden. Die Interessenten werden mit einem Preisangebot konfrontiert. Nach der Besichtigung ergibt sich dann, ob ein Kaufinteresse besteht oder nicht. Das Bieterverfahren überlässt es dagegen dem Interessenten, ein Preisangebot zu unterbreiten. Um zu einem guten Ergebnis zu kommen, organisiert der beauftragte Makler Besichtigungsveranstaltungen, auf denen zum gleichen Zeitpunkt mehrere Interessenten durch das Objekt geführt und Fragen von Interessenten beantwortet werden. Ähnlich wie bei einer Auktion werden am Ende Angebote entgegengenommen und notiert. Im Gegensatz zur Auktion, bei der ein Notar die Beurkundung des Kaufvertrages zwischen den am meisten bietenden Interessenten und dem Eigentümer vornimmt, ist die Annahme des besten Angebots durch den Verkäufer unverbindlich. Der Makler bereitet die Beurkundung des Kaufvertrages in der Folgezeit vor und vereinbart mit den beiden Parteien den Beurkundungstermin.

Bilanzrechtsmodernisierungsgesetz
German Act to Modernize Accounting Law

Die deutschen handelsrechtlichen Bilanzierungsvorschriften waren lange gekennzeichnet durch den Gläubigerschutzgedanken.

Dies bedeutet, dass sich ein bilanzierender Kaufmann in seinem Jahresabschluss nicht reich rechnen, sondern sein Vermögen vorsichtig bewerten sollte und nicht realisierte Gewinne noch nicht gezeigt werden durften.

Demgegenüber standen die internationalen Rechnungslegungsstandards, vor allem die IFRS, deren Bilanzierungsregeln vor allem auf die Information der Anleger zugeschnitten sind und damit höhere Vermögenswerte zulassen. Um eine Annäherung des deutschen Handelsrechts an die internationalen Regeln zu gewährleisten, wurden mit Hilfe des Bilanzrechtsmodernisierungsgesetzes umfangreiche Änderungen in das deutsche Handelsrecht aufgenommen. Durch die Möglichkeit höherer Bilanzansätze beim Vermögen können die Unternehmen ein besseres Eigenkapital darstellen, was ihnen gegenüber Banken bei Kreditvergaben helfen kann. Die Änderungen gelten grundsätzlich für Geschäftsjahre, die nach dem 31.12.2009 begonnen haben, konnten aber schon ein Jahr vorher angewandt werden.

Biogasanlage
biogas plant; fermentation plant

Eine Biogasanlage erzeugt Biogas aus Biomasse. Meist werden diese Anlagen im landwirtschaftlichen Bereich eingesetzt, wo Pflanzensilage oder Gülle vergoren werden. Bei diesem Prozess entsteht ein Gärrest, der als Düngemittel verwendet werden kann. Das produzierte Biogas kann an Ort und Stelle in einem Blockheizkraft zur Erzeugung von Strom und Heizwärme verwendet werden. Verwendet werden meist Gülle oder Silage aus Mais oder Gras. Stroh ist ungeeignet. Das EEG (Erneuerbare-Energien-Gesetz) legt Vergütungen für die Verwendungen von bestimmten Biomassearten fest. Es gibt ein- und mehrstufige Biogasanlagen. Die Steuerung des Gärprozesses ist schwierig, da das Zusammenspiel der beteiligten Bakterien noch weitgehend unerforscht ist. Es gibt Anlagen mit Nass- und mit Trockenvergärung. Bei der Nassvergärung muss ein relativ hoher Anteil der Abwärme aus der Stromerzeugung in die Aufrechterhaltung der Gärtemperatur fließen – was die Heizwärmeproduktion verringert. Abwärmenutzung und Temperaturregelung spielen bei der Steuerung der Gärprozesse eine Hauptrolle.

Zur Strom- und Wärmeerzeugung in Blockheizkraftwerken (Kraft-Wärme-Kopplung) muss das Gas getrocknet und entschwefelt werden. Dies kann etwa durch Beimischen von etwas Frischluft geschehen. Anschließend wird das Gemisch in einem Verbrennungsmotor verbrannt und treibt einen Generator an. Als Motoren kommen teils Gas-Ottomotoren, teilweise auch so genannte Zündstrahlaggregate zum Einsatz. Der hergestellte Strom kann ins Stromnetz eingespeist werden, was Einspeisevergütungen nach dem EEG einbringt. Aus Abgasen und Kühlwasser wird über Wärmetauscher Abwärme gewonnen. Ein Teil dieser Wärme muss für die Beibehaltung des Gärprozesses verwendet werden. Die restliche erzeugte Wärme kann der Gebäudeheizung dienen – oder auch zum Beispiel dem Trocknen von Getreide. Biogas wird inzwischen auch gereinigt und in das Erdgasnetz eingespeist oder als Fahrzeugtreibstoff genutzt.

Blockheizkraftwerk
total energy unit; block heat and power plant

Blockheizkraftwerke sind kleine Kraftwerke, die Wärme und Strom gleichzeitig am Verbrauchsort produzieren. Auf diese Weise entfallen Energieverluste beim Leitungstransport. Gerne verwendet werden sie insbesondere bei größeren Wohnanlagen, Hotelkomplexen oder Krankenhäusern. In den meisten Fällen werden sie mit Erdgas betrieben, seltener mit Heizöl, Diesel oder Rapsöl. Die erzeugte Heizenergie entsteht genau genommen als Abwärme bei der Erzeugung von Strom, dieses Konzept bezeichnet man auch als Kraft-Wärme-Kopplung. Es ist weit effizienter als die übliche getrennte Erzeugung von Strom und Wärme mit Leitungstransport des Stroms über weite Entfernungen (Wirkungsgrad bei herkömmlicher Stromerzeugung: 35 Prozent. Bei Kraft-Wärme-Kopplung: bis zu 90 Prozent). Nicht benötigter Strom kann in das allgemeine Stromnetz eingespeist werden, was dem Betreiber Einspeisevergütungen einbringt.

Bei Ein- und Zweifamilienhäusern kommen Blockheizkraftwerke in der Kleinstversion zum Einsatz. Sie werden umgangssprachlich als Mini-Blockheizkraftwerke bezeichnet.

Wirtschaftlich gehören Gebäude und Heizanlage zusammen; meist kümmert sich der Vermieter um den Betrieb der Heizung und kauft den nötigen Brennstoff ein. Die Heizkosten und die Betriebs- und Wartungskosten der Anlage werden nach der Heizkostenverordnung auf die Mieter umgelegt. Es gibt jedoch auch vertragliche Konstruktionen, bei denen das Blockheizkraftwerk vom Vermieter an einen anderen Betreiber verpachtet oder von vornherein durch einen externen Betreiber errichtet wird, das sogenannte Wärme-Contracting.

Boardinghouse
boarding house

Beim Boardinghouse handelt es sich um eine Mischform zwischen Appartementhaus und Hotel. Insbesondere Gäste mit längerer Verweildauer sind Zielgruppe eines Boardinghouse, dessen Betreiber ein vielfältiges Angebot an Dienstleistungen wie Grundreinigungs- und Wäscheservice, Telefonzentrale und Einkaufsservice bieten. Auf kostenträchtige Einrichtungen wie Schwimmbad oder Restaurant wird meist verzichtet. Falls Langzeitgäste ausfallen, kann das Haus in den wachstumsträchtigen 2-Sterne-Hotelmarkt ausweichen. Ein Boardinghouse ist vielfach Anlageobjekt für institutionelle Investoren wie Versicherungen und Pensionskassen, aber auch für private Anleger im Rahmen geschlossener Immobilienfonds.

Bodennutzung – geplante
(planned) land utilisation

Im Turnus von vier Jahren wird vom Statistischen

Bundesamt die geplante Bodennutzung auf der Grundlage der Flächennutzungspläne erfasst. Sie gliedert sich in folgende Grundpositionen:

- 100 Bauflächen
- 200 Flächen für den Gemeinbedarf
- 300 Flächen für den überörtlichen Verkehr
- 400 Flächen für die Ver- und Entsorgung
- 500 Grünflächen
- 600 Flächen der Land- und Forstwirtschaft
- 700 Wasserflächen
- 800 Flächen für Abgrabungen und Aufschüttungen und
- 900 Sonstige Flächen

Wegen der verschiedenartigen Erhebungsgrundlagen ist diese Statistik mit der der tatsächlichen Bodennutzung nur beschränkt vergleichbar.

Bodennutzung – tatsächliche
(actual) land utilisation

Bei den Katasterämtern, die alle Grundstücke ihres Katasterbezirks im Liegenschaftsbuch und der Liegenschaftskarte erfasst haben, wird die Art der Bodennutzung bundeseinheitlich mit den gleichen Begriffen bezeichnet. Diese Begriffe finden seit einigen Jahren auch Eingang in die Spalte „Wirtschaftsart" der Bestandsverzeichnisse der Grundbücher. Zu den Hauptnutzungsarten gehören:

- Gebäude- und Freiflächen
- Verkehrsflächen
- landwirtschaftliche Flächen
- Waldflächen
- Wasserflächen
- Betriebsflächen (unbebaute Abbauflächen)
- Erholungsflächen
- Flächen anderer Nutzung einschließlich Unland

Für die Definition der Flächennutzungsarten ist die Arbeitsgemeinschaft der Vermessungsverwaltungen der Bundesländer zuständig. Sie haben die verschiedenen Nutzungsarten in ein bundesweit einheitliches Nutzungsartenverzeichnis aufgenommen. Das Statistische Bundesamt veröffentlicht in bestimmten Abständen die Flächennutzungsstruktur Deutschlands. Gebäude- und Freifläche zusammen mit Verkehrsfläche, Erholungsfläche und einem Teil der Betriebsfläche werden als „Siedlungs- und Verkehrsfläche" bezeichnet. Deren Anteil an der Gesamtfläche der Bundesrepublik Deutschland lag im Jahr 2000 bei 12,3 Prozent, im Jahr 2004 bei 12,8 Prozent, in 2008 bei 13,2 Prozent und im Jahr 2011 bei 13,4 Prozent. Mit einem Rückgang des Siedlungsflächenwachstums wird bei stagnierender oder gar abnehmender Bevölkerungszahl gerechnet.

Bodenflächen nach Art der Nutzung

Nutzungsart	2000		2011	
	km²	%	km²	%
Bodenfläche insg.	357.031	100	357.138	100
Gebäude- und Freifl.	23.081	6,5	24.676	6,9
Betriebsfläche	2.528	0,7	2.481	0,7
Erholungsfläche	2.659	0,7	4.083	1,1
Verkehrsfläche	17.118	4,8	17.993	5,0
Landwirtschaftl. Fläche	191.028	53,5	186.771	52,3
Waldfläche	105.314	29,5	107.814	30,2
Wasserfläche	8.085	2,3	8.576	2,4
Flächen anderer Nutzung	7.219	2,0	4.744	1,3
Siedlungs- u. Verkehrsfl.*	43.939	12,3	47.971	13,4

Quelle: Statistisches Bundesamt, Stichtag 31.12, *Summe aus den Nutzungsarten: Gebäude- und Freifläche, Betriebsfläche (ohne Abbauland), Erholungsfläche, Verkehrsfläche, Friedhof

Bodenordnung
land order; real estate regulations; rearrangement of parcels of land; redistribution of parcels of land

Unter Bodenordnung versteht man Maßnahmen der Umlegung im Zusammenhang mit der Erstellung eines Bebauungsplanes (Neuerschließungsumlegung) oder städtebaulichen Sanierungs- und Entwicklungsmaßnahmen (Neuordnungsumlegung). Möglich ist auch eine Umlegung im Bereich der im Zusammenhang bebauten Ortsteile (Innenbereich). Zweck der Umlegung ist es, die Grundstücke nach den Vorgaben des Bebauungsplanes oder der geplanten Neuordnungsmaßnahme so zu ordnen, dass bebaubare Parzellen entstehen bzw. optimiert werden. Die Umlegung kann von Amts wegen oder freiwillig durchgeführt werden.

Im Umlegungsgebiet werden alle Grundstücke zunächst zu einer rechnerischen Gesamtmasse vereinigt (Umlegungsmasse). Nach Abzug der Erschließungsflächen verbleibt die Verteilungsmasse. Die Zuteilung der neu entstandenen Grundstücke erfolgt nach Maßgabe der Werte, die der jeweilige Grundstückseigentümer mit Einwurf seines Grundstücks beigetragen hat, oder nach Flächen. Die Verteilung soll so erfolgen, dass die erforderlichen Ausgleichszahlungen möglichst gering gehalten werden. Erfolgt die Verteilung nach Flächen, darf der Abzug von der Einwurfsmasse für Erschließungsanlagen bei der Neuerschließungsumlegung 30 Prozent und bei der Neuordnungsumlegung zehn Prozent im amtlichen Verfahren nicht überschreiten. Findet eine Umlegung „Wert gegen Wert" statt, ist keine Begrenzung vorgesehen.

Mit Bekanntgabe des Umlegungsbeschlusses tritt eine Verfügungs- und Veränderungssperre in Kraft, die in den Grundbüchern der betroffenen Eigentümer durch Eintrag eines Umlegungsvermerks ihren Niederschlag findet. Der Verkauf von Grundstücken ist ebenso wie die Durchführung wertbeeinflussender Veränderungen genehmigungsbedürftig.

An die Stelle der früheren Grenzregelung trat im Zuge der Novellierung des Baugesetzbuches im Jahr 2004 das „vereinfachte Umlegungsverfahren" (§ 80 BauGB). Es kommt dann in Betracht, wenn nicht selbstständig bebaubare Grundstücke untereinander getauscht oder Grundstücke oder Grundstücksteile einander einseitig zugeteilt werden können.

Makler, die sich mit der Vermittlung von Baugrundstücken befassen, sollten sich im Zweifel vor Entgegennahme von Aufträgen vergewissern, wie weit der Stand des Umlegungsverfahrens gediehen ist, um nicht Grundstücke anzubieten, die noch zur „Einwurfsmasse" zählen. Zuständig für die Umlegung ist die jeweilige Gemeinde, die einen Umlegungsausschuss bildet. Die Umlegung wird von der Gemeinde aber häufig übertragen auf die staatlichen Vermessungs- und Katasterämter, oder, wo Flurbereinigungsbehörden vorhanden sind, auch auf diese.

Bodenrichtwert
standard ground value; publically registered land value
Bodenrichtwerte sind Wertkonstrukte, die unter Berücksichtigung der Entwicklungszustände (Bauland, Bauerwartungsland usw.) aus Grundstückskaufpreisen abgeleitet werden. Sie werden vom Gutachterausschuss für ein Gemeindegebiet ermittelt und veröffentlicht. Einem Bodenrichtwert liegt meist eine bestimmte bauliche Nutzungskennzahl (GFZ) zugrunde. Bei gleichwertiger Lage können aus Bodenrichtwerten Verkehrswerte von unbebauten Grundstücken oder Bodenwertanteile von bebauten Grundstücken auch dann abgeleitet werden, wenn die zugelassene bauliche Nutzungsintensität kleiner oder größer ist als diejenige, die dem Wert des ideellen Bezugsgrundstücks zugrunde liegt. Hilfsmittel hierbei sind Umrechnungskoeffizienten. Bodenrichtwerte werden von Gutachterausschüssen auf der Grundlage ihrer Kaufpreissammlung errechnet und in Bodenrichtwertkarten dargestellt. Der Bodenrichtwert ist eine bedeutsame Größe im Rahmen der Ermittlung von Verkehrswerten für bebaute und unbebaute Grundstücke.

Er dient auch als Bemessungsgrundlage für die Ermittlung der Erbschaft- bzw. Schenkungsteuer, wenn ein Grundstück übertragen wird. Der hierbei in der Vergangenheit erfolgte Abschlag von 20 Prozent ist zum 1.1.2009 entfallen. Ferner findet der Bodenrichtwert Eingang in die Berechnung des (abschreibungsfähigen) Gebäudewertanteils bei Hausverkäufen, in dem vom Kaufpreis der sich am Bodenrichtwert orientierende Bodenwert abgezogen wird.

Bodenrisiko
foundation risk or any other risk connected to the ground conditions
Bauherren und Eigentümer eines Grundstücks tragen grundsätzlich das Risiko für unvorhergesehene Boden- und Wasserverhältnisse des Grundstücks. Allerdings muss sich der mit der Planung beauftragte Architekt im Rahmen eines gesonderten Auftrags zur Baugrundbeurteilung aufgrund von Bodenproben ein verlässliches Bild über die Bodenbeschaffenheit machen. Informationen über die Bodenbeschaffenheit können sog. Baugrundkarten, hydrographischen Karten und dem Altlastenkataster entnommen werden. Im Altlastenkataster sind allerdings (noch) nicht alle mit Altlasten behafteten oder altlastenverdächtigen Böden erfasst.

Bodenschutz
soil conservation; soil protection
Der Umweltschutz ist in einer Fülle von Gesetzen geregelt. Er bezieht sich auf den Naturschutz, Tierschutz, Gewässerschutz, Immissionsschutz und Bodenschutz. Hinzu kommen umfangreiche Gesetze und Verordnungen zur Vermeidung, Verwertung und Beseitigung von Abfällen, zur Energieeinsparung und dem Schutz vor gefährlichen Stoffen.

Das Bodenschutzgesetz vom 17.3.1998 führte zu einer bundeseinheitlichen Regelung des Bodenschutzes mit nunmehr einheitlichen Begriffsbestimmungen zu Bodenfunktionen und die diese Funktionen beeinträchtigenden schädlichen Veränderungen, zu Altlasten und Verdachtsflächen.

Auch das Baugesetzbuch enthält in § 1a eine so genannte Bodenschutzklausel. Sie gebietet im Interesse des Umweltschutzes, dass mit Grund und Boden sparsam umgegangen werden muss (Bodenschutzklausel). Im Vordergrund steht dabei die Priorität u. a. der Wiedernutzbarmachung brachliegender Flächen, die Nachverdichtung und stärkere Nutzungsmischung vor einer etwaigen Neuausweisung von Baugebieten. Außerdem wurde bestimmt, dass zum Ausgleich für neue Bodenversiegelungen naturnahe Ausgleichsflächen geschaffen werden müssen.

Bodenversiegelung
soil sealing
Eine Bodenversiegelung liegt vor, wenn Teile der

Erdoberfläche mit einer wasserundurchlässigen Schicht überdeckt werden. Dies geschieht vor allem beim Straßenbau und der Bebauung des Bodens mit Gebäuden. Der Versiegelungsgrad kann vermindert werden, wenn zum Beispiel bei der Gestaltung von Parkplätzen und Garagenzufahrten am eigenen Haus wasserdurchlässiges Befestigungsmaterial verwendet wird, so dass ein Grasbewuchs in den nichtversiegelten Zwischenräumen noch möglich ist. Um den unbegrenzten Bodenversiegelung entgegenzuwirken, wurde bei der Grundflächenzahl eine „Kappungsgrenze" eingeführt, die dazu führt, dass auch bei einer dichten Bebauung ein unversiegelter Rest von mindestens 20 Prozent verbleibt. Eine Ausnahme ist in Kerngebieten zulässig, bei der die Grundflächenzahl 1,0 (gleich 100-prozentige Versiegelung) betragen kann.

Bodenwert
land value

Der Bodenwert ist der kapitalisierte Betrag der „Grundrente". Dabei ist zwischen der „absoluten" Bodenrente (Knappheitsrente) und den Differentialrenten, die sich aus der unterschiedlichen Lage, Qualität und möglichen Nutzungsintensität der Böden ergeben, zu unterscheiden.Bodenwerte werden heute entweder mit Hilfe von Bodenrichtwerten (indirekte Bodenwertermittlung) oder von Preisen vergleichbarer Grundstücke (direkte Bodenwertermittlung) ermittelt. Soweit diese Ausgangsgrößen von dem zu bewertenden Grundstück abweichen, ist dies durch Zu- oder Abschläge oder durch Umrechnungskoeffizienten (bei unterschiedlicher Nutzungsintensität) und/oder Indexreihen (wenn die Preise der Vergleichsgrundstücke sich in unterschiedlichen Zeiten gebildet haben) zu berücksichtigen. Ebenso sind Bodenwertanteile bebauter Grundstücke im Rahmen der Bewertungsverfahren (Vergleichs-, Ertrags- und Sachwertverfahren) zu ermitteln. Die Ermittlung des Bodenwertes durch den direkten Vergleich mit Kaufpreisen anderer Bodengrundstücke setzt eine größere Zahl von vergleichbaren Bodengrundstücken voraus, damit Ausreißer leichter identifiziert und ausgeschieden werden können. Die Standardabweichung wird auf diese Weise verringert.

Bonität
creditworthiness; credit standing

Unter Bonität versteht man die Kreditwürdigkeit eines Darlehensnehmers. Vor Darlehenszusage für ein Immobiliendarlehen werden nicht nur die Beleihungsunterlagen angefordert und geprüft („Beleihungsprüfung"). Die Zusage wird auch abhängig gemacht vom Ergebnis einer Kreditwürdigkeitsprüfung des Darlehensnehmers. Die Prüfung erstreckt sich auf Einkommens-, Vermögens- und Familienverhältnisse des Darlehensnehmers. Bei einem entsprechend guten Ergebnis kann sogar eine „Vollfinanzierung" gewährt werden. Mit Einführung der neuen Eigenkapitalvorschriften für Kreditinstitute durch Basel II kommt der Bonitätsprüfung der Firmenkunden der Bank eine besondere Bedeutung zu. Diese müssen sich einem „Rating" entweder durch das Kreditinstitut oder durch eine Ratingagentur unterziehen. Vom Ergebnis hängen die Konditionen ab, zu denen ein Kredit gewährt wird.

Brandschutz
fire protection; fire prevention and protection; fire protection requirements

Zum Brandschutz gehören alle baulichen Maßnahmen, die getroffen werden, um die Ausbreitung von Feuer, Rauch und Strahlung zu verhindern. Regelungen finden sich in DIN 4102 (Brennbarkeitsklasse) und DIN 18230 (Lagerungsdichte, Abbrandfaktor und Heizwert). Verwendete Bauteile und Baustoffe müssen, was Brennbarkeit und Feuerwiderstandsdauer (DIN 4102 T. 1) anbelangt, im Interesse des Brandschutzes einer bestimmten Bauproduktklasse (Baustoffklasse) angehören. Die Feuerwiderstandsklasse (F30-F180) bezeichnet die Feuerwiderstandsdauer (0-180 Minuten). In bestimmten Fällen sind Brandschutzfenster und Brandschutztüren vorzusehen. Bestimmte Gebäude sind mit Rettungswegen, Fluchtfenstern, Nottreppen und -leitern auszustatten. Zum Brandschutz gehören auch Zufahrtsmöglichkeiten für Rettungs- und Feuerwehrfahrzeuge. Jedes Jahr verzeichnen die Feuerwehren durchschnittlich 50.000 Brände allein in Privathaushalten. Besonders gefährdet sind:
- Altbauten mit veralteten Elektroanlagen und brennbaren Baumaterialien,
- Häuserblocks aus den 50er- und 60er-Jahren, in denen die einzelnen Wohnungen durch Versorgungsschächte verbunden sind (Wasser und Stromleitungen im gleichen Schacht, Kurzschlussgefahr, leichtere Ausbreitung des Feuers).

Für Rauchmelder hatten 2013 bereits zwölf Bundesländer eine Ausstattungspflicht eingeführt. Meist gilt diese mit sofortiger Wirkung für Neubauten und mit einer Übergangsfrist dann auch für Bestandsgebäude. Für Installation und Wartung ist der Eigentümer der Wohnung zuständig (mit Ausnahmen in einigen Bundesländern). Für bestimmte Gebäude (zum Beispiel Schulen, Seniorenheime) sind vernetzte Brandmeldeanlagen vorgeschrieben, die meist auch eine Alarmierung der Feuerwehr bewirken. Feuerlöscher sollten ca. alle zwei Jahre überprüft werden. Werden gesetzliche Vorschriften zum Brandschutz nicht beachtet, kann dies zu einem Verlust des Versicherungsschutzes in der Feuer- bzw. Gebäudeversicherung führen.

Nach der Rechtsprechung kann ein Vermieter das Mietverhältnis fristlos kündigen, wenn der Mieter trotz Abmahnung beharrlich größere Mengen brennbarer Stoffe im Mietobjekt einlagert (Landgericht Coburg, Az. 33 S 96/01 v. 7.9.2001, gewerbliches Mietobjekt).

Bruchteilseigentum
tenancy in common

Das Eigentum an einem Grundstück kann mehreren Personen zustehen. Sofern nicht ausnahmsweise eine Gesamthandsgemeinschaft gegeben ist, steht das Miteigentum mehreren zu Bruchteilen zu, dass heißt jedem Miteigentümer gehört ein bestimmter, ideeller (nicht realer) Anteil an dem Grundstück. Das Bruchteilseigentum entsteht durch Rechtsgeschäft oder kraft Gesetzes. Die Bruchteilsgemeinschaft kann nur in gegenseitigem Einvernehmen oder mittels Teilungsversteigerung aufgelöst werden.

Das Bruchteilseigentum wurde bis Mai 2013 teilweise zur Vermeidung der Konsequenzen der Umwandlung genutzt: Bei einer Umwandlung von Mietwohnungen in Eigentumswohnungen besteht für Mieter Kündigungsschutz innerhalb der Sperrfrist von drei Jahren. Wenn jedoch statt des Verkaufs der Wohnungen an Einzeleigentümer im Rahmen der Umwandlung Bruchteilseigentum begründet wurde, griff diese Regelung bis zur Mietrechtsreform 2013 nicht. Eine Eigenbedarfskündigung derjenigen Wohnung, an welcher der betreffende Eigentümer das Nutzungsrecht innehatte, war möglich. Seit 1.5.2013 erfasst der neue § 577a BGB auch den Fall des Immobilienkaufs durch eine Bruchteilsgemeinschaft, also an mehrere Käufer, die zunächst jeweils Bruchteilseigentum innehaben. Folge ist, dass mit Eintragung der Käufer-Gemeinschaft im Grundbuch die dreijährige Kündigungssperrfrist zu laufen beginnt. Eine Umgehung der Sperrfrist ist damit nicht mehr möglich. Anzuraten ist eine derartige Konstruktion in keinem Fall, da sie für den Wohnungseigentümer erhöhte finanzielle Risiken birgt: Auch bei der Finanzierung werden die Wohnungen nicht als getrennte Einheiten angesehen. Finanzielle Schwierigkeiten eines Eigentümers treffen daher alle Beteiligten. Schlimmstenfalls kann dies zur Versteigerung des Hauses führen.

Bruchteilsgemeinschaft
joint ownership (association)

Steht das Eigentum mehreren gemeinschaftlich zu, besteht in der Regel eine Gemeinschaft nach Bruchteilen. Gesetzliche Grundlage der Gemeinschaft sind die §§ 741 bis 758 BGB.

Jedem Bruchteilseigentümer steht gemäß §§ 742, 743, 748 BGB ein quotenmäßiger Anteil am Gesamteigentum zu (ideeller Bruchteil), über den er frei verfügen kann (§ 747 Abs. 1 BGB) und der rechtlich selbstständig ist. Die Verwaltung des gemeinschaftlichen Eigentums steht den Teilhabern in ihrer Gesamtheit zu. Jeder von ihnen ist berechtigt, die zur Erhaltung der Sache notwendigen Maßnahmen ohne Zustimmung der anderen zu treffen. Nach § 745 BGB kann durch Stimmenmehrheit eine ordnungsgemäße Verwaltung und Benutzung des Gegenstandes beschlossen werden.

Über die Gemeinschaft im Ganzen können die Teilhaber aber nur gemeinschaftlich verfügen (§ 747 BGB). Jeder Teilhaber kann jederzeit die Aufhebung der Gemeinschaft fordern, sofern nicht anders vereinbart. Bei Vorliegen eines wichtigen Grundes kann in jedem Fall nach § 749 BGB die Aufhebung verlangt werden. Soweit möglich, erfolgt die Aufhebung nach §753 BGB durch Teilung in Natur, sonst durch Verkauf des gemeinschaftlichen Eigentums, soweit es sich um ein Grundstück handelt, durch Teilungsversteigerung mit anschließender Aufteilung des Erlöses. In der Praxis liegt bei Wohnungseigentum eine Bruchteilsgemeinschaft vor. Hinsichtlich des Gemeinschaftseigentums ist jeder Wohnungseigentümer Eigentümer eines Bruchteils zu der in der Teilungserklärung festgelegten Quote.

Bruttomiete
gross rent; gross residential rent

Die Bruttomiete setzt sich aus dem eigentlichen Mietzins sowie den anfallenden Betriebskosten und etwaigen Mietzuschlägen zusammen. Verwendet werden auch die Begriffe „Bruttowarmmiete" und „Bruttokaltmiete". Ist in einem Mietvertrag die Zahlung einer Bruttowarmmiete oder Inklusivmiete vereinbart, sind die Betriebskosten mit der Bruttowarmmiete komplett abgegolten. Eine jährliche Abrechnung über die Betriebskosten findet bei vereinbarter Bruttowarmmiete nicht statt. Der Vermieter kann somit keine Betriebskostennachzahlung verlangen und der Mieter keine Auszahlung eines Betriebskostenguthabens fordern.

Die Bruttomiete kann jedoch heute nur noch als Bruttokaltmiete (Grundmiete plus Anteil an den „kalten" Betriebskosten) vereinbart werden, da die „warmen" Betriebskosten (Heiz- und Warmwasser-Kosten) nach der Heizkostenverordnung vom 20.1.1989 nach dem gemessenen Verbrauch abzurechnen sind.

Steigen die Betriebskosten, kann der Vermieter keine einfache bzw. isolierte Betriebskostenerhöhung durchsetzen. Er muss stattdessen die Bruttomiete insgesamt erhöhen und die gesetzlichen Vorgaben für eine Mieterhöhung bis zur örtlichen Vergleichsmiete beachten. Damit ist der örtliche Mietspiegel zu verwenden, was meist Probleme bereitet, da dieser in der Regel nur Nettokaltmieten (Mieten ohne Betriebskosten) ausweist. Der Bundesgerichtshof (Az. VIII ZR 41/05, Urteil vom 26.10.2005) erlaubt zwei Berechnungsverfahren zur Erhöhung einer Bruttokaltmiete:

- Die zum Zeitpunkt der Mieterhöhung auf die jeweilige Wohnung entfallenden Betriebskosten werden zur ortsüblichen Vergleichsmiete laut Mietspiegel addiert.
- Der Betriebskostenanteil wird aus der bisherigen Bruttokaltmiete herausgerechnet, um die Nettokaltmiete ohne Betriebskosten zu erhalten. Diese wird dann mit der Nettokaltmiete laut Mietspiegel verglichen und entsprechend erhöht.

§ 558 Abs. 3 BGB schreibt vor, dass Mieten innerhalb von drei Jahren nicht um mehr als 20 Prozent erhöht werden dürfen („Kappungsgrenze"). In Gebieten mit Wohnungsmangel kann dieser Prozentsatz seit der Mietrechtsreform 2013 durch die Landesregierungen auf 15 Prozent abgesenkt werden. Bei Bruttokaltmieten ist dabei nicht der Betrag der herausgerechneten Nettokaltmiete maßgeblich, sondern der Gesamtbetrag der Bruttokaltmiete (BGH, Az. VIII ZR 160/03, Urteil vom 19.11.2003).

Die Heizkostenverordnung schreibt die Ermittlung des Heizenergieverbrauchs durch Messung sowie eine verbrauchsabhängige Abrechnung der Heizkosten vor. Eine Ausnahme besteht für Gebäude mit bis zu zwei Wohnungen, von denen eine der Vermieter selbst bewohnt (§ 2 Heizkostenverordnung); einige Vorschriften der Heizkostenverordnung sind zudem für weitere Gebäudearten nicht anwendbar (§ 11 HeizKV). Bruttowarmmieten sind damit nur noch im Ausnahmefall zulässig. Bei bestehenden Mietverträgen muss eine Vertragsänderung der Bruttowarmmiete in eine Bruttokaltmiete mit getrennter verbrauchsabhängiger Abrechnung der Heizungs- und Warmwasserkosten stattfinden (BGH, Az. VIII ZR 212/05, Urteil vom 19.7.2006). Der Begriff der Bruttomiete spielt auch beim Thema der Mietminderung eine Rolle. Diese ist immer nach der Bruttomiete zu berechnen – wobei hier einfach nur der Gesamtbetrag von Kaltmiete und Betriebskosten gemeint ist (Bundesgerichtshof, Az. XII ZR 225/03, Urteil vom 6.4.2005).

Bürgschaft
surety; guarantee; security; sponsorship; suretyship; warranty obligation

Die Bürgschaft ist eine Verpflichtungserklärung des Bürgen einem Gläubiger gegenüber, für die Verbindlichkeiten eines Dritten einzustehen. Die Bürgschaft bedarf der Schriftform. Eine elektronische Form genügt nicht. Allerdings wird der Formmangel geheilt, wenn der Bürge die Hauptverbindlichkeit erfüllt.

Die Bürgschaft setzt voraus, dass eine Hauptverbindlichkeit, für die gebürgt wird, auch besteht.

Grundsätzlich kann der Bürge die Erfüllung der Verpflichtung verweigern, solange dem Gläubiger das Recht zusteht, das Rechtsgeschäft anzufechten, das der Hauptverpflichtung zugrunde liegt. Er kann die Erfüllung der Verpflichtung auch davon abhängig machen, dass der Gläubiger eine Zwangsvollstreckung versucht und diese ergebnislos verläuft. Ihm steht also die „Einrede der Vorausklage" zu.

Vielfach verlangen Kreditinstitute bei Immobiliendarlehen, die über die Beleihungsgrenze hinausgehen, die zusätzliche Bürgschaft des Ehegatten oder bei Darlehen an eine Kapitalgesellschaft die Bürgschaft der Gesellschafter/Geschäftsführer. Teilweise werden Bürgschaften auch vom Staat als Förderinstrument eingesetzt. In solchen Fällen erfolgt die nachrangige Beleihung ohne zusätzliches Risiko für das Kreditinstitut mit der Folge risikobefreiter, also niedrigerer Zinsen. Auch im Rahmen des Baubetreuungs- und des Bauträgergeschäftes spielen Bürgschaften eine Rolle. Der Baubetreuer muss den Bauherrn entweder durch Abschluss einer Vertrauensschadenversicherung oder durch Stellung einer Bürgschaft in Höhe der zur Verfügung gestellten Baugelder absichern.

Ein Bauträger kann sich durch eine Bürgschaft von der Begrenzung der sonst vorgesehenen Baufortschrittsraten, die der Erwerber zu leisten hat, befreien. Als Bürgen kommen Kreditinstitute, Körperschaften des öffentlichen Rechts oder Versicherungsgesellschaften in Frage, die eine Erlaubnis zum Betrieb einer Bürgschaftsversicherung haben. Bürgschaften, die im Rahmen der Makler- und Bauträgerverordnung gewährt werden, müssen den Verzicht auf die Einrede der Vorausklage des Bürgen enthalten. Man bezeichnet sie auch als „selbstschuldnerische Bürgschaften". Die Leistungspflicht des Bürgen kann noch weiter verschärft werden, wenn vereinbart wird, dass die Zahlung aus der

Bürgschaft bereits „auf die erste Anforderung" des Gläubigers hin zu leisten ist. Eine Bürgschaft kann wegen Sittenwidrigkeit unwirksam sein. Davon ist auszugehen, wenn der Bürge durch die Bürgschaft finanziell vollkommen überfordert ist und obendrein ein Näheverhältnis zwischen Bürge und Schuldner besteht (zum Beispiel Eltern und Kinder, Ehepartner, Lebenspartner). Von einer „krassen wirtschaftlichen Überforderung" gehen die Gerichte aus, wenn der Bürge von seinem Einkommen nicht einmal die Zinsen des Bürgschaftsbetrages zahlen könnte. Einzige Möglichkeit für die Bank als Gläubiger, hier auf einer Wirksamkeit der Bürgschaft zu bestehen, ist der Beweis, dass der Bürge aus rein geschäftlichen und nicht aus emotionalen Gründen gehandelt hat.

Der Bundesgerichtshof hat am 16.6.2009 entschieden, dass anderweitige Sicherheiten des Schuldners das Risiko des Bürgen grundsätzlich nicht reduzieren. Ausnahme: Der Bürge unterliegt einer sogenannten Ausfallhaftung (Az. XI ZR 539/07). Eine solche Situation liegt vor, wenn das Geldinstitut vereinbarungsgemäß erst bei Ausfall einer anderen Sicherheit auf den Bürgen zugreifen darf.

Bundes-Immissionsschutzgesetz
Federal German Pollution Control Act

Bundes-Immissionsschutzgesetz ist die Kurzbezeichnung für das „Deutsche Gesetz zum Schutz vor schädlichen Umwelteinwirkungen durch Luftverunreinigungen, Geräusche, Erschütterungen und ähnliche Vorgänge". Es regelt das Umweltrecht und wurde 1974 als Gesetz erlassen. Seitdem wurde es mehrfach verändert, in seinem Regelungsumfang erweitert und in der Regelungstechnik präzisiert. Ein wichtiger Regelungsansatz des Gesetzes ist die Senkung von Immissionen durch vorrangige Begrenzung der Emissionen. Das Gesetz selbst regelt nur die grundsätzlichen Anforderungen; die für die Praxis wesentlichen, überwiegend technischen Einzelheiten sind in zahlreichen Durchführungsverordnungen (BImSchV) geregelt, welche konkrete Anforderungen an bestimmte Typen von Anlagen definieren sowie Einzelheiten zum Genehmigungsverfahren und zur Überwachung von Anlagen enthalten. Dazu gehört auch die für Hauseigentümer wichtige Verordnung über kleine und mittlere Feuerungsanlagen (1. BImSchV). Darin geht es um Errichtung, Beschaffenheit und Betrieb von Feuerungsanlagen, für die keine Genehmigung nach dem BImSchG erforderlich ist. Die 1. BImSchV (sog. Kleinfeuerungsanlagenverordnung) betrifft auch Kaminöfen und andere kleine Holzfeuerungsanlagen, für die u. a. Grenzwerte für Feinstaub und Kohlenmonoxyd festlegt.

Bundesanstalt für Finanzdienstleistungsaufsicht (BAFin)
Federal Financial Supervisory Authority

Am 1.5.2002 ist das Bundesaufsichtsamt für das Kreditwesen mit den Bundesaufsichtsämtern für das Versicherungswesen und den Wertpapierhandel in der Bundesanstalt für Finanzdienstleistungsaufsicht (BAFin) verschmolzen worden. Das frühere Bundesaufsichtsamt für das Kreditwesen (BAKred) ist jetzt identisch mit dem Bereich Bankenaufsicht der neuen Bundesanstalt. Es hat die Aufsicht über Kreditinstitute, Finanzdienstleistungsinstitute, Finanzholdinggesellschaften und Finanzunternehmen in Deutschland. Diese Unternehmen werden nach dem Kreditwesengesetz über ihre Geschäftstätigkeit definiert. Wer im Einzelnen dazu zählt, kann via Internet www.bafin.de abgerufen werden. Kreditinstitute sind Unternehmen, die gewerbsmäßig Bankgeschäfte betreiben. Hierzu gehören unter anderem das Einlagegeschäft, das Kreditgeschäft, das Diskontgeschäft (Wechselgeschäft), der Handel mit Wertpapieren, Geldmarktpapieren, Devisen in eigenem Namen für fremde Rechnung, das Depotgeschäft, das Investmentgeschäft, die Übernahme von Bürgschaften, das Girogeschäft, das Emissionsgeschäft, das Geldkartengeschäft und das Netzgeldgeschäft. Finanzdienstleistungsinstitute sind Unternehmen, die Finanzdienstleistungen für andere gewerbsmäßig erbringen. Hierzu gehören unter anderem die Anlagevermittlung auf der Grundlage von Maklerverträgen, der Abschluss von Kaufverträgen über Finanzinstrumente (Wertpapiere, Devisen und dergleichen) in fremden Namen und für fremde Rechnung („Abschlussvermittlung"), die Finanzportfolioverwaltung, der Eigenhandel mit Finanzinstrumenten. Finanzholdinggesellschaften sind Unternehmen, deren Tochtergesellschaften Institute, also Banken und Finanzdienstleister sowie Finanzunternehmen sind. Finanzunternehmen sind im Gegensatz zu Kreditinstituten und Finanzdienstleistungsinstituten keine „Institute". Deren Geschäfte bestehen unter anderem im Erwerb von Beteiligungen und Geldforderungen, im Abschluss von Leasingverträgen, in der Ausgabe und Verwaltung von Kreditkarten, im Handel mit Wertpapieren und Devisen sowie in der Anlageberatung und im Geldmaklergeschäft. Die bedeutendste Gruppe sind die Kreditinstitute mit ca. 3.200 Banken. Am 1.7.2005 wurde dem BAFin auch die Aufsicht über geschlossene Immobilienfonds übertragen. Auf diese Weise werden auf diesem Sektor nicht nur die Transparenz für Anleger vergrößert, sondern auch die Konstruktionselemente der neu aufzulegenden Fonds einer Überprüfung unterzogen. Die BAFin,

Bereich Banken, ist als Aufsichtsbehörde auch zuständig für die Erteilung der Erlaubnis zum Geschäftsbetrieb.

Bundesbodenschutzgesetz
German federal soil protection act

Das Bundesbodenschutzgesetz (BBodSchG) gehört zum besonderen Umweltverwaltungsrecht, in dessen Regelungsbereich auch das Bundesnaturschutzgesetz, das Bundeswaldgesetz und das Tierschutzgesetz gehören. Zweck des Gesetzes ist es, nachhaltig die Funktionen des Bodens zu sichern oder wiederherzustellen. Durch das Gesetz wird jeder Bürger, der auf den Boden einwirkt, verpflichtet, sich so zu verhalten, dass schädliche Bodenveränderungen nicht hervorgerufen werden. Grundstückseigentümer und Grundstücksbesitzer sind verpflichtet, Maßnahmen zur Abwehr drohender schädlicher Bodenveränderungen zu ergreifen.

Zum Regelungsbereich des Gesetzes gehört der Umgang mit Altlasten, das Gebot der Entsiegelung von dauerhaft nicht mehr genutzten Flächen, wobei die Detailregelungen und die Durchsetzung auf die Bundesländer übertragen wurden.

Die Vorsorgepflicht der Bodeneigentümer und der Inhaber der tatsächlichen Gewalt (zum Beispiel Pächter) erstreckt sich auch auf den landwirtschaftlichen Nutzungsbereich, wobei hier die nachhaltige Sicherung der Bodenfruchtbarkeit und Leistungsfähigkeit des Bodens als natürliche Ressource im Fokus steht.

Bungalow
bungalow

Der Bungalow ist ein freistehendes eingeschossiges geräumiges Einfamilienhaus mit einem Flachdach oder einem flach geneigtem Dach. Seine Ursprünge stammen aus der britischen Kolonialzeit in Indien.

Eine besondere Art waren Rasthäuser für Reisende („Dak-Bangla"). Bungalows werden vielfach in südlichen Fremdenverkehrsgebieten und auf Inseln als Feriendomizile für Touristen am Meer von Hotelketten angeboten. Dabei handelt es sich allerdings um relativ kleine Einheiten, die sich in diesem Punkt vom ursprünglichen Bungalow unterscheiden.

In größerem Umfange breitete sich der Bungalowstil als Einfamilienhaus in Westdeutschland nach dem 2. Weltkrieg aus. Man findet sie in bevorzugten Wohngebieten. Neben freistehenden Bungalows gibt es aneinander gebaute Reihenbungalows in L-Form oder vom Baukörper voll umschlossene, atriumförmige Bungalows.

In Ostdeutschland wurden zur DDR-Zeit Sommer-Wochenendhaus-Gebiete (im Einigungsvertrag „Erholungsgebiete" genannt) zur Bebauung mit kleinen bungalowähnlichen Gebäuden („Datschen") ausgewiesen. Wegen der relativ hohen zu überbauenden Grundstücksfläche wird eine Bebauung im Bungalowstil (mit nicht nutzbarer Dachfläche) in Bebauungsplänen nur noch selten festgesetzt.

Business Center
Business Centre

Das Business Center ist ein Bürokonzept, nach dem an Unternehmen jeder Branche und Größe für vertraglich zu definierende Zeiträume kurzfristig möblierte, voll ausgestattete Büroräume vermietet werden. Es bietet Büro-Dienstleistungen wie Sekretariatsservice, Nutzung von Bürotechnik und Videokonferenzräumen an. Ein Teil der Dienstleistungen ist mit der Miete abgegolten. Andere sogenannte Wahlleistungen werden gesondert abgerechnet.

Bei einem Preisvergleich zwischen einer konventionellen Büronutzung und der Nutzung im Rahmen eines Business Centers zeigt sich, dass die Kostenersparnis um so größer ist, je kürzer die Mietdauer und je geringer die Zahl der benötigten Büroplätze ist. Typische Nutzer sind Existenzgründer, temporäre Nutzer (Ausweichstandort, weil das eigene Bürohaus umgebaut wird), Handelsvertreter und internationale Nutzer. Business Center befinden sich überwiegend in den besten Lagen in Großstädten, vor allem in Landeshauptstädten.

Eine Variante des Business Centers bildet das Office Center, das für bestimmte Kunden nach deren Anforderungsprofil, eingerichtet wird. Hier wird der Bürobedarf von Unternehmen für zeitlich begrenzte Projekte befriedigt.

Carport
carport

Allseitig offener oder nur zum Teil geschlossener, aber überdachter Kraftfahrzeugunterstellplatz. Für Fundamente und Konstruktion sind statische Nachweise erforderlich. Es gibt auch Fertigteilcarports oder als Bausatz zum Selbstbau lieferbare Carports. Carports dürfen baurechtlich oft auch direkt an der Grundstücksgrenze errichtet werden (zum Beispiel Landgericht Kiel, Urteil vom 10.1.2003, Az. 109 C 95/02). Dies richtet sich jedoch nach den Regelungen der jeweiligen Landesbauordnung.

Center Manager
centre manager

Kernaufgabe des Center Managers ist es, für ein zentral gesteuertes professionelles Management insbesondere bei Gewerbeparks, Einkaufs- oder Shoppingcentern zu sorgen. Der Center Manager verfügt über weitreichende Kompetenzen. Zu seinen Detailaufgaben gehören die technische Verwaltung, das kaufmännisch-wirtschaftliche Management der Immobilien sowie die Steuerung der wirtschaftlichen Entwicklung des Centers. Diese umfasst die Durchführung von Kundenanalysen, Herstellung und Pflege von Kontakten zu potenziellen Mietern, Aufbau und Leitung der Mieter- bzw. Werbegemeinschaft, Kontaktpflege zur regionalen Presse und Fachpresse sowie Motivation der Centermieter zur Erhöhung ihrer Betriebsergebnisse. Er ist zuständig für die Imagepflege des von ihm betreuten Centers.

City
(inner) city; city centre

City ist ein englischer Begriff lateinischen Ursprungs. Im Deutschen hat sich der Citybegriff quasi verselbstständigt. Unter dem Begriff City, wie er hier gebraucht wird, versteht man in der Regel den historisch gewachsenen Stadtkern einer Großstadt. Zur City Bildung kam es im Verlauf des Städtewachstums ab Mitte des 19. Jahrhunderts. Historische Lageanknüpfungspunkte für die Herausbildung einer Citystruktur waren zentrale Plätze, wo noch heute die Dome, Münster und historischen Rathäuser stehen. Diese Bauwerke verleihen mancher City ihr besonderes, unverwechselbares Gepräge. Als Stadtmittelpunkt wurde die City einerseits zum Kulminationspunkt des umfassenden Warenangebots. Das frühere Marktgeschehen unter freiem Himmel verlagerte sich zunehmend in Kaufhäuser und Einzelhandelsgeschäfte. Kennzeichnend hierfür ist die Herausbildung von „Lauflagen", aus denen später „Fuß-

gängerzonen" wurden. Die Erreichbarkeit der City wurde zunehmend durch ein unterirdisches Verkehrsnetz (U-Bahnen) gesichert. Gleichzeitig stieg die Versorgungsreichweite der City selbst. Bezeichnungen wie „Innere Stadt", „Zentraler Bezirk" oder „Stadtbezirk Mitte" als Stadtbezirksname signalisieren, dass sich dort das Geschäfts- und kulturelle Leben abspielt. Hier begründeten auch andere städtische Verwaltungsorgane ihren Sitz. Es entstanden zentrale Kultureinrichtungen, „Bankenviertel", Hotels und Gaststätten.

Im Gefolge des Städtewachstums und der Vereinigung von benachbarten Städten zu einer Stadt entstanden auch Nebenzentren. In den Hauptstädten konzentrierten sich in oder neben der City im Rahmen der sich herausbildenden Lobbystruktur Firmensitze, aber auch Botschaften des Auslands. Dort ließ sich auch das Großbürgertum nieder. Die Entwicklung einer City führt zur Herausbildung hoher „Lagewerte". Man spricht von Citylagen, wenn von Ia Lagen die Rede ist. Wichtigste Kennziffer für die Lageeinschätzung ist die sogenannte „Passantenfrequenz".

Controlling
controlling

Unterschieden wird zwischen dem strategischen Controlling und dem operativen Controlling. Im Fokus des strategischen Controlling stehen langfristige Entwicklungen, es sorgt für ein „Frühwarnsystem", operatives Controlling begleitet die kurz-/ mittelfristigen Entwicklungen mit Hilfe entsprechender Erfolgsrechnungen (Monats- und Quartalszahlen). Die nachfolgenden Betrachtungen beziehen sich auf das operative Controlling.

Controlling steckt als Instrument zur Planung, Koordinierung Steuerung und Überwachung von Leistungsprozessen in der Immobilienwirtschaft noch in den Anfängen, obwohl es viele Bereiche gibt, in denen schon seit langem Controlling unter anderem Namen praktiziert wird. Beispiele sind Projektsteuerung, Baustellenüberwachung usw. Controlling kreiert betriebs- oder branchentypische Kennzahlensysteme. Diese stammen nicht nur aus dem Rechnungswesen, sondern aus allen betrieblichen Bereichen, vorwiegend aus solchen, hinter denen sich die größten Risiko- und Kostenpotenziale verbergen.

Controlling setzt eine betriebliche Zielsetzung voraus, wobei die Ziele quantifiziert werden müssen, damit gemessen werden kann, ob oder in wieweit sie erreicht wurden (Soll-Ist-Abweichungsanalysen). Wenn sich zum Beispiel ein Maklerunternehmen das Ziel vorgibt, die Zahl der Mietvertragsvermittlungsfälle um 20 Prozent im kommenden Jahr zu erhöhen, dann muss zunächst der Weg zur Zielerreichung bestimmt werden. Er kann darin bestehen, durch PR-Aktionen Miethauseigentümer als potenzielle Geschäftspartner anzusprechen. Am Jahresende kann dann festgestellt werden, ob das Ziel erreicht wurde bzw. wie weit davon abgewichen wurde.

Im Bereich der Maklerbetriebe sind Kennzahlen der Erfolgsquotient pro Abteilung, Objektart, Außendienstmitarbeiter, sowie die Ergebnisse der Werbeerfolgskontrolle (Beitrag von Inseraten und Exposé und Internetpräsentationen zum Erfolg). Aber auch die „Misserfolgsanalysen" können zu Ergebnissen führen, die Entscheidungsgrundlage für Verbesserungsmaßnahmen im betrieblichen Ablauf sein können. Gemessen werden können auch die Auswirkungen des Erfolgsprinzips und des Prinzips der Entscheidungsfreiheit des Auftraggebers, als unterschiedliche Ursachen für den „Nichterfolg". Zum Controlling gehört auch die Auswertung von Zahlen des RDM-Betriebsvergleiches und von Benchmarkingkonferenzen miteinander kooperierender Maklerunternehmen.

Dach und Fach
signed, sealed and delivered; home and dry; cut and dried; settled; arranged; all wrapped up and in a bag

Bei dem Begriff handelt es sich um eine alte Wendung, deren genauer Sinn vor allem wegen des mehrdeutigen Wortes „Fach" nicht leicht zu bestimmen ist. Etymologisch scheint das Wort mit „Fangen" zusammenzuhängen, was für Umfangen, Einfassung, Abgrenzung als ursprüngliche Bedeutung sprechen könnte. Als architektonischer Begriff bezeichnet es neben „Wand, Mauer, Abteilung in Häusern" auch das Fachwerksgebälk der Wände und sowohl die leeren Räume dazwischen als auch die Füllung. Eine Beschränkung auf Außenmauerwerk lässt sich nicht feststellen. Letztlich kann man unter „Dach und Fach" auch „Wohnung und Gebäude" verstehen, zumindest deren wesentliche Substanz. Anders als vielleicht zu der Zeit, aus der die Wendung stammt, gehören heute auch dazu Leitungssysteme, wenn sie unter Putz in der Wand verlegt sind. Generalisierend sollte man feststellen, dass zu den Arbeiten an Dach und Fach alle Verrichtungen zählen, die der Erhaltung der Gebäudesubstanz dienen.

Dachbegrünung
rooftop grassing

Dachbegrünungen sind schon seit langer Zeit in den skandinavischen Ländern üblich. In Deutschland gewinnen sie unter ökologischen Gesichtspunkten an Bedeutung. Zu unterscheiden sind Dachbegrünungen nach der Intensität der Bepflanzung. Eine extensive Begrünung erfolgt durch Kräuter, Moose, Trockengräser und Rasen. Eine künstliche Bewässerung ist hier nicht erforderlich. Solche Dachbegrünungen werden dort vorgenommen, wo keine anderweitige Dachnutzung erfolgt.

Eine andere Intensität der Dachbegrünung ist die Anlage eines Dachgartens mit Stauden, Sträuchern und Bäumen. Eine solche Dachbegrünung erfordert in der Regel eine künstliche Bewässerung und bedarf einer entsprechenden Pflege. Für eine Dachbegrünung spricht die Rückgewinnung von Grünflächen, Speicherung des Regenwassers, Wärme- und Schalldämmung sowie Verbesserung des Mikroklimas durch erhöhte Luftfeuchtigkeit.

Der Fachhandel bietet für die Dachbegrünung spezielle Sets oder Bausätze an. So können etwa für Leicht- oder Carportdächer Sets erworben werden, mit denen sich zehn Quadratmeter Gründach herstellen lassen. Inbegriffen sind wasserdichte Matten, Pflanzenerde, Dünger und Bepflanzungsmaterial bzw. Gutscheine dafür. Überflüssiges Wasser fließt von selbst ab. Wichtig ist es dabei, auf die maximal mögliche Gewichtsbelastung des Daches zu achten: Gesättigt mit Wasser kann das Dach auch bei relativ geringer Schichtdicke einer Belastung von 100 kg/m^2 ausgesetzt sein. Für Dächer mit mehr als zehn Grad Dachneigung sind viele Begrünungskonzepte ungeeignet.

Dachbelichtung
rooflight

Der Begriff der Dachbelichtung bezieht sich auf Fenster, über die Tageslicht in den Dachraum eines Hauses gelangt. Die Frage der Dachbelichtung stellt sich, wenn Dachraum zu Wohn- oder anderen den dauernden Aufenthalt von Hausbewohnern ermöglichenden Zwecken ausgebaut werden soll.

Das Bauordnungsrecht der Bundesländer schreibt eine bestimmte Mindestbelichtung vor. Die Fensterlichtflächen sollen zwischen 10 Prozent und 12,5 Prozent der Grundfläche des Dachraums betragen. Dies kann zum Beispiel erreicht werden durch großflächige Giebelfenster. Meist sind aber wegen der Raumeinteilung weitere Dachfenster erforderlich. Der Dachbelichtung dienen vielfach in Dachgauben eingebaute Fenster oder auch Dacheinschnitte, die eine Benutzung als Dachloggia zulassen. Bei nicht ausgebauten Dachgeschossen genügen einfache Dachfenster, die einen Austritt auf das Dach ermöglichen.

Dachdämmung
roof insulation

Ein Teil der energetischen Gebäudesanierung wird durch Dachdämmung erreicht. Die Dämmung von Steildächern ermöglicht eine energiesparende Erwärmung des Dachraums im Winter und verhindert im Sommer eine zu starke Aufheizung durch Sonneneinstrahlung. Es gibt mehrere Möglichkeiten der Steildachdämmung. Zum einen kann die Dämmschicht von außen auf die Dachsparren aufgebracht werden („Aufsparrendämmung"). Darauf folgt die Dachdeckung. Das Dämmmaterial muss ausreichend belüftet werden.

Im Gegensatz zur Außensparrendämmung wird bei der Untersparrendämmung das Dämmmaterial von innen auf eine Ausgleichslattung aufgebracht. Da eine Dämmung zwischen den Sparren alleine nicht ausreicht, um den vorgeschriebenen Dämmeffekt zu erzielen, muss zusätzlich noch Dämmmaterial unterhalb der Sparren aufgetragen werden.

Bei der Zwischensparrendämmung wird die Dämmschicht zwischen die Sparren eingebracht. Dabei muss allerdings beachtet werden, dass die Dämmstoffe mindestens 16-18 cm, und beim Niedrigenergiestandard mindestens 30 cm dick sein müssen um den Anforderungen der Energieeinsparverordnung zu genügen. Das bedeutet, dass bei geringerer Sparrendicke noch unterhalb der Sparren eine weitere Dämmschicht aufgetragen werden muss.

Die Dämmung der Giebelwand erfolgt entweder von außen oder von innen. Bei der Außendämmung kann die Raumluft durch die Heizung schneller erwärmt werden als bei der Innendämmung. Zu bedenken ist auch, dass durch die Innendämmung Raum verloren geht.

Flachdächer sind oft als Kaltdächer konstruiert. Sie sind zweischalig und ermöglichen zwischen den Schichten eine Durchlüftung. Zur Wasserableitung ist ein kleines Gefälle von ca. drei Prozent erforderlich. Die nachträgliche Kaltdachdämmung kann durch Einblasen von Dämmmaterialien (Steinwolle, Perlite, Zellulose usw.) erfolgen. Der Vorteil besteht in einer vollständigen Ausfüllung aller Nischen und Fugen mit dem Dämmstoff.

Dachgarten
roof garden

Der Dachgarten dient der Begrünung von Flachdächern, Dachterrassenflächen, aber auch von Dachschrägen. Die Vorteile liegen in der Wärme- und Trittschalldämmung, der Kühlung in heißen und der Wärmevorratshaltung in kalten Zeiten. Die verringerten Temperaturschwankungen schützen zudem die Dachkonstruktion. Dachgärten entlasten schließlich auch das Abwassersystem eines Gebäudes und führen insgesamt zu einem besseren Stadtklima. Dachgärten sind Erholungs- und Pausenräume, begehrte Standorte für Stadtcafés und Restaurants. Intensiv begrünte Dächer mit Baum- und Strauchpflanzungen können das Stadtbild prägen.

Wichtig bei der Anlage von Dachgärten ist eine durchwurzelungsfeste Dachabdichtung als Grundlage für die darauf aufgesetzten weiteren Schichten (Schutzlage, Dränschicht, Filterschicht und Vegetationsschicht mit ihrer Bepflanzung). Soll eine durchgängige Erdbodenschicht mit Bepflanzung auf dem Dach platziert werden, muss auf die Belastbarkeit des Daches geachtet werden. Einzubeziehen ist auch die Überlegung, dass das Gewicht zunimmt, wenn das Pflanzsubstrat sich bei Regen mit Wasser vollsaugt. Faustregel: 300 kg pro Quadratmeter sollte das Dach tragen können. Für Industriehallen und Carportdächer gibt es Dachgartenkonzepte mit geringerer Gewichtsbelastung: Ein dünnschichtiger Boden trägt kleine Stauden und bestimmte Gräser. Die Interessen der Dachgartenliebhaber vertritt der Deutsche Dachgärtner Verband e.V. in Nürtingen.

Dachgärten haben in der Kulturgeschichte der Menschheit eine große Rolle gespielt bis in die jüngste Vergangenheit mit den berühmten Dachgärten von New York. Zu den Dachgartenspezialisten zählte auch der französische Architekt Le Corbusier (1887-1965).

Dachgeschossausbau
finishing/fitting-out the attic/top floor

Soweit das Baurecht den Dachgeschossausbau ermöglicht, ergeben sich hier Möglichkeiten, die Gesamtrentabilität eines Objektes zu verbessern. Allerdings muss in der Regel entweder ein Stellplatz zusätzlich zur Verfügung gestellt oder, wenn dies nicht möglich ist, gegenüber der Gemeinde „abgelöst" werden. Die Höhe der Ablöseforderung kann allerdings die Rentabilitätsvorteile wieder zunichte machen.

Dachlawine
roof avalanche

Als Dachlawine bezeichnet man Schnee, der von einem Hausdach herabrutscht und schlimmstenfalls Sachschäden zum Beispiel an geparkten Autos oder Verletzungen von Personen verursacht. Schadenersatzansprüche gegen den Eigentümer des Gebäudes bestehen, wenn diesem eine Sorgfaltspflichtverletzung nachzuweisen ist. In schneereichen Gegenden können zum Beispiel per Gemeindesatzung Schneefanggitter vorgeschrieben sein, deren Nichtanbringung eine Pflichtverletzung darstellt. Bei konkreter Gefahr (zum Beispiel: Lawine sammelt sich bereits sichtbar an) kann der Eigentümer verpflichtet sein, Warnschilder aufzustellen, den Schnee vom Dach zu entfernen oder den Gefahrenbereich unterhalb des Daches abzusperren. Solange nur die allgemeine Gefahr einer Schneeansammlung besteht, muss jeder Passant auf seine eigene Sicherheit selbst achten. Auch Autofahrer müssen ihr Fahrzeug grundsätzlich außerhalb der Gefahrenzone von Dachlawinen parken (Oberlandesgericht Hamm, Urteil vom 23.7.2003, Az. 13 U 49/03).

Der Abschluss einer Haftpflichtversicherung kann hier vor unerwünschten Risiken schützen. Wer selbst im eigenen Haus wohnt, wird in der Regel durch eine Privathaftpflichtversicherung ausreichend geschützt. Bei vermieteten Objekten oder Mehrfamilienhäusern ist eine spezielle Hauseigentümer-Haftpflichtversicherung erforderlich.

Dachsanierung
roof renovation(s)

Dächer setzen im Laufe der Jahre eine Patina sowie Bewuchs aus Moosen, Algen und Flechten an. Hauseigentümer befürchten oft, dass sich neben einer ästhetischen Verschlechterung auch noch die Qualität des Daches verringert oder der Zeitpunkt für eine Neueindeckung näher rückt. Unter einer Dachsanierung kann entweder die Neueindeckung des Daches verstanden werden – sinnvollerweise mit zeitgemäßer Wärmedämmung – oder auch die Reinigung per Hochdruckstrahler mit anschließender Beschichtung oder Versiegelung. Heimwerker sollten von Dacharbeiten in jedem Fall Abstand nehmen: Hier sind nicht nur spezielle Kenntnisse gefragt, sondern es besteht auch erhöhte Unfallgefahr.

Mit einer Dachsanierung im Sinne von Reinigung und Beschichtung soll eine längere Haltbarkeit des Daches erzielt und eine teurere Neueindeckung hinausgezögert werden. Vor einem solchen Schritt sollten sich Hauseigentümer jedoch genau informieren. Die Hamburger Verbraucherzentrale etwa hat vor dem beschriebenen Sanierungsverfahren gewarnt: Es erbringe nicht den gewünschten Effekt und sei reine „Kosmetik". Patina, Moose und Flechten beeinträchtigten die Qualität oder die Dichtigkeit nicht. Eine Hochdruckreinigung könne besonders bei älteren Dächern Schäden anrichten, da gelöster Schmutz in Falze und Ritzen der Dachpfannen gedrückt werde und für spätere Undichtigkeiten sorgen könne. Viele Beschichtungen hätten nur eine geringe Lebensdauer, da bei der vorangehenden Reinigung nur die äußerlich zugänglichen Teile der sich überlappenden Pfannen erreicht würden, so dass sich die Beschichtung nach und nach wieder ablöse.

Gewarnt werden muss auch vor den Geschäftspraktiken mancher – sicher nicht aller – Beschichtungs-Dachsanierer. In diesem Bereich existieren herumreisende Betriebe, die ihre Dienste an der Haustür anbieten und deren Erreichbarkeit im Reklamationsfall zweifelhaft ist. Aufwändige Internetseiten können sehr schnell nicht mehr aufrufbar sein. Teilweise wird die Gesellschaftsform der englischen Ltd. verwendet (Haftungskapital: 1 engl. Pfund). Angebote sollten daher in jedem Fall genau geprüft und mit denjenigen anderer Betriebe verglichen werden.

Dachterrasse
(roof-) deck; roof terrace

Bei einer Dachterrasse handelt es sich um eine vom obersten Stockwerk eines Wohn- oder Geschäftsgebäudes zugängliche Terrasse. In der Regel ist sie einer Wohnung oder einer gewerblichen Raumeinheit zugeordnet und findet deshalb in der Flächenberechnung Berücksichtigung. Nach der veralteten DIN 283 ist sie mit 25 Prozent, nach der Wohnflächenverordnung höchstens bis zur Hälfte anzurechnen. Beim nachträglichen Einbau einer Dachterrasse sind zu beachten:

• die Lage haustechnischer Einrichtungen (zum Beispiel Schornsteine, Fahrstuhlschächte),
• die Tragfähigkeit der bestehenden Deckenkonstruktion (Auslegung für das Gewicht einer Vielzahl von Personen, zum Beispiel bei einer Party),
• ausreichende Wärmedämmungsmaßnahmen, um eine Auskühlung der darunter liegenden Räume zu vermeiden.

Aufbau einer Dachterrasse: Auf der Decke der bestehenden Räume wird eine Wärmedämmung installiert. Auf der Dämmung ist ein sogenannter Flachdachausbau anzubringen, der ein Eindringen von Wasser verhindert. Dabei wird entweder auf oder unter der Dämmung eine Dichtungsbahn aus Bitumen oder Kunststofffolie aufgebracht. Sowohl Bitumen-Schweißbahnen als auch Kunststofffolien müssen durch Bautenschutzmatten vor mechanischer Belastung geschützt werden. Auf die Bautenschutzmatten schließlich kommt der Terrassenbelag.

Dachterrassen sind nicht selten Quelle von Schadensbildungen. Folienabdichtungen können trotz der darauf aufgebrachten Beläge verspröden und werden wasserdurchlässig. Wenn das Gefälle zu gering ist oder die Entwässerungseinläufe zu hoch liegen, kann Wasser nicht abfließen, was bei intensiver Nutzung auf Dauer durch sich bildende Humussäuren ebenfalls zu Leckagen führen kann. Eine Dachterrasse auf einem Mietshaus gehört nicht selbstverständlich zu den gemeinschaftlich genutzten Räumen wie Treppenhaus oder Wäschekeller. Gestattet der Vermieter seinen Mietern die kostenfreie Nutzung der Dachterrasse, kann er diese Erlaubnis auch zurücknehmen (bzw. für die Nutzung Kosten verlangen). Dies entschied das Berliner Kammergericht (Urteil vom 1.12.2008, Az. 8 U 121/08).

Dämmstoffe
insulating material
Dämmstoffe werden im Handel in Form von Matten, Filzen, Platten und Schüttungen angeboten. Es gibt eine erhebliche Anzahl unterschiedlicher Dämmstoffe. Aber nicht alle sind für jeden Einsatzzweck geeignet. Man kann pflanzliche, tierische, mineralische und synthetische Dämmstoffe unterscheiden. Zu den pflanzlichen Dämmstoffen gehören zum Beispiel Flachs, Hanf und Kokosfasern, Kork, Schilfrohr, Holzfasern, Zellulose, Getreide. Diese Materialien werden vorbehandelt, um ihre Entflammbarkeit zu verringern und die Haltbarkeit zu gewährleisten (etwa mit Borsalz). Ein tierischer Dämmstoff ist Schafwolle. Mineralische Dämmstoffe sind zum Beispiel Schaumglas, Perlite, Mineralschaum und Kalzium-Silikate. Zu den synthetischen Dämmstoffen zählen Polyesterflies, Polyurtehan und Polystyrol. Auch Kombinationen aus mineralischen und synthetischen Produkten sind möglich: Etwa künstliche Mineralfaserflocken. In der DIN 4108 Teil 10 finden sich Kurzbezeichnungen für Dämmstoffe, aus denen man auf das angemessene Einsatzgebiet des Materials schließen kann. Danach bedeutet etwa DAD: Außendämmung von Dach oder Decke, vor Witterung geschützt, Dämmung unter Decken. WAB bedeutet „für die Außendämmung einer Wand hinter Verkleidung" geeignet und ein Material mit dem Zeichen „WI" empfiehlt sich für die Innendämmung einer Wand.

Auch die Druckbelastung einzelner Baustoffe – interessant zum Beispiel für den Architekten – ist mit Hilfe der DIN 4108-10 aus einer Tabelle mit Kurzzeichen ersichtlich (zum Beispiel dm = mittlere Druckbelastbarkeit, dx = extrem hohe Druckbelastbarkeit).

Darüber hinaus werden alle Dämmstoffe je nach ihrer Entflammbarkeit in Baustoffklassen eingeteilt. Wichtige Kriterien bei der Auswahl eines Dämmstoffes sind etwa:

- Wärmeleitfähigkeit,
- Wärmespeichervermögen,
- Reaktion auf Feuchtigkeit (bleibt Dämmwirkung erhalten"),
- Auskühlzeit,
- Primärenergieverbrauch (unter Einberechnung des Erzeugungsaufwands),
- Energetische Amortisationszeit (Anzahl der Monate, nach denen die zur Herstellung erforderliche Energie durch Einsparungen ausgeglichen ist),
- Dampfdurchlässigkeit,
- Entzündlichkeit.

Besonders von synthetischen Dämmstoffen, die als Fasern verarbeitet werden, können Gesundheitsgefahren ausgehen. Bei der Verarbeitung muss auf besondere Schutzmaßnahmen und die Vermeidung von Staubbildung geachtet werden. Bestimmte Dämmstoffe können auch nach der Verarbeitung gesundheitsschädliche Fasern an die Raumluft abgeben, sofern sie nicht durch entsprechende fachgerechte Umhüllungen von der Raumluft abgeschottet werden.

Dampfsperre
vapour barrier
Eine Dampfsperre verhindert das Eindringen von Wasserdampf bzw. Luftfeuchtigkeit in Bauteile eines Gebäudes. Fehlt sie, kann es zu einem ungesunden Raumklima, höherem Energieverbrauch und Bauschäden wie Schimmelpilzbildung kommen. Im Gegensatz zu einer Dampfbremse wird bei der Dampfsperre das Eindringen von Feuchtigkeit in die Wandkonstruktion nicht nur verringert, sondern ganz unterbunden.

Wasserdampf kann in Bauteile eindringen und in deren Innern kondensieren. In von Menschen bewohnten Innenräumen entsteht hohe Luftfeuchtigkeit zum Beispiel durch den Atem, durch Duschen, Wäschewaschen, Zimmerpflanzen, Aquarien usw. Auf kalten Flächen oder Bauteilen kondensiert die Feuchtigkeit. So kann es in einer feuchtigkeitsdurchlässigen Wandkonstruktion zu Feuchtigkeitsschäden kommen. Ohne ausreichende Trocknung sammelt sich immer mehr Feuchtigkeit an. Die in derartigen Fällen anzubringende Dampfsperre wird auf der „warmen" Seite der Dämmschicht der jeweiligen Wand angebracht. Sie besteht meist aus einer Alu- oder Kunststofffolie.

Dringend anzuraten ist diese Maßnahme bei zusätzlichen Wärmedämmschichten auf der Zimmerseite von Betonwänden und bei einer Wärmedämmschicht, die sich innen in Räumen mit ständiger hoher Luftfeuchtigkeit befindet (Badezimmer). Bei Dampfsperren und -bremsen muss darauf geachtet werden, dass diese tatsächlich dicht sind und keine Lücken (etwa am Dachfirst bei der Dachdämmung) offen lassen. Im Übrigen müssen die verwendeten Materialien aufeinander abgestimmt werden. So darf zum Beispiel bei einer dampfdurchlässigen Innendämmung außen auf der Wand kein dampfundurchlässiger Putz oder Anstrich aufgebracht werden.

Darlehen
loan; credit; advance (bank)

Zu unterscheiden ist zwischen einem Gelddarlehen und einem Sachdarlehen. Durch den Sachdarlehensvertrag wird der Darlehensgeber verpflichtet, dem Darlehensnehmer eine einfache, vertretbare Sache zu überlassen. (§ 607 BGB). Der Darlehensnehmer ist zu Zahlung eines Entgelts hierfür verpflichtet und muss bei Fälligkeit die Sache gleicher Art, Güte und Menge zurückerstatten. In der Praxis spielt jedoch nur der Darlehensvertrag eine Rolle, der die Überlassung von Geld zum Inhalt hat. Dieser Darlehensvertrag ist in der §§ 488 ff BGB geregelt. Inhalt des Darlehensvertrages ist die Verpflichtung des Darlehensnehmers zur Überlassung eines bestimmten Geldbetrages. Der Darlehensnehmer ist zur Zahlung des vereinbarten Zinses und zur Rückzahlung des Darlehens bei Fälligkeit verpflichtet.

Das Kündigungsrecht des Schuldners kann nicht ausgeschlossen oder – gegenüber den gesetzlichen Bestimmungen – erschwert werden. Kündigen kann der Schuldner ein Darlehen mit variablem Zinssatz jederzeit unter Einhaltung einer Dreimonatsfrist. Ist eine Zinsbindung für eine bestimmte Frist vereinbart, kann der Schuldner das Darlehen unter Einhaltung einer Monatsfrist zum Ablauf der Zinsbindung kündigen. Wer kein Recht auf Sondertilgung ausdrücklich im Darlehensvertrag vereinbart hat, kann ein Festzinsdarlehen auf jeden Fall nach zehn Jahren kündigen, auch wenn ein Festzins für mehr als zehn Jahre vereinbart worden ist. Bei einer Zinsbindung von 15 Jahren können also nach dem 10. Jahr jederzeit mit Sechsmonatsfrist beliebige Teile des Kredits zurückgezahlt oder sogar der gesamte Darlehensbetrag gekündigt und getilgt werden.

Für den Fall, dass der Darlehensschuldner sich vorzeitig aus dem Darlehensvertrag lösen will, berechnen Kreditinstitute eine Vorfälligkeitsentschädigung, die die Differenz zwischen dem entgangenen Zins für das Darlehen und den Zinsen ausgleicht, die sie aktuell bei Anlage der Darlehenssumme in Pfandbriefen, Kommunalobligationen oder sonstigen Anleihen öffentlich rechtlicher Schuldner erzielen würden. Da die Renditen von Pfandbriefen

und öffentlichen Anleihen oft nicht übereinstimmen, muss die Bank nach einer neueren Entscheidung des BHG (7.11.2000 XI ZR 27/00) den für den Darlehensnehmer günstigeren Wiederanlagesatz der Schadensberechnung zugrunde legen. Das gleiche gilt für die „Nichtabnahmeentschädigung", wenn ein von der Bank geschuldetes Hypothekendarlehen vom Darlehensnehmer nicht abgenommen wird. Die genauen Vereinbarungen zwischen Darlehensnehmer und -geber werden in einem Darlehensvertrag festgelegt. Dieser ist die rechtliche Grundlage für Finanzierungen jeder Art, unter anderem auch einer Baufinanzierung. Anstelle von Darlehen wird auch häufig der Begriff Kredit verwendet. Für Verbraucherdarlehen gelten besondere Vorschriften, insbesondere die Schriftform und die Aufnahme bestimmter Vertragsinhalte in den Darlehensvertrag zum Beispiel des „effektiven Jahreszinses".

Darlehenssicherung
loan security

Ein langfristiges Darlehen wird regelmäßig durch eine Grundschuld betragsmäßig und bis zu einem bestimmten Zinssatz abgesichert. Die Grundschuld ist abstrakt. Deshalb muss durch eine Zweckbestimmungserklärung des Schuldners klar gestellt werden, dass die Grundschuld der Sicherung dieses bestimmten Darlehens und der sich daraus ergebenden Zinsforderungen dient. Zusatzsicherungen können insbesondere dann erforderlich sein, wenn die Beleihungsgrenze des beliehenen Objektes überschritten wird. Hier bieten sich an: Bürgschaften von Banken, Arbeitgebern, Abtretung von Ansprüchen aus Kapital- und Risikolebensversicherungen sowie Bausparverträgen und schließlich die Verpfändung von Bankguthaben und Wertpapieren.

Demografie
demographics

Die Demografie beschreibt die Altersstruktur der männlichen und weiblichen Bewohner eines Landes. Die Darstellung erfolgt durch Aufschichtung der Altersklassen pro Altersjahr, beginnend mit den bis Einjährigen, endend mit den über 99-Jährigen. Wegen seiner typischen Verlaufsform wurde früher von einer „Alterspyramide" gesprochen.

Das statistische Bundesamt stellt umfangreiche Daten zur Bevölkerungsentwicklung zur Verfügung. Daraus ist die Veränderung der demographischen Entwicklung gut zu erkennen. Bedingt durch die höhere Lebenserwartung überwiegt die weibliche Anteil der Bevölkerung. Die steigende Lebenserwartung führt bei Abnahme der Zahl der ins Erwerbsleben eintretenden Personen zu einer

Erhöhung des sogenannten Altersquotienten, das heißt des Anteils der ins Rentenalter eintretenden Personen im Vergleich zu den erwerbstätigen Personen. Er betrug im Jahr 1950 rund 18 (auf 18 Rentner entfallen 100 Erwerbstätige). Er stieg der Bundesanstalt für Bevölkerungsforschung zufolge im Jahr 1970 auf 25, lag in 1990 knapp unter diesem Wert und stieg bis zum Jahr 2010 auf 33,8 an. 2030 könnte er bereits bei 60 liegen, nach Schätzungen des Statistischen Bundesamtes unter Zugrundelegung einer Nettozuwanderung von jährlich 200.000 Personen sogar bei 71. Entgegengewirkt werden kann dieser Entwicklung durch eine sukzessive Erhöhung des Rentenseintrittsalters und/oder Senkung des Eintrittsalters der Jugendlichen beziehungsweise jungen Erwachsenen in das Erwerbsleben. Mittlerweile übertrifft bereits die Zahl der Rentner die Zahl der Kinder und Jugendlichen bis 18 Jahren.

Ergebnisse auf Grundlage des Zensus 2011

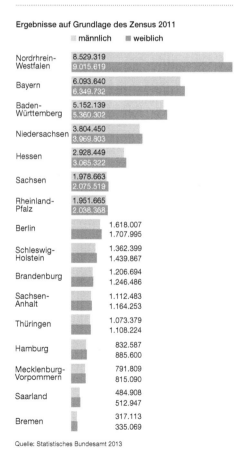

männlich   weiblich

Nordrhein-Westfalen	8.529.319	9.015.619
Bayern	6.093.640	6.349.732
Baden-Württemberg	5.152.139	5.360.302
Niedersachsen	3.804.450	3.969.803
Hessen	2.928.449	3.065.322
Sachsen	1.978.663	2.075.519
Rheinland-Pfalz	1.951.665	2.038.368
Berlin	1.618.007	1.707.995
Schleswig-Holstein	1.362.399	1.439.867
Brandenburg	1.206.694	1.246.486
Sachsen-Anhalt	1.112.483	1.164.253
Thüringen	1.073.379	1.108.224
Hamburg	832.587	885.600
Mecklenburg-Vorpommern	791.809	815.090
Saarland	484.908	512.947
Bremen	317.113	335.069

Quelle: Statistisches Bundesamt 2013

Denkmalgeschützte Gebäude
protected building; listed building
Denkmalgeschütze Gebäude sind nicht nur schön und repräsentativ, sondern auch steuerlich interessant.

Steuerersparnis für Kapitalanleger
Die Modernisierungskosten können acht Jahre lang mit jeweils neun und vier weitere Jahren lang mit jeweils sieben Prozent steuerlich geltend gemacht werden. Neben den Modernisierungskosten können auch die Anschaffungskosten der Steuer abgesetzt werden: 40 Jahre lang 2,5 Prozent (bis Baujahr 1924); 50 Jahre lang zwei Prozent (ab Baujahr 1925). Objekte mit geringen Anschaffungs- aber hohen Modernisierungskosten sind für Anleger wegen der üppigen Modernisierungs-Abschreibung besonders interessant.

Steuerersparnis für Selbstnutzer
Auch wer ein Denkmalobjekt selbst bezieht, darf die denkmal-typischen Modernisierungskosten Steuer sparend geltend machen, und zwar als sogenannte Sonderausgaben. Im Gegensatz zu Vermietern bzw. Kapitalanlegern dürfen diese Ausgaben jedoch nicht in voller Höhe, sondern lediglich zu neunzig Prozent mit dem Finanzamt abgerechnet werden. Und zwar über zehn Jahre mit jeweils neun Prozent. An den Anschaffungskosten der Gebäudesubstanz indes beteiligt sich das Finanzamt nicht über die Gebäude-Abschreibung (AfA).

Eine weitere Steuervergünstigung ist in § 11b EStG geregelt: Danach kann der Steuerpflichtige einen durch Zuschüsse öffentlicher Kassen nicht gedeckten Erhaltungsaufwand für ein Baudenkmal auf zwei bis fünf Jahre gleichmäßig verteilen, soweit die Aufwendungen nach Art und Umfang zur Erhaltung des Gebäudes oder zu seiner sinnvollen Nutzung erforderlich und die Maßnahmen in Abstimmung mit der zuständigen Behörde vorgenommen worden sind.

Wichtig: Die Denkmalschutzimmobilie kaufen und gleich loslegen ist jedoch nicht empfehlenswert. Erst wenn die Bescheinigung vorliegt, kann mit der Sanierung begonnen werden. Denn erst dann fließen Steuergelder. Nicht immer steht das gesamte Gebäude als Einzeldenkmal unter Denkmalschutz, sondern lediglich die Fassade als Teil einer Gebäudegruppe. Dann können nur die Kosten von der Steuer abgesetzt werden, die das äußere Erscheinungsbild des Hauses betreffen.

Die gesetzlichen Regelungen für die Denkmalschutz-Abschreibung finden sich in den §§ 7 Abs.4, 7i, 10f, 11b EStG.

Wer sich für eine Denkmalschutz-Immobilie interessiert, sollte aber nicht nur auf die Steuervorteile achten. Die Sanierung kann bisweilen teurer als der Kaufpreis werden. Günstige Schnäppchen sind bei alten schützenswerten Objekten meist rar gesät. In der individuellen Kalkulation sollten alle anfallenden Kosten erfasst werden, um nicht später finanziell ein böses Erwachen zu erleben.

Es gibt unterschiedliche Förderprogramme auf Landes- und Bundesebene für die Sanierung und Erhaltung von Baudenkmälern. Teilweise schließen sich Fördermöglichkeiten jedoch untereinander aus. Auskünfte erteilen u. a. Landesdenkmalpflegebehörden oder zum Beispiel auch die KfW (www.kfw.de). Hier kann auch eine Förderung für energetische Sanierungsmaßnahmen an Baudenkmälern beantragt werden.

Dienstbarkeit (Grundbuch)
easement; subserviency (land register)

Bei Dienstbarkeiten handelt es sich um Nutzungsrechte, die zu Gunsten eines Dritten in Abteilung II des Grundbuchs des belasteten Grundstücks als dingliche Rechte eingetragen sind. Sie entstehen mit der Eintragung im Grundbuch. Die Eintragungen genießen öffentlichen Glauben. Unterschieden werden drei Arten, nämlich die Grunddienstbarkeit, die beschränkte persönliche Dienstbarkeit und der Nießbrauch an Grundstücken.

Die Grunddienstbarkeit endet mit Aufgabe des Nutzungsrechts, die beschränkte persönliche Dienstbarkeit und der Nießbrauch mit dem Tod des bzw. der jeweils Berechtigten. Eine besondere Form der beschränkten persönlichen Dienstbarkeit ist das Wohnungsrecht.

Wird zugunsten einer juristischen Person des öffentlichen Rechts, zum Beispiel einer Gemeinde, eine beschränkte persönliche Dienstbarkeit eingetragen, endet diese nur mit Aufgabe des Rechts.

Dienstbarkeiten führen beim belasteten Grundstück zu einer mehr oder weniger großen Beeinträchtigung der Eigentümernutzung. Dies wirkt sich entsprechend auf den Marktwert des Grundstücks aus.

Dienstwohnung
company flat; official residence

Als Dienstwohnung bezeichnet man umgangssprachlich Wohnraum, der mit Rücksicht auf das Bestehen eines Dienstverhältnisses überlassen wird. Streng genommen ist mit dem Begriff „Dienstwohnung" (oder „Werkdienstwohnung") eine Wohnung gemeint, die Mitarbeitern des öffentlichen Dienstes als Inhaber bestimmter Posten ohne Mietvertrag aus dienstlichen Gründen vom Arbeitgeber zugewiesen wird. Im Unterschied zu der im BGB geregelten Werkmietwohnung für Mitarbeiter von nichtstaatlichen Betrieben ist die Überlassung der Dienstwohnung unmittelbarer Bestandteil des Arbeitsvertrages. Ihre Überlassung wird als Teil der Vergütung angesehen. Teilweise kann sogar bei Überlassung einer Dienstwohnung ein Teil des Gehalts als Dienstwohnungsvergütung einbehalten werden. Gesetzliche Grundlage für die Zuweisung einer Dienstwohnung an Bundesbeamte ist § 72 Bundesbeamtengesetz. Die Zuweisung einer im Haushaltsplan ausgewiesenen Dienstwohnung an einen Beamten ist als Verwaltungsakt anzusehen (BVerwG, Az. 2 C 5.99, Urteil vom 21.9.2000).

Es gehört zur Fürsorgepflicht des Dienstherrn gegenüber dem Bediensteten beziehungsweise Beamten, die Dienstwohnung in ordnungsgemäßem Zustand zu übergeben und zu erhalten. Eine gefahrlose Benutzung durch den Beamten und seine Familie muss gewährleistet sein (auch: BVerwGE 25, 138). Wenn der Beamte infolge eines vom Dienstherrn zu vertretenden mangelhaften Wohnungszustandes einen Dienstunfall erleidet beziehungsweise er oder ein Familienmitglied erkrankt, muss der Dienstherr Dienstunfallversorgung gewähren. Denkbar ist auch ein Schadenersatzanspruch wegen einer Verletzung der Fürsorgepflicht, was jedoch ein Verschulden voraussetzt (BVerwG, Az. 2 C 5.99, Urteil vom 21.9.2000).

Jeder öffentliche Arbeitgeber (Bundesländer; Gemeinden) hat eine eigene Regelung hinsichtlich der Dienstwohnungen. Berufsgruppen, bei denen die Zuweisung einer Dienstwohnung üblich ist, sind zum Beispiel Schulhausmeister, Pförtner, Heimleiter, Förster, Wasser- und Klärwerksmitarbeiter mit Bereitschaftsdienst. Die Vorschriften über Dienstwohnungen sind auf Werkmietwohnungen privatwirtschaftlicher Unternehmen nicht anzuwenden, ebenso wenig gelten die Vorschriften des BGB-Mietrechts für Dienstwohnungen.

Disagio
discount (deducted from the loan principal)

Als Disagio, Abgeld oder Damnum wird die Differenz zwischen der nominalen Darlehenssumme und einem niedrigeren Auszahlungsbetrag bezeichnet. Bei einem Disagio handelt es sich um eine Zinsvorauszahlung oder Kreditbearbeitungsgebühr. Üblicherweise wird das Disagio oder Damnum in Prozent der Darlehenssumme angegeben. Ein Disagio von fünf Prozent bedeutet beispielsweise, dass von einem Darlehen nur 95 Prozent der nominalen Darlehenssumme ausgezahlt werden, aber 100 Prozent zurückzuzahlen sind.

Bei der Finanzierung selbst genutzter Immobilien lohnt sich die Vereinbarung eines Disagios im Darlehensvertrag in der Regel nicht, da die Darlehenszinsen hier nicht steuerlich absetzbar sind. Das Disagio kann daher in diesen Fällen keine steuerliche Wirkung entfalten. Werden dagegen vermietete Objekte mit einem Darlehen finanziert, kann das Disagio bei den Einkünften aus Vermietung und Verpachtung als Werbungskosten geltend gemacht werden. Wenn das Disagio marktüblich ist, kann es sofort in einer Summe als Werbungskosten angesetzt werden, ansonsten muss es über die Laufzeit (hier Zinsbindungsfrist) verteilt werden.

Durch den sogenannten fünften Bauherrenerlass, veröffentlicht als Schreiben des Bundesministeriums der Finanzen vom 20.10.2003, wird die Höhe des zum Zeitpunkt der Zahlung abzugsfähigen Damnums jedoch begrenzt. Als marktüblich und damit sofort abzugsfähig gilt ein Damnum nur noch dann, wenn es bei einem Darlehen mit mindestens fünfjähriger Zinsfestschreibung maximal fünf Prozent der Darlehenssumme beträgt.

Außerdem darf es nicht mehr als drei Monate vor der Auszahlung von mindestens 30 Prozent der Brutto-Darlehenssumme gezahlt werden. Andernfalls wird das Damnum den Anschaffungs- und Herstellungskosten zugerechnet und ist über die gesamte Nutzungsdauer hinweg abzuschreiben. Übersteigt das Damnum fünf Prozent der Darlehenssumme, so kann es nur noch dann steuerlich abgesetzt werden, wenn nachgewiesen wurde, dass es sich um ein Damnum in marktüblicher Höhe handelt. Betroffen von dieser Regelung sind Immobilienfonds ebenso wie Bauherren oder Erwerber.

Wird das Darlehen vor Ablauf der Zinsbindungsdauer zurückgezahlt, so ist das Damnum noch nicht „verbraucht" und wird anteilig rückvergütet. Der rückvergütete Betrag unterliegt der Einkommensteuer.

Discounted-Cashflow-Verfahren
discounted cash flow method

Das Discounted-Cashflow-Verfahren (DCF-Verfahren) ist ein aus der Investitionsrechnung entwickeltes Verfahren zur Bewertung von Unternehmen. Dort liegt auch das Hauptanwendungsgebiet des Verfahrens. Aus ihm wurde auch ein Verfahren für die Immobilienbewertung entwickelt. Über die Tauglichkeit dieses Verfahrens zur Immobilienbewertung gehen die Meinungen allerdings auseinander.

Das Discounted-Cashflow-Verfahren soll bei der Bewertung von Immobilien eine Alternative zum Ertragswertverfahren nach der Immobilienwertermittlungsverordnung sein. Die künftigen Reinerträge werden hier – wie beim Ertragswertverfahren – auf den Bewertungszeitpunkt abgezinst. Allerdings wird dabei eine prognostizierte Reinertragsentwicklung innerhalb eines bestimmten zeitlichen Horizonts berücksichtigt. Der Diskontierungszinssatz ist nicht der Liegenschaftszinssatz sondern ein aus dem Markt für Anleihen abgeleiteter Zinssatz. Während beim Ertragswertverfahren versucht wird, zu einem „objektiven" Wert zu gelangen, liefert das Discounted-Cashflow-Verfahren eine Entscheidungsgrundlage für einen bestimmten Investor, den Investitionszeitraum vorgibt. Das Problem des Discounted-Cashflow-Verfahrens liegt in der Prognoseunsicherheit, die mit länger werdendem Investitionszeitraum erheblich zunimmt.

Diskriminierung
discrimination

Nach Artikel 3 des Deutschen Grundgesetzes vom 23.5.1949 sind alle Menschen vor dem Gesetz gleich. Niemand darf wegen seines Geschlechtes, seiner Abstammung, seiner Rasse, seiner Sprache, seiner Heimat und Herkunft, seines Glaubens, seiner religiösen oder politischen Anschauungen benachteiligt oder bevorzugt werden. Niemand darf wegen seiner Behinderung benachteiligt werden. Dieses Grundrecht bezieht sich auf das Verhältnis der Bürger zu den Trägern öffentlicher Gewalt und nicht auf den Rechtsverkehr der Bürger untereinander.

Auf der Grundlage von vier Richtlinien der EG wurde 2006 das Allgemeine Gleichbehandlungsgesetz (umgangssprachlich „Antidiskriminierungsgesetz") beschlossen. Es verbietet eine Diskriminierung wegen der Rasse, der ethnischen Herkunft, der Religion, der Weltanschauung, der Behinderung, des Alters, der sexuellen Identität und der Geschlechts. Das Diskriminierungsverbot bezieht sich vor allem auf Arbeitsverhältnisse (Einstellungsbedingungen, Beschäftigungsbedingungen, Aus- und Weiterbildung), auf den Sozialschutz zum Beispiel im Gesundheitsbereich, auf den privaten Rechtsverkehr und auf die Öffentlichkeit (zum Beispiel Verletzung der Würde der Person, Einschüchterungen und so weiter).

In der Immobilienwirtschaft ist das allgemeine Gleichbehandlungsgesetz vor allem im Zusammenhang mit der Vergabe von Wohnraum bedeutsam. Betroffen sind Privatvermieter und Wohnungsunternehmen, wenn sie mehr als 50 Wohnungen besitzen. Nicht verboten ist allerdings bei der Vermietung von Wohnungen die Nichtberücksichtigung von vorbestraften Personen. Der Vermieter wird nicht daran gehindert, von den Personen, die sich um eine Wohnung bewerben, eine Selbstauskunft zu verlangen. Die Nichtbeibringung einer solchen

Selbstauskunft kann ein objektiver Ablehnungsgrund sein. Außerdem erlaubt § 19 Abs. 3 eine unterschiedliche Behandlung bei der Vermietung von Wohnraum, wenn es um die Schaffung und Erhaltung sozial stabiler Bewohnerstrukturen und ausgewogener Siedlungsstrukturen sowie ausgeglichener wirtschaftlicher, sozialer und kultureller Verhältnisse geht. Eine weitere Konsequenz des Gesetzes ist die Abschaffung der von den Industrie- und Handelskammern vorgeschriebenen Altersgrenzen für die öffentliche Bestellung und Vereidigung von Sachverständigen.

Der Diskriminierte muss im Falle einer Diskriminierung Indizien vorlegen, mit denen er die Diskriminierung glaubhaft machen kann. Er kann sich aber auch an die Antidiskriminierungsstelle des Bundes wenden, die informieren, beraten und vermitteln kann.

Doppelboden
raised floor; false floor

Unter Doppelboden versteht man zwei Bodenflächen, wobei sich zwischen den Bodenschichten ein Hohlraum befindet. Dieser kann vor allem für das Verlegen von Leitungen (Strom, Heizrohre, Telefon und andere Versorgungsleitungen) genutzt werden. Der obere Boden kann etwaige Bodenunebenheiten des Unterbodens ausgleichen, da der obere Boden auf höhenverstellbaren Stützen liegt. Der obere Boden ist so konstruiert, dass er an verschiedenen Stellen geöffnet werden kann. Geeignet sind Doppelböden vor allem für Technikräume. Aber auch Bürohäuser können davon profitieren. In der Regel wirken Doppelböden wärmedämmend. Sie können aber auch aus Material angefertigt werden, das für den Brandschutz wichtig ist. Die Doppelbodenplatten bestehen meistens aus Holz. Allerdings kann auch anderes Material (je nach Belastungsanforderungen) verwendet werden, zum Beispiel Stahl, oder Zementfaserplatten.

Dorfgebiet
village zone (planning); village area

Dorfgebiet bezeichnet eine der Baunutzungsarten des Bauplanungsrechts, die im Rahmen der Bauleitplanung von der Gemeinde dargestellt oder festgesetzt werden können. Wird durch einen Bebauungsplan ein Dorfgebiet festgesetzt, muss jeder, der im Geltungsbereich des Bebauungsplanes ein Baugrundstück erwerben will, davon ausgehen, dass es neben der Wohnnutzung auch der Unterbringung von land- und forstwirtschaftlichen Betrieben dient. Auf deren Belange ist besondere Rücksicht zu nehmen. Die Bewohner müssen also in Kauf nehmen, dass sich aus dieser Nutzungsart für Landwirtschaftsbetriebe typische Geruchsimmissionen im Bereich der Viehzucht ergeben können. Insoweit ist der Schutz des Wohnens stärker eingeschränkt als in Wohngebieten.

Im Einzelnen sind neben land- und forstwirtschaftlichen Betrieben und Wohngebäuden auch Kleinsiedlungen mit Nutzgärten und landwirtschaftlichen Nebenerwerbsstellen, zulässig. Ebenso sind zulässig Betriebe, die land- und forstwirtschaftliche Erzeugnisse verarbeiten, Einzelhandelsbetriebe, Gartenbaubetriebe, Schank- und Speisewirtschaften, Gasthäuser zur Beherbergung, sonstige Gewerbebetriebe sowie Tankstellen. Hinzu kommen Gebäude bzw. Anlagen der örtlichen Verwaltung, Kirchen, kulturelle Einrichtungen und Anlagen für soziale, gesundheitliche und sportliche Zwecke. Ausnahmsweise können auch Vergnügungsstätten (zum Beispiel Diskotheken) zugelassen werden.

Bebauungspläne für Dorfgebiete werden heute nur noch in Gegenden mit starkem Wachstum ausgewiesen. In der Regel begnügen sich die Dorfgemeinden mit der Ausweisung von Mischbauflächen im Flächennutzungsplan. Es handelt sich dann um Flächen des Innenbereichs, für deren Bebauung als Orientierungsgrundlage die Umgebungsbebauung dient. Insofern kann man auch von einem „faktischen Dorfgebiet" sprechen.

Drempel/Kniestock
sill; knee wall; mitre sill

Als Drempel (oder „Kniestock") wird die Außenwandhöhe zwischen der obersten Geschossdecke und dem zur Vergrößerung des Dachraumes angehobenen Dach bezeichnet. Wie hoch dieser Abstand sein darf, ist vielfach in einem Bebauungsplan vorgeschrieben oder durch die umliegende Bebauung vorgegeben. Allerdings besteht häufig die Möglichkeit, im Wege der Befreiung eine Erhöhung des Drempels zu erreichen. Der besondere Vorteil besteht darin, dass bei einem ausbaufähigen Dachgeschoss auf diese Weise ohne große Zusatzkosten eine Erweiterung der Wohnfläche erreicht werden kann. Ohne einen Drempel trifft das Dach direkt auf die Obergeschossdecke, was die Wohnfläche reduziert. Der Flächengewinn ist umso größer, je höher der Drempel und je steiler die Dachschrägen sind. Bei der Berechnung der Wohnfläche werden die Flächenteile, bei denen die lichte Höhe weniger als einen Meter beträgt, gar nicht gerechnet und bei lichten Höhen zwischen einem und zwei Metern zur Hälfte. Erst Raumteile mit lichten Höhen ab zwei Metern werden voll in die Wohnflächenberechnung einbezogen.

Due Diligence
due diligence

Ursprünglich war die Due Diligence eine aus der Unternehmenstransaktionspraxis (An- und Verkauf von Unternehmen) hervorgegangene Methode, die zuerst im angelsächsischen Raum und zunehmend auch in Deutschland auf andere Wirtschaftsbereiche, insbesondere bei Immobilientransaktionen, adaptiert wurde. Dabei spielten grenzüberschreitende internationale Transaktionen und Investitionen, die zu einer Internationalisierung von Investmentmethoden führten, eine gewichtige Rolle. Sie ist ein modulares Analyseinstrument, in deren Prozess Informationen über die öffentlich-rechtlichen, privatrechtlichen, steuerrechtlichen, baulichen, gebäudetechnischen, umwelttechnischen und wirtschaftlichen Eigenschaften der betreffenden Immobilien eingeholt werden. Nach den Kriterien einer ordentlichen Geschäftsführung müssen unter Berücksichtigung des zeitlichen Rahmens, gewisser Informationspräferenzen und der Personal- und Opportunitätskosten gezielt diejenigen Informationen gesammelt werden, die nach Analyse und Abwägung der objektimmanenten Chancen und Risiken, der Stärken und Schwächen maßgeblich für eine Kaufpreisfindung notwendig sind. Sie bietet die Möglichkeit einer objektivierten Entscheidungsgrundlage. Die Due Diligence Real Estate erleichtert nicht nur die Kaufpreisverhandlungen mittels Analyse bestehender Probleme, Schließung von Informationslücken und Verminderung von Informationsasymmetrien, sie ist auch eine sehr gute Grundlage, um bestehende Risiken durch vertragliche Garantievereinbarungen abzusichern, den Transaktionsgegenstand durch die gestiegene Informationslage in die eigene Unternehmensgesellschaft einzugliedern sowie die Notwendigkeit postvertraglicher gerichtlicher Auseinandersetzungen zu minimieren.

Duplexgarage
platform parking system for two cars in one garage

Unter einer Duplexgarage versteht man eine Garage für zwei Pkw, die platzsparend übereinander geparkt sind. Die Nutzung erfolgt mit Hilfe eines Hydrauliksystems, welches die Fahrzeuge auf Knopfdruck herauf- oder herunterfährt. Duplexsysteme sind in größeren Tiefgaragenbauten üblich, können aber genauso in die Garage eines Zweifamilienhauses eingebaut werden.

Zu Gerichtsprozessen um Duplexgaragen kommt es manchmal, weil beim Betätigen des Mechanismus ein Fahrzeug beschädigt wird. So entschied das Amtsgericht München (Urteil vom 25.5.2007, Az. 271 C 3012/07) gegen einen Schadenersatzanspruch des Kfz-Halters, weil dieser selbst sein Auto (SUV mit Überhöhe) unsachgemäß in einer Duplex-Garage geparkt hatte, so dass es beim Bedienen der Anlage durch einen Nachbarn beschädigt wurde. Einem anderen Urteil zufolge haben Motorräder in Duplex-Garagen mangels Standfestigkeit nichts verloren – bei Beschädigungen infolge Herauf- oder Herunterfahrens hat der Halter in der Regel seinen Schaden selbst zu tragen (Urteil des AG München vom 3.8.2007, Az. 282 C 8621/07).

Vermieter von Duplex-Garagen müssen durch Hinweisschilder auf Gefahren aufmerksam machen und ausreichende Bedienungsanleitungen aufhängen bzw. zur Verfügung stellen. Vermieter müssen ferner auch darauf achten, ob die Garagen für Fahrzeuge aller Art (und Höhe) ausreichend Platz bieten – und gegebenenfalls die Mieter auf nicht ausreichende Platzverhältnisse aufmerksam machen. Bei Schäden besteht ansonsten die Gefahr einer Haftung (AG Düsseldorf, Urteil vom 5.10.2007, Az. 20 C 14522/06).

Effektiver Jahreszins
annual percentage rate

Nach der Preisangabenverordnung sind Anbieter von Krediten verpflichtet, unaufgefordert neben den Darlehenskonditionen den effektiven Jahreszins sowie die Zinsbindungsdauer zu nennen. Der Zins ist auf zwei Stellen hinter dem Komma (mit Auf- bzw. Abrundung der dritten Stelle) anzugeben. Er besagt, wie viel ein Darlehen tatsächlich kostet. Beim Effektivzins müssen durch den Kredit entstandene Kosten wie Darlehens-/Bearbeitungsgebühr oder Disagio eingerechnet sein. Dadurch liegt der Effektivzins immer über dem Nominalzins. Die Berechnung des Effektivzinssatzes erfolgt über eine im Anhang der Verordnung dargestellte Formel.

Der Effektivzins weist für den Bauherrn oder Käufer gewisse Mängel auf, da bestimmte Nebenkosten des Kredits (Schätzkosten, Bereitstellungszinsen, Teilauszahlungszuschläge, Kontoführungsgebühren) nicht bei seiner Berechnung berücksichtigt werden. Ebenso wenig fließen Kosten der Darlehensabsicherung (etwa für die Grundschuldbestellung) in die Berechnung ein. Dennoch ist er neben der Restschuldfeststellung nach dem Ende der Zinsbindung der beste Vergleichsmaßstab für Darlehensangebote der Banken oder Versicherungen.

E

Eigenbedarf
one's own requirements; personal requirements; personal use

Eigenbedarf ist der wohl bekannteste Kündigungsgrund. Der Vermieter muss heutzutage ein berechtigtes Interesse an der Kündigung haben, um seinen Mieter vor die Tür zu setzen. Bei Eigenbedarf ist ein solches Interesse gegeben. Genauer: Der Vermieter muss die Wohnung für sich, seine Familienangehörigen oder Mitglieder seines Haushalts (auch nichteheliche Lebenspartner oder Hausangestellte) benötigen.

Benötigen bedeutet, dass der Vermieter vernünftige und nachvollziehbare Gründe hat, warum er die Wohnung für sich bzw. seine Angehörigen nutzen will. Solche Gründe können zum Beispiel berufsbedingt sein (Ortwechsel), gesundheitsbedingt (Aufnahme einer Pflegekraft), bedingt durch Änderungen der Lebenslage (neue Lebensgemeinschaft, Familienzuwachs, Scheidung). Auch wirtschaftliche Gründe können eine Rolle spielen (Arbeitsplatzverlust, bisherige Mietwohnung des Vermieters muss aufgegeben werden).

Nach einer Entscheidung des Bundesgerichtshofes vom Januar 2010 kommen als Familienangehörige, zu deren Gunsten eine Eigenbedarfskündigung durchgeführt werden kann, auch Kinder von Geschwistern des Eigentümers in Betracht – also Nichten und Neffen. Deren Verwandtschaftsgrad ist nach Auffassung des Gerichtshof noch so nah, dass keine besondere persönliche Bindung oder Beziehung erforderlich ist. Im verhandelten Fall hatte eine 85-jährige Frau, die nach dem Umzug ins Seniorenheim ihre Wohnung vermietet hatte, zugunsten ihrer Nichte gekündigt. Diese sollte im Gegenzug Pflegeleistungen übernehmen und ihr den Haushalt führen (Urteil vom 27.01.2010, Az. VIII ZR 159/09).

Die Wohnung muss für den Bedarf des Einzugswilligen geeignet sein. Ein überhöhter Wohnbedarf darf nicht geltend gemacht werden. Der Vermieter kann eine Ein-Zimmer-Studentenwohnung kündigen, weil seine Tochter in der betreffenden Stadt ihr Studium anfangen wird und die Wohnung braucht. Er kann aber kaum behaupten, mit seiner fünfköpfigen Familie dort selbst einziehen zu wollen. Ein allein stehender Vermieter, der in einer Zwei-Zimmer Wohnung wohnt, wird meist kaum Chancen haben, ein an eine Familie vermietetes 200-Quadratmeter-Einfamilienhaus zu kündigen. Falls er heiraten und eine Familie gründen möchte, sieht dies natürlich anders aus.

Vorsicht: Vorgeschützte Begründungen können zu Schadenersatzansprüchen führen, wenn der Mieter im Nachhinein feststellt, dass keine Familiengrün-dung stattgefunden hat und das Haus nur teurer vermietet wurde. Der Mieter kann Ersatz der Umzugskosten und gegebenenfalls einer Mietdifferenz verlangen. Seit der Mietrechtsreform vom September 2001 muss der Vermieter sein berechtigtes Interesse an einer Kündigung schriftlich darlegen, also erläutern. In den neuen Bundesländern gilt nach Art. 232 § 2 EGBGB (Einführungsgesetz zum Bürgerlichen Gesetzbuch) auch für vor dem Beitritt geschlossene Mietverträge das BGB. Eine Eigenbedarfskündigung ist damit möglich.

Fallstricke lauern bei Seniorenwohnungen im allseits beliebten „Betreuten Wohnen": Hier kommt es vor, dass Bauträger Objekte errichten, sich als Betreiber präsentieren und nach Vermietung den Verkauf an Einzeleigentümer betreiben. Diesen kann natürlich nach einigen Jahren einfallen, dass die eigene Mutter in der Seniorenwohnung ganz gut aufgehoben wäre – so wird der Ruhesitz zum Schleudersitz. Einzige Möglichkeit für den Mieter ist eine rechtzeitige schriftliche Vertragsergänzung mit dem Wohnungskäufer, nach der die Eigenbedarfskündigung ausgeschlossen ist.

Zur Eigenbedarfskündigung durch Personengesellschaften hat der Bundesgerichtshof in den letzten Jahren mehrere wichtige Entscheidungen getroffen:

• Eine Kommanditgesellschaft (KG) kann keinen Eigenbedarf geltend machen, da sie als juristische Person nicht selbst einziehen kann. Allenfalls kann sie Betriebsbedarf geltend machen, wenn sie die Wohnung für einen neuen Mitarbeiter benötigt. Die Maßstäbe entsprechen jedoch dem Eigenbedarf. Es muss gerade diese Wohnung aus betrieblichen Gründen für genau diesen Mitarbeiter benötigt werden. Dem Mitarbeiter eine weite Anfahrt und Kosten ersparen zu wollen, ist nicht ausreichend (Az. VIII ZR 113/06, Urteil vom 23.5.2007).

• Eine Gesellschaft bürgerlichen Rechts (GbR), deren Zweck lediglich die Bewirtschaftung eines einziges Hauses ist, darf einem Mieter wegen Eigenbedarfs kündigen, wenn einer der Gesellschafter die Wohnung für sich selbst benötigt (hier: Erdgeschosswohnung, gehbehinderter Gesellschafter). Voraussetzung: Der Gesellschafter war bereits bei Mietvertragsabschluss Gesellschafter (Az. VIII ZR 271/06, Urteil vom 27.6.2007).

Das sogenannte „Münchner Modell" der Umwandlung von Miet- in Eigentumswohnungen ist sei der Mietrechtsreform vom 1.5.2013 unzulässig. Bei diesem Verfahren kaufte eine Personengesellschaft (zum Beispiel GbR) ein Mehrfamilienhaus;

vor der Umwandlung wurden dann Eigenbedarfs-
kündigungen der bereits beim Kauf bestehenden
Mietverträge durch einzelne Gesellschafter ausgesprochen. Diese Umgehung der gesetzlichen
Kündigungssperrfrist bei Umwandlungen ist nicht
mehr möglich – ebenso wie das Vorgehen mithilfe
des Kaufs über eine Bruchteilsgemeinschaft mehrerer Käufer. Ist der Vermieter Eigentümer mehrerer
Wohnungen im selben Haus oder in einer Wohnanlage, ist er nach der Rechtsprechung verpflichtet,
bei einer Eigenbedarfskündigung dem betreffenden
Mieter eine gegebenenfalls zufällig frei werdende
andere Wohnung in diesem Objekt anzubieten
(BGH, Urteil vom 9.6.2003, Az. VIII ZR 311/02).
Diese Anbietpflicht hat jedoch zeitliche Grenzen.
Wird zum Beispiel die Alternativwohnung erst
einen Monat nach dem Termin frei, zu dem der
gekündigte Mieter von Rechts wegen hätte ausziehen müssen, kann kein Anbieten mehr verlangt
werden (BGH, Urteil vom 4.6.2008, Az. VIII ZR
292/07). Auch die Eigenbedarfskündigung kann
dann nicht mit dem Argument angefochten werden,
dass der Vermieter die Anbietpflicht verletzt habe.

Eigenheim
owner-occupied house; private home

Unter einem Eigenheim versteht man ein Haus mit
nicht mehr als zwei Wohnungen, das einer natürlichen Person gehört und das zum Bewohnen durch
den Eigentümer bestimmt ist. Die Eigenheimdefi-
nition findet man im II. Wohnungsbaugesetz. Im
Zusammenhang mit der Eigentumsförderung wurden für den Bau oder den Kauf eines Eigenheims
(Kaufeigenheim) öffentliche Mittel zur Verfügung
gestellt (Eigenheimzulage). Die Eigenheimzulage
wurde 2005 abgeschafft. Nachdem das II. Wohnungsbaugesetz durch das Wohnraumförderungsgesetz abgelöst und die Förderung in den Kompe-
tenzbereich der Bundesländer übertragen wurde,
hat sich die Wohnraumförderung grundlegend geändert. Soweit heute noch der Begriff Eigenheim
durch Bauträger oder Makler verwendet wird, ist
dies nicht mehr deckungsgleich mit dem im II.
Wohnungsbaugesetz definierten Begriff.

Eigenleistungen
**internal labour; personal contribution;
borrower's own funding**

Finanzierung

Neben dem Eigenkapital kommen als Eigenleistungen bei der Finanzierung von Bauvorhaben
eigene Sach- und Arbeitsleistungen (Muskelhypothek) des Bauherrn und seiner Angehörigen sowie

die Einbringung des eigenen Baugrundstücks in
Betracht. Eigenleistungen werden im Finanzierungsplan berücksichtigt. Der aus eigenen Arbeitsleistungen bestehende Finanzierungsbeitrag kann
steuerlich nicht in Ansatz gebracht werden. Ist die
Immobilie vermietet, dann kann der bei einer Renovierung entstandene Materialaufwand steuerlich zu
den Werbungskosten hinzugerechnet werden.

Mängelbeseitigung an Bauwerken

Bei diesen Eigenleistungen (Ersatzvornahme) handelt es sich um Aufwendungen des Bauherrn zur
Beseitigung eines Baumangels. Für die Eigenleis-
tung kann der Bauherr vom Bauhandwerker bzw.
Bauunternehmer den Ersatz der Aufwendungen
fordern, wenn dieser mit der Mangelbeseitigung
in Verzug geraten ist. Beim VOB-Vertrag tritt der
Verzug erst ein, wenn der Bauherr den Bauunternehmer zur Mängelbeseitigung unter Setzung einer
angemessenen Frist auffordert, und die gesetzte
Frist ergebnislos verstrichen ist.

Eigentum
property; title; ownership

Öffentlich rechtliche Position

Das Eigentum ist durch Artikel 14 des Grundgesetzes öffentlich rechtlich gewährleistet. In diesem
Sinne bezieht sich das Eigentum nicht nur auf Sachen, sondern auch auf Forderungen und Rechte,
zum Beispiel Urheberrechte, unwiderrufliche Kon-
zessionen und dergleichen. Zusätzlich gestützt wird
die Eigentumsgarantie durch die Gewährleistung
des Erbrechts. Inhalt und Schranken des Eigentums
werden durch Gesetze bestimmt.

Der Entzug von Eigentum ist nur zum Wohl der
Allgemeinheit, auf Grund eines Gesetzes und nur
gegen Entschädigung zulässig. Innerhalb dieser
durch Gesetz gezogenen Grenzen darf der Eigentümer mit seinem Eigentum nach Belieben verfahren, d. h. es benutzen, verbrauchen, belasten,
veräußern. Das Grundgesetz schränkt jedoch das
Eigentumsrecht noch durch das Sozialstaatsprinzip
ein. „Eigentum verpflichtet"! Hieraus ergeben sich
vor allem Einschränkungen im Wohnungsmietrecht
und im Baurecht.

Die Substanz des Eigentums darf durch Gesetze
nicht angetastet werden. Daher verstoßen Steu-
ern mit konfiskatorischem Charakter gegen das
Grundgesetz. In einem gewissen Widerspruch zur
Eigentumsgarantie steht im Übrigen Artikel 15 des
Grundgesetzes, nach dem die Sozialisierung von
Grund und Boden, sowie Naturschätzen und Pro-
duktionsmitteln gegen Entschädigung möglich ist.

Zivilrechtliche Position

Zivilrechtlich bezieht sich das Eigentum nur auf bewegliche und unbewegliche Sachen, nicht aber auf Sachgesamtheiten wie zum Beispieleinen Betrieb. Vom Besitz unterscheidet sich das Eigentum dadurch, dass dem Eigentümer die Sache rechtlich gehört, während der Besitzer lediglich die tatsächliche Herrschaft über den Gegenstand, der sich im Eigentum eines anderen befinden kann, ausübt. So ist der Mieter unmittelbarer Besitzer der von ihm angemieteten Räume (beim Eigentümer verbleibt der mittelbare Besitz). Unterschieden wird zwischen Alleineigentum (ausschließliches Verfügungsrecht durch den Alleineigentümer), Bruchteilseigentum (Verfügungsrecht bezieht sich nur auf den Bruchteil) und Gesamthandseigentum (nur gemeinschaftliches Verfügungsrecht über das gemeinschaftliche Vermögen). Gesamthandseigentum ist bei einer BGB-Gesellschaft, bei einer Gütergemeinschaft zwischen Eheleuten und einer ungeteilten Erbengemeinschaft gegeben.

Volkswirtschaftliche Bedeutung

Breit gestreutes Eigentum gilt als gesellschaftlicher Stabilitätsfaktor und in Verbindung mit dem natürlichen Eigentümerinteresse an der Erhaltung eigener Vermögenswerte als volkswirtschaftliche Grundlage eigenverantwortlicher Alterssicherung. Verstärkt ins Bewusstsein tritt die Tatsache, dass in Ländern, in denen der Eigentumserwerb einerseits durch staatliche Überreglementierung und andererseits durch fehlende Rechtssicherheit faktisch erheblich erschwert wird und die Verfügungsrechte des Eigentümers oftmals ausgehebelt sind, die wirtschaftliche Entwicklung außerordentlich beeinträchtigt ist. Dies zeigt sich vor allem in dem Übergangsstadium, in dem sich die Nachfolgestaaten der Sowjetunion befinden, wo Grund und Boden früher ausschließlich Volkseigentum war und der Umgang mit dem Privateigentum noch schwer fällt. Aber auch illegale Slums zum Beispielin Rio de Janeiro sind oft nicht Folge sozialer Klassenunterschiede, sondern der fehlenden Möglichkeit, Grundeigentum zu erwerben. Auch in Entwicklungsländern verpufft häufig die gewährte Entwicklungshilfe wegen der Unklarheit der Bodeneigentumsverhältnisse.

Eigentumswohnung

freehold flat; flat ownership; commonhold flat
Während man umgangssprachlich regelmäßig von der „Eigentumswohnung" spricht und damit die im Einzeleigentum befindliche Wohnung in einem Mehrfamilienhaus meint, auch als „Eigenheim in der Etage" bezeichnet, verwendet das Wohnungseigentumsgesetz diesen Begriff nicht, sondern spricht ausschließlich vom Wohnungseigentum. Gemeint ist damit das Sondereigentum als Alleineigentum an einer Wohnung, verbunden mit einem Miteigentumsanteil am Gemeinschaftseigentum. Eine gesetzliche Definition für den Begriff „Eigentumswohnung" fand sich im früheren und inzwischen aufgehobenen Zweiten Wohnungsbaugesetz.

Danach liegt der Unterschied in den Begriffen „Wohnungseigentum" und „Eigentumswohnung" darin, dass mit der Eigentumswohnung das „Objekt" und mit Wohnungseigentum der „rechtliche Inhalt" an diesem Objekt gemeint ist.

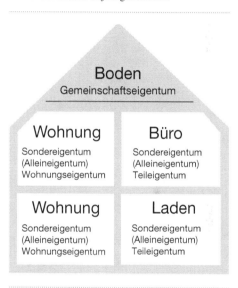

Einbauküche in der Mietwohnung
built-in kitchen in a flat
Ist eine Mietwohnung noch nicht mit einer Einbauküche ausgestattet, stellt ihr Einbau eine Verbesserung des Wohnwertes und damit eine Modernisierungsmaßnahme dar. Der Vermieter kann eine Mieterhöhung wegen Modernisierung vornehmen. Aber: Mieter sind nach der Rechtsprechung nicht verpflichtet, den Einbau einer neuen Standard-Einbauküche anstelle einer 20 Jahre alten, hochwertigeren Küche zu dulden (Landgericht Hamburg, 311 S 101/02). Generell stellt die Erneuerung einer vorhandenen Einbauküche keine Modernisierungsmaßnahme dar. Der Vermieter kann in diesem Fall keine Mieterhöhung wegen Modernisierung vornehmen. Grund: Der Gebrauchswert der Wohnung wird nicht maßgeblich erhöht. Einem Urteil des Landge-

richts Berlin zufolge gelten Einbauküchen nach 25 Jahren Nutzungsdauer als „verbraucht". Beschädigt oder entfernt der Mieter eine solche alte Einbauküche, kann der Vermieter keinen Schadenersatz fordern (Az: 62 S 13/01).

Einberufung der Wohnungseigentümerversammlung
summons to/convening of a meeting of freehold flatowners

Der Wohnungseigentumsverwalter ist verpflichtet, mindestens einmal im Jahr zu einer Wohnungseigentümerversammlung einzuladen, und zwar unter Einhaltung einer Mindestfrist von zwei Wochen (§ 24 Abs. 1 und 4 WEG) und Beifügung der Tagesordnung (§ 23 Abs. 2 WEG). Darüber hinaus kann die Einberufung einer Versammlung auch von mindestens einem Viertel der Wohnungseigentümer (gerechnet nach Köpfen) unter Angabe des Zwecks und der Gründe verlangt werden. Diesem Verlangen kann sich der Verwalter nicht widersetzen (§ 24 Abs. 2 WEG).

Fehlt ein Verwalter oder weigert er sich pflichtwidrig, kann die Wohnungseigentümerversammlung auch vom Vorsitzenden des Verwaltungsbeirates oder bei dessen Verhinderung von seinem Stellvertreter einberufen werden (§ 24 Abs. 3 WEG). Ein einzelner Wohnungseigentümer ist nur aufgrund gerichtlicher Ermächtigung befugt, eine Versammlung einzuberufen. Dies kann insbesondere dann der Fall sein, wenn sich der Verwalter weigert, eine Versammlung einzuberufen, ein Verwaltungsbeirat nicht bestellt ist und von den übrigen Eigentümern ein Anspruch nicht geltend gemacht wird.

Grundsätzlich gilt aber, dass auch Beschlüsse einer Wohnungseigentümerversammlung, die von einem Unbefugten (abberufener oder nicht mehr im Amt befindlicher Verwalter, nicht ermächtigter Wohnungseigentümer) einberufen wurde, nicht nichtig sind, sondern Rechtskraft erlangen, wenn sie nicht innerhalb einer Monatsfrist angefochten und durch das Gericht für ungültig erklärt werden.

Die Einladung ist gemäß § 24 Abs. 4 WEG in Textform vorzunehmen, setzt aber nicht mehr wie früher die eigenhändige Unterzeichnung durch den Verwalter voraus. Das bedeutet, dass sie in Kopie oder EDV-gefertigter oder anderer vervielfältigter Form erfolgen kann. Sie muss aber in jedem Fall Adressat und Absender enthalten. Die Einladung in Fax-Form oder auch als E-Mail ist dabei zwar grundsätzlich zulässig, setzt allerdings derzeit noch die Zustimmung aller Eigentümer voraus. Inhaltlich muss die Einladung den Termin und den Ort angeben sowie die Tagesordnung ausweisen.

Einfamilienhaus
(detached) single-family house; single-family residence; single family home; one-family house; single occupancy house; self-contained house

Das Einfamilienhaus ist ein Haus, das eine Wohnung enthält. Es kommt in mehreren Gestaltungsformen vor. Der Typ des freistehenden Einfamilienhauses ist am beliebtesten. Daneben gibt es als Grundtypen das Doppelhaus (zwei aneinander gebaute Einfamilienhäuser) und das Reiheneinfamilienhaus als Reihenmittel- oder Reiheneckhaus. Das Atriumhaus ist durch einen geschlossenen Innenhof bzw. Innengarten gekennzeichnet. Es handelt sich um eine besondere Form des Bungalows, der über kein Obergeschoss verfügt. Typische Dachformen des Bungalows und des Atriumhauses sind Flachdächer oder nur ganz leicht geneigte Dächer. Auf Qualitätsunterschiede weisen Begriffe wie Siedlungshaus (meist eineinhalbstöckige freistehende Häuser mit großen Nutzgärten) oder „Villa" hin, wobei der Begriff der Villa als Domizil für einen betuchten Eigentümer sicher nicht in Vergleich gesetzt werden kann mit einer altrömischen Villa. „Landhäuser" sind in der Regel Einfamilienhäuser auf dem Lande, die in einer gewissen Distanz zur Stadt gelegen sind, aber im Gegensatz zu „Ferienhäusern" (die keine Einfamilienhäuser sein müssen) von freiheits- und naturliebenden Eigentümern oder Mietern ständig bewohnt werden. Nicht zum Typ der Einfamilienhäuser gehört das Wochenendhaus, das normalen Wohnansprüchen in der Regel nicht genügt.

Einheimischenmodell
local (residents) model

Mit Hilfe eines Einheimischenmodells will die Gemeinde den Baulandbedarf für die ortsansässige Bevölkerung sichern. Gesetzliche Grundlage ist

§ 11 Abs. 1 Nr. 2 BauGB. Die Gemeinde kann sich bei Konzeption und Verwirklichung eines Einheimischenmodells eines städtebaulichen Vertrages mit den Grundstückseigentümern bedienen. Solche Vereinbarungen werden in der Regel im Vorfeld der Bauleitplanung getroffen. Der Grundstückseigentümer wird verpflichtet, die späteren Baugrundstücke an „Einheimische", die bestimmte Merkmale erfüllen, zu veräußern.Überwiegend aber erwirbt die Gemeinde selbst die Grundstücke zu Preisen unterhalb des Verkehrswertes, um sie dann in einem bestimmten Verfahren zu „vergeben". Es wird teilweise auch mit verbindlichen Ankaufsrechten der Gemeinde gearbeitet, die durch Auflassungsvormerkungen abgesichert sind. In den beiden letzten Fällen handelt es sich um zivilrechtliche Vertragsgestaltungen. Damit die Absichten der Gemeinde von den späteren Einheimischen nicht unterwandert werden, müssen sich diese verpflichten, innerhalb einer bestimmten Frist das Grundstück zu bebauen. Außerdem wird ein Veräußerungs- und Vermietungsverbot mit dem Einheimischen vereinbart.Bekannt geworden sind schon vor Einführung entsprechender Regelungen im BauGB zwei Einheimischenmodelle, nämlich das Weilheimer Modell und das Traunsteiner Modell. Beim Weilheimer Modell wird die Aufstellung eines Bebauungsplanes von der Einräumung eines Ankaufrechts für die Gemeinde abhängig gemacht. Die Gemeinde kann es innerhalb eines 10-Jahreszeitraums in dem Fall ausüben, dass der Grundstückseigentümer sein Grundstück an einen Dritten zu einem Preis veräußert, der über dem mit der Gemeinde vereinbarten Preis liegt. Das Traunsteiner Modell ist durch einen Genehmigungsvorbehalt der Gemeinde gekennzeichnet. Die Genehmigung kann bei Überschreitung einer bestimmten Preisgrenze verweigert werden.Mittlerweile gibt es eine Vielfalt von Konstruktionsformen des Einheimischenmodells.

Einheitswert

taxable value; rateable value (net annual value); assessment unit value of real estate; charged value; site value; standard value; taxation value

Der Einheitswert ist der steuerliche Wert für inländischen Grundbesitz und dient heute noch ausschließlich als Bemessungsgrundlage für Betriebe der Land- und Forstwirtschaft, für Grundstücke und für Betriebsgrundstücke. Die Einheitsbewertung von Grundvermögen wurde letztmals zu den Wertverhältnissen des 1.1.1964 (Hauptfeststellungszeitpunkt) durchgeführt. Für Grundstücke in den neuen Bundesländern gelten die Einheitswerte

vom 1.1.1935 (erster Hauptfeststellungszeitpunkt). Für vor 1991 entstandene Mietwohngrundstücke und Einfamilienhäuser in den neuen Bundesländern gilt als Ersatzbemessungsgrundlage die Wohn- und Nutzfläche.

Das Bewertungsgesetz unterscheidet zwischen unbebauten und bebauten Grundstücken. Unbebaute Grundstücke werden nach dem gemeinen Wert bewertet (§ 9 BewG). Bei den bebauten Grundstücken wird zwischen sechs Arten unterschieden, nämlich:

- Mietwohngrundstücke (mehr als 80 Prozent der Fläche sind Wohnflächen),
- Geschäftsgrundstücke (mehr 80 Prozent der Flächen sind gewerblich genutzt),
- gemischt genutzte Grundstücke, deren Flächen teils Wohnzwecken und teils gewerblichen/öffentlichen Zwecken dienen, ohne Wohn- oder Geschäftsgrundstücke zu sein,
- Einfamilienhäuser,
- Zweifamilienhäuser,
- sonstige bebaute Grundstücke.

Die Ermittlung des Einheitswertes der bebauten Grundstücke erfolgt über das Ertragswertverfahren. Zugrunde gelegt werden Jahresrohmieten einschließlich Betriebskosten, bei selbst genutzten Räumen werden entsprechende Mietwerte angesetzt. Die Vervielfältiger mit dem die Jahresrohmieten multipliziert werden, sind den Anlagen drei bis acht des Bewertungsgesetzes zu entnehmen. Unterschieden wird dabei zwischen unterschiedlichen Bauausführungen, Altersgruppen und Gemeindegrößenklassen. Das Sachwertverfahren (eine Ausnahme) wird bei den „sonstigen bebauten Grundstücken" und bei bebauten Grundstücken angewandt, deren Merkmale nicht hinreichend durch eine Grundstücksbeschreibung mit der Vervielfältigertabelle des Bewertungsgesetzes erfasst werden können. In Fällen, in denen der durch das Ertragswertverfahren ermittelte Einheitswert unter dem gemeinen Wert des unbebauten Grundstücks liegt, gilt als Mindestwert der Wert des Baugrundstücks, gegebenenfalls abzüglich Abbruchkosten. Der Einheitswert ist der Ausgangswert für die Grundsteuer.

Einkünfte aus Vermietung und Verpachtung

rental income

„Einkünfte aus Vermietung und Verpachtung" (Anlage V zur Einkommensteuererklärung) ist eine der insgesamt sieben Einkunftsarten, die das Einkommensteuergesetz kennt. Es handelt sich um Überschusseinkünfte, die sich aus der Saldierung von Einnahmen und Werbungskosten ergeben und die aus Grundstücken, Gebäuden, Wohnungen und anderen Immobilien (zum Beispiel Anteilen an geschlossenen Immobilienfonds) stammen, soweit sie nicht Bestandteil des Betriebsvermögens sind.

Einliegerwohnung
granny flat; self-contained flat in or attached to a house

Einliegerwohnung ist die Bezeichnung für vermietete Wohnungen in Eigenheimen, besonders in Dach- oder Kellergeschossen.

Steuerlich
Für die Einliegerwohnung gelten die steuerlichen Bestimmungen für vermietetes Wohneigentum, wenn bestimmte Voraussetzungen erfüllt sind. Mögliche Steuervorteile können darin liegen, dass Bauherren/Hauskäufer den als Einliegerwohnung vermieteten Teil ihres Wohnhauses abschreiben und zusätzlich die für die Finanzierung von Bau oder Kauf der Einliegerwohnung anfallenden Zinsen als Werbungskosten von der Steuer abziehen können. Der Bundesfinanzhof hat diese Möglichkeit am 25.3.2003 bestätigt (Az. IX R 22/ 01).

Das Finanzamt erkennt die Räumlichkeiten nur als Wohnung an, wenn es sich um mehrere Räume handelt, die das Führen eines selbstständigen Haushalts ermöglichen. Die Räume müssen demnach baulich abgeschlossen sein, einen eigenen Zugang haben und über notwendige Nebenräume, wie mindestens einen Raum mit Kochgelegenheit, ein Bad oder eine Dusche und eine Toilette verfügen. Eine Einliegerwohnung setzt voraus, dass es nur zwei Woh-

nungen im Haus gibt und dass die zweite Wohnung vom Vermieter bewohnt wird.

Anschaffungs- oder Herstellungskosten können nur dann steuerlich geltend gemacht werden, wenn sie eindeutig den beiden Gebäudeteilen zuzuordnen sind. Dies kann gesonderte Finanzierungen des Kaufpreises für beide Gebäudeteile erfordern. Bauleistungen für den zu vermietenden Gebäudeteil sollte der Eigentümer von den Bauunternehmen beziehungsweise Handwerksbetrieben separat abrechnen lassen. Bewertungsrechtlich ist eine Einliegerwohnung dann Bestandteil eines Zweifamilienhauses.

Mietrechtlich
Für die Kündigung des Mietvertrages gelten einige Besonderheiten.Der Vermieter kann den Mietvertrag für die Einliegerwohnung mit der gängigen dreimonatigen Frist kündigen, wenn er dies auf einen gesetzlich zulässigen Kündigungsgrund stützt (zum Beispiel Eigenbedarf), der ihm ein berechtigtes Interesse an einer Vertragsbeendigung gibt. Zusätzlich hat er aber auch die Möglichkeit, ohne einen solchen Grund zu kündigen. Die Kündigungsfrist verlängert sich dann auf insgesamt sechs Monate. Im Kündigungsschreiben ist anzugeben, dass es sich um eine Kündigung ohne Vorliegen eines berechtigten Interesses handelt, die eben wegen des besonderen Mietverhältnisses zulässig ist. Diese erleichterte Kündigungsmöglichkeit nach § 573a BGB gilt nämlich generell nur für Häuser mit zwei Wohnungen, von denen eine der Vermieter bewohnt. Keine Voraussetzung ist hier jedoch, dass das Gebäude so gestaltet ist, dass Vermieter und Mieter sich ständig begegnen müssen: So bestätigte der Bundesgerichtshof die Möglichkeit der erleichterten Kündigung für ein Gebäude mit zwei Wohnungen (Vermieterin und Mieter), einem von der Vermieterin betriebenen Gewerbebetrieb im Erdgeschoss und weiteren Räumen, die früher als Wohnung genutzt worden waren (Urteil vom 25.6.2008, Az. VIII ZR 307/07).

Diese Kündigungsregeln können nicht zum Nachteil des Mieters vertraglich geändert werden.

Einzelabrechnung (Wohnungseigentum)
individual billing (freehold flat)

Neben der Gesamtjahresabrechnung hat der Verwalter für jedes Wohnungs- oder Teileigentum eine Einzelabrechnung zu erstellen, die alle anteilig auf den jeweiligen Eigentümer entfallenden Einnahmen und Ausgaben für die Verwaltung des gemeinschaftlichen Eigentums ausweist. Dazu gehört auch der Ausweis der anteilig gezahlten Zinsen auf den anteiligen Betrag an der Instandhaltungsrückstellung, die der Wohnungseigentümer im Rahmen seiner jährlichen Einkommensteuererklärung ebenso wie andere Zinseinnahmen anzugeben hat.

Mit der Neuregelung zu § 35a EStG sind auch die anteilig auf den einzelnen Eigentümer entfallenden haushaltsnahen Dienstleistungen und Handwerkerleistungen auszuweisen, sofern dies von den Wohnungseigentümern mehrheitlich bei entsprechender Sondervergütung für den Verwalter beschlossen wird.

Aus der Einzelabrechnung ergibt sich der insgesamt zu leistende anteilige Beitrag als Saldo der anteiligen Einnahmen und Ausgaben. Abzüglich der bereits geleisteten Hausgeldvorauszahlungen ergeben sich Nachzahlungen oder aber auch Erstattungsbeträge, wenn die Vorauszahlungen höher ausfielen als die tatsächlichen Ausgaben. Über die Einzelabrechnungen haben die Wohnungseigentümer ebenso durch Mehrheitsbeschluss abzustimmen wie über die Gesamtabrechnung. Ohne eine Beschlussfassung entsteht keine Zahlungsverpflichtung.

Aus der Verpflichtung, über die Gesamtabrechnung und sämtliche Einzelabrechnungen zu beschließen, ergibt sich auch das Recht, in die Abrechnungen aller übrigen Miteigentümer Einsicht zunehmen. Dies auch deshalb, um feststellen zu können, ob alle Miteigentümer ihren Zahlungsverpflichtungen nachgekommen sind.

Datenschutzrechtliche Bestimmungen stehen diesem Einsichtsrecht nicht entgegen.

Elektrosmog
electronic smog

Elektrosmog ist ein Begriff der sich aus den Wörtern Elektro und Smog zusammensetzt. Er bezeichnet ganz allgemein die durch elektrische Geräte, Leitungen und Sender erzeugte elektromagnetischen Strahlungen und Felder. Diese messbaren Felder werden von allen Elektrogeräten erzeugt und besonders stark von Hochspannungsleitungen, Transformatoren oder Mobilfunk-Sendeantennen.

Elektrosmog steht unter dem Verdacht, verschiedene Gesundheitsschäden zu verursachen oder zu fördern (Herzrhythmusstörungen, hormonelle Erkrankungen, Schlafstörungen, Krebs usw.).

Obwohl gesicherte Erkenntnisse dazu noch nicht vorliegen, enthält die 26. Bundesimmissionsschutzverordnung Grenzwerte der höchstzulässigen elektromagnetischen Belastung. Die Grenzwerte sind allerdings in der Kritik, da sie erst relativ hohe Werte als schädlich ansehen, bei denen eine Erwärmung menschlicher Körperzellen stattfindet.

Mietrecht: Als Mangel, der eine Mietminderung rechtfertigt, wird Elektrosmog meist nur bei Überschreitung der Grenzwerte angesehen. Solange die Elektrosmogbelastung in einer Wohnung nicht das Maß der normalen Hintergrundbelastung durch elektrische Geräte überschreitet, wird kaum ein Gericht dem Mieter eine Mietminderung zugestehen.

Bei der Aufstellung mehrerer Antennen kann dies anders aussehen: Allein wegen der ständigen Angst vor möglichen Gesundheitsschäden hielt ein Münchner Gericht bei einer Familie, die direkt unter einer Mobilfunk-Sendeanlage mit sechs Antennen wohnte, eine Mietminderung um 20 Prozent für gerechtfertigt (AG München, WM 99, 111). Der Bundesgerichtshof hat am 15.3.2006 jedoch entschieden, dass ein Dachgeschossmieter – auch als Träger eines Herzschrittmachers – keinen Anspruch auf Unterlassung gegen seinen Vermieter hat, der das Hausdach als Standort für eine Mobilfunkantenne vermieten will (Az. VIII ZR 74/05). Voraussetzung war auch hier, dass die Grenzwerte nicht überschritten wurden.

Elementarschadenversicherung
insurance coverage against damage by natural forces

Die Elementarschadenversicherung gewährt zu den durch die Wohngebäudeversicherung abgedeckten Schäden durch Feuer, Sturm, Hagel zusätzlichen Versicherungsschutz vor den Folgen von Naturereignissen wie Erdbeben, Erdrutsch, Lawinen, Hochwasser usw. Dieser Schutz ist in der normalen Wohngebäudeversicherung nicht enthalten und muss deshalb zusätzlich vereinbart und bezahlt werden. Als problematisch erweist sich der Versicherungsschutz gegen Überschwemmungen bei Wohngebäuden, die in gefährdeten Zonen, so genannten E 3-Zonen liegen, die nach Postleitzahlengebieten geordnet sind. Wohnhäuser in E 3-Zonen sind nicht oder nur sehr schwer versicherbar, Wohnhäuser in E 2-Zonen können nur gegen eine erhöhte Versicherungsprämie gegen Hochwasser versichert werden. E 1-Zonen sind kaum hochwassergefährdet, so dass jederzeit Versicherungsschutz gewährt wird. Welche Postleitbereiche in E 3- und E 2-Zonen liegen, kann vom Bund der Versicherten abgerufen werden. Die E 3-Zonen liegen vor allem im südöstlichen Baden-Württemberg und im Raum Altenburg-Gera-Klingenthal.

Endenergiebedarf
ultimate energy demand

Der Endenergiebedarf gibt die nach technischen Regeln berechnete, jährlich benötigte Energiemenge für Heizung, Lüftung und Warmwasserbereitung an. Er ist ein Maß für die Energieeffizienz eines Gebäudes und seiner Anlagentechnik und wird unter Standardklima- und Standardnutzungsbedingungen errechnet. Der Endenergiebedarf bezeichnet die Energiemenge, die dem Gebäude bei standardisierten Bedingungen und unter Berücksichtigung der Energieverluste zugeführt werden muss, damit die standardisierte Innentemperatur, der Warmwasserbedarf und die notwendige Lüftung sichergestellt weden können. Ein geringer Bedarf und damit eine hohe Energieeffizienz werden durch kleine Werte angezeigt.

Energieausweis/Energiepass
energy pass

Unter einem Energieausweis/Energiepass versteht man ein auf ein Gebäude bezogenes Dokument, aus dem sich Rückschlüsse auf den Energieverbrauch bzw. die Energieeffizienz dieses Gebäudes ziehen lassen. Vom Gesetz her korrekt ist der Begriff „Energieausweis". Dieser schafft für Immobilienkäufer und Mieter eine Vergleichsbasis und bietet Anreize zur energetischen Sanierung von Gebäuden.

Verspätete Einführung
Nach der europäischen Energieeffizienzrichtlinie hätten alle EU-Mitgliedsstaaten bis Anfang 2006 für alle Gebäude Energieausweise einführen müssen. In Deutschland erfolgte die Umsetzung verspätet: Die zuständigen Ministerien haben erst im Oktober 2006 Einigung über die Einführung des Energieausweises für bereits bestehende Gebäude erzielt. Für Neubauten sind Energieausweise mit Einführung der Energieeinsparverordnung von 2002 vorgeschrieben worden. Am 27.6.2007 hat die Bundesregierung unter Berücksichtigung einiger vom Bundesrat angeregter Änderungen die neue Energieeinsparverordnung (EnEV 2007) beschlossen, welche die stufenweise Einführung von Energieausweisen auch für bestehende Gebäude vorschrieb.

Rechtliche Grundlage
Das EnEG (Energieeinsparungsgesetz) ermächtigt die Bundesregierung, mit Zustimmung des Bundesrates im Wege einer Rechtsverordnung Inhalt und Verwendung von Energieausweisen für Gebäude festzulegen. Diese Regelungen finden sich in der EnEV (Energieeinsparverordnung). Die Energieausweise für bestehende Gebäude wurden nach Vorgabe der EnEV 2007 schrittweise je nach Gebäudeart und -alter eingeführt. Im Jahr 2009 wurden EnEG und EnEV verschärft, die EnEV 2009

gilt seit 1.10.2009. Eine weitere Reform der beiden Regelungswerke findet 2013/2014 statt.

Übergangsfristen
Eigentümer von Wohngebäuden, die bis 1965 fertig gestellt wurden, müssen seit 1.7.2008 einen Energieausweis vorweisen können. Für neuere Wohngebäude muss er seit 1.1.2009 vorhanden sein. Eigentümer von Nichtwohngebäuden benötigen den Energieausweis seit 1.7.2009. In öffentlichen Gebäuden mit Publikumsverkehr und mehr als 1.000 Quadratmeter Nutzfläche muss ebenfalls seit 1.7.2009 ein Energiepass ausgehängt werden.

Wer benötigt einen Energieausweis?
Einen Energieausweis braucht, wer seine Immobilie (Wohn- und Nichtwohngebäude) vermieten, verpachten oder verkaufen will: Der Ausweis ist Miet- und Kaufinteressenten auf Verlangen unverzüglich vorzulegen. Wer dies unterlässt, riskiert ein Bußgeld. Selbstnutzende Eigentümer benötigen ihn nicht, zumindest solange derartige Schritte nicht anstehen. Der Eigentümer kann dem Interessenten auf freiwilliger Basis eine Kopie des Energieausweises aushändigen. Von der Pflicht zur Vorlage eines Energieausweises werden Baudenkmäler und kleine Gebäude (bis 50 Quadratmeter Nutzfläche) nicht erfasst. In öffentlichen Gebäuden mit über 1.000 Quadratmeter Nutzfläche, in denen Behörden oder sonstige Einrichtungen öffentliche Dienstleistungen erbringen und die von vielen Menschen besucht werden, muss der Energieausweis öffentlich ausgehängt werden. Seit Inkrafttreten der EnEV 2009 gilt dies jedoch nicht für denkmalgeschützte öffentliche Gebäude.

Verbrauchs- und bedarfsbasiert
Es gibt zwei Arten von Energieausweisen: Den verbrauchsbasierten und den bedarfsbasierten. Der verbrauchsbasierte Ausweis wird auf der Basis des Verbrauchs der aktuellen Bewohner erstellt. Er kann gleichzeitig mit einer Jahres-Heizkostenabrechnung relativ kostengünstig angefertigt werden. Sein Nachteil ist jedoch, dass er keine Bewertung des vom Bauzustand des Gebäudes abhängigen Wärmeverlustes erlaubt: Hat der Mieter sparsam geheizt, sind die Werte günstig. Hat der Mieter „Treibhaustemperaturen" bevorzugt, schlägt sich dies ebenfalls im Energieausweis nieder. Mangelhafte Dämmungsmaßnahmen oder Heizanlagen bleiben unerwähnt.
Aufwändiger ist die Erstellung des bedarfsbasierten Energieausweises. Dieser bewertet den Primärenergiebedarf des Gebäudes. Dazu werden die Wärme-

durchgangswerte der verwendeten Baumaterialien herangezogen sowie die bestehende Anlagentechnik hinsichtlich Heizung, Warmwasserversorgung und Lüftung analysiert, um den Wärmebedarf unabhängig vom jeweiligen Nutzer zu ermitteln.

Modernisierungsempfehlungen
Sind wirtschaftlich sinnvolle Verbesserungen der Energieeffizienz des Gebäudes möglich, muss der Aussteller Modernisierungsempfehlungen abgeben. Diese sind unverbindlich. In Einzelfällen sollen Aussteller behauptet haben, dass vor Erteilung eines Energieausweises zunächst zwingend eine Modernisierung des Gebäudes durchgeführt werden müsse – vorzugsweise durch einen befreundeten Betrieb. Derartige Vorgehensweisen sind unredlich. Der Energieausweis erfordert keine vorherige Modernisierung.

Wahlrecht
Ein Wahlrecht zwischen verbrauchs- und bedarfsbasiertem Ausweis besteht bei:
• Gebäuden mit mehr als vier Wohneinheiten,
• Gebäuden mit bis zu vier Wohneinheiten, die seit Fertigstellung oder durch nachträgliche Sanierung dem Standard der Wärmeschutzverordnung vom 1.8.1977 entsprechen,
• sowie Nichtwohngebäuden.
Ein Energieausweis auf Bedarfsbasis ist vorgeschrieben für Gebäude
• mit bis zu vier Wohneinheiten,deren Bauantrag vor dem 01.11.1977 gestellt worden ist,
• die nicht nachträglich auf den Stand der 1977er Wärmeschutzverordnung gebracht worden sind.
Auch die Gewährung von Fördergeldern hinsichtlich der Finanzierung einer energetischen Sanierung erfordert zum Teil die Vorlage eines nach erfolgreicher Sanierung erstellten Energieausweises auf Bedarfsbasis. Energieausweise für Neubauten werden (zwangsläufig) auf Bedarfsbasis ausgestellt.

Aussteller
Während der Energieausweis für Neubauten durch den Bauvorlageberechtigten erstellt wird, ist nach der EnEV 2007 bei bestehenden Gebäuden eine ganze Reihe von Berufsgruppen zur Ausstellung von Ausweisen und Modernisierungsempfehlungen berechtigt. Es handelt sich dabei sowohl um Personen mit Hochschul- oder Fachhochschulabschluss (zum Beispiel Architekten, Bauingenieure) als auch um verschiedene Handwerksberufe. Die Aufzählung der EnEV ist abschließend. Eine zu-

sätzliche Zertifizierung der Aussteller ist nicht vorgesehen. Auch Energieberater (zum Beispiel aus der Baustoffindustrie), die vor dem 25.4.2007 ihre Aus- oder Weiterbildung begonnen haben, dürfen den Energieausweis für bestehende Wohngebäude ausstellen, sowie Fachleute, die durch Landesgesetze dazu ermächtigt werden. Die EnEV 2009 hat die Anforderungen an Aussteller von Energieausweisen präzisiert. Als Qualifikation von Personen mit Studium werden nun keine bestimmten Diplome mehr verlangt, sondern ein „berufsqualifizierender Hochschulabschluss". Auch ein Staatsexamen kann bei einem entsprechenden Studiengang als solcher gelten. Physiker können nun unter den gleichen zusätzlichen Voraussetzungen wie Hochschulabsolventen anderer Fächer Energieausweise ausstellen.

Verantwortliche Personen
Nach der EnEV 2009 ist der Hauseigentümer dafür verantwortlich, dass die für die Erstellung des Energieausweises gelieferten Daten korrekt sind. Der Aussteller darf diese Daten jedoch nicht benutzen, wenn er berechtigte Zweifel an ihrer Richtigkeit hat. Ermittelt er die Daten selbst, ist er auch für deren Richtigkeit verantwortlich. Die Übermittlung falscher Daten an den Aussteller und die unkorrekte Ermittlung von Daten durch diesen selbst sind eine Ordnungswidrigkeit.

Kosten
Ein einheitlicher Preis für die Erstellung eines Energieausweises existiert nicht. Die üblichen Beträge liegen zwischen 25 und 450 Euro (ohne Hausbegehung). Der genaue Betrag hängt von dem im Einzelfall notwendigen Aufwand und der Version als Verbrauchs- oder Bedarfsausweis ab. Die EnEV erlaubt eine Erstellung des Ausweises auf Basis von Unterlagen über das Gebäude, also ohne Hausbegehung durch einen Experten. Insbesondere hinsichtlich der Abgabe von Modernisierungsempfehlungen kann eine Gebäudebegehung jedoch sinnvoll sein.
Im Internet werden Energieausweise – insbesondere solche auf Verbrauchsbasis – zum Billigpreis ab 15 Euro angeboten. Diese werden oft in einem vollautomatischen Verfahren erstellt: Der Kunde beantwortet einige Fragen, setzt seine Verbrauchsdaten in ein Online-Formular ein, gibt seine Rechnungsadresse an – und bekommt sofort seinen Energieausweis mit Unterschrift und Stempel des Ausstellers als PDF-Datei zum Herunterladen. Dieses Verfahren wird häufig kritisiert: Bei einigen Anbietern werden so wenige Daten abgefragt, dass

damit kaum ein Energieausweis nach Maßgabe der EnEV erstellt werden kann. Ferner geht die EnEV davon aus, dass der Aussteller zumindest eine Plausibilitätsprüfung der angegebenen Daten vornimmt. Hier entfällt aber jegliche persönliche Beschäftigung des Ausstellers mit den Daten, so dass auch reine Fantasiezahlen eingegeben werden können. Nutzt ein Vermieter oder Verkäufer dies zur Erstellung eines geschönten Energieausweises, kann er sich späteren Schadenersatzansprüchen oder Bußgeldverfahren aussetzen.

Geltungsdauer

Beide Versionen des Energieausweises haben eine Gültigkeitsdauer von zehn Jahren. Nach energetischen Sanierungsmaßnahmen empfiehlt sich jedoch eine Neuausstellung, um die vorteilhafteren Werte korrekt abzubilden und sie in der Vermarktung der Immobilie nutzen zu können. Bei bestimmten Änderungen am Gebäude (zum Beispiel Austausch der Fenster) ist eine Neuausstellung vorgeschrieben. Vor den offiziellen Einführungsterminen erstellte Energieausweise (nach älteren Fassungen der Energieeinsparverordnung oder der früheren Wärmeschutzverordnung) behalten ihre Gültigkeit für zehn Jahre ab Ausstellungsdatum. Nach der Energieeinsparverordnung 2009 verliert ein Energieausweis seine Gültigkeit, wenn am Gebäude erhebliche Veränderungen der Außenbauteile beziehungsweise der an unbeheizte Räume angrenzenden Bauteile vorgenommen werden beziehungsweise wenn es um über 50 Prozent der Nutzfläche an beheizten oder gekühlten Räumen vergrößert wird und dabei für dieses Gebäude Berechnungen des Jahresprimär-Energiebedarfs durchgeführt werden. In diesen Fällen ist ein neuer Energieausweis auszustellen.

Muster

Die Anlagen zur EnEV enthalten Muster der unterschiedlichen Versionen des Energieausweises. Der Aussteller hat sich inhaltlich an diesen Mustern zu orientieren. Mit Einführung der EnEV 2009 hat sich das Muster des Energieausweises in einigen Punkten geändert. Es enthält nun unter anderem auch Angaben zur Nutzung alternativer Energien und zur Einhaltung der Vorgaben des Wärmegesetzes.

Bußgelder

Die Bußgeldregelungen der EnEV wurden mit der EnEV 2009 verschärft. Als Ordnungswidrigkeit gilt es nun unter anderem, wenn:
- der Energieausweis vorsätzlich oder leichtfertig Miet- oder Kaufinteressenten nicht

unverzüglich auf Anfrage vorgelegt wird,
- der Hauseigentümer dem Aussteller des Ausweises vorsätzlich oder leichtfertig falsche Daten zur Verfügung stellt,
- dieser ohne Prüfung unplausible Daten einfach übernimmt,
- Energieausweise oder Modernisierungsempfehlungen ohne Berechtigung ausgestellt werden.

Die Höhe der Bußgelder richtet sich nach dem im Jahr 2009 neu gefassten EnEG (Energieeinsparungsgesetz). Die Geldbuße nach dem EnEG kann grundsätzlich bis zu 50.000 Euro betragen; die Geldbuße für die Missachtung der Vorschriften der EnEV über Energieausweise kann mit bis zu 15.000 Euro Bußgeld geahndet werden.

Rechtslage ab 2014

Am 19.5.2010 wurde die neue EU-Richtlinie zur Gesamtenergieeffizienz von Gebäuden verabschiedet (Zeitpunkt des Inkrafttretens: 8.7.2010). Die Mitgliedsstaaten sollten diese innerhalb von zwei Jahren in nationales Recht umsetzen. Dieser Termin wurde in Deutschland nicht eingehalten. Für den Energieausweis zeichnen sich schärfere Regelungen ab. Unter anderem wird mit folgenden Änderungen gerechnet:
- In Wohnungsanzeigen (Verkauf/Vermietung) muss künftig immer der energetische Kennwert des Gebäudes laut Energieausweis unter Bezugnahme auf die Wohnfläche des Gebäudes genannt werden.
- Bei Abschluss eines Kauf- oder Mietvertrages muss der Verkäufer/Vermieter dem Vertragspartner zwingend eine Kopie des Energieausweises aushändigen.
- Bei öffentlich zugänglichen Gebäuden wird die Pflicht zum Aushang eines Energieausweises auch auf kleinere Gebäude ausgedehnt.
- Es wird ein stichprobenartiges Kontrollsystem für Energieausweise eingeführt.
- Das Bußgeldsystem wird den Neuregelungen angepasst.

Voraussichtlich wird 2013 eine Neufassung der Energieeinsparverordnung verabschiedet. Das ihr zugrundeliegende neue EnEG hat im Juni 2013 den Bundesrat passiert. Mit dem Inkrafttreten der neuen Energieeinsparverordnung wird Anfang 2014 gerechnet. Diese muss die Vorgaben der EU-Richtlinie berücksichtigen. Beabsichtigt ist unter anderem, die energetischen Anforderungen an Neubauten gegenüber der EnEV 2009 in zwei Stufen (2014 und 2016) zu erhöhen: Die Anforderungen an den Primärenergiebedarf sollen um jeweils circa 12,5 Prozent, die Anforderungen an die Wärmedämmung der Gebäudehülle um jeweils circa zehn Prozent angehoben werden. Die Anforderungen an Bestandsgebäude sollen nicht verschärft werden.

Enteignung
compulsory purchase; dispossession; expropriation

Das Eigentum an einer Sache oder einem Grundstück ist ein Grundrecht, begründet in Art. 14 GG. Eine Enteignung ist nur zum Wohle der Allgemeinheit aufgrund einer gesetzlichen Basis möglich. Zur Verwirklichung eines Bebauungsplanes, zur Realisierung der städtebaulichen Ordnung oder zum Bau wichtiger Infrastrukturprojekte hat der Gesetzgeber die Möglichkeit zur Enteignung vorgesehen.Nach § 85 BauGB kann nur enteignet werden, um ein Grundstück entsprechend den Festsetzungen des Bebauungsplanes zu nutzen oder eine solche Nutzung vorzubereiten. Nach dem BauGB ist es außerdem möglich, unbebaute oder geringfügig bebaute Grundstücke, die nicht im Bereich eines Bebauungsplanes, aber im Zusammenhang bebauter Ortsteile belegen sind, einer baulichen Nutzung zuzuführen oder Baulücken zu schließen. Bevor einem Grundstückseigentümer das Eigentum entzogen wird, muss die Gemeinde nachweisen, dass sie sich ernsthaft um den Erwerb des Grundstückes bemüht hat. Das Verfahren der Enteignung wird durch die höhere Verwaltungsbehörde als Enteignungsbehörde durchgeführt. Die Enteignungsbehörde entscheidet nach einer mündlichen Verhandlung und Anhörung des Gutachterausschusses, wenn keine Einigung der Beteiligten zustande kommt. Der Enteignungsbeschluss wird begründet und mit Rechtsmittelbelehrung zugestellt. Entschädigt wird der enteignete Eigentümer grundsätzlich in Geld auf Basis des Verkehrswertes des Grundstückes. Auf Antrag kann die Entschädigung in Land erfolgen, wenn Ersatzland zu beschaffen oder vorhanden ist und der Eigentümer zur Sicherung seiner beruflichen Existenz darauf angewiesen ist.

Weitere Rechtsgrundlagen zum Enteignungsrecht im Bundesrecht finden sich zum Beispiel im Landbeschaffungsgesetz, Bundesfernstraßengesetz, Bundesbahngesetz, Bundesnaturschutzgesetz etc.

Entsiegelungsgebot
requirement to remove the hard surfaces or structures that are covering the ground

Das Bodenschutzgesetz enthält eine Ermächtigung für die Bundesregierung, nach Anhörung der „beteiligten Kreise" eine Rechtsverordnung über die Entsiegelung nicht mehr genutzter Flächen erlassen zu können. Darin kann die Verpflichtung des Bodeneigentümers näher geregelt werden, „bei dauerhaft nicht mehr genutzten Flächen, deren Versiegelung im Widerspruch zu planungsrechtlichen Festsetzungen steht, den Boden in seiner Leistungsfähigkeit, soweit wie möglich und zumutbar zu erhalten oder wiederherzustellen". Dieses Entsiegelungsgebot geht über dasjenige des BauGB hinaus, bei dem das Vorhandensein von Missständen oder Mängeln vorausgesetzt wird, die durch Modernisierungs- und Instandsetzungsmaßnahmen nicht mehr behoben werden können.

Entziehung (Wohnungseigentum)
dispossession (freehold flat)

Unter bestimmten Voraussetzungen können die Wohnungseigentümer bei schweren Pflichtverletzungen von dem störenden Eigentümer die Veräußerung des Wohnungseigentums verlangen. Dieses Entziehungsrecht fällt gemäß § 18 Abs. 1 Satz 2 WEG als gemeinschaftsbezogenes Recht in die Ausübungsbefugnisse der teilrechtsfähigen Wohnungseigentümergemeinschaft im Sinne des § 10 Abs. 6 Satz 3 WEG und obliegt nicht mehr den Wohnungseigentümern in ihrer Gesamtheit.

Die Voraussetzungen liegen insbesondere vor, wenn sich der Wohnungseigentümer trotz Abmahnung wiederholt grob gegen die ihm nach § 14 WEG obliegenden Pflichten verstößt, oder wenn der Wohnungseigentümer sich mit der Erfüllung seiner Verpflichtungen zur Lasten- und Kostentragung, also mit seinen regelmäßigen Hausgeldzahlungen, länger als drei Monate in Verzug befindet. Dieser rückständige Betrag muss mehr als drei vom Hundert des Einheitswertes seiner Wohnung betragen. Zum Nachweis dieses Betrages ist der Einheitswertbescheid vorzulegen, dessen Herausgabe vom zuständigen Finanzamt nicht verweigert werden darf.

Über das Verlangen beschließen die Wohnungseigentümer mit Mehrheit. Erforderlich ist eine Mehrheit von mehr als der Hälfte der stimmberechtigten Wohnungseigentümer. Die vorgesehene Beschlussfassung über die Entziehung muss eindeutig aus der mit der Einladung zur Wohnungseigentümerversammlung übersandten Tagesordnung ersichtlich sein.

Dem Entziehungsbeschluss muss grundsätzlich eine Abmahnung vorausgehen. Bereits ein einmaliger Verstoß gegen die Abmahnung rechtfertigt den Entziehungsbeschluss. (BGH, 8.7.2011, V ZR 2/11; 19.7.2007, V ZR 26/06).

Erbbaurecht

ground lease; building lease; hereditary building (lease) right; inheritable building right; long leasehold

Das Erbbaurecht verleiht dem Berechtigten das Recht, auf oder unter fremdem Grundstück ein „Bauwerk" zu haben. Dieses ist wesentlicher Bestandteil des Erbbaurechts. Eine Zerstörung des Gebäudes hat auf das Erbbaurecht keinen Einfluss. Das Bauwerk ist Eigentum des Erbbauberechtigten. Im Normalfall wird es an einem unbebauten Grundstück begründet. Der Berechtigte wird im Erbbauvertrag zur Errichtung eines in seiner Nutzungsart bestimmten Gebäudes verpflichtet.

Weitere Pflichten können sich beziehen auf die Instandhaltung, Versicherung, Tragung der öffentlichen Lasten, Wiederaufbau bei Zerstörung, Heimfallanspruch des Erbbaurechtgebers bei Vertragsverletzung, Laufzeit, Erbbauzins, Vorrecht des Erbbauberechtigten bei Erneuerung des Erbbaurechts nach Ablauf, eine etwaige Verpflichtung des Erbbaurechtgebers zum Verkauf des Grundstücks an den Erbbauberechtigten usw.

Das Erbbaurecht kann auch an einem bebauten Grundstück begründet werden. Auf diese Weise erfolgt eine eigentumsrechtliche Trennung zwischen dem Grund und Boden und dem Gebäude. Außerdem ist die Begründung von Eigentümererbbaurechten möglich. In einem solchen Fall sind Erbbaurechtsgeber und Berechtigter identisch. Von dieser Möglichkeit wird häufig Gebrauch gemacht, um im Zuge der Durchführung eines Bauvorhabens eine einheitliche Verkaufsgrundlage für die zu errichtenden Hauseinheiten vorzubereiten.

Das Erbbaurecht war früher ein Instrument zur Versorgung einkommensschwacher Bevölkerungskreise mit Wohneigentum. Der Vorteil bestand darin, die Kosten für das Baugrundstück nicht aufbringen zu müssen. In neuerer Zeit wird das Erbbaurecht auch im Gewerbeimmobilienbereich eingesetzt. Der vereinbarte Erbbauzins liegt hier in der Regel über dem von Wohnzwecken dienenden Erbbaurechten. Das Erbbaurecht kann auch unentgeltlich vergeben werden. Wird aber ein Erbbauzins vereinbart, erfolgt die Absicherung über eine Reallast, die in Abteilung II des Erbbaugrundbuchs eingetragen wird. Das Erbbaurecht selbst kann im Grundbuch des Erbbaurechtgebers nur an 1. Rangstelle eingetragen werden.

Erbbauvertrag

building lease agreement

Wird zu Gunsten eines Dritten an einem Grundstück ein Erbbaurecht begründet, schließt der Erbbaurechtsgeber (Eigentümer des Grundstücks) mit dem Erbbauberechtigten einen Erbbauvertrag. Der Erbbauvertrag muss notariell beurkundet werden. In ihm werden die erforderlichen Eintragungsanträge an das Grundbuch gestellt (Eintragung des Erbbaurechts in Abt. II des Grundstücksgrundbuchs, Begründung des Erbbaurechts durch ein Erbbaugrundbuch, Absicherung des Erbbauzinses durch Eintragung einer Erbbaureallast in Abt. II des Erbbaugrundbuchs). Alle Vereinbarungen des Erbbauvertrages werden Inhalt des Erbbaurechts. Dieser kann neben gesetzlich zu treffenden auch sonstige Inhalte haben. Nach § 2 des Erbbaurechtsgesetzes (früher Erbbaurechtsverordnung) sind auf jeden Fall Vereinbarungen zu treffen über

- die Errichtung, die Instandhaltung und die Verwendung des Bauwerkes;
- die Versicherung des Bauwerkes und seinen Wiederaufbau im Falle der Zerstörung;
- die Tragung der öffentlichen und privatrechtlichen Lasten und Abgaben;
- eine Verpflichtung des Erbbauberechtigten, das Erbbaurecht beim Eintreten bestimmter Voraussetzungen auf den Grundstückseigentümer zu übertragen (Heimfall);
- eine Verpflichtung des Erbbauberechtigten zur Zahlung von Vertragsstrafen;
- die Einräumung eines Vorrechts für den Erbbauberechtigten auf Erneuerung des Erbbaurechts nach dessen Ablauf;
- eine Verpflichtung des Grundstückseigentümers, das Grundstück an den jeweiligen Erbbauberechtigten zu verkaufen.

Vereinbart werden kann auch das Erfordernis einer Zustimmung des Grundstückseigentümers zur Veräußerung und Belastung des Erbbaurechts. Wird ein Erbbauzins vereinbart, so wird er wie eine Reallast behandelt. Soll die Möglichkeit eingeräumt werden, den Erbbauzins zu erhöhen, muss die Begrenzung der Erhöhung beachtet werden, wenn das Erbbaurecht Wohnzwecken dient. Die Erhöhung darf in solchen Fällen nicht unbillig sein. Das Erbbaurecht wird für eine bestimmte Zeit vereinbart. Nach Ablauf der Zeit muss der Grundstückseigentümer dem Erbbauberechtigten eine Entschädigung für das bestehen bleibende Bauwerk bezahlen. Die Höhe der Entschädigung ist Vereinbarungssache. Wenn es zur Befriedigung des Wohnbedürfnisses einkommensschwacher Bevölkerungskreise bestellt ist, muss der Entschädigungsbetrag mindestens zwei Drittel des gemeinen Wertes (Verkehrswert) betragen. Eine Alternative ist die Verlängerung des Erbbaurechts.

Erbengemeinschaft
community of heirs; joint heirs

Ein Erbe entsteht im Augenblick des Todes eines Menschen, der über eine vererbbare Masse (Erbmasse) verfügt (Geldvermögen, Sachvermögen, vererbbare Besitzrechte, Ansprüche aus fällig werdenden Lebensversicherungen). In der Regel steht fest, wer zu den Erben gehört. Rechtsgrundlage ist das Erbrecht des BGB. Gibt es einen Alleinerben, dann entstehen hinsichtlich der Verfügungsrechte über das Vermögen keine Probleme. Allerdings ist denkbar, dass der Erblasser/die Erblasserin einen Testamentsvollstrecker eingesetzt hat, der den Willen des Erblassers hinsichtlich der Frage, was mit dem Erbe geschehen soll (auch gegen den Willen des Erben), durchzusetzen hat. Gleiches gilt auch bei Bestehen einer Erbengemeinschaft.

Sind mehrere Personen Erben, werden sie zu Miterben, die als Erbengemeinschaft eine Gesamthandsgemeinschaft bilden. Allen Miterben gehört dann jeweils ein Anteil am vererbten Gesamtvermögen (nicht an einzelnen Vermögensteilen), der – je nach Verwandtschaftsgrad – unterschiedlich hoch sein kann. Der überlebende Ehegatte erhält nach den gesetzlichen Vorschriften die Hälfte, die Kinder erhalten die andere Hälfte, wobei der jeweilige Anteil umso geringer wird, je mehr Kinder der Erblasser hat. Die Kinder haben auf jeden Fall einen Pflichtteilsanspruch von einem Viertel der Erbmasse, der, von Ausnahmen abgesehen, nicht ausgeschlossen werden kann.

Die Verwaltung des ererbten Vermögens erfolgt durch mehrheitliche Willensbildung der Erbengemeinschaft. Da eine Erbengemeinschaft im Gegensatz zu einer BGB Gesellschaft nicht rechtsfähig ist, sollte sie im Interesse ihrer Handlungsfähigkeit entweder in eine Bruchteilsgemeinschaft umgestaltet werden oder auf andere Weise auseinandergesetzt werden. Kommt keine Einigung über die Erbteilaufteilung zustande, kann das Nachlassgericht zum Zweck der Vermittlung eingeschaltet werden. Führt dies nicht zum Erfolg, kann der Erbe, der der Verteilung nicht zustimmt, auf Zustimmung bei Gericht verklagt werden. Jeder Miterbe hat zum Zweck der Auflösung der Gemeinschaft auch das Recht, einen Antrag auf Teilungsversteigerung bei Gericht zu stellen. Jeder Miterbe kann sich von seinem Erbanteil auch durch Verkauf dieses Anteils trennen oder seinen Erbanteil durch eine notariell beurkundete Willenserklärung an andere übertragen. Schließlich kann sich ein Miterbe durch Abschichtung von der Erbengemeinschaft trennen, das ist ein freiwilliges Ausscheiden aus der Erbengemeinschaft in der Regel gegen eine Abfindung.

Soweit es die Erbmasse zulässt, kann auch eine Realteilung erfolgen. **Beispiel:** Drei Kinder erben ein Dreifamilienhaus. Hieran kann Wohnungseigentum begründet werden und jedem Erben steht dann eine Eigentumswohnung zu, wobei unterschiedliche Werte durch Ausgleichszahlungen egalisiert werden können.

Zwischen Eheleuten wird häufig in einem sogenannten Berliner Testament vereinbart, dass der jeweils überlebende Ehegatte Vorerbe werden soll. Dabei ist zu unterscheiden zwischen einer Konstruktion, nach der die Erbmasse des zuerst versterbenden Ehegatten auf den Ehepartner übergeht, die Nacherben aber dadurch geschützt werden, dass zu ihrem Nachteil keine Verfügungen über das Erbe getroffen getroffen werden können. Die andere Version besteht darin, dass der länger Lebende als Vorerbe Vollerbe mit alleinigem Verfügungsrecht über die Erbmasse wird. Das Berliner Testament muss von beiden Ehepartnern handschriftlich geschrieben werden: Einer schreibt, der andere schließt sich dem an.

Erbrechtsreform 2009
judicial reform 2009 of the German inheritance law

Am 1.1.2010 ist eine Reform des deutschen Erbrechts in Kraft getreten. Die Grundzüge:

Die Gründe, aus denen der Erblasser einem Erben seinen Pflichtteil entziehen kann, sind modernisiert worden. Die Entziehungsgründe werden künftig für Abkömmlinge, Eltern und Ehegatten oder Lebenspartner gleichermaßen angewendet, während es bisher Unterschiede gab.

Besonderen Schutz gibt es nun für Personen, die dem Erblasser besonders nahe stehen – zum Beispiel Kinder, Stief- und Pflegekinder, Ehepartner, Lebenspartner. Begeht ein Pflichtteilsberechtigter diesen gegenüber schwere Straftaten oder trachtet er ihnen gar nach dem Leben, kann ihm der Pflichtteil genauso entzogen werden, als ob er gegen den Erblasser selbst gehandelt hätte.

Der Entziehungsgrund „ehrloser und unsittlicher Lebenswandel" bei Kindern des Erblassers ist entfallen. Nun berechtigt – bei einem erweiterten Personenkreis – eine rechtskräftige Verurteilung zu einer Freiheitsstrafe von mindestens einem Jahr ohne Bewährung zur Entziehung des Pflichtteils. Zusätzlich muss es dem Erblasser unzumutbar sein, dem Verurteilten seinen Pflichtteil zu belassen. Auch die gerichtlich angeordnete Unterbringung in einer Entziehungsanstalt oder einem psychiatrischen Krankenhaus wegen einer ähnlich schweren, vorsätzlichen Tat ist ein Entziehungsgrund.

Wird hauptsächlich ein Eigenheim oder ein Unternehmen vererbt, muss der Erbe oft schnell verkaufen, um Pflichtteile auszahlen zu können. Einen Ausweg bietet eine bereits existierende Stundungsregelung, die jedoch früher nur unter engsten Voraussetzungen dem pflichtteilsberechtigten Erben offen stand. Mit der Reform wurde die Stundung unter erleichterten Voraussetzungen und für jeden Erben durchsetzbar. So kann zum Beispiel der Erbe eines Eigenheims gegenüber dem Pflichtteilsberechtigten eine Stundung der Auszahlung des Pflichtteils verlangen, wenn dies für ihn derzeit eine unbillige Härte darstellen würde. Die Entscheidung über eine Stundung trifft auf Antrag das Nachlassgericht.

Schenkungen des Erblassers in seinen letzten zehn Jahren können zu einem Pflichtteilsergänzungsanspruch führen – d. h. der Pflichtteil wird so berechnet, als ob das Vermögen des Erblassers durch die Schenkung nicht verringert worden wäre. Nun gibt es gleitende Fristen. Die Schenkung wird für die Berechnung des Ergänzungsanspruchs immer weniger berücksichtigt, je länger sie zurück liegt. Beispiel: Schenkung im ersten Jahr vor dem Erbfall: Voll einbezogen. Schenkung im dritten Jahr: Zu 8/10 einbezogen.

Zwei Drittel aller Pflegebedürftigen werden zu Hause gepflegt. Pflegeleistungen werden nun bei der Erbauseinandersetzung besser honoriert. Dies betrifft speziell Fälle, in denen keine testamentarische Ausgleichsregelung getroffen wurde. So gibt es nun auch dann erbrechtliche Ausgleichsansprüche, wenn nicht zugunsten der Pflege völlig auf ein eigenes Einkommen verzichtet wurde.

Die Verjährung familien- und erbrechtlicher Ansprüche wurde an die seit 2001 im Rahmen der Schuldrechtsreform eingeführte Regelverjährung von drei Jahren angepasst. In einigen Fällen blieb jedoch die 30-jährige Verjährung erhalten.

Erbschafts- und Schenkungssteuer
inheritance tax; death tax; Capital Transfer Tax (CTT) (archaic)

Die Erbschaft- und Schenkungsteuer ist eine Steuer, die bei der Übertragung (Schenkung oder Erbschaft) von Vermögen vom Begünstigten (Erbe oder Beschenkter) zu zahlen ist. Die Höhe der Steuer hängt bei Vererbung bzw. Schenkung von Grundstücken von deren Grundbesitzwert ab, der sich seit der Erbschaftssteuerreform zum 1.1.2009 am Verkehrswert des Grundstücks ausrichten muss. Zweiter Einflussfaktor ist der Verwandtschaftsgrad zwischen Erblasser und Erben. Grundsätzlich gilt: Je geringer der steuerpflichtige Erwerb und je enger der Verwandtschaftsgrad, desto niedriger der Steuersatz (in Prozent des steuerpflichtigen Erwerbs) und somit die Steuerschuld. Die sich aus der Reform ergebende erhebliche Benachteiligung von Geschwistern als Erben wurde mit der Reform der Reform zum 1.1.2010 wieder korrigiert. Die Steuersätze in der Steuerklasse II bewegen sich nun je nach Erbschaftswert zwischen 15 und 43 Prozent. Nach der Reform zum 1.1.2009 waren dies zunächst 30 bis 50 Prozent gewesen.

Erdwärmeheizung/Geothermie
geothermal heating system/geothermal energy

Eine Erdwärmeheizung nutzt die in der äußeren Erdkruste gespeicherte Einstrahlungsenergie der Sonne. In 10 bis 20 Meter Tiefe liegt die Temperatur des Erdreichs in Mitteleuropa durchschnittlich bei ca. 13 Grad Celsius, in größeren Tiefen steigt sie an. Um die Erdwärme nutzen zu können, müssen sogenannte Erdwärmekollektoren bzw. -sonden im Erdreich versenkt werden. Im Prinzip handelt es sich bei den Wärmekollektoren um mit Wasser gefüllte Kunststoffrohre. Diese sind über eine Wärmepumpe mit dem Hausheizkreislauf gekoppelt. Die Wärmepumpe komprimiert über einen Verdichter das Wasser auf einen höheren Druck. Dies hat zur Folge, dass sich die von der Erdwärme bereits erzeugte Temperatur erhöht. Sie erreicht schließlich Werte, die ihre Nutzung zum Heizen ermöglichen. Der Vorteil von Erdwärmeheizungen ist die Unabhängigkeit von fossilen Energieträgern und Energieversorgern. Nachteil ist, dass die Wärmepumpe Strom benötigt und einen relativ hohen Verbrauch hat. Man geht davon aus, dass die erzeugte Heizenergie zu 75 Prozent aus Erdwärme und zu 25 Prozent aus dem Stromverbrauch der Wärmepumpe stammt. Wieviel Strom eine Wärmepumpe konkret verbraucht, lässt sich schwer sagen, da der Stromverbrauch von vielen Faktoren abhängt.

Die Effizienz einer Erdwärmeheizung ist bei einem gut gedämmten Haus besser, da weniger Heizwärme zu erzeugen ist. Die Vorlauftemperatur der Heizanlage sollte möglichst gering sein. Die Vorlauftemperatur ist die Temperatur, die das Heizungswasser hat, wenn es die Heizanlage in Richtung Heizkörper verlässt. Geringe Vorlauftemperaturen von 30 bis 50 Grad Celsius ermöglichen eine Fußbodenheizung. Auch ein älteres Haus mit herkömmlichen Heizkörpern kann durchaus mit einer Wärmepumpe ausgestattet werden. Hier ist jedoch eine speziell ausgelegte Anlage mit höherer Vorlauftemperatur (50 bis 70 Grad Celsius) nötig. Je kleiner die Temperaturdifferenz zwischen Erdreich und Vorlauftemperatur ist, die die Wärmepumpe überbrücken muss, desto höher ist ihre Effektivität. Bei einer Radiatoren-Heizung ist die Effektivität meist geringer.

Erhaltungssatzung
maintenance articles

Die Gemeinden können durch Satzung Gebiete bezeichnen, deren städtebauliche Eigenart und Gestalt erhalten werden sollen. Eine solche Satzung wird als Erhaltungssatzung bezeichnet. Derartige Gebiete unterliegen einer Veränderungssperre. Rückbau, Änderung der baulichen Anlagen und deren Nutzung bedürfen damit der Genehmigung.

Durch Rechtsverordnung der Landesregierungen kann bestimmt werden, dass auch die Begründung von Wohnungseigentum i. S. d. WEG an bestehenden Gebäuden („Umwandlung") der Genehmigung bedarf. Die gesetzliche Regelung dazu findet sich in § 172 Baugesetzbuch. Die Änderung oder der Abbruch einer baulichen Anlage im Geltungsbereich einer Erhaltungssatzung ohne spezielle Genehmigung stellt nach § 213 Abs.1 Nr.4 BauGB eine Ordnungswidrigkeit dar. Nach § 213 Abs. 2 BauGB kann diese mit einer Geldbuße bis zu 25.000 Euro geahndet werden.

So musste der Eigentümer eines Mehrfamilienhauses in Wiesbaden eine Geldbuße von 1.300 Euro zahlen, weil er eine frei gewordene Mietwohnung im Geltungsgebiet der Erhaltungssatzung ohne Genehmigung umgebaut und damit verändert hatte. Unter Umbau verstand das mit der Sache befasste Gericht alle Instandsetzungs- und Modernisierungsarbeiten, die über eine bloße Reparatur hinausgehen. Im vorliegenden Fall waren es Grundrissveränderungen, Vergrößerung der Küche, neue Fliesen, Modernisierung der Heizanlage (Oberlandesgericht Frankfurt, Beschluss vom 17.3.2003, Az. 2s OWi 382/2002).

Eine besondere Art der Erhaltungssatzung ist die „Milieuschutzsatzung", die der Erhaltung der Zusammensetzung der Wohnbevölkerung dient. Hierfür gelten zusätzliche Regelungen.

Erschließung/Erschließungsbeitrag
infrastructure provision; provision of public services (to enable land to be developed) – recoupment charge for local public infrastructure; charge for the provision of e.g. roads and services; land improvement contribution

Mit Erschließung wird die Herstellung von Erschließungsanlagen bezeichnet, die eine Voraussetzung für die Bebauung von Grundstücken sind. Die Erschließung ist Aufgabe der Gemeinde. Geregelt wird die Durchführung der Erschließung durch eine Satzung.

Erschließungsanlagen im Sinne des BauGB sind u. a. die öffentlichen, zum Anbau bestimmten Straßen, Wege, Plätze, sowie Sammelstraßen innerhalb der Baugebietes, Parkflächen und Grünanlagen. Nach Landesrecht gehören auch Anlagen der Versorgung mit Wasser, Strom, Gas, Anlagen der Entsorgung und Entwässerung zur Erschließung. Regelungen hierzu finden sich in den Kommunalabgabegesetzen der Bundesländer.

Die Versorgungs- und Entsorgungsanlagen werden jeweils bis zur Grundstücksgrenze der „Anlieger" gelegt. Damit gebaut werden kann, muss die Erschließung des Grundstücks gesichert sein. Die der Gemeinde entstehenden Kosten für die Erschließungsanlagen kann sie – soweit sie erforderlich sind – bis zur Höhe von 90 Prozent als Erschließungsbeitrag an die Grundstückseigentümer weiterberechnen.

Maßstäbe für die Verteilung der Erschließungskosten können Art und Maß der baulichen oder sonstigen Nutzung, die Grundstücksflächen und die Grundstücksbreite der Erschließungsanlage (Straßenfront) sein. Die Beitragspflicht besteht für Grundstücke, die bebaut werden dürfen, selbst wenn mit dem Bau noch nicht begonnen ist, die Erschließungsanlagen aber fertiggestellt sind. Für die Instandhaltung der Erschließungsanlagen sind ebenfalls die Gemeinden zuständig. Mit dem Bau eines Gebäudes darf erst begonnen werden, wenn die Erschließung gesichert ist. Dies gilt generell, nicht nur innerhalb des Geltungsbereiches eines Bebauungsplanes.

Ertragsanalyse
profit analysis

Ertragsanalysen dienen der Erkenntnis, welche Ertragsquellen für die zukünftige Entwicklung eines Unternehmens vorhanden sind und wie sie positiv beeinflusst werden können. Daraus ergibt sich die Ertragskraft. Eine Messzahl für die Ertragskraft ist die Rentabilität. Ähnliches, nur mit der umgekehrten Zielrichtung gilt für Kostenanalysen, die Kosteneinsparungspotenziale aufspüren sollen.

Im Bereich der Immobilienbewertung dienen Ertragsanalysen der Feststellung, ob und inwieweit aktuelle Erträge langfristiger Natur sind, ob es versteckte nicht ausgeschöpfte Ertragspotenziale gibt und mit welchen Risiken die daraus errechneten Erträge behaftet sind. Die dominierenden Ertragsgrößen von Immobilienobjekten sind die nachhaltigen Mieterträge. Sie und die ermittelten nachhaltigen

Mietertragspotenziale sind Ausgangsgrößen für die Ermittlung von Ertragswerten. Die Analysen beziehen sich auf Roherträge. Hiervon sind die Bewirtschaftungskosten abzuziehen, um zum Reinertrag zu gelangen.

Ertragswert
capitalised income value; capitalised earning power; capitalised (return) value; earning (capacity) value; income value; productive value of property

Die Definition des Ertragswerts lässt sich aus den Vorschriften über das Ertragswertverfahren in der ImmoWertV ableiten. Danach handelt es sich um die Summe aus Bodenwert und Gebäudeertragswert. Das Ertragswertverfahren wird eingesetzt, um den Verkehrswert solcher Immobilienobjekte zu ermitteln, bei denen der Ertrag aus dem Grundstück der wichtigste Wertfaktor ist, zum Beispiel Mehrfamilienhäuser, Geschäftshäuser, gemischtgenutzte Immobilien.

Der Ertragswert wird wie folgt ermittelt: Zunächst wird der Bodenwert durch Preisvergleiche oder mit Hilfe von Richtwerten ermittelt. Daneben werden vom nachhaltig erzielbaren Rohertrag die Bewirtschaftungskosten mit Ausnahme der Abschreibung und der umlegbaren Betriebskosten abgezogen. Von dem so ermittelten Reinertrag wird der auf den Bodenwert entfallende Liegenschaftszins in Abzug gebracht. Der verbleibende Betrag wird unter Berücksichtigung der Restnutzungsdauer (Abschreibungskomponente) mit einem sich aus dem Liegenschaftszinssatz ergebenden Multiplikator kapitalisiert. Der Multiplikator kann der Vervielfältigertabelle der ImmoWertV entnommen werden. Sofern ein Reparaturanstau besteht, ist er zu beziffern und vom Ertragswert abzuziehen.

Stellt sich bei diesem Verfahren heraus, dass vom Reinertrag nach Abzug des Bodenverzinsungsbetrages kein positiver Betrag für die Verzinsung des Gebäudes übrig bleibt, mündet das Ertragswertverfahren in das sogenannte Liquidationsverfahren. Bei ihm werden vom Bodenwert die Freilegungskosten abgezogen. Dabei werden auch etwaige vertragliche Bindungen und sonstige Umstände berücksichtigt, die einer sofortigen Freilegung entgegenstehen.

Bei langen Restnutzungsdauern kann auf die Aufspaltung zwischen dem Boden- und Gebäudeertragsanteil verzichtet werden. Überschlägig kann der Ertragswert auch durch Multiplikation des Rohertrages mit einem marktüblichen Multiplikator ermittelt werden („Maklermethode").

Ertragswertverfahren
income (capitalisation) approach to valuation

Bei der Bewertung von bebauten Grundstücken für Zwecke der Erbschaft- und Schenkungsteuer ab 2009 ist für Mietwohngrundstücke, Geschäftsgrundstücke und gemischt genutzte Grundstücke, für die sich auf dem örtlichen Grundstücksmarkt eine übliche Miete ermitteln lässt, das Ertragswertverfahren anzuwenden.

Etagenheizung
single-storey heating

Eine Etagenheizung erwärmt die Räume einer einzelnen Wohnung bzw. einer Etage. Meist ist sie mit Gas betrieben. Das Heizgerät ist üblicherweise auf der gleichen Etage platziert wie die beheizte Wohnung. Die Abgase gelangen durch einen Abluftkanal in der Gebäudewand nach draußen.

Warmwasser wird ebenfalls über die Etagenheizung erwärmt. Die bei Zentralheizungen gültigen Regeln über die verbrauchsabhängige Heizkostenberechnung (Umlage auf alle Mieter, zum Beispiel Aufteilung 70 Prozent Verbrauch, 30 Prozent nach Quadratmetern der Wohnung) gelten hier nicht, da jeder Mieter nur seinen eigenen Verbrauch bezahlt. Der Mieter kann nach eigenem Bedarf die Heizung an- oder abstellen.

Reinigung und Wartung der Heizung muss der Mieter über die Betriebskosten bezahlen, wenn dies im Mietvertrag so vereinbart wurde. Reparaturen sind nicht umlagefähig. Die Heizungsart einer Wohnung gehört zu den Ausstattungsmerkmalen, die bei der Beantragung von Wohngeld und bei Mieterhöhungen relevant werden. Eine Etagenheizung wird dabei wie eine Sammelheizung bewertet.

Die Entwicklung der Heiztechnik hat in den letzten Jahren erhebliche Fortschritte gemacht. Etagenheizungen, die älter als 15-20 Jahre sind, können nur volle Leistung oder überhaupt keine erbringen. Dies führt zu vielen Starts des Brenners mit kurzer Brenndauer und hohem Verbrauch. Neue Geräte verfügen über eine Steuerelektronik, die die Heizleistung dem tatsächlichen Bedarf anpasst und somit Energie und Kosten spart.

Exposé
sales particulars

Das Exposé ist die Beschreibung eines Objektes, das von einem Makler angeboten wird. Es unterscheidet sich vom Prospekt dadurch, dass sich die Exposéinformationen auf ein bestehendes Objekt beziehen, das der Besichtigungskontrolle unterworfen ist, während ein Prospekt ein Vorhaben beschreibt, das erst durchgeführt wird.

Das Exposé erfüllt folgende Funktionen:
- Mit seiner Hilfe erfüllt der Makler die ihm durch die MaBV auferlegte Informationspflicht gegenüber Kauf- und Mietinteressenten.
- Die Information der Interessenten erzeugt ein Mindestmaß an Markttransparenz.
- Darüber hinaus wird das Exposé als Mittel der Objektwerbung und vielfach auch als Mittel der Firmenwerbung eingesetzt.

Eine Vorschrift über Aufbau und Form des Exposés existiert nicht. Im Allgemeinen enthält es eine Lagebeschreibung, eine Grundstücks- und Gebäudebeschreibung, eine Darstellung der Wert- und Nutzungsdaten sowie die Objektangebotsdaten. Ob in das Exposé auch die Provisionsbedingungen des Maklers aufgenommen werden sollen, ist lediglich im Hinblick auf die Informationsfunktion des Exposés zu bejahen. Eine rechtliche Bedeutung kommt einem solchen Provisionshinweis nicht zu, da das Exposé als faktisches Objektangebot und nicht als Angebot zum Abschluss eines Maklervertrags aufgefasst wird. Unterschieden wird zwischen Kurz- und Langexposés. Kurzexposés dienen im Allgemeinen der Information anderer Makler im Rahmen von Gemeinschaftsgeschäften und einer Vorabinformation von Interessenten.

Langexposés enthalten alle Daten, für die im Allgemeinen auf Kundenseite ein Informationsinteresse besteht. Soweit das Exposé die Funktion eines Mittels der Objektwerbung erfüllt, gilt der Grundsatz, dass es „Spiegelbild der Wirklichkeit" sein soll und die Daten besonders herauszustellen sind, die für die Zielgruppe von besonderem Interesse sind. Der Makler haftet für die Richtigkeit der Angaben im Exposé, wenn er nicht zum Ausdruck bringt, dass es sich bei den Angaben im Exposé um Angaben des Eigentümers bzw. Dritter handelt. Ein Haftungsausschluss für eigene Angaben des Maklers ist nicht möglich.

Eine besondere Bedeutung gewann das Exposé im Rahmen der Objektpräsentation im Internet und in den Immobilienportalen. Vor allem erhält das Exposé durch die Möglichkeit, die Objektbeschreibung durch viele Bilder zu unterstützen, einen erhöhten Informationswert. Die Markttransparenz wird durch vorgegebene Suchraster im Vergleich zu den Immobilienteilen der Tageszeitungen wesentlich erhöht. Schließlich wird die Kontaktaufnahme eines Interessenten mit dem anbietenden Makler rationalisiert und qualitativ erweitert. Sie ist gleich bedeutend mit der Aufnahme einer maklervertraglichen Beziehung zum Makler.

Externe Effekte
external effects

Bei externen Effekten handelt es sich um wertbeeinflussende Einwirkungen auf Grundstücke eines größeren oder kleineren Gebietes, die nicht über einen Marktpreis ausgeglichen werden. Die Effekte können positiv sein. Beispiel: Der Verkehr durch einen Stadtteil wird über ein neues Tunnelsystem unter der Erde abgeleitet. Die wesentlich verringerte Lärmimmission führt zu einem Wertzuwachs, ohne dass die Gemeinde von den begünstigten Bewohnern dafür einen Preis verlangen könnte. Ebenso sind negative externe Effekte denkbar. In der Nähe eine Gemeinde wird ein Sportflughafen errichtet, dessen Betrieb starken Fluglärm mit sich bringt. Die Immobilienpreise sinken wegen dieser Beeinträchtigung. Der Flughafenbetreiber muss für diese Beeinträchtigung finanziell nicht aufkommen. Die Werteinflüsse können teilweise enorm sein, wenn es sich um großräumige Entwicklungen handelt wie zum Beispiel bei einer Beendigung des Braunkohleabbaus in einer Region in Verbindung mit einer Rekultivierung der entstandenen „Mondlandschaft".

Fachwerkhaus
half-timbered house

Ein Fachwerkhaus besteht aus einer Holzbalken-konstruktion für die tragenden Wände, wobei die Holzbalken vertikal, horizontal und zur Versteifung diagonal miteinander verbunden werden. Die Räume dazwischen sind mit Lehm, Schwemmsteinen oder Ziegelsteinen ausgefüllt. Fachwerkhäuser spielten in früherer Zeit sowohl bei Bauernhöfen in Dörfern als in den Städten als Bürgerhäuser eine große Rolle. Einer Mode folgend wurden vor allem im 16. und 17. Jahrhundert die Fachwerke, soweit sie verputzt waren, bloß gelegt und mit Schnitzereien und Bemalungen verziert. Im 18. und 19. Jahrhundert wurde ein Teil der Fachwerke wegen der erhöhten Brandgefahr wieder verputzt.

Fachwerkhäuser sind vor allem in Deutschland (wohl wegen seines hohen Bestandes an Eichenwäldern), Frankreich, Belgien, England und in einigen Ländern Osteuropas anzutreffen. Alte Fachwerkhäuser stehen heute in der Regel unter Denkmalschutz. Eine moderne Art des Fachwerkhauses ist heute das Haus in Ständerbauweise, die ebenfalls auf einer Balkenkonstruktion beruht. Es werden aber auch von Fertighausfirmen neue Fachwerkhäuser nach dem alten Stil angeboten.

Fälligkeit
maturity

Die Fälligkeit bezieht sich allgemein auf den Zeitpunkt, zu dem ein Vertragspartner die von ihm geschuldete Leistung zu erbringen hat. Die Fälligkeit ist im Bauvertragsrecht unterschiedlich geregelt. So wird der Werklohn der Handwerker und Bauunternehmer nach BGB-Vertrag mit der Abnahme der Bauleistung fällig. Sowohl nach BGB-Werkvertrag (§ 632a) als auch bei einem VOB-Vertrag (§ 16 VOB/B) kann der Vertragspartner gegebenenfalls Abschlagszahlungen für abrechenbare Leistungsabschnitte verlangen. Nach VOB sind diese Zahlungen innerhalb von 21 Tagen nach Zugang der Leistungsaufstellung fällig. Die Schlusszahlung muss binnen 30 Tagen, nachdem eine nachprüfbare Rechnung vorgelegt wurde, beglichen werden. Ausnahmsweise kann sich diese Frist auch auf 60 Tage verlängern, wenn es gute Gründe dafür gibt und dies so vereinbart wurde. Das Architektenhonorar setzt ebenfalls die abnahmefähige Erbringung der Leistung und die Vorlage einer prüffähigen Schlussrechnung voraus. Im Mietrecht wird in der Regel eine Vorfälligkeit hinsichtlich der Mietzahlungen vereinbart (Fälligkeit am Monatsanfang). Dem entspricht bei Wohnungsmietvertrag mittlerweile auch die gesetzliche Vorschrift.

Beim Makler wird der Provisionsanspruch fällig, sobald er entstanden ist.

Fassade
facade; front

Der Fassade kommt insofern eine besondere Bedeutung zu, als sie dem Betrachter den ersten Eindruck vom Gebäude vermittelt und von den Mietern oder Eigentümern häufig zur Unternehmensdarstellung genutzt wird. Zudem hat die Fassade eine klimatechnische Funktion. Manche Häuser verfügen über eine zweite Fassade („Schauseite") an der Gartenseite.

An Fassadenelementen lässt sich in der Regel der Baustil ablesen.

Fehlbelegung
inappropriate occupation of subsidised accommodation

Eine „Sozialwohnung" – das heißt eine preisgebundene Wohnung kann nur bezogen werden, wenn der Mieter einen Wohnberechtigungsschein vorlegt. Diesen erhält er vom Sozialamt, wenn er eine entsprechende Bedürftigkeit nachweisen kann. Wenn sich jedoch die finanziellen Verhältnisse verbessern, wieder Arbeit gefunden wird usw., sind oft die Voraussetzungen für eine Wohnberechtigung nicht mehr gegeben. Der Mieter genießt nun unberechtigt die Vorteile einer subventionierten Miete, die unter der ortsüblichen Miete liegt.

Um dem entgegenzuwirken, haben einige Bundesländer Anfang der 1990er-Jahre im Rahmen von Gesetzen über den Abbau der Fehlsubventionierung im Wohnungswesen eine Fehlbelegungsabgabe eingeführt. Diese wird mittlerweile als „Ausgleichszahlung für Sozialwohnungen/preisgebundene Wohnungen" bezeichnet. Die Abgabe wird fällig, wenn die maßgebliche Einkommensgrenze des Mieters um mehr als 20 Prozent überschritten ist. In einigen Bundesländern ist der Prozentsatz geringer. Die Ausgleichszahlung beträgt zwischen 0,35 und

3,50 Euro je Quadratmeter. Die genaue Höhe hängt unter anderem von weiteren Ausnahmeregelungen ab, von Höchstbeträgen für bestimmte Wohnungen und von der Anzahl der darin lebenden Personen. Zur Feststellung, ob die Voraussetzungen für eine Wohnberechtigung noch gegeben sind, finden üblicherweise im Abstand von zwei bis drei Jahren behördliche Überprüfungen statt. Die Prüfung besteht meist im Zusenden eines Formulars, dass der Betreffende auszufüllen hat.

Die Fehlbelegungsabgabe wurde von vielen Bundesländern zwischen 2002 und 2008 wieder abgeschafft. Sie wurde als nicht mehr zeitgemäß angesehen, da sie eine gesunde soziale Mischung der Mieterschaft in Gebieten mit vielen preisgebundenen Wohnungen verhindert und Mieter zum Wegzug motiviert, deren finanzielle Situation sich gebessert hat. Auch standen die Einnahmen oftmals in keinem vernünftigen Verhältnis zum Verwaltungsaufwand.

Fenster- und Lichtrecht
window rights; (easement of) light; byelaws concerning the right to light

Das Fensterrecht regelt, ob und wie Grundstückseigentümer in oder an der Außenwand eines Gebäudes Fenster anlegen dürfen, sowie die Voraussetzungen, unter denen Fenster, Türen und zum Betreten bestimmte Bauteile (Balkone, Terrassen) angebracht werden dürfen. Das Lichtrecht schützt bestehende Fenster gegen Eingriffe durch den Nachbarn. Geregelt wird die Befugnis des Grundstückseigentümers, dem Nachbarn die Verbauung im Bereich des Lichteinfalls zu verbieten.Geregelt ist das Fenster- und Lichtrecht in den privatrechtlichen Rechtsvorschriften der Nachbarschaftsgesetze der Bundesländer.

Fernwärme
district heat; heat from a district heating network

Fernwärme wird von zentralen Heizkraftwerken erzeugt und per Rohrsystem zum Verbraucher geliefert. Das Heizen mit Fernwärme wird als umweltfreundlich angesehen, weil Fernwärme oft von Kraftwerken erzeugt wird, die mit Kraft-Wärme-Kopplung arbeiten. Früher war für Mieter und Vermieter die Unterscheidung zwischen Fernwärme und herkömmlicher Zentralheizung von Bedeutung, da die Fernwärme nicht nach der Heizkostenverordnung, sondern nach den AVB Fernwärme (Allgemeine Versorgungsbedingungen) abgerechnet wurde. Diese berücksichtigten nur den Verbrauch, aber keinen verbrauchsunabhängigen

Kostenanteil. Seit 1.3.1989 wird auch die Fernwärme gegenüber dem Mieter nach der Heizkostenverordnung abgerechnet. Die AVB Fernwärme beziehungsweise die ihnen zugrunde liegende AVB Fernwärme-Verordnung verweisen nun hinsichtlich der Abrechnung auf die Regelungen der Heizkostenverordnung. Danach ist ein bestimmter Anteil der Heizkosten nach Verbrauch, der Rest verbrauchsunabhängig (meist: Quadratmeter-Anteil der Wohnung) abzurechnen. Der Verbrauch ist bei Mietwohnungen nicht mehr mit den zuvor üblichen Wassermengenzählern, sondern mit Heizkostenverteilern zu ermitteln. Vor dem 30.9.1989 eingebaute Wassermengenzähler dürfen weiterverwendet werden. Die Bestimmungen der AVB Fernwärme sind weiterhin vom jeweiligen Vertragspartner des Fernwärmeversorgers einzuhalten – also dem Vermieter oder bei Direktlieferung beziehungsweise Wärme-Contracting dem Mieter.

Nach bisheriger Rechtsprechung stellte der Austausch einer Gasetagenheizung gegen einen Fernwärmeanschluss keine Modernisierungsmaßnahme dar, weil er nicht zur Verbesserung des Wohnwertes führe. Verglichen mit einer Gasheizung kann Fernwärme durchaus teurer sein. Vermieter konnten demnach aufgrund des Fernwärmeanschlusses keine Mieterhöhung wegen Modernisierung durchführen (LG Hamburg, Az. 316 S 136/01, Urteil vom 8.1.2002). Der Bundesgerichtshof hat diese Rechtsprechung geändert und in seinem Urteil vom 24.9.2008 betont, dass die Änderung des Heizsystems von einer Gasetagenheizung zum Fernwärmeanschluss als Maßnahme zur Einsparung von Energie gesehen werden kann – und damit eine Modernisierungsmaßnahme ist, die der Mieter zu dulden hat. Voraussetzung ist allerdings, dass die Fernwärme aus einer Anlage mit Kraft-Wärme-Kopplung stammt (Az. VIII ZR 275/07). Somit ist auch eine Mieterhöhung wegen Modernisierung nach § 559 BGB im Bereich des Möglichen.

Nach einer Entscheidung des Bundesgerichtshofes kann ein Vermieter während des Mietverhältnisses eine veraltete Ölheizung durch einen Fernwärmeanschluss ersetzen und die Wärmelieferungskosten auf die Mieter umlegen. Voraussetzung: Im Mietvertrag wird auf die geltenden Bestimmungen über Heizkosten verwiesen. Ferner müssen die bei Vertragsabschluss wirksamen Regelungen (früher: Anlage 3 zu § 27 der II. Berechnungsverordnung, heute: Betriebskostenverordnung) eine Umlage der Kosten für Fernwärmelieferungen vorsehen (BGH, Az. VIII ZR 202/06, Urteil vom 27.6.2007). Die Mietrechtsreform vom 1.5.2013 erleichtert für Vermieter die Umstellung der Wärmeversorgung auf das Wärme-Contracting, also die direkte Versorgung der Mieter durch einen externen Lieferanten, der dann selbst Vertragspartner der Mieter ist. Auch die Fernwärmeversorgung kann im Rahmen eines Contracting-Vertrages erfolgen. Die Umstellung ist drei Monate vorher in Textform anzukündigen. Die Mieter haben dann die Kosten der gewerblichen Fernwärmelieferung als Betriebskosten zu tragen, wenn sie grundsätzlich laut Mietvertrag die Kosten für Wärme und Warmwasser zu übernehmen haben und die Kosten der Wärmelieferung im Rahmen des Contracting nicht höher liegen als zuvor.

Fertighaus
prefabricated house; panelised house; modular home; manufactured home; component building

Das Fertighaus besteht aus normierten Einzelteilen, die nach persönlicher Entscheidung des Käufers innerhalb eines bestimmten Rahmens zu einem Ganzen kombiniert werden. Für den Bau eines Fertighauses werden vorgefertigte Bauteile verwendet. Der Kauf eines Fertighauses bietet dem Käufer einige Vorteile:

- sichere Kalkulationsgrundlage, die auf Festpreisgarantien beruht,
- relative Terminsicherheit, da die Einzelteile vorproduziert und in verhältnismäßig kurzer Zeit aufgestellt werden können,
- Auswahl zwischen verschiedenen Haustypen wie etwa zwischen einem Ausbauhaus und einem schlüsselfertig hergestellten Haus,
- Reduzierbarkeit der Baukosten durch Eigenleistungen bei einem Ausbauhaus.

Beim Vertrag über ein Fertighaus handelt es sich um einen Werkvertrag, der den Kauf eines Fertighauses zum Gegenstand hat. Der Fertighausvertrag bedarf nur dann keiner notariellen Beurkundung, wenn die Lieferung des Hauses nicht in einem rechtlichen Zusammenhang mit dem Baugrundstückserwerb steht. Eine Grunderwerbsteuerpflicht für den Erwerb des Fertighauses besteht auch dann, wenn Grundstück und Haus in getrennten Verträgen erworben werden und zwischen beiden Erwerbsvorgängen ein wirtschaftlicher Zusammenhang gegeben ist.

Beim Fertighausvertrieb gibt es keine Standardverträge. Die Vereinbarungen fallen unterschiedlich aus. Ein kundenfreundlicher Kaufvertrag kennt keinerlei Vorauszahlungen, hält Ratenzahlungen und Bauleistungsstand in einem vernünftigen Leistungsgleichgewicht, bietet eine Bank- oder Fertigstellungsgarantie, nennt klare Fertigstellungstermine.

Die Mängelhaftung entspricht dem Werkvertragsrecht des BGB.

Baugenehmigungen im Fertighausbau

2004	19.939
2005	19.065
2006	19.198
2007	12.964
2008	12.307
2009	12.229
2010	13.305
2011	15.711

Quelle: Statistisches Bundesamt

Festgeld
time/term deposit, fixed-term/fixed deposit

Festgeld ist bei einer Bank eingezahltes Geld mit einem vorab festgelegten Zinssatz und einer festen Laufzeit (mindestens 30 Tage). Die Zinshöhe hängt meist von der Höhe der Einzahlung und der Laufzeit ab. Der Anleger muss meist vor dem Rückzahlungstermin kündigen, da sich die Anlagedauer sonst automatisch verlängert.

Festpreis
firm price; fixed price

Der Festpreis ist ein vertraglich vereinbarter Preis für ein endgültig fertiggestelltes Objekt. Wurde ein Festpreis vereinbart, darf der Bauträger in der Regel keinerlei zusätzliche Forderungen an den Käufer stellen. Eine Festpreisabsprache in einem Vertrag kann dadurch modifiziert werden, dass bestimmte Bereiche ausgenommen werden; zum Beispiel erwartete Erschließungsbeiträge, deren Höhe noch nicht feststeht.

Feuerversicherung (Brandversicherung)
fire insurance

Bereits der Rohbau kann durch eine Feuerversicherung gegen etwaige Brandschäden versichert werden. Nach Fertigstellung kann die Feuerversicherung in eine verbundene Gebäudeversicherung einbezogen werden. Mit dieser Police sind dann nicht nur Schäden durch Brand, Blitzschlag, Explosion und Flugzeugabsturz abgedeckt, sondern auch Sturm- und Hagelschäden sowie Schäden durch austretendes Leitungswasser. Eine Feuer- bzw. Gebäudeversicherung sollte jeder Hauseigentümer abschließen. Bei Vertragsabschluss sollte darauf geachtet werden, dass außer dem eigentlichen Brandschaden am Gebäude auch die Kosten abgedeckt sind, die durch das Abräumen und fachgerechte Entsorgen von Brandschutt und Gebäuderesten entstehen. Hier muss nach heutiger Rechtslage eine fachgerechte Entsorgung durch Spezialbetriebe erfolgen, die gegebenenfalls eine Trennung des Brandschutts nach verschiedenen Arten von Sonderabfall erfordert. Die hierfür entstehenden Kosten können erheblich sein.

Bei einer Eigentumswohnanlage gehört der Abschluss einer Feuerversicherung zur „ordnungsmäßigen Verwaltung", die von jedem einzelnen Eigentümer verlangt werden kann. Versichert sind sowohl Schäden am Gemeinschaftseigentum, als auch Schäden am Sondereigentum. Schäden am Hausrat müssen allerdings durch eine eigene Hausratversicherung abgedeckt werden.

Die Musterbedingungen des Gesamtverbandes der Deutschen Versicherungswirtschaft 2010 für Wohngebäudeversicherungen (VGB 2010) enthalten eine Klausel, nach der der Versicherungsnehmer alle behördlichen oder gesetzlichen Sicherheitsvorschriften einhalten muss. Besteht im jeweiligen Bundesland und für das jeweilige Gebäude Rauchmelderpflicht, müssen Rauchmelder entsprechend der einschlägigen Norm DIN 14676 eingebaut und auch entsprechend gewartet werden. Wird dies vorsätzlich außer Acht gelassen, ist die Versicherung leistungsfrei. Handelt der Versicherungsnehmer grob fahrlässig, kann die Versicherung die Leistung kürzen. Das Nichtvorliegen grober Fahrlässigkeit ist vom Versicherungsnehmer zu beweisen. Dies ist ein guter Grund, über Wartungsarbeiten an Rauchmeldern und Brandmeldeanlagen schriftlich Buch zu führen.

Eine jährliche Wartung von Rauchmeldern wird durch diverse Dienstleister angeboten, etwa Ableseunternehmen, Hausmeisterdienste oder Brandschutzbetriebe. Ableseunternehmen können die Wartung oft im Rahmen anderweitiger Ablesetermine durchführen. Vermieter sollten jedoch darauf achten, dass eine ausreichende Dokumentation über Art und Umfang der durchgeführten Arbeiten stattfindet.

Filterpflicht für Holzheizungen
legal requirement for filters for wood-fired heating

Die am 22.3.2010 in Kraft getretene Reform der

1. Bundesimmissionsschutzverordnung (Kleinfeuerungsanlagenverordnung) hat Feinstaub- und Schadstoffgrenzwerte für verschiedene kleine Holzheizungen eingeführt. Dies schließt Kamine, Kachel- und Pellet-Öfen ein. Notwendig wurde die Änderung, weil immer mehr Bundesbürger mit Holz heizen. Immer preisgünstigere Holzöfen sind im Handel. Allerdings produzieren Holzheizungen erheblich mehr gesundheitsschädlichen Feinstaub als andere Heizmethoden. So entsteht durch Holzheizungen mehr Feinstaub als durch alle Dieselfahrzeuge in Deutschland zusammen.

Nach der Verordnung dürfen neue Einzelraumeuerungsanlagen für Festbrennstoffe nur noch betrieben werden, wenn eine Herstellerbescheinigung die Einhaltung der Emissionsgrenzwerte und eines Mindestwirkungsgrades beweist. Ausgenommen davon sind Grundöfen und offene Kamine. Allerdings ist für ab 2015 errichtete Grundöfen ein Feinstaubfilter Pflicht. Kamine dürfen nur gelegentlich benutzt werden. Eigene Grenzwerte für Staub und Kohlenmonoxid gibt die Verordnung künftig für Feuerungsanlagen für feste Brennstoffe vor, deren Nennwärmeleistung vier Kilowatt oder mehr beträgt und die keine Einzelraumöfen sind. Für Öl- und Gasfeuerungsanlagen gibt es neue Emissionsgrenzwerte für Stickstoffdioxid.

Bestehende Feuerungsanlagen für feste Brennstoffe – abgesehen von Einzelraumfeuerungsanlagen – dürfen nur weiter betrieben werden, wenn bis zu bestimmten Terminen die Einhaltung von Grenzwerten gewährleistet ist. Diese Übergangsfristen sind vom Zeitpunk der Inbetriebnahme der Anlage abhängig:

- Inbetriebnahme bis einschließlich 31.12.1994: Einhaltung der Grenzwerte bis 1.1.2015.
- Inbetriebnahme zwischen 1.1.1995 und 31.12.2004: Einhaltung der Grenzwerte bis 1.1.2019.
- Inbetriebnahme zwischen 1.1.2005 und 21.3.2010: Einhaltung der Grenzwerte bis 1.1.2025.

Bis 31.12.2012 sollte vom Bezirksschornsteinfeger der Zeitpunkt festgestellt werden, zu dem die Grenzwerte im Einzelfall eingehalten werden müssen.

Für Einzelraumfeuerungsanlagen gilt: Öfen für feste Brennstoffe (Ausnahme: Grundöfen) dürfen weiter betrieben werden, wenn durch Vorlage einer Herstellerbescheinigung oder Messung des Schornsteinfegers die Einhaltung der neuen Grenzwerte nachgewiesen ist. Dieser Nachweis muss bis zum 31.12.2013 geleistet werden; sonst müssen die Anlagen mit Filtern nachgerüstet oder ausrangiert werden. Ausgenommen von der Regelung sind privat genutzte Herde und Backöfen unter 15 KW Leistung, offene Kamine, Grundöfen, Einzelraumfeuerungsanlagen in Wohneinheiten, deren Wärmeversorgung ausschließlich mit Hilfe dieser Anlagen stattfindet und vor dem 1.1.1950 installierte Einzelraumfeuerungsanlagen.

Kamineinsätze, Kachelofeneinsätze oder ähnliche eingemauerte Ofeneinsätze sind bis zu den oben aufgeführten Nachrüstzeitpunkten abhängig von der Typenprüfung mit Staubfiltern auszustatten. Mittlerweile bieten verschiedene Hersteller Feinstaubfiltersysteme für Holzheizungen an, die auch bei bestehenden Systemen nachgerüstet werden können.

Der Zeitpunkt der Typenprüfung ist vom Bezirksschornsteinfeger festzustellen. Jeder, der eine Einzelraumfeuerungsanlage betreibt, musste dies bis 31.12.2012 veranlassen. Ferner müssen sich Betreiber von handbeschickten Einzelraumfeuerungsanlagen für Festbrennstoffe bis 31.12.2014 durch den Schornsteinfeger über die sonstigen anfallenden Schornsteinfegerarbeiten beraten lassen.

Fristen: Öfen nachrüsten mit Feinstaubfiltern

Datum auf dem Typenschild	nachrüsten bis
bis einschließlich 31.12.1974 oder nicht mehr feststellbar	31.12.2014
01.01.1975 bis 31.12.1984	31.12.2017
01.01.1985 bis 31.12.1994	31.12.2020
01.01.1995 bis 21.03.2010	31.12.2024

Filtertheorie
Filter Model

Die 1949 von dem Amerikaner Ratcliff entwickelte Filtertheorie erklärt, wie unter weitgehend marktwirtschaftlichen Bedingungen neu entstehende Wohnquartiere auf Dauer dafür sorgen, dass einkommensschwächere Haushalte ihren Wohnbedarf befriedigen können. Es handelt sich um ein Mietpreisphänomen. Mit zunehmender Alterung scheiden diese Quartiere wegen der (relativen) Abnahme des Wohnnutzens aus dem Markt für hochpreisige Wohnanlagen aus und überlassen die betroffenen Wohnungen einer einkommensschwächeren Mieterschicht. Mit weiterer Wohnwertverschlechterung machen nach Ablauf einer weiteren Wohnperiode dieser Mieter noch ärmeren Mietern Platz.

Dieser Prozess setzt sich solange fort, bis die Häuser abbruchreif sind und nach Abbruch ein neues „Wohnquartier" entsteht. Man hat diesen Prozess als „Filtering down Prozess" bezeichnet. Es kann jedoch auch zu entgegengesetzten Erscheinungen kommen („Filtering up"). Alte Stadtteile werden plötzlich von Investoren entdeckt. Sie führen nach dem Erwerb Modernisierungen („Luxussanierungen") durch und verleihen dem Wohnquartier ein neues Image. Die bisherigen Mieter, die sich den neu entstandenen sehr guten Wohnwert nicht leisten können, müssen einer neuen einkommensstarken Mieterschicht weichen. Solche Erscheinungen haben in Deutschland dazu geführt, dass im Baugesetzbuch den Gemeinden durch das Instrument der sog. „Milieuschutzsatzung" – einer besonderen Art der Erhaltungssatzung – Eingriffsmöglichkeiten gegeben werden (Genehmigungsvorbehalte für Modernisierungsmaßnahmen, gemeindliches Vorkaufsrecht), mit deren Hilfe die Mieterverdrängung unterbunden werden kann. Negativauswirkungen von Milieuschutzsatzungen können jedoch darin bestehen, dass auf Dauer die Altersstruktur in den geschützten Wohnquartieren sich nach oben verschiebt und die Voralterung zu einer Ghettobildung führt.

Finanzierung
financing

Unter Finanzierung im engeren Sinne versteht man die Beschaffung von Eigen- und Fremdkapital zur Durchführung von Investitionen und der Aufrechterhaltung der betrieblichen Aktivitäten, die zur Erreichung des Unternehmenszwecks erforderlich sind. Je nach Quelle für die Finanzierungsmittel wird zwischen Eigen- und Fremdfinanzierung unterschieden. Abhängig von der Rechtsform das Unternehmen, kann sich die Eigenfinanzierung aus Eigenmitteln des Unternehmers oder aus Beteiligungsanteilen von Gesellschaftern speisen. Eigenmittel stehen dem Unternehmer unbefristet zur Verfügung.

Ein weiterer Unterschied besteht zwischen der Außen- und Innenfinanzierung. Bei der Außenfinanzierung fließen dem Unternehmen Beteiligungs- oder Fremdmittel von außen zu, während sich die Innenfinanzierung aus dem erwirtschafteten Cashflow, der im Unternehmen verbleibt, ergibt.

Fremdfinanzierungsmittel stehen wegen der Risikogrenzen, die Finanzierungsinstitute beachten müssen, grundsätzlich nur in beschränktem Umfange zur Verfügung. Eigenkapital ist im Verhältnis zum Fremdkapital Risikokapital. Wer Eigenkapital einsetzt, übernimmt erstrangiges unternehmerisches Risiko.

In der Immobilienwirtschaft empfiehlt sich, zwischen der Objekt- und der Projektfinanzierung einerseits und der Unternehmensfinanzierung andererseits zu unterscheiden. Im besonderen Fokus steht die Objekt- bzw. Projektfinanzierung. Man spricht auch von Baufinanzierung. Wer eine Immobilie kauft, benötigt dem Kaufpreis und den Erwerbsnebenkosten entsprechende Finanzierungsmittel. Ebenso, wenn auch mit größerem Risiko behaftet, ist die Finanzierung von Bauprojekten. Beiden gemeinsam ist die grundbuchliche Absicherung der Finanzierungsmittel. Bis die Endfinanzierungsmittel auszahlungsreif sind, muss der Finanzbedarf durch Vor- oder Zwischenfinanzierungsmittel gedeckt werden.

Finanzierungskosten (Kapitalkosten)
financing charges; cost of financing; finance costs (cost of capital)

Zu den Finanzierungskosten gehören Zinsen, Bearbeitungsgebühren, Disagio, Vermittlungsprovisionen des finanzierenden Kreditinstituts, Zuteilungsgebühren, Grundschuldbestellungskosten beim Notar und Grundbuchamt, Bereitstellungszinsen. Kostenwirksam sind auch vorschüssige Zins- und Tilgungsverrechnungen. Bei Bauspardarlehen ist nur der Teil der Abschlussgebühr für den Bausparvertrag einzubeziehen, der auf die Darlehenssumme entfällt. Nicht alle Finanzierungskosten fließen in die Berechnung des effektiven Jahreszinses ein. Ausgenommen sind in der Regel Kosten, deren Zahlung nicht gegenüber dem finanzierenden Institut, sondern gegenüber Dritten erfolgt, zum Beispiel Kosten des Notars, des Grundbuchamts, und institutsunabhängiger Finanzierungsberater. Ist das Darlehen zwingend mit dem Abschluss einer Risikolebensversicherung verbunden, ist die Versicherungsprämie aber wieder Bestandteil des effektiven Jahreszinses.

Finanzierungsplan
financial plan/schedule

Der Finanzierungsplan besteht in der Zusammenstellung aller Kosten (Gesamtkosten) einer Investition (zum Beispiel Baumaßnahme), der Gegenüberstellung der dafür bereitzustellenden Eigen- und Fremdmittel sowie dem sich hieraus ergebenden jährlichen/monatlichen Kapitaldienst (Belastung aus dem Kapitaldienst). Neuere Finanzierungspläne geben auch einen Überblick über die voraussichtliche Entwicklung der Darlehensstände während der ganzen Finanzierungsphase und die sich hieraus ergebenden Belastungsverschiebungen. Finanzierungspläne dienen im Rahmen der Finanzierungsberatung auch der Ermittlung, ob und inwieweit die sich daraus ergebenden Belastungen mit den finanziellen Möglichkeiten des Kunden und deren Interessenlagen übereinstimmen.

Flora-Fauna-Habitat-Richtlinie
Flora-Fauna-Habitat Directive

Eigentlich: „Richtlinie zur Erhaltung der natürlichen Lebensräume sowie der wild lebenden Tiere und Pflanzen", Richtlinie 92/43/EWG vom 21.5.1992. Die EG-Richtlinie weist sogenannte FFH-Gebiete aus, das sind Gebiete mit besonderem Schutz für die Tier- und Pflanzenwelt.

Anhang I der Richtlinie enthält verschiedene Typen natürlicher Lebensräume (Habitate), Anhang II Tier- und Pflanzenarten „von gemeinschaftlichem Interesse". Im Rahmen des europäischen Schutzgebietsnetzes „Natura 2000" muss die Bundesrepublik Deutschland solche Schutzgebiete ausweisen. Die wirtschaftliche Nutzung kann darin eingeschränkt sein; Ausgleichszahlungen sind zumindest bei „unzumutbaren" Einbußen (zum Beispiel in forstwirtschaftlichen Gebieten) möglich.

Flur
meadow; cadastral section

Flur ist ein abgegrenzter Teil der Erdoberfläche, unter dem im Liegenschaftsbuch die zugehörigen Flurstücke in aufsteigender Nummernfolge aufgeführt sind. Mehrere Flure bilden eine Gemarkung. Gemarkungen (Vermessungsbezirke) wie Flure haben auch eine namentliche Bezeichnung. Die Bezeichnung der Flurstücke erfolgt auf der Grundlage der Nutzungsart des Nutzungsartenverzeichnisses, das für alle Bundesländer aus Gründen einheitlicher statistischer Erfassung für gleiche Nutzung gleiche Begriffe verwendet. Im Grundbuch wird die Flurstücksbezeichnung unter der Spalte „Wirtschaftsart" eingetragen.

Flurstück
land parcel; lot; plot

Ein Flurstück ist der Teil einer Flur, der von Linien eingeschlossen und im Kataster mit besonderer Nummer aufgeführt ist. Ein Flurstück darf nicht Flächen aus verschiedenen Grundstücken umfassen. Mehrere Flurstücke können jedoch im Grundbuch ein „Grundstück" bilden. Das Flurstück ist die kleinste im Liegenschaftskataster erfasste Flächeneinheit.

Das Zuflurstück ist eine Teilfläche, die aus einem Flurstück herausgemessen und mit einem anderen verschmolzen wurde. Abtrennung und Verschmelzung werden unmittelbar hintereinander ins Grundbuch eingetragen (Bestandteilszuschreibung).

Fonds
fund; (investment or unit) trust
Ein Fonds, bzw. offener Investmentfonds bezeichnet eine Geldsammelstelle für Kapitalanleger zur Geldanlage. Dabei sammelt eine Investmentgesellschaft oder Kapitalanlagegesellschaft (KAG) das Geld der Anleger nach vorher festgelegten Anlageprinzipien ein und investiert es in einem oder mehreren Anlagebereichen zum Beispiel in Aktien, festverzinsliche Wertpapiere, am Geldmarkt und/oder in Immobilien. Das Fondsvermögen wird professionell verwaltet. Die Anteilscheine werden in der Regel börsentäglich gehandelt. Mit dem Erwerb von Anteilen wird der Anleger Miteigentümer am Fondsvermögen und am Gewinn beteiligt. Auch kann er die Anteile zum jeweils gültigen Rücknahmepreis wieder abgeben.

Formularmietvertrag
standard-form rental agreement
Formularmietverträge sind standardisierte rechtliche Mietvertragsformulare, die Haus- und Grundbesitzervereine, immobilienwirtschaftliche Verbände, aber auch verschiedene Verlage zur Verfügung stellen. Es handelt sich um Allgemeine Geschäftsbedingungen und deshalb unterliegen sie der Inhaltskontrolle durch die Gerichte. Selbstverständlich kann jedoch ein Vertrag zwischen Vermieter und Mieter auch individuell ausgehandelt werden. In vielen Fällen werden Formularmietverträge auch durch individuell vereinbarte Regelungen zwischen den Vertragspartnern ergänzt. Individuell können eine Vielzahl von Regelungen getroffen werden, die nach der Rechtsprechung im Formularmietvertrag nicht wirksam vereinbart werden können. Lässt die Auslegung einer Klausel im Mietvertrag in Form einer Allgemeinen Geschäftsbedingung verschiedene Deutungen zu, gilt immer die für den Vertragspartner des Verwenders günstigste Interpretation (§ 305c Abs. 2 BGB).

Bei der Verwendung von Mietvertragsmustern muss immer darauf geachtet werden, dass diese auf neuestem Stand sind. Aktuelle Muster berücksichtigen die neueste Rechtsprechung zum Mietrecht.

Freilegungskosten
site clearance costs; site preparation costs
In den Fällen, in denen ein bebautes Grundstück wirtschaftlich nicht mehr nutzbar ist, entstehen zur anderweitigen Nutzbarmachung des Bodens Freilegungskosten. Es handelt sich im Wesentlichen um die Kosten des Abbruchs der Gebäude einschließlich der Fundamente, Demontage von Teilen, die verschrottet werden müssen sowie die Kosten der Entsorgung von Bauschutt. Hinzu kommen etwaige Kosten der Planierung und einer etwa erforderlichen Bodensanierung. Insbesondere bei vorhandenen Altlasten können die Freilegungskosten wegen der Entsorgung auf Sonderdeponien erhebliche Ausmaße annehmen. Es empfiehlt sich deshalb, vor dem Erwerb von altlastenverdächtigen Abbruchobjekten Bodengutachten anfertigen zu lassen.

Freisitz
open-air seating; outdoor sitting area; terrace; patio
Unter Freisitz versteht man eine mit Bodenplatten befestigte Freianlage zur ebenen Erde, die vom Haus unmittelbar zugänglich ist. Der Teil des Freisitzes, der (zum Beispiel durch einen darüber liegenden Balkon oder eine Loggia) überdeckt ist, kann in die Wohnflächenberechnung bis zu 50 Prozent, in der Regel zu 25 Prozent einbezogen werden. Im Gegensatz zum Freisitz liegt eine Terrasse erhöht über der natürlichen Erdoberfläche (Beispiel Dachterrasse).

Freitreppen
door steps; front steps; flight of outside steps
Freitreppen befinden sich im Außenbereich und sind nicht überdacht. Mit ihnen werden Höhenunterschiede im Terrain und am Gebäudesockel überwunden. Die gängigste Freitreppe ist die Hauseingangstreppe. Sie wird häufig aus Stahlbetonplatten mit oder ohne Fußrost und Stufen vorgefertigt und angeliefert. Gelegentlich werden sie gemauert oder vor Ort aus Beton gegossen und mit einem Belag aus frostsicheren Natursteinplatten oder Keramikfliesen versehen. Im Gegensatz zu heutigen Hauseingangstreppen sind die Freitreppen altehrwürdiger Häuser sehr aufwändig gestaltet. Der Aufstieg einer repräsentativen Freitreppe ist bedachtsam und erhaben. Das hängt mit dem niedrigen Steigungsverhältnis zusammen. Der Auftritt

ist länger und die Stufenhöhe ist weniger hoch als im Innenbereich. Ein bekanntes Beispiel ist das Schloss Sanssouci aus dem Deutschen Rokoko, deren großzügige Freitreppen über sechs Terrassen zum eingeschossigen Prunkhaus empor führen. Als Aufgang mancher repräsentativer Gebäude dient lediglich eine kurzläufige Treppe, zu der eine prunkvolle, mit Kutschen zu befahrene Rampe in das Hochparterre führt. Auch heute noch hat die Freitreppe ein niedrigeres Steigungsverhältnis. Das mag an dem größeren Raumangebot im Freien liegen. Wie bei allen Außentreppen sollte bei der Materialwahl auf Witterungsbeständigkeit geachtet werden. Der Belag sollte rutschfest sein. Die einzelnen Stufen sollten eine leichte Neigung aufweisen, damit Wasser abfließen kann und sich bei stehendem Wasser im Winter kein Eis bilden kann.

Freiwillige Gerichtsbarkeit
voluntary jurisdiction; special judicial procedure for mainly private law instances
Nach früherem Recht wurde bei Streitigkeiten in Sachen des Wohnungseigentums im Verfahren der freiwilligen Gerichtsbarkeit (FGG-Verfahren) entschieden. Der Vorteil dieses Verfahrens lag für Wohnungseigentümer insbesondere im sogenannten Amtsermittlungsgrundsatz. Das bedeutete, dass das Gericht die Gründe ermittelte, weshalb unter anderem Beschlüsse wegen Verstoßes gegen die Grundsätze ordnungsgemäßer Verwaltung für ungültig zu erklären sind. Nach der Überführung der Streitigkeiten in Sachen des Wohnungseigentums vom bisherigen FGG-Verfahren in das Verfahren nach der Zivilprozessordnung (ZPO-Verfahren) muss der Wohnungseigentümer selbst die Begründung für die Beschlussanfechtung liefern.

Freizeitimmobilie
leisure property; recreational real estate
Der Begriff der Freizeitimmobilie beschreibt ein sehr vielschichtiges Immobilienspektrum. Es reicht von überdimensionalen Erlebnisparks in Las Vegas bis hin zum Campingplatz an der Adriaküste. Im engeren Sinne versteht man darunter Betreiberimmobilien, die bestimmte Freizeitmarktsegmente abdecken. Hierzu zählen Diskotheken, Bäder, Sport- und Wellnesseinrichtungen, Freizeitparks, Multiplexkinos oder „Urban Entertainment" Centers ebenso wie Festspielhäuser.
Freizeitimmobilien unterliegen in großem Umfang modischen Trends, sind aber auch abhängig von der Einkommensentwicklung der potenziellen Konsumenten und der Änderung von gesellschaftlichen Rahmenbedingungen.

Bauplanungsrechtlich können Bauvorhaben, die der Freizeitgestaltung dienen, in Sondergebieten durchgeführt werden, die diese Zweckbestimmung erfüllen, aber auch in innerstädtischen Kerngebieten und beschränkterem Umfang auch in Mischgebieten. Sofern man unter Freizeitimmobilien auch naturnahe Erholungsgebiete rechnet, fallen auch Wochenendhausgebiete, Ferienhausgebiete und Campingplätze, die in Bebauungsplänen ausgewiesen werden, unter den Begriff der Freizeitimmobilie.

Fremdenverkehrsgebiet
tourist area
Fremdenverkehrsgebiete sind Orte, die wirtschaftlich in erster Linie durch Fremdenverkehr geprägt sind. Hierzu zählen auch Kurorte. Zur Sicherstellung der Fremdenverkehrsfunktion wurde ein städtebauliches Instrumentarium entwickelt, das den Zuzug zu diesen – in der Regel höchst attraktiven – Orten einschränken soll. Instrumente sind die Zweitwohnungssteuer und der Genehmigungsvorbehalt für die Errichtung von Wohnungseigentumsanlagen zur Begründung von Zweitwohnsitzen. Die Genehmigungspflicht kann von der Gemeinde in einer Satzung beschlossen werden. Sie kann aber auch in Bebauungsplänen festgesetzt werden.

Fremdkapital
borrowed capital; outside capital; loan capital; debt capital; capital from outside sources
Sammelbegriff für Finanzierungsmittel, die der Darlehensnehmer von einem Kreditinstitut, einer Bausparkasse oder einem Lebensversicherungsunternehmen ausleiht. Bei Immobiliendarlehen richtet sich das Ausmaß der Beleihung einerseits nach dem Beleihungswert des Objektes und andererseits nach der Bonität des Darlehensnehmers. Durch Bürgschaften kann die Versorgung mit Fremdkapital erweitert werden. Nicht zum Fremdkapital zählen Bausparguthaben und Eigenleistungen in Form einer „Muskelhypothek" sowie in Anspruch genommene Barzahlungsskonti und Rabatte, soweit sie in der Baukalkulation nicht ausgewiesen sind.

Fuggerei
Fuggerei, world's oldest social housing complex still in use
Die Fuggerei ist die älteste Sozialsiedlung der Welt. Gegründet wurde sie im Jahre 1521 von Jakob Fugger dem Reichen. Sie bestand ursprünglich aus 52 Wohnungen in Reihenhauszeilen, die verarmten und frommen Bürgern der Stadt Augsburg Unterkunft gewähren sollten. Der Jesuitenpater Petrus Canisius wurde zum ersten Seelsorger der Fuggerei berufen.

Bauherrren waren die damals berühmtesten Architekten Hans Holl und dessen Sohn Elias Holl. Zu den Bewohnern zählte auch der Urgroßvater von Wolfgang Amadeus Mozart, Franz Mozart. Im 2. Weltkrieg wurde die Fuggerei durch einen Luftangriff zu zwei Dritteln zerstört. Der Wiederaufbau nach dem Krieg dauerte bis 1950, gleichzeitig wurde die Siedlung erweitert. Die Mieter bezahlen bis heute eine gleichbleibend geringfügige Jahresmiete in Höhe von 0,88 Euro zuzüglich Nebenkosten. Die darüber hinaus gehenden Bewirtschaftungskosten werden durch den Ertrag der Fuggerischen Wälder und Einnahmen aus Eintrittskarten von Besuchern der Fuggerei finanziert.

Fußbodenheizung
underfloor heating

Die Fußbodenheizung ist eine Flächenheizung und besteht aus einem Heizestrich, unter dem Heizrohre aus Kunststoff oder Kupfer verlegt sind. In diesen zirkuliert Warmwasser. Erfunden wurde die Fußbodenheizung bereits von den Römern. Eine gleichmäßige Verteilung der Wärme im Raum ist besonders effektiv mit einer schneckenförmigen Verlegung der Heizrohre zu erreichen.

Fußbodenheizungen unterteilt man in Trocken- und Nass-Systeme. Bei Trocken-Systemen wird Trocken-Estrich verwendet; die Rohre werden unterhalb des Bodenbelages verlegt. Beim Nass-System werden die Rohre in den Estrich eingegossen. Beide Systeme erfordern einen Heizkreisverteiler, der eine gleichmäßige Durchflussmenge im gesamten System gewährleistet. Die Temperatur-Regelung erfolgt über Thermostate, die mit Temperaturfühlern im Wohnraum ausgestattet sind. Bei gut gedämmten Häusern ist eine Heizleistung von 50 bis 100 Watt pro Quadratmeter zu erzielen. Es gibt auch Fußbodenheizungen, die nicht mit Warmwasser, sondern mit elektrischem Strom arbeiten. Bei diesen werden statt der Heizrohre Widerstandskabel oder Folien mit eingearbeiteten Heizdrähten verlegt.

Nachteile der Fußbodenheizung sind die langsame Änderung der Raumtemperatur und, dass die meisten Teppichböden nicht nutzbar sind, sondern nur Spezialteppichböden. Maßgebliche Norm für Fußbodenheizungen ist die DIN EN 1264.

Die heutige Rechtslage (Energieeinsparverordnung) erfordert die Ausstattung einer Fußbodenheizung mit Thermostaten (Raumtemperatur-Reglern). Wird eine solche Anlage ohne Regler eingebaut, liegt ein Baumangel vor – unabhängig vom Vertragsinhalt (OLG Brandenburg, Az. 12 U 92/08, Urteil vom 2.10.2008). Dies gilt allerdings nur,

wenn der Bauherr nicht auf den Rechtsverstoß hingewiesen worden ist.

Die Kosten für die Spülung einer Fußbodenheizung werden als nicht auf den Mieter umlegbare Instandsetzungskosten angesehen (Amtsgericht Köln WuM 1999, 235).

In einer Wohnungseigentümergemeinschaft gilt: Ab dem Strang innerhalb einer Wohnung stellen das Rohrleitungssystem, die Thermostate und Heizkörper Sondereigentum dar, soweit dies in der Teilungserklärung so geregelt ist. Die Eigentümergemeinschaft hat bezüglich dieses Sondereigentums keine Beschlusskompetenz. Allerdings kann sie diesbezügliche Beschlüsse fassen, wenn durch Abtrennung der Systeme in einer Wohung die Funktionsfähigkeit des Gesamtsystems beeinträchtigt wird (BGH, Urteil vom 8.7.2011, Az. V ZR 176/10).

Fußgängerzone
pedestrian zone; pedestrian precinct; pedestrian plaza

Bei der Fußgängerzone handelt es sich um eine autofreie Zone in der Innenstadt. Soweit keine entsprechende Ausschilderung oder Markierung gegeben ist, sind diese Zonen auch für den Fahrradverkehr gesperrt. In der Regel handelt es sich um Geschäftskernlagen. Der Wert dieser Lagen wird entscheidend von der Dichte des öffentlichen Verkehrssystems, insbesondere im Bereich der U- und S-Bahnen und Straßenbahnen aber auch durch die Nähe von Zentralbahnhöfen beeinflusst. Je dichter dieses Verkehrsnetz, desto höher die Passantenfrequenz. Ein weiteres Kriterium für die Versorgung dieser Zonen mit Publikum ist das um den Stadtkern angelegte Parkleitsystem, das auch PKW-Nutzern leichten Zugang zu den zentralen Lagen verschafft. Autofreie Zonen erhöhen im Übrigen auch die Lebensqualität der Bewohner dieser Zentren.

Gabionen
gabions

Gabionen sind mit Natur- oder Bruchsteinen gefüllte Körbe aus verzinktem Stahl, die verschiedene

Funktionen erfüllen können. In der Regel werden Gabionen aneinandergereiht und aufgeschichtet als Sicht- und Schallschutz an Straßen eingesetzt. Voraussetzung für die Standsicherheit von Gabionen ist ein fester Untergrund, zum Beispiel aus Betonplatten. Gabionen werden auch an Hängen zum Abfangen des Erddruckes verwendet oder als Uferbefestigung, zur Gartengestaltung (zum Beispiel bei Hochbeeten) oder in Weinbergen. Gabionen sind aus ökologischen Gründen zu empfehlen. Sie fangen – falls hierfür geeignetes Steinmaterial verwendet wird – Feinstaub und Rußpartikel von Autos ab. Vielfach werden Gabionen mit rankenden Pflanzen (Efeu, Hopfen, Clematis, Weinreben usw.) begrünt.

Garage
garage

Eine Garage ist der Abstellraum für Kraftfahrzeuge. Sie muss den bauordnungsrechtlichen Vorschriften der Garagenverordnung des jeweiligen Bundeslandes entsprechen. Unterschieden wird zwischen offenen, mit unmittelbarer verschließbarer Öffnung ins Freie, und geschlossenen Garagen. Im Bauordnungsrecht wird auch unterschieden zwischen Kleingaragen bis 100 m² Nutzfläche, Mittelgaragen über 100 bis 1.000 m² Nutzfläche und Großgaragen mit einer Nutzfläche über 1.000 m². Duplexgaragen sind Garagen, bei denen durch eine Aufzugsvorrichtung eine PKW-Unterbringung auf zwei Ebenen ermöglicht wird. Garagen werden bei der Ermittlung von Geschossflächenzahlen und Baumassenzahlen nicht angerechnet, sofern sich aus dem Bebauungsplan nichts anderes ergibt.

Im Rahmen der zulässigen Grundfläche gehören Garagen zu den baulichen Anlagen, die in dem höchstens 50 Prozent betragenden Überschreitungsbereich errichtet werden können. Besondere Überschreitungen der zulässigen Grundfläche durch Garagen sind in § 21a (3) BauNVO geregelt. Ebenso in der BauNVO geregelt ist die Zahl der zulässigen Garagen in den verschiedenen Baugebieten (§ 12 BauNVO). Für Grenzgaragen gelten bauordnungsrechtliche Bestimmungen. Im Allgemeinen gilt, dass sie bis acht Meter (teilweise bis neun Meter) lang und bis drei Meter breit sein dürfen.

Garagen-Mietvertrag
rental agreement for a garage

Das Mieten einer Garage kann im Rahmen des Wohnungs-Mietvertrages oder durch einen eigenen Garagen-Mietvertrag stattfinden.

Grundsätzlich kann die Kündigung eines Mietobjekts nicht nur auf einen Teil desselben beschränkt werden. Wenn die Garage also im Rahmen des Wohnungsmietvertrages gemietet wurde, ist keine separate Kündigung möglich. In einigen Fällen haben Gerichte sogar dann ein einheitliches Mietverhältnis angenommen, wenn es für Wohnung und Garage separate Mietverträge mit unterschiedlichen Kündigungsfristen gab, aber die Miete für beides als einheitlicher Betrag überwiesen wurde und alle Garagen einer Wohnanlage an die Mieter vermietet waren. Wollen sich die Vertragspartner die Möglichkeit einer separaten Kündigung offen halten, sollte der Garagenmietvertrag die ausdrückliche Regelung enthalten, dass er unabhängig vom Wohnungsmietvertrag gekündigt werden kann.

Wenn in einem einheitlichen Mietvertrag die Vermietung einer Wohnung mit Garage vereinbart wurde, kann die Miete für die Garage nicht separat erhöht werden. Es ändert nichts, wenn der Mietanteil der Garage bisher immer auf ein anderes Konto überwiesen wurde als die Wohnungsmiete. Auch unterschiedliche Adressen von Garage und Wohnung ändern nichts, wenn die Garage im Mietvertrag wie der Keller ausdrücklich als Bestandteil der Mietwohnung bezeichnet war (Amtsgericht Lichtenberg vom 25.7.2008, Az: 9 C 46/08).

Garten
garden

Unter Garten versteht man ein eingezäuntes bepflanztes Stück Land, das in unterschiedlicher Weise genutzt werden kann.

Hausgarten

Beim Typ des Hausgartens stehen entweder eine kleingärtnerische Nutzung oder die Freizeitnutzung als Erholungs- und Gestaltungsraum im Vordergrund. In Kleinsiedlungsgebieten überwiegt die kleingärtnerische Nutzung zur Selbstversorgung mit der Nahrung dienenden Pflanzen. Bei Ein- und Zweifamilienhäusern steht der Garten in einem unmittelbaren räumlichen Zusammenhang mit der Wohnnutzung des Hauses. Während in der unmittelbaren Nachkriegszeit der Anbau von Nutzpflanzen zur Sicherung des Lebensunterhalts im Vordergrund stand, dienen die Gärten der Ein- und Zweifamilienhäuser heute überwiegend der Erfüllung privater Liebhabereien in einem ästhetisch gestalteten Naturumfeld. Blumen und Kräuter, Sträucher und Bäume sind die herausragenden Gartenbestandteile. Künstliche Gewässer, Swimmingpools, exotische Pflanzen verweisen auf besondere Vorlieben.

Die Gartengestaltung findet bei Ermittlung des Verkehrswerts eines Hauses ihren Niederschlag bei der Bewertung der Außenanlagen. Bevorzugt wird hierbei das Sachwertverfahren, wobei die Kosten der Pflanzen, die Arbeitskosten, die Zinsen und die Pflegekosten berücksichtigt werden. Der Nachteil dieser Methode besteht darin, dass die „Optik" als eigener Wertfaktor dabei nicht berücksichtigt wird.

Öffentliche Gärten

Öffentliche (meist städtische) Gärten sind gestaltete Gartenflächen, die der Allgemeinheit zu Zwecken der Erholung und für Ruhepausen zur Verfügung stehen („Volksgarten"). Brunnen, Skulpturen und Gewässer zeichnen die größeren Gärten aus. Es kann zwischen verschiedenen Gestaltungsmustern unterschieden werden. Englische Gärten vermitteln den Eindruck nachgebildeter Landschaften mit Wegen und Pfaden. Der größte innerstädtische „Englische Garten" mit einer Fläche von 417 Hektar liegt in München. Einen Gegensatz hierzu bilden französische „Parks" mit streng geometrischen und symmetrischen Formen. Eine besondere Bedeutung haben botanische Gärten, die auch der Bildung und Unterrichtung dienen und häufig ein angegliederter Teil von Universitätsinstituten sind.

Eine Reihe öffentlicher Parks und Gärten sind als Nachwirkung aus durchgeführten internationalen Gartenbauausstellungen (IGA) und Bundesgartenschauen (BUGA) entstanden, zum Beispiel Planten un Blomen in Hamburg oder die Gestaltung des Westparks in München mit seinem Rosengarten, dem japanischen und dem chinesischen Garten, der Seebühne, die heute zu Open-Air Veranstaltungen (Kinos, Theater) benutzt wird. Ähnliches gilt für den IGA Park in Rostock, der nach wie vor wegen des umfangreichen Veranstaltungsprogramms für Attraktivität sorgt.

Gebäude
building; structure; ediface

Nach dem Bauordnungsrecht sind Gebäude „selbstständig benutzbare, überdachte bauliche Anlagen, die von Menschen betreten werden können und geeignet sind, dem Schutz von Mensch und Tier zu dienen". Dabei kommt es auf die Umschließung durch Wände nicht an. Die Überdachung allein ist ausreichend. Gebäude müssen jedoch eine selbstständige baukörperhafte Begrenzung aufweisen und für sich benutzbar sein.Als einzelnes Gebäude gilt jedes freistehende Gebäude oder bei zusammenhängender Bebauung, (Doppel-, Gruppen- und Reihenhäuser), jedes Gebäude, das durch eine vom Dach bis zum Keller reichende Brandmauer von anderen Gebäuden getrennt ist, einen eigenen Zugang bzw. ein eigenes Treppenhaus und ein eigenes Ver- und Entsorgungssystem besitzt. Der Höhe nach

werden bauordnungsrechtlich folgende Gebäudeklassen unterschieden:
- Gebäude geringer Höhe (Fußboden des obersten oberirdischen Geschosses liegt unter sieben Meter oberhalb der natürlichen oder festgelegten Geländeoberfläche),
- Gebäude mittlerer Höhe (Fußboden des obersten Geschosses liegt zwischen sieben und 22 Meter) und
- Hochhaus (darüber hinausgehende Gebäude).

In der Statistik wird nach der Art der Gebäudenutzung unterschieden zwischen Wohn- und Nichtwohngebäuden. Wohngebäude dienen dem Wohnen. Nichtwohngebäude dienen überwiegend Nichtwohnzwecken. Zu den Nichtwohngebäuden zählen Anstaltsgebäude, Büro- und Verwaltungsgebäude, nichtlandwirtschaftliche Betriebsgebäude, landwirtschaftliche Betriebsgebäude und „sonstige Nichtwohngebäude". Unter „sonstige Nichtwohngebäude" werden Universitäts- und Hochschulgebäude, Gebäude von Sportanlagen, Theater, Kirchen und Kulturhallen nachgewiesen. Unterscheidungsmerkmale gibt es auch hinsichtlich des Gebäudealters. So wird von Altbau gesprochen bei Gebäuden, die bis 1949 fertig gestellt wurden, von Neubauten bei Baufertigstellungsjahren danach. Im sachenrechtlichen Sinne sind Gebäude wesentliche Bestandteile von Grundstücken oder Erbbaurechten. In Ausnahmefällen können Gebäude auch „Scheinbestandteile" sein. Dies ist etwa der Fall, wenn auf einem Grundstück auf Grund einer Vereinbarung mit dem Grundstückseigentümer vom Pächter dieses Grundstücks für die Dauer des Pachtverhältnisses (also „vorübergehend") ein Gebäude errichtet wurde (Beispiele: Speditionsgebäude auf ehemaligem Reichsbahngelände, Kantinengebäude für Bauarbeiter auf einer Großbaustelle). In den östlichen Bundesländern wurde zur Zeit der DDR ein eigenständiges Gebäudeeigentum begründet. Die Überführung in das Sachenrechtssystem der Bundesrepublik erfolgte nach dem Sachenrechtsbereinigungsgesetz entweder durch eine Erbbaurechtslösung oder durch ein Bodenankaufsrecht mit Kontraktionszwang. Aus Gründen der Rechtssicherheit wurden auch reine Gebäudegrundbücher angelegt.

Gebäude- und Freifläche
building/structure and open space/ undeveloped area

Gebäude- und Freifläche ist ein Begriff aus dem Liegenschaftskataster. Sie ist die für die Immobilienwirtschaft bedeutendste Flächennutzung und wichtigster Teil der Siedlungs- und Verkehrsfläche.

In die neueren Bestandsverzeichnisse der Grundbücher wurde dieser Begriff als Nutzungsbeschreibung der dort gebuchten Hausgrundstücke übernommen.

Gebäudeversicherung
building insurance

Eine Gebäudeversicherung ist eine Sachversicherung, die sich auf einzelne Gefahrenbereiche bezieht. Umfassenden Versicherungsschutz bietet die „verbundene Wohngebäudeversicherung". Sie deckt Schäden ab, die durch Brand, Blitzschlag, Explosion, Flugzeugabsturz (Zweig Feuerversicherung), ferner Schäden, die durch bestimmungswidrig auslaufendes Leitungswasser, Rohrbruch und Frost entstehen (Zweig Leitungswasserversicherung). Hinzu kommen Schäden durch Sturmeinwirkung (ab Windstärke 8) und Hagelschäden. Grundsätzlich werden auch die Kosten für das Aufräumen der Schadenstätte und die Abbruchkosten, sowie ein etwaiger Mietausfall ersetzt.

Einbezogen werden kann auch ein Versicherungsschutz gegen Elementarschäden (Schäden durch Überschwemmung, Erdrutsch, Erdbeben) und Glasschäden. Normalerweise enthält die Gebäudeversicherung keine Glasversicherung.

Der bei Eintritt des Versicherungsfalls von der Versicherung zu leistende Ersatz kann sich auf den Zeit- oder den Neubauwert beziehen. Da die Versicherungsprämien der verschiedenen Versicherungsgesellschaften teilweise sehr stark voneinander abweichen, ist es ratsam, gründlich zu vergleichen.

Gebrauchsgewährung (Mietrecht)
granting the use of something (law of tenancy)

Die Gewährung des Gebrauchs an der Mietsache ist die Hauptpflicht des Vermieters. Die Mietsache muss sich bei der Übergabe in einem zum vertragsgemäßen Gebrauch geeigneten Zustand befinden und während der Mietzeit vom Vermieter in diesem Zustand gehalten werden. Im Regelfall setzt der Gebrauch voraus, dass dem Mieter der unmittelbare Besitz eingeräumt wird. Dies geschieht normalerweise durch Übergabe der Schlüssel. Die Nichtgewährung des Gebrauchs durch den Vermieter hat folgende Konsequenzen:
• Der Mieter kann die Miete auf null mindern (§ 536 BGB).
• Der Mieter darf den Mietvertrag fristlos außerordentlich kündigen (§ 543 BGB).
• Gegebenenfalls kommen Schadenersatzansprüche in Betracht (zum Beispiel § 536a BGB).

Eine Nichtgewährung des Gebrauchs kann auch vorliegen, wenn die Quadratmeterzahl laut Mietvertrag erheblich von der tatsächlichen Wohnfläche abweicht. Eine erhebliche und damit zur Mietminderung berechtigende Abweichung ist gegeben, wenn die Wohnfläche um mehr als zehn Prozent geringer ist als im Mietvertrag vereinbart. Der Bundesgerichtshof hat entschieden, dass in solchen Fällen auch eine fristlose Kündigung wegen Nichtgewährung des Gebrauchs in Betracht kommt (Az. VIII ZR 142/08, Urteil vom 29.4.2009). Im verhandelten Fall lag die Abweichung bei über 22 Prozent. Das Kündigungsrecht kann jedoch verwirkt sein, wenn der Mieter von der Abweichung bereits seit längerer Zeit wusste, ohne zu kündigen.

Gefälligkeitsmiete
rent that is significantly less than the rent that is customary in this place

Unter „Gefälligkeitsmiete" versteht man die Vereinbarung einer Miete, die erkennbar unterhalb der ortsüblichen Vergleichsmiete angesiedelt ist. Allein diese Vereinbarung schließt die Möglichkeit nicht aus, vom Mieter die Zustimmung zur Erhöhung der Miete zu verlangen, soweit dabei die Kappungsgrenze nicht überschritten wird. Bei Gefälligkeitsmieten im Rahmen eines Werkmietvertrages, bei dem zwischen Lohn- und Mietvereinbarung ein innerer Zusammenhang besteht, muss bei einer Mieterhöhung der Abstand zwischen ursprünglich vereinbarter und tatsächlicher Vergleichsmiete proportional gewahrt bleiben, wenn dies dem Vertragsabschlusswillen der Parteien entnommen werden kann. Gefälligkeitsmieten können aber auch steuerliche Auswirkungen haben.

Vermietet zum Beispiel ein Hauseigentümer eine ihm gehörende Wohnung an einen ihm Nahestehenden – zum Beispiel seinen Sohn oder seine Tochter – zu einer Vorzugsmiete, die unter 56 Prozent (bis 31.12.2003: 50 Prozent) der ortsüblichen Marktmiete liegt, dann kann er nur den entsprechenden Anteil an Werbungskosten geltend machen. Damit soll verhindert werden, dass dem Vermieter die Vermietung zu Wohnraum zur Gefälligkeitsmiete zu verlustbringenden Gestaltungen gegenüber dem Fiskus nutzt.

Der Bundesfinanzhof hatte am 5.11.2002, IX R 48/01 diese Regelung mit Urteil dahingehend korrigiert, dass er die 50 Prozent-Grenze in Frage gestellt hat. Entscheidend sei, ob eine Einkünfteerzielungsabsicht noch bejaht werden könne. Betrage die vereinbarte Miete weniger als 75 Prozent der Marktmiete, sei die Einkünfteerzielungsabsicht anhand einer Überschussprognose zu prüfen. Ist sie negativ, dann müssen die Werbungskosten aufgespalten werden. Abzugsfähig sind dann nur die auf den entgeltlichen Mietteil entfallenden Werbungskosten.

Geh- und Fahrtrecht
easement of access

Ein Geh- und Fahrtrecht ist eine Variante des Wegerechts. Dieses kann durch vertragliche Vereinbarung, durch eine Baulast oder – der Regelfall – durch die Eintragung einer Grunddienstbarkeit im Grundbuch begründet werden. Es beinhaltet die Nutzung des belasteten Grundstücks dergestalt, dass es zu Fuß oder mit einem Fahrzeug überquert werden kann. In besonderen Fällen kann dieses Recht auf eine Person beschränkt werden. Als Belastung wird dann eine beschränkte persönliche Dienstbarkeit eingetragen. Die Eintragung setzt eine genaue Bestimmung und Kennzeichnung der Grundstückteile in einem Lageplan voraus, auf denen das Recht ausgeübt werden kann. Der Grundstückseigentümer, der diese Fremdnutzung dulden muss, ist auch verpflichtet, diese Grundstückteile so zu erhalten, dass das Recht faktisch genutzt werden kann. Es kann aber auch vereinbart werden, dass die Instandhaltungslast vom Eigentümer des herrschenden Grundstücks ganz oder teilweise zu übernehmen ist. Ebenso können Vereinbarungen zum Beispiel über das Schneeräumen getroffen werden.

Das Geh- und Fahrtrecht muss vom Berechtigten möglichst schonend für den Nachbarn ausgeübt werden. Der Eigentümer des „dienenden" Grundstücks, über das der Weg führt, ist berechtigt, an seinen Grundstücksgrenzen Absperrungen anzubringen, die der Wegeberechtigte jederzeit passieren können muss. Es dürfen also Tore, Gatter oder Absperrketten angebracht werden, die nicht verschlossen sind oder für die der Nachbar eine angemessene Menge an Schlüsseln erhält. Dem Eigentümer des dienenden Grundstücks kann es nicht verwehrt werden, zum Beispiel kleine Kinder durch Anbringen von Toren vom Verlassen seines Grundstückes abzuhalten oder Fremde oder gar das Vieh des Nachbarn von seinem Grundstück fern zu halten. Dass der Berechtigte des Geh- und Fahrtrechts aus seinem Auto steigen muss, um ein Tor zu öffnen und zu schließen, sehen die Gerichte als zumutbar an (OLG Frankfurt/M., Beschluss vom 22.11.2010, Az. 19 W 59/10).

Das Geh- und Fahrtrecht berechtigt nur dazu, den Weg über das Grundstück des Nachbarn zu begehen und zu befahren. Genaueres kann in der Eintragungsbewilligung für die Grundbucheintragung

oder dem zivilrechtlichen Vertrag, der ein Wegerecht begründet, geregelt werden. Das Parken oder Be- und Entladen auf dem Grundstück des Nachbarn ist nicht zulässig, wenn dies nicht ausdrücklich so festgelegt wurde. Auch eine Erweiterung der Wegenutzung kann unzulässig sein. Ein Geh- und Fahrtrecht zugunsten eines Gewerbegrundstückes, bei dessen Einrichtung zunächst nur an einen Botenjungen per Fahrrad gedacht war, erlaubt nicht das Befahren und Zuparken des Weges durch mehrere 38-Tonner pro Tag (LG Regensburg, Beschluss vom 22.8.2007, Az. 1 O 1099/07).

Gemeinbedarfsflächen
areas for public purposes (schools, hospitals, etc.)

Als Gemeinbedarfsflächen werden solche Flächen bezeichnet, die in einem Bebauungsplan zur baulichen Nutzung für Einrichtungen vorgesehen sind, die den Gemeinbedarf decken – zum Beispiel Kindergärten, Schulen, Kirchen, Sportanlagen. Nicht dazu zählen Erschließungsanlagen (Straßen, Fußweg, Plätze).

Die Art des Gemeinbedarfs muss im Bebauungsplan bezeichnet werden. Dies geschieht im Bebauungsplan durch Verwendung entsprechender Planzeichen. Wird eine Bodenfläche, die sich im Privateigentum befindet, als Gemeinbedarfsfläche ausgewiesen, kann sie zum Vollzug des Bebauungsplanes enteignet werden, wenn sich der Eigentümer weigert, die Fläche an die Gemeinde zu verkaufen oder sie für den vorgesehenen Nutzungszweck zur Verfügung zu stellen. Auf Gemeinbedarfsflächen dürfen wertsteigernde Änderungen vorhandener baulicher Anlagen nur durchgeführt werden, wenn der Bedarfs- und Erschließungsträger dem zustimmt und der Eigentümer auf Ersatz der Werterhöhung schriftlich verzichtet.

Gemeinschaftseigentum
common property; common ownership

Das Wohnungseigentumsgesetz unterscheidet zwischen dem Sondereigentum als Alleineigentum und dem Gemeinschaftseigentum, an dem alle Wohnungseigentümer mit einem Miteigentumsanteil beteiligt sind.

Zum gemeinschaftlichen Eigentum zählen neben dem Grundstück (§ 1 Abs. 5 WEG) alle übrigen Teile, Anlagen und Einrichtungen sowie die Räume des Gebäudes, die nicht im Sondereigentum oder im Eigentum eines Dritten stehen. Dabei handelt es sich um vor allem um Dach-, Boden- oder Kellerräume. Zum Gemeinschaftseigentum gehören ferner alle übrigen Gebäudeteile, die dem Bestand und der Sicherheit des Gebäudes dienen, sowie alle Anlagen und Einrichtungen, die dem gemeinschaftlichen Gebrauch aller Wohnungseigentümer dienen (§ 5 Abs. 2 WEG). Zu ersteren zählen alle konstruktiven Gebäudebestandteile wie Dach, Außenwand, Fenster, Haus- und Wohnungstüren, tragende Wände, Decken und Böden, auch wenn sie sich im Bereich des Sondereigentums befinden. Zu letzteren gehören Treppenhaus, Aufzüge, Zentralheizungs- und Warmwasserversorgungs-Anlagen, zentrale Installations- und Ver-/Entsorgungseinrichtungen.

Die Verwaltung des gemeinschaftlichen Eigentums obliegt den Wohnungseigentümern, dem Verwalter und – sofern bestellt – dem Verwaltungsbeirat.

Die laufenden Betriebs- und Verwaltungskosten des gemeinschaftlichen Eigentums sind von allen Wohnungseigentümern gemäß § 16 Abs. 2 WEG anteilig zu tragen, sofern nicht gemäß § 16 Abs. 3 WEG eine abweichende Regelung beschlossen wurde. Für die Instandhaltung und -setzung des gemeinschaftlichen Eigentums sind alle Wohnungseigentümer gemeinschaftlich verpflichtet und haben gemäß § 16 Abs. 2 WEG die entsprechenden anteiligen Kosten nach Miteigentumsanteilen zu tragen, wenn nicht im konkreten Fall gemäß § 16 Abs. 4 WEG eine abweichende Kostenverteilung beschlossen wurde.

Gemeinschaftsgeschäft
joint/syndicate business; business on joint account

Gemeinschaftsgeschäfte bei Maklern gibt es in drei verschiedenen Ausgestaltungsformen. Die erste besteht darin, dass ein Auftraggeber zwei Maklern zusammen einen Auftrag erteilt, die sich dann im Falle eines Vertragsabschlusses unabhängig vom Einzelbeitrag jedes einzelnen zum Abschluss die Provision teilen (sog. „Hamburger Gemeinschaftsgeschäft").

Die zweite Art des Gemeinschaftsgeschäftes besteht darin, dass ein Makler von sich aus einen Untermakler einschaltet, der vor Ort die Bearbeitung übernimmt. Auch er partizipiert auf jeden Fall an den Provisionsansprüchen, die der Hauptmakler geltend macht.

Die dritte Art des Gemeinschaftsgeschäftes, die in der Praxis weitaus überwiegt, besteht darin, dass der Makler des Objektauftraggebers mit dem Makler des Interessentenauftraggebers zusammenarbeitet und beide auf einen Abschluss hinwirken. Auch hier wird entweder die Gesamtprovision geteilt oder jeder der beiden Makler erhält von seinem jeweiligen Auftraggeber die Provision. Die Vereinbarung von Gemeinschaftsgeschäften ist eine alternative zur Vermarktung von Immobilien durch miteinander konkurrierende Makler. Gemeinschaftsgeschäfte bewirken, dass zusätzliche Vertragsabschlüsse, die sich durch Kooperation mit Kollegen ergeben, trotz ihrer Wettbewerbssituation durchgeführt werden können. Außerdem treten Kostenersparnisse durch Vermeidung von doppelten oder dreifachen Bearbeitungen beim Objektvertrieb ein.

Für diese Art von Geschäften gibt es keine gesetzlichen Regelungen, auch nicht hinsichtlich der Provision. Das bedeutet, dass jeder Makler bei einem Gemeinschaftsgeschäft von seinem Auftraggeber die Provision erhält. Der Anspruch richtet sich also ausschließlich nach den vertraglichen Vereinbarungen im Verhältnis des Maklers zu seinem Auftraggeber. Wenn also in diesem Verhältnis keine Provision zu zahlen ist zum Beispiel wegen Vorkenntnis des Auftraggebers oder fehlender Leistung des Maklers, ist keine Provision zu zahlen. Der Makler, den dies trifft, hat keinen Anspruch auf einen Teil der Provision des anderen Maklers. Bei einem Gemeinschaftsgeschäft ist also dringend zu empfehlen, im Rahmen der Verabredung des Geschäfts auch eine Vereinbarung über die Provisionen zu treffen. Nur bei einer entsprechenden Vereinbarung hat der Makler einen Anspruch auf einen Teil der Provision des anderen Maklers.

Die Art der Provisionsteilung und andere Vorgaben findet man zum Beispiel in den „Geschäftsgebräuchen für Gemeinschaftsgeschäfte (GfG)" des Immobilienverbandes Deutschland (IVD).

Gemeinschaftsordnung
byelaws for freehold flats; declaration of restrictions

Das Wohnungseigentumsgesetz gestattet es den Wohnungseigentümern, ihr Verhältnis untereinander in der Weise rechtlich zu gestalten, dass sie vom Wohnungseigentumsgesetz abweichende Regelungen treffen, sofern nicht das Gesetz selbst etwas anderes bestimmt (§ 10 Abs. 2 Satz 2 WEG). Erforderlich ist hierzu eine Vereinbarung, also eine Regelung, die die Zustimmung aller im Grundbuch eingetragenen Wohnungseigentümer erforderlich macht. Damit diese Regelung auch im Fall des Eigentümerwechsels gegenüber dem neuen Eigentümer gilt, bedarf die Vereinbarung als so genannter Inhalt des Sondereigentums – im Gegensatz zum Gegenstand des Sondereigentums – der Eintragung in das Grundbuch (§ 10 Abs. 3 WEG; § 5 WEG). Unterbleibt die Eintragung, gilt die Vereinbarung als sogenannte schuldrechtliche Vereinbarung zwar unter denjenigen, die sie getroffen haben bestehen.

Sie verliert jedoch bei Eintritt eines neuen Eigentümers ihre Wirkung nicht nur gegenüber dem neu in die Gemeinschaft eintretenden, sondern auch gegenüber den bisherigen Wohnungseigentümern. Von der Möglichkeit, vom Gesetz abweichende Regelungen in der Form der Vereinbarung zu treffen, wird meist bereits bei der Begründung von Wohnungseigentum Gebrauch gemacht. Vom Gesetz abweichende Vereinbarungen sind jedoch nur zulässig bei den sogenannten abdingbaren gesetzlichen Bestimmungen. Bestimmt das Gesetz selbst, dass von der betreffenden Bestimmung nicht abgewichen werden kann, beispielsweise bei der Verwalterbestellung auf höchstens fünf Jahre beziehungsweise drei Jahre bei erstmaliger Bestellung nach Begründung des Wohnungseigentums (§ 26 Abs. 1 WEG), ist auch eine Vereinbarung unzulässig. So ist auch eine Zuordnung der Fenster zum Sondereigentum, wie sie vielfach in Teilungserklärungen beziehungsweise Gemeinschaftsordnungen vorgenommen worden war, unwirksam (§ 5 WEG). Die im Regelfall zunächst vom teilenden Eigentümer einseitig getroffenen Vereinbarungen werden in der Gemeinschaftsordnung festgelegt, die teilweise, allerdings fälschlich, auch als Miteigentumsordnung bezeichnet wird. Sie ist meist Bestandteil der Teilungserklärung, wobei die Teilungserklärung in engerem Sinne ausschließlich die rein sachenrechtlichen Regelungen (Abgrenzung und Zuordnung von Sonder-/Gemeinschaftseigentum, Festlegung der Miteigentumsanteile) enthält. Regelungen in der Gemeinschaftsordnung, die die rechtlichen Beziehungen der Wohnungseigentümer untereinander zum Inhalt haben, stehen insoweit den Vereinbarungen gleich.

Änderungen der Gemeinschaftsordnung bedürfen stets einer erneuten Vereinbarung, ein Mehrheitsbeschluss ist als vereinbarungsändernder Mehrheitsbeschluss nichtig. Eine Ausnahme gilt nur für den Fall, dass die Vereinbarung einer „Öffnungsklausel" die Abänderbarkeit der Gemeinschaftsordnung durch mehrheitliche Beschlussfassung ausdrücklich regelt.

Durch die Reform des Wohnungseigentumsgesetzes ist jetzt jedem Wohnungseigentümer ein gesetzlicher Anspruch eingeräumt, eine vom Gesetz abweichende Vereinbarung oder die Anpassung einer Vereinbarung zu verlangen, soweit ein Festhalten an der geltenden Regelung aus schwerwiegenden Gründen unter Berücksichtigung aller Umstände des Einzelfalles, insbesondere der Rechte und Interessen der anderen Wohnungseigentümer, unbillig erscheint (§ 10 Abs. 2 Satz 3 WEG).

Generalübernehmer
someone taking over an enterprise/company as a whole

Im Baugeschäft ist Generalübernehmer, wer die Vorbereitung und Durchführung eines Bauvorhabens ganz (oder teilweise) in eigenem Namen und auf eigene Rechnung, aber auf dem Grundstück des Bauherrn organisiert.Er selbst erbringt keine Bauleistungen, sondern schaltet hierfür ausschließlich Subunternehmer ein. Erbringt der Generalübernehmer aber Planungsleistungen, spricht man auch von einem Totalübernehmer.

Generalunternehmer
general contractor; prime contractor; main contractor; master builder

Ein Generalunternehmer ist in der Regel ein Bauunternehmen, das gegenüber dem Bauherrn als einziger Vertragspartner bei der Durchführung eines Bauvorhabens auftritt. Für vom ihm nicht selbst erbrachten Bauleistungen schaltet er auf eigene Rechnung Subunternehmer ein. Der Vorteil für den Bauherrn ist, anders als bei einer Einzelvergabe der verschiedenen Gewerke, dass er nur einen Vertragspartner für alle Bauarbeiten hat.

Beispiel: Wenn der Bauherr Mängel rügen will, hat er nur einen Adressaten und muss sich nicht mit mehreren Gewerken auseinandersetzen, die eventuell die Verantwortung für den Mangel bei den anderen Unternehmern sehen.

Gentrifizierung
gentrification

Von engl. „Gentrification", abgeleitet von „gentry" (= Oberschicht, Adel). Mit dem Begriff ist der Vorgang der sozialen Aufwertung von weniger angesehenen Wohngebieten gemeint. Die Sanierung, Modernisierung und Umwandlung von Miet- in Eigentumswohnungen führen zur Verdrängung der weniger betuchten und Ansiedlung einer finanziell besser gestellten Bevölkerungsgruppe.

Der Prozess der Gentrifizierung beginnt oft mit der Ansiedlung von Künstlern und Studenten und der damit einhergehenden Steigerung der kulturellen Aktivitäten sowie der Ansiedlung neuer kleiner Geschäfte und Lokale. Nach einiger Zeit wird die Gegend zum „Szene-Viertel", die Mieten beginnen zu steigen und Modernisierungen fangen an, sich zu rechnen. Gebäude werden von Investoren zwecks Renovierung aufgekauft; teilweise existiert ein städtisches Sanierungsprogramm. Studenten starten in den Beruf, haben höhere Ansprüche und mehr Geld, möchten aber trotzdem weiter in ihrem Szeneviertel leben. Schließlich kommt es zu so hohen Mietsteigerungen, dass die bisherige, finanz-schwächere Mieterschicht abwandert.

Geplante Flächennutzung
planned land use/land allocation
Die statistischen Ergebnisse der geplanten Flächen-nutzung ergeben sich aus einer Vollerhebung der Flächennutzung der Kommunen. Sie erfolgt perio-disch alle vier Jahre. Ihr liegt eine regionale Glie-derung Bundesgebiet-Bundesländer-Regierungsbe-zirke-Kreise-Gemeinden zugrunde.

Die Siedlungs- und Verkehrsfläche hat in den Jah-ren 2009 bis 2012 um durchschnittlich 74 Hektar pro Tag zugenommen. Der Anstieg hat sich gegen-über dem Zeitraum von 2008 bis 2011 verlang-samt, in dem die tägliche Zunahme noch 81 Hektar betrug. Die Bundesregierung verfolgt mit der natio-nalen Nachhaltigkeitsstrategie das Ziel, die Aus-breitung neuer Siedlungs- und Verkehrsflächen bis 2020 auf 30 Hektar pro Tag zu reduzieren.

Der Begriff Siedlungs- und Verkehrsfläche ist nicht gleichzusetzen mit „versiegelter Fläche": Erholungsflächen, insbesondere Grünanlagen und Sportflächen, haben zum Beispiel einen Anteil von 8,6 Prozent an der Siedlungs- und Verkehrsfläche. Erholungsflächen trugen in den Jahren 2009 bis 2012 in erheblichem Umfang (+ 25 Hektar pro Tag) zum Anstieg der Siedlungs- und Verkehrsfläche bei. Die Siedlungs- und Verkehrsfläche nimmt 13,5 Prozent der Fläche Deutschlands ein, der Anteil der Landwirtschaftsfläche beträgt 52,2 Prozent, der Anteil der Waldfläche 30,2 Prozent.

Gesamthandsgemeinschaft
common ownership; joint tenancy; tenancy in common
Im Gegensatz zur Bruchteilsgemeinschaft kann bei der Gesamthandsgemeinschaft kein Miteigen-tümer über seinen Anteil verfügen. Jedem Mit-eigentümer gehört das Ganze, ist aber beschränkt durch die Miteigentumsrechte der jeweils anderen. Zu den Gesamthandsgemeinschaften zählen die Erbengemeinschaften, die Personengesellschaften (oHG, BGB-Gesellschaft) aber auch die ehelichen Gütergemeinschaften. Befinden sich Grundstücke im Eigentum einer Erbengemeinschaft, kann jeder Miterbe jederzeit einen Antrag auf Teilungsver-steigerung stellen. Bei einer Personengesellschaft ist Voraussetzung dafür die Beendigung des Ge-sellschaftsverhältnisses. Dies gilt auch für eine Bruchteilsgemeinschaft. Allerdings gibt es hier noch den Ausweg, dass jeder Miteigentümer seinen Anteil, der ja in einem Bruchteil ausgewiesen ist, auch veräußern kann. Der Erwerber tritt dann in die

Bruchteilsgemeinschaft ein. Erbengemeinschaften ist wegen dieser größeren Flexibilität zu raten, ihre Gesamthandsgemeinschaft in eine Bruchteilsge-meinschaft umzuwandeln.

Gesamtrechtsnachfolge
universal succession
Als Gesamtrechtsnachfolge wird der Übergang eines Vermögens mit allen Rechten und Pflichten auf den Gesamtnachfolger bezeichnet. Gesamt-rechtsnachfolger sind beispielsweise die Erben. Sie werden Eigentümer des Vermögens des Erb-lassers. Gehört zum Vermögen auch ein Grund-stück, muss das unrichtig gewordene Grundstück berichtigt werden. Der Gesamtrechtsnachfolger kann die steuerliche Abschreibung des Rechtsvor-gängers fortführen. Wird eine Kapitalgesellschaft, zum Beispiel eine GmbH, in eine andere Kapitalge-sellschaft – zum Beispiel eine AG – umgewandelt, findet auch hier eine Gesamtrechtsnachfolge statt.

Geschäftsräume
business accommodation; business premises
Beim Mietverhältnis über Geschäftsräume kommt der Gewerbemietvertrag zur Anwendung.

Die gesetzlichen Bestimmungen über Mietverträge können in diesem Bereich weitgehend vertraglich ausgeschlossen werden, so dass im Ergebnis kein Mieterschutz existiert. Besonders wichtig sind die genaue Vereinbarung des Geschäftszweckes und der Abgleich mit dem Vertrag. So müssen die Ge-schäftsräume für den angestrebten Zweck geeignet sein. Der Vermieter haftet für diese Eignung, kann seine Haftung jedoch vertraglich ausschließen.

Je nach Vertrag kann eine Veränderung der Geschäftstätigkeit des Mieters/ein Wechsel der Nutzungsart unzulässig sein. Der Vertragsinhalt ist genau zu prüfen. Formularverträge sind nur von ge-ringem Nutzen, da es keinen Standardmietvertrag gibt, der auf alle unterschiedlichen gewerblichen Nutzungsverhältnisse abgestimmt wäre. Gewerbe-mietverhältnisse werden oft von darauf spezialisier-ten Maklern vermittelt.

Gewährleistung (Bauwerksvertrag/ Grundstückskaufvertrag)
warranty; guarantee; warranty obligation (building contract/real property purchase agreement)
Innerhalb der Verjährungsfrist für werkvertragliche Mängelansprüche (früher „Gewährleistung") ist der Vertragspartner des Bauherrn (zum Beispiel Handwerker) verpflichtet, auftretende Baumängel kostenlos zu beseitigen. Die regelmäßige Verjäh-

rungsfrist beträgt bei Bauwerken entweder fünf Jahre beim BGB-Vertrag oder vier Jahre beim VOB-Vertrag, gerechnet von der Bauabnahme. Die verkürzte Gewährleistung nach VOB kann nur vereinbart werden, wenn auch das übrige Regelwerk der VOB im wesentlichen Bauvertragsbestandteil wird. Mängel, die in das Abnahmeprotokoll aufgenommen wurden, begründen die Pflicht zur Nacherfüllung und gehören nicht zu den Baumängelansprüchen.

Beim Grundstückskaufvertrag verjähren die Mängelansprüche in zwei Jahren. Die Frist beginnt mit Übergabe (Besitzübergang). In der Regel wird vom Verkäufer jedoch die Geltendmachung solcher Ansprüche durch den Käufer ausgeschlossen. Hiergegen bestehen keine rechtlichen Bedenken.

Gewerbeerlaubnis
trade licence; licence for the operation of a business

Die Gewerbeordnung sieht für eine Reihe von Gewerbebetrieben als Voraussetzung für den Beginn des Betriebes eine besondere Erlaubnis vor. Betroffen hiervon sind u. a. Makler, wirtschaftliche Baubetreuer, Bauträger und Anlagevermittler. Die Erlaubnis wird erteilt, wenn diese die jeweils vorgeschriebenen Voraussetzungen nach § 34c GewO erfüllen. Hierzu gehören die für deren Betrieb erforderliche Zuverlässigkeit und geordnete Vermögensverhältnisse. Ist dies nicht der Fall, kann die Erlaubnis nicht erteilt werden. Ein Sachkundenachweis muss nicht erbracht werden.

Die für den Betrieb erforderliche Zuverlässigkeit besitzt insbesondere nicht, wer in den letzten fünf Jahren wegen eines Vermögensdeliktes oder eines Verbrechens rechtskräftig verurteilt wurde. Aber auch wiederholte Verstöße gegen gewerberechtliche Ordnungsvorschriften (zum Beispiel gegen die MaBV) sind ein Indiz für Unzuverlässigkeit.

In ungeordneten Vermögensverhältnissen befindet sich, über wessen Vermögen das Insolvenzverfahren eröffnet oder die Eröffnung mangels Masse abgewiesen wurde, wer eine eidesstattliche Versicherung über seine Vermögensverhältnisse ableisten musste oder gegen wen bei Verweigerung dieser Versicherung Haftbefehl ergangen ist (in beiden Fällen erfolgt ein Eintrag in das Schuldnerverzeichnis).

Bei einer juristischen Person wird die erforderliche Zuverlässigkeit an der Person des Geschäftsführers bzw. Vorstandes geprüft, das Vorliegen geordneter Vermögensverhältnisse an der juristischen Person selbst. Der Geschäftsführer (und nicht ein Gesellschafter) ist auch dafür zuständig, den Antrag auf Erteilung einer Gewerbeerlaubnis zu stellen. Wem eine Erlaubnis nach § 34c erteilt wurde, muss die Vorschriften der Makler- und Bauträgerverordnung beachten. Bei Versteigerern, auch Grundstücksversteigerern, gelten nach § 34b GewO dieselben Erlaubnisvoraussetzungen wie in den Fällen des § 34c. Versteigerer können zusätzlich den Antrag auf öffentlichen Bestellung und Vereidigung stellen, wobei dann ein Sachkundenachweis erbracht werden muss. Für Versteigerer gilt die Versteigererverordnung.

Für Versicherungsmakler und Versicherungsberater gilt ebenfalls, dass sie neben der persönlichen Zuverlässigkeit und geordneten Vermögensverhältnissen Fachkunde etwa auf dem Niveau des Versicherungsfachwirts nachweisen müssen (§§ 34d und 34e).

Gewerbegebiet (Bauplanungsrecht)
industrial park; business park; commercial area; trade area; trading estate (planning law)

Will eine Gemeinde den Bebauungsplan für ein Gewerbegebiet ausweisen, dann bedeutet dies, dass dort nur „nicht erheblich belästigende Gewerbebetriebe" zugelassen sind. Zulässig sind ansonsten Gewerbebetriebe aller Art, Lagerhäuser, Lagerplätze und öffentliche Betriebe. Auch Geschäfts-, Büro- und Verwaltungsgebäude, Tankstellen und Anlagen für sportliche Zwecke können in Gewerbegebieten errichtet werden. Zu den Ausnahmen, die die Baunutzungsverordnung vorsieht, gehören Wohnungen für Aufsichts- und Bereitschaftspersonal und die Betriebsleiter, wenn sie von untergeordneter Bedeutung sind. Auch Anlagen für kirchliche, kulturelle, soziale und gesundheitliche Zwecke sowie Vergnügungsstätten können in Gewerbegebieten ausnahmsweise zugelassen werden. Allerdings muss die Gemeinde hier besondere Festsetzungen im Bebauungsplan vorsehen.

Gewerbeimmobilien
commercial property; commercial real estate

Gewerbeimmobilie ist ein umfassender Begriff für Immobilien, die nicht der wohnungswirtschaftlichen Nutzung dienen. Hierzu gehören etwa Büro- und Verwaltungsgebäude, Kaufhäuser, Einkaufszentren, Lagerhäuser, Ärztehäuser (obwohl Ärzte keine Gewerbetreibenden sind) Freizeitbäder und dergleichen.

Gewerbemietvertrag
commercial lease agreement

Gewerbemietverträge sind Mietverträge über gewerblich genutzte Räume aller Art. Der Gewerbemietvertrag unterscheidet sich vom Wohnungsmietvertrag hauptsächlich dadurch, dass er kaum gesetzlichen Beschränkungen unterliegt.

Viele gesetzliche Regelungen des Mietrechts, insbesondere Regelungen des Mieterschutzes, können bei Gewerbemietverträgen ausgeschlossen oder abgeändert werden. Wegen des hohen Gestaltungsspielraumes sind Formularmietverträge im gewerblichen Bereich nur eingeschränkt nutzbar. Eine gründliche Prüfung des Vertragsinhaltes – gegebenenfalls durch einen Anwalt – ist für beide Vertragspartner zu empfehlen. Nicht zur Anwendung kommen unter anderem die gesetzlichen Regelungen über:
- Kündigungsschutz,
- Kündigungsfristen für Wohnräume,
- Miethöhe (Obergrenze erst beim Mietwucher),
- Räumungsschutz,
- Sozialklausel/Widerspruch gegen Kündigung wegen Härtefall.

Vertraglich geregelt werden sollten folgende Punkte:
- Mietobjekt,
- Mietzweck,
- Mietdauer,
- Mietzins,
- Kaution,
- Kündigungsfrist,
- Mietanpassung,
- Konkurrenzschutz,
- Nebenkosten,
- Konsequenzen bei Mängeln der Mietsache,
- wer ist für Schönheitsreparaturen, Instandhaltung und Instandsetzung verantwortlich.

Und, je nach Gewerbe:
- Liste von Inventargegenständen, die Mieter gegebenenfalls nach Vertragsende ersetzen muss,
- Recht auf Außenwerbung,
- PKW-Stellplätze,
- Recht zur Untervermietung,
- Recht zur Aufnahme weiterer Mieter (weitere Gesellschafter),
- Hausordnung (darf der geplanten Nutzung nicht entgegenstehen, zum Beispiel hinsichtlich Untersagung lärmerzeugender Tätigkeiten, Kundenverkehr).

Eine Mieterhöhung kann nur vorgenommen werden, soweit dies im Mietvertrag ausdrücklich vereinbart ist.

Kaution: Anders als beim Wohnungsmietvertrag ist eine Vereinbarung von mehr als drei Monatsmieten Kaution zulässig. Für Instandhaltung, Instandsetzung und Schönheitsreparaturen ist grundsätzlich der Vermieter verantwortlich. Kosten dafür können jedoch komplett auf den Mieter abgewälzt werden. Dies gilt auch für Reparaturen. Die Vereinbarung einer Höchstgrenze im Mietvertrag ist sinnvoll.

Ein formularmäßiger Ausschluss der Mietminderung ist laut Bundesgerichtshof auch in Gewerbemietverträgen unwirksam, weil der Mieter dadurch unangemessen benachteiligt wird. Im Urteil ging es um eine Klausel, nach der eine Minderung der Miete ausgeschlossen sein sollte, wenn die Nutzung der Räume durch Umstände beeinträchtigt werde, die der Vermieter nicht zu vertreten hatte (BGH, Urteil vom 23.4.2008, Az. XII ZR 62/06).

Gewerbeparks
business park; industrial estate

Gewerbeparks sind Gewerbegebiete, bei denen die Objekte nach einem einheitlichen Nutzungskonzept errichtet und unter einheitlichem Management verwaltet werden. Dabei stehen den Nutzflächen Grünanlagen – üblicherweise ein Viertel der Gesamtanlage – gegenüber, um den Grundgedanken einer „Parkanlage" zu unterstreichen. Die Einnahmen entstehen aus Mieteinnahmen und eventuellen Gewinnen der Betreibergesellschaft aus Gebühren. Die im Vergleich zu einzelnen Gewerbeimmobilien etwas höheren Erträge werden durch die Verwaltungskosten meist nahezu ausgeglichen.

Gewerblicher Grundstückshandel
dealing in real estate as a business
(tax purposes)

Gewerblicher Grundstückshandel liegt dann vor, wenn über Grundstücke im Rahmen eines Gewerbebetriebes verfügt wird. Dabei spielen vor allem Kauf und Verkauf eine Rolle. Ein Gewerbebetrieb ist durch Gewinnerzielungsabsicht, selbständige, nachhaltige Tätigkeit und Teilnahme am Geschäftsverkehr gekennzeichnet. Liegt gewerblicher Grundstückshandel vor, unterliegen die erzielten Gewinne sowohl der Einkommen- als auch der

Gewerbesteuer. Auch private Immobilienanleger werden als Gewerbebetrieb eingestuft, wenn sie bei ihren Immobilientransaktionen die Drei-Objekte-Grenze überschreiten. Sie ist aber nicht die ausschließliche Beurteilungsgrundlage. Der BFH hat im Urteil vom 18.9.2002 (X R 183/96) auf weitere Merkmale verwiesen, die, wenn sie gegeben sind, für einen gewerblichen Grundstückshandel sprechen, zum Beispiel kurzfristige Projektfinanzierung, Dokumentation der Veräußerungsabsicht während der Bauphase, Schließung von Vorverträgen. Liegen solche Merkmale vor, kann auch bei Unterschreiten der „Drei-Objekte-Grenze" gewerblicher Grundstückshandel angenommen werden.

Gewerk
craft; trade (skill); maintenance group; section of construction

Das Baugewerbe besteht nach der amtlichen Statistik aus insgesamt 22 Gewerken (Bauleistungsbereiche) des Bauhaupt- und Ausbaugewerbes. Die Mehrzahl der Gewerke gehört zum Hochbau. Es handelt sich im Wesentlichen um
- Rohbauarbeiten (Erdarbeiten, Beton- und Stahlbetonarbeiten, Mauerarbeiten etc.);
- weiterführende Rohbauarbeiten (Zimmerer- und Holzbauarbeiten, Dachdeckungsarbeiten, Klempnerarbeiten etc.); Ausbauarbeiten (Putz-, Estrich-, Schreiner-, Verglasungs-, Anstrich- und Tapezierarbeiten etc.);
- Technischen Ausbau (Sanitär-, Heizungs-, Lüftungs-, Elektroinstallation etc.);
- Außenanlagen und Einrichtung (Sicherheitseinrichtungen, Möblierung, Bepflanzung etc.).
Genaue Leistungsbeschreibungen der verschiedenen Einzelbereiche der Gewerke können dem „Standardleistungsbuch (StLB)" entnommen werden. Teilleistungen in einem Gewerk werden auch als Baulose bezeichnet.

GEZ (Gebühreneinzugszentrale)
GEZ = Gebühreneinzugszentrale (licence fee collection centre of the public broadcasting organisations in Germany

Die GEZ war die Gebühreneinzugszentrale der öffentlich-rechtlichen Rundfunkanstalten. Bei ihr handelte es sich um eine Gemeinschaftseinrichtung der ARD-Landesrundfunkanstalten, des Zweiten Deutschen Fernsehens (ZDF) und des Deutschlandradios. Die GEZ hatte die Aufgabe, die Rundfunkgebühren einzuziehen. Bis Ende 2012 musste für jedes Rundfunkgerät, das zum Empfang bereit gehalten wurde, eine Gebühr bezahlt werden. Als bereit gehaltene Rundfunkgeräte galten dabei Radios und Fernseher, die ohne erheblichen technischen Aufwand zum Empfang von Sendungen genutzt werden konnten – unabhängig davon, ob sie dies tatsächlich wurden. Auch sogenannte neuartige Rundfunkgeräte waren gebührenpflichtig – etwa Computer, die Internetradio-Sendungen wiedergeben können, PDAs (Personal Digital Assistants) und Mobiltelefone mit UMTS- oder Internetanbindung. Seit 1.1.2013 ist das bisherige Gebührensystem durch den neuen Rundfunkbeitrag abgelöst worden. Aus der GEZ wurde der ARD ZDF Deutschlandradio Beitragsservice. Dieser wird von den neun öffentlich-rechtlichen Landesrundfunkanstalten, dem Zweiten Deutschen Fernsehen (ZDF) und dem Deutschlandradio gemeinsam betrieben und treibt den Rundfunkbeitrag ein. Das Beitragssystem wurde geändert. Seit Anfang 2013 zahlt jeder Haushalt einen pauschalen Beitrag, ohne dass es darauf ankommt, ob und wenn ja welche Geräte zum Empfang bereit gehalten werden. Pro privater Wohnung sind unabhängig von der Anzahl der Bewohner 17,98 Euro monatlich zu bezahlen.
Für Familien und Wohngemeinschaften gibt es damit Erleichterungen. Auch die Autoradios in allen privaten Autos der Bewohner sowie privat genutzte Geräte am Arbeitsplatz sind dadurch abgedeckt. Für verschiedene Personengruppen ist eine Beitragsbefreiung möglich, zum Beispiel für Menschen mit Behinderungen, Empfänger bestimmter staatlicher Sozialleistungen oder einer Ausbildungsförderung. Für Ferienwohnungen werden ebenfalls pauschalisierte Beiträge erhoben – allerdings nach den Grundsätzen der Beitragserhebung von Unternehmen.
Bei diesen richtet sich der neue Rundfunkbeitrag nach der Anzahl der Betriebsstätten, der Beschäftigten und der betrieblich genutzten Kraftfahrzeuge. Kleinst- und Kleinunternehmen zahlen weniger als große Betriebe.
Die Neuerungen beruhen auf dem neuen Rundfunkbeitragsstaatsvertrag, der zum 1.1.2013 den

bisherigen Rundfunkgebührenstaatsvertrag ablöste. Nach § 9 des Rundfunkbeitragsstaatsvertrages sind Vermieter gegenüber der jeweiligen Landesrundfunkanstalt zur Auskunft darüber verpflichtet, wer der Inhaber (d. h. Bewohner, Mieter) einer in ihrem Eigentum stehenden Wohnung oder der Inhaber eines auf ihrem Grund bestehenden Betriebes ist. Diese Auskunftspflicht gilt jedoch nur dann, wenn die Landesrundfunkanstalt nicht anders herausfinden kann, wer ihr Gebührenschuldner ist. Bei einer Wohnungseigentümergemeinschaft kann diese Auskunft auch vom Verwalter gefordert werden. Der Anspruch auf Auskunft und gegebenenfalls entsprechende Nachweise kann im Verwaltungszwangsverfahren durchgesetzt werden.

Glasversicherung
glass insurance

In Gebäude- oder Hausratversicherungen ist in der Regel keine Glasversicherung enthalten. Dies wird bei Abschluss solcher Versicherungen oft übersehen. Nur in wenigen Hausratversicherungen sind Glasschäden mitversichert. Glasbruchschäden sind die am häufigsten eintretenden Schadenfälle. Es kann sich um Gebäudeglas (zum Beispiel Glasscheiben von Fenstern, Türen, Balkonen, Terrassen) oder um Mobiliarglas (zum Beispiel Glasscheiben von: Bildern, Schränken, Vitrinen, Öfen, Elektro- oder Gasgeräten, Stand-, Wand- oder Schrankspiegeln, Glasplatten) handeln, das zerbricht. Die Glasversicherung gibt es als Pauschalversicherung pro Haus (Einfamilienhaus, Zweifamilienhaus), pro Wohnung oder nach Wohnfläche, sowie als Einzelversicherung nach Glasart, Scheibengröße usw.

Gleitende Neuwertversicherung
escalation insurance reinstatement policy

Von einer gleitenden Neuwertversicherung eines Gebäudes spricht man dann, wenn die Versicherungssumme an den gleitenden Baupreisindex und den Tariflohnindex für das Baugewerbe angepasst wird. Beide Indizes werden vom Statistischen Bundesamt geliefert. Der Baupreisindex wird dabei mit 80 Prozent und der Tariflohnindex mit 20 Prozent gewichtet.

Als Versicherungssumme wird der Neuwert des Gebäudes entsprechend seiner jeweiligen Größe und Ausstattung sowie seines Ausbaus nach Preisen des Jahres 1914 gebildet. Einzubeziehen sind dabei auch die Architektengebühren sowie sonstige Konstruktions- und Planungskosten.

Die erste Einwertung des Gebäudewerts zum Basisjahr (1914 = 100) erfolgt durch einen Summenermittlungsbogen oder durch ein Wertgutachten.

Die Versicherungssumme 1914 wird mit dem gleitenden Neuwertfaktor (auch Richtwert genannt) multipliziert. Daraus ergibt sich der Betrag, den die Versicherung im Falle des Totalschadens zu leisten hat. Die Wertanpassung mit dem gleitenden Neuwertfaktor hat auch eine entsprechende Anpassung der Versicherungsbeiträge zur Folge.

Wenn sich durch Aus-, Um- oder Anbaumaßnahmen die Gebäudesubstanz und damit der Gebäudewert erhöht, muss dies der Versicherung unverzüglich angezeigt werden. Wird dies versäumt, dann kann im Falle eines Schadens eine Unterversicherung vorliegen. Es wird dann nur der anteilige Schaden ersetzt.

Green Building
green building

Der Begriff „Green Building" bezeichnet grundsätzlich ein umweltfreundliches und energieeffizientes Gebäude. Der Bau energieeffizienter Gebäude im Wohn- und Nichtwohnbereich wird international propagiert. In der EU wird mit Hilfe der Richtlinie über die Gesamtenergieeffizienz von Gebäuden und des „Green-Building-Programmes" für Nichtwohngebäude eine Vereinheitlichung versucht. Letzteres verlangt für Neubauten von Nichtwohngebäuden bei Verwendung traditioneller Materialien eine Verringerung des Primärenergiebedarfs um 25 Prozent.

In der Umsetzung der europäischen Vorgaben sind zum Beispiel Deutschland, Dänemark, Österreich und Schweden gut vorangekommen. So wurde in Deutschland im Zuge der Umsetzung der Gebäuderichtlinie die Energieeinsparverordnung geändert und der Energieausweis auch für Bestandsgebäude eingeführt. Im Rahmen der Energieeinsparverordnung 2009 wurden die Regelungen zur Energieeffizienz von Gebäuden weiter verschärft. 2010 trat eine Neufassung der EU-Gebäuderichtlinie in Kraft, die in Deutschland durch die Energieeinsparverordnung 2014 umgesetzt werden soll. Diese wird höhere Anforderungen an den Wärmeschutz insbesondere bei Neubauten und neue Regelungen über den Energieausweis enthalten.

Untersuchungen zeigen, dass die Umsetzung der Richtlinien über Energieeinsparung und Wärmedämmung in denjenigen Staaten langsamer verläuft, in denen eine stärkere Nutzung der Atomenergie als Weg aus der Energiekostenkrise befürwortet wird – zu nennen sind hier etwa Bulgarien, Ungarn, die Tschechische Republik, die Slowakei und Polen.

Die Umsetzung der EU-Richtlinien ist jedoch zwingend. Insbesondere im Hinblick auf die steigenden Energiekosten zeigt sich, dass energieeffiziente

Gebäude heute weit bessere Chancen auf dem Immobilienmarkt haben als nicht zeitgemäß gedämmte und beheizte Objekte.

Grenzbaum
boundary tree

Ein Baum, der von Beginn an oder im Laufe der Zeit durch sein Wachstum die Grundstücksgrenze zum Nachbargrundstück überschreitet, ist ein Grenzbaum. Maßgeblich für diese Feststellung ist die Stelle des Baumes, an der er aus dem Boden tritt. Der Baum, der in der Regel wesentlicher Bestandteil des Grundstücks ist, wird zum Bestandteil zweier Grundstücke. Daraus ergibt sich, dass beide Grundstücksnachbarn Miteigentümer des Grenzbaumes sind. Auf die Wurzelverzweigung kommt es nicht an. Da sich viele Bäume bereits oberhalb der Bodenoberfläche nach unten in das Wurzelwerk verzweigen, ist eine eindeutige Bestimmung, ob es sich um einen Grenzbaum handelt, oft schwierig. Wurzelanläufe sollen im Gegensatz zu Wurzelausläufen noch zum „Stammfuß", auf den der Stamm aufsetzt, gerechnet werden. So jedenfalls das OLG München (Urteil vom 10.6.1992 AgrarR 1994, 27). Dabei kommt es nicht darauf an, ob der Baum durch die Grenzlinie hälftig oder nur marginal durchschnitten wird. Bei der strittig werdenden Frage, ob es sich um einen Grenzbaum handelt oder um den Baum nur eines der beiden Nachbarn, entscheidet in Streifragen ein Vermessungssachverständiger. Für Grenzbäume gilt § 923 BGB. Danach gehören jedem der beiden Grundstücksnachbarn etwaige Früchte des Baumes, aber auch der gefällte Baum zur Hälfte. Die Vorschriften sind auch für Sträucher anzuwenden. „Jeder der Nachbarn kann die Beseitigung des Baumes verlangen. Die Kosten der Beseitigung fallen den Nachbarn zu gleichen Teilen zur Last. Der Nachbar, der die Beseitigung verlangt, hat jedoch die Kosten allein zu tragen, wenn der andere auf sein Recht an dem Baume verzichtet; er erwirbt in diesem Falle mit der Trennung das Alleineigentum. Der Anspruch auf die Beseitigung ist ausgeschlossen, wenn der Baum als Grenzzeichen dient und den Umständen nach nicht durch ein anderes zweckmäßiges Grenzzeichen ersetzt werden kann" so Abs. 2. Zwar muss der Eigentümer, will er einen Grenzbaum beseitigen, die Zustimmung des anderen Nachbarn einholen. Wird sie nicht erteilt, kann auf Zustimmung geklagt werden. Wird ein Grenzbaum ohne Zustimmung des anderen Nachbarn gefällt, besteht nur dann Aussicht, mit einer Schadensersatzklage durchzudringen, die Zustimmung hätte verweigert werden können. Dies ist in der Regel aber nicht der Fall. Soweit die zivilrechtlichen Grundlagen. Öffentlich rechtlich, d. h. durch eine Baumschutzverordnung, kann allerdings die Ausübung des Rechts auf Beseitigung genehmigungsbedürftig sein. Wird die Genehmigung versagt, muss der Baum stehen bleiben. Wird der Baum dennoch gefällt, handelt es sich um eine mit Bußgeld bewehrte Ordnungswidrigkeit. Ein zivilrechtlicher Schadensersatzanspruch zu Gunsten des Nachbarn leitet sich daraus nicht ab. Baumschutzverordnungen gibt es allerdings nicht in allen Gemeinden. Aus der Bestimmung eines Baumes als Grenzbaum ergeben sich einige notwendige Verhaltensweisen, denn beide Nachbarn sind für den Grenzbaum gleichermaßen verantwortlich. Ist der Baum sanierungsbedürftig, haben beide Grundstücksnachbarn die Kosten der erforderlichen Sanierung zu tragen. Die Grundstücknachbarn haben die Standfestigkeit des Baumes zu überwachen. Fällt der Baum etwa auf das Dach des Hauses eines der Nachbarn, muss auch der andere Nachbar einen Teil des Schadens ausgleichen, wenn er nicht vorsorglich auf sein Eigentumsrecht verzichtet hat. Die Verkehrssicherungspflicht trifft beide Nachbarn gemeinsam.

Grenzniederschrift
boundary record (survey record)

Bei der flächenmäßigen Veränderung von Flurstücken wird unterschieden zwischen der Teilung (aus einem Flurstück werden zwei), der Zerlegung (ein Flurstück wird in mehrere Teile zerlegt) und der Verschmelzung (Flurstücke, die örtlich und wirtschaftlich eine Einheit bilden, werden zu einem Flurstück verschmolzen). Über die damit verbundenen Vermessungsvorgänge wird am Ort der Vermessung eine Niederschrift angefertigt, zu deren Termin alle direkt oder indirekt Beteiligten schriftlich geladen werden. Erscheint ein direkt beteiligter Grundstückseigentümer nicht zu diesem Termin, wird ihm das Vermessungsergebnis schriftlich mitgeteilt. Er kann dem Ergebnis innerhalb von vier Wochen widersprechen. Wird innerhalb dieser Frist kein Widerspruch eingelegt, gilt das Vermessungsergebnis als anerkannt. Ist ein Beteiligter beim Term selbst anwesend, bezeugt er sein Einverständnis durch seine Unterschrift unter die Grenzniederschrift.

Grenzstein
land mark; boundary stone

Ein Grenzstein (oder Markstein) ist ein steinernes Grenzzeichen, das anzeigt, wo sich an einem Knickpunkt die Grenze zum Nachbarflurstück befindet. Der Grenzstein muss so weit aus dem Boden ragen, dass er für Landwirte, die die Flur beackern, gut sichtbar ist. Andererseits sollte er mindestens 60 Zentimeter in den Boden eingelassen werden, damit er nicht beim Pflügen herausgerissen werden kann. Grenzsteine werden auch zur Markierung von Landesgrenzen verwendet, die allerdings deutlich von weitem sichtbar sein sollten.

Großanlage zur Trinkwassererwärmung
large-scale plant for heating drinking water

Der Begriff „Großanlage zur Trinkwassererwärmung" findet sich in der Trinkwasserverordnung. Diese erfuhr in den letzten Jahren mehrere Änderungen, zuletzt am 5.12.2012. Inhaber von Großanlagen zur Trinkwassererwärmung müssen bei Abgabe von Trinkwasser im Rahmen einer gewerblichen Tätigkeit (darunter fällt hier jede Vermietung) im Dreijahresrhythmus eine Untersuchung des Wassers auf Legionellen durchführen lasssen, wenn das Wasser in Duschen und so weiter vernebelt wird. Diese Pflicht trifft insbesondere Vermieter von Mehrfamilienhäusern. Die erste Untersuchung muss bis zum 31.12.2013 abgeschlossen sein. Nach § 3 Nr. 12 der Trinkwasserverordnung gelten als „Großanlagen zur Trinkwassererwärmung" solche mit
- einem Speicher-Trinkwassererwärmer oder zentralem Durchfluss-Trinkwassererwärmer jeweils mit einem Inhalt von mehr als 400 Litern oder
- einem Inhalt von mehr als drei Litern in mindestens einer Rohrleitung zwischen Abgang des Trinkwassererwärmers und Entnahmestelle; nicht berücksichtigt wird der Inhalt einer Zirkulationsleitung. Diese Voraussetzung ist bei etwa zwei bis drei Metern Leitungslänge erfüllt.

Entsprechende Anlagen in Ein- und Zweifamilienhäusern gelten per Gesetz nicht als Großanlagen zur Trinkwassererwärmung. Es ist davon auszugehen, dass alle zentralen Wassererwärmungsanlagen in Mehrfamilienhäusern nach dieser Definition Großanlagen darstellen.

Grünland
grass land; meadow

Grünland im Sinne der Grünlandlehre ist Grasland, das viele Funktionen erfüllt. Hierzu gehören vor allem Bodenschutz, Kohlenstoffspeicherung, die Beheimatung von Wildtieren und seine Funktion als Weideland. Darüber hinaus dient Grünland in bestimmten Ausprägungsformen auch der Erholung der Bevölkerung.

Soweit die ökonomische Qualität von Grünland Betrachtungsgegenstand ist, liefert ein Grünlandschätzungsrahmen eine Beurteilungsgrundlage. Unterschieden wird dabei zwischen verschiedenen Bodenarten (Sand, lehmiger Sand, Lehm, Ton, Moor). Ihnen zugeordnet sind bestimmte Zustandsstufen, sowie Klimastufen (nach durchschnittlicher Jahreswärme) und Wasserstufen, die die Wasserverhältnisse (von sehr trockenen, dürren Lagen bis hin zu nassen, sumpfigen Lagen mit Staunässe) wiedergeben. Aus den Bewertungen durch die Kenngrößen des Grünlandschätzungsrahmens lassen sich, ähnlich wie bei Ackerflächen, Ertragskennzahlen ableiten, die zur Wertermittlung herangezogen werden können. Extensiv genutztes Grünland (zum Beispiel Weideland) kann auch die Funktion einer ökologischen Ausgleichsfläche übernehmen.

Grünordnungsplan
green space plan; green space adjunct to a -> Bebauungsplan (local development plan)

Auf der Grundlage von Darstellungen in Landschaftsplänen können Gemeinden als Bestandteil von oder im Zusammenhang mit Bebauungsplänen und für Innenbereichsflächen eine Grünordnungssatzung erlassen, die einerseits der Erhaltung naturräumlicher Flächen dient und andererseits Teilgebiete festlegt, die Anpflanzungen meist mit einheimischen Bäumen und Sträuchern vorsieht. Die Festsetzungen reichen von der genauen Bestimmung von Baumarten über die Begrünung von Vorgärten, Dächern und Fassaden bis hin zur Verwendung umweltverträglicher Lampen bei der Straßenbeleuchtung. Die begrünten bzw. zu begrünenden Flächen werden sowohl zeichnerisch festgehalten als auch in Textform festgesetzt. Erreicht werden soll eine Begrenzung der Belastung des Naturhaushaltes und der Beeinträchtigung des Landschaftsbildes. Das Plangebiet kann auch über die Baugebiete hinausreichen. Der Grünordnungsplan bezieht sich sowohl auf öffentliche Grünflächen, als auch auf private Grundstücksflächen, für die eine bestimmte Bepflanzung (in der Regel mit einheimischen Bäumen und Sträuchern) vorgesehen ist. Von besonderer Bedeutung sind im Hinblick auf Überschwemmungsgefahren durch frei in die Flüsse abfließendes Regenwasser die Festsetzungen von Wasserrückhaltebecken und Versickerflächen.

Grundbuch
official real estate register; land register; cadastre

Beim Grundbuch handelt es sich um ein öffentliches Register der im Grundbuchbezirk gelegenen

Grundstücke und den mit ihnen verbundenen Rechten (Bestandsverzeichnis). Es dient der Dokumentation der Eigentumsverhältnisse (Abteilung I), der auf den Grundstücken ruhenden Lasten und Beschränkungen (Abteilung II) und der auf ihnen ruhenden Grundpfandrechte (Abteilung III). Für jedes „Grundstück" im Sinne des Grundbuchrechts wird ein Grundbuchblatt angelegt, das sich in die oben beschriebenen Abteilungen gliedert (Grundbuch organisiert als Realfolium). Es kann aber auch für einen Eigentümer, der über mehrere Grundstücke verfügt, ein Grundbuchblatt angelegt werden (ein so genanntes Personalfolium), so lange die Übersichtlichkeit nicht darunter leidet. Nicht alle Grundstücke sind „buchungspflichtig".

Zu den buchungsfreien Grundstücken zählen Grundstücke der Gebietskörperschaften (Bund, Länder, Gemeinden) sowie Grundstücke der Kirchen und Klöster. Ferner sind Grundstücke, die im Hinblick auf andere Grundstücke nur eine dienende Funktion haben, zum Beispiel Wege, die von Eigentümern mehrerer Grundstücke benutzt werden, nicht buchungspflichtig.

Abteilung I kann unrichtig werden, wenn der eingetragene Eigentümer stirbt. Der Erbe muss dann die Grundbuchberichtigung beantragen. Das Bestandsverzeichnis enthält die Grundstücksdaten des Liegenschaftskatasters, wobei häufig Flurstücke unter jeweils einer eigenen Nummer geführt werden. Durch „Zuschreibung" können aber unter einer laufenden Nummer zwei oder mehrere Flurstücke geführt werden. Änderungen ergeben sich aber auch durch Zuschreibung aus anderen Grundbüchern und Abschreibung in andere Grundbücher. Darüber hinaus können „subjektiv dingliche" Rechte des jeweiligen Eigentümers eingetragen werden, zum Beispiel das Wegerecht an einem anderen Grundstück. Ebenso werden hier Miteigentumsanteile an einem anderen Grundstück eingetragen (zum Beispiel an einem gemeinsamen Zuwegen in einer Reihenhaussiedlung), das in der Regel im Grundbuch nicht erfasst ist, weil es nicht zu den buchungspflichtigen Grundstücken gehört.

Zu den in Abteilung II des Grundbuchs eintragbaren Lasten zählen Grunddienstbarkeiten, beschränkte persönliche Dienstbarkeiten, Nießbrauch, Reallasten und das Erbbaurecht. Beschränkungen sind solche, die das Verfügungsrecht des Eigentümers beschränken – etwa bei Eröffnung des Insolvenzverfahrens über das Vermögen des Eigentümers. Eine Reihe von eintragungsfähigen Vermerken können ebenfalls auf Beschränkungen hinweisen, etwa der Umlegungs- und der Sanierungsvermerk.

Grundpfandrechte, die in Abt. III eingetragen wer-

den, beziehen sich auf Grundschulden, Hypotheken und Rentenschulden. Hypotheken kommen nur noch selten vor, Rentenschulden fast gar nicht. Sofern ein Grundstück „auf Rentenbasis" verkauft wird, dient als Absicherungsmittel nicht die „Rentenschuld", sondern die Reallast.

Neben dem Grundbuch für Grundstücke gibt es das Erbbaugrundbuch, das Wohnungs- und Teileigentumsgrundbuch sowie das Wohnungserbbaugrundbuch (bzw. Teileigentumserbbaugrundbuch) und das Berggrundbuch, das dem Nachweis des Bergwerkeigentums dient (einem Recht des Aufsuchens und der Gewinnung von Bodenschätzen). Erbbau- und Berggrundbücher sind Grundbücher für grundstücksgleiche Rechte. Alle Grundbucharten haben die gleiche Einteilungsstruktur. Im Bestandsverzeichnis des Erbbaugrundbuchs ist anstelle des Grundstücks das Erbbaurecht, beim Wohnungsgrundbuch/Teileigentumsgrundbuch der Miteigentumsanteil am gemeinschaftlichen Eigentum, das Grundstück und das dazugehörende Sondereigentumsrecht und dessen Beschränkungen durch die anderen Wohnungsgrundbücher eingetragen.

Zur Sicherung des in der ehemaligen DDR entstandenen Gebäudeeigentums und Nutzungsrechts wurde das Institut des Gebäudegrundbuchs eingerichtet, das dem Erbbaugrundbuch nachgebildet ist. Das Gebäudeeigentum selbst wird im Grundbuch des Grundstücks, auf dem das Gebäude steht, als Belastung eingetragen.

Einsicht in das Grundbuch kann jeder nehmen, der ein berechtigtes Interesse darlegt (etwa auch der Makler, der einen schriftlichen Makler-Verkaufsauftrag vorlegen kann). Das Einsichtsrecht bezieht sich auch auf die Grundakte, in denen die Dokumente enthalten sind, die zu den Eintragungen im Grundbuch gehören (zum Beispiel notarieller Kaufvertrag). Durch Einführung des automatisierten Abrufverfahrens im Rahmen der Datenfernübertragung können mit Genehmigung der Länderjustizverwaltungen Gerichte, Behörden, Notare, öffentlich bestellte Vermessungsingenieure und an dem Grundstück dinglich berechtigte Kreditinstitute sich auf einfachem Wege Grundbuchabschriften besorgen.

Die Informationsquelle zu den Eintragungen im Grundbuch befindet sich in den Grundakten. Sie enthält die Urkunden, die zu Grundbucheintragungen und Löschungen geführt haben. Wichtiger Bestandteil der Grundakte ist das Handblatt, dessen Inhalt mit dem Grundbuchinhalt genau übereinstimmt. Rechtsgrundlage ist § 24 (4) der Grundbuchordnung. Wer das Grundbuch einsehen soll, etwa der Notar, bevor er einen Kaufvertrag beurkundet, genügt seiner Pflicht, wenn er die Handakte einsieht. Die Grundakte samt Handblatt werden in der Regel jedem Einsichtsberechtigten vorgelegt. Der Einsichtsberechtigte kann sich darauf verlassen, dass der Inhalt des Handblatts mit dem Grundbuch identisch ist. Er hat also keine Nachprüfungspflicht. Der öffentliche Glaube des Grundbuchs bezieht sich jedoch nicht auf die Handblatt, sondern nur auf das Grundbuch selbst. Bei etwaigen Abweichungen zwischen Grundbuch und Handblatt, zum Beispiel durch Bearbeitungsverzögerungen, gilt die Eintragung im Grundbuch.

Grunddienstbarkeit
easement; servitude; real (or land) servitude

Die Grunddienstbarkeit ist das dingliche Absicherungsmittel eines Rechts an einem Grundstück („dienendes Grundstück"), das dem jeweiligen Eigentümer eines anderen Grundstücks („herrschendes Grundstück") zusteht. Das Recht kann ein beschränktes Nutzungsrecht des jeweiligen Eigentümers des herrschenden Grundstücks sein (zum Beispiel Geh- und Fahrtrecht) oder eine Duldungspflicht des jeweiligen Eigentümers des belasteten Grundstücks (zum Beispiel Duldung einer Grenzbebauung) oder der Ausschluss eines Rechts des jeweiligen Eigentümers des belasteten Grundstücks (zum Beispiel des Betriebs eines bestimmten Gewerbes). Die Grunddienstbarkeit kann ohne Zustimmung des Berechtigten nicht gelöscht werden und muss von einem Grundstückserwerber übernommen werden. In der Regel besteht sie „ewig", wenn nicht eine zeitliche Beschränkung vorgesehen ist. Ein mit einer Grunddienstbarkeit belastetes Grundstück bedeutet eine mehr oder weniger starke Beeinträchtigung und ist bei der Ermittlung des Verkehrswertes wertmindernd zu berücksichtigen.

Grunderwerbsnebenkosten
purchaser's costs (e.g. agent's and notary's fees, transfer duty, etc.); additional expenses of a real esatet purchase; accessory costs; attendant expenses (of purchase); basic acquisition extras; incidental costs; incidental expenses of real estate acqui

Beim Grundstückserwerb hat der Grundstückserwerber neben dem Kaufpreis Erwerbsnebenkosten in seine Kalkulation mit einzubeziehen. In der Regel übernimmt der Käufer eines Grundstücks alle Grunderwerbskosten. Man spricht auch von Transaktionskosten. Im Einzelnen zählen dazu
- Notarkosten für die Beurkundung des Grundstückskaufvertrages. Grundlage für deren Berechnung ist die Kostenordnung. Kosten, die

für die Beurkundung von Grundpfandrechten entstehen, zählen nicht zu den Grunderwerbskosten, sondern zu den Kosten der Kaufpreisfinanzierung.
- Kosten, die durch die Eintragung und Löschung von Auflassungsvormerkungen im Grundbuch entstehen und die Kosten der Eigentumsumschreibung.
- die Grunderwerbsteuer nach dem GrEStG, die sich auf den Kaufpreis für das Grundstück (ohne Zubehör) beziehen. Einbezogen wird auch der Wert der vom Käufer übernommenen sonstigen Leistungen und der dem Verkäufer vorbehaltenen Nutzungen. Übernimmt der Erwerber eine vom Verkäufer geschuldete Maklerprovision, unterliegt auch diese der Grunderwerbsteuer.
- die Maklerprovision, die der Erwerber zu bezahlen hat. In der Regel beträgt sie drei Prozent des Kaufpreises zuzüglich Umsatzsteuer (in einigen Bundesländern auch fünf Prozent plus MwSt.).
- Kosten, die im Zusammenhang mit einer erforderlich werdenden Grundstücksvermessung stehen, wenn sie vertraglich vom Käufer übernommen werden.

Alle Erwerbsnebenkosten zusammen können bis zu neun Prozent betragen. Streng genommen müssten auch alle „Suchkosten" und die für die Objektsuche aufgewendete Zeit zu den Grunderwerbsnebenkosten zählen. Nicht zu den Grunderwerbsnebenkosten zählen Erschließungsbeiträge, Kosten von Baugrunduntersuchungen oder Kosten, die im Zusammenhang mit der Bodenordnung entstehen.

Grundpfandrecht
mortgage lien; charge by way of legal mortgage

Grundpfandrechte ist der Oberbegriff für dingliche Verwertungsrechte an einem Grundstück. Gesetzlich geregelt in den §§ 1113-1203 BGB. Dazu gehören:
- Hypothek (ein Grundstück wird in der Weise belastet, dass an den, zu dessen Gunsten die Belastung erfolgt, eine bestimmte Geldsumme zur Befriedigung wegen einer ihm zustehenden Forderung aus dem Grundstück zu zahlen ist),
- Grundschuld (ein Grundstück wird in der Weise belastet, dass an den, zu dessen Gunsten die Belastung erfolgt, eine bestimmte Geldsumme aus dem Grundstück zu zahlen ist),
- Rentenschuld (Grundschuld, bei der in regelmäßigen Intervallen eine bestimmte Geldsumme aus dem Grundstück zu zahlen ist).

Ihr Zweck besteht in der Sicherung von Krediten. Der Gläubiger kann den geschuldeten Betrag notfalls im Wege der Zwangsversteigerung aus dem Grundstück zurückbekommen. Inhaber von Grundpfandrechten besitzen dabei eine bevorzugte Stellung. Die Praxis bevorzugt heute die Grundschuld und nicht mehr die Hypothek. Allerdings sind die Rechtsvorschriften zur Hypothek auf die Grundschuld anzuwenden.

Alle Grundpfandrechte sind dingliche Verwertungsrechte, belasten das Grundstück unabhängig von dessen Eigentümer, sind nur mit Grundbucheintragung wirksam, unterliegen den Grundsätzen über den Rang der Rechte.

Grundriss
plan; layout; floor plan; ground plan; horizontal section

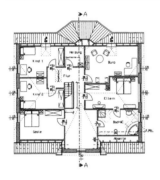

Der Grundriss ist das wichtigste Element der Bauzeichnung, die sich auf die Darstellung eines Geschosses bezieht. Maßstab ist in der Regel 1:100. Daneben gehören zur Bauzeichnung Schnitte (mit Treppenhaus), Ansichten und Lageskizzen.

Grundschuld
land charge

Die Grundschuld ist das heute bei weitem häufigste dingliche Absicherungsmittel für Immobiliendarlehen. Überwiegend handelt es sich dabei um Buchgrundschulden. Ihrem Charakter nach ist die Grundschuld eine Sicherungsgrundschuld. Dabei steht als Sicherungszweck ein Darlehen im Vordergrund. Abgesichert werden aber könnte auch die Erbringung einer Leistung durch den Schuldner. Die Grundschuld muss allerdings betragsmäßig beziffert werden. In einer Zweckbestimmungserklärung gegenüber dem Gläubiger muss der Eigentümer klarstellen, welchen Sicherungszweck die Grundschuld erfüllen soll. Die Grundschuld gewährt dem jeweiligen Gläubiger das Recht der „Befriedigung aus dem Grundstück". Das kann geschehen durch Beschlagnahme von Mieten, durch Zwangsverwaltung oder Zwangsversteigerung. Die Befriedigung erfolgt jedoch lediglich „aus" dem Grundstück. Das heißt, dass der Gläubiger gegen den Schuldner keinen direkten Leistungsanspruch hat, sondern nur das Grundstück dafür haftet, dass die Forderungen gegen den Schuldner aus den Erträgen des Grundstückes oder aus dessen Verwertung beglichen werden. Will der Schuldner eine derartige Verwertung seines Grundstückes vermeiden, muss er die Forderungen aus seinem sonstigen Vermögen begleichen. Der Hauptunterschied zwischen Grundschuld und Hypothek besteht darin, dass die Grundschuld vom Bestand einer schuldrechtlichen Forderung unabhängig (abstrakt) ist. Einer eingetragenen Grundschuld muss nicht einmal eine Forderung zugrunde liegen. So kann sich zum Beispiel der Eigentümer eines Grundstückes durch erstrangige Eintragung einer Eigentümergrundschuld Rangstelle und Kreditschaffungsmöglichkeiten sichern. Eine im Grundbuch eingetragene Grundschuld kann auch wiederholt für Darlehen verwendet werden. Grundschulden können auch in bestimmten ausländischen Währungseinheiten (Dollar, englische Pfund, Schweizer Franken) und natürlich auch in Euro eingetragen werden.

Grundstück
site; property; plot; parcel; lot; real estate; land; tract (of land)

Unter einem Grundstück versteht man im Rechtssinne einen abgegrenzten Teil der Erdoberfläche, der im Grundbuch eine Stelle (Grundbuchblatt) hat oder im Falle von buchungsfreien Grundstücken haben könnte. Es kann aus einem oder mehreren Flurstücken bestehen. Nicht das Grundbuch, sondern das Liegenschaftskataster ist nach der Grundbuchordnung das amtliche Grundstücksverzeichnis. Veränderungen im Grundstücksbestand werden nach einer entsprechenden Berichtigung des Katasters vom Grundbuch übernommen. Die Nutzungsart ist für die rechtliche Definition des Grundstücks nicht relevant. Im immobilienwirtschaftlichen Sinne handelt es sich bei Grundstücken dagegen um Standorte für Haushalte, Betriebe und Bauwerke öffentlich rechtlicher Körperschaften.

Wesentliche Bestandteile eines Grundstücks sind alle mit ihm festverbundenen Sachen, insbesondere Gebäude, sowie Erzeugnisse des Grundstücks, solange sie mit dem Boden zusammenhängen (§ 94 BGB). Eine Ausnahme bildet das Erbbaurecht. Dieses zählt zu den „grundstücksgleichen" Rechten.

Wesentliche Bestandteile eines Gebäudes – und damit des Grundstücks – sind alle damit festverbundenen Einrichtungen, bei deren Entfernung das Gebäude beschädigt oder in seinem Wesen verändert würde.

Wurde vom Mieter eines Grundstücks aufgrund einer Vereinbarung mit dem Grundstückseigentümer für die Dauer der Mietzeit ein Gebäude darauf errichtet oder hat ein Bauunternehmer auf dem Baugrundstück des Bauherrn eine winterfeste Bauhütte errichtet, handelt es sich um einen sog. „Scheinbestandteil" (§ 95 BGB). Unterscheidungskriterium für die Beurteilung, ob ein wesentlicher oder ein Scheinbestandteil vorliegt ist die Antwort auf die Frage, ob die feste Verbindung mit dem Boden auf Dauer oder nur vorübergehend gewollt ist.

Dies ergibt sich oft aus Verträgen. Wird ein Grundstück verkauft, gilt im Zweifel das Zubehör als mitverkauft. Beim Zubehör handelt es sich um bewegliche Sachen, die ohne Bestandteil der Hauptsache zu sein, dem wirtschaftlichen Zweck der Hauptsache dienen (§ 96 BGB). Beispiel Mülltonne (wenn sie dem Hauseigentümer gehört), Heizöl im Tank. Bei landwirtschaftlichen Objekten gehört zum Zubehör auch das „lebende und tote Inventar." Was im Einzelnen als Zubehör gilt, richtet sich nach der örtlichen Verkehrsanschauung. Es müssen darüber im Bundesgebiet also keine einheitlichen Auffassungen bestehen.

Für den auf den Wert des Zubehörs entfallenden Kaufpreisteil muss keine Grunderwerbsteuer bezahlt werden. Voraussetzung ist, dass das Zubehör im Kaufvertrag bezeichnet und wertmäßig beziffert und auch ein entsprechender Antrag gestellt wird.

Grundstückskaufvertrag

real property purchase agreement; contract for deed; estate contract; installment sales contract; land contract; real estate purchase agreement

Im Grundstückskaufvertrag verpflichtet sich der Verkäufer, das Eigentum am Grundstück lastenfrei auf den Käufer zu übertragen, sofern Lasten nicht ausdrücklich übernommen werden. Der Käufer verpflichtet sich im Gegenzug, den vereinbarten Kaufpreis zu bezahlen. Der Grundstückskaufvertrag besteht in der Regel aus einem Verpflichtungsgeschäft, einem Erfüllungsgeschäft und einer Reihe von deklaratorischen Inhalten (Hinweise durch den Notar).

Das **Verpflichtungsgeschäft** enthält neben den oben bereits erwähnten Inhalten Regelungen über

• Kaufpreisfälligkeiten,
• Voraussetzungen für die Kaufpreiszahlung,
• Unterwerfung unter die Zwangsvollstreckung bei Nichtzahlung des Kaufpreises,
• Auflassungsvormerkung,
• Besitzübergang,
• Verpflichtung zur Eigentumsverschaffung, frei von Rechten Dritter an dem Grundstück, soweit möglich,
• Mängelhaftung des Verkäufers (wird meist vertraglich ausgeschlossen),
• Zusicherung von Eigenschaften,
• etwaige Übernahme von Lasten oder Grundpfandrechten,
• Tragung der Erwerbsnebenkosten,
• Provisionsklausel,
• Mitwirkung des Verkäufers bei einer etwa erforderlichen Grundpfandrechtsbestellung zur Finanzierung sowie
• etwaige Rücktrittsvorbehalte.

Das **Erfüllungsgeschäft** besteht in der Erklärung der Auflassung mit Stellung des entsprechenden Antrags an das Grundbuchamt. Gemäß § 311b BGB bedürfen alle Verträge, durch welche eine Partei zur Übertragung oder zum Erwerb von Eigentum an Grundstücken verpflichtet wird, der notariellen Beurkundung. Wird mit dem Grundstück auch Inventar verkauft, muss dies mit beurkundet werden. Das Formerfordernis erstreckt sich auf alle Nebenabsprachen, die mit der Grundstücksveräußerung in Zusammenhang stehen. Der notariellen Beurkundungsform unterliegen auch spätere Ergänzungsabreden, es sei denn, der Erwerber ist bereits im Grundbuch eingetragen. So können bei einem Bauträgervertrag Änderungen etwa im Bauvolumen formfrei abgesprochen werden, wenn der Käufer bereits im Grundbuch eingetragen ist.

Ein Grundstückskaufvertrag wird oftmals nicht am Tag der notariellen Beurkundung rechtswirksam, sondern erst dann, wenn alle etwaigen Vollmachten und Zustimmungserklärungen vorliegen und alle Genehmigungen erteilt worden sind. Die Einholung erforderlicher Genehmigungen ist Sache des Notars. Bei Beurkundung eines Kaufvertrages zu anderen als tatsächlich vereinbarten Bedingungen (zum Beispiel niedrigerer Kaufpreis) handelt es sich um ein unwirksames Scheingeschäft. Erfolgt dennoch eine Umschreibung im Grundbuch, wird im Interesse des öffentlichen Glaubens des Grundbuchs der Formfehler wieder geheilt.

Werden nach Abschluss des Grundstückskaufvertrages zwischen den Parteien Vereinbarungen getroffen, die den Inhalt des Kaufvertrages ändern, ist eine notarielle Beurkundung des Kaufvertrages nur erforderlich, solange die Auflassung noch nicht erklärt wurde. Die Rechtswirksamkeit eines Grundstückskaufvertrages kann von der Erteilung erforderlicher Genehmigungen abhängig sein. Wenn beispielsweise bei einer Vertragspartei ein Minderjähriger beteiligt ist, reicht es nicht, dass der gesetzliche Vertreter ihn vertritt. Vielmehr muss zusätzlich die Genehmigung des Familiengerichtes (früher Vormundschaftsgericht) eingeholt werden.

Im Zusammenhang mit dem Verkauf des Grundstücks stehen die vom Verkäufer noch zu veranlassenden Löschungen insbesondere etwa bestehender Grundschulden. Lasten in Abt. II des Grundbuchs müssen in der Regel vom Käufer übernommen werden, es sei denn der Berechtigte stimmt der Löschung zu.

Grundwasser

ground water; subsoil water

Grundwasser entsteht durch Versickern von Niederschlägen (Regen, Schnee). Dabei wird es durch Deckschichten gefiltert und gereinigt. Es sammelt sich auf wasserundurchlässigen Schichten und in Hohlräumen an oder strömt quer durch poröse Schichten. Als Quellwasser tritt es wieder aus der Erdoberfläche aus. Grundwasser ist das natürliche Trinkwasserreservoir.

Es unterliegt aufgrund von Änderungen der Wetterperioden natürlichen Höhenschwankungen. Dass das für die menschliche Existenz notwendige Grundwasser vor Schädigungen geschützt werden muss, liegt auf der Hand. Die europäische Wasserrichtlinie, das Wasserhaushaltsgesetz des Bundes und die Wassergesetze der Bundesländer enthalten die wesentlichen Bestimmungen zum Oberflächen- und Grundwasserschutz. Zweck des Wasserschutzgesetzes des Bundes ist es, dass „Gewässer, die sich in einem natürlichen Zustand befinden, in diesem Zustand erhalten bleiben." „Nicht naturnah ausgebaute natürliche Gewässer sollen so weit wie möglich wieder in einen naturnahen Zustand zurückgeführt werden."

Auf der Grundlage der Wassergesetze der Bundesländer werden Verordnungen erlassen, in denen Wasserschutzgebiete festgesetzt werden. Diese werden in drei Wasserschutzzonen aufgeteilt. Die Wasserschutzzone I schützt den eigentlichen Brunnenbereich. Die Wasserschutzzone II schützt den Umgebungsbereich der Wasserschutzzone I. Es gelten Nutzungsbeschränkungen, durch die gewährleistet werden soll, dass die das Wasser filternden Deckschichten nicht zerstört werden. Es gibt Bebauungsverbote, Düngeverbote, Beschränkungen hinsichtlich des Wege- und Straßenbaus. Die Wasserschutzzone III mit ihren Nutzungsbeschränkungen bezieht sich auf den weiteren Einzugsbereich.

In den besiedelten Gebieten, in denen gebaut werden darf, kann ein hoher Grundwasserstand das Bauen verteuern. In solchen Fällen muss der Beton für das Kellerfundament eine besondere Qualität aufweisen („Weißbeton").

Gütergemeinschaft

community of property (CP) (spouses); joint property; property and profits received by a husband and wife during the marriage

Bei einer ehelichen Gütergemeinschaft, die durch einen notariellen Ehevertrag vereinbart werden kann, wird das Eigentum jedes Ehepartners zum Gesamthandseigentum der Gemeinschaft. Soweit Grundeigentum vorhanden ist, muss das Grundbuch entsprechend berichtigt werden. Darüber können dann – ähnlich wie bei einer ungeteilten Erbengemeinschaft – nur noch beide Ehepartner gemeinsam verfügen.

Gutachterausschuss

board of expert valuers; committee of experts; land valuation board; expert committee; official committee of valuation experts; official committee of valuers of fixed assets

Auf Landkreis- teilweise auch auf Gemeindeebene sind nach den Vorschriften des Baugesetzbuches Gutachterausschüsse gebildet worden. Jeder Gutachterausschuss besteht aus jeweils einem Vorsitzenden und ehrenamtlichen Gutachtern, wobei für die Ermittlung der Bodenrichtwerte ein Bediensteter der zuständigen Finanzbehörde vorzusehen ist. Die Mitglieder des Gutachterausschusses dürfen allerdings nicht hauptberuflich mit der Verwaltung von Grundstücken einer Gemeinde befasst sein, für deren Bereich der Gutachterausschuss gebildet ist.

Die Aufgaben des Gutachterausschusses beschränken sich nicht auf die Ermittlung von Verkehrswerten im Zusammenhang mit Maßnahmen des Baugesetzbuches. Der Ausschuss kann auch von Gerichten oder Privatpersonen mit der Erstellung eines Verkehrswert-Gutachtens beauftragt werden. Weitere Aufgaben sind die Führung einer Kaufpreissammlung, die Ermittlung von Bodenrichtwerten auf der Grundlage der Kaufpreissammlung, die Ermittlung von Bodenrichtwerten auf der Grundlage der Kaufpreissammlung, die Ermittlung von Kapitalisierungszinssätzen (Liegenschaftszinssätzen), Sachwertfaktoren, Umrechnungskoeffizienten und Vergleichsfaktoren (Gebäude- und Ertragsfaktoren).

Die Geschäftsstelle des Gutachterausschusses ist in der Regel beim jeweiligen Kataster- oder Vermessungsamt angesiedelt. Die Anschrift des Gutachterausschusses ist bei der jeweiligen Gemeinde oder beim Landratsamt zu erfahren. Die Gutachter werden auf vier Jahre bestellt. In den letzten Jahren werden vermehrt auch erfahrene Makler vor allem in großstädtische Gutachterausschüsse berufen. Die Berufung solcher Makler gilt heute als besonderes Qualitätsmerkmal des Ausschusses.

HABITAT
UN-HABITAT

Eine erste HABITAT (I) Konferenz der UNO fand bereits 1976 in Vancouver statt. Sie hatte die Einrichtung eines UNO-Zentrums für menschliche Siedlungen (UNCHS) in Nairobi zur Folge.

Unter der Bezeichnung HABITAT II wurde von den Vereinten Nationen 1996 in Istanbul eine weitere Weltkonferenz durchgeführt, die sich in Zusammenhang mit dem Übervölkerungsproblem vor allem dem Fragenbereich der menschlichen Siedlungen widmete. Dabei ging es um zwei Themenschwerpunkte:

- die angemessene menschenwürdige Grundversorgung der Weltbevölkerung mit Wohnraum sowie Versorgungs- und Infrastruktureinrichtungen für die Bereiche Wasser, Strom, Straßen, Schulen und Einrichtungen des Gesundheitswesens,
- die nachhaltige umweltverträgliche Siedlungsentwicklung in einer zur Verstädterung strebenden Welt.

In dem nach der Erklärung von Istanbul anzustrebenden Ziel werden Umwelt und Ökonomie auf eine gleiche Ebene gestellt. Es geht um die wirtschaftliche und soziale Entwicklung und den Umweltschutz als sich gegenseitig bedingende und verstärkende Komponenten nachhaltiger Entwicklung. Eine Absichtserklärung geht dahin, dass die Staaten alle Maßnahmen ergreifen sollen, um allen Menschen eine passende Unterkunft zu akzeptablen Preisen zu ermöglichen. Auf ein Individualrecht auf Wohnung konnte man sich nicht einigen.

Deutschland war auf HABITAT II unter der Federführung des Bundesministeriums für Raumordnung, Bauwesen und Städtebau, mit Bundestagsabgeordneten und Vertretern aus den Bundesländern, Gemeinden, Fachverbänden, Unternehmen und Nichtregierungsorganisationen (NRO) vertreten.

Hintergrund der Bemühungen der UNO ist die Tatsache, dass nach einer Studie der Vereinten Nationen bereits 600 Millionen Menschen in Slums an den Rändern von Großstädten leben. Es wird damit gerechnet, dass bis zum Jahr 2025 zwei Drittel aller Menschen in Städten leben. Von den derzeit 33 Megastädten (Städte mit über 8 Millionen Einwohnern) befinden sich 27 in den Entwicklungsländern.

Handelsimmobilien
commercial (retail) property; retail real estate; retail property

Handelsimmobilie ist der umfassende Begriff für alle Gebäude oder Gebäudekomplexe, die überwiegend und primär dem Handel dienen. Hierzu zählen Kaufhäuser ebenso wie Shopping-Center, Einkaufszentren, Fachhandelsmärkte, Discounter bis hin zu Minilädchen. Unterscheidungsmerkmale ergeben sich hinsichtlich der Standorte (vom innerstädtischen Kaufhaus bis hin zum Shopping Center an der Peripherie einer Großstadt. Die Lage ist entscheidend für die langfristigen Entwicklungsperspektiven. Die Renditen bewegen sich etwa zwischen vier Prozent in Ia-Innenstadtlagen bis acht Prozent in Stadtrandlagen. Die Tendenz der städtischen Einzelhandelsimmobilien in wachstumsorientierten Metropolregionen geht hin zu einer Aufwertung der Ia-Lagen und einer Abwertung von Ib-Lagen. Verursacht wird diese Entwicklung der Konzentration vor allem durch die zunehmende Konkurrenz der Discounter und Fachmärkte, aber auch der Factory-Outlet-Centers an den Verkehrsachsen außerhalb der Städte. Deutschland ist gekennzeichnet durch einen hohen Besatz an Einzelhandelsflächen.

In Deutschland nimmt die Zahl klassischer Kaufhäuser ab, während Fachmärkte, Filialbetriebe und Einkaufscenter auf dem Vormarsch sind. Ein leichter Abwärtstrend ist auch beim Einzelfachhandel zu verzeichnen. Für sicherheitsorientierte Kapitalanleger sind – auf Grund des geringeren Risikos – vor allem Mischimmobilien interessant, die Wohnungen und Ladenlokale enthalten.

Hartz-IV und Miete
Hartz IV (reform concept for German labour market) and rent

Für Bezieher des Arbeitslosengeldes II (ab 1.1.2005) richtet sich die Kostenübernahme für Unterkunft (Miete) und Heizung nach §§ 22 des Zweiten Sozialgesetzbuches (SGB II). Leistungen für Unterkunft und Heizung werden dabei in Höhe der tatsächlichen Aufwendungen erbracht „soweit diese angemessen sind." Dabei muss sich auch die Größe des Wohnraumes in angemessenem Umfang bewegen. Als angemessen werden meist 45 m² für eine Person und 60 m² für zwei Personen angesehen. Für jede weitere Person kommen 15 m² dazu, was auch für Säuglinge gilt (LSG Niedersachsen-Bremen, Urteil vom 17.10.2006, Az. L 6 AS 556/06 ER, LSG Baden-Württemberg, Urteil vom 27.9.2006, Az. L 7 AS 4739/05 ER-B).

Mietkaution und Umzugskosten gelten als Wohnungsbeschaffungskosten, die bei vorheriger Zusicherung durch die Kommune übernommen werden können. Diese Zusicherung soll die Gemeinde erteilen, wenn ihre Behörde selbst den Umzug veranlasst hat oder dieser aus anderen Gründen notwendig ist und wenn ohne Zusicherung in absehbarer Zeit keine Wohnmöglichkeit besteht. Ist eine zweckentsprechende Verwendung der Zahlungen der Behörde durch den Hilfsbedürftigen selbst nicht gewährleistet, zahlt die Behörde direkt an den Vermieter. Droht Wohnungslosigkeit und damit Chancenlosigkeit auf dem Arbeitsmarkt, kann (nicht: muss) die Kommune Mietschulden als Darlehen übernehmen.

Eine spezielle Regelung gibt es für Personen, die das 25. Lebensjahr noch nicht vollendet haben: Wenn sie umziehen, werden ihnen Wohnungsbeschaffungskosten für die Zeit nach einem Umzug bis zur Vollendung des 25. Lebensjahres nur gezahlt, wenn die Gemeinde dies vor Abschluss des Vertrages über die Unterkunft zugesichert hat. Die Gemeinde ist zur Zusicherung verpflichtet, wenn

• der Antragsteller aus schwerwiegenden sozialen Gründen nicht in der Wohnung der Eltern wohnen kann,
• der Bezug der neuen Wohnung zur Eingliederung in den Arbeitsmarkt nötig ist oder
• ein sonstiger, ähnlich schwerwiegender Grund vorliegt.

Keine Leistungen für Unterkunft und Heizung erhalten Personen, die das 25. Lebensjahr noch nicht vollendet haben, wenn sie vor der Beantragung eigens umgezogen sind, um die Voraussetzungen für die Gewährung der Leistungen herbeizuführen.

Grundsätzlich keinen Anspruch auf Leistungen für Unterkunft und Heizung nach dem SGB II haben Studenten und Auszubildende, die die Möglichkeit besitzen, Bafög zu erhalten. Ausnahme: Wenn sie mit ihren Eltern in einer Bedarfsgemeinschaft leben und die Eltern Hartz-IV-Leistungen bekommen. Dies entschied das Hessische Landessozialgericht (Az. L 9 AS 215/07 ER, Beschluss vom 2.8.2007). Das Gericht berief sich dabei auf § 22 Abs. 7 SGB II: Danach wolle der Gesetzgeber arbeitslose hilfebedürftige Eltern von den Wohnkosten für zu Hause lebende studierende Kinder freistellen. Das Kindergeld werde in diesem Fall nicht in die Rechnung einbezogen. Im Dreipersonenhaushalt mit 600 Euro Warmmiete entfielen auf die Studentin im verhandelten Fall 200 Euro. Davon wurden 44 Euro abgezogen, die bereits durch das Bafög abgegolten worden seien. Die Gemeinde musste damit monatlich rund 156 Euro als Mietzuschuss überweisen.

Zieht ein ALG-II-Bezieher in ein anderes Bundesland um, weil er sich dort berufliche Chancen ausrechnet, darf er Unterkunftskosten geltend machen, die auf Basis der Verhältnisse am neuen Wohnort berechnet werden. Zieht er zum Beispiel von Erlangen nach Berlin und hat dort eine höhere Miete zu zahlen, bekommt er nicht den für Erlangen maßgeblichen Satz ausgezahlt, sondern die Berliner Verhältnisse sind maßgeblich (Az.: BSG, Urteil vom 1.6.2010, Az. B 4 AS 60/09 R).

Hausboot
houseboat

Hausboote sind Wasserfahrzeuge, die zum längerfristigen Bewohnen gedacht sind. Da ihr Hauptzweck das Wohnen ist, sind sie nicht in Hinblick auf schnelles Vorankommen ausgelegt.

In verschiedenen europäischen Städten – u. a. Amsterdam und London – sind Hausboote als dauerhafte Wohndomizile nicht unüblich. Zum Teil handelt es sich um ausgebaute Binnenfrachtschiffe oder Rümpfe alter Flachboden-Segelschiffe. In Hamburg liegen derzeit 40 Hausboote.

Eine Vielzahl von Anbietern offeriert Hausboote für den Bootsurlaub in diversen europäischen Ländern. Diese Fahrzeuge sind durchaus auch als Transportmittel ausgelegt und ausreichend motorisiert, um auf Binnengewässern einen geruhsamen Flussurlaub zu verbringen. Wer einen solchen Urlaub plant, sollte sich allerdings gründlich auf dem Boot einweisen lassen. Für einige Gewässer ist ein Sportbootführerschein erforderlich. In Deutschland gibt es verschiedene Binnengewässer, auf denen dies nicht der Fall ist.

Das Hausboot wird mittlerweile als Wohnkonzept wieder entdeckt. So bieten einige Hersteller bereits komfortable schwimmende Häuser an, die auf Pontons gelagert sind und kaum noch Ähnlichkeit mit Wasserfahrzeugen besitzen. Diese heißen dann

zum Beispiel „Floating Home" oder „Aquahaus".
Wie Sportboote können sie an alle Versorgungsleitungen an Land angeschlossen werden. In mehreren
Bundesländern bestehen Projekte zur Ansiedlung
von „Floating Homes". Das bau- bzw. wasserrecht-
liche Genehmigungsverfahren bereitet jedoch teilweise noch immer Probleme.

Hausfriedensbruch
**trespass; illegal entry (of a house); breach of
(domestic) peace**
Hausfriedensbruch ist eine Straftat im Sinne des
Strafgesetzbuches (§ 123). Strafbar macht sich, wer
in Wohnung oder befriedetes Besitztum eines anderen (d. h. jeden von der Umgebung abgegrenzten
Raum) oder in zum öffentlichen Dienst oder Verkehr bestimmte abgeschlossene Räume widerrecht-
lich eindringt oder die Aufforderung des Hausrecht-
sinhabers, die Räume zu verlassen, ignoriert und
bleibt.
Strafandrohung: Freiheitsstrafe bis zu einem Jahr
oder Geldstrafe. Die Tat wird nur auf Strafantrag
des Opfers hin verfolgt. Gewalttätige Menschen-
mengen, die dieses Delikt begehen, riskieren eine
Strafe bis zu zwei Jahren wegen schweren Haus-
friedensbruchs.
In der Mietwohnung ist der Mieter Inhaber des
Hausrechts. Er bestimmt, wen er einlässt. Ansonsten hat das Hausrecht der die Wohnung bewoh-
nende Eigentümer inne, bei Behörden der Dienst-
stellenleiter.
Auch eine bereits in die Wohnung eingelassene Person muss diese auf Aufforderung des Hausrechtsin-
habers verlassen, um sich nicht strafbar zu machen.
Der Vermieter hat in gewissen Grenzen das Recht,
die Mietwohnung zu besichtigen oder sie mit Miet-
und Kaufinteressenten oder Handwerkern zu betreten. Ein gewaltsames Erzwingen dieses Rechts
gegen den Willen des Bewohners stellt einen Hausfriedensbruch dar.

Hausgeld
maintenance costs
Als Hausgeld werden üblicherweise die Beiträge
bezeichnet, die Wohnungseigentümer in Wohnungseigentumsanlagen für die Aufwendungen zur
Verwaltung des gemeinschaftlichen Eigentums auf-
zubringen haben. Das Hausgeld ist nicht mit dem
Wohngeld zu verwechseln, das als staatlicher Zuschuss (Mietzuschuss oder Lastenzuschuss) an sozial schwache Mieter, Eigenheimbesitzer und auch
Wohnungseigentümer gezahlt wird.
Zum Hausgeld zählen gemäß § 16 Abs. 2 WEG die
Beiträge zu den Lasten des gemeinschaftlichen Ei-

gentums und zu den Kosten der Instandhaltung, der
Instandsetzung, der sonstigen Verwaltung und eines
gemeinschaftlichen Gebrauchs des gemeinschaftlichen Eigentums. Ebenfalls zum Hausgeld zählen
die Beiträge zur Instandhaltungsrückstellung, Sonderumlagen sowie gemäß § 21 Abs. 5 Nr. 7 WEG
die Kosten für besondere Nutzung des gemeinschaftlichen Eigentums oder für einen besonderen
Verwaltungsaufwand.
Die Höhe des von dem einzelnen Wohnungseigentümer zu zahlenden Hausgeldes richtet sich gemäß
§ 16 Abs. 2 WEG nach der Höhe seines Miteigentumsanteils oder nach einem anderen Verteilungsschlüssel gemäß Gemeinschaftsordnung (§ 10 Abs.
2 WEG) oder Beschlussfassung (§ 16 Abs. 3 und 4
WEG). Die Zahlungspflicht und der Zeitpunkt der
Fälligkeit der im Regelfall monatlich zu leisten-
den Vorschüsse werden durch Beschluss über den
Wirtschaftsplan und die Jahresabrechnung oder
über entsprechende Sonderumlagen begründet.
Zahlungsverpflichtet ist der im Grundbuch eingetragene Wohnungseigentümer. Dies gilt auch im
Falle des Eigentümerwechsels. Der neue Eigentümer haftet für das an die Gemeinschaft zu zahlende
Hausgeld erst mit seiner Eintragung in das Grundbuch. Eine Ausnahme gilt für den Ersterwerber als
werdender Wohnungseigentümer.

Haushaltsnahe Beschäftigungs-
verhältnisse
household-related employment relationships
Nach § 35a EStG können die Kosten für haushaltsnahe Beschäftigungsverhältnisse, die in einem
Haushalt des Steuerpflichtigen in der Europäischen
Union oder dem Europäischen Wirtschaftsraum
ausgeübt werden, die tarifliche Einkommensteuer
mindern. Man unterscheidet dabei zwei Gruppen
von haushaltsnahen Beschäftigungsverhältnissen:
• Haushaltsnahe Beschäftigungsverhältnisse
nach § 35a Abs. 1 EStG, die eine geringfügige Beschäftigung im Sinne des § 8a des
Vierten Buches Sozialgesetzbuch darstellen.
Dies sind Tätigkeiten, die ausschließlich im
privaten Haushalt ausgeübt werden und die
für gewöhnlich auch durch Haushaltsmitglieder selbst durchgeführt werden könnten.
Bei diesen ermäßigt sich die tarifliche Einkommensteuer auf Antrag um 20 Prozent
der Aufwendungen des Steuerpflichtigen,
höchstens aber um 510 Euro. Die Mini-Job-
ber müssen im Haushaltsscheckverfahren
gemeldet sein. Dieses Verfahren kommt bei
Vermietern und Wohnungseigentümergemeinschaften meis-tens nicht in Betracht.

- Nach § 35a Abs. 2 EStG: Anderweitige haushaltsnahe Beschäftigungsverhältnisse sowie haushaltnahe Dienstleistungen, die keine Handwerkerleistungen für Renovierungs- und Erhaltungsmaßnahmen im Sinne von § 35a Abs. 3 sind. Hier mindert sich die tarifliche Einkommensteuer auf Antrag um 20 Prozent der Aufwendungen, höchstens 4.000 Euro.

Unter den haushaltsnahen Beschäftigungsverhältnissen sind hier diejenigen gemeint, für die Pflichtbeiträge zur Sozialversicherung entrichtet werden. Dies betrifft oft Pflege- und Betreuungsleistungen.

Die Steuerermäßigung setzt voraus, dass die Leistung im Haushalt des Steuerpflichtigen beziehungsweise bei Pflege- oder Betreuungsleistungen am Aufenthaltsort der gepflegten Person sowie in der EU/im Europäischen Wirtschaftsraum erbracht wird. Die Ausgaben dürfen nicht anderweitig absatzfähig sein – etwa als Betriebsausgaben, Werbungskosten, nach § 10 Abs. 1 Nr.5 EStG (Kinderbetreuungskosten) oder als außergewöhnliche Belastung. Der 20-prozentige Ermäßigungsbetrag wird direkt von der Steuerlast abgezogen. Begünstigte Aufwendungen sind allein Arbeitskosten.

Von den haushaltsnahen Beschäftigungsverhältnissen sind haushaltsnahe Dienstleistungen – etwa Handwerkerarbeiten, die vom Mieter oder Eigentümer in Auftrag gegeben werden, zu unterscheiden. Auch bei diesen gibt es Steuervergünstigungen.

Haushaltsnahe Dienstleistungen
household services

Nach § 35a Abs. 2 EStG können die Kosten für haushaltsnahe Dienstleistungen zu 20 Prozent, höchstens bis zu 4.000 Euro, von der Einkommensteuer abgezogen werden. Darunter fallen beispielsweise die Arbeiten von Hausmeister-, Reinigungs- und Winterdienstfirmen. Für die Inanspruchnahme von Handwerkerleistungen für Schönheitsreparaturen und sonstige Reparaturen in einem Haushalt des Steuerpflichtigen im Inland oder in der Europäischen Union oder dem Europäischen Wirtschaftsraum gilt nach § 35a Abs. 3 EStG, dass 20 Prozent der Aufwendungen, höchstens jedoch 1.200 Euro, die Einkommensteuer mindern. Dazu gehören handwerkliche Tätigkeiten, die im Haushalt des Steuerpflichtigen für Renovierung, Erhaltung und Modernisierung rund um die Wohnung erbracht werden. Grundsätzlich zählt hierzu auch das Gemeinschaftseigentum in der Wohnungseigentümergemeinschaft. Die Regelung gilt sowohl für Mieter als auch für Eigentümer, solange es um die Wohnung geht, in der der Steuer-

pflichtige seinen Haushalt hat. Absatzfähig sind nur die Arbeitskosten, was eine nach Arbeits- und Materialkosten aufgeschlüsselte Rechnung erfordert. Rechnung und entsprechender Kontoauszug sind als Belege beim Finanzamt einzureichen.

Der Bundesfinanzhof hat in einem Urteil vom Januar 2009 festgestellt, dass die Arbeitskosten von Handwerkerleistungen im Haushalt nur für das Veranlagungsjahr abgesetzt werden können, in dem die Arbeiten stattgefunden haben. Die Aufwendungen können nicht in ein anderes Jahr übertragen werden. Zudem wies der BFH darauf hin, dass eine Erstattung voraussetzt, dass der Steuerpflichtige überhaupt Steuern bezahlen muss (BFH, Urteil vom 29.1.2009, Az. VI R 44/08).

Soweit Wohnungseigentümer den Aufwand für haushaltsnahe Dienstleistungen im Rahmen der Verwaltung des gemeinschaftlichen Eigentums steuerlich geltend machen wollen, kann der Verwalter durch mehrheitliche Beschlussfassung in der Wohnungseigentümer-Versammlung beauftragt werden, im Rahmen der Jahresgesamt- und Jahreseinzelabrechnung diese Kosten nachzuweisen. Es handelt sich jedoch insoweit um eine vertraglich zu regelnde Sonderleistung, die nicht in den Rahmen der normalen Abrechnungspflichten fällt. Sie ist deshalb auch gesondert zu vergüten. Ohne entsprechende Beschlussfassung – auch über die Sondervergütung – ist der Verwalter nicht verpflichtet, Nachweise über haushaltsnahe Dienstleistungen zu erbringen.

Hausmeister (Hauswart)
caretaker

Der Hausmeister ist die Person, die haupt- oder nebenberuflich in Mehrfamilienhäusern oder Wohnanlagen regelmäßig anfallende Arbeiten gegen Bezahlung erledigt.

Dazu gehören zum Beispiel die Hausreinigung, das Reinigen, Räumen, Schneefegen und Streuen der Gehwege vor und auf dem Grundstück sowie der Zugänge und Zufahrten, die Bedienung der Zentralheizung und die Erledigung kleinerer Reparaturen. Außerdem hat der Hausmeister für die Einhaltung der Hausordnung durch die Hausbewohner zu sorgen. Der Hausmeister ist Arbeitnehmer, so dass den Eigentümer – vertreten durch den Verwalter – alle Arbeitgeberpflichten treffen (Abführung von Versicherungsbeiträgen, Abschluss einer Versicherung bei der Berufsgenossenschaft, Einbehalt und Abführung der Lohnsteuer).

Folgende für den Hausmeister entstehende Kosten können in der Betriebskostenabrechnung auf den Mieter umgelegt werden:

- Vergütung und Sozialbeiträge sowie
- alle geldwerten Leistungen, die der Hausmeister für seine Arbeit bekommt.

Nicht umlagefähig sind Vergütungen, die gewährt werden für Leistungen des Hausmeisters im Bereich der
- Instandhaltung und Instandsetzung (etwa kleinere Reparaturen),
- Schönheitsreparaturen,
- Hausverwaltung (etwa Wohnungsbesichtigungen mit Mietinteressenten).

Nach dem Urteil des Bundesgerichtshofes vom 20.2.2008 ist ein pauschaler Abzug von nicht umlagefähigen Teilbeträgen der Hausmeisterkosten im Rahmen der Nebenkostenabrechnung nicht zulässig. Frühere Gerichtsurteile hatten hier unterschiedliche pauschale Quoten festgesetzt. Der BGH verlangte mit diesem Urteil (VIII ZR 27/07) jedoch eine genaue Aufschlüsselung im Einzelnen. Demnach muss der Vermieter die Kosten der umlagefähigen Hauswarttätigkeit einerseits und die nicht umlagefähigen Verwaltungs-, Instandhaltungs- und Instandsetzungskosten andererseits nachvollziehbar aufschlüsseln, so dass die nicht umlagefähigen Kosten herausgerechnet werden können.

Zwar macht ein Fehlen dieser Angaben die Betriebskostenabrechnung nicht von Anfang an ungültig; der Mieter kann sie jedoch pauschal ohne weiteres bestreiten. Dann muss der Vermieter beweisen, welche Hausmeisterkosten genau angefallen sind und wie hoch der konkrete Anteil der nicht umlagefähigen Kosten war. Hat der Hausmeister keine genauen Stundenzettel über seine Tätigkeiten geführt, dürfte dies schwerfallen.

In diesem Zusammenhang muss darauf hingewiesen werden, dass auch umlagefähige Kostenpositionen auf keinen Fall doppelt abgerechnet werden dürfen. Ist also zum Beispiel die Wartung der Heizung in der Heizkostenabrechnung enthalten, und wartet tatsächlich der Hausmeister die Heizung (Einstellungs- und Überprüfungsarbeiten, Wasser nachfüllen etc.), so ist bei einer der beiden Positionen ein entsprechender Abzug vorzunehmen, damit keine doppelte Berechnung stattfindet.

Grundsätzlich sind die Kosten von herkömmlichen Hausmeisterleistungen nur insoweit umlagefähig, als sie ortsüblich sind und dem Gebot der Wirtschaftlichkeit entsprechen.

Nach einem Urteil des Amtsgerichts München darf der Vermieter auch die Kosten für einen alljährlichen Oktoberfest-Gutschein auf die Mieter umlegen, mit dem er dem Hausmeister eine Maß Bier und ein halbes Hähnchen auf der „Wiesn" spendiert. Dem Gericht zufolge handelt es sich um eine anerkannte und ortsübliche arbeitsrechtliche Gratifikation (Urteil vom 8.1.2007, Az. 424 C 22865/06).

Bei Wohnungseigentumsanlagen wird der Hausmeister von der Wohnungseigentümergemeinschaft, vertreten durch den Verwalter, angestellt. Der Hausmeister unterliegt der Weisungsbefugnis des Verwalters, nicht aber derjenigen eines einzelnen Eigentümers.

Hausordnung
house rules

Die Hausordnung enthält objektbezogene Regeln für ein friedliches Zusammenleben der Bewohner und steckt die Grenzen für die Benutzung der gemeinschaftlichen Räume und Anlagen durch Bewohner und Gäste der Bewohner ab. Typische Regelungsinhalte sind
- Einhaltung von Ruhezeiten,
- Verbot der Belästigung der Nachbarn durch überlauten Empfang von Fernseh- und Rundfunksendungen sowie durch Musizieren (maßgeblich ist die „Zimmerlautstärke"),
- Entsorgung des Abfalls in die hierfür vorgesehenen Behälter,
- Einhaltung der Benutzungsregelungen von Waschmaschinen und sonstigen gemeinschaftlich benutzbaren Geräten,
- etwaige Reinigungs- und Streupflichten,
- Einhaltung von Sicherheitsvorschriften (keine Lagerung von feuergefährlichen und leicht entzündbaren Stoffen im Keller oder auf dem Dachboden),
- Regelungen der Haustierhaltung,
- ausreichende Lüftung und Heizung der Mieträume,
- pflegliche Behandlung der Fußböden usw.

Verletzt der Mieter die ihm aus der Hausordnung erwachsenden Pflichten trotz Abmahnung, kann dies ein Grund für die ordentliche Kündigung sein (wiederholte Störung der Nachtruhe, erhebliche Beeinträchtigung der Bewohner durch übertriebene Tierhaltung usw.).

Auch bezüglich der Hausordnung haben die Gerichte im Laufe der Zeit verschiedene Regelungen für unwirksam erklärt. Beispiele dafür sind:
- Generelles Haustierverbot,
- Verbot nächtlicher Benutzung von WC, Bad, Dusche,
- Besuchsverbote oder Besuchsregelungen.

Die Haltung gefährlicher Hunde, so genannter Kampfhunde, kann per Mietvertrag oder Hausordnung untersagt werden (Landgericht München I, Az. 13 T 14 638/93).

Hausratversicherung
household and personal effects insurance; house/residence contents insurance; householder's policy/account; householder's comprehensive insurance

Eine Hausratversicherung ist für die selbstgenutzte Wohnung zu empfehlen – unabhängig davon, ob man Mieter oder Eigentümer ist. Sie schützt den Hausrat in der Gesamtheit, also die beweglichen Gegenstände des Haushalts. Vom Schutz erfasst werden zum Beispiel Einrichtungsgegenstände (Bilder, Möbel, Lampen, Teppiche), Gebrauchsgegenstände (Fernseher, Stereoanlage, CDs, Kleidung, Haushaltsgeräte) und Verbrauchsartikel (Nahrungsmittel, Heizmittel, Batterien). Je nach Anbieter kann der Versicherungsschutz unterschiedlich gestaltet sein. So sind oft in bestimmten Grenzen auch Wertsachen wie Schmuck, Bargeld (oft bis 1.000 Euro) und Wertpapiere mitversichert. Selbst das Haustier (=Kleintier) ist eingeschlossen. Dies gilt auch für Fahrräder, Sportgeräte, Autozubehör und die Campingausstattung. Teilweise müssen die letztgenannten Gegenstände jedoch gegen Aufpreis zusätzlich versichert werden, ebenso wie zum Beispiel auch Glasbruchrisiken, Wasserschäden durch Aquarien und Überspannungsschäden durch Blitzschlag. Auch Hotelkosten nach einem Wohnungsbrand oder einer Überschwemmung sind oft abgedeckt, sowie Aufräum- und Reparaturkosten an Bodenbelägen, Innenanstrichen und Tapeten nach einem Leitungswasserschaden.

Der Hausrat ist gegen Schäden versichert, die von:
- Feuer,
- Leitungswasser,
- Sturm und Hagel,
- Einbruchsdiebstahl,
- Raub oder
- Vandalismus nach einem Einbruch

verursacht werden.

Die Versicherungssumme kann nach Überschlag ermittelt werden, indem man die Wohnfläche mit einem bestimmten Betrag multipliziert. Je nach Versicherung sind das 600 bis 700 Euro. Bei einer derartigen Berechnung durch den Kunden garantieren dann die Versicherer eine Erstattung ohne Abzug wegen Unterversicherung. Entscheidend ist dabei jedoch die korrekte Angabe der Wohnfläche. Auch eine Addition der Neuwertbeträge aller Hausratgegenstände kommt in Betracht. Sind besondere Wertgegenstände vorhanden, sollte deren Wert der Versicherung ebenfalls mitgeteilt werden. Zu empfehlen ist eine Überprüfung der Versicherungssumme jeweils im Abstand von vier bis fünf Jahren. In neuerer Zeit ersetzen Hausratversicherungen oft den Neupreis der zerstörten Gegenstände und nicht nur den Wiederbeschaffungswert.

Wichtig ist, dass der Versicherungsgesellschaft ein Schaden innerhalb von einer Woche zu melden ist. Kommt es zu einem Einbruch oder einer sonstigen Straftat, ist die Polizei hinzuzuziehen. Besonders wichtig ist eine Hausratversicherung bei aufwändig eingerichteten Wohnungen und immer dann, wenn ein Totalverlust der Wohnungseinrichtung die Gefahr einer finanziellen Überbelastung mit sich bringen würde. Beim Umzug muss daran gedacht werden, der Versicherung den neuen Versicherungsort (Adresse), die neue Wohnungsgröße und neu erworbene wertvolle Einrichtungsgegenstände mitzuteilen.

Hausrecht
domiciliary right; right as master of the house; power of the keys

Hausrecht ist das Recht, über den Aufenthalt in einem umgrenzten Raum zu bestimmen, d. h. Personen den Zutritt zu erlauben oder zu verbieten. In einer Mietwohnung ist Inhaber des Hausrechts der Mieter. In einer Behörde übt das Hausrecht der Behördenleiter aus.

Der Vermieter hat nicht das Recht, generell darüber zu entscheiden, wer Zutritt zur Wohnung des Mieters erhält. Besuche sind (zumindest in einem Zeitrahmen bis zu sechs Wochen) zulässig. Vertragliche Regelungen über zeitliche Einschränkungen („Herrenbesuche nur bis 22 Uhr") sind schlicht unwirksam.

Der Vermieter kann einschreiten, wenn Besucher des Mieters gegen die Hausordnung verstoßen oder sonst den Hausfrieden stören. Er kann dann den Mieter auffordern bzw. abmahnen, diese Besucher nicht mehr einzulassen. Der Mieter haftet für Schäden, die seine Besucher in Wohnung oder Haus anrichten. Juristisch muss er sich das Verhalten seiner Besucher wie sein eigenes Verhalten zurechnen lassen.

Hausschwamm
house fungus; dry rot

Echter Hausschwamm ist ein Pilz, der im feuchten Holz (ab 30 Prozent Feuchtigkeitsgehalt) bei einer Temperatur zwischen 3°C und 26°C entsteht und sich ausbreitet. Vorausbedingung für das Entstehen sind Bauschäden, durch die sich Feuchtigkeit bilden kann. Häufige Ursachen sind aufsteigende Feuchtigkeit im Mauerwerk, Einbau von nassen Baumaterialien mit der Folge mangelnder Austrocknung, undichte Wasserleitungen, verstopfte Regenwasserabflüsse, undichte Dächer. Da der

Hausschwamm gegen Witterungseinflüsse empfindlich ist, verbreitet er sich besonders an geschützten Stellen (unter einem Holzboden, hinter einer Dielenwand usw.).
Dadurch wird er oft spät entdeckt. Sein Myzel durchdringt auch das Mauerwerk. Das vom Hausschwamm befallene Holz wird am Ende pulverisiert. Neben dem echten Hausschwamm gibt es weitere Arten (gelbrandiger Hausschwamm, brauner Kellerschwamm und weißer Porenschwamm). Hausschwamm gefährdet nicht nur die Bausubstanz, sondern ist auch gesundheitsschädlich. Er kann nach einer sorgfältigen Analyse des Befalls und der Ursachen nur durch eine grundlegende Sanierung durch eine Fachfirma restlos beseitigt werden.

Haustürgeschäft
door-to-door/doorstep sale
Nach § 312 BGB steht Verbrauchern ein Widerrufsrecht zu, wenn ein entgeltliches Geschäft zwischen einem Unternehmer und dem Verbraucher durch mündliche Verhandlung an seinem Arbeitsplatz oder in seiner Privatwohnung zustande gekommen ist. Es handelt sich um ein so genanntes Haustürgeschäft. Gleiches gilt übrigens für Geschäftsabschlüsse, die im Rahmen von durch den Unternehmer veranlassten Veranstaltungen und durch Ansprechen in Verkehrsmitteln („Kaffeefahrten") zustande kommen. Die Widerrufsfrist beträgt zwei Wochen. Sie beginnt mit dem Tag, an dem der Verbraucher auf sein Widerrufsrecht schriftlich, bzw. in Textform hingewiesen wurde. Wird er erst nach Vertragsabschluss auf sein Recht hingewiesen, dann verlängert sich die Frist auf einen Monat. Es erlischt spätestens sechs Monate nach Abschluss des Vertrages. Das Widerrufsrecht gilt auch bei Maklergeschäften, wenn ein Auftrag in Form eines Haustürgeschäftes akquiriert wurde. Es findet allerding keine Anwendung, wenn der Geschäftspartner des Unternehmers kein Verbraucher ist oder der Unternehmer vom Verbraucher zum Zweck von Vertragsverhandlungen in die Wohnung bzw. den Arbeitsplatz bestellt wurde.
Bei Verstoß gegen § 312 Absatz 2 BGB, wonach die Belehrung über das Widerrufs- und Rückgaberecht auf die Rechtsfolgen des § 357 BGB (Verweis auf §§ 346 ff. BGB) hinweisen muss, droht die Geltendmachung eines Unterlassungsanspruchs nach dem Unterlassungsklagengesetz, UklaG.

Hausverbot
order to stay away; off-limits order
Das Hausverbot ist ein Zutrittsverbot hinsichtlich der Räumlichkeiten, für die derjenige, der es ausspricht, das Hausrecht besitzt. Bei Mietwohnungen besitzt das Hausrecht der Mieter; bezüglich der Gemeinschaftsräume wie Flure und Treppenhäuser des Gebäudes jedoch der Eigentümer beziehungsweise die Eigentümergemeinschaft oder in Vertretung derselben der Hausverwalter.
Ausgesprochen werden kann ein Hausverbot nur dann, wenn eine Person den Hausfrieden nachhaltig stört – zum Beispiel durch wiederholte Ruhestörungen, Beschädigungen in Flur und Treppenhaus, Straftaten. Weigert sich die betreffende Person, das Hausverbot zu beachten, kann die Polizei gerufen werden. Generelle Hausverbote gegen bestimmte Personengruppen sind schwer zu begründen. So erklärte das Amtsgericht Meldorf ein Hausverbot für Mitarbeiter des örtlichen Mietervereins für unzulässig. Der Mieter hatte diese im Zusammenhang mit einer Beratung in einem Streit um Lärmbelästigungen und den Objektzustand um Besichtigung gebeten (Az. 80 C 1631/03).
Erlässt eine Wohnungseigentümergemeinschaft ein Hausverbot gegen den Lebensgefährten einer Eigentümerin, weil dieser immer wieder durch Ruhestörungen aufgefallen ist, müssen zunächst alle anderen Mittel zur Herstellung der Ruhe genutzt worden sein. Hier wird nämlich in das Grundrecht der Eigentümerin an der ungestörten Nutzung ihres Eigentums eingegriffen. Nach dem Gericht muss ein möglichst schonender Ausgleich zwischen den jeweiligen Interessen der Beteiligten herbeigeführt werden. Wurden die betreffende Eigentümerin beziehungsweise ihr Lebensgefährte noch nicht einmal wegen Ruhestörung abgemahnt, ist ein Hausverbot unwirksam (Bundesverfassungsgericht, Az. 2 BvR 693/09, Urteil vom 27.10.2009).

Hausverwalter
household administrator; property manager
Der Hausverwalter ist Betreuer des Hauseigentümers in allen, das Hausgrundstück betreffenden Angelegenheiten (daher der neuere Begriff des Objektbetreuers). Als Betreuer ist er Sachwalter fremden Vermögens. Bei den Leistungsbereichen ist zwischen

- regulären Leistungen (Grundleistungen), die der Verwalter ohne gesonderte Absprache mit dem Hauseigentümer erbringt,
- zustimmungsabhängigen Leistungen und
- besonderen Verwaltungsleistungen

zu unterscheiden.
Die unter Punkt 1 und 2 zu erbringenden Leistungen sind durch die vereinbarte Hausverwaltergebühr abgedeckt. Für die besonderen Leistungen kann der

Verwalter zusätzliche Gebühren verlangen. Zustimmungsabhängig sind in der Regel die Durchführung von Mieterhöhungsverfahren, die sich nicht unmittelbar aus den Mietverträgen ergeben und die Durchführung von Instandhaltungsmaßnahmen ab einem zu bestimmenden Volumen. Gegen gesonderte Gebühr werden vom Hausverwalter u. a. die Feststellung der Einkünfte aus Vermietung und Verpachtung, die Erstellung einer Wirtschaftlichkeitsberechnung, die Vorbereitung, Überwachung und Finanzierung von Um- und Ausbauten, Modernisierungen und großen Instandhaltungsmaßnahmen übernommen. Sofern der Hausverwalter die hierzu erforderliche Sachkunde besitzt, gehört zu den besonders zu vergütenden Leistungen die Bewertung der verwalteten Immobilie.

Die Aufgabenbereiche des Hausverwalters können nach Gegenfurtner aber auch in folgende Sektoren eingeteilt werden:
• der kaufmännisch-wirtschaftliche,
• der bautechnische,
• der vertraglich-juristische,
• der zwischenmenschlich-soziale und
• der architektonische Sektor.

Zum kaufmännisch-wirtschaftlichen Sektor zählen das Vermietungsmanagement und die Pflege der Mietverhältnisse, die Überprüfung und Buchung des Mietzahlungseingangs, Maßnahmen zur Verhinderung/Verringerung von Mietausfällen, das objektbezogene Rechnungswesen mit Zahlungsverkehr, das Versicherungswesen, die Beschäftigung und Überwachung der Hilfskräfte und die Ansammlung und Verwaltung einer Instandhaltungsrücklage. Bei Vermietung frei werdender Mieträume kann sich der Hausverwalter eines Maklers bedienen.

Zum bautechnischen Leistungsbereich gehören die Inspektion, Überwachung von Wartungsarbeiten, Instandsetzung und -haltung, die Abnahme der Handwerkerleistungen, sowie die sachliche Rechnungsprüfung.

Dem vertraglich-juristischen Sektor sind der Abschluss von Miet- und Wartungsverträgen, Verträge zur Durchführung von Instandhaltungsarbeiten usw. zuzuordnen.

Der zwischenmenschlich-soziale Sektor umfasst alle Maßnahmen, die für ein gutes Einvernehmen zwischen den Mietern, den Mietern und dem Hauseigentümer, der Konfliktbewältigung, der Betreuung von Mietern in besonderen Fällen und der Durchführung von Informationsveranstaltungen für Mieter dienen.

Schließlich fallen in den architektonischen Sektor die Planung und Durchführung von energetischen Sanierungs- und etwaigen Aus-/Umbaumaßnahmen, sowie eine notwendig werdende Neugestaltung der Außenanlagen.

Die Verwaltergebühr wird in der Regel als Prozent-Satz der Mieteinnahmen vereinbart (Schwankungsbereich zwischen 2,5 und acht Prozent der Mieteinnahmen, je nach Größe und Mietniveau).

Hausverwaltervertrag
property management agreement

Der Hausverwaltervertrag regelt das Vertragsverhältnis zwischen Gebäudeeigentümer und Miethausverwalter. Im Gegensatz zum Verwaltervertrag nach WEG gibt es bei der Miethausverwaltung keinen gesetzlich definierten Leistungskatalog. Gesetzliche Grundlage für das Vertragsverhältnis können sowohl die Vorschriften aus dem Dienstvertragsrecht in Verbindung mit den Vorschriften über die entgeltliche Geschäftsbesorgung (Auftragsrecht) sein, als auch werkvertragliche Regelungen. Denkbar wäre z. B., dass der Hausverwalter in Bezug auf durchgreifende Sanierungsmaßnahmen an Gebäuden als Generalübernehmer fungiert, der die Sanierungsleistungen in eigenem Namen und gegen Festpreis für den Hauseigentümer erbringt und sich dabei einiger Subunternehmer bedient. Überwiegend werden von Hausverwaltern jedoch keine Leistungen vereinbart, die erfolgsabhängig zu vergüten sind.

Geht man von einem dienstleistungsorientierten Auftragsrecht aus, gelten folgende gesetzliche Rahmenvorschriften für das Vertragsverhältnis:
• Der Hausverwalter hat auch dann einen Anspruch auf Vergütung, wenn sie nicht ausdrücklich im Vertrag vereinbart ist. In der Regel gilt sie als stillschweigend vereinbart, in einem solchen Fall ist die „übliche" Vergütung als vereinbart anzusehen.
• Die Vergütung ist nach Ablauf der vereinbarten Zeiträume zu bezahlen (keine Vorauszahlung).

Die Leistungspflicht des Hausverwalters ist eine „höchstpersönliche". Sie kann insgesamt nicht auf Dritte übertragen werden, was aber nicht bedeutet, dass der Hausverwalter kein Personal dafür zur Verfügung stellen darf.

Für das Vertragsverhältnis kann eine bestimmte Laufzeit vereinbart werden. Im Rahmen der Allgemeinen Geschäftsbedingungen (AGB) kann keine Laufzeit über zwei Jahre hinaus vereinbart werden. Die Verlängerungsklausel bei Nichtkündigung darf nicht zu einer Verlängerung von mehr als einem Jahr führen und die Kündigungsfrist darf nicht länger als drei Monate betragen.

Wird keine bestimmte Laufzeit vereinbart, richtet sich die Kündigung nach der Bemessung der Vergütung. Bei monatlicher Vergütung kann spätestens am 15ten eines Monats zum Ablauf dieses Monats gekündigt werden (in der Praxis werden meist Hausverwalter-Verträge mit Laufzeitbestimmung abgeschlossen).

Stirbt der Auftraggeber (Hauseigentümer), ist der Verwaltervertrag nicht automatisch beendet. Der Erbe kann jedoch – sofern nichts anderes vertraglich vereinbart ist – kündigen. Stirbt der Hausverwalter, ist der Verwaltervertrag beendet.

Bei Vertragsbeendigung hat der Hausverwalter alle das Verwaltungsobjekt betreffenden Unterlagen zurückzugeben.

Der Hausverwalter ist zur Rechnungslegung (nach den vereinbarten Zeiträumen und jeweils am Ende des Vertragsverhältnisses) verpflichtet. Da der Hausverwalter im Rahmen seiner Tätigkeit über Vermögenswerte des Eigentümers verfügt, besteht die Rechnungslegung auch in einer belegten Einnahmen-Überschuss-Rechnung.

Der Hausverwalter ist in allen das Verwaltungsobjekt betreffenden Angelegenheiten der Stellvertreter des Hauseigentümers. Zum Nachweis seiner Vertretungsbefugnis empfiehlt sich nicht nur ein Vertrag, sondern eine gesonderte Hausverwalter-Vollmacht. Sie bezieht sich auch auf die Vornahme einseitiger Rechtsgeschäfte im Verhältnis Hauseigentümer/Mieter nach § 174 BGB. Die Vollmacht sollte auch eine Befreiung von der Vorschrift des § 181 BGB (Verbot von „Insichgeschäften") enthalten, da er in der Lage sein muss, von betreuten Hauskonten auch seine Verwaltergebühr abzubuchen.

Der Hausverwalter ist auch im Rahmen seiner Verwaltungstätigkeit zur Rechtsberatung gegenüber dem Hauseigentümer befugt.

Ebenso empfiehlt es sich, eine Regelung über die Verjährung von wechselseitigen Schadensersatzansprüchen mit in den Vertrag aufzunehmen.

Heiz- und Warmwasserkosten
heating and hot water costs

Nach § 5 der Verordnung über die verbrauchsabhängige Abrechnung der Heiz- und Warmwasserkosten (Verordnung über Heizkostenabrechnung – HeizkostenV) ist der anteilige Wärmeverbrauch durch Wärmezähler oder Heizkostenverteiler und der anteilige Warmwasserverbrauch durch Warmwasserzähler oder andere geeignete Ausstattungen in den mit Wärme und Warmwasser versorgten Gebäuden beziehungsweise Räumen zu erfassen. Die Erfassung des Warmwasserverbrauchs hat gemäß § 9 Abs. 2 HeizkostenV ab dem 31.12.2013

im Regelfall ausschließlich nur noch durch Wärmezähler zu erfolgen. Für Wohnungseigentümergemeinschaften gilt diese Verpflichtung, ohne dass es dazu einer Beschlussfassung oder einer Vereinbarung bedarf. Gemäß § 3 Satz 1 HeizkostenV ist die Anwendung der Heizkostenverordnung zwingend auch für Wohnungseigentümergemeinschaften vorgeschrieben (BGH, 17.2.2012, V ZR 251/10).

Die Kosten der Versorgung mit Wärme und Warmwasser durch zentrale Heizungs- beziehungsweise Warmwasserversorgungsanlagen sind dabei gemäß §§ 7 und 8 HeizkostenV in der Regel zu mindestens 50 vom Hundert, höchstens 70 vom Hundert nach dem erfassten Wärmeverbrauch auf die Nutzer zu verteilen. Die übrigen Kosten sind nach der Wohn- oder Nutzfläche oder nach dem umbauten Raum zu verteilen. Dabei kann auch bei der Erfassung des Wärmeverbrauchs die Wohn- oder Nutzfläche oder der umbaute Raum der beheizten Räume zugrunde gelegt werden.

Die Wahl der Abrechnungsmaßstäbe ist gemäß § 6 Abs. 4 WEG dem Gebäudeeigentümer bzw. der Wohnungseigentümergemeinschaft überlassen. Unter bestimmten Voraussetzungen kann eine Änderung der Abrechnungsmaßstäbe einmalig für künftige Abrechnungszeiträume vorgenommen werden, insbesondere aus sachgerechten Gründen nach erstmaliger Bestimmung.

Die Vorschrift des § 16 Abs. 3 WEG zur Abänderung der Verteilung der Betriebskosten ist auf die Verteilung der Heiz- und Warmwasserkosten nicht anwendbar.

Mieter können gemäß § 12 Abs. 1 HeizkostenV bei nicht verbrauchsabhängiger Abrechnung der Heiz- und Warmwasserkosten den auf sie entfallenden Anteil um 15 Prozent kürzen.

Wohnungseigentümer haben dieses Kürzungsrecht nicht. Sie haben aber im Rahmen ihres Anspruchs auf ordnungsgemäße Verwaltung das Recht, von der Wohnungseigentümergemeinschaft eine Abrechnung der Heiz- und Warmwasserkosten nach den Vorschriften der Heizkostenverordnung zu verlangen. Ein Mehrheitsbeschluss über eine verbrauchsunabhängige Abrechnung ist allerdings nicht nichtig, im Fall der Anfechtung aber für ungültig zu erklären (BGH, 17.2.2012, V ZR 251/10).

Heizkostenverordnung 2009
German heating cost ordinance 2009

Für alle ab 1.1.2009 beginnenden Abrechnungszeiträume gilt eine Neufassung der Heizkostenverordnung. Die wichtigsten Neuerungen:

- Das Ableseergebnis ist dem Nutzer innerhalb eines Monats mitzuteilen, außer er kann es selbst am Zähler ablesen.

- Bestehen sachgerechte Gründe (neue Heizanlage, Wärmedämmung) darf der Verteilerschlüssel wiederholt abgeändert werden.
- 70 Prozent der Heizkosten müssen nach dem erfassten Verbrauch umgelegt werden bei Gebäuden, die nicht die Anforderungen der Wärmeschutzverordnung vom 16.8.1994 erfüllen und die per Öl- oder Gasheizung beheizt werden und in denen die freiliegenden Leitungen der Wärmeverteilung überwiegend gedämmt sind. Alle Voraussetzungen müssen erfüllt sein: Sind die Leitungen ungedämmt, darf der Wärmeverbrauch auch nach anderen anerkannten Methoden bestimmt werden.
- Auf die Mieter dürfen nun auch die Kosten einer Verbrauchsanalyse umgelegt werden.
- Nach der Betriebskostenverordnung erlaubt nun auch die Heizkostenverordnung die Umlage der Kosten für die Eichung von Zählern.
- Der Warmwasserverbrauch soll in Zukunft nicht mehr durch Messung der Warmwassermenge gezählt werden, sondern – ab 31.12.2013 – durch Wärmezähler, die jeder Vermieter zu installieren hat und die den Anteil der Wassererwärmung an den gesamten Heiz- und Warmwasserkosten genau aufzeigen. Umgangen werden kann der Zählereinbau, wenn er unverhältnismäßig hohen Aufwand verursachen würde.
- Eigentümer von Passivhäusern mit einem Wärmeverbrauch unter 15 Kilowattstunden pro Quadratmeter und Jahr müssen keine verbrauchsabhängige Heizkostenverteilung durchführen.
- Bis 31.12.2013 müssen Hauseigentümer unmoderne Zähler – etwa Warmwasserkostenverteiler – durch zeitgemäße Geräte ersetzen.

Hellhörigkeit
badly/poorly sound-proofed; poor acoustic insulation

Der Begriff Hellhörigkeit wird umgangssprachlich bei mangelhafter Schall- bzw. Trittschalldämmung von Gebäuden verwendet. Bei Neubauten müssen hinsichtlich der Schalldämmung bestimmte Normen eingehalten werden. Maßgeblich ist hier die DIN 4109 (Schallschutz im Hochbau), Stand 1989. Da die Grenzwerte dieser Norm mittlerweile als veraltet gelten, ist Bauherren die eindeutige vertragliche Vereinbarung strengerer Grenzwerte zu empfehlen (zum Beispiel Richtlinie VDI 4100). Eine Überarbeitung der DIN 4109 ist in der Diskussion. Stärkere Bedeutung bekommen in Zukunft auch europarechtliche Normen, etwa die Normenreihe EN 12354. Die Nachweisführung beim Schallschutz nach dieser Normenreihe berücksichtigt auch die Schallübertragung flankierender Bauteile.

Beim Kauf eines gebrauchten Wohnhauses besteht nach einem Urteil des Bundesgerichtshofes kein Schadenersatzanspruch des Käufers, wenn sich herausstellt, dass das Gebäude besonders hellhörig ist. Ansprüche können allenfalls dann geltend gemacht werden, wenn ein nachweisbarer Baumangel besteht oder im Kaufvertrag zugesichert wurde, dass das Gebäude nicht hellhörig sei oder bestimmte Grenzwerte eingehalten würden. Im verhandelten Fall ging es um eine Doppelhaushälfte. Dem BGH zufolge hätte der Verkäufer den Käufer nur über die Hellhörigkeit aufklären müssen, wenn er davon ausgehen musste, dass diese durch einen Baumangel bedingt war (Urteil vom 12.3.2009, Az. V ZR 161/08). Über bekannte Baumängel muss der Käufer informiert werden.

Historismus
historism

Unter Historismus werden die Baustile des späten 19. Jahrhunderts bezeichnet, die Stilelemente früherer Epochen, insbesondere der Romanik und Gotik („Neuromanik", „Neugotik"), der Renaissance („Neurenaissance") bis hin zum Neubarock übernommen haben. Der Historismus versteht sich als Abkehr von der rationalistischen Aufklärung und basierte auf romantischen Weltvorstellungen, verbunden mit einer Verklärung des Mittelalters. So wurden Häuser mit Türmchen versehen.

Gleichzeitig sollte ein Gegengewicht zur Industriekultur geschaffen werden. Dem Geist des Historismus entsprang auch die sowjetische Architektur in der Stalinära, die allerdings nur auf reine Außenwirkung bedacht war. Siehe hierzu „Zuckerbäckerstil".

Auch in Amerika wurden viele alte Stilelemente aus dem alten Europa übernommen, die an vergangene Zeiten erinnern. Abgelöst wurde der Historismus in der Zeit zwischen 1900 und 1920 vom Jugendstil. Es war nicht nur ein Baustil. Vielmehr erfasste der Jugendstil viele Bereiche des Lebens und hielt auch Einzug in die industrielle Produktion.

Hobbyraum
hobby room

Unter Hobbyräumen versteht man Räume, in denen der Besitzer seine private Freizeitbeschäftigung in Nichtwohnräumen ausüben kann. Es handelt sich in der Regel um einen oder mehrere Kellerräume, die für die Ausübung des Hobbys entsprechend ausgestattet sind. Hobbyräume haben keinen Wohnraumcharakter im Sinne des Bauordnungsrechts, d. h. sie müssen nicht zum dauernden Aufenthalt einer Person geeignet sein. Es wäre deshalb falsch, die Hobbyraumflächen in die Wohnflächenberechnung mit einzubeziehen. Da ein Hobby keine berufliche Tätigkeit mit Einkunftserzielungsabsicht ist, kann ein Hobbyraum auch nicht als häusliches Arbeitszimmer i. S. d. Einkommensteuerrechts eingestuft werden. In Häusern mit mehreren Wohnungen ist darauf zu achten, dass das ausgeübte Hobby nicht gegen die Hausordnung verstößt oder auf sonstige Weise den Wohnfrieden im Haus gefährdet.

In einer Eigentumswohnanlage kann an Hobbyräumen Sondereigentum begründet werden. Dies setzt voraus, dass sie abgeschlossen sind. Eine räumliche Verbindung zu einer Wohnung muss nicht bestehen. Bei der Berechnung der Miteigentumsanteile eines Hobbyraums sollte allerdings sein Flächenanteil nicht gleich wie eine Wohnfläche behandelt werden. Eine Alternative besteht darin, an Hobbyräumen ein Sondernutzungsrecht zu begründen.

Hochwasser
high tide; flood(s)

Hochwasser entsteht, wenn die Niederschlagsmenge (bzw. die Menge der Schneeschmelze) nicht mehr vom Boden aufgenommen werden kann und das abfließende Wasser die Abflusskapazitäten der Bäche und Flüsse überschreitet. Die Abflussmenge wird in Kubikmeter pro Sekunde über die Fließgeschwindigkeit gemessen. Der Hochwasserstand wird an Pegelmessstellen meist mit Hilfe eines Schwimmerpegels gemessen. Die Pegelbewegungen (Bewegung der Schwimmkörper) werden in der Regel automatisch aufgezeichnet. Hochwasser entsteht ferner in Küstengebieten durch Sturmfluten.

Hochwasserschäden entstehen vor allem durch Überflutungen, Deichbrüche und Zerstörungen durch mitgeführte Baumstämme und andere vom Hochwasser mitgerissene und den Abfluss blockierende Gegenstände sowie durch Unterspülungen von Brückenpfeilern. Die Maßnahmen zum vorbeugenden Schutz vor Hochwasser bestehen in der Anlage von Rückhaltebecken, Uferdämmen, Talsperren, Flutmulden (Ersatzflussbetten) und Poldern. Vor allem ist darauf zu achten, dass in hochwassergefährdeten Gebieten keine Bauflächen in den Flächennutzungsplänen ausgewiesen werden. Hochwasserschäden sind Vermögens- und Nutzungsausfallschäden.

Gegen Hochwasserschäden kann sich ein Hauseigentümer versichern lassen. Allerdings lehnen Versicherungsgesellschaften in extrem hochwassergefährdeten Lagen den Abschluss von Versicherungsverträgen häufig ab. Das Hochwasserrisiko führt in solchen Fällen zu hohen Wertabschlägen.

Vorbeugender Hochwasserschutz findet zunehmend seinen Niederschlag in Regionalplänen, in denen Überschwemmungsbereiche und vorzusehende Überschwemmungsflächen dargestellt werden. Damit wird Einfluss auf die Bauleitplanung der Gemeinden genommen.

Höhenlinien
contour line

Um die Topographie eines Geländes darzustellen, bedient man sich der Höhenlinienkarten. In ihr sind in der Regel im Höhenabstand von fünf Meter die Höhenlinien eingezeichnet. Sie basieren in Deutschland auf dem unteren Bezugspunkt, der „Normal Null" – mittlerer Meeresspiegel nach dem Pegel von Amsterdam. Von diesem Pegelstand aus wurden an verschiedenen Stellen in Deutschland Höhenfestpunkte durch Präzisionshöhenmessungen durchgeführt, von denen wiederum Höhenmaße abgeleitet werden können. Der Meeresspiegel erhöht sich im Jahresschnitt um zwei Millimeter. Die Höhenmessungen können mit Hilfe eines Nivelliergerätes millimetergenau durchgeführt werden. Höhenangaben über N.N. werden auch zur Festsetzung der unteren Bezugspunkte der Höhenfestsetzungen von Gebäuden in Bebauungsplänen verwendet.

Hof
courtyard; yard

Nach der Höfeordnung ist ein Hof eine land- oder forstwirtschaftliche Besitzung mit einer zu ihrer Bewirtschaftung geeigneten Hofstelle, die einen bestimmten Wirtschaftswert hat. Die Höfeordnung gilt nur für die Bundesländer Hamburg, Niedersachsen, Schleswig-Holstein und Nordrhein-Westfalen. Die Höfeordnung regelt das Erbrecht bei Höfen. Weitere vergleichbare landesrechtliche Hoferbenregelungen gibt es in Baden-Württemberg, Hessen, Bremen und Rheinland-Pfalz. Der Hof befindet sich entweder im Alleineigentum des Hofeigentümers oder im gemeinschaftlichen Eigentum der Ehegatten (Ehegattenhof). Der Hof fällt im Erbfall als Teil der Erbschaft nur einem Erben (Hoferben) zu. Bei Ehegatten ist der jeweils überlebende Ehegatte Erbe. Sie können aber gemeinsam einen Dritten als Erben bestimmen. Die Höfeordnung sieht natürlich auch Regelungen über die Abfindung der Miterben durch den Hoferben vor. Die Besitzung verliert die Hofeigenschaft, wenn die Eigentumsformen

(Alleineigentum oder Ehegattenhof) nicht mehr besteht. Im Grundbuch wird ein Hofvermerk eingetragen. Mit Aufhebung des „Reichserbhofgesetzes" durch das Kontrollratsgesetz Nr. 43 wurde das Höfeordnungsrecht mit dem Stand vom 1.1.1933 wieder eingeführt. Die heute geltende Fassung der Höfeordnung stammt vom 26.7.1976 und wurde mehrfach geändert.

Hoffläche
courtyard
Hoffläche ist eine frühere Bezeichnung für die im Liegenschaftskataster geführte Fläche, die zu einem Gebäude gehört und versiegelt ist. Sie kann im Flächeninnenraum u. a. als Pkw-Abstellplatz dienen und als Vorplatz vor Garagen zur Straße hin. Auch andere Nebenanlagen (zum Beispiel Garagen) werden zur Hoffläche gerechnet. Heute gehören die Hausgrundstücke zur Kategorie der „Gebäude- und Freifläche".

Holzklausel
so-called „wood clause" that refers to varnishing wooden objects in a flat
Unter einer Holzklausel versteht man umgangssprachlich eine Klausel im Mietvertrag, die das Lackieren von Holzteilen in der Mietwohnung im Rahmen der Schönheitsreparaturen regelt. Einige in Mietverträgen verwendete Holzklauseln sind umstritten bzw. nach Ansicht der Gerichte unwirksam. Wirksam soll nach dem Bundesgerichtshof (Urteil vom 22.10.2008, Az. VIII ZR 283/07) die folgende im sogenannten Hamburger Mietvertrag (Stand 2006) verwendete Klausel sein: „Lackierte Holzteile sind in dem Farbton zurückzugeben, wie er bei Vertragsbeginn vorgegeben war; farbig gestrichene Holzteile können auch in Weiß oder in hellen Farbtönen gestrichen zurück gegeben werden." Wichtig: Solche Klauseln müssen sich immer auf das Vertragsende beziehen, da ein „Farbzwang" während der Mietzeit dem Mieter nach den meisten Gerichten nicht zuzumuten ist.
In einem Urteil von 2010 hat der BGH dies noch einmal betont. Es ist danach unzulässig, dem Mieter während der Laufzeit des Mietvertrages eine bestimmte Farbgebung für die Holzteile (Innentüren, Türrahmen, Holzteile der Fenster) vorzuschreiben. Eine solche unwirksame Farbvorgabe kann dazu führen, dass die gesamte Schönheitsreparaturklausel im Mietvertrag unwirksam ist und der Mieter keine Schönheitsreparaturen durchführen muss (BGH, Urteil vom 20.1.2010, Az. VIII ZR 50/09).
Einige Gerichte sehen die Erstreckung des üblichen Fristenplans auf die Lackierung von Fenstern und

Türen (innen) sowie Rohren und Heizkörpern als unwirksam an, wenn im Vertrag nicht ausdrücklich auf die Erforderlichkeit abgestellt wird. Grund: Es wird davon ausgegangen, dass lackierte Teile sich meist nicht so schnell abnutzen oder unansehnlich werden, wie etwa gestrichene Tapeten. Lackarbeiten können daher nur verlangt werden, wenn die betreffenden Teile wirklich renovierungsbedürftig sind (Landgericht Köln, Az. 1 S 63/96; auch Amtsgericht Kiel, Az. 113 C 479/2005 vom 4.1.2006).

Home-Office
home office
Ein Home-Office bietet die Möglichkeit, der Berufstätigkeit nicht in einem Bürogebäude der Firma auf herkömmliche, sondern über entsprechende Kommunikations- und Datenübertragseinrichtungen zu Hause nachzugehen. Der verstärkte Einsatz von Home-Offices könnte die Nachfrage nach Büroflächen – zumindest theoretisch – deutlich reduzieren. Zudem ergäben sich erhebliche Auswirkungen auf die Gestaltung von Wohneinheiten, die entsprechende Office-Komponenten beherbergen sollen. Bis jetzt hat das „Home-Office" allerdings erst eine sehr untergeordnete Bedeutung; es wurde noch nicht in großem Umfang marktrelevant.
Im Unterschied zum Office at Home gilt das Home-Office nicht als Betriebsstätte.

Home-Staging
home staging

Home-Staging ist Verkaufsförderung (sales promotion) für Immobilien: Die Prinzipien der Produktpräsentation – aus anderen Bereichen wie Mode oder Möbel bekannt – werden auf das Produkt Wohnung bzw. Haus übertragen. Konkret wird die Aufmerksamkeit auf die Vorteile einer Immobilie gelenkt und die Wahrnehmung so positiv beeinflusst, dass aus Kaufinteressenten Käufern werden können. Home-Staging nutzt dabei auch Erkenntnisse aus der Psychologie. Der HALO-Effekt beschreibt zum Beispiel das Phänomen, dass ein dominantes Merkmal andere überdeckt. Übertragen auf den Verkaufsablauf bei Immobilien heißt das: Sehen Kaufinteressenten ein Zimmer mit (zu) vielen Möbeln, assoziieren sie damit automatisch „zu klein". Die tatsächliche Größe des Raums nehmen sie nicht richtig wahr.

95 Prozent aller Kaufentscheidungen werden auf emotionaler Ebene getroffen. Auch für das Produkt Immobilie gilt, dass es nicht nur gekauft wird, um ein Dach über dem Kopf zu haben. Mit dem Kauf sollen auch Werte befriedigt werden. zum Beispiel Sicherheit, Anerkennung oder Zufriedenheit. Um Menschen zu überzeugen, muss der Verkäufer die Werte seiner Zielgruppe kennen und sie über die sinnliche Wahrnehmung gezielt vermitteln. Dies gelingt mit einer zielgruppengerechten Inszenierung der Immobilie: Der Anbieter zielt auf den Bauch, um im Kopf etwas zu bewegen.

Home-Staging verbessert auch die Aufbereitung weiterer Entscheidungshilfen wie Fotos, Exposé, Wohnclip, 3-D-Rundgang oder Immobilienvideo. Kaufinteressenten können durch diese Unterstützung möglicherweise leichter eine Entscheidung fällen, so dass sich unter Umständen die Transaktionszeit verkürzt und ein besserer Preis realisieren lässt. Die Investition in eine optimale Produktpräsentation funktioniert sowohl bei bewohnten als auch bei leerstehenden Immobilien. Beispiele, Tipps für die Auswahl von Home-Staging-Agenturen, sowie ein deutschlandweites Anbieterverzeichnis gibt es beim Berufsverband für Home-Staging in Deutschland DGHR e.V.

Honorarordnung für Architekten und Ingenieure (HOAI)
regulations for architects' and engineers' fees; fee structure for architects and engineers

Die Honorarordnung für Architekten und Ingenieure ist eine Rechtsverordnung, die ihre Rechtsgrundlage im Gesetz zur Regelung von Ingenieur- und Architektenleistungen hat.

Nach ihr erfolgt die Berechnung der Entgelte für die Leistungen der Architekten und Ingenieure (Auftragnehmer) soweit sie durch die Leistungsbilder und andere Bestimmungen der Verordnung erfasst sind. Sie wurde neu gefasst und gilt seit 18.8.2009 in der Neufassung. Die HOAI umfasst fünf Teile:

- Allgemeine Vorschriften (unter anderem Leistungen/Leistungsbilder einschließlich der neun bekannten Leistungsphasen/Honorarzonen)
- Flächenplanung (unter anderem Bauleit- und Landschaftplanung)
- Objektplanung (unter anderem Gebäude, Freianlagen)
- Fachplanung (Tragwerksplanung, Technische Ausrüstung)
- Übergangs- und Schlussvorschriften

Die neuen Werte der Honorartafeln wurden um zehn Prozent erhöht. Die Honorare wurden von den Baukosten abgekoppelt. Berechnungsgrundlage sind die anrechenbaren Kosten nach DIN 276 oder – wenn die Ermittlung zu unsicher ist – eine einvernehmliche Festlegung auf (theoretische) Baukosten zwischen Auftraggeber und Architekt. Es gibt keine Höchst- und keine Mindeststundensätze mehr. Es verblieb bei der Darstellung der HOAI-Leistungsphasen eins bis neun.

Es handelt sich bei den Architekten- und Ingenieurleistungen um insgesamt 13 Leistungsbereiche (Leistungsbilder), wobei die „Leistungen bei Gebäuden und raumbildenden Ausbauten", sowie die „Freianlagen" das Tagesgeschäft mit seinen neun Leistungsphasen darstellen. Die Honorartafel sieht fünf Zonen vor, die in aufsteigender Reihenfolge den unterschiedlichen Anforderungen an die zu erbringende Leistung entsprechen.

Vorschriften über die Projektsteuerung, Gutachten/Wertermittlung, „sonstige" städtebauliche und landschaftspflegende Leistungen, verkehrsplanerische Leistungen und Leistungen der Bodenmechanik wurden gestrichen. Ein Bewertungssachverständiger, der sich bisher bei seiner Honorarvereinbarung auf die HOAI bezog, muss sich umorientieren.

Hypothek
mortgage

Die Hypothek ist ein heute kaum mehr vorkommendes Grundpfandrecht, das im BGB ausführlich geregelt ist. Geschätzt wird, dass lediglich drei Prozent aller Grundpfandrechte noch Hypotheken sind. Die Kenntnis der Regelungen ist deshalb wichtig, weil sie zum großen Teil auch für die heute überwiegend verwendete Grundschuld gelten.

Im Gegensatz zur Grundschuld ist die Hypothek mit einer Forderung verbunden und damit streng „akzessorisch". Dabei steht die Forderung im Vordergrund. Sie ist das „Accessoire", ohne das die Hypothek nicht entstehen kann. Hypotheken- und Forderungsgläubiger müssen identische Personen sein.

Wird eine Hypothek bestellt, fertigt das Grundbuchamt – falls dies nicht ausgeschlossen wird – einen Hypothekenbrief aus. Dies gilt auch für die Grundschuld. In dem Fall erwirbt der Gläubiger die Hypothek erst mit Übergabe des Briefes durch den Eigentümer oder – wie dies überwiegend vereinbart wird – durch das Grundbuchamt. Der Schuldner kann der Geltendmachung der Hypothek widersprechen, wenn der Brief nicht vorgelegt wird. Heute wird in der Regel der Erteilung eines Briefes (auch bei der Grundschuld) ausgeschlossen. Damit ist die Buchhypothek (Buchgrundschuld) der Regelfall. Die Vorteile des Hypothekenbriefes hat man darin gesehen, dass er in einem schriftlichen Vertrag als Sicherheit an Dritte abgetreten werden konnte, ohne dass dies zu Änderungen im Grundbuch führt. Da heute Privatpersonen als Hypothekengläubiger keine Rolle mehr spielen, hat dieser Vorteil des Briefes weitgehend keine Bedeutung.

Der Normalfall der Hypothek ist die Verkehrshypothek. Es gibt jedoch viele weitere Ausgestaltungsformen. Hierzu zählen die Sicherungshypothek mit den Unterformen der Arresthypothek, der Bauhandwerkersicherungshypothek, der Höchstbetragshypothek und die Zwangshypothek. Diese kann für mehrere Forderungen verschiedener Gläubiger bestellt werden. Sie ist immer eine Buchhypothek. Solange die Forderung noch nicht endgültig festgestellt ist, gilt die Höchstbetragshypothek als vorläufige Eigentümergrundschuld. Bei der Arresthypothek wird der Geldbetrag als Höchstbetrag eingetragen, durch dessen Hinterlegung die Vollziehung des Arrestes gehemmt wird.

Bei der Zwangshypothek handelt es sich um eine Sicherungshypothek. Grundsätzlich muss aber jede Hypothek vom Eigentümer bewilligt werden. Diese Bewilligung wird bei der Zwangshypothek ersetzt durch einen vollstreckbaren zugestellten Schuldtitel.

Wenn einmal ein Grundstück mit einer Hypothek belastet ist, muss es auch die Möglichkeit geben, diese Hypothek wieder zu löschen. Grundsätzlich würde eine formlose Erklärung des Gläubigers zur Löschung der Hypothek ausreichen. Die Grundbuchordnung verlangt aber, dass diese Erklärung des Gläubigers zumindest notariell beglaubigt ist und dass der Grundstückseigentümer ebenfalls in beglaubigter Form der Löschung zustimmt. Ist die Hypothek, zum Beispiel von einem Dritten gepfändet, so muss auch noch dieser in beglaubigter Form der Löschung zustimmen. Gibt es keine besondere Vereinbarung, wer die Kosten der Löschung tragen soll, so sind diese vom Eigentümer zu tragen.

Immission
air pollution; emission(s)

Als Immission werden schädliche Umwelteinwirkungen bezeichnet, „die nach Art und Ausmaß oder Dauer geeignet sind, Gefahren, erhebliche Nachteile oder erhebliche Belästigungen für die Allgemeinheit oder die Nachbarschaft herbeizuführen" (§ 3 Bundesimmissionsschutzgesetz). Dazu zählen die von einer Anlage ausgehenden Luftverunreinigungen, Geräusche, Erschütterungen, Licht, Wärme, Strahlen und ähnliche Erscheinungen. Luftverunreinigungen ergeben sich durch Gase, Dämpfe, Gerüche, Rauch und Ruß.

Durch vielfältige Vorkehrungen insbesondere Genehmigungserfordernisse, werden schädliche Umwelteinwirkungen ausgeschlossen oder begrenzt. Die Reichweite, die der Gesetzgeber dem Immissionsschutz zumisst, kann daraus abgeleitet werden, dass auf dieser Gesetzesgrundlage relativ viele Verordnungen erlassen wurden.

Auch im Rahmen des privaten Nachbarrechts bestehen Abwehransprüche gegen unzumutbare Beeinträchtigungen durch Immissionen der genannten Art. Der Eigentümer kann Immissionen aber nicht verbieten, wenn die Einwirkung die Benutzung seines Grundstücks nicht oder nur unwesentlich beeinträchtigt oder wenn die die Immission bewirkende Anlage genehmigt ist. Als unwesentliche Beeinträchtigung gilt stets das Nichtüberschreiten von Grenzwerten, die in Gesetzen oder Verordnungen festgeschrieben sind. Soweit sich Grenzwerte aus VDI-Richtlinien ergeben, die Gerichte hieran zwar nicht gebunden. Diese Richtlinien gelten jedoch als Orientierungsrahmen für eine Beurteilung. Auf der Grundlage des Bundesimmissionsschutzgesetzes (BImSchG) wurde von der Bundesregierung zum Schutz der Bevölkerung auch eine Verordnung über elektromagnetische Felder verabschiedet. Darin werden Grenzwerte für den „Elektrosmog" festgelegt, der durch den zunehmenden Ausbau des Mobilfunks entsteht.

Immobilienaktiengesellschaften
property/real estate companies

Immobilienaktiengesellschaften sind Unternehmen, deren Unternehmenszweck entweder in der Bewirtschaftung eigener Immobilien (Bestandshalter), der Projektentwicklung oder als Erbringer von Leistungen im Bereich des Facility- bzw. Portfolio Management im Rahmen eines eigenen Unternehmensverbundes oder für fremde Unternehmen besteht. Sie entstanden teils durch Ausgliederung des Immobilienbestandes großer Unternehmen mit völlig anderem Unternehmenszweck (verarbeitende Industrien, Bergbau, Brauereien, Bahn und Post) oder durch einen Akt der Emanzipation ehemals großer gemeinnütziger Wohnungsgesellschaften in gewinnorientierte Unternehmen durch den Gang zur Börse. Neugründungen sind selten. Noch nicht im Blickfeld befinden sich in Deutschland (im Gegensatz etwa zu Holland) Immobilienaktiengesellschaften, die aus der Umwandlung von offenen oder geschlossenen Immobilienfonds entstanden sind.

Die bei Immobilienaktiengesellschaften nicht abschließend gelöste Frage bezieht sich darauf, wie die oft zutage tretende Wertediskrepanz zwischen dem realen Immobilienvermögen (Summe der Verkehrswerte des Immobilienbestandes) und dem sich aus dem Kurs-Cashflow-Verhältnis ergebenden Werten, zu erklären, bzw. zu überbrücken ist. Für diejenigen Immobilienaktiengesellschaften, die sich in den ruhigeren Gewässern reiner Bestandshalter bewegen, dürfte das Problem durch Einbeziehung der Verkehrswerte der Immobilien in die Unternehmensbewertung im Rahmen des Net Asset Value (NAV) gelösten werden können. Dieses Bewertungsverfahren wurde für die Bewertung der Real Estate Investment Trusts (REITs) entwickelt.

Immobilienberatung
surveying; real estate/property consultation
Zunehmend bezeichnen sich Maklerfirmen als Immobilienberater. Damit geben sie zu erkennen, dass Vermittlungsleistungen durch Beratungskompetenz unterstützt werden. Allerdings erweitern sich damit auch Leistungsumfang und Haftungsrisiko. Einen Makler, der sich auf Immobilienvermittlung beschränkt, treffen keine Nachforschungspflichten, um den Auftraggeber über Risiken und Chancen umfassend aufklären zu können.

Bezeichnet sich ein Makler aber als Berater oder erscheint er in den Augen des Kunden als solcher, sind fundierte Kenntnisse in den Bereichen, in denen er berät, unabdingbar. Sind sie nicht gegeben, muss er sie sich verschaffen. Eine Beratung muss umfassend sein, also auch objektiv jene Probleme ansprechen, die gegen einen Geschäftsabschluss sprechen. Ein Verschweigen solcher Probleme führt zu Schadensersatzpflichten, wenn für den Auftraggeber daraus ein Schaden entsteht.

Der Beratung sind aber auch Grenzen gesetzt. So bleibt eine steuerliche oder rechtliche Beratung grundsätzlich Steuerberatern und Rechtsanwälten vorbehalten. Beratungsleistungen von Maklern sind in der vereinbarten Provision enthalten. Es gibt allerdings auch Makler, die eine Beratung gegen gesondertes Honorar anbieten. Nicht selten werden

Beratungsleitungen auf eine Tochtergesellschaft („Immobilien-Consulting") ausgelagert. Diese Unternehmen sind keine Maklerunternehmen mehr, selbst wenn Maklerleistungen als Nebenleistungen mit angeboten werden. Die Honorierung der Beratungsleistung erfolgt dann meist ähnlich wie bei Wirtschaftprüfern in Form von Tagessätzen.

Immobilienbörsen
real estate bourse; website for property search
Mit Immobilienbörsen wird der formelle Zusammenschluss von Immobilienmaklern bezeichnet, deren Zweck darin besteht, zusätzliche Geschäftsabschlüsse dadurch zu erreichen, dass regelmäßig zwischen beteiligten Maklern ein Objekt- bzw. Interessentenaustausch stattfindet. Sie fördern auf diese Weise das Gemeinschaftsgeschäft unter Maklern. Im Gegensatz zu Maklerverbünden (nicht Maklerverbänden) kann bei Immobilienbörsen jeder Teilnehmer entscheiden, ob und in welchem Umfange er die von ihm akquirierten Objekte seinen Börsenkollegen anbieten will. Er kann auch auf der Grundlage allgemeiner Maklerverträge arbeiten. Bei Maklerverbünden verpflichten sich die Teilnehmer, nur Alleinaufträge zu akquirieren und die Objekte innerhalb eines bestimmten Zeitraums in den gemeinsamen Objektpool des Verbundes einzugeben.

Derzeit gibt es etwa 35 Immobilienbörsen, 25 davon sind eingetragene Vereine, eine Immobilienbörse ist eine Institution der Industrie- und Handelskammer Frankfurt. Immobilienbörse ist kein geschützter Begriff, so dass er heute auch in Firmenbezeichnungen oder zur Kennzeichnung von Immobilienportalen im Internet anzutreffen ist.

Teilweise blicken solche Immobilienbörsen auf eine lange Tradition zurück. In Hamburg besteht sie seit 150 Jahren. Ein Gründungsboom setzte bei Immobilienbörsen gegen Mitte der 60er Jahre des vergangenen Jahrhunderts ein. Die Arbeitsgemeinschaft deutscher Immobilienbörsen versuchte, die Arbeit der Börsen zu optimieren. Ein wichtiges, wenn auch nicht das wichtigste Motiv dieser Gründungen war die Vorstellung, das Börsenimage für sich nutzen zu können und zu suggerieren, dass man sich in Tuchfühlung mit den angesehenen Berufsgruppe der vereidigten Börsenmakler befand. Allerdings handelt es sich bei Immobilienbörsen im Gegensatz zu Wertpapier- und anderen Börsen um reine Informationsbörsen. Vertragsabschlüsse über Immobilien können dort nicht durchgeführt werden. Während die konventionellen Immobilienbörsen ein Börsenzeremoniell insofern pflegten, als regelmäßig Börsensitzungen abgehalten wurden, auf denen Objektangebote vorgestellt und besprochen wurden, ging die 1968 gegründete Süddeutsche Immobilienbörse einen anderen Weg. Sie war gedacht als überregional agierendes Immobilieninformationszentrum, das die neuen Medien nutzen wollte. Sie hatte den Charakter eines Immobilieninformationszentrums. Wegen ihres überregionalen Einzugsbereiches handelt es sich heute noch um die mitgliederstärkste Immobilienbörse in Deutschland. Heute im Zeitalter der Immobilienportale haben die traditionellen Immobilienbörsen ihre Bedeutung als Kommunikationsmittel weitgehend eingebüßt. Sie übernehmen teilweise noch die Funktion von geschlossenen Objektdatenbanken, die überwiegend in Immobilienportalen aufgegangen sind.

Immobilienfonds – Geschlossener Immobilienfonds
real estate investment trust – closed property fund; closed-end real estate fund

Geschlossene Immobilienfonds stellen das Finanzvermögen einer Gesellschaft dar, deren Initiatoren dieses Vermögen zur Entwicklung oder zum Erwerb einer oder mehrerer bestimmter Immobilien vollständig verwenden. Interessierte Investoren kaufen Anteile an dem Fonds, bis die für das Objekt benötigte festgelegte Finanzierungssumme erreicht wird. Dann wird der Fonds „geschlossen".

Die jeweiligen Beteiligungszertifikate können in der Regel nicht mehr zurückgegeben werden. Ein Verkauf der Beteiligung setzt voraus, dass ein Interessent dafür auf dem so genannten Zweitmarkt gefunden wird. Zweck geschlossener Immobilienfonds kann entweder die Nutzung von Steuervorteilen oder aber die Gewinnerzielung durch Mieteinnahmen und Wertsteigerungen sein.

Der Anleger wird steuerlich und wirtschaftlich wie ein direkter Immobilieneigentümer behandelt. Die Rechtskonstruktion des Fonds ist entweder eine Kommanditgesellschaft (wobei die im Handelsregister vermerkten Kommanditisten die Anteilseigner sind und der im Grundbuch eingetragene Komplementär in der Regel keine Anteile hält) oder eine Gesellschaft des bürgerlichen Rechts, für die ein Treuhänder im Grundbuch eingetragen ist. Seit Inkrafttreten der Steueranpassungsgesetze 1999, 2000, 2002 haben steuerorientierte geschlossene Immobilienfonds ihre steuerliche Attraktivität eingebüßt. Mit Inkrafttreten des so genannten 5. Bauherrenerlasses zum 1.1.2004 wurden die Steuerspar-Möglichkeiten bei einer Beteiligung an geschlossenen Immobilienfonds weiter begrenzt. Wer nach dem 31.12.2003 Anteile an einem geschlos-

senen Immobilienfonds gezeichnet hat, durfte die Erwerbsnebenkosten nicht mehr im Erstjahr in voller Höhe steuersparend geltend machen, sondern musste sie auf die voraussichtliche Nutzungsdauer verteilen.

Seit dem 10.11.2005 gehören geschlossene Fonds, die überwiegend auf die Erzielung steuerlicher Vorteile auf Seiten des Investors zielen, ganz der Vergangenheit an. Wer ab diesem Tag eine Fondsbeteiligung zeichnete, kann die üblichen Anfangsverluste nicht mehr mit seinem restlichen Einkommen Steuer sparend verrechnen, sondern allein mit den künftigen Erträgen aus dieser Fondsbeteiligung. Die Gesetzesänderung zielte weniger auf geschlossene Immobilien- und Schiffsfonds, sondern in der Hauptsache auf eindeutig steuerinduzierte Beteiligungen, also Medien- und Windpark- sowie so genannten Wertpapierhandelsfonds.Initiatoren von Immobilienfonds, die ausschließlich die Erwirtschaftung von langfristigen Renditen im Auge hatten, haben auch heute noch durchaus Erfolg. Im Focus neuerer Fondskonzeptionen stehen daneben Objekte, bei denen bewusst auf niedrige Risiken gesetzt wird. Damit soll dem Sicherheitsbedürfnis der Anleger Rechnung getragen werden. Ins besondere Blickfeld geraten aber auch ausländische Liegenschaften vor allem in den Niederlanden, Frankreich und den USA.

Eine Änderung ergab sich für geschlossene Fonds seit 1.7.2005 durch das Anlegerschutzverbesserungsgesetz vom 28.10.2004. Es führte zu ihrer Einbeziehung in den Anwendungsbereich des Verkaufsprospektgesetzes. Bevor ein Verkaufsprospekt der Öffentlichkeit zugänglich gemacht wird, muss er der Bundesanstalt für Finanzdienstleistungen (BaFin) übermittelt werden. Diese muss die Veröffentlichung gestatten. Sie überprüft den Prospekt allerdings nur auf Vollständigkeit und formale Richtigkeit. Eine Bewertung des Fonds selbst erfolgt durch die BaFin nicht. Die BaFin kann den Vertrieb von Fondsanteilen untersagen, wenn kein Prospekt veröffentlicht wurde oder der Prospekt unvollständig ist. Mit dieser Unterstellung der Prospektierung geschlossener Fonds unter die BaFin ist ein erster Schritt geschlossener Fonds vom grauen in den regulierten Kapitalmarkt getan.

Seit 22.7.2013 gelten auch für geschlossene Immobilienfonds strengere Regeln. Das aufgrund der europäischen AIFM-Richtlinie erlassene Kapitalanlagegesetzbuch (KAGB) sieht unter anderem vor, dass auch geschlossene Fonds eine Verwahrstelle benötigen. Dies wurde von vielen Depotbanken als zusätzliches Geschäftsfeld begrüßt. Verwalter geschlossener Fonds müssen nun diverse Vorschriften erfüllen, die bisher nur bei offenen Fonds zum Tragen kamen. Dazu gehört ein internes, aber vom Fondsmanagement unabhängiges Risikocontrolling. Fondsgesellschaften benötigen ferner auch eine Risikostrategie, mit schriftlich niedergelegten Grundsätzen des Risikomanagements für jeden einzelnen Fonds.

Beschrieben werden müssen dabei die Methoden, Mittel und Vorkehrungen zur Erfassung und Überwachung der Risiken, ferner auch die Aufgabenverteilung der verantwortlichen Personen bzw. Abteilungen. Ebenso sind Kommunikationswege zwischen Fondsmanagement und Risikocontrolling darzustellen und sowohl Inhalte als auch Häufigkeit der Risikoberichte an die Geschäftsleitung zu dokumentieren. Beachtung finden müssen auch mögliche Quellen für Interessenkonflikte zwischen Fondsmanagement und Risikocontrolling.

Immobilienfonds – Offener Immobilienfonds
real estate investment trust – open-end property fund; open real estate fund

Offene Immobilienfonds sind im Gegensatz zu geschlossenen Immobilienfonds nicht als Immobilieninvestment, sondern als Wertpapieranlage zu betrachten: Eine Kapitalanlagegesellschaft erwirbt aus dem eingezahlten Sondervermögen Immobilien und veräußert diese auch wieder. Die Rendite ergibt sich aus der Wertsteigerung der Immobilien und den Mieteinnahmen. Anleger können jederzeit Anteile an solchen Fonds erwerben und diese bei Bedarf an die Investmentgesellschaft zurückgeben. Der offene Fonds ist weder in der Zahl der Objekte, noch in der Höhe des Fondsvolumens oder der Zahl der Anleger begrenzt. Die meisten Fonds bieten Stückelungen schon ab Summen unter 50 Euro an. Der Verkauf der Anteile war lange Zeit banktäglich gemäß den in vielen Zeitungen veröffentlichten Rücknahmekursen möglich. Die Initiatoren offener Immobilienfonds stehen miteinander im Wettbewerb, da die Wertentwicklung der Anteile über das Interesse der Anleger und somit über Mittelzu- oder -abflüsse entscheidet.

Über Jahre und Jahrzehnte galten offene Immobilienfonds als Horte der Stabilität und als sehr sicheres Investment – auch für Kleinsparer. Doch ihr Ruf ist mittlerweile arg lädiert. Zurückzuführen ist dies auf die Tatsache, dass offene Immobilienfonds seit dem Jahr 2004 offenbar erhebliche Probleme haben, die deren Rentabilität drücken. Dabei handelte es sich, wie bei einer sehr großen Fondsgesellschaft, zum einen um hausgemachten Stress. Weitaus gravierender für die gesamte Branche war aber die Tat-

sache, dass die meisten Offenen Immobilienfonds offenbar zu spät die Zeichen der Zeit erkannten und erst mit erheblichem Verzug die in ihren Portfolios nötigen Wertberichtigungen vornahmen.

Die Notwendigkeit nachhaltiger Wertberichtigungen zeichnete sich schon seit Jahren ab. Grund: Offene Immobilienfonds investieren hauptsächlich in Gewerbe- und Büroobjekte. Und sofern sie dies in Deutschland tun beziehungsweise taten, werden die Wertansätze dieser Immobilien durch die schlechte Konjunktur beeinflusst. Das führt zu steigenden Leerständen und erodierenden Mieten, die zwangsläufig zu einer Niedrigbewertung der Objekte führen. Kritisch anzumerken ist, dass die Fondsgesellschaften die erforderlichen Wertberichtigungen zu lange hinaus gezögert haben, so dass offenbar ein Vertrauensverlust bei den Anlegern entstanden ist. Gerade institutionelle Anleger zogen kurzfristig große Beträge aus den offenen Immobilienfonds ab, was dazu führte, dass verschiedene Fonds die Rücknahme der Anteile mangels flüssigem Kapital ganz stoppen mussten und mittelfristig aufgelöst wurden.

Mittlerweile haben die im Bundesverband Investment und Assetmanagement e.V. (BVI) zusammengeschlossenen Kapitalanlagegesellschaften, die offene Immobilienfonds auflegen, ein Maßnahmenpaket umgesetzt, das bestimmte Konstruktionsfehler beheben und die Transparenz der Fonds steigern soll. Transparenz soll durch Veröffentlichung der Verkehrswerte und der Mieteinnahmen jedes einzelnen im Sondervermögen gehaltenen Objekts in den Jahresberichten hergestellt werden.

Die ersten Immobilienfonds stammen aus dem Jahre 1959. Ende Juli 2009 existierten 66 offene Immobilienfonds. Das Fondsvermögen (Publikumsfonds) betrug auf 86,8 Milliarden Euro. In Immobilienspezialfonds waren 24,2 Milliarden Euro investiert. Der Anteil der Immobilienfonds an allen Fonds betrug 12 Prozent. Über die Situation der einzelnen Fonds kann man sich aus den Halbjahresberichten beziehungsweise Jahresberichten informieren, die Angaben über die fondseigenen Objekte und anderen Immobilienbeteiligungen, Vermieterquote, Laufzeit der Mietverträge, aktuellen Mietertäge und so weiter enthalten.

Die Immobilien werden jährlich von einem unabhängigen Sachverständigengremium nach dem Ertragswertverfahren nach der ImmoWertV bewertet. Der Gesetzgeber hat in mehreren Schritten Neuregelungen getroffen, um Fondsanlagen wieder stabiler und transparenter zu machen. Für Anteile, die vor dem 1.1.2013 erworben wurden, gilt eine 12-monatige Kündigungsfrist. Allerdings können die Vertragsbedingungen der jeweiligen Fondsgesellschaft auch Bedingungen vorsehen, die über das gesetzlich Vorgeschriebene hinausgehen. So konnten sie bereits vor Inkrafttreten des Kapitalanlagegesetzbuches bestimmen, dass eine Rückgabe der Anteile nur zu einem einzigen bestimmten Termin pro Jahr erfolgen konnte.

Für zwischen 1.1.2013 und 21.7.2013 erworbene Anteile gelten eine 24-monatige Mindest-Haltefrist sowie eine 12-monatige Kündigungsfrist. Beide beziehen sich jedoch nur auf Anteile oberhalb einer Wertgrenze von 30.000 Euro pro Halbjahr und betreffen damit viele Kleinanleger nicht.

Seit In-Kraft-Treten des Kapitalanlagegesetzbuches (KAGB) zum 22.7.2013 gelten für offene Immobilienfonds neue Regeln. Anleger müssen ihre Anteile nun mindestens 24 Monate lang halten. Die Möglichkeit der jederzeitigen Rückgabe ist entfallen. Die 30.000 Euro-Grenze kommt nicht mehr zum Tragen. Für die Rückgabe der Anteile ist eine 12-monatige Kündigungsfrist einzuhalten.

Alle Regelungen gelten auch für Kleinanleger.

Immobilienkaufmann/Immobilienkauffrau
real estate agent; management assistant in real estate

Die Berufsausbildung erfolgt in Deutschland im dualen System. Es gilt weltweit als vorbildliches nicht akademisches Ausbildungssystem. Darin liegt einer der Gründe, warum ein nicht unbeachtlicher Teil der Abiturienten die berufliche Erstausbildung der akademischen Ausbildung vorziehen.

Im Jahr 2011 begannen im Bereich Industrie und Handel allein 99.486 Abiturienten nach dem dualen System ihre berufliche Ausbildung. Das sind 29 Prozent der neu entstandenen Ausbildungsverhältnisse. Im Bereich der Ausbildung zum Immobilienkaufmann lag der Abiturientenanteil bei 72,1 Prozent. Das bedeutet, dass das Zugangsniveau zur dieser Ausbildung beachtlich über dem Durchschnitt liegt. Überdurchschnittlich hoch ist auch der Frauenanteil bei den Auszubildenden. Er lag 2011 bei 78 Prozent.

Das duale Ausbildungssystem zeichnet sich dadurch aus, dass die betriebliche Ausbildung durch den Fachkundeunterricht an der Berufsschule ergänzt wird. Vorausgesetzt wird für jede Ausbildung, dass das Ausbildungsunternehmen über einen Ausbilder verfügt, der die entsprechende Qualifikation nach der Ausbildereignungsverordnung nachweisen kann. Die Ausbildereignungsqualifikation kann im Rahmen von Lehrgängen bei einer IHK oder einem sonstigen Lehrgangsträger, der hierfür qualifiziert ist, nach Ablegung einer entsprechenden Prüfung erworben werden. Gegenstand der Prüfung sind die arbeits- und berufspädagogischen Fähigkeiten für die Vermittlung von Ausbildungsinhalten. Dass der Ausbilder außerdem auch fachlich geeignet sein muss, versteht sich von selbst.

Der Ausbildungsbetrieb (Ausbildender) muss schließlich die betriebliche Zweckbasis haben, die erforderlich ist, um dem Auszubildenden alle geforderten Qualifikationen zu vermitteln. Ist das nicht der Fall, muss die Ausbildung im Verbund mit anderen Unternehmen erfolgen, die die fehlenden Tätigkeitsfelder im Ausbildungsbereich abdecken können. Bei einer solchen Verbundausbildung muss das Ausbildungsunternehmen, mit dem der Ausbildungsvertrag besteht, mindestens 50 Prozent der Ausbildungsinhalte selbst vermitteln. Die restliche Ausbildung kann auf das kooperierende Unternehmen delegiert werden.

In der Immobilienwirtschaft wird schon seit 1952 nach einem eigenen Berufsbild, das stark wohnungswirtschaftlich geprägt war, im dualen System ausgebildet. Die Ausbildung wurde mehrmals an die veränderten Verhältnisse angepasst. Die letzte Novellierung des Ausbildungsberufsbildes Kaufmann bzw. Kauffrau in der Grundstücks- und Wohnungswirtschaft erfolgte 1996. Diese Ausbildung wurde zum 1.8.2006 abgelöst von der Ausbildung zum Immobilienkaufmann (IHK)/zur Immobilienkauffrau (IHK).

Der Immobilienkaufmann/die Immobilienkauffrau ist einer von insgesamt 345 staatlich anerkannten Ausbildungsberufen. Die neue Verordnung über die Berufsausbildung zum Immobilienkaufmann/ zur Immobilienkauffrau, ersetzt den bisherigen Monoberuf durch eine zweiteilige Ausbildung. In den beiden ersten Ausbildungsjahren der 3-jährigen Ausbildung werden für alle Auszubildenden gleiche Grundqualifikationen vermittelt. Sie beziehen sich auf den Ausbildungsbetrieb, den Bereich Organisation, Information und Kommunikation, den Bereich kaufmännische Steuerung und Kontrolle, sowie die Bereiche Marktorientierung (Marketing), Immobilienbewirtschaftung, Erwerb, Veräußerung und Vermittlung von Immobilien und Begleitung von Baumaßnahmen. Im dritten Ausbildungsjahr kann der Auszubildende zwei von fünf vertiefenden Wahlqualifikationen wählen. Es handelt sich um die Wahlqualifikationseinheiten Steuerung und Kontrolle des Unternehmens, Gebäudemanagement, Maklergeschäfte, Bauprojektmanagement und Wohnungseigentumsverwaltung.

Mit dieser Neuorientierung durch Setzung von alternativen Schwerpunkten erhoffen sich die Initiatoren der neuen Verordnung eine Vergrößerung der Basis der Ausbildungsbetriebe. Die (schriftliche) Zwischenprüfung findet wie bisher in der Mitte des zweiten Ausbildungsjahres statt. Die Abschlussprüfung besteht aus einer schriftlichen Prüfung in den Bereichen Immobilienwirtschaft, Kaufmännische Steuerung und Dokumentation sowie Wirtschafts- und Sozialkunde. Die mündliche Prüfung besteht aus einem Fachgespräch, wobei insbesondere die vom Auszubildenden gewählten Wahlqualifikationseinheiten im Mittelpunkt stehen. Unterstützt wird die Berufsausbildung durch den Berufsschulunterricht, der auf der Grundlage eines hoch qualifizierten Rahmenlehrplanes erteilt wird und hohe Anforderungen an das Lehrpersonal stellt.

Immobilienmarkt
real estate market; property market
Der Immobilienmarkt ist ein Markt der Standorte. Dabei ist der Nutzungsart nach im Wesentlichen zu unterscheiden zwischen Haushaltsstandorten und Betriebsstandorten. Demgemäß kann der Immobilienmarkt in die entsprechenden Teilmarktgruppen Wohnungsmarkt und Markt für Immobilien zur betrieblichen Nutzung eingeteilt werden. Eine andere Teilmarktbildung ergibt sich im Hinblick auf unterschiedliche Entwicklungszustände von Immobilien. Dabei steht der Markt von Immobilien in ihrer Funktion als potentielle Standorte (Baugrundstücke, Abbruchgrundstücke) dem Markt der aktuellen Standorte (nutzbare Wohnhäuser, Büros oder dergleichen) gegenüber.
Eine weitere Marktdifferenzierung ergibt sich aus der Art der Verträge, mit denen marktrelevante Umsätze bewirkt werden (Mietmarkt, Kaufmarkt, Markt für Leasingobjekte, Markt für Gesellschaftsanteile, deren Gesellschaftszweck Immobilienanlagen sind). Eine letzte Unterscheidung ist hinsichtlich der räumlichen Struktur der Immobilienmärkte zu treffen. Hier ist zu unterscheiden zwischen den lokalen, regionalen, überregionalen (nationalen und internationalen) Immobilienmärkten. Das wesentliche Unterscheidungskriterium ergibt sich aus den Konkurrenzstrukturen des Angebots. Beim lokalen Grundstücksmarkt treten nur Objektangebote in einem eng begrenzten Raum (zum Beispiel Ladenlokale in 1a-Lagen) mit einander in Konkurrenz. Beim regionalen Immobilienmarkt treten nur Objektangebote innerhalb einer Region in eine Konkurrenzbeziehung zueinander. Der Wohnungsmarkt gehört überwiegend zum regionalen Markt.
Beim überregionalen Immobilienmarkt kann ein Objekt in Berlin mit einem anderen Objekt in München, und beim internationalen Immobilienmarkt ein Objekt in Mailand mit einem Objekt in Kopenhagen in Angebotskonkurrenz zueinander treten. Typische Güter, die auf dem überregionalen Immobilienmarkt gehandelt werden, sind Immobilienanlageobjekte. Aus dem dargestellten Einteilungsraster ergibt sich, dass es „den" Immobilienmarkt nicht gibt. Die Marktszene wird vielmehr von einer schier unüberschaubaren Anzahl von Teilmärkten geprägt. Allein beim Mietwohnungsmarkt sind wieder Wohnungsuntermärkte nach Größe (vom Appartement bis zum Einfamilienhaus, das zur Vermietung ansteht), Qualität und Lage zu unterscheiden.

Immobilienrendite/Mietrendite
real estate yield/rental yield
Die Immobilien- bzw. Mietrendite ist die wichtigste Kennziffer beim Erwerb von Immobilien. Um die Bruttomietrendite zu errechnen, teilt man die Jahresnettomiete durch den Bruttokaufpreis ohne Nebenkosten. Bei der Ermittlung der Nettomietrendite werden die Nebenkosten des Immobilienerwerbs sowie die nicht umlagefähigen Betriebskosten berücksichtigt. Dabei sollten auch eventuell anfallende Reparatur- und Modernisierungen eingerechnet werden, die im Falle des Erwerbs von Wohnimmobilien in den Eigentümerprotokollen erwähnt werden. Die durchschnittliche Mietrendite von Wohnimmobilien liegt in Deutschland bei rund vier Prozent.

Immobilienverband Deutschland IVD Bundesverband der Immobilienberater, Makler, Verwalter und Sachverständigen e.V.
federal association of real estate agents (brokers) in Germany, a registered association
Der Immobilienverband IVD ist die Berufsorganisation und Interessensvertretung der Beratungs- und Dienstleistungsberufe in der Immobilienwirtschaft. Der IVD ist mit rund 6.000 Mitgliedsunternehmen der zahlenmäßig stärkste Unternehmensverband der Immobilienwirtschaft. Zu den Mitgliedsunternehmen zählen Immobilienmakler, Immobilienverwalter, Bewertungs-Sachverständige, Bauträger, Finanzdienstleister und viele weitere Berufsgruppen der Immobilienwirtschaft. Neben dem IVD Bundesverband gibt es sechs Regionalverbände:
- IVD Berlin-Brandenburg mit Sitz in Berlin,
- IVD Mitte (Hessen, Thüringen) mit Sitz in Frankfurt,
- IVD Mitte-Ost (Sachsen, Sachsen-Anhalt) mit Sitz in Leipzig,
- IVD Nord (Bremen, Hamburg, Mecklen-

burg-Vorpommern, Niedersachsen, Schleswig-Holstein) mit Sitz in Hamburg und einer Niederlassung in Hannover,
• IVD Süd (Bayern, Baden-Württemberg) mit Sitz in München und Stuttgart,
• IVD West (Nordrhein-Westfalen, Rheinland-Pfalz, Saarland).

Jedes Mitglied ist jeweils Mitglied im Bundesverband und dem jeweiligen Regionalverband. Die IVD-Makler vermitteln jährlich fast 120.000 Kaufverträge für Immobilien im Wert von rund 20 Milliarden Euro. Die Verwalter im IVD haben über 1,2 Millionen Wohnungen unter Verwaltung, darunter fast 20 Prozent des Bestandes an Eigentumswohnungen in Deutschland. Die Sachverständigen im IVD erstellen Gutachten nach den anerkannten Bewertungsregeln.

Interessenvertretung

Der IVD übernimmt die Interessenvertretung seiner Mitglieder gegenüber Politik, Wirtschaft, Presse und Verbrauchern und ist erster Ansprechpartner in allen berufspolitischen und -praktischen Fragen. Der IVD unterhält auf Europa-, Bundes- und Länderebene enge Kontakte zu den zuständigen Ministerien und Behörden sowie zu den Fachpolitikern der Parteien. Dabei setzt sich der Verband für optimale Rahmenbedingungen ein, damit Makler, Verwalter, Sachverständige und andere Immobilienberater ihren Beruf wirtschaftlich erfolgreich ausüben können. Der IVD ist Mitglied der Bundesvereinigung der Spitzenverbände der Immobilienwirtschaft (BSI). Auf EU-Ebene ist der IVD über die europäischen Immobilienverbände CEPI und CEI vernetzt. Wichtigster Auftrag der Mitglieder an den Verband ist es, ihre Wirtschaftskraft zu stärken und das Ansehen der Immobilien-Dienstleistungsberufe zu fördern.

Markenzeichen qualifizierter Immobilienmakler, Verwalter und Sachverständiger

Das IVD-Zeichen genießt als Markenzeichen qualifizierter Immobilienmakler, Verwalter und Sachverständiger hohe Akzeptanz. Da der IVD weder Immobilieneigentümer- noch Mieterverband ist, steht das IVD-Zeichen für neutrale Marktkenntnis und realistischen Preisüberblick. Mit dem Führen des IVD-Zeichens gibt sich jedes Mitglied als Immobilien-Experte zu erkennen, der seinen Kunden Zuverlässigkeit, Fachwissen, Kompetenz, Objektivität, Transparenz der Leistungen, Übernahme von Verantwortung und die Lösung ihrer Probleme zusichert. Mit seinem berufspolitischen Kanon hat sich der IVD zum Ziel gesetzt, die Qualität der Immobilien-Dienstleistungen weiter anzuheben und die Wettbewerbsfähigkeit der Immobilienberufe in Deutschland gegenüber der europäischen Konkurrenz zu stärken. Deshalb strebt der IVD an, die Erteilung der Gewerbeerlaubnis nach § 34 c GewO an einen gesetzlich verankerten Sach- und Fachkundenachweis zu knüpfen.

Aufnahmevoraussetzungen

Um die erforderliche hohe Qualifikation seiner Mitglieder sicherzustellen, hat der IVD strenge Kriterien für die Aufnahme neuer Mitglieder in den Verband formuliert. Dazu gehören der Sach- und Fachkundenachweis sowie der Abschluss einer Vermögensschaden-Haftpflichtversicherung. Aufnahmevoraussetzung ist außerdem eine abgeschlossene Ausbildung zum Immobilienfachwirt oder die erfolgreiche Teilnahme an IHK-Zertifikats-Lehrgängen oder eine abgeschlossene Ausbildung zum Immobilienkaufmann/-kauffrau beziehungsweise zum Kaufmann/-frau der Grundstücks- und Wohnungswirtschaft. Der Nachweis mehrjähriger Berufserfahrung in der Immobilienwirtschaft oder eines abgeschlossenen Studiums mit immobilienwirtschaftlichem Schwerpunkt ist erforderlich. Zwei Branchenreferenzen sollen über die Reputation des Bewerbers Auskunft geben können. Mit dem Aufnahmeantrag erkennt jedes neue Mitglied die IVD-Standesregeln und die IVD-Wettbewerbsregeln als Grundlage seines kaufmännischen Handelns an.

Qualifizierung

Wer Mitglied im IVD werden möchte, muss eine qualifizierte Ausbildung nachweisen oder sich vor der Aufnahme schulen lassen. Darüber hinaus verpflichtet die Satzung des IVD zu kontinuierlicher Fortbildung. Mit mehreren hundert Seminaren im Jahr, die die sechs IVD-Regionalverbände in ganz Deutschland veranstalten, und diversen berufsbegleitenden Studiengängen an den beiden mit dem IVD verbundenen Berufsakademien Deutsche Immobilien Akademie (DIA) und Europäische Immobilienakademie (EIA) sowie dem Center for Real Estate Studies (CRES) an der Steinbeis Hochschule in Berlin, sind die Voraussetzungen für kontinuierliche Fort- und Weiterbildung vorhanden. Die DIA bietet Studienprogramme sowie Kontaktstudiengänge auf universitärem Niveau; das CRES führt berufsbegleitende Studiengänge für Führungskräfte und den Führungsnachwuchs in der Fachrichtung Real Estate durch; die EIA ist eine staatliche anerkannte Ergänzungsschule mit kompakten Studiengängen „von Praktikern für Praktiker".

Ombudsmann Immobilien im IVD

Im September 2008 wurde mit dem Ombudsmann Immobilien im IVD eine Beschwerdestelle geschaffen, an die sich Kunden von IVD-Mitgliedern wenden können. Die Aufgabe des Ombudsmanns Immobilien im IVD ist es, Beschwerden neutral zu prüfen und anhand der von den Parteien vorgebrachten Sachlage einen angemessenen, nachvollziehbaren Schlichtungsvorschlag zu unterbreiten. Ziel ist es, einen Streit zwischen einem Verbraucher und einem Immobilienunternehmer durch gegenseitiges Nachgeben zu einer einvernehmlichen Lösung zu führen. Erfahrungsgemäß ist es für Konfliktparteien meist sinnvoller, sich auf vernünftiger, realistischer Basis außergerichtlich zu einigen, anstatt sich in einen häufig langwierigen Rechtsstreit zu verwickeln. www.ombudsmann-immobilien.net

Immobilienverrentung
annuitisation of real estate

Immobilien können „verrentet" werden. Der Grundgedanke besteht darin, das in einem selbstgenutzten oder vermieteten Immobilienobjekt gebundene Vermögen zur Erzielung einer Leibrente im Alter einzusetzen. Die Entwicklung befindet sich in Deutschland noch in den Anfängen.

Zu unterscheiden ist zwischen einer direkten und einer indirekten Verrentung des Immobilienvermögens. Bei der direkten Verrentung wird das Eigentum an der Immobilie an einen Investor übertragen. Beim selbstgenutzten Immobilienobjekt wird dem Verkäufer – je nach Gestaltungswillen – ein unentgeltliches Wohnungsrecht oder ein Nießbrauchrecht (mit Instandhaltungsverpflichtung) eingeräumt. Der über den kapitalisierten Wert eines solchen Rechts hinausgehende Anteil des Objektwertes wird durch eine monatliche Leibrentenzahlung an den Verkäufer ausgeglichen.

Die Dresdner Bauspar AG bezeichnet diese Art der Immobilienverrentung als „Immobilienverzehrplan". Sofern ein privater Erwerber eines Immobilienobjektes die Leistungen erbringen soll, kann dieser das Verrentungsrisiko durch eine Rückversicherung bei einer Versicherungsgesellschaft ganz oder teilweise ausschalten. Bei vermieteten Immobilien kommt nur eine Verrentung des Kaufpreises in Frage.

Eine rentenähnliche Gestaltungsform ist auch der reine Verkauf von lebenslangen Wohnungsrechten an neu errichteten Wohnhäusern. Stirbt der Berechtigte, kann der Hauseigentümer, zum Beispiel ein Immobilienfonds, das Recht neu verkaufen. Der Erwerb von Wohnungsrechten führt zwar nicht zu Rentenzahlungen, aber zu Mietzahlungseinsparungen.

Von einer indirekten Verrentung spricht man, wenn der bei einem normalen Immobilienverkauf erzielte Kaufpreis zum Abschluss einer privaten Rentenversicherung verwendet wird.

Verrentungsähnliche Gestaltungsformen liegen vor, wenn zum Beispiel an einem bestehenden Immobilienobjekt ein Erbbaurecht begründet und nur das Gebäude verkauft wird. Der Verkäufer erzielt dann für den Grund und Boden, den er behält, für die Laufzeit des Erbbauvertrages eine Rente in Form des Erbbauzinses. Darüber hinaus kann er den für das Gebäude erzielten Kaufpreis unter Einschaltung einer Versicherungsgesellschaft wiederum verrenten.

Verrentung von Immobilien ist in anderen europäischen Ländern zum Beispiel in Großbritannien („home reversion") und Frankreich schon seit langem bekannt. Der Eigenheimer verkauft dort sein Haus zur Hälfte gegen bar und zur anderen Hälfte gegen eine von einer Versicherungsgesellschaft zu erbringende monatlichen Leibrente an einen Kapitalanleger oder Immobilienfonds. Ein Teil des Barerlöses wird verwendet, um das Haus in einem zeitgemäßen Zustand zu halten. Mit dem Tod des Berechtigten tritt der „Heimfall" des Nutzungsrechts an den Kapitalanleger ein. Auch in der Schweiz können Objekte an Banken gegen Rentenzahlung verkauft werden. In den USA hat sich die Form des Reverse Mortgage durchgesetzt.

Impressum
(Pflichtangaben auf der Homepage)
imprint

Die Internetpräsenz von Immobilienfirmen unterliegt seit dem 1.3.2007 dem neuen Telemediengesetz TMG (früher Teledienstegesetz TDG). Das Gesetz setzt u. a. die E-Commerce-Richtlinie der EU in deutsches Recht um. Der § 5 im TMG regelt jetzt, was auf der Website an Pflichtangaben enthalten sein muss. Es sind weitgehend die gleichen Pflichtangaben über den Betreiber der Homepage wie die des alten TDG. Damit wird vorrangig dem Verbraucherschutz gedient. Diese Pflichtangaben für Immobilienfirmen müssen leicht erkennbar, unmittelbar erreichbar und ständig verfügbar vorhanden sein:

- Name und Anschrift, bei juristischen Personen zusätzlich der Vertretungsberechtigte (Angaben wie sie auch bei Briefbogen, Fax und E-Mail erforderlich sind),
- Angaben, die eine schnelle elektronische Kontaktaufnahme und unmittelbare Kommunikation ermöglichen, einschließlich der Adresse der elektronischen Post (Telefon- und Faxnummer, E-Mail-Adresse),

- Angaben zur zuständigen Aufsichtsbehörde, soweit der Teledienst im Rahmen einer Tätigkeit angeboten oder erbracht wird, die der behördlichen Zulassung bedarf (in der Regel die Genehmigungsbehörde der § 34c GewO Erlaubnis, nach einer Sitzverlegung aber die Genehmigungsbehörde für den neuen Geschäftssitz),
- Angaben zum Handelsregistergericht und die Registernummer (soweit eine Eintragung im Handelsregister vorliegt),
- Umsatzsteueridentifikationsnummer (gemäß § 27a UStG falls vorhanden; das Bundeszentralamt für Steuern, BZSt, vergibt diese auf Antrag an in Deutschland umsatzsteuerlich registrierte Unternehmen. Wer keine hat, braucht nichts angeben).
- Kapitalgesellschaften müssen Angaben zu einer Abwicklung oder Liquidation machen.

Diese Pflichtangaben fasst man am besten auf einer Seite zusammen, die über einen auf jeder Seite vorhandenen Button (gekennzeichnet mit „Impressum") erreichbar ist.

Es ist nicht erforderlich, dass diese Angaben immer sichtbar sind. Der Leser muss sie lediglich ständig erreichen, leicht finden und gut lesen können. Ein Verstoß gegen diese so genannte Impressumspflicht stellt eine Ordnungswidrigkeit dar (Ordnungsgeldrahmen bis 50.000 Euro) und kann in bestimmten Fällen auch von Mitbewerbern abgemahnt werden.

Indexmiete (Wohnungsmietvertrag)
indexed rent; rent with RPI (CPI) adjustment

Im Mietvertrag kann vereinbart werden, dass die Höhe der Miete durch den vom Statistischen Bundesamt ermittelten Preisindex für die Lebenshaltung aller deutschen Privathaushalte (im heutigen Sprachgebrach des Statistischen Bundesamtes: Verbraucherpreisindex für Deutschland, VPI) bestimmt wird. Andere Indizes dürfen nicht verwendet werden.

Indexmieten wurden im Wohnimmobilienbereich lange Zeit selten vereinbart. In den letzten Jahren ist in einigen Großstädten – insbesondere in München und Frankfurt am Main – eine zunehmende Vereinbarung von Indexmieten bei Neuvermietungen zu beobachten.

Ein Grund besteht darin, dass dort die marktüblichen Mieten so schnell ansteigen, dass der örtliche Mietspiegel nicht mit den tatsächlich vor Ort gezahlten Mieten mithalten kann. Ein weiterer Grund besteht darin, dass eine Mieterhöhung im Rahmen der Indexmiete deutlich einfacher zu begründen ist als eine Mieterhöhung mit Hilfe des Mietspiegels.

Nicht vergessen werden sollte aber, dass bei einer Indexmiete nicht nur Erhöhungen der Lebenshaltungskosten an den Mieter weiter gegeben werden müssen – sondern genauso auch Senkungen.

Läuft eine solche Vereinbarung, muss die Miete jeweils mindestens für ein Jahr gleich bleiben. Erhöhungen der Betriebskosten und Mieterhöhungen bei Modernisierungen dürfen trotzdem vorgenommen werden. Eine Mieterhöhung bei Modernisierung darf während der Indexmiete allerdings nur stattfinden, wenn die baulichen Maßnahmen aufgrund von Umständen nötig geworden sind, für die der Vermieter nichts konnte – wie etwa neuen gesetzlichen Vorgaben.

Will der Vermieter die Miete an den Preisindex anpassen, muss er dies durch Erklärung in Textform dem Mieter bekannt geben. Die Erklärung muss enthalten:
- Eingetretene Änderung des Preisindex,
- jeweilige Miete oder
- Erhöhung in einem Geldbetrag.

Ab Beginn des übernächsten Monats nach Zugang der Erklärung muss die erhöhte Miete gezahlt werden. Diese in § 557 b BGB geregelten Maßgaben sind nicht durch Mietvertrag zum Nachteil des Mieters abänderbar.

Die Vereinbarung einer Indexmiete schließt „normale" Mieterhöhungen bis zur ortsüblichen Vergleichsmiete nach dem Mietspiegel aus. Erhebliche Steigerungen der Energiekosten führen zu einer Erhöhung des Verbraucherpreisindex für Deutschland – was sich auch in einer Erhöhung der Indexmieten niederschlägt. Im September 2012 lag der Verbraucherpreisindex laut Statistischem Bundesamt um 2,0 Prozent über dem Wert vom September 2011. Im Vorjahr hatte die Steigerung noch bei 2,1 Prozent gelegen. Im März 2013 war der Index gegenüber dem März 2012 um 1,5 Prozent gestiegen.

Individualvereinbarung
individual agreement

Individualvereinbarungen sind im Einzelnen zwischen zwei Vertragspartnern frei ausgehandelte Vertragsinhalte. Sie unterscheiden sich von Allgemeinen Geschäftsbedingungen dadurch, dass beide Partner die gleiche Chance und die gleichrangige Verhandlungsposition bei der Einflussnahme auf den Inhalt des Vertrages haben. Auch vorformulierte Vertragsbedingungen, die dem Augenschein nach Allgemeine Geschäftsbedingungen sind, können zu einer Individualvereinbarung werden, wenn sie von demjenigen Vertragspartner, der sie eingeführt hat, so deutlich zur Verhandlungsdisposition gestellt werden, dass der andere Vertragspartner seine Einflussnahmemöglichkeiten erkennt und von Ihnen Gebrauch machen kann. Da Makler, die vielfach auf der Basis von qualifizierten Alleinaufträgen arbeiten, zu deren Abschluss auf individuelle Absprachen angewiesen sind, gehört für sie das Verhandeln mit dem Auftraggeber auf einer gleichrangigen Ebene zur Vertragskultur. Individuell müssen zum Beispiel ausgehandelt werden Verweisungs- und Hinzuziehungspflichten des Auftraggebers oder, falls der Makler ein Zwangsversteigerungsobjekt anbietet, die Vereinbarung einer Provision für den Fall des Zuschlags.

Industriegebiet (Bauplanungsrecht)
industrial zone; industrial district; industrial area; industrial region (planning law)
Industriegebiete dienen nach § 9 BauNVO ausschließlich Gewerbebetrieben, deren Unterbringung in anderen Baugebieten nicht zulässig ist. Was wegen davon ausgehender überdurchschnittlicher Belästigungen auf angrenzenden Gebieten nicht gebaut werden darf, kann in Industriegebieten untergebracht werden. Zulässig sind Gewerbebetriebe aller Art, Lagerhäuser, Lagerplätze und öffentliche Betriebe sowie Tankstellen. Der Ausnahmenkatalog entspricht demjenigen der „normalen" Gewerbebetriebe (Wohnungen für Aufsichts- und Bereitschaftspersonal, Betriebsleiter, sowie Anlagen für kirchliche, kulturelle, soziale, gesundheitliche und sportliche Zwecke).

Infrastruktur
infrastructure; in German: often used to refer to local amenities (shops, restaurants, etc.) as well as roads and services
Der Begriff Infrastruktur ist lateinischen Ursprungs und bedeutet „Unterbau". Seit ca. 1960 wird dieser Begriff im Zusammenhang mit Raumplanung benutzt. Ursprünglich wurden mit Infrastruktur nur die dauerhaft im Boden verbauten Leitungssysteme und Kabel zur Ver-, Entsorgung und Kommunikation bezeichnet. Mit technischem Fortschritt zählen moderne Technologien, wie Funkantennen, IT-Netze, Fernsehen sowie grundlegende Einrichtungen zum Funktionieren einer Volkswirtschaft ebenfalls zur Infrastruktur. Die Planung und Herstellung von Infrastruktur ist eine hoheitliche Aufgabe des Staates, die aus Steuern und Anschlussbeiträgen finanziert wird.
Im Zuge der zunehmenden Etablierung der Zusammenarbeit mit privatwirtschaftlichen Unternehmen wird die Ausführung der Herstellung von Infrastruktur auch Privaten übertragen. Die rechtliche Grundlage der Zusammenarbeit kann eine ARGE

oder ein städtebaulicher Vertrag sein. Die Nutzung der öffentlichen Infrastruktur ist oftmals durch Gesetze verpflichtend (zum Beispiel Müllentsorgung, Anschlusszwang bei Abwasser), ein Ausweichen auf alternative Anbieter unmöglich. Finanziert wird die Unterhaltung von Infrastruktur durch Nutzungsgebühren.
Als öffentliche Infrastruktur bezeichnet man:
- Kommunikation,
- Energieversorgung,
- Ver- und Entsorgungseinrichtungen,
- Verkehrswege,
- Immobilien.

Den Begriff soziale oder rechtliche Infrastruktur verwendet man für:
- Rechtsordnung,
- Verwaltung,
- Krankenhäuser,
- Polizei und Feuerwehr,
- Bildungssystem.

Inklusivmiete/Teilinklusivmiete
inclusive rent (i.e. including service charges)/ basic rent plus advance payment for some of the service charges, but generally excluding heating and hot water costs
Unter einer Inklusivmiete (auch: Bruttomiete, Warmmiete) versteht man eine Miete, durch die auch die entstehenden Betriebskosten mit abgegolten werden. Eine Abrechnung der Betriebskosten entfällt ebenso wie jährliche Nachzahlungen oder die Auszahlung eines Guthabens. Die Heizkostenverordnung schreibt eine verbrauchsabhängige Erfassung und Abrechnung der Heiz- und Warmwasserkosten vor. Mit Einführung dieser Regelung ist die Vereinbarung einer Inklusivmiete, die alle Betriebskostenarten umfasst, unzulässig geworden. Zulässig bleibt die Teilinklusivmiete, bei der nur ein Teil der Betriebskosten in der Miete enthalten ist. Der Rest – üblicherweise die verbrauchsabhängigen Positionen wie zum Beispiel Heiz- und Warmwasserkosten – wird getrennt behandelt, verbrauchsabhängig erfasst und jährlich abgerechnet. Mieterhöhungen während des laufenden Mietverhältnisses erfolgen meist als Mieterhöhung bis zur örtlichen Vergleichsmiete nach § 558 BGB. Die Vergleichsmiete wird in der Regel per Mietspiegel ermittelt. Dieser gibt meist die Miete ohne Nebenkosten (Nettomiete) an. Das bedeutet, dass der Vermieter bei einer Inklusiv- bzw. Teilinklusivmiete die mit der Miete abgegoltenen Betriebskosten aus der Miete herausrechnen muss. Dann kann er die Miete ohne Betriebskosten bis zur Vergleichsmiete zum Beispiel laut Mietspiegel erhöhen und die

enthaltenen Betriebskosten wieder addieren. Der Rechenweg ist dem Mieter bei der Aufforderung zur Zustimmung zur Mieterhöhung darzulegen.

Innendämmung
internal insulation/interior insulation
Eine Innendämmung wird auf der Innenseite der Außenwände eines Gebäudes angebracht. Fachleute raten in den meisten Fällen davon ab, da sie weniger effektiv ist als eine Außendämmung und außerdem bauphysikalisch Probleme bereiten kann (Schimmelbildung etc.). Derartige Schäden haben ihre Ursache jedoch meist in der nicht fachgerechten Durchführung der Arbeiten. Zu empfehlen ist eine Innendämmung in folgenden Fällen:
- denkmalgeschütztes Gebäude,
- Fassade soll erhalten bleiben,
- Mieter will selbst dämmen,
- unbeheizter Keller soll künftig beheizt werden,
- Gebäude wird permanent nur teilweise genutzt und beheizt,
- Außendämmung aufgrund von Grenzabständen etc. unmöglich.

Eine Innendämmung besteht meist aus vier Komponenten: den hölzernen Traglatten, dem Dämmstoff, einer Dampfbremse und der Innenverkleidung. Zur Wahl stehen unterschiedlichste Dämmstoffe: zum Beispiel Polyurethanplatten, Schaumglasplatten, Zellulosedämmstoff, Holzweichfasermatten, Schafwollmatten. Die Dampfbremse oder – falls gewünscht – völlig dampfdichte Dampfsperre kann in Form einer Folie oder auch von speziellen Dampfbremspapieren oder -pappen, Schaumglasplatten sowie dampfdichten Anstrichen ausgeführt werden.
Bei einer Innendämmung wird eine Dämmstoffstärke von sechs bis acht cm empfohlen. Eine dickere Schicht führt nicht zu größeren Energieeinsparungen und verkleinert allzu sehr die Wohnfläche. Der Dämmstoff sollte eine Wärmeleitfähigkeit von etwa 0,040 W/(m²K) haben. Bei einer nicht fachgerechten Installation der Dämmung und speziell der Dampfsperre kann es zu Schäden durch Feuchtigkeit in der Dämmschicht kommen, u. a. auch zu verringerter Dämmwirkung und Befall des Materials mit Schimmel und Mikroorganismen. Besonders sorgfältig ist zum Beispiel an Fenstern und Heizkörpernischen zu arbeiten. Eine Dämmtapete ist kein geeignetes Mittel der Innendämmung. Sie ist zu dünn und begünstigt in vielen Fällen die Schimmelbildung.

Instandhaltung/Instandsetzung (Mietrecht)
servicing/upkeep maintenance/maintenance and repair; repair/overhaul/corrective maintenance/reinstatement/restoration (law of tenancy)
Unter Instandhaltung versteht man alle Maßnahmen, die dazu dienen, den ursprünglichen Zustand eines Objektes und aller Einrichtungen zum Zwecke des bestimmungsmäßigen Gebrauchs bzw. deren Funktionsfähigkeit zu erhalten. Hierzu zählen neben Maßnahmen, die altersbedingte Abnutzungserscheinungen beseitigen, auch Wartungsarbeiten. Instandhaltung hat vorbeugenden Charakter. Es soll verhindert werden, dass „Instandsetzungsarbeiten" erforderlich werden. Dabei geht es nach dem Motto: Wer instand hält, braucht nicht instand zu setzen. Instandhaltung wird oft auch als Oberbegriff verwendet, der „Instandsetzung" mit umfasst (so zum Beispiel die II. BV.).
Im Mietrecht gehört die Instandhaltung zu den Hauptpflichten des Vermieters. Sie ist in § 535 Abs. 1 BGB festgeschrieben. Die Mietwohnung muss gebrauchsfähig und in vertragsgemäßem Zustand gehalten werden. Der Vermieter muss verhindern, dass die Bewohnbarkeit durch Abnutzung oder Alterserscheinungen beeinträchtigt wird. Das bedeutet jedoch nicht, dass der Mieter nach einigen Jahren Ersatz des von ihm selbst durchgelaufenen Teppichbodens oder der schon beim Einzug überalterten Badewanne verlangen kann.
Die Instandhaltungspflicht schließt gemeinschaftlich genutzte Räume und Zugänge zur Mietwohnung ein. Der Vermieter eines Gebäudes muss also auch für Beleuchtung im Treppenhaus sorgen, das defekte Schloss der Außentür erneuern und dafür sorgen, dass die Heizanlage in Schuss gehalten wird. Auch mögliche Gefahren müssen beseitigt werden (lockeres Treppengeländer, marode Stromleitung).
Der Vermieter muss, um dieser Pflicht gerecht werden zu können, das Mietobjekt in gewissen Zeitabständen kontrollieren. Dies bedeutet natürlich keine Berechtigung, ständig Wohnungsbegehungen durchzuführen (das Betreten der Wohnung durch den Vermieter zum Zählerablesen und ähnlichen Zwecken ist einmal im Jahr üblich und zulässig). Das Haus selbst sollte jedoch öfter auf seinen Zustand hin kontrolliert werden. Notwendige Erhaltungsmaßnahmen des Vermieters und dadurch verursachte gewisse Unannehmlichkeiten (zum Beispiel kurzfristiges Abstellen von Wasser oder Strom) muss der Mieter dulden. Mietrechtlich bedeutet Instandsetzung die Wiederherstellung des

gebrauchsfähigen und vertragsgemäßen Zustands der Mietwohnung. Dies bedeutet, dass bestehende Schäden an der Wohnung in Ordnung gebracht werden müssen (Beispiel: Fenster sind bei starkem Wind aus dem Rahmen gefallen). Der Vermieter ist auch zur Instandsetzung aus dem Mietvertrag und nach § 535 BGB verpflichtet. Die Mietsache muss nicht nur in gebrauchsfähigem und vertragsgemäßem Zustand gehalten, sondern dieser muss im Notfall auch wieder hergestellt werden. Üblich geworden und auch zulässig ist es allerdings, die so genannten Kleinreparaturen bis zu einer bestimmten Kostenobergrenze vertraglich auf den Mieter abzuwälzen.

Instandhaltung/Instandsetzung (Wohnungseigentum)
servicing/upkeep/maintenance/maintenance and repair; repair/overhaul/corrective maintenance/reinstatement/restoration (freehold flat)

Für die Instandhaltung und Instandsetzung des Sondereigentums ist der jeweilige Eigentümer verantwortlich (§ 14 Nr. 1 WEG). Er hat die Kosten in voller Höhe selbst zu tragen.

Die Instandhaltung und -setzung des Gemeinschaftseigentums obliegt den Wohnungseigentümern gemeinschaftlich. Im Rahmen ordnungsmäßiger Verwaltung beschließen sie nach § 21 Ab. 3 und 5 Nr. 2 WEG über „ordnungsgemäße" Maßnahmen der Instandhaltung und -setzung hinsichtlich Art, Umfang und Durchführung durch mehrheitliche Beschlussfassung in der Wohnungseigentümerversammlung.

Ordnungsgemäß ist eine Instandhaltungs- oder Instandsetzungsmaßnahme dann, wenn sie der Erhaltung oder der Wiederherstellung des ursprünglichen baulich-technischen Zustandes der Anlagen oder Einrichtungen des gemeinschaftlichen Eigentums dient. Auch die erstmalige Herstellung von Anlagen und Einrichtungen nach den behördlich genehmigten Plänen bzw. die erstmalige Herstellung eines mängelfreien Zustandes des gemeinschaftlichen Eigentums zählt zur ordnungsgemäßen Instandhaltung beziehungsweise -setzung.

In bestimmten Fällen kann gemäß § 22 Abs. 3 WEG auch eine so genannte modernisierende Instandsetzung mit Mehrheit beschlossen werden, wenn mit dieser Maßnahme bei grundsätzlich notwendiger Instandsetzung eine technisch und wirtschaftlich sinnvollere Maßnahme durchgeführt wird. Dies gilt auch dann, wenn mit dieser Maßnahme bauliche Veränderungen verbunden sind. Geht eine Maßnahme über die ordnungsgemäße

Instandhaltung und -setzung hinaus, bedarf sie als bauliche Veränderung im Sinne von § 22 Abs. 1 WEG der Zustimmung aller im Sinne von § 14 Nr. 1 WEG nachteilig betroffenen Wohnungseigentümer oder als Modernisierungsmaßnahme im Sinne von § 22 Abs. 2 WEG eines doppelt qualifizierten Mehrheitsbeschlusses (Mehrheit von drei Viertel aller stimmberechtigten Eigentümer nach Köpfen und mehr als die Hälfte der Miteigentumsanteile).

Die der Vorbereitung der Beschlussfassung dienenden Maßnahmen – Feststellung von Mängeln, Einholung von Kostenvoranschlägen beziehungsweise alternativen technischen Lösungsmöglichkeiten – sowie die Durchführung der beschlossenen Instandhaltungs- und Instandsetzungsmaßnahmen und die Auftragserteilung obliegen gemäß § 27 Abs. 1 und Abs. 3 WEG dem Verwalter als gesetzlichem Vertreter der Wohnungseigentümergemeinschaft.

Die Kosten für die Durchführung von Instandhaltungs- und Instandsetzungsmaßnahmen sind von allen Eigentümern im Verhältnis ihres Miteigentumsanteils (§ 16 Abs. 2 WEG) zu tragen, wenn nicht eine abweichende Vereinbarung (§ 10 Abs. 2 Satz 2 WEG) getroffen oder im Einzelfall mit doppelt qualifizierter Mehrheit beschlossen (§ 16 Abs. 4 WEG) worden ist. Voraussetzung für eine mehrheitlich zu beschließende Änderung der Kostenverteilung ist allerdings, dass der abweichende Maßstab dem Gebrauch oder der Möglichkeit des Gebrauchs durch die Wohnungseigentümer Rechnung trägt.

Irreführende geschäftliche Handlungen (Wettbewerbsrecht)
misleading/deceptive business practices/ acts/activities (German law on competition)

Nach § 5 UWG handelt unlauter, wer eine irreführende geschäftliche Handlung vornimmt. Eine geschäftliche Handlung ist irreführend, wenn sie mit unwahren Angaben einhergeht. Irreführend sind insbesondere zur Täuschung geeignete Angaben über folgende Umstände:

- Täuschung über die wesentlichen Merkmale einer angebotenen Ware oder Dienstleistung (Verfügbarkeit, Art, Ausführung, Vorteile, Risiken, usw.),
- Täuschung über den Anlass des Verkaufs wie das Vorhandensein eines besonderen Preisvorteils, den Preis oder die Art und Weise, in der er berechnet wird, oder die Bedingungen, unter denen die Ware geliefert oder die Dienstleistung erbracht wird,
- Täuschung über die Person, Eigenschaften oder Rechte des Unternehmers (Identität,

Vermögen, Befähigung, Beziehungen usw.).
Beispiel: Hinweis auf Sachverständigeneigenschaft ohne die hierfür erforderliche Qualifikation.

- Täuschung über Aussagen oder Symbole, die im Zusammenhang mit direktem oder indirektem Sponsoring stehen oder sich auf eine Zulassung des Unternehmers, dessen Waren oder Dienstleistungen beziehen.
- Täuschung über die Notwendigkeit einer Leistung, eines Ersatzteils, eines Austauschs oder einer Reparatur.
- Täuschung über die Einhaltung eines Verhaltenskodexes, auf den sich der Unternehmer verbindlich verpflichtet hat, falls er darauf hinweist.
- Täuschung über die Rechte des Verbrauchers (Garantieversprechen, Gewährleistungsrechte bei Leistungsstörungen).
- Irreführungen sind schließlich auch im Zusammenhang mit einer vergleichenden Werbung denkbar.

Außerdem kann eine Irreführung auch durch Unterlassen hervorgerufen werden (§ 5a UWG), etwa durch Verschweigen von entscheidungsrelevanten Tatsachen, Beispielsweise ein Schimmelpilzbefall im Mauerwerk beim Hauskauf.

Jahresabrechnung (Wohnungseigentum)
annual settlement/account; yearly settlement; year-end statement (freehold flat)

Zu den wichtigsten Aufgaben des Verwalters einer Wohnungseigentümergemeinschaft gehört die Aufstellung einer Abrechnung über die tatsächlichen Einnahmen und Ausgaben im Rahmen der Verwaltung des gemeinschaftlichen Eigentums. Diese Abrechnung ist gesetzlich vorgeschrieben und vom Verwalter nach Ablauf eines Kalenderjahres vorzunehmen (§ 28 Abs. 3 WEG), und zwar in der Regel spätestens bis zum Ablauf von sechs Monaten nach Ende des Abrechnungszeitraums. Das Wohnungseigentumsgesetz selbst bestimmt keine Einzelheiten zu Form und Inhalt der Jahresabrechnung. Die Rechtsprechung hat sich jedoch in zahlreichen Entscheidungen mit Einzelfragen befassen müssen und dazu die folgenden wesentlichen Grundinhalte der Abrechnung festgelegt:

- Die nach § 28 Abs. 3 WEG vorgeschriebene Abrechnung hat nur die tatsächlichen Einnahmen und Ausgaben während des jeweiligen Kalenderjahres auszuweisen. Sie ist keine Bilanz und keine Gewinn- und Verlustrechnung. Forderungen, Verbindlichkeiten und Rech-

nungsabgrenzungen gehören grundsätzlich nicht in die Abrechnung.

- Die Abrechnung besteht aus der Gesamtabrechnung und den Einzelabrechnungen für jeden einzelnen Wohnungseigentümer, wobei die Verteilung der Einnahmen und Ausgaben auf die einzelnen Eigentümer nach dem gesetzlichen, dem abweichend vereinbarten oder beschlossenen Verteilungsschlüssel vorzunehmen ist.
- Zusätzlich zur Ausweisung der Einnahmen und Ausgaben in der Jahresgesamt- und Einzelabrechnung ist die Darstellung der Entwicklung der Instandhaltungsrücklage aufzunehmen. Dabei sind die tatsächlichen Zahlungen der Wohnungseigentümer auf die Rücklage als Einnahmen darzustellen. Zusätzlich sind auch die geschuldeten, noch nicht geleisteten Zahlungen anzugeben. Entgegen der früheren Abrechnungspraxis dürfen nach jüngster BGH-Rechtsprechung (Urteil vom 4.12.2009, V ZR 44/09, DWE 2010, 20) die tatsächlichen und geschuldeten Zahlungen der Wohnungseigentümer auf die Instandhaltungsrücklage in der Jahresgesamt- und Einzelabrechnung nicht mehr als Ausgabe oder als sonstige Kosten gebucht werden.
- Die Gesamt- und die Einzelabrechnung muss vollständig, übersichtlich und für jeden einzelnen Eigentümer auch ohne Inanspruchnahme von sachverständigen Fachleuten nachvollziehbar sein.
- Inhaltlich sollte die Gliederung der Einzelpositionen jener im Wirtschaftsplan entsprechen, um einen Vergleich der tatsächlichen mit den veranschlagten Einnahmen und Ausgaben zu gewährleisten.
- Neben der Jahresabrechnung als reine Einnahmen- und Ausgabenrechnung ist in einem „Status" oder einer „Vermögensübersicht" das Verwaltungsvermögen auszuweisen, das unter anderem aus den Forderungen, den Verbindlichkeiten sowie der Instandhaltungsrückstellung besteht. Ferner sind die Kontenstände der für die Gemeinschaft geführten Konten jeweils zu Beginn und Ende des jeweiligen Kalenderjahres beziehungsweise des abweichend vereinbarten Rechnungszeitraumes anzugeben.

Die Beschlussfassung hat über die Gesamt- und Einzelabrechnungen zu erfolgen. Andernfalls werden keine rechtswirksamen Zahlungspflichten begründet. Ist eine mehrheitlich beschlossene Abrechnung fehlerhaft, weil sie beispielsweise verkehrte

Verteilungsschlüssel enthält, bedarf es dennoch der Anfechtung bei Gericht, um ihre Ungültigerklärung zu bewirken. Es handelt sich insoweit um einen gesetzeswidrigen Mehrheitsbeschluss, der nicht nichtig, sondern nur anfechtbar ist. Erfolgt keine Anfechtung, ist auch eine fehlerhafte, rechtswidrige, aber mehrheitlich beschlossene Abrechnung wirksam und verpflichtet jeden Eigentümer zur Zahlung eventuell noch zu leistender Fehlbeträge wegen zu niedriger Vorauszahlungen.

Die Prüfung der Jahresabrechnung soll gemäß § 29 Abs. 3 WEG durch den Verwaltungsbeirat erfolgen, sofern ein solcher von der Wohnungseigentümergemeinschaft gewählt wurde. Sie soll sich nicht nur auf die rein rechnerische, sondern auch auf die sachliche Richtigkeit erstrecken, so zum Beispiel auch auf die Richtigkeit verwendeter Verteilungsschlüssel. Ungeachtet der Prüfung der Abrechnung durch den Verwaltungsbeirat hat jeder Wohnungseigentümer das Recht, in die Abrechnungsunterlagen Einsicht zu nehmen, und zwar selbst noch nach erfolgter Beschlussfassung in der Wohnungseigentümerversammlung.

Die Nichtvorlage oder vorsätzlich verspätete Vorlage der Abrechnung kann eine vorzeitige Abberufung des Verwalters aus wichtigem Grund rechtfertigen.

Jahresnettomiete
net annual rent

Unter der Jahresnettomiete versteht man die Mieteingänge eines vermieteten Hauses eines Jahres, vermindert um die Betriebs-, Heiz- und Warmwasserkosten. Ein Synonym hierzu ist „Jahresnettokaltmiete". Sie enthält jedoch vermietungsabhängige Nebenkosten, zum Beispiel Einnahmen aus Zuschlägen für eine erlaubte gewerbliche oder freiberufliche Nutzung von Wohnräumen oder aus einer Untervermietung sowie laufende Vergütungen (zum Beispiel für die Anbringung einer Reklameschildes) durch den Eigentümer des Nachbargrundstücks. Die Jahresnettokaltmiete ist der Mietansatz, von dem zur Ermittlung des Ertragswertes die weiteren Bewirtschaftungskosten abgezogen werden, nämlich die pauschalierten Instandhaltungskosten, Verwaltungskosten, und das Mietausfallwagnis.

Die Mietspiegelmieten basieren ebenfalls überwiegend auf den Jahresnettomieten, allerdings ohne Zuschläge und Vergütungen.

Jugendstil
art nouveau

Jugendstil bezeichnet eine kunstgeschichtliche Epoche zwischen dem Historismus und der Moderne. Dieser Stil entstand um die Jahrhundertwende zwischen dem 19. und 20. Jahrhundert (1890-1910) und dauerte rund zwei Jahrzehnte. Niederschlag fand dieser Stil in Kunst, Malerei und Architektur. Kennzeichnend sind dekorativ geschwungene Linien und flächenhafte, florale Ornamente, stilisierte Pflanzen und Tierformen in weich gekrümmten, bewegten Linien – am ehesten noch verwandt mit spätgotischen Formen und der japanischen Malerei. Die 1888 von England ausgehende Bewegung, die eine neue ästhetische Kunst propagandierte und dann auf ganz Europa übergriff, hatte in Deutschland ihren Ursprung in verschiedenen künstlerischen Bewegungen. Deutscher Namensgeber war die künstlerische Literaturzeitschrift „Die Jugend". Der Jugendstil war eine Antwort auf die Fortschritte von Wissenschaft und Technik gegen Ende des 19. Jahrhunderts. Das veränderte Weltbild und ein neuer Lebensstil fanden ihren Ausdruck in dieser reformatorischen Bewegung. Parallel entwickelte sich der Jugendstil international und ist unter verschiedenen Bezeichnungen bekannt:

- England: Arts a. Crafts (1888-1910),
- Deutschland: Jugendstil (1890-1910),
- Italien: Stile Liberty (1890-1910),
- Frankreich: Art Nouveau (1890-1910).

Kapitalmarkt
capital/money market; wholesale money market; forward market for loans

Im Gegensatz zum Geldmarkt (Markt mit täglich oder kurzfristig zur Verfügung stehenden Finanzierungsmitteln, Bargeld und Sichteinlagen bei Kreditinstituten) handelt es sich beim Kapitalmarkt um einen Markt mittel- und langfristiger Finanzierungsinstrumente. Der Kapitalmarkt soll dafür sorgen, dass Unternehmen und staatliche Institutionen mit Finanzierungsmitteln für Investitionen ausgestattet werden können. Unterschieden wird zwischen organisiertem und nichtorganisiertem Kapitalmarkt. Der organisierte Kapitalmarkt findet in Wertpapierbörsen statt. Dessen Aufgabe ist es, für einen Marktausgleich zwischen Angebot von und Nachfrage nach Wertpapieren zu sorgen. Der Ausgleich erfolgt durch eine Kursbestimmung, durch den der Kapitalumsatz maximiert wird. Die Umsätze auf einer Wertpapierbörse beziehen sich auf Beteiligungspapiere (Aktien und den Emissionshandel von Aktien) und langfristige Kredite (Rentenpapiere, Schuldscheindarlehen). Der nicht organisierte (nur gering oder nicht geregelte) Kapitalmarkt findet außerhalb der Wertpapierbörsen statt. Hierzu zählt auch der so genannte „graue Kapitalmarkt", der sich durch eine besondere Intransparenz der angebotenen Kapitalgüter auszeichnet und deshalb sehr risikoträchtig ist. REITs und offene Immobilienfonds werden dem Kapitalmarkt, geschlossene Immobilienfonds dem Immobilienmarkt zugeordnet.

Kappungsgrenze
capping limit
In verschiedenen Bereichen sind so genannte Kappungsgrenzen vorgeschrieben. Mit ihrer Hilfe soll die Veränderung wiederkehrender Zahlungen in der Regel nach oben, teilweise auch nach unten, begrenzt werden. Kappungsgrenzen gelten zum Beispiel bei der Budgetierung von Haushalten für öffentliche Einrichtungen (Universitäten, Krankenhäuser und so weiter). Im Bereich der Immobilienwirtschaft spielen sie in zwei Bereichen eine Rolle.

Mietrecht
Im Mietrecht bezeichnet die Kappungsgrenze bei nicht preisgebundenen Wohnungen das obere Limit, bis zu dem der Vermieter seine bisherige Miete an die ortsübliche Vergleichsmiete heranführen darf. Die Kappungsgrenze liegt seit 1.9.2001 bei 20 Prozent. Das bedeutet, dass jeweils in einem Zeitraum von drei Jahren die Miete höchstens um 20 Prozent erhöht werden darf, selbst wenn dadurch der Wert der ortsüblichen Vergleichsmiete noch lange nicht erreicht werden würde. Die Mietrechtsreform 2013 erlaubt es den Landesregierungen, per Verordnung Gebiete festzulegen, in denen die Versorgung mit Mietwohnungen besonders gefährdet ist. In diesen Gebieten kann die Landesregierung die Kappungsgrenze auf 15 Prozent senken. Die Festlegung des Wohnungsmangelgebiets ist jedoch auf fünf Jahre begrenzt. Die Kappungsgrenze ist auch bei einer freien Mieterhöhungsvereinbarung zu beachten (zum Beispiel bei Gewerbemietverträgen).

Bauplanungsrecht
Bei einer bestimmten festgesetzten Grundflächenzahl (GRZ) darf die zulässige Grundfläche bis zu 50 Prozent mit der Errichtung von Nebenanlagen, Garagen, Zufahrten und dergleichen überschritten werden. Diese Überschreitungsmöglichkeit kann jedoch bei einer entsprechend hohen Ausgangs-GRZ durch eine Obergrenze der GRZ von 0,8 „gekappt" werden. Beispiel GRZ 0,6 plus 50 Prozent hieraus = 0,3 wäre 0,9. Über 0,8 hinaus darf aber der Boden nicht mit baulichen Anlagen versiegelt werden. Im Bebauungsplan kann eine abweichende GRZ festgelegt werden. Im Einzelfall können weitere Ausnahmen gemacht werden, wenn die Überschreitung nur geringfügige Auswirkungen auf die natürlichen Funktionen des Bodens hat oder die Einhaltung der

Grenzen zu einer wesentlichen Erschwerung der zweckentsprechenden Grundstücksnutzung führen würde (§ 19 BauNVO).

Keller
cellar; basement
Bauordnungsrechtlich versteht man unter Kellern Anlagen, die ganz oder überwiegend unter dem angrenzenden Geländeniveau liegen (Kellergeschoss). Es handelt sich bei solchen Hauskellern um sogenannte Zubehörräume, die in der Regel eine Mindesthöhe von 2,3 bis 2.4 Metern (je nach Landesbauordnung) nicht erreichen und deshalb die Anforderungen an Räume zum dauernden Aufenthalt für Personen nicht erfüllen. In die Berechnung der Bruttogrundfläche werden Kellerflächen nicht einbezogen. Die Grenze zwischen Keller- und Erdgeschoss wird durch die Deckenoberkante bestimmt. Liegt sie weniger als 1,4 Meter oberhalb der umgebenden Geländefläche, handelt es sich um ein Kellergeschoss. Die Belichtung eines Kellers erfolgt über Kellerlichtschächte. Manche Häuser verfügen über alte Gewölbekeller (Tonnengewölbe). Das Kellergeschoss ist nicht identisch mit einem Tiefgeschoss, bzw. Untergeschoss (Souterrain). Das Untergeschoss kann sowohl zum Wohnen als auch als Büroraum, Fitnessraum und dergleichen genutzt werden. Im Gegensatz zum Erdgeschoss liegt das Untergeschoss nicht auf gleicher Höhe mit der Umgebungsfläche, sondern um einen Treppenabsatz tiefer.

Wichtig ist, dass Keller und Räume des Untergeschosses nach außen gut abgedichtet sind, vor allem bei hohen Grundwasserständen. Geeignete Abdichtungsmaterialien sind Bitumen-Dickbeschichtungen. Häufig findet man im Keller/Untergeschoss auch Hobbyräume. In eine Wohnflächenberechnung können sie nur einbezogen werden, wenn sie Wohnraumqualität (Mindesthöhe, ausreichende Belichtung) besitzen. In der Bauplanung bereits vorgesehene Hobbyräume sind im Gegensatz zu anderen Kellerräumen in der Regel an das Heizsystem angeschlossen. Entsprechend der Nutzung des Hauskellers kann unterschieden werden zwischen Vorratskeller, Heizkeller, Waschkeller, Sauna, Spielkeller, Installationsraum u.ä.

Bei Wohnungseigentumsanlagen gehören Kellerräume in der Regel zum Sondereigentum und werden in der Teilungserklärung entsprechend ausgewiesen. Denkbar ist auch die Begründung von Sondernutzungsrechten an Kellerräumen. Kellerflure sind stets Gemeinschaftseigentum.

Neben den Hauskellern, die als Zubehörräume in einem Funktionszusammenhang mit Räumen in

Vollgeschossen stehen, gibt es verschiedene andere Kellerarten, zum Beispiel Lagerkeller, Weinkeller, Luftschutzkeller, Bunker. Solche Keller können in Felsen eingeschlagene Räume sein (Felsenkeller). Daneben gibt es so genannte Erdkeller. Dabei handelt es sich um Gewölbekeller, die mit einer Erdschicht überdeckt sind.

Kerndämmung
core insulation
Die Kerndämmung ist eine innerhalb eines zweischaligen Mauerwerks eingebrachte Dämmschicht. Diese befindet sich zwischen der tragenden Wand und der so genannten Vorsatzschale aus Klinkerbausteinen als Wetterschutz.In älteren Gebäuden wurde das Mauerwerk oft zweischalig ohne Wärmedämmung ausgeführt. Zwischen Innen- und Außenwand wurden mehrere Zentimeter freigelassen. Dieser Zwischenraum kann zur Dämmung durch in die Außenmauer gebohrte Löcher nachträglich mit Dämmstoff aufgefüllt werden.

Kerngebiet (nach BauNVO)
core of a city/of a district; central business district; central activities zone; core area; core district; core zone (in accordance with the German ordinance on land usage
Beim Kerngebiet handelt es sich um die Bezeichnung für eine bestimmte Baugebietsart, die durch einen Bebauungsplan festgesetzt bzw. in einem Flächennutzungsplan dargestellt werden kann. Das Kerngebiet dient vorwiegend der Unterbringung von Handelsbetrieben, zentralen Einrichtungen der Wirtschaft, der Verwaltung und der Kultur. Kerngebiete entsprechen weitgehend der Vorstellung, die man von einer „City" hat.
Zulässig ist aufgrund der genannten Zwecksetzung die Errichtung von Geschäfts-, Büro und Verwaltungsgebäuden, Einzelhandelsbetrieben, Gastwirtschaften, Hotels und Vergnügungsstätten. Weiterhin sind zulässig nicht wesentlich störende Gewerbebetriebe, Anlagen für kirchliche, kulturelle, soziale, gesundheitliche und sportliche Zwecke, mit anderen Worten Kirchen, Theater, Kliniken. Tankstellen sind zulässig in Verbindung mit Parkhäusern und Großgaragen. Die Gemeinde kann aber auch eine Wohnnutzung in einem Kerngebiet festsetzen. Wohnungen für Aufsichts- und Bereitschaftspersonen, Betriebsinhaber und Betriebsleiter sind ohnehin zulässig.
Kerngebiete zeichnen sich durch eine verdichtete Bebauung aus. Sie findet in einer bis zu 100 Prozent gehenden überbaubaren Fläche, in hohen Geschossflächenzahlen und entsprechenden Gebäude-

höhen ihren Ausdruck. Im Interesse einer lebendigen Stadt kann die Gemeinde für Teile des Kerngebietes festsetzen, dass oberhalb eines bestimmten Geschosses nur Wohnungen zulässig sind.
Besonders in Kerngebieten taucht oft das Problem auf, dass für die erwähnten Wohnungen nicht die hierzu erforderlichen Pkw-Stellplätze bereitgestellt werden können. Viele Gemeinden fordern dann zum Ausgleich dieses Mankos eine Stellplatzabgabe, die zur Verbesserung der Verkehrsinfrastruktur verwendet wird.

KfW-Effizienzhaus
energy-efficient house defined by the KfW, the German state-owned bank
KfW-Effizienzhäuser sind Haustypen, die bestimmte Vorgaben in Bezug auf Energieeffizienz und Wärmedämmung einhalten. Die Einhaltung dieser Vorgaben ist Voraussetzung für Förderungen der KfW-Förderbank. Eine hinter dem Begriff KfW-Effizienzhaus genannte Zahl zeigt jeweils, welchen maximalen Energiebedarf das Gebäude gegenüber einem Standard-Neubau haben darf. Der zulässige Jahresprimär-Energiebedarf eines KfW-Effizienzhauses 85 beträgt daher nur 85 Prozent des für das Haus höchstzulässigen Energiebedarfs nach der Energieeinsparverordnung 2009. Seit Inkrafttreten der Energieeinsparverordnung 2009 am 1.10.2009 wird das sogenannte Referenzgebäudeverfahren verwendet. Der höchstzulässige Energiebedarf orientiert sich nun nicht mehr an fest definierten Werten, sondern am Energiebedarf eines vergleichbaren Referenzgebäudes.
Ab 1.10.2009 wurden die KfW-Effizienzhäuser neu definiert, um sie an die verschärften Anforderungen der Energieeinsparverordnung 2009 anzupassen.

Kinderspielplatz
children's playground
Spielplätze für Kinder (bis zu 14 Jahren) sind in reinen und allgemeinen Wohngebieten nicht nur zulässig, sondern teilweise auch geboten. Sie müssen Kindern eine gefahrlose Spielmöglichkeit bieten. Gegen den von Kinderspielplätzen ausgehenden Lärm kann grundsätzlich rechtlich nicht vorgegangen werden. Er ist der Nachbarschaft zuzumuten. Dies gilt selbst dann, wenn die vorgegebenen Benutzungszeiten überschritten werden und die Benutzung von ortsfremden Kindern erfolgt. Eine weitere rechtliche Grundlage für Kinderspielplätze ist das Bauordnungsrecht. Soll ein Haus mit mehreren Wohnungen errichtet werden, ist Genehmigungsvoraussetzung die Anlage eines Kinderspielplatzes.

Kleinfeuerungsanlagenverordnung
German ordinance on small combustion plants

Der Begriff bezeichnet umgangssprachlich die Verordnung über kleine und mittlere Feuerungsanlagen oder 1. Bundesimmissionsschutz-Verordnung (1. BImschV). Auf Grundlage des Bundesimmissionsschutzgesetzes hat der Gesetzgeber mehrere Verordnungen erlassen, die Teilbereiche der Luftreinhaltung reglementieren. Eine dieser Verordnungen ist die 1. Bundesimmissionsschutz-Verordnung (1. BImschV), auch Verordnung über kleine und mittlere Feuerungsanlagen genannt. Sie regelt Errichtung, Beschaffenheit und Betrieb von kleinen und mittleren Feuerungsanlagen einschließlich Heizungsanlagen in Wohngebäuden.

Die Verordnung zählt alle zulässigen Brennstoffe auf. Sie legt zum Beispiel fest, dass kein mit Holzschutzmitteln behandeltes Holz verfeuert werden darf. Verfeuert werden dürfen generell nur Brennstoffe, für die die jeweilige Heizungsanlage vom Hersteller zugelassen ist.

Zum 22.3.2010 trat eine Neufassung der Verordnung in Kraft. Mit ihr wurde das Ziel verfolgt, die stark zunehmenden Feinstaubemissionen durch kleine, mit Holz betriebene Heizanlagen und Öfen zu reduzieren. Sie enthält unter anderem folgende Regelungen:

- Nach Inkrafttreten der Neufassung dürfen neue Einzelraumfeuerungsanlagen für Festbrennstoffe nur noch in Betrieb gehen, wenn sie bestimmte Schadstoffgrenzwerte einhalten. Dies muss durch eine Typprüfung des Herstellers belegt werden. Ausnahmen gibt es für Kamine und sogenannte Grundöfen. Erstere dürfen nur gelegentlich betrieben werden, neue Grundöfen benötigen ab 2015 einen Staubfilter – wenn nicht durch entsprechende Messungen des Schornsteinfegers oder eine Typprüfung die Einhaltung der Grenzwerte nachgewiesen werden kann.
- § 5 der Verordnung legt für neu errichtete Feuerungsanlagen mit einer Nennwärmeleistung ab vier Kilowatt Grenzwerte für Feinstaub und Kohlenmonoxid fest.
- Die Übergangsregelungen in den §§ 25 und 26 der Verordnung legen für bestehende Einzelraumöfen und auch für solche, die mehrere Räume mit Wärme versorgen, abhängig vom Errichtungsjahr oder dem Datum der Typprüfung fest, wann diese Anlagen mit Filtern nachzurüsten oder auszurangieren sind.
- Wer einen bereits bestehenden handbeschickten Ofen für Festbrennstoffe betreibt, ist nach

§ 25 Abs. 5 verpflichtet, sich bis 31.12.2014 von einem Schornsteinfeger über dessen korrekte Nutzung und Befeuerung beraten zu lassen.

Kleinreparaturen (Wohnungsmietvertrag)
minor/small repairs (residential tenancy agreement)

In der Regel wird der Mieter im Mietvertrag dazu verpflichtet, geringfügige Schäden auf eigene Kosten zu beheben, die in der Mietwohnung entstehen (Schalter, Steckdosen, Wasserhähne, Ventile, Brauseköpfe, Spülkästen, Fensterriegel, Türgriffe, Schlösser).

Die Behebung eines Bagatellschadens darf den Mieter nach einem Urteil des Bundesgerichtshofs (Az. VIII ZR 129/91) nicht mehr als 75 Euro im Einzelfall und 150 bis 200 Euro oder acht bis zehn Prozent der Miete pro Jahr kosten. Auch 100 Euro pro Einzelfall wurden teilweise von Gerichten akzeptiert (Amtsgericht Braunschweig, Az. 116c 196/05 GE, Urteil vom 29.3.2005; Amtsgericht Brandenburg, Az. 31c 306/07, Urteil vom 6.3.2008). In der Vertragsklausel muss außerdem der Höchstbetrag für Reparaturen genannt werden, bis zu dem der Mieter die Kosten innerhalb eines Jahres zu tragen hat.

Bei den zu reparierenden Gegenständen muss es sich um Einrichtungen handeln, die der Mieter häufig benutzt und auf die er direkten Zugriff hat, die sich insofern also besonders leicht abnutzen. Reparaturen an zerbrochenen Glasscheiben, nicht zugänglichen Bauteilen oder gar Elektroleitungen in der Wand fallen nicht unter die Kleinreparaturklausel. Die 75 Euro sind dabei nicht als „Selbstbeteiligung" zu verstehen. Bei Rechnungsbeträgen über diesem Betrag handelt es sich nicht mehr um eine Kleinreparatur. Der Vermieter muss dann den Gesamtbetrag begleichen (so das Oberlandesgericht Düsseldorf, Az. 24 U 183/01).

Kleinsiedlungsgebiet (BauNVO)
area of small housing (or residential) estates in accordance with the German ordinance on land usage

Kleinsiedlungsgebiete dienen vorwiegend den Ansiedlungen von Wohngebäuden und Siedlerhäusern sowie landwirtschaftlichen Nebenerwerbsbetrieben. Charakteristisch hierfür ist die Ausweisung von relativ großen Baugrundstücksflächen mit einem hohen Nutzgartenanteil bei einer niedrigen zulässigen Grundfläche, die bebaut werden kann. Im Erscheinungsbild eines Kleinsiedlungsgebiets herrschen spitzgiebelige eineinhalbstöckige Einfamilienhäuser vor. Zulässig sind auch Gartenbaubetriebe, Einzelhandelsläden und Gaststätten, die der Versorgung des Gebietes dienen, sowie nicht störende Handwerksbetriebe.

Diese für ein Kleinsiedlungsgebiet typische Vorprägung kann durch Ausnahmeregelungen ergänzt werden, indem auch Zweifamilienhäuser, Anlagen für kirchliche, kulturelle, soziale, gesundheitliche Zwecke zugelassen werden können. Denkbar sind auch nicht störende Gewerbebetriebe und Tankstellen. Werden Sportanlagen festgesetzt, ist zu beachten, dass gegebenenfalls dem Immissionsschutz vor Sportlärm nach der Sportstättenlärmschutzverordnung Rechnung getragen wird.

Das Kleinsiedlungsgebiet ist vom Typ her einzuordnen zwischen dem Dorfgebiet und dem Allgemeinen Wohngebiet.

Die Festsetzung von Kleinsiedlungsgebieten in einem Bebauungsplan ist typisch für ländliche Gemeinden. Heute gibt es wegen der großen Grundstücke und ihrer geringen baulichen Nutzung eine Tendenz zur Nachverdichtung, die oft in entsprechenden Revisionen des Bebauungsplans ihren Niederschlag findet.

Kostenanschlag (Baukosten)
cost estimate/account; rate; tender; estimate (of expenditures); quotation (building costs)

Der Kostenanschlag fließt als Grundleistung des Architekten im Sinne des HOAI (im Rahmen der „Mitwirkung bei Vergabe") in das Architektenhonorar ein. Im Gegensatz dazu gilt allgemein, dass die Kostenanschläge von Handwerkern nur dann zu vergüten sind, wenn dies individuell vereinbart ist (§ 632 BGB). Nach der DIN 276 sind Grundlagen für einen Kostenanschlag die endgültigen Ausführungs- und Konstruktionszeichnungen des durchzuführenden Bauwerkes, bautechnische Berechnungen (Standsicherheit, Wärmeschutz, usw.) Mengenberechnungen und Baubeschreibungen. Bei der Erfassung der Kosten für den Kostenanschlag sind auch die bereits entstandenen Kosten zu berücksichtigen.

Kostenanschläge haben einen hohen Verbindlichkeitsgrad. Werden sie garantiert oder wird eine vereinbarte Baukostenobergrenze nicht eingehalten, ist eine Überschreitung nicht zulässig. Bei nicht garantierten Kostenanschlägen kann eine Überschreitung um 10 Prozent zu einem Haftungsfall werden. Allerdings gibt es keine gültigen Toleranzgrenzen, sie hängen stark vom Einzelfall ab. Voraussetzung ist ein Verschulden des Architekten. Steht die Überschreitung in einem Zusammenhang mit einer besseren Bauausführung als der zunächst geplanten, ist davon auszugehen, dass dem Bauherrn kein Schaden entstanden ist. Der rechtliche Begriff des Kostenanschlages entspricht dem gängigen Begriff des Kostenvoranschlages.

Kostenberechnung (Baukosten)
costing; calculation of expenses; computation of cost(s) (building costs)

Die Kostenberechnung gehört zu den Grundleistungen eines Architekten. Während die Kostenschätzung auf einer Vorplanung beruht, setzt die Kostenberechnung bereits durchgearbeitete Planunterlagen (Entwurfszeichnungen) und teilweise auch Detailpläne voraus. Zusätzlich sind die aus Zeichnungen nicht zu entnehmenden Details zu erläutern, die in die Kostenberechnung einfließen.

Die Kostenberechnung ist die letzte rationale Entscheidungsgrundlage darüber, ob das geplante Bauvorhaben durchgeführt werden soll oder nicht.

Kostenfeststellung (Baukosten)
determination of cost(s); cost finding (building costs)

Mit Hilfe der Kostenfeststellung wird der Nachweis der tatsächlich entstandenen Kosten erbracht. Es handelt sich um eine der Grundleistungen des Architekten. Grundlage sind die bereits auf sachliche und rechnerische Richtigkeit geprüften Abrechnungsbelege (insbesondere Schlussrechnungen) in Verbindung mit Abrechnungszeichnungen. Die Kostenfeststellung ist ein Instrument der Kostenkontrolle (Soll-Ist-Vergleich zwischen Kostenanschlag und tatsächlich entstandenen Kosten).

Kostenmiete
cost rent; rent that covers costs; economic rent

Kostenmiete ist die Höchstmiete für preisgebundenen Wohnraum, der mit öffentlichen Mitteln auf der Grundlage des II. Wohnungsbaugesetzes gefördert wurden. Sie setzt sich aus den Kapital- und Bewirtschaftungskosten der Wohnanlage zusammen. Zu den Kapitalkosten zählt auch eine Eigenkapitalverzinsung von vier Prozent, bezogen auf 15 Prozent der Gesamtkosten, und sechs Prozent für den darüber hinausgehenden Anteil am Eigenkapital. Zu den Bewirtschaftungskosten zählen die Abschreibung, die Verwaltungs- und Instandhaltungskosten sowie das Miet- und Betriebskostenausfallwagnis. Hinzu kommen die Betriebskosten die neben der Miete auf die Mieter umgelegt werden. Darüber hinaus kann der Vermieter auch Zuschläge zur Einzelmiete verlangen.

Die Ermittlung dieser Aufwendungen war Gegenstand einer Wirtschaftlichkeitsrechnung, mit der anschließend die Durchschnittsmiete ermittelt wurde. Je nach Ausstattung und Lage der einzelnen Wohnungen konnte die Einzelmiete von diesem Durchschnittswert abweichen.

Falls die „Bewilligungsmiete" unter der Kostenmiete lag, musste das Wohnungsunternehmen „Aufwandsverzichte" hinnehmen, wenn es das Bauvorhaben dennoch durchführen wollte. Meist wurde in solchen Fällen ganz oder teilweise auf die Eigenkapitalverzinsung verzichtet.

Beim Förderungsrecht, nach dem Wohnraumförderungsgesetz, das am 1.1.2002 in Kraft trat, ist für die Wohnraumförderung nicht mehr die Kostenmiete maßgebend, sondern eine Miete, die zwischen der Förderungsstelle und dem Vermieter vereinbart wird. Sie liegt stets unterhalb der ortsüblichen Vergleichsmiete, die als Orientierungsgrundlage dient.

Kraft-Wärme-Kopplung
cogeneration (heat and power)

Bei der Kraft-Wärme-Kopplung (KWK) wird Heizwärme aus der im Rahmen der Stromerzeugung entstehenden Abwärme gewonnen. Energie, die sonst als Abwärme an die Umgebung abgegeben würde, kann so genutzt werden. Kraftwerke, die die Methode der Kraft-Wärme-Kopplung nutzen, haben einen Wirkungsgrad von bis zu 90 Prozent. Herkömmliche Kraftwerke zur Stromerzeugung liegen bei circa 50 Prozent. KWK-Anlagen gibt es heute in einem Leistungsspektrum zwischen wenigen Kilowatt und einigen hundert Megawatt. Auch Mini-KWK-Anlagen für Objekte wie Hotels, Mehrfamilienhäuser und sogar Einfamilienhäuser sind auf dem Markt. Bei der städtischen Wärmeversorgung bietet sich die Möglichkeit, die Kraft-Wärme-Kopplung mit einem Fernwärmenetz zu kombinieren.

Eine Variante der KWK-Anlage ist das Blockheizkraftwerk. Mit diesen kleinen bis mittelgroßen dezentralen Anlagen werden Häuser, Gebäudekomplexe oder Objekte wie Krankenhäuser und Hotels versorgt. Große KWK-Anlagen werden in Heizkraftwerken zum Beispiel im Rahmen der Fernwärmeversorgung oder in der Industrie eingesetzt. Fernwärme hat gegenüber Blockheizkraftwerken den Nachteil, dass dabei hohe Leitungsverluste entstehen. Durch die größere Leistung des zentralen Heizkraftwerkes bei der Fernwärme ist jedoch andererseits das Verhältnis der Stromausbeute zur erzeugten Wärme höher, was die Effektivität steigert. Gesetzliche Regelungen zu KWK-Anlagen finden sich im 2002 in Kraft getretenen Kraft-Wärme-Kopplungsgesetz. Das Gesetz regelt unter anderem die zu zahlenden Einspeisevergütungen für Strom aus KWK-Anlagen. Am 1.1.2009 wurde das KWK-Gesetz novelliert. Ziel war die weitere Reduzierung von CO_2-Emissionen. Die Regelung sah höhere Vergütungen für Strom aus modernisierten oder neuen Anlagen vor. Für ältere Anlagen gibt es jedoch weiterhin Vergütungen. Zwischen dem 1.1.2009 und dem 31.12.2016 in Betrieb gehende Anlagen werden nur noch gefördert, wenn sie hocheffizient sind. Dies ist generell der Fall, wenn gegenüber herkömmlichen Anlagen mindestens zehn Prozent Energie eingespart werden. Die Förderung ist zeitlich begrenzt. Nach der gesetzlichen Neuregelung werden seit 2009 auch Anlagen mit einer Leistung über zwei Megawatt gefördert, sofern sie keine bestehende Fernwärmeversorgung verdrängen. Der Anschlussnehmer hat seit 2009 Anspruch auf einen abrechnungsrelevanten Zählpunkt gegenüber dem Netzbetreiber, was die Einspeisung von KWK-Strom aus kleinen Anlagen vereinfacht.

Eine weitere Novellierung des KWK-Gesetzes erfolgte mit Wirkung zum 19.7.2012. Dabei wurde die Förderung von KWK-Anlagen durch höhere Zuschläge verbessert. Eine neue Anlagenkategorie wurde eingeführt (50 bis 250 kW Leistung). Neu eingeführt wurde eine Förderung für Wärme- und Kältespeicher. Die Förderung von Modernisierungsmaßnahmen wurde erweitert. Ziel ist dabei, den Anteil der Kraft-Wärme-Kopplung an der gesamten Stromproduktion bis zum Jahr 2020 auf ein Viertel zu steigern.

Kreditanstalt für Wiederaufbau (KfW)
German reconstruction loan corporation, which includes the KfW Mittelstandsbank

Die KfW wurde als Kreditanstalt für Wiederaufbau gegründet. Heute bezeichnet sie sich als KfW Bankengruppe. Diese besteht aus der KfW Mittelstandsbank, KfW Privatkundenbank, KfW Kommunalbank, KfW IPEX-Bank, KfW Entwicklungsbank. Die KfW versteht sich als eine Förderbank und befindet sich im Eigentum von Bund und Ländern. Sie unterstützt die Verbesserung der wirtschaftlichen, sozialen und ökologischen Lebens- und Wirtschaftsbedingungen unter anderem in den Bereichen Mittelstand, Existenzgründung, Umweltschutz, Wohnungswirtschaft, Infrastruktur, Bildungsförderung, Projekt- und Exportfinanzierung und Entwicklungszusammenarbeit.

In den Bereichen Bauen, Wohnen und Modernisieren hat die KfW verschiedene Förderprogramme aufgelegt, die teils von Privatpersonen, teils von Unternehmen, teilweise aber auch von beiden

Gruppen in Anspruch genommen werden können. Diese sind unter anderem:
- KfW-Wohneigentumsprogramm,
- Energieeffizient Bauen,
- Wohnraum Modernisieren – Standard,
- Wohnraum-Modernisieren – Altersgerecht Umbauen,
- Energieeffizient Sanieren.

Die Finanzierung erfolgt durch Einschaltung der Hausbank des Kreditnehmers, bei der auch der Kredit vor Beginn der Investitionsmaßnahme beantragt werden muss. Die Hausbank ist auch für die Beschaffung der Sicherheiten (Eintragung einer Grundschuld, Bürgschaften) und die Auszahlung zuständig. Die KfW-Förderbank fördert energieeffizientes Bauen (KfW-Effizienzhaus, Passivhaus), energieeffiziente Sanierung von Altbauten, den Erwerb von Wohnungseigentum, die Modernisierung von Wohnraum, und Maßnahmen zur Gewinnung erneuerbarer Energien (Solaranlagen, Energie durch Biomasse, oder Tiefengeothermie). Die Förderung besteht aus Zuschüssen oder Zinsverbilligungen auf Bankdarlehen.

Kreditrisiken
credit risks

Bei Kreditrisiken handelt es sich um Kreditausfallrisiken, d. h. um die Wahrscheinlichkeit, dass der Kreditnehmer nicht in der Lage ist, die vereinbarten Zinsen und Tilgungen zu erbringen. Sie finden ihren Niederschlag im Risikoanteil, der in den Zinssatz mit einkalkuliert wird. Zum Kreditausfallrisiko, das sich aus der Perspektive des Tages der Kreditgewährung ergibt, kommt das Risiko einer nicht vorhersehbaren Bonitätsverschlechterung des Kreditnehmers hinzu. Es führt zu einer Verschlechterung des ursprünglichen Kreditausfallrisikos. Die sich daraus ergebende Unsicherheit führt zu einer entsprechenden Ratingherabstufung, die wiederum nach dem System von Basel II Einfluss auf die Eigenkapitaldeckung des durch ein solches Risiko betroffenen Kreditinstituts hat. Kreditrisiken sind ein wichtiger Teil der Risiken der Kreditinstitute.

Kündigung
termination; notice; notice to terminate; notice to quit

Durch die Kündigung wird ein vertraglich eingegangenes Dauerschuldverhältnis beendet. Der Zeitpunkt des Vertragsendes richtet sich nach den gesetzlichen bzw. vereinbarten Kündigungsfristen. Man unterscheidet – insbesondere im Mietrecht – die ordentliche bzw. fristgerechte und die außerordentliche bzw. fristlose Kündigung.

Lärmschutz
noise insulation; noise protection; noise abatement

Lärmschutz umfasst alle Maßnahmen, mit denen belästigender oder gesundheitsschädigender Lärm vermieden wird. Im Gegensatz zum Schallschutz, bei dem die Schallquellen durch Maßnahmen der Schallreduzierung auch zur Reduzierung des Lärms beitragen (Beispiele Autobahntrassenausbau mit „Flüsterbeton", Dämmung von Industrieanlagen) bewirkt der Lärmschutz zudem eine Verringerung der Auswirkungen des Lärms auf die menschliche Gesundheit. Es handelt sich um Maßnahmen, die den entstehenden Lärm beim Lärmempfänger dämpfen (zum Beispiel Einbau von Schallschutzfenstern in der Wohnung). Die Lautstärke des Lärms (Schall) wird in Dezibel (db) gemessen. Sie allein ist als Beurteilungsgrundlage für mögliche Schädigungen jedoch nicht ausreichend. Es kommt vielmehr auf die Dauer, Frequenz und auch die Art des Lärms (zum Beispiel Quietschgeräusche, Geräusche des Hämmerns usw.) an.

Lärm wirkt sich nicht nur auf das Gehör schädigend aus (Hörschwäche, Hörstörungen bis hin zur Taubheit), sondern auch auf das leibliche Wohlbefinden und die Konzentrationsfähigkeit. Lärm verursacht bei längerer Dauer Stress und führt zu Bluthochdruck und zu einem erhöhten Herzinfarktrisiko. Der Lärm am Tage ist anders zu beurteilen als der Lärm in der Nacht. Nachtlärm führt schon bei relativ niedrigen Schallpegel zu Schlaflosigkeit.

Die Immissionsgrenzwerte (IGW) sind in verschiedenen Gebieten unterschiedlich festgelegt. Für Lärmschutzmaßnahmen bei Krankenhäusern, Schulen, Kurheimen und Altenheimen liegen sie am Tage (6.00h-22.00h) bei 57 db und in der Nacht (22.00h-6.00h) bei 47 db. In Kleinsiedlungsgebieten, reinen Wohngebieten und allgemeinen Wohngebieten am Tag bei 59 db und nachts bei 49 db. Am Ende der Skala stehen Gewerbe- und Industriegebiete mit IGW von 69 db am Tage und 59 db während der Nacht.

Gesetzliche Vorschriften finden sich im Bundesimmissionsschutzgesetz und den hierzu ergangenen Verordnungen und Richtlinien. Dabei hatte der Gesetzgeber die auf europäischer Ebene ergangene Umgebungslärmrichtlinie 2002/49 EG umzusetzen. Sie enthält u. a. Bestimmungen zur Harmonisierung der Lärmbewertung und -bekämpfung und zur Umweltprüfung und schreibt die Aufstellung von Lärmkarten als Grundlage für Lärmaktionspläne vor.

Wird durch eine Straßenbaumaßnahme die Lärmbelastung für Anwohner erhöht, können diese auch nachträglich die Durchführung von Lärmschutz-

maßnahmen fordern. Dies entschied das Bundesverwaltungsgericht am 7.3.2007 (Az. 9c 2/06).
Nach dem Urteil kann dies in Fällen verlangt werden, in denen die Lärmbelastung nach der Baumaßnahme im Laufe mehrerer Jahre derart stark ange-
stiegen ist, dass eine gleich starke Belastung zum
Bauzeitpunkt Lärmschutzmaßnahmen erforderlich
gemacht hätte. Bis zu 30 Jahre nach Ausbau einer
Straße können Anwohner nach dem Gericht noch
Lärmschutzmaßnahmen einfordern.

Lage
position; situation; site; location; locality

Die Lage ist ein klassisches Qualitätskriterium für
eine Immobilie. Zu unterscheiden sind die Makrolage und die Mikrolage, also das räumliche Umfeld
in einem weiteren und in einem engeren Sinn.

Die Makrolage eines Grundstücks kennzeichnet
die Erreichbarkeiten der überregional bedeutsamen
Zentren aus der Lageperspektive dieses Grundstücks und legt deshalb Wert auf eine Analyse der
Entfernungen und Verkehrsverbindungen (Flughäfen, Autobahnen, Zugverbindungen) zu diesen
Zentren.

Bei Beurteilung der Mikrolage spielen die klein-
räumigen Erreichbarkeiten zwar auch eine Rolle.
Je nach Nutzungsart sind für die Lageeinschätzung
neben harten vor allem auch weiche Lagefaktoren
bedeutsam. Harte Lagefaktoren sind quantifizierbar
zum Beispiel Entfernungen, deren Überwindung
Kosten für Verkehrsmittel oder Gütertransport
verursacht. Weiche Lagefaktoren sind auf subjektive Einschätzungen von Lagequalitäten zurückzuführen, zum Beispiel Milieu der Umgebung eines
Standortes. Auch wenn weiche Lagefaktoren aus
sich heraus nicht quantifizierbar sind, kann ihnen
doch ein erheblicher Anteil am Gesamtlagewert zu-
kommen. Bei der Lageanalyse kann ein Zensurie-
rungssystem weiterhelfen. Wenn es beispielsweise
darum geht, die Lagequalität eines Einfamilienhauses zu bestimmen, können die verschiedenen
grundlegenden Lagefaktoren gewichtet werden,
wobei man sich an einem Lageoptimum orientiert:
Kurzbeispiel:

- Lageoptimum (Orientierungsvorgabe
  der Lagen für Einfamilienhäuser)
- Verkehrslage: 30
- Ortslage: 30
- Umgebung/Milieu: 40
- Gesamt = 100

Lageeinschätzung eines bestimmten Einfamilienhauses: (Vergleich zum Lageoptimum)

- Verkehrslage: 15
- Ortslage: 30

- Umgebung/Milieu: 20
- Gesamt = 65

Die Lage des Einfamilienhauses würde hier im
Vergleich zum Optimum eine noch befriedigende
mittlere Wohnlage sein. Nun kann man nach der
Zielbaummethode die Orientierungsvorgabe noch
weiter auffächern, in dem zum Beispiel die Verkehrslage (Erreichbarkeit) in folgende Komponenten zerlegt wird:

- Nähe zu Schulen: 3
- Nähe zum Kindergarten: 5
- Nähe zu Einkaufsmöglichkeiten
  (täglicher Bedarf): 6
- Nähe zu Sport- und Freizeiteinrichtungen: 3
- Nähe zur Kulturstätten: 2
- Nähe zu öffentlichen Verkehrsmitteln
  und deren Frequenz: 4
- Nähe zu Ärzten: 2
- Nähe zum Stadtzentrum: 5
- Gesamt = 30

Dies ist natürlich nur ein Beispiel. Wer sich mit Lageanalysen beruflich befassen muss, der müsste, bevor er solche leitbildhaften Orientierungsvorgaben
für verschiedene Objektarten erstellt, die spezielle
Raumstruktur erfassen. Man kann Lagespezifika
eines Raumes nicht auf andere Räume übertragen.
Hinzuweisen ist auch noch darauf, dass die Ge-
wichtung zwischen harten und weichen Lagefaktoren von der Nutzung abhängt. So spielen die
harten Lagefaktoren bei gewerblichen Immobilien
(Produktionsstandorte) eine größere Rolle. Bei
Konsumstandorten, also bei Wohnnutzung domi-
nieren die weichen Lagefaktoren.

Die Lage beschreibt einen objektiven Sachverhalt
einer Immobilie, für bestimmte Nutzergruppen. Im
Gegensatz dazu beschreibt der „Standort" einen
subjektiven Sachverhalt aus der Perspektive eines
ganz bestimmten Nutzers.

Lageplan
site plan; location plan; layout; plan of site

Der Lageplan gehört zu den Bauvorlagen und Beleihungsunterlagen. Soweit der Lageplan Bestandteil einer Bauvorlage ist, muss er bestimmte, in den
Bauvorlagenverordnungen der Bundesländer bezeichnete Darstellungen enthalten. Sie sind länder-
unterschiedlich geregelt. In der Regel zählen hierzu der Maßstab (in der Regel 1:500) die Lage des
Grundstücks zur Himmelsrichtung, die Bezeichnung des Grundstücks (Gemeinde, Straße, Haus-
nummer, Grundbuch, Gemarkung, Flur, Flurstück),
Flächeninhalt und katastermäßige Grenzen des zu
bebauenden Grundstücks und der Umgebungs-
grundstücke, der vorhandene Gebäudebestand

sowie im Liegenschaftsbuch enthaltene Hinweise auf Baulasten. In einigen Bundesländern wird unterschieden zwischen dem einfachen und dem qualifizierten Lageplan. Der einfache Lageplan enthält die oben dargestellten Angaben. Der qualifizierte Lageplan, der vor allem bei Grenzbebauungen benötigt wird, enthält außerdem noch Grenzlängen und Abstandsmaße und stellt den aktuellen Bebauungszustand der Nachbargrundstücke dar.

Landesplanung
regional planning (on state level)

Unter Landesplanung versteht man den Teil der Raumplanung, der auf der Grundlage des Raumordnungsgesetzes den Bundesländern als Aufgabe zugewiesen ist. Dabei ist zu beachten, dass im Zuge der Föderalismus-Reform die Planungskompetenz der Bundesländer erweitert wurde. Sie können von den Vorschriften des Raumordnungsgesetzes im Rahmen der Landesgesetzgebung abweichen. Rechtliche Grundlage der Landesplanung waren schon vorher die Landesplanungsgesetze der Bundesländer. Die Ministerkonferenz für Raumordnung (MKRO), die in bestimmten Abständen stattfindet, hat die Aufgabe „der gegenseitigen Unterrichtung und Abstimmung über grundsätzliche Fragen und Positionen der Raumordnung und Raumentwicklung".

Instrumente der Landesplanung sind die Landesentwicklungsprogramme und auf der Ebene der Planungsregionen die Regionalpläne beziehungsweise regionalen Raumordnungspläne und die Raumordnungsverfahren. Die Bauleitplanung ist mit den Regionalplänen durch die Vorschrift im BauGB verzahnt. Die Bauleitpläne sind den Zielen der Raumordnung anzupassen.

Landpachtvertrag
farm lease; agricultural lease

Der Landpachtvertrag hat die Überlassung von landwirtschaftlich genutzten Flächen mit oder ohne die zu ihrer Bewirtschaftung nötigen Gebäude zum Gegenstand. Pachtgegenstand kann ein kompletter Hof mit Wohn- und Wirtschaftsgebäuden, Feldern und Nutzflächen aller Art sein.

Für die Landpacht trifft das Bürgerliche Gesetzbuch besondere Regelungen in §§ 585 ff. Diese gelten auch für forstwirtschaftliche Grundstücke, welche zur Verwendung im Rahmen eines überwiegend landwirtschaftlichen Betriebes verpachtet werden.

Bei einem Landpachtvertrag muss zwar der Verpächter dem Pächter die Pachtsache in ordnungsgemäßem, zur vertragsgerechten Nutzung geeigneten Zustand überlassen und diesen auch weiterhin auf-

recht erhalten. Für gewöhnliche Ausbesserungen (zum Beispiel der Wohn- und Wirtschaftsgebäude, der Wege, Gräben, Dränagen und Zäune) hat jedoch der Pächter auf eigene Kosten zu sorgen. Er ist ferner zur ordnungsmäßigen Bewirtschaftung verpflichtet. Ohne Erlaubnis des Verpächters darf der Pächter weder eine Unterverpachtung vornehmen, noch die Pachtsache ganz oder teilweise einem landwirtschaftlichen Zusammenschluss (Genossenschaft etc.) für eine gemeinschaftliche Nutzung überlassen.

Landpachtverträge werden oft befristet für einen bestimmten Zeitraum geschlossen. Aber: Ein Landpachtvertrag, der für einen längeren Zeitraum als zwei Jahre nicht in schriftlicher Form vereinbart wird, gilt per Gesetz für unbestimmte Zeit. Vertragslaufzeiten von vielen Jahren sind üblich. Es gibt die Möglichkeit, einen Landpachtvertrag über einen Zeitraum von über 30 Jahren zu schließen (vgl. § 594b BGB). Nach Ablauf der 30 Jahre kann allerdings jeder Vertragspartner das Pachtverhältnis spätestens am dritten Werktag eines Pachtjahrs für den Schluss des nächsten Pachtjahrs kündigen. Dies wiederum ist unzulässig, wenn der Vertrag für die Lebenszeit des Verpächters oder des Pächters geschlossen wurde.

Ein Pachtvertrag endet üblicherweise erst mit Ablauf der vereinbarten Befristung. Allerdings verlängert sich ein auf mindestens drei Jahre abgeschlossener Pachtvertrag auf unbestimmte Zeit, wenn auf die Anfrage eines Vertragsteils, ob der andere zur Fortsetzung bereit ist, dieser nicht innerhalb von drei Monaten ablehnt. Anfrage und Ablehnung müssen schriftlich stattfinden. Die Anfrage bleibt allerdings wirkungslos, wenn in ihr nicht ausdrücklich auf die Folgen des Schweigens hingewiesen wird und wenn sie nicht im drittletzten Pachtjahr erfolgt.

Gibt es keine Befristung, kann ein Landpachtvertrag von jedem der beiden Vertragspartner spätestens am dritten Werktag eines Pachtjahrs für den Schluss des nächsten Pachtjahrs gekündigt werden. Soll eine kürzere Kündigungsfrist vereinbart werden, muss dies schriftlich geschehen. In Fällen, in welchen der Pachtvertrag außerordentlich mit gesetzlicher Frist vorzeitig gekündigt werden kann, ist dies nur für den Schluss eines Pachtjahrs zulässig. Die Kündigung muss spätestens am dritten Werktag des halben Jahres stattfinden, mit dessen Ablauf die Pacht enden soll. Eine solche außerordentliche Kündigung ist zum Beispiel möglich, wenn der Pächter berufsunfähig wird und der Verpächter einer Überlassung an einen Dritten, der eine ordnungsmäßige Bewirtschaftung gewährleistet, widerspricht.

Landschaftsplan
landscape plan; landscape project

Das Bundesnaturschutzgesetz schreibt vor, dass die Gemeinden auf der Grundlage der Landschaftsprogramme der Bundesländer und der für die Regionen daraus entwickelten Landschaftsrahmenpläne sog. Landschaftspläne aufstellen müssen.

Ein Landschaftsplan enthält einerseits Darstellungen einer Bestandsaufnahme des gegebenen Zustands von Natur und Landschaft und ihre Bewertung, andererseits die Darstellung des angestrebten Zustandes und der zur Erreichung dieses Zustandes erforderlichen Maßnahmen. Darstellungen des Landschaftsplanes können auf der Grundlage von Länderbestimmungen in die Bauleitplanung aufgenommen werden.

Wie aus Flächennutzungsplänen Bebauungspläne entwickelt werden, sind Landschaftspläne Grundlage auch für Grünordnungspläne.

Landschaftsschutzgebiet
area of outstanding natural beauty; landscape conservation area; landscape preserve; (protected) nature reserve

Laut § 26 des Bundesnaturschutzgesetzes versteht man unter einem Landschaftsschutzgebiet rechtsverbindlich festgesetzte Gebiete, in denen ein besonderer Schutz von Landschaft und Natur erforderlich ist. Bei Aufstellung von Bauleitplänen sind die Flächen zu berücksichtigen, die unter anderem den Belangen des Naturschutzes genügen. Im Flächennutzungsplan werden die Flächen dargestellt, für die Maßnahmen zum Schutz der Natur vorzusehen sind. Entsprechende Festsetzungsmöglichkeiten sind auch für Bebauungspläne vorgesehen. Pflegemaßnahmen beziehen sich auf die Erhaltung oder Wiederherstellung der Leistungs- und Funktionsfähigkeit des Naturhaushalts oder der Regenerationsfähigkeit und Nutzungsfähigkeit der Naturgüter.

In den Schutzbereich von Landschaftsschutzgebieten können auch die Erhaltung der Vielfalt, Eigenart und Schönheit des Landschaftsbildes einbezogen werden oder seine besonderen Bedeutung für die Erholung. In einem Landschaftsschutzgebiet ist alles untersagt, was den Charakter des Gebietes verändern oder dem Schutzzweck zuwiderlaufen würde. In Deutschland gibt es etwa 6.616 Landschaftsschutzgebiete mit einer Fläche von 9.591.503 ha. Das sind 26,9 Prozent der Gesamtfläche. (Quelle: Katalyse, Institut für angewandte Umweltforschung)

Laube
arbour; bower; garden house; summer house

Laube ist die Bezeichnung für eine seitlich offene Halle beziehungsweise für die einem Platz oder einer Straße zugewandte offene Vorhalle eines Gebäudes. Lauben dienten vom Mittelalter bis etwa ins 18. Jahrhundert hinein zum Abhalten von Märkten, Versammlungen oder Gerichtsverhandlungen ("Gerichtslaube").

Darüber hinaus werden kleine, meist leicht gebaute und seitlich offene Schutzhäuser in Gärten, und im weiteren Sinne auch kleinere geschlossene Gartenhäuschen, als Lauben (Gartenlauben) bezeichnet. Der Begriff wird auch für dreiseitig umschlossene Freisitze von Stockwerkswohnungen verwendet, doch ist hierfür die Bezeichnung Loggia – das italienische Pendant für Laube – üblicher.

Laubengang
arcade; access balcony; exterior corridor; pergola

Laubengang nennt man den offenen, überdachten Außengang eines Mehrfamilienhauses, der den Zugang zu den Wohnungen auf einer oder mehreren Etagen ermöglicht. Er hat einen Zugang vom Treppenhaus. Laubengänge sind anfänglich wohl in Burgen, Klöstern sowie auch Erholungseinrichtungen als Wandelgänge gebaut worden. Sie verbinden verschiedene Gebäude oder Gebäudeteile und bieten den Benutzern Schutz vor Wettereinflüssen. Besonders in den 60er-Jahren finden sich in größeren Mehrfamilienhausanlagen diese Erschließungswege innerhalb eines Geschosses für die einzelnen Wohnungen wieder. Daraus resultierenden zwei völlig unterschiedliche Seitenansichten der Häuser. Nur relativ wenige Architekten haben dies für interessante Lösungen zu nutzen gewusst. Neuerdings gewinnen Laubengänge aus sozialökologischen Gründen wieder an Bedeutung. Um den Wärmeverlust des Gebäudes nach außen auf ein Minimum zu reduzieren, werden Flure aus dem Volumen des Kernhauses ausgelagert. Die thermische Hülle wird luft- und winddicht ausgeführt, während der Laubengang offen davor liegt und einen geschützten Raum für Begegnungen bietet.

Leerstand
void; vacancy

Leerstand bezeichnet nicht vermietete, aber unmittelbar beziehbare Flächen in Neubauten und Bestandsobjekten. Aufwendungen für das Objekt können steuerlich nur dann berücksichtigt werden, wenn die Immobilie vermietet werden soll. Steht das Objekt vor dem Verkauf leer, können die Kosten grundsätzlich mangels Weitervermietungsabsicht steuerlich nicht berücksichtigt werden. Unter Umständen kann der längerfristige Leerstand einer Wohnung von den Wohnungsämtern als Zweckentfremdung von Wohnraum angesehen werden. In einem solchen Fall drohen dem Vermieter Bußgelder.

Seit 2003 ist es nach § 35a Abs. 3 EStG möglich, die Aufwendungen für Handwerkerleistungen bei Modernisierungs-, Renovierungs- oder Erhaltungsmaßnahmen einer selbst genutzten Wohnimmobilie bis zu einer Höhe von 20 Prozent der gesamten Arbeitslohnkosten bis zu einem bestimmten Maximalbetrag steuerlich geltend zu machen. Dies bedeutet, dass (seit 1.1.2009) bis zu 1.200 Euro direkt von der Steuerschuld abgezogen werden können. Das Finanzgericht Niedersachsen (Urt. v. 9.11.2005, Az. 3k 343/05) hat entschieden, dass dies auch für Arbeiten gilt, die während eines zeitweiligen Leerstands der Immobilie durchgeführt wurden. In dem entschiedenen Fall hatte sich die Eigentümerin eines Einfamilienhauses ein ganzes Jahr lang krankheitsbedingt in einem Pflegeheim aufhalten müssen und in der Zwischenzeit ihr Wohnhaus neu ausmalen lassen. Die gegen dieses Urteil beim Bundesfinanzhof zunächst eingelegte Revision (Az. VI R 75/05) wurde von der Finanzverwaltung zurückgenommen. Das Urteil ist damit rechtskräftig.

Stehen in einem Mehrfamilienhaus einzelne Mietwohnungen leer, kann der Vermieter nicht einseitig den Umlageschlüssel für die Betriebskosten so abändern, dass die Anteile der leeren Wohnungen auf die verbliebenen Mieter umgelegt werden. Dies entschied der Bundesgerichtshof (Urt. v. 31.5.2006, Az. VIII ZR 159/05).

Lehmbauweise
clay construction

Lehm wurde bereits im Mittelalter in Deutschland als Baustoff verwendet – etwa als Brand-

schutz für Strohdächer oder zum Verputzen von Fachwerkhäusern. Heute wird er immer häufiger wieder verwendet. Grund sind seine vorteilhaften Eigenschaften. So lagert sich das Wasser aus der Luftfeuchtigkeit an den Lehmporen ab und wird bei trockener Luft wieder abgegeben. Resultat ist eine ständige Luftfeuchtigkeit von 50 Prozent im Innenraum, was trockene Schleimhäute verhindert und trotzdem keinen Schimmel aufkommen lässt. Ganze Häuser werden jedoch selten aus Lehm errichtet. Außenwände aus Lehm sind infolge der Bestimmungen der Energieeinsparverordnung durch eine Wärmedämmung zu isolieren. Um bei umweltgerechten Baustoffen zu bleiben, kann zum Beispiel eine Strohballendämmung vorgenommen werden. Lehm gilt als schallisolierend und ist selbst ein guter Wärmespeicher, was zu Energieeinsparungen führen kann. Auch für die Baustoffherstellung ist ein geringerer Energiebedarf notwendig als bei herkömmlichen Baustoffen.

Lehm ist nicht wasserfest; besonders in noch feuchtem Zustand während der Bauzeit ist er vor Regen und Frosteinwirkungen zu schützen. Hier sind überstehende Dächer, Spritzwassersockel und entsprechende Außenanstriche und -putze unerlässlich.

In Deutschland kann man sich bei der Handwerkskammer zur „Fachkraft Lehmbau" weiterbilden lassen. Der Dachverband Lehm e.V. setzt sich für das Bauen mit Lehm ein und hält Informationen bereit.

Leibgeding
widow's dower

Unter Leibgeding (auch Altenteil) versteht man wiederkehrende, vertraglich abgesicherte Geld- oder Naturalleistungen an einen Berechtigten. In der Regel sind diese Leistungen noch mit einem unentgeltlichen Wohnungsrecht verbunden. Solche Vereinbarungen werden in der Regel im Zusammenhang mit der altersbedingten Übertragung des Eigentums an einem landwirtschaftlichen Hof auf einen der späteren Erben getroffen. Dieser (meist der älteste Sohn) verpflichtet sich zu lebenslangen Unterhaltsleistungen, der Gewährung von Unterkunft und nicht selten auch der Pflege in alten und kranken Tagen. Die Absicherung des Leibgedings im Grundbuch erfolgt hinsichtlich der laufenden Leistungen über eine Reallast und hinsichtlich des Wohnungsrechts über eine beschränkte persönliche Dienstbarkeit.

Leistungsphasen
work phases

Leistungsphasen sind in neun Gruppen in der HOAI (Honorarordnung für Architekten und Ingenieure) eingeteilt. Um eine angemessene Honorarforderung zu gewährleisten, wird die standardmäßige Abfolge aller zu erwartenden Aufgaben eines Bauvorhabens erfasst und in ihrer Arbeitsintensität prozentual zur Gesamtleistung festgelegt. Diese Teilabschnitte gliedern auch das Honorar.

Da sich die Arbeit von Architekten und Ingenieuren, Landschaftsplanern und Innenarchitekten unterscheidet, werden sie in unterschiedliche Bewertungsgruppen zusammengefasst (Gebäude, Freianlagen, raumbildende Ausbauten). Die Leistungsphasen sind:

- Grundlagenermittlung,
- Vorplanung,
- Entwurfsplanung,
- Genehmigungsplanung,
- Ausführungsplanung,
- Vorbereitung bei der Vergabe,
- Mitwirkung bei der Vergabe,
- Objektüberwachung,
- Objektbetreuung und Dokumentation.

Leitzinsen
base rate; key rate; central bank discount rate

Leitzinssätze sind Zinsbedingungen, die eine Zentralbank festsetzt. Die Festsetzungen dienen durch ihre Leitfunktion der Geldmengenregulierung mit dem Hauptziel der Erhaltung der Geldwertstabilität (Vermeidung von Inflation und Deflation). Zuständig für die Leitzinsfestlegung im Euro-Raum ist das Direktorium der europäischen Zentralbank (EZB) zusammen mit den Präsidenten von derzeit zwölf Zentralbanken der Staaten, die den Euro eingeführt haben. Beide Gremien zusammen bilden den EZB-Rat. Zu ihrem geldpolitischen Instrumentarium gehört die Festsetzung der Zinssätze für

- die Einlagefazilität (Möglichkeit der Banken zur kurzfristigen Einlage nicht benötigter Gelder bei der EZB). Er schwankte bisher zwischen 3,75 Prozent um die Jahreswende 2000/2001 und 0 Prozent – einem historischen Tief) im Juli 2012;
- die Spitzenrefinanzierungsfazilität (Möglichkeit der Zentralbanken, sich kurzfristig Gelder von der EZB gegen Verpfändung notenbankfähiger Wertpapiere zu beschaffen), Schwankungsbreite zwischen 5,75 Prozent im Januar 2001 und 1,5 Prozent im Juli 2012;
- die Hauptrefinanzierung (Zinssatz, durch den der wesentliche Einfluss auf die der Wirtschaft zufließende Geldmenge ausgeübt wird). Der Hauptrefinanzierungszinssatz der EZB betrug im Oktober 1999 4,75 Prozent und lag im Juli 2012 bei 0,75 Prozent.

Die Einlage- und die Spitzenfazilität sind liquiditätspolitische Instrumente. Die Zinssätze der Einlage- und der Spitzenrefinanzierungsfazilität bilden den Zinskanal, innerhalb dessen sich der längerfristige Geldmarktzins bewegt. Der Hauptrefinanzierungszinssatz, der die längerfristige Geldvergabe steuert, ist der weitaus wichtigste Leitzins. Er steht vor allem im Fokus der Öffentlichkeit, wenn über die Geldpolitik der EZB berichtet wird.

Die wiederholte Änderung dieses Leitzinses in einer Richtung wirkt sich unmittelbar auf die Zinssätze für Spareinlagen und für kurzfristige Zwischen- und Vorfinanzierungsaktionen in der Immobilienwirtschaft aus und schlägt in der Regel mit Zeitverzögerung auch auf die Zinsen für langfristige Kredite durch.

Der Hauptrefinanzierungszinssatz ist auch die Bezugsgröße für den deutschen Basiszinssatz. Die prozentuale Änderung des Hauptrefinanzierungszinssatzes innerhalb einer Jahreshälfte ist bestimmend für die Änderung des Basiszinssatzes, der jeweils zum 1. Januar und zum 1. Juli eines Jahres von der Deutschen Bundesbank veröffentlicht wird.

Liebhaberobjekte
collector's items

Als Liebhaberobjekte werden Immobilien bezeichnet, die besondere Merkmale aufweisen, bei denen der Verkehr annimmt, dass es Interessenten gibt, die deshalb eine besondere Affinität und damit Wertschätzung zu diesem Objekt verbinden könnte. Solche Merkmale können ein größerer Teich auf dem Grundstück sein, eine denkmalgeschützte Fassade, ein weiter, freier Ausblick auf eine reizvolle Landschaft oder Ähnliches. Die im Erwerbsfall von „Liebhabern" bezahlten Objektpreise sind in der Regel Ausreißer, die wegen der Ungewöhnlichkeit der Interessenten-Objektbeziehung als Referenzpreise für eine generelle Markteinschätzung ungeeignet sind. Nicht selten versuchen Verkäufer von gewöhnlichen Immobilien, ihr Objekt als „Liebhaberobjekt" anzubieten, obwohl hierfür die Grundlagen oder das Interessentenpotenzial fehlen. Solche Mühen sind regelmäßig vergeblich.

Liquidität
solvency; liquidity
Unter der Liquidität versteht man Zahlungsfähigkeit. Zur Aufrechterhaltung dieser Zahlungsfähigkeit müssen Mittel bereitstehen, über die sofort verfügt werden kann. Tritt wegen des Mangels an Liquidität ein Zustand der Zahlungsunfähigkeit ein, muss Insolvenz angemeldet werden. Schon bei drohender Zahlungsunfähigkeit kann auf Antrag des Betroffenen Insolvenz beantragt werden. Der Liquiditätsgrad ist neben der Rentabilität eine wichtige Unternehmenskennzahl. Unterschieden wird zwischen verschiedenen Liquiditätsgraden (Verhältnisse von Barmitteln, kurzfristigen Forderungen oder dem Umlaufvermögen zu den entsprechenden kurzfristigen Verbindlichkeiten). Überliquidität vermindert die Rentabilität.

Bei Fonds besteht die Liquidität in frei verfügbaren Mitteln im Rahmen des Fondsvermögens. Die Immobilienfondsgesellschaften dürfen maximal 49 Prozent des Sondervermögens liquide halten. Da manche Gesellschaften in der Vergangenheit bis dicht an diese Grenze gestoßen sind (Grund: mangelnde Auswahl an geeigneten Objekten), gab es zeitweilig sogar einen Vertriebsstopp.

Löschung
satisfaction (of a debt, etc.); extinction; extinguishment; cancellation; discharge; unloading
Löschung ist die Beseitigung einer Eintragung im Grundbuch. Die erledigte Eintragung wird jedoch nicht aus dem Grundbuch entfernt, sondern rot unterstrichen oder durchgestrichen. Unter der Spalte „Löschungen" wird anschließend ein spezieller Löschungsvermerk eingetragen. Damit soll auch später noch erkennbar sein, wann sich welche Eintragungen erledigt haben. Im Zweifel kommt es nicht auf die Rötung, sondern auf die Eintragung des Vermerks an. Die Löschung muss von demjenigen bewilligt werden, dessen Recht davon berührt wird.

Loft
loft
Nach Langenscheidt: Zur Wohnung (und/oder Arbeitsplatz) umgestaltete ehemalige Fabriketage. Sie zeichnet sich durch weitläufige, meist hohe und lichtoffene Raumgestaltung und großzügige, individuelle Grundrisse fernab des Alltäglichen aus. Die Geburt des Loft-Living fand in den USA statt. In den späten 40er-Jahren waren Künstler auf der Suche nach günstigen großen Atelier- und Wohnmöglichkeiten. Einer der Trendsetter der Loft-Bewegung war Andy Warhol (1928-1987). Sein Loft, die sogenannte „Factory" in Manhattan war in den 60er-Jahren Kunsttreff, wie auch Atelier, Bühne und Wohnung.

Seit dieser Zeit werden in vielen amerikanischen und europäischen Metropolen brachliegende Fabrikhallen in Wohnquartiere mit besonderem Charme umgenutzt. Lofts verbreiten sich zunehmend in Europa, zum Beispiel in London (Docklands), Amsterdam, Paris. Sie hielten aber auch in Deutschland Einzug. Man findet sie heute vor allem in Berlin (zum Beispiel Paul Lincke Höfe, Steinhof an der Planke – eine ursprüngliche Nudelfabrik, das Königliche Leihamt), Hamburg (alte Speicherstadt), Köln (Stollwerk Fabrik) und Frankfurt. Die Größen der einzelnen Lofts bewegen sich in Deutschland zwischen 50 und 500 Quadratmeter Wohn- oder Nutzfläche – je nach Nutzungsart.

Logistikimmobilien
logistics real estate
Logistikimmobilien sind Grundstücke, Gebäude und andere bauliche Anlagen, die der Lagerung, dem Transport oder dem Umschlag von Gütern dienen. Dazu zählen beispielsweise Warenlager für Industrie und Handel, Luftfrachtzentren, Verteilzentren, Cross Docking Centers und Transshipment Centers. Für Immobilieninvestoren, die sich im Bereich Gewerbeimmobilien engagieren, stellen Logistikimmobilien eine wichtige Investmentalternative zu Büros, Shopping-Centern und Hotels dar. Häufig werden mit Logistikimmobilien höhere Renditen erzielt als mit Immobilien anderer Nut-

zungsarten. Die Nutzungsdauer der Objekte ist im Bereich Logistik allerdings oft wesentlich kürzer, zudem sind in der Regel kaum Wertsteigerungen zu erwarten. Ein wesentlicher Einflussfaktor für den Wert von Logistikimmobilien ist neben dem Standort und der Qualität des Gebäudes die Drittverwendungsfähigkeit.

Mahnverfahren, gerichtliches
credit control procedures; collection proceedings, judicial/legal

Jede Geldforderung in inländischer Währung (zum Beispiel Miete, Betriebskosten, Immobilienkaufpreis, Hypothekenforderung) kann nicht nur im Rahmen eines Rechtsstreites, sondern auch im Rahmen des gerichtlichen Mahnverfahrens geltend gemacht werden. Dadurch soll – wenn der Schuldner die Forderung nicht ernsthaft bestreitet, sie aber entweder nicht erfüllen kann oder will – dem Gläubiger über die Geldforderung schnell und einfach ohne mündliche Verhandlung ein Vollstreckungstitel verschafft werden. Zuständig für das Mahnverfahren sind ausschließlich die Amtsgerichte. Dort kann der Gläubiger (Antragsteller), ohne darlegen zu müssen, inwieweit er überhaupt anspruchsberechtigt ist, den Erlass eines Mahnbescheides beantragen. Das Gericht prüft lediglich, ob die gesetzlich vorgeschriebenen Formalismen eingehalten sind, nicht aber, ob der geltend gemachte Anspruch zu Recht besteht. Legt der Schuldner (Antragsgegner) gegen den Antrag keinen Widerspruch ein, so ergeht ein Vollstreckungsbescheid, der die Wirkung eines Versäumnisurteils hat. Aufgrund dieser Wirkung hat der Antragsgegner die Möglichkeit, gegen den Vollstreckungsbescheid Einspruch einzulegen. Tut er dies nicht, werden der Vollstreckungsbescheid und damit die Forderung rechtskräftig.

Maisonette
maisonette

Maisonette (Maison = Haus) bezeichnet eine auf zwei Stockwerke verteilte Wohnung, deren Etagen mit einer internen Treppe verbunden sind. Häufig ist bei Maisonetten die Mansarde in den Wohnbereich mit einbezogen.

Makler
estate agent; broker

Makler sind Gewerbetreibende, die Verträge vermitteln. Zu unterscheiden ist zwischen Zivilmaklern und Handelsmaklern. Handelsmakler befassen sich nur mit der Vermittlung von Verträgen über Gegenstände, die im Rahmen des Handelsverkehrs eine Rolle spielen (Waren, Wertpapiere, Versicherungen, Güterbeförderungen, Schiffsmiete). Ihr Recht ist in den §§ 93-104 HGB geregelt. Zivilmakler befassen sich mit Verträgen, deren Regelung im BGB angesiedelt ist (Mietverträge, Kaufverträge über Grundstücke, Darlehensverträge). Für sie gelten die Vorschriften der §§ 652-654 BGB. Zivilmakler können – im Gegensatz zum Handelsmakler – also schon dann einen Provisionsanspruch erwerben, wenn es infolge ihres Nachweises einer Vertragsgelegenheit zu einem Vertragsabschluss kommt. Voraussetzungen für den Provisionsanspruch sind ein Provisionsversprechen dessen, der zahlen soll, eine Maklertätigkeit (Nachweis oder Vertragsvermittlung), Zustandekommen des mit der Maklereinschaltung beabsichtigten Vertrages (Kaufvertrag, Mietvertrag) und ein Ursachenzusammenhang zwischen der Maklertätigkeit und dem Zustandekommen des beabsichtigten Vertrages.

Beim Vermittlungsmakler kann ein Provisionsanspruch auch dann entstehen, wenn der abgeschlossene Vertrag vom ursprünglich beabsichtigten abweicht. Voraussetzung aber ist, dass dieses Abweichen auf die Vermittlungsbemühungen des Maklers zurückzuführen ist.

Das Problem des zivilen Maklerrechts besteht darin, dass einerseits der Makler nicht verpflichtet, sondern nur berechtigt ist, für den Auftraggeber tätig zu werden; andererseits der Auftraggeber nicht verpflichtet ist, erbrachte Maklerleistungen „abzunehmen". Er kann jederzeit den erteilten Auftrag widerrufen, andere Makler zusätzlich einschalten, die Objektangebotsbedingungen beliebig ändern usw. Das entzieht dem Makler die Möglichkeit, seinen Kosten- und Zeiteinsatz vernünftig zu kalkulieren. Makler weichen deshalb in der Regel auf die Vereinbarung von Alleinaufträgen aus.

Wird ein Makler für beide Parteien provisionspflichtig tätig, spricht man von einem Doppelmakler. Während der Makler allgemein die Interessen seines Auftraggebers zu vertreten hat, muss er im Fall der Doppeltätigkeit bei der Vermittlung eine neutrale Position beziehen. Verletzt er die Neutralitätspflicht, verwirkt er seinen Provisionsanspruch gegenüber demjenigen der beiden Auftraggeber, der benachteiligt wurde.

Die beiden Positionierungen der Makler können zu unterschiedlichen wirtschaftlichen Ergebnissen führen. Ein Makler, der Interessen-Vertreter einer Partei ist, wird eine höhere Erfolgsquote haben als ein neutraler Vermittler, der durch seine Neutralitätspflicht in seinen Aktivitäten gehemmt wird. Andererseits gilt beim Makler als einseitigem Interessen-Vertreter natürlich auch der Grundsatz: „Wer zahlt schafft an".

Sehr problematisch ist die Konstellation Makler zu Auftraggeber, wenn beide Seiten miteinander wirtschaftlich oder rechtlich verflochten sind. Wenn zum Beispiel ein Bauträger an einer Makler-GmbH beteiligt ist, die die Bauträgerobjekte vertreiben soll, dann ist wegen der wirtschaftlichen Verflechtung ein Provisionsanspruch gegenüber dem Erwerber eines Bauträgerobjektes ausgeschlossen. Der Bauträger kann natürlich eine Provision bezahlen.

Wer das Gewerbe eines Immobilien-, Wohn- und Gewerberaummaklers betreiben will, muss hierfür eine Erlaubnis nach § 34c der Gewerbeordnung (GewO) beantragen. Die erlaubnispflichtige Tätigkeit wird hier mit dem Nachweis von Vertragsabschlussgelegenheiten oder Vermittlung von Verträgen über „Grundstücke, grundstücksgleiche Rechte, gewerbliche Räume, Wohnräume oder Darlehen" umschrieben. Die Erlaubnis wird nur erteilt, wenn der Antragsteller die für den Betrieb erforderliche Zuverlässigkeit besitzt und sich in geordneten Vermögensverhältnissen befindet. Wer ohne Erlaubnis gewerbsmäßig als Makler tätig wird, begeht eine Ordnungswidrigkeit und muss mit Verhängung eines Bußgeldes rechnen.

Makler- und Bauträgerverordnung (MaBV)
German brokers' and commercial developers' ordinance

Die MaBV regelt als Verbraucherschutzverordnung die Beziehungen zwischen den Auftraggebern einerseits und Maklern, Kapitalanlagevermittlern, Bauträgern und Baubetreuern andererseits. Im Mittelpunkt steht der Schutz des Vermögens der Auftraggeber. Die MaBV enthält Sicherungsvorschriften bei Verwendung von Geldern der Auftraggeber, Informations- und Buchführungsvorschriften, Vorschriften über die Sammlung und Aufbewahrung von Prospekten sowie Vorschriften über Pflichtprüfung, Prüfung aus besonderem Anlass und behördliche Nachschau.

Der mit „Buchführungspflicht" überschriebene § 10 bezieht sich nicht auf eine kaufmännische Buchführungspflicht im Sinne des HGB. Vielmehr müssen Makler, Bauträger und Baubetreuer, sobald sie einen Auftrag angenommen haben, Aufzeichnungen machen und Unterlagen übersichtlich sammeln, aus denen sich die Erteilung und die Bearbeitung des Auftrages nachvollziehbar ergeben.

Für reine Maklerbetriebe ist die Pflicht zur jährlichen Abgabe eines Prüfungsberichts entfallen. Für die übrigen Gewerbetreibenden gelten die Vorschriften über die Inseratesammlung und die jährliche Pflichtprüfung nach wie vor.

Sicherungspflichten entstehen dann, wenn ein Makler vom Kauf- oder Mietinteressenten (Auftraggeber) Gelder annimmt, um sie an den Verkäufer/Vermieter oder an eine andere von diesen zu nennende Person weiterzuleiten. Allein schon die Ermächtigung zur Verfügung über Gelder des Auftraggebers löst Sicherungspflichten aus. Die Sicherung kann im Abschluss einer Vertrauensschadenversicherung oder in der Zurverfügungstellung einer selbstschuldnerischen Bankbürgschaft bestehen.

Rechtsgrundlage für diese Berufsausübungsregelung ist die Verordnungsermächtigung nach § 34c der Gewerbeordnung. Auftraggeber im Sinne der MaBV ist beim Maklergeschäft stets nur der Objektsuchende.

Zahlreiche Vorschriften der MaBV sind Ordnungsvorschriften. Ein Verstoß gegen sie ist eine Ordnungswidrigkeit, die mit einem hohen Bußgeld geahndet werden kann. Darunter fallen vor allem Verstöße gegen die Sicherungspflichten nach §§ 2, 4-6 MaBV (für Baubetreuer von praktischer Bedeutung) die §§ 3-7 (für Bauträger wichtig) und die §§ 9-11 MaBV, nämlich Anzeigepflichten, Aufzeichnungspflichten, Informationspflichten (für Makler, Baubetreuer und Bauträger von praktischer Bedeutung).

Maklerprovision
courtesy (to a broker); agent's fee; brokerage; leasing commission(s)

Die Maklerprovision, auch als Courtage oder Maklergebühr bezeichnet, ist die Vergütung für die erfolgreiche Tätigkeit des Maklers. Der Anspruch entsteht ausschließlich dann, wenn der mit der Einschaltung des Maklers erstrebte Erfolg eintritt. Die Höhe ist nach dem Willen des Gesetzgebers völlig unabhängig davon, welcher Sach- und Zeitaufwand beim Makler anfällt. Die Provision wird frei vereinbart und kann bei der Kaufvertragsvermittlung bis zu sechs Prozent des Kaufpreises zuzüglich Mehrwertsteuer betragen. Welchen Anteil davon Verkäufer und Käufer übernehmen, ist von Bundesland zu Bundesland unterschiedlich. In manchen Bundesländern wird die Zahllast ganz auf den Käufer abgewälzt. Soweit der Objektanbieter zur Provisionszahlung verpflichtet wird, spricht man von einer Innenprovision. Zahlt dagegen der Käufer bzw. Mieter Maklerprovision, spricht man von Außenprovision.

Besteht ein Provisionsanspruch, fehlt es aber an einer Vereinbarung über deren Höhe, ist die „übliche" Maklerprovision als vereinbart anzusehen. Eine erfolgsunabhängige Provision kann in den Allgemeinen Geschäftsbedingungen nicht vereinbart werden. Das deutsche Maklerrecht geht von der Fallgestaltung aus, dass eine der beiden Parteien, zwischen denen der Makler vermittelt, Auftraggeber ist. Welcher das ist – Objektanbieter oder Objektsuchender – bleibt offen. Das Gesetz erweist sich in diesem Punkt als lückenhaft. Denn so kann jede der beiden Vertragsparteien davon ausgehen, dass der jeweils andere Vertragspartner Auftraggeber des Maklers ist. Das Fehlen eines eindeutigen Provisionssystems ist Quelle für viele Rechtsstreitigkeiten, wie sie in anderen Branchen völlig unbekannt sind. Solche Rechtsstreitigkeiten sind zum Beispiel auch im Maklergeschäft der Niederlande oder in Großbritannien nicht denkbar.

Vorschriften über Provisionshöhen gibt es mit einer Ausnahme keine. Nur bei der Wohnungsvermittlung ist die Provision nach oben begrenzt. Sie darf nach dem Gesetz höchstens zwei Monatsmieten betragen zuzüglich Mehrwertsteuer, aber „ohne Nebenkosten, über die gesondert abzurechnen ist." Das bedeutet, dass nicht stets die Nettokaltmiete die Provisionsberechnungsgrundlage ist. Vielmehr können Nebenkostenbestandteile, die im Mietvertrag nicht separat als abzurechnende Umlagen ausgewiesen werden, in die Provisionsberechnung einbezogen werden. Dem Makler bleibt in solchen Fällen die Nachforschung über die Höhe der Nebenkostenbestandteile erspart, die in die Miete einbezogen wurden. Ein Wohnungsmieter, der mehr als die zwei Monatsmieten bezahlt hat, kann den überhöhten Teil zurückfordern. Außerdem handelt der Makler ordnungswidrig und muss zusätzlich mit einem Bußgeld rechnen.

Bei Ausstellung der Provisionsrechnung muss der Makler folgendes beachten: Sie muss den vollständigen Namen des Maklers (der Firma) und des Kunden enthalten. Die Rechnung muss ein Datum enthalten. Der Makler muss seine Steuernummer und die Umsatzsteuer-Identifikationsnummer angeben. Die Umsatzsteuer muss separat unter Angabe des Umsatzsteuersatzes ausgewiesen werden.

Maklervertrag
estate agent's contract; brokerage contract; listing contract

Immobilienmakler
Der Maklervertrag ist im Bürgerlichen Gesetzbuch geregelt. Nach dem gesetzlichen Leitbild handelt es sich um einen einseitigen Vertrag, bei dem derjenige zur Provisionszahlung verpflichtet wird, der eine Provision für den Fall versprochen hat, dass er durch Inanspruchnahme von Nachweis- oder Vermittlungsdiensten eines Maklers zu einem Vertragsabschluss gelangt. Der Makler selbst wird nicht verpflichtet, sondern nur berechtigt, für den Auftraggeber tätig zu werden. Der Vertrag ist jederzeit widerruflich. Im Maklervertrag ist die Höhe der Maklerprovision zu regeln. Besteht zwar Klarheit darüber, dass der Auftraggeber eine Provision bezahlen soll, wurde aber deren Höhe nicht festgelegt, schuldet der Auftraggeber im Erfolgsfall die übliche Provision. Eine Provision gilt als stillschweigend vereinbart, wenn die dem Makler übertragene Leistung nur gegen eine Provision zu erwarten ist. Davon kann immer nur dann ausgegangen werden, wenn der Auftraggeber bei der Geschäftsanbahnung die Initiative ergreift und sich an einen gewerbsmäßig tätigen Makler mit der Aufforderung wendet, für ihn maklerisch tätig zu werden.

Im Maklervertrag kann ein Aufwendungsersatz vereinbart werden. Da das Maklervertragsrecht des BGB abdingbar ist, können vom Gesetz abweichende Vereinbarungen getroffen werden. Hierzu zählt der Alleinauftrag. Allerdings ist dabei zu beachten, dass der Vereinbarungsspielraum im Rahmen vorformulierter Verträge durch die Vorschriften über die AGB erheblich eingeschränkt ist. Vielfach kommen heute Maklerverträge zwischen Makler und Interessenten für Immobilien dadurch zustande, dass der Makler unter Hinweis auf seine Maklerprovision Objektangebote in Immobilienportalen oder auf der eigenen Homepage abrufbar bereit hält. Setzt sich dann der Interessent mit dem Makler in Verbindung, nimmt er schlüssig das im Objektangebot enthaltene Angebot auf Abschluss eines Maklervertrags an. Allerdings ist darauf hinzuweisen, dass sich die Rechtsprechung hierzu noch in der Entwicklung befindet.

Wohnungsvermittler
Der Maklervertrag des Wohnungsvermittlers ist im Wohnungsvermittlungsgesetz geregelt. Im Gegensatz zum disponiblen Maklerrecht des BGB enthält das Wohnungsvermittlungsgesetz weitgehend zwingende Vorschriften, von denen vertraglich nicht abgewichen werden kann. So entsteht auf der Grundlage eines Provisionsversprechens ein Provisionsanspruch immer nur dann, wenn der Makler nachweisend oder vermittelnd tätig war und diese Tätigkeit zu einem Mietvertrag über Wohnraum geführt hat. Eine Provision kann nicht vereinbart werden, wenn der Makler selbst Eigentümer, Vermieter, Verwalter oder Mieter der angebotenen Wohnung ist. Das gleiche gilt, wenn der Makler mit dem Eigentümer, Vermieter oder Verwalter wirtschaftlich oder rechtlich verflochten ist.

Vorauszahlungen auf Provisionen sind verboten. Vom Mieter kann auch bei Vorliegen der übrigen Voraussetzungen keine Provision verlangt werden, wenn es sich bei der vermittelten Wohnung um preisgebundenen Wohnraum handelt, der mit öffentlichen Mitteln gefördert ist.

Darlehensvermittler

Der Vertrag, in dem sich der Darlehensvermittler vom Darlehensnehmer eine Provision versprechen lässt, darf inhaltlich nicht mit dem Darlehensvertrag oder dem Darlehensantrag verbunden sein. Der Darlehensvermittler muss dabei offen legen, wenn er vom Kreditinstitut ebenfalls eine Vergütung oder einen Bonus erhält. Der Provisionsanspruch wird nicht – wie bei den anderen Maklerverträgen – bereits mit dem Zustandekommen des vermittelten Vertrages, sondern erst mit der Auszahlung des Darlehens fällig. Außerdem darf bezüglich dieses Darlehensvertrages kein Widerrufsrecht des Darlehensnehmers mehr bestehen. Für den Maklervertrag ist Schriftform erforderlich. Die Besonderheiten des Vertrages sind in den §§ 655a ff. BGB geregelt.

Mansarde
mansard

Die Mansarde bezeichnet Wohnräume im Dachgeschoss, benannt nach dem französischen Baumeister J. Hardouin-Mansart. Ihr Ursprung liegt im 17. Jahrhundert, wo Mansardenwohnungen nur als vorübergehende oder behelfsmäßige Wohnungen galten, zum Beispiel für Studenten. Typisch für diese Art von Wohnung sind meist schräge Wände und kleinere Fenster. Als Wohnung anerkannt wird eine Mansardenwohnung jedoch nur mit ordnungsgemäßem Ausbau und der entsprechenden Installation. Ebenfalls wichtig sind ausreichende Heizungsmöglichkeiten.

Besonderheiten ergeben sich bei der Berechnung der Wohnfläche. Anders als bei Wohnungen mit geraden Wänden, werden hier, gemäß zweiter Berechnungsverordnung, Flächen mit einer Höhe von weniger als einen Meter nicht berücksichtigt und Flächen mit einer Höhe zwischen einem und weniger als zwei Meter nur zur Hälfte angerechnet.

Marktberichte (Immobilienmarkt)
market reports (real estate market)

Marktberichte zum Immobilienmarkt werden von Immobilienfirmen, Verbänden und Gutachterausschüssen veröffentlicht. Die Untersuchungen können sich auf einzelne Segmente und räumliche Teilmärkte beziehen (zum Beispiel der Büromarkt in Stuttgart, der Markt für Einzelhandelsflächen in

Deutschland). Neben einer Beschreibung des aktuellen Preisniveaus, der wichtigsten Trends und einer Skizzierung der Entwicklung des Marktes enthalten viele Marktberichte auch eine Prognose der weiteren Marktentwicklung. Verbände verfügen teilweise über eigene Marktforschungseinrichtungen. Immobilienmarktberichte tragen wesentlich zur Transparenz des Immobilienmarktes bei. Für Marktberichte der Gutachterausschüsse wurden von der Gesellschaft für immobilienwirtschaftliche Forschung (gif) „Empfehlungen zu Aufbau und Inhalt von Grundstücksmarktberichten" vorgelegt. Zu einer Vereinheitlichung der Marktberichte haben sie allerdings bisher nicht beigetragen.

Maße der baulichen Nutzung
land use intensity; degree of building coverage

Zu den Maßen der baulichen Nutzung zählen die
- GRZ (Grundflächenzahl)
  oder GR = zulässige Grundfläche,
- GFZ (Geschossflächenzahl)
  oder GF = Geschossfläche,
- H (Höhe der baulichen Anlagen),
- Z (Zahl der Vollgeschosse) sowie die
- BMZ (Baumassenzahl)
  oder BM = Baumasse.

In einem Bebauungsplan muss stets die GRZ bzw. GR festgesetzt werden, sowie entweder H oder Z, wenn das Landschaftsbild erhalten bleiben soll. Im Flächennutzungsplan können GFZ oder BMZ und H dargestellt werden.

Mauerwerk
brickwork; masonry

Man unterscheidet verschiedene Arten von Mauerwerk:

Sichtmauerwerk bleibt nach einer Seite unverputzt und ohne Wärmedämmung, es sei denn, es handelt sich um ein Element des zweischaligen Mauerwerks. Für die nach außen gewendete Sichtmauer müssen frostsichere Steine verwendet und mit Gießmörtel hohlraumfrei verfugt werden.

Verputztes Mauerwerk mit Innendämmung ist unter den einschaligen Mauerwerken eine bauphysikalisch weniger gute Lösung, was die nach der Energieeinsparverordnung vorgeschriebene Wärmedämmung betrifft. Sie ist billiger als die Außendämmung, jedoch nicht so effektiv.

Mauerwerk mit Außendämmung gibt es in mehreren Varianten. Die so genannte „Vorhangfassade" zeichnet sich dadurch aus, dass über der außen angebrachten Wärmedämmschicht eine auf Holzlatten befestigte Fassadenbekleidung angebracht ist.

Das **Wärmeverbundsystem (WDVS)** besteht einschließlich der Dämmschicht aus drei oder mehreren Schichten. Auf die Dämmschicht wird zur physikalischen Stärkung eine „Armierungsschicht" und zum Zweck des Wetterschutzes darauf eine Schlussbeschichtung aufgetragen.

Eine Alternative zum WDVS bietet die **„Plattenverkleidung"** eines nach außen wärmegedämmten Mauerwerkes. Neben den hier beschriebenen einschaligen Mauerwerken gibt es auch noch das zweischalige Mauerwerk. Die Errichtung von Wohn- und gewerblich genutzten Gebäuden ohne Wärmedämmung ist heute wegen der den Niedrigenergiehausstandard anstrebenden Energieeinsparverordnung kaum mehr möglich.

Mehrfamilienhaus
block of flats; residential building with three or more (usually horizontally divided) units; multiple dwelling unit

Beim Mehrfamilienhaus handelt es sich um ein Wohnhaus mit mindestens drei abgeschlossenen Wohneinheiten. Es kann sich um ein Mietwohnhaus oder um ein Haus mit Eigentumswohnungen handeln. Bei der Planung eines Mehrfamilienhauses sollte heute von vornherein die Aufteilung des Gebäudes in Wohnungseigentum vorgesehen werden.Für die so entstehenden Eigentumswohnungen lässt sich eine sinnvolle Finanzierungs- und Steuerstrategie entwickeln, besonders wenn eine der Wohnungen durch den Bauherren oder Käufer wohnlich oder – sofern zulässig – gewerblich (als Büro) selbst genutzt werden soll.

Mehrgenerationenhaus
multi-generation/extended family household
Dieser Begriff bezeichnet ein Wohnkonzept, bei dem mehrere Generationen unter einem Dach leben – und die jeweiligen Teile des Hauses architektonisch auf ihre jeweiligen Bedürfnisse zugeschnitten sind. Das reicht vom kindgerechten Spielzimmer mit pflegeleichtem Bodenbelag bis zum barrierefreien Wohnungsteil für die ältere Generation. Mit der Planung von Mehrgenerationenhäusern soll eine natürliche altersmäßige Durchmischung von Wohngebieten erzielt werden.

Der Begriff Mehrgenerationenhaus wird einerseits für Häuser verwendet, in denen mehrere Generationen einer Familie unter einem Dach leben, andererseits aber auch für Wohnprojekte, bei denen Fremde verschiedener Generationen in getrennten Wohneinheiten unter einem Dach bzw. in einer Wohnanlage wohnen. Hier gibt es einerseits durch öffentliche oder private Träger organisierte Einrichtungen, andererseits aber auch Häuser, die durch die Bewohner selbst im Rahmen einer Genossenschaft oder eines Vereins getragen werden. Bei Mehrgenerationenhäusern steht die gegenseitige Unterstützung der Bewohner (Kinder- und Seniorenbetreuung, Einkaufshilfe, gemeinsame Aktivitäten) im Vordergrund. Häufig werden jedoch auch vom jeweiligen Träger oder der Bewohnergemeinschaft organisierte Dienstleistungen und Freizeitaktivitäten angeboten.

Mehrheitsbeschluss
majority decision/vote; resolution adopted by the majority of votes
Angelegenheiten, über die die Wohnungseigentümer im Rahmen der ihnen durch Gesetz oder Vereinbarung übertragenen Beschlusskompetenz entscheiden können, werden gemäß § 23 Abs. 1 WEG durch Beschlussfassung in der gemäß § 25 Abs. 3 WEG beschlussfähigen Wohnungseigentümerversammlung geordnet.

Handelt es sich dabei um Angelegenheiten einer ordnungsgemäßen Verwaltung, entscheiden die Wohnungseigentümer gemäß § 21 Abs. 3 WEG durch Stimmenmehrheit. Als Stimmenmehrheit gilt dabei das Verhältnis der Ja-Stimmen zu den Nein-Stimmen, wobei es für das Zustandekommen eines Beschlusses ausschließlich darauf ankommt, dass mehr Ja- als Nein-Stimmen abgegeben werden. Stimmenthaltungen werden bei der Feststellung des Abstimmungsergebnisses nicht berücksichtigt, sofern nicht – was zulässig wäre – eine abweichende Vereinbarung getroffen wurde (vergl. dazu auch BGH, Az. V ZB 3/88, Beschluss vom 8.12.1988). Bei Stimmengleichheit (gleiche Anzahl von Ja- und Nein-Stimmen) ist ein Beschluss nicht zustande gekommen. Durch Vereinbarung kann auch geregelt werden, dass für bestimmte Verwaltungsangelegenheiten ein qualifizierter Mehrheitsbeschluss erforderlich ist, beispielsweise eine Mehrheit von zwei Dritteln oder drei Vierteln der erschienenen und vertretungsberechtigten Eigentümer oder eine entsprechende Mehrheit bezogen auf alle im Grundbuch eingetragenen Wohnungseigentümer.

Ein relativer Mehrheitsbeschluss – auch als Minderheitsbeschluss bezeichnet – liegt dann vor, wenn zu einer Beschlussfassung die Mehrheit der abgegebenen Stimmen erforderlich ist, diese Mehrheit aber nicht erreicht wird. Ein solcher Fall liegt vor, wenn zu einem bestimmten Antrag über mehrere Alternativen, wie beispielsweise bei der Verwalterwahl, die erforderliche Mehrheit von mehr als der Hälfte der abgegebenen Stimmen für keine der Alternativen erreicht wird. Wird allerdings ein relativer Mehrheitsbeschluss nicht angefochten, ist auch dieser Beschluss wirksam.

Miete
rent; rental; hire; leasing; lease; tenancy

Nettokaltmieten im Vergleich zur
Preisentwicklung des privaten Konsums

Flugtickets 45,0

Haushaltsenergie 44,3

Zeitungen 25,5

Obst / Gemüse 20,7

Bruttowarmmiete 16,1

Nettokaltmiete 8,5

Verbraucherpreise allgemein 12,9

Veränderung in
Prozent zwischen
2005 und 2012

Quelle GdW-Schrader, 2013

Die Miete (vor Novellierung des Mietrechts im Jahr 2001 auch „Mietzins" genannt) ist der Preis für eine vertragsgemäße Nutzung von „Sachen" (Mietsache) insbesondere Räumen (zum Beispiel Haus, Wohnung, Werkstatträume). Die Miete in weiterem Sinne umfasst die „Grundmiete", auch den Betrag für Betriebskosten und Zuschläge.

Beim preisgebundenen Wohnraum sind die Betriebskosten stets durch Vorauszahlungen (mit jährlicher Abrechnung) umzulegen, beim freifinanzierten Wohnungsbau können die Betriebskosten als Vorauszahlung oder als Pauschale vereinbart werden. In welchem Turnus die Miete zu zahlen ist (monatlich, viertel-/halbjährlich oder jährlich), vereinbaren die Mietparteien im Mietvertrag.

Bei Wohnraum kann der Vermieter die Zustimmung zur „Gebrauchsüberlassung an Dritte" von einer angemessenen Erhöhung der Miete abhängig machen (Untermietzuschläge), wenn ihm dies anders nicht zuzumuten wäre. Bei Gewerberaum sind die Bedingungen für Mietzuschläge frei aushandelbar.

Für den Mietvertrag gibt es verschiedene Gestaltungsformen für Mietpreisvereinbarungen, zum Beispiel Staffelmietvertrag, Indexmietvertrag, Zeitmietvertrag.

Mieterhöhung
rent increase

Unter Mieterhöhung versteht man die Neufestsetzung einer Miete, die über der bisher bezahlten Miete liegt. Dies kann durch einvernehmliche Vertragsänderung, durch einseitige Erklärung, durch Änderungskündigung oder durch das gesetzlich geregelte Mieterhöhungsverlangen erfolgen.

Auf welche Weise eine Mieterhöhung stattfinden kann, richtet sich nach den vertraglichen Vereinbarungen, nach der Art des Mietverhältnisses und den jeweils zutreffenden Vorschriften. Die Erhöhung der Miete im Wege der Änderungskündigung ist nur bei Mietverhältnissen möglich, die sich nicht auf Wohnungen beziehen.

Nach § 558 BGB kann der Vermieter von Wohnraum die Zustimmung zu einer Mieterhöhung bis zur ortsüblichen Vergleichsmiete verlangen, wenn die Miethöhe bei Inkrafttreten der Erhöhung seit 15 Monaten unverändert geblieben ist. Das Mieterhöhungsverlangen darf frühestens ein Jahr nach der vorangehenden Mieterhöhung vorgebracht werden. Ferner darf der Vermieter die Kappungsgrenze nicht überschreiten. Das bedeutet: Er darf die Miete innerhalb von drei Jahren nicht um über 20 Prozent erhöhen. Mieterhöhungen auf Grund einer Modernisierung und Betriebskostenerhöhungen werden bei den oben genannten Fristen und der Kappungsgrenze nicht berücksichtigt.

Stimmt der Mieter dem Mieterhöhungsverlangen nicht zu, muss der Vermieter auf Zustimmung klagen. Die Klage muss innerhalb von drei Monaten nach Verstreichen der Zwei-Monatsfrist Frist für die Zustimmung erhoben werden.

Es gelten außerdem besondere Vorschriften über die Staffelmiete, Indexmiete, die einseitige Mieterhöhung bei Modernisierungen sowie über Betriebskostenumlagen.

Mieterselbstauskunft
tenant's self-disclosure

Es liegt im Interesse des Vermieters, möglichst viel über seinen zukünftigen Mieter zu erfahren. Über

die Frage, wie weit man dabei gehen darf, entsteht regelmäßig Streit. Empfehlenswert ist es, den Mietinteressenten eine Selbstauskunft in Formularform ausfüllen zu lassen. Dies hat nichts mit der Selbstauskunft bei der Schufa zu tun – diese kann der Mieter selbst über seine bei der Schufa gespeicherten Kreditwürdigkeitsdaten einholen. Übliche und zulässige Fragen bei der Selbstauskunft sind:
- Name und bisherige Adresse,
- Geburtsdatum und Ort,
- ausgeübter Beruf,
- Netto-Monatseinkommen,
- Anschrift des Arbeitgebers,
- Seit wann dort beschäftigt,
- Eidesstattliche Versicherung/Offenbarungseid abgegeben?
- Läuft eine Lohnpfändung oder ein Mietforderungsverfahren?
- Anzahl der zum Haushalt gehörenden Personen,
- Anzahl der Kinder,
- Werden Haustiere gehalten (welche)?

Das Selbstauskunftsformular kann am heimischen PC erstellt oder auch an geeigneter Stelle aus dem Internet heruntergeladen werden. Es sollte vom Mietinteressenten unterschrieben werden. Vor der Unterschrift sollte die Zusicherung eingefügt werden, dass die Angaben wahrheitsgemäß sind und dass bei Falschangaben eine fristlose Kündigung des Mietvertrages erfolgen kann.

Von selbst muss der Mieter Auskunft geben:
- Wenn er die Miete nur durch Zahlungen des Sozialamtes aufbringen kann,
- wenn er eine eidesstattliche Versicherung abgegeben hat.

Gibt der Mieter zu diesen Themen eine falsche Auskunft, berechtigt dies den Vermieter allerdings nicht immer zur Kündigung des Mietvertrages. Die Gerichte berücksichtigen dabei, ob sich die Falschauskunft tatsächlich auf das Mietverhältnis ausgewirkt hat. So entschied das Landgericht Wiesbaden zugunsten eines Mieters, der in der Selbstauskunft fälschlicherweise angegeben hatte, keine eidesstattliche Versicherung abgegeben zu haben.Da der Mieter unabhängig von seinem länger zurückliegenden Offenbarungseid nun wieder solvent war und seine Miete von Anfang an termingerecht gezahlt hatte, sah das Gericht keinen Grund zur Anfechtung des Mietvertrages (Az. 2 S 112/03).

Mietkaution
rent deposit; deposit

Bei der Mietkaution handelt es sich um eine Sicherheitsleistung, die der Vermieter vom Mieter zu Beginn des Mietverhältnisses verlangen kann. Die Kaution ist sowohl im freifinanzierten als auch im öffentlich geförderten Wohnungsbau (hier aber nicht als Absicherung gegen Mietausfall) zulässig. Sie darf höchstens drei Monatsmieten (Grundmiete ohne Betriebskosten) betragen. Eine Klausel im Mietvertrag, nach der der Mieter zusätzlich zur Kaution von drei Monaten noch eine Mietbürgschaft (etwa von seinen Eltern) vorlegen muss, ist nach dem Bundesgerichtshof unwirksam (Az. VIII ZR 243/03, Urteil vom 30.6.2004). Die Kaution kann vom Mieter in drei gleichen Monatsraten geleistet werden. Der erste Teilbetrag wird zu Beginn des Mietverhältnisses fällig. Seit der Mietrechtsreform vom 1.5.2013 gilt: Die weiteren Teilzahlungen werden zusammen mit den unmittelbar folgenden Mietzahlungen fällig (§ 551 Abs. 2 BGB).

Bei der Verwaltung der Kaution muss der Vermieter bestimmte Regeln beachten. Sie ist, wenn diese Anlageform gewählt wird, auf einem gesonderten Konto, für das die üblichen Sparzinsen für Guthaben mit dreimonatiger Kündigungsfrist anfallen, anzulegen. Seit 1.9.2001 erlaubt § 551 Abs. 3 BGB auch die Anlage der Mietkaution in anderen Anlageformen als dem klassischen Sparbuch. Erforderlich ist jedoch eine ausdrückliche vertragliche Vereinbarung der Anlageform. Die Anlage muss Erträge anwerfen, die die Sicherheit erhöhen und, soweit im Rahmen der Sicherheit benötigt, nach Mietvertragsende dem Mieter zustehen. Die Anlage muss in jedem Fall vom Vermögen des Vermieters getrennt stattfinden, um insolvenzsicher zu sein.

Die Mietrechtsreform 2013 hat dem Vermieter die Möglichkeit eröffnet, dem Mieter außerordentlich fristlos zu kündigen, wenn dieser mit einem Teil der Kaution in Verzug kommt, der der zweifachen Monatsmiete (ohne Betriebskosten) entspricht. Eine Abhilfefrist oder Abmahnung sind nicht erforderlich (§ 569 Abs. 2a BGB).

Nach einem Urteil des Bundesgerichtshofes vom 13.10.2010 darf der Mieter die Zahlung der Kaution sogar davon abhängig machen, dass ihm ein insolvenzfestes Konto genannt wird. Er muss sich weder auf Barzahlung noch auf eine Überweisung der Kaution auf das herkömmliche private Konto des Vermieters einlassen. Das Versprechen des Vermieters, die in bar gezahlte Kaution später auf ein insolvenzfestes Konto einzuzahlen, reicht nicht aus. Eine Weigerung des Mieters, die Kaution in bar zu übergeben, stellt keinen Kündigungsgrund dar (Az. VIII ZR 98/10).

Die Guthabenzinsen für die Kaution unterliegen der Zinsabschlagsteuer. Den Kautionsbetrag einschließlich der Zinsen erhält der Mieter bei seinem

Auszug zurück, vorausgesetzt, er hat alle Verpflichtungen aus dem Mietverhältnis erfüllt. Die Mietvertragsparteien können nach den seit 1.9.2001 geltenden Vorschriften jedoch auch eine andere ertragbringende Anlageform für die Mietkaution wählen. Als Form der Mietsicherheit kommt auch die Bankbürgschaft in Betracht, die aber nur dann sinnvoll ist, wenn es sich um eine selbstschuldnerische Bankbürgschaft handelt. Im gewerblichen Immobilienbereich gibt es keine Beschränkungen hinsichtlich der Mietkaution. Bei Filialunternehmen wird an Stelle von Kaution oder Bankbürgschaft oft auch eine „Patronatserklärung" von der Konzernmutter abgegeben, die die Wirkung einer Bürgschaft entfaltet.

Der Mieter hat nicht das Recht, die Kaution gegen Ende seines Mietverhältnisses „abzuwohnen" oder damit gegen Mietforderungen aufzurechnen. Wann die Kaution spätestens zurückgezahlt werden muss, ist bei den Gerichten umstritten. Dem Vermieter wird hier eine „Überlegungsfrist" eingeräumt. Diese ist dem Bundesgerichtshof zufolge einzelfallabhängig. Während manche Gerichte zwei bis drei Monate als angemessen ansehen, geht der BGH von einer bis zu sechsmonatigen Frist aus, die im Einzelfall überschritten werden kann. Dies gilt allerdings nur, wenn tatsächlich noch Forderungen aus dem Mietverhältnis offen sind, deren Höhe unklar ist.

Zu den durch die Kaution abgesicherten Ansprüchen des Vermieters zählen auch Betriebskosten-Nachzahlungen. Daher darf der Vermieter nach Ende des Mietverhältnisses die Kaution beziehungsweise einen angemessenen Teil davon bei noch ausstehender Betriebskostenabrechnung bis zum Ablauf der ihm zustehenden Abrechnungsfrist einbehalten, wenn eine Nachforderung zu erwarten ist (BGH, Az. VIII ZR 71/05, Urteil vom 18.1.2006). Es kann jedoch unzulässig sein, wegen einer absehbar nur geringen Betriebskosten-Nachzahlung die gesamte Kaution von drei Monatsmieten zurückzuhalten. Hier ist es empfehlenswert, nur einen der voraussichtlichen Nachzahlung entsprechenden Teil der Kaution zunächst einzubehalten.

Eine Aufrechnung der Mietkaution mit Ansprüchen, die nicht aus dem Mietverhältnis stammen, ist nach einem Urteil des Bundesgerichtshofes nicht zulässig (BGH, Urteil vom 11.7.2012, Az. VIII ZR 36/12). Im konkreten Fall ging es um Ansprüche aus einem früheren Mietverhältnis über eine andere Wohnung, welche der damalige Vermieter an den heutigen Vermieter abgetreten hatte.

Wird das Mietobjekt während des laufenden Mietverhältnisses verkauft, tritt der neue Eigentümer gegenüber dem Mieter in alle Rechte und Pflichten aus dem Mietvertrag ein. Dies gilt nach § 566a BGB auch für die Kaution. Die Vorschrift bestimmt jedoch auch, dass der frühere Vermieter trotz Verkauf zur Rückzahlung der Kaution verpflichtet bleibt, wenn der Mieter bei Ende des Mietvertrages die Kaution nicht vom neuen Eigentümer zurückverlangen kann (zum Beispiel aufgrund Zahlungsunfähigkeit).

Wird das Mietobjekt nach Ende des Mietverhältnisses und Auszug des Mieters verkauft, tritt der neue Eigentümer nicht in die Rechte und Pflichten aus dem früheren Mietvertrag ein. Das bedeutet: Der bisherige Vermieter muss mit dem früheren Mieter über die Betriebskosten abrechnen und ihm – gegebenenfalls nach Abzug einer Betriebskosten-Nachzahlung – die Kaution zurückzahlen (BGH, Az. VIII ZR 219/06, Urteil vom 4.4.2007).

Mietminderung
rent reduction

Der Vermieter ist verpflichtet, dem Mieter die Mieträume in einem zum vertragsgemäßen Gebrauch geeigneten Zustand zu überlassen und sie während der gesamten Mietzeit in diesem Zustand zu erhalten. Wenn den Mieträumen eine zugesicherte Eigenschaft fehlt oder sie mit einem Mangel – auch Rechtsmangel – behaftet sind, ist der Mieter für die Zeit, während der die Gebrauchstauglichkeit der Räume durch den Mangel ganz aufgehoben ist, von der Entrichtung der Miete völlig befreit. Für die Zeit, während der die Tauglichkeit lediglich eingeschränkt ist, ist er zur Entrichtung einer entsprechend der Beeinträchtigung geminderten (gekürzten) Miete berechtigt.

Rechtsmangel bedeutet, dass jemand anders seine Rechte an der Wohnung geltend macht – zum Beispiel wenn die Wohnung doppelt vermietet wurde und ein anderer Mieter schneller einzieht und sich auf seinen Mietvertrag beruft.

Eine nur unerhebliche Minderung der Tauglichkeit führt zu keinen Minderungsansprüchen des Mieters. Die Höhe der Mietminderung ist im Streitfall vom Richter zu bemessen und hängt insbesondere von der Schwere des Mangels und dem Grad und der Dauer der Minderung der Tauglichkeit zum vertragsgemäßen Gebrauch ab, wobei eine Gesamtschau anzustellen ist. Dabei kann und hat sich der Richter gegebenenfalls der Hilfe eines Sachverständigen zu bedienen, um Art und Umfang der streitigen Mängel festzustellen.

Es muss betont werden, dass die Höhe der Mietminderung für ein und denselben Mangel bei verschiedenen Gerichten durchaus unterschiedlich beurteilt werden kann. Die bekannten Mietminderungstabellen haben daher nur begrenzte Aussagekraft.

Der Zeitraum, in dem der Mangel bestand, ist bei der Berechnung der Minderung immer zu berücksichtigen. Beispiel: Es wurden lärmintensive Bauarbeiten ausgeführt, weswegen ein Minderungsanspruch von 20 Prozent im Monat bestehen würde. Die Arbeiten dauerten jedoch nur den halben Monat. Der Mieter kann daher in diesem Monat zehn Prozent Minderung geltend machen.

Der Mieter kann keine Mietminderung geltend machen, wenn er bei Vertragsschluss den Wohnungsmangel bereits gekannt hat – es sei denn, er behält sich eine Mietminderung wegen dieses Mangels ausdrücklich vor.

Am 6.4.2005 hat der Bundesgerichtshof (Az. XII ZR 225/03) entschieden, dass die Mietminderung immer auf Grundlage der Bruttomiete berechnet wird (also der Miete einschließlich der Nebenkosten). Dies gilt bei der Nebenkostenvorauszahlung wie auch bei einer Nebenkostenpauschale.

Für die Zulässigkeit einer Mietminderung kommt es allein darauf an, ob die Nutzungsmöglichkeit der Wohnung im betreffenden Zeitraum tatsächlich eingeschränkt war. Nicht von Belang ist also
• ob der Vermieter den Mangel verschuldet hat,
• ob der Mieter im betreffenden Zeitraum die Wohnung wirklich genutzt hat (Urlaub, Krankenhausaufenthalt),
• ob der Mangel der Wohnung auf einer Maßnahme des Vermieters beruht, die der Mieter zu dulden hatte (zum Beispiel Baumaßnahmen aufgrund behördlicher Anordnung).

Hat der Mieter einen Mangel der Wohnung mitverschuldet, kann er nur eine verringerte Minderung geltend machen. Hat er ihn allein verschuldet, scheidet eine Mietminderung aus.

Mieter dürfen die Minderung nicht zu hoch ansetzen – sonst droht die fristlose Kündigung wegen Zahlungsverzuges. Das Landgericht Berlin bestätigte die Wirksamkeit einer solchen Kündigung in einem Fall, bei dem eine Mieterin wegen diverser Mängel ihre Miete um 37 Prozent gemindert hatte. Das Gericht wertete die Minderung in Anbetracht der Mängel als nicht angemessen, wodurch ein ungerechtfertigter Zahlungsverzug in Höhe von mehr als zwei Monatsmieten zustande kam (Az. 65 S 35/05). Der Mieter muss während der Mietzeit auftretende Mängel am Mietobjekt unverzüglich dem Vermieter mitteilen. Unterlässt er diese Mängelanzeige und kann der Vermieter deshalb keine Abhilfe schaffen, hat der Mieter auch kein Recht auf Mietminderung. Mietvertragliche Vereinbarungen, die das Recht des Mieters auf Mietminderung aufheben, sind unwirksam.

Der Bundesgerichtshof hat entschieden, dass Ansprüche aus Mängeln der Mietwohnung während der Laufzeit des Mietvertrages nicht verjähren. Das bedeutet: Zahlt der Mieter nach Auftreten des Mangels zunächst die Miete in voller Höhe weiter und besteht nicht auf Beseitigung des Problems, verliert er seinen Anspruch auf Beseitigung des Mangels bzw. Mietminderung nicht. Im BGH-Fall war ein Dachgeschoss zur Wohnung ausgebaut worden. Die Mieterin der darunter liegenden Wohnung hatte schnell festgestellt, dass die Trittschalldämmung mangelhaft war und forderte Abhilfe vom Vermieter. Da jedoch besonders leise Mieter über ihr einzogen, unternahm sie nichts weiter. Jahre später zog ein lauterer Mieter ein. Nun kam sie auf ihre ursprüngliche Forderung zurück. Der BGH räumte der Mieterin das Recht auf Mängelbeseitigung ein und betonte, dass der Vermieter die Wohnung während der gesamten Dauer des Mietverhältnisses mängelfrei und gebrauchsfertig halten müsse. Solange der Mangel bestehe, laufe keine Verjährungsfrist. Auch das Recht auf Mietminderung besteht demnach weiter, solange der Mangel vorhanden ist (BGH, Urteil vom 17.2.2010, Az. VIII ZR 104/09).

Mietrechtsreform 2013:

Im Zuge der Mietrechtsreform 2013 wurde mit Wirkung ab 1.5.2013 das Recht des Mieters auf Mietminderung in den ersten drei Monaten während des Mangelzeitraumes ausgeschlossen, sofern der Mangel der Mietwohnung auf Arbeiten im Zuge einer energetischen Sanierung beruht (§ 536 Abs. 1a BGB). Die energetische Sanierung definiert das Gesetz nun wie folgt: Bauliche Veränderungen, durch die in Bezug auf die Mietsache Endenergie nachhaltig eingespart wird (§ 555b Nr. 1 BGB).

Mieter können damit in den ersten drei Monaten keine Minderung mehr geltend machen, wenn die Gebrauchstauglichkeit der Wohnung etwa bei einer Fassadendämmung durch Gerüste und Folien vor den Fenstern, durch Arbeitslärm oder Schmutz beeinträchtigt wird.

Mietpreisüberhöhung
exorbitant rent increase; excessive rent increase

Mietpreisüberhöhung ist ein Begriff aus dem Wirtschaftsstrafgesetz. Nach § 5 WiStG handelt ein Vermieter ordnungswidrig, der unter Nutzung eines geringen Angebots vorsätzlich oder leichtfertig für die Vermietung von Räumen oder damit zusammenhängende Nebenleistungen unangemessen hohe Entgelte verlangt. Man kann davon ausgehen, dass ein geringes Angebot dann nicht vorliegt, wenn die Leerstandrate bei den vergleichbaren Wohnungen mehr als zwei Prozent beträgt. Der Verstoß gegen § 5 WiStG ist eine Ordnungswidrigkeit die mit einem Bußgeld bis zu 50.000 Euro geahndet werden kann. Unangemessen hoch ist die Miete, wenn sie die ortsübliche Miete vergleichbarer Wohnungen (Vergleichsmiete) um mehr als 20 Prozent übersteigt. Die Vergleichsmiete kann zum Beispiel durch einen Mietspiegel ermittelt werden. Bei Beurteilung der Vergleichbarkeit der Wohnungen sind folgende Merkmale zu berücksichtigen: Lage, Art, Größe, Ausstattung und Beschaffenheit. Auch das Baujahr kann ein wichtiges Vergleichskriterium bilden. Die Mietpreise der Vergleichswohnungen müssen sich in den letzten vier Jahren durch Vermietung oder Mietanpassung gebildet haben. Preisgebundene Wohnungen dürfen dabei nicht berücksichtigt werden.

Bei der Frage, ob ein Mangel an vergleichbaren Wohnungen vorliegt, ist immer hinsichtlich der zu beurteilenden Wohnung der jeweilige Teilmarkt zu berücksichtigen, in dem sich diese befindet.

Besteht in einem Ballungsgebiet ein Mangel an herkömmlichen Mietwohnungen sowie ein Zweckentfremdungsgebot, bedeutet dies nicht, dass ein Vermieter den Wohnungsmangel ausnutzt, wenn er eine exklusiv ausgestattete Luxuswohnung zu einem überdurchschnittlichen Preis vermietet. In diesem Marktsegment besteht nicht notwendigerweise ebenfalls Wohnungsmangel (BGH, Urteil vom 25.1.2006, Az. VIII ZR 56/04).Sofern die verlangte Miete allerdings nur ausreicht, die laufenden Aufwendungen zu decken, kann die 20-Prozent-Grenze überschritten werden. Nachgewiesen werden kann dies mit Hilfe einer Wirtschaftlichkeitsberechnung. Wird jedoch die 50-Prozent-Grenze überschritten, kann Wucher vorliegen. Wucher ist ein Straftatbestand und setzt die Ausnutzung der Unerfahrenheit, einer Zwangslage, eines Mangel des Urteilsvermögens oder einer erheblichen Willensschwäche des Mieters voraus.

Der Bundesgerichtshof hat entschieden, dass bei größeren Städten die Wohnungsknappheit bei vergleichbaren Wohnungen in der gesamten Stadt vorliegen muss, um Mietpreisüberhöhung anzunehmen – und nicht nur in dem Stadtteil, den der Mieter bevorzugt (BGH Az.: VIII ZR 44/04 v. 13.4.2005).

Mietspiegel
rental table; representative list of rents; residential rent table

Im BGB ist bestimmt, dass Gemeinden einen Mietspiegel erstellen sollen, wenn hierfür ein Bedürfnis besteht und dies mit vertretbarem Aufwand möglich ist. Eine Anpassung an geänderte Marktver-

hältnisse soll alle zwei Jahre erfolgen. Zweck des Mietspiegels ist es, Vermietern und Mietern von Wohnraum eine Information über die Höhe der Vergleichsmiete zu geben. Vermieter können ein Mieterhöhungsverlangen mit dem zutreffenden Mietspiegelmietsatz begründen, Mieter ein überhöhtes Mieterhöhungsverlangen damit abwehren.

Vom einfachen Mietspiegel ist der „qualifizierte Mietspiegel" zu unterscheiden, der nach anerkannten wissenschaftlichen Grundsätzen erstellt wird. Er muss von der Gemeinde, für die der Mietspiegel erstellt wurde, ausdrücklich anerkannt sein. Dieser Mietspiegel ist alle vier Jahre neu zu erstellen. Beim qualifizierten Mietspiegel spricht eine gesetzliche Vermutung dafür, dass die darin enthaltenen Entgelte die ortsübliche Vergleichsmiete widerspiegeln.

Bei den Ermittlungen der Mieten, die zu Mietspiegeln führen, darf preisgebundener Wohnraum nicht berücksichtigt werden. Zu berücksichtigen sind dagegen Mieten, die innerhalb der letzten vier Jahre (ab Erhebung der Daten) vereinbart oder geändert worden sind. Mietspiegel hatten früher als Begründungsmittel für das Erhöhungsverlangen im Rechtsstreit eine relativ geringe Bedeutung. Überwiegend haben sich die Vertragsparteien einvernehmlich auf eine neue Miethöhe geeinigt. Durch die Mietrechtsreform 2001 erhielt der qualifizierte Mietspiegel für die Begründung der Vergleichsmiete nun allerdings eine Vorrangstellung. Die Richtigkeitsvermutung kann nur mit einem Sachverständigengutachten widerlegt werden.

Auch ein einfacher Mietspiegel kann dem Bundesgerichtshof zufolge im Streitfall alleinige Grundlage der dem Gericht obliegenden Beurteilung der ortsüblichen Vergleichsmiete sein. Ihm wird dabei eine Indizwirkung zuerkannt, die vom Mieter allerdings durch substantiierte Gegenargumente erschüttert werden kann. Der Bundesgerichtshof entschied in diesem Urteil auch, dass bei Fehlen eines Mietspiegels in einer Gemeinde vom Vermieter auch der Mietspiegel der Nachbargemeinde herangezogen werden kann. Allerdings dürfte dies nur für Gemeinden mit ähnlichem Mietniveau gelten (Urteil vom 16.6.2010, Az. VIII ZR 99/09).

Für die Akzeptanz des Mietspiegels ist es wichtig, dass alle am Wohnungsmarkt Beteiligten an dessen Erstellung einvernehmlich teilgenommen haben. So wurde der Mietspiegel von Erfurt unter Beteiligung von Haus & Grund Erfurt, dem Vermieterbund Erfurt und dem Verband Thüringer Wohnungswirtschaft erstellt. In Deutschland gibt es nach Focus 316 Gemeinden mit über 20.000 Einwohnern, die über einen Mietspiegel verfügen.

Mietvertrag

tenancy agreement; rental agreement;
leasehold agreement; contract of lease;
lease (contract); lease deed; rent contract

Der Mietvertrag ist als eigener Schuldrechtstypus im BGB ausgiebig geregelt. Das spezielle Wohnungsmietrecht ist in den §§ 549-577a mit zum großen Teil zwingenden Vorschriften zusammengefasst. Im Mietvertrag verpflichtet sich der Vermieter, dem Mieter den Gebrauch der Mietsache während der Mietzeit zu überlassen. Die Mietsache muss bei der Überlassung, also bei Beginn des Mietverhältnisses, in einem Zustand sein, der es dem Mieter ermöglicht, die Sache so zu benutzen, wie es vertraglich vorgesehen ist, zum Beispiel als Wohnung, als Friseurladen, als Garage. Der Vermieter muss die Mietsache auch während der Mietzeit in diesem Zustand halten. Außerdem muss der Vermieter die „auf der Mietsache ruhenden Lasten" tragen (§ 535 Abs. 1 BGB). Damit sind unter anderem die Nebenkosten gemeint. Der Mieter muss die vereinbarte Miete bezahlen. Sie ist jeweils am Monatsanfang, spätestens am 3. Werktag fällig.

Allgemein gilt, dass ein Mietvertrag formlos abgeschlossen werden kann. Ist bei einem Wohnungsmietvertrag eine Laufzeit von über einem Jahr vorgesehen, bedarf er der Schriftform. Ein mit dieser Bedingung mündlich zustande gekommener Vertrag gilt als auf unbestimmte Zeit abgeschlossen.

Bedeutsam für den Abschluss eines Mietvertrages ist die Bestimmung der Mietvertragspartei. Bei Eheleuten oder Lebenspartnern empfiehlt sich der Abschluss des Vertrages mit beiden Partnern, da auf diese Weise beide vertraglich in die Pflicht genommen werden, auch wenn ein Partner auszieht.

Dazu sollten auch beide Ehepartner als Mieter aufgeführt werden. Wenn nur einer aufgeführt ist und unterschreibt, ist nur er Mieter geworden. Wenn beide genannt werden, aber nur einer unterschreibt, ist der Vertrag wohl mit beiden zustande gekommen. Beide Ehepartner werden auch dann Mieter, wenn nur ein Ehepartner als Mieter aufgeführt ist, aber beide unterschrieben haben. Das gilt auch für die eingetragene Lebensgemeinschaft. Bei der nichtehelichen Lebensgemeinschaft wird nur der Mieter, der benannt ist und unterschrieben hat. Gehört zum Mieterhaushalt ein pflegebedürftiger Erwachsener, sollte er nicht Mieterpflichten als Teil der Mietvertragspartei übernehmen, da er möglicherweise nicht in der Lage ist, als Mietvertragspartei Erklärungen abzugeben, die sich auf das Mietverhältnis beziehen. Hinsichtlich der Laufzeit des Mietvertrages gibt es eine Reihe von Gestaltungsmöglichkeiten (Mietvertrag mit unbestimmter Laufzeit, Zeitmietvertrag

mit fester Laufzeit, Ausschluss des gegenseitigen Kündigungsrechts für eine bestimmte Zeit). Gewerberaummietverträge enthalten häufig Mietvertragsverlängerungsoptionen zu Gunsten des Mieters. Es können auch unterschiedliche Mietanpassungsmöglichkeiten vereinbart werden: Anpassung jeweils an die Vergleichsmiete, Staffelmiete, Indexmiete, Betriebskostenanpassungen. Beim Gewerbemietvertrag kommen alle weiteren nach dem Preiskauselgesetz zulässigen Anpassungsmöglichkeiten hinzu. Mietkautionen sind in Wohnraummietverträgen auf drei Monatsmieten begrenzt. In Gewerberaummietverträgen gibt es keine Begrenzung.

Soweit der Mieter Mieträume mit Einrichtungsgegenständen versehen hat, muss er sie bei Beendigung des Mietverhältnisses wegnehmen. Er muss die Mietsache in dem Zustand zurückgeben, in dem er sie erhalten hat – abgesehen von den üblichen Gebrauchsspuren natürlich. Soweit sie nicht unter Vollstreckungsschutz fallen, steht dem Vermieter ein Pfandrecht an diesen Gegenständen zum Ausgleich von Mietforderungen zu. Der Mieter haftet für Schäden an den Mieträumen, die nicht auf normale Abnutzung zurückzuführen sind.

Will der Mieter die Mietsache verändern, muss der Vermieter zustimmen. Fehlt die Zustimmung, kann der Vermieter unter Umständen sogar fristlos kündigen. Bei Auszug muss der Mieter die Veränderung rückgängig machen. Er muss also den alten Zustand wieder herstellen. Er muss also zum Beispiel die Badewanne, die er durch eine Dusche ersetzt hat, wieder einbauen. Die Erlaubnis des Vermieters, die Veränderung vorzunehmen, bedeutet nicht gleichzeitig seine Zustimmung, dass der Mieter die Wohnung im geänderten Zustand zurückgeben darf. Der Vermieter kann den Rückbau verlangen. Er kann auch die Änderung akzeptieren und auf den Rückbau verzichten, muss dem Mieter dann einen Ausgleich dafür zahlen. Es empfiehlt sich dringend, schon vor der Änderung der Mietsache durch den Mieter eine Regelung darüber zu treffen, in welchem Zustand die Mietsache zurückgegeben werden muss.

Der Tod des Vermieters berührt das Mietverhältnis nicht. Bei Tod des Mieters können sowohl der Vermieter als auch der Erbe das Mietverhältnis mit gesetzlicher Frist kündigen. Beim Wohnungsmietvertrag treten der Ehegatte oder der Lebenspartner und Familienangehörige sowie andere Personen, soweit sie mit dem verstorbenen Mieter einen gemeinsamen Haushalt führten, in das Mietverhältnis ein. Kauf bricht Miete nicht. Die Vermieterstellung erlangt der Käufer eines vermieteten Objektes mit seiner Eintragung ins Grundbuch.

Mietzuschlag
extra charges on the rent

Zur Grundmiete können bei Vorliegen bestimmter Voraussetzungen Mietzuschläge im Mietvertrag vereinbart und gefordert werden. Sie beziehen sich auf besondere Vorteile, die einem Mieter gewährt werden.

Hierzu zählt die Erlaubnis zu einer Untervermietung. In § 553 Abs. 2 BGB ist hierzu bestimmt, dass der Vermieter die Erlaubnis von einer angemessenen Erhöhung der Miete abhängig machen kann.

Ein Mietzuschlag kann auch für den Fall vorgesehen werden, dass der Mieter einen Teil der Wohnräume als Büro nutzen will. Durch Vereinbarung eines Gewerbemietzuschlages wird kein Mischmietverhältnis begründet, so dass unabhängig davon, wie hoch der Anteil der Gewerberäume an der gesamten Wohnfläche ist, von einem Wohnungsmietvertrag auszugehen ist. Gibt der Mieter die gewerbliche Tätigkeit auf, entfällt die Verpflichtung zur Zahlung des Zuschlages.

Mietzuschläge sind auch für die Einräumung besonderer Nutzungsrechte denkbar, zum Beispiel Mitbenutzung eines Swimmingpools, eines Gartenanteils bei einem Mehrfamilienhaus oder die Nutzung mit-vermieteter Möbel (Möblierungszuschlag).

Milieuschutzsatzung
conservation area regulations; environment protection act

Die Milieuschutzsatzung soll unerwünschte Veränderungen der Einwohnerstruktur eines Wohnviertels durch massenhaften Wegzug der bisherigen Bevölkerung verhindern. Sie ist eine Variante der Erhaltungssatzung und ist in § 172 Abs.1 Satz 1 Nr. 2 Baugesetzbuch geregelt. Festgelegt werden können verschiedene Auflagen, zum Beispiel:

• Genehmigungspflicht für Umbauten, Modernisierungen etc.,
• Einschränkungen für die Umwandlung von Miet - in Eigentumswohnungen,
• zeitlich begrenzte Mietobergrenzen für modernisierte Wohnungen.

Eine Genehmigung kann u. a. davon abhängig gemacht werden, dass der Eigentümer des Hauses sich verpflichtet, die durch Begründung von Wohnungseigentum entstandenen Eigentumswohnungen innerhalb von sieben Jahren nur an Mieter zu veräußern. Damit soll einer Verdrängung der ursprünglich ansässigen Bevölkerung entgegengewirkt werden. Die Genehmigungspflicht kann ins Grundbuch eingetragen werden.

Wie generell bei der Erhaltungssatzung können auch bei der Milieuschutzsatzung, zum Beispiel

bei ungenehmigten Modernisierungen, Geldbußen fällig werden. So weist das Sozialreferat der Stadt München in seiner Internetpräsenz auf die Existenz von allein 18 Erhaltungssatzungen in München hin, mit denen der Zweck verfolgt werde, die ortsansässige Bevölkerung vor Verdrängung zu schützen. Alle Modernisierungsmaßnahmen, die zu einem überdurchschnittlichen Standard der Wohnungen in den betreffenden Gebieten führten, würden nicht genehmigt. Verstöße seien bußgeldbewehrt.

Mischgebiet
mixed (use) area; mixed zone

Weist der Bebauungsplan ein Gebiet als Mischgebiet (MI) aus, dürfen dort nicht nur Wohngebäude errichtet, sondern auch Gewerbebetriebe ansiedelt werden, die das Wohnen nicht wesentlich stören. Allgemein zulässig sind dabei u.a. Geschäfts- und Bürogebäude, Einzelhandelsbetriebe, Gastwirtschaften, Einrichtungen für die Verwaltung, für kirchliche und kulturelle Zwecke, aber auch Tankstellen.Besondere Typen eines Mischgebietes sind das Kerngebiet (MK) des Stadtkerns und das Dorfgebiet (MD).

Mischmietverhältnis
mixed tenancy (i.e. tenant rents residential and commercial space with a single contract)

Ein Mischmietverhältnis liegt vor, wenn in räumlichem Zusammenhang stehende Geschäfts- und Wohnräume an eine Mietpartei vermietet werden. Dabei ist zu prüfen, ob auf sie die gesetzlichen Bestimmungen des Geschäftsraummietrechts oder Wohnraummietrechts anwendbar sind. Da der Grundsatz der Einheitlichkeit des Mietverhältnisses gewahrt werden muss, unterliegt auch das Mischmietverhältnis immer entweder den Vorschriften des Wohnungsmietrechtes oder denen des Gewerbemietrechtes.

Die vertragliche Vereinbarung eines Wohnungsmietverhältnisses ist in der Regel vor Gericht unproblematisch, da der Mieter hier stärkeren Schutz durch das Wohnraummietrecht des BGB genießt. Maßgeblich dafür, welches Recht gilt, ist in erster Linie der Vertragsinhalt bzw. der zwischen den Parteien vereinbarte Vertragszweck. Im Zweifelsfall können die Flächenproportionen des Mietobjekts (lediglich) als Indiz dafür dienen, ob es sich um ein Wohn- oder Gewerbeobjekt handelt.

Überwiegt der Wohnraumanteil, gelten die gesetzlichen Regelungen des Wohnungsmietrechts, überwiegt der Gewerberaum, dann gilt Gewerbemietrecht. Erwirtschaftet der Mieter in den Mieträumen seinen Lebensunterhalt, ist in der Regel unabhängig von der Flächenverteilung von einer Geltung des Gewerberaummietrechtes auszugehen.

Hat der Mieter aber zum Beispiel eine alte Werkhalle in eine Wohnung mit Künstleratelier umgebaut, wohnt dort mit Frau und Kind und erzielt durch künstlerisches Wirken keine hauptberuflichen Einkünfte, ist das Wohnraummietrecht anwendbar (Landgericht Berlin, 26.2.2002, Az. 25 O 78/02).

Miteigentumsanteil
co-ownership share; (residential) flat owner's share of common parts and of the land

Nach der gesetzlichen Regelung ist jedes Wohnungs- oder Teileigentum als Sondereigentum untrennbar mit einem Miteigentumsanteil am gemeinschaftlichen Eigentum verbunden (§ 1 Abs. 2 und 3 WEG). Ohne den zugehörigen Miteigentumsanteil kann das Sondereigentum weder veräußert noch belastet werden. Die Rechte am Miteigentumsanteil erstrecken sich auf das zugehörige Sondereigentum (§ 6 WEG). Die Festlegung und die Größe beziehungsweise Höhe des Miteigentumsanteils, der üblicherweise in 100stel, 1.000stel oder auch 10.000stel-Anteilen ausgedrückt wird, ist gesetzlich nicht geregelt, sondern vielmehr in das Ermessen und Belieben des- oder derjenigen gestellt, die das Wohnungseigentum begründen. Meist erfolgt die Festlegung der Miteigentumsanteile im Verhältnis der Wohn- beziehungsweise Nutzflächen, so dass in diesen Fällen eine kleine Wohnung über einen niedrigen und eine große Wohnung über einen hohen Miteigentumsanteil verfügt. Da ein bestimmtes Wert- oder Größenverhältnis für die Festlegung der Miteigentumsanteile jedoch nicht vorgeschrieben ist, können einzelne Wohnungseigentümer untereinander die Miteigentumsanteile ändern, ohne dass damit auch das Sondereigentum verändert wird. Eine allgemeine Änderung und Zuordnung der Miteigentumsanteile erfordert jedoch die Zustimmung beziehungsweise Mitwirkung aller Eigentümer.

Die besondere Bedeutung der Miteigentumsanteile liegt darin, dass dieser Anteil gesetzlicher Maßstab der Lasten- und Kostenverteilung unter den Wohnungseigentümern ist (§ 16 Abs. 2 WEG). Ebenso können die Miteigentumsanteile durch Vereinbarung gemäß § 10 Abs. 2 Satz 2 WEG zum Maßstab der Stimmrechte anstelle des gesetzlich vorgesehenen Kopfprinzips (§ 25 Abs. 2 WEG) gemacht werden.

Modernisierende Instandsetzung (Mietwohnungen)
modernizing repairs (rented flats)

Instandhaltung, Instandsetzung und Modernisierung dienen der Sicherung einer nachhaltigen Nutz-

barkeit einer Immobilie. Instandhaltung bedeutet die Aufrechterhaltung des Status quo der Gebäudesubstanz, Instandsetzung bedeutet die Wiederherstellung des Status quo und Modernisierung bedeutet die Aktualisierung der in einem Gebäude schlummernden Potenziale, um eine zeitgerechte Nutzung zu ermöglichen. Die Instandhaltung wirft in der Regel keine besonderen Fragen auf. Der Instandhaltungsbedarf richtet sich nach den unterschiedlichen Abnutzungsgraden von Bau- und Gebäudeeinrichtungsteilen. Instandsetzung wird heute fast stets mit dem Modernisierungsbegriff verbunden. Denn wenn schon ein Instandsetzungsbedarf besteht, dann stellt sich stets die Frage, ob aus ökonomischen und vielleicht auch ökologischen Gründen die Instandsetzung nicht mit der Herstellung eines zeitgerechten Bauzustandes verbunden werden sollte. Nutzungs- und Mietwerte werden dadurch erheblich beeinflusst. In der Regel führt ein etwa erforderlicher, modernisierungsbedingter Mehraufwand zu einer überproportionalen Nutzwertsteigerung. Zur modernisierenden Instandsetzung zählt bei Vorliegen von baulichen Mängeln auch die damit verbundene energetische Gebäudesanierung, deren Ziel Energieeinsparung und Reduktion des CO_2-Ausstoßes ist.

Das Wohnraummietrecht unterscheidet bei Durchführung von Modernisierungsmaßnahmen zwischen einem Instandsetzungsanteil, d. h. einem Kostenanteil, der darauf entfällt, einen Zustand herzustellen, wie er gegeben wäre, wenn die modernisierten Gebäudeteile nur instand gehalten worden wären und dem Modernisierungsanteil, aus dem eine elfprozentige Mieterhöhung resultieren kann.

Im öffentlich rechtlichen Bereich sei auf § 177 BauGB hingewiesen, der Vorschriften über ein Modernisierungs- und Instandsetzungsgebot enthält. Es handelt sich um eines von mehreren städtebaulichen Geboten. Voraussetzung für den Erlass eines Modernisierungs- und Instandsetzungsgebotes ist das Vorliegen von Missständen (Zustände, die zur Beeinträchtigung der Gesundheit führen) oder Mängeln, die durch Abnutzung, Alterung, Witterungseinflüsse und Beschädigungen entstanden sind. Ob und inwieweit zu einer modernisierenden Instandsetzung zu raten ist, hängt natürlich einerseits vom vorgegebenen baulichen Zustand des Gebäudes ab und andererseits von der Entwicklung der Nachfragesituation. Die Alternative wäre der Rückbau.

Modernisierende Instandsetzung (Wohnungseigentum)
modernising improvements

Instandhaltungs- und Instandsetzungsmaßnahmen

sind erforderlich, um den baulich-technischen Standard in einer Wohnanlage zu erhalten oder wiederherzustellen. Nach den Bestimmungen des Wohnungseigentumsgesetzes fällt auch die erstmalige Herstellung eines baulich-technisch einwandfreien Zustandes unter den Begriff der Instandsetzung. Über diese Maßnahmen beschließen die Wohnungseigentümer im Rahmen ordnungsgemäßer Verwaltung gemäß § 21 Abs. 3 und Abs. 5 Nr. 2 WEG mit einfacher Stimmenmehrheit in der Wohnungseigentümerversammlung.

Handelt es sich dagegen um bauliche Veränderungen gemäß § 22 Abs. 1 WEG bzw. um Modernisierungsmaßnahmen gemäß § 22 Abs. 2 WEG reicht ein Mehrheitsbeschluss nicht aus. So bedarf beispielsweise eine Fassadensanierung zwecks Energieeinsparung durch Anbringung einer Vorhangfassade und der damit einhergehenden baulich-optischen Veränderung als Modernisierungsmaßnahme gemäß § 22 Abs. 2 WEG einer doppelt qualifizierten Mehrheit (drei Viertel nach Köpfen und mehr als die Hälfte der Miteigentumsanteile) oder als bauliche Veränderung gemäß § 22 Abs. 1 WEG der Zustimmung aller Wohnungseigentümer. Ist allerdings eine Fassadensanierung aufgrund von Feuchtigkeitsschäden als Instandsetzungsmaßnahme im Sinne der Wiederherstellung eines baulich-technisch einwandfreien Zustandes erforderlich und wird im Zuge dieser dann ohnehin erforderlichen Maßnahme die baulich-optische Gestaltung des Gebäudes durch Anbringung einer Fassadenverkleidung verändert, reichte schon nach früherer Rechtsprechung für eine solche Maßnahme als „modernisierende Instandsetzung" ein einfacher Mehrheitsbeschluss aus.

Seit dem 1.7.2007 ist diese Rechtsauffassung durch § 22 Abs. 3 WEG gesetzlich normiert. Danach können „modernisierende Instandsetzungsmaßnahmen" mit einfacher Mehrheit beschlossen werden, allerdings immer unter der Voraussetzung, dass die „Modernisierungsmaßnahme" mit einer ohnehin erforderlichen Instandsetzung einhergeht.

Modernisierung
modernisation; redecoration
Unter Modernisierung versteht man nach § 555b BGB bauliche Veränderungen, die
- nachhaltig zur Einsparung von Endenergie bei der Mietsache führen (energetische Modernisierung),
- durch die nachhaltig nicht erneuerbare Primärenergie eingespart oder das Klima nachhaltig geschützt wird (ohne dass eine energetische Modernisierung vorliegt),

- durch die der Wasserverbrauch nachhaltig reduziert,
- der Gebrauchswert des Mietobjekts nachhaltig erhöht wird,
- durch die die allgemeinen Wohnverhältnisse dauerhaft verbessert werden,
- zu denen der Vermieter aufgrund von Umständen gezwungen ist, die er nicht zu vertreten hat und die keine Erhaltungsmaßnahmen sind,
- durch die neuer Wohnraum geschaffen wird.

Davon abzugrenzen sind Erhaltungsmaßnahmen (§ 555a BGB), also Instandhaltungsmaßnahmen, die der Erhaltung des ursprünglichen Zustandes dienen und Instandsetzungsmaßnahmen, durch die der ursprüngliche Zustand nach Schadensbeseitigung wiederhergestellt wird. Behoben werden dabei Bauschäden, die infolge von Beschädigungen, Abnutzung, Alterung oder Witterungseinflüssen entstanden sind.

Die Modernisierung einer Mietwohnung setzt voraus, dass der Vermieter dem Mieter die geplanten Maßnahmen spätestens drei Monate vor Beginn der Arbeiten „in Textform" ankündigt. Seit der Mietrechtsreform 2013 kann der Vermieter hinsichtlich energetischer Modernisierungen und solcher zwecks Einsparung von Primärenergie/Klimaschutz in der Modernisierungsankündigung auch anerkannte Pauschalwerte von Bauteilen nennen: Es ist also nicht nötig, zum Beispiel beim Austausch der Fenster die Wärmedurchgangswerte der alten Fenster von einem Sachverständigen ermitteln zu lassen, um die Modernisierung zu begründen.

Nach Abschluss der Arbeiten kann der Vermieter bei freifinanzierten Wohnungen eine höhere Miete verlangen. Dabei stehen ihm folgende Möglichkeiten offen:
- Er erhöht die Jahresmiete höchstens um bis zu elf Prozent der reinen Modernisierungsaufwendungen ohne begleitende Aufwendungen für Erhaltungsmaßnahmen (sogenannter Wertverbesserungszuschlag).
- Er erhöht die Miete auf die ortsübliche Vergleichsmiete für modernisierte Wohnungen.

Ein Berechnungsbeispiel zur elfprozentigen Mieterhöhung nach Modernisierung:
Der Vermieter eines Mehrfamilienhauses mit zwei Wohneinheiten lässt die Fassade dämmen. Dadurch soll künftig weniger Heizenergie verbraucht werden. Somit entstehen folgende Kosten:
- Reparatur eines Sturmschadens durch Baumäste an der Fassade: 2.000 Euro
- Außendämmung mit Polystyrol-Platten: 5.000 Euro

• Neue Thermofenster: 2.000 Euro
• Installation neuer Zierdachrinnen aus Kupfer: 1.000 Euro
• Summe: 10.000 Euro.

Die Kosten für die Reparatur des Sturmschadens können nicht in die Mieterhöhung einbezogen werden, da es sich nicht um Modernisierungskosten handelt. Das Gleiche gilt für die Kosten der Zierdachrinne als rein optische Verschönerung. Daher:

• 10.000 Euro
- 2.000 Euro
- 1.000 Euro
=7.000 Euro Modernisierungskosten.

Die Jahresmiete kann dauerhaft um bis zu elf Prozent der reinen Modernisierungsaufwendungen angehoben werden. Laut Gesetz muss bei mehreren Wohnungen eine angemessene Aufteilung der Kosten auf die einzelnen Wohneinheiten erfolgen. Können Kosten nicht konkret der jeweiligen Wohnung zugeordnet werden und sind die Wohnungen unterschiedlich groß, kann eine Aufteilung nach der Wohnfläche in Quadratmetern vorgenommen werden.

Hat in unserem Beispiel das Haus eine Gesamtwohnfläche von 140 m² (Wohnung 1 = 60 m², Wohnung 2 = 80 m²), könnte eine Aufteilung folgendermaßen aussehen:

• 11 Prozent von 7.000 Euro = Mieterhöhung (Haus) 770 Euro
• 770 Euro/140 m² Gesamtwohnfläche = 5,5 Euro/m²
• Anteil Wohnung 1: 60 m² x 5,5 = 330 Euro Mieterhöhung im Jahr
330 Euro/12 = 27,50 Euro Mieterhöhung im Monat
• Anteil Wohnung 2: 80 m² x 5,5 = 440 Euro Mieterhöhung im Jahr
440 Euro/12 = 36,67 Euro Mieterhöhung im Monat

Finanzierungskosten wie Zinsen gehören nicht zu den Modernisierungskosten, die in eine Mieterhöhung einfließen können. Wird das Modernisierungsvorhaben durch staatliche „verlorene" Zuschüsse oder Kostenbeiträge des Mieters selbst unterstützt, sind diese Beträge nach § 559a BGB von den Modernisierungskosten abzuziehen. Wird ein rückzahlbares zinsvergünstigtes Förderdarlehen aufgenommen, ist die jährliche Zinsersparnis vom Mieterhöhungsbetrag nach § 559 BGB (also nicht von den Modernisierungskosten!) abzuziehen.

Im Beispiel hat der Vermieter ein zinsermäßigtes Darlehen in Höhe von 7.000 Euro bei der KfW aufgenommen. Er hat zwei Prozent weniger Zinsen pro Jahr bezahlt als üblich. Zinsermäßigung: 140

Euro im Jahr. Als jährliche Mieterhöhung (Haus) wären damit im Beispiel nicht 770 Euro, sondern 630 Euro anzusetzen.

Eine Mieterhöhung wegen Modernisierung nach § 559 BGB unterliegt nicht der Kappungsgrenze, die es bei einer Erhöhung zur ortsüblichen Vergleichsmiete gibt. Sie darf jedoch nicht so hoch ausfallen, dass eine Mietpreisüberhöhung oder ein Mietwucher vorliegt.

Soll keine Mieterhöhung wegen Modernisierung nach § 559 BGB, sondern eine modernisierungsbedingte Mieterhöhung bis zur ortsüblichen Vergleichsmiete vorgenommen werden, ist als Vergleichsmiete diejenige für modernisierte Wohnungen heranzuziehen. Außerdem ist die Kappungsgrenze nach § 558 Abs. 3 BGB zu beachten: Die Miete darf innerhalb von drei Jahren nicht um mehr als 20 Prozent (in bestimmten Gebieten mit Wohnungsmangel 15 Prozent) erhöht werden.

Auch bei einer Mieterhöhung bis zur ortsüblichen Vergleichsmiete, die infolge einer Modernisierungsmaßnahme durchgeführt wird, müssen Fördermittel von den Modernisierungskosten abgezogen werden: Nach einem Urteil des Bundesgerichtshofes vom 1.4.2009 kann der Vermieter die Miete im Förderzeitraum nur bis zu dem Betrag erhöhen, der sich nach Abzug der Zinsverbilligung von der ortsüblichen Vergleichsmiete ergibt (Az. VIII ZR 179/08). Der Bundesgerichtshof hat entschieden, dass dem Mieterhöhungsverlangen wegen Maßnahmen zur Einsparung von Heizenergie keine Wärmebedarfsberechnung beigelegt werden muss (Beschluss vom 10.4.2002, Az. VIII ARZ 3/01).

Prinzipiell haben Mieter die genannten Modernisierungsmaßnahmen an den Mieträumen zu dulden (§ 555d BGB). Dies gilt nicht in bestimmten Härtefällen. Vermieterseitige Modernisierungsmaßnahmen müssen auch nicht geduldet werden, wenn der Mieter zuvor bereits auf eigene Kosten mit Zustimmung des Vermieters eine ganz ähnliche oder entsprechende Maßnahme selbst hat durchführen lassen (zum Beispiel Austausch von Kohleöfen durch Gasheizung, BGH, Az. VIII ZR 110/11). Im Fall einer Modernisierung hat der Mieter ein Sonderkündigungsrecht, das er zum Ablauf des zweiten Monates nach Erhalt der Modernisierungsankündigung geltend machen kann. Seit der Mietrechtsreform vom 1.5.2013 hat der Mieter bei einer energetischen Modernisierung in den ersten drei Monaten der laufenden Arbeiten nicht mehr das Recht, die Miete zu mindern (§ 536 Abs. 1a BGB). Dies gilt jedoch nicht für anderweitige Modernisierungsarbeiten. Bei mit öffentlichen Mitteln nach dem II. WoBauG geförderten Wohnungen kann mit Hilfe einer Teilwirtschaftlichkeitsberechnung eine neue Kostenmiete berechnet und verlangt werden. Die gilt nicht mehr für Wohnungen, bei denen öffentliche Mittel nach dem Wohnraumförderungsgesetz nach dem 1.1.2002 bewilligt wurden beziehungsweise werden.

Hier wird auf vereinbarte Mieten abgestellt. Für Vermieter ist die Unterscheidung zwischen Herstellungs- bzw. Erhaltungsaufwand für die Art der steuerlichen Absetzbarkeit entscheidend. Darüber hinaus stellt der Bund über die KfW-Förderbank zinsverbilligte Kredite vor allem im Bereich der energieeinsparenden Maßnahmen bereit. Auch die Bundesländer und manche Städte und Gemeinden stellen hierfür Mittel bereit. Über die zuständige Stelle informiert das örtliche Bauamt.

Möblierter Wohnraum
furnished accommodation/housing

Wohnraum, den der Vermieter ganz oder überwiegend mit Einrichtungsgegenständen ausgestattet hat. Der Vermieter muss nach dem Mietvertrag zur Möblierung verpflichtet sein. Auf die tatsächliche Möblierung kommt es nicht an. Für möblierten Wohnraum gelten vom allgemeinen Wohnraummietrecht abweichende Vorschriften, wenn er als Teil der vom Vermieter selbst bewohnten Wohnung vermietet und nicht zum dauernden Gebrauch an den Mieter mit seiner Familie oder anderen Personen überlassen ist, mit denen der Mieter einen gemeinsamen Haushalt führt. Die Abweichungen bestehen in folgendem:
• Abgekürzte Kündigungsfristen (spätestens am 15. eines Monats zum Ablauf des gleichen Monats),
• fehlender Kündigungsschutz, (das Widerspruchsrecht des Mieters gegen die Kündigung ist ausgeschlossen),
• Nichtanwendbarkeit der Vorschriften über die Mieterhöhung (zum Beispiel kein Sonderkündigungsrecht des Mieters bei Mieterhöhung, § 561 BGB),
• Nichtanwendbarkeit der Regeln über den Mieterschutz bei Umwandlung der Mietwohnung in Eigentumswohnung.

Monitoring
monitoring

Beim Monitoring handelt es sich um eine organisierte Beobachtung einer Entwicklung die entweder durch eine bestimmte Maßnahme angestoßen wird oder die sich aufgrund gesetzter Rahmenbedingungen entfaltet. Monitoring gibt es in vielen Bereichen.In der Immobilienwirtschaft ist zum

Beispiel den Gemeinden, die Flächennutzungspläne ausweisen, durch die letzte Novellierung des BauGB auferlegt worden, sie spätestens nach 15 Jahren den neuen Entwicklungserkenntnissen entsprechend anzupassen. Dies setzt eine ständige systematische Beobachtung der Entwicklung der Gemeinde voraus.Auch die in Umweltprüfungen festgestellten Umweltveränderungen beruhen auf Ergebnissen eines Monitoring. Es gibt Stadtbeobachtungssysteme, etwa das Monitoring Soziale Stadtentwicklung des Berliner Senats. Dessen Ergebnisse werden in periodischen Berichten festgehalten.

Nachbarrecht
law concerning the respective interest of neighbour's or occupiers of adjoining property

Zu unterscheiden ist zwischen zivilrechtlichen Vorschriften des Nachbarrechts (§§ 906-924 BGB) und öffentlich rechtlichen Vorschriften – insbesondere dem sog. Baunachbarrecht.

Ziviles Nachbarrecht

Die zivilrechtlichen Regelungen beziehen sich auf den Schutz der Nachbarn vor störenden Geräuschen und Gerüchen, dem Überhang von Zweigen und dem Überfall von Früchten, gefahrdrohenden Anlagen und Einrichtungen sowie auf das Notwegerecht und Rechtsansprüche, die beim Überbau entstehen. Es verleiht dem benachteiligten Nachbarn Abwehransprüche. Einwirkungen („Immissionen") von geringfügiger Natur müssen hingenommen werden. Das zivile Nachbarrecht ist geprägt durch eine große Anzahl von Einzelfallentscheidungen nach dem Grundsatz von Treu- und Glauben unter Würdigung des sog. nachbarlichen Gemeinschaftsverhältnisses. Die Vorschriften des BGB sind über das BGB-Einführungsgesetz mit landesrechtlichen Vorschriften zum Nachbarrecht verzahnt. Den zivilrechtlichen Vorschriften des Nachbarrechts gemein ist, dass sie Ansprüche der Nachbarn untereinander begründen.

Öffentlich rechtliches Nachbarrecht

Regelungen der Landesbauordnungen (Baunachbarrecht) der einzelnen Bundesländer gehören, soweit sie „nachbarschützend" sind, zum öffentlich rechtlichen Nachbarrecht.Das gleiche gilt auch von entsprechenden bauordnungsrechtlichen Bestimmungen. Dabei ist wegen der divergierenden Rechtsprechung nicht immer klar, ob Voraussetzung für das Entstehen von Abwehransprüchen des betroffenen Nachbarn eine tatsächliche (spürbare)

Beeinträchtigung des Nachbarn ist. Bei nachbarschützenden Festsetzungen in einem Bebauungsplan (Baulinien, Baugrenzen) muss in der Regel eine tatsächliche Beeinträchtigung nicht nachgewiesen werden. Allerdings dienen nicht alle Festsetzungen (zum Beispiel Geschossflächenzahlen) dem Nachbarschutz. Nachbarschützend sind zum Teil auch Festsetzungen der Art baulicher Nutzung im Bebauungsplan. Öffentliches Nachbarrecht begründet nicht – wie zivilrechtliches – Ansprüche gegen andere Nachbarn, sondern Ansprüche gegen Behörden. Teilweise nachbarrechtlichen Charakter hat im Bereich des öffentlichen Rechts auch das Bundesimmissionsschutzgesetz, das vor allem die besondere Genehmigungspflicht der Errichtung und des Betriebes von Anlagen zum Gegenstand hat, deren „Emissionen" die Allgemeinheit oder die Nachbarn stärker beeinträchtigen könnten. Beispiele: Heizkraftwerke, automatische Waschstraßen, Lackieranlagen, Anlagen zum Halten und zur Aufzucht von Geflügel oder zum Halten von Schweinen ab einer bestimmten Größenordnung und vieles mehr.

Nachbarschaftshilfe
neighbourly help
Nachbarschaftshilfe ist die unbezahlte Hilfe bei Arbeiten (meist im Bereich von Haus, Garten oder Wohnung) für einen Nachbarn.

Als Entlohnung für den Helfer dürfen ein Imbiss, eine Kiste Bier oder ein kleines Geschenk dienen – und die Kosten für diese Gegenleistungen können sogar steuerlich geltend gemacht werden: Arbeiten, die der Erhaltung des Gebäudes oder der Wohnung dienen, können als Werbungskosten im Jahr des Kostenanfalls abgezogen werden. Kosten für Arbeiten, die zum „Herstellungsaufwand" zu rechnen sind (Eigenheimbau), werden grundsätzlich über die Restnutzungsdauer des Gebäudes abgeschrieben.

Der Zoll unterscheidet auf seiner Homepage (www.zoll-stoppt-schwarzarbeit.de) die Selbsthilfe (Beispiel: Fußballspieler hilft bei Renovierung des Vereinsheims), die Gefälligkeit (Beispiel: Automechaniker kommt zufällig an Pannenfahrzeug vorbei und macht es unentgeltlich wieder flott) und die Nachbarschaftshilfe (Beispiel: Nachbarn pflegen gegenseitig ihren Garten, wenn der andere in Urlaub ist). Nicht als Schwarzarbeit werden Hilfeleistungen durch Angehörige und Lebenspartner, Nachbarschaftshilfe oder Gefälligkeiten behandelt, wenn die Tätigkeiten nicht nachhaltig auf Gewinn ausgerichtet sind.

Das bedeutet: Im Vordergrund des Tätigwerdens muss die Hilfe für den Nachbarn stehen und nicht die Bezahlung. Mäht also der Nachbarsjunge für ein paar Euro den Rasen, ist keine Bestrafung wegen Schwarzarbeit zu befürchten.

Sobald die Gewinnerzielung im Vordergrund steht, handelt es sich jedoch um Schwarzarbeit, die für Auftraggeber und Auftragnehmer zu Strafen, Bußgeldern und gegebenenfalls zu Nachzahlungen von Sozialversicherungsbeiträgen führen kann. Im Bereich auch kleinerer Baustellen muss mit Kontrollen gerechnet werden.

Nachmieter
new/subsequent tenant
Mieter, die vor Ende der regulären Mietzeit ausziehen wollen, können einen Nachmieter benennen, der an ihrer Stelle die restliche Zeit das Mietverhältnis fortsetzt. Voraussetzung ist allerdings, dass der Mietvertrag eine sog. Nachmieterklausel enthält. Ohne eine solche Vereinbarung braucht der Vermieter den Mieter grundsätzlich nicht vorzeitig aus dem Mietverhältnis zu entlassen.

Ausnahmsweise kann der Mieter jedoch ein Recht darauf haben, gegen Nachmieterstellung aus dem Mietvertrag entlassen zu werden, wenn er ein berechtigtes Interesse an der vorzeitigen Beendigung des Mietvertrages nachweist. Dies ist von der Rechtsprechung zugelassen worden für Zeitmietverträge und Mietverträge mit einer Kündigungsfrist von über sechs Monaten.

Für alle seit der Mietrechtsreform von 2001 abgeschlossenen unbefristeten Mietverträge gilt grundsätzlich eine Kündigungsfrist von drei Monaten, sodass dieser Sonderfall nur noch selten eintreten kann.

Ein berechtigtes Interesse wurde von Gerichten in folgenden Fällen angenommen:
• Mieter benötigt aus familiären Gründen (Heirat/Kinder) größere Wohnung,
• Mieter muss beruflich in andere Stadt umziehen,
• Mieter muss aus gesundheitlichen-/Altersgründen in Altenheim oder Pflegeeinrichtung ziehen.

Ähnlich schwerwiegende Gründe, die ein weiteres Bewohnen der bisherigen Wohnung unzumutbar machen – insbesondere gesundheitliche Gründe.

Kein berechtigtes Interesse besteht, wenn der Mieter den Grund selbst herbeigeführt hat, um umziehen zu können oder wenn er die Wohnung nicht mehr bezahlen kann.

Der Vermieter muss den Nachmieter jedoch nur akzeptieren, wenn dieser geeignet und zumutbar ist. Eine Ablehnung muss auf rationellen Gründen beruhen (zum Beispiel mangelnde Zahlungsfähigkeit) und nicht nur auf persönlichen Antipathien oder befürchteten Problemen mit anderen Mietern.

Naturdenkmäler
natural monuments

Naturdenkmäler sind „Einzelschöpfungen der Natur" oder entsprechender Flächen, soweit sie fünf Hektar nicht überschreiten. Sie erhalten ihren Rechtscharakter als Naturdenkmal durch Festsetzungen der Bundesländer. Die Festsetzungen erfolgen aus wissenschaftlichen, naturgeschichtlichen oder landeskundlichen Gründen oder zum Schutz wegen ihrer Seltenheit, Eigenart oder Schönheit.

Alle Handlungen, die zu einer Zerstörung, Beschädigung oder Veränderung des Naturdenkmals führen, sind verboten. Zu solchen Naturdenkmälern können alte Bäume, Quellen, Wasserfälle und Wasserläufe ebenso zählen wie besondere Felsbildungen. Auch Landschaftsteile mit besonderem Gepräge (Heidelandschaften, Flussauen) können als Naturdenkmal festgesetzt werden.

Nettokaltmiete
net rent

Bei der Nettokaltmiete handelt es sich um die Miete, die keine umlagefähigen Betriebskosten – also auch keine Heiz- und Warmwasserkosten – enthält. Nicht zu verwechseln ist sie mit der Grundmiete, die auch Betriebskosten enthalten kann, wenn diese nämlich nicht als umlagefähige oder pauschalierte Beträge extra ausgewiesen sind. In diesem Fall werden sie Bestandteil der Grundmiete.

Die Ermittlung des Ertragswertes eines Grundstücks erfolgt auf der Basis von Nettokaltmieten. Allerdings ist dabei die Nachhaltigkeit dieser Mieten zu prüfen.

Niederschrift (Wohnungseigentümerversammlung)
record/minutes (of a freehold flat owners' meeting)

Über die von den Wohnungseigentümern in der Versammlung gefassten Beschlüsse ist eine Niederschrift anzufertigen. Sie ist von dem Versammlungsvorsitzenden und einem der teilnehmenden Wohnungseigentümer sowie von dem Vorsitzenden des Verwaltungsbeirates oder seinem Stellvertreter – sofern ein Verwaltungsbeirat bestellt ist – zu unterschreiben (§ 24 Abs. 6 WEG).

Die Anfertigung der Niederschrift durch den Verwalter muss so rechtzeitig erfolgen, im Regelfall spätestens eine Woche vor Ablauf der einmonatigen Anfechtungsfrist (§ 46 Abs. 1 Satz 2 WEG), dass jeder Wohnungseigentümer von seinem Ein-

sichtsrecht Gebrauch machen kann, um sich über die Inhalte der gefassten Beschlüsse zu informieren und gegebenenfalls danach zu entscheiden, ob er von seinem Beschlussanfechtungsrecht Gebrauch machen will oder nicht. Eine Verpflichtung des Verwalters zur Übersendung der Beschlussniederschrift besteht allerdings nicht. Im Verwaltungsvertrag kann jedoch eine Regelung getroffen werden, die den Verwalter verpflichtet, den Wohnungseigentümern gegen zusätzliche Gebühr die Niederschrift rechtzeitig vor Ablauf der Anfechtungsfrist zu übersenden.

Die Wirksamkeit der von den Wohnungseigentümern gefassten Beschlüsse hängt aber nicht von ihrer Aufnahme in die Niederschrift ab. Die Niederschrift ist insoweit nicht Voraussetzung für deren Gültigkeit. Vielmehr erlangen Beschlüsse der Wohnungseigentümer ihre Rechtswirkung mit der durch den Versammlungsvorsitzenden vorzunehmenden Feststellung des Beschlussergebnisses in der Wohnungseigentümerversammlung (konstitutive Beschlussfeststellung). Selbst die Feststellung eines falschen Ergebnisses aufgrund falscher Stimmenwertung (Wertung von Stimmenthaltungen als Nein-Stimmen) oder falscher Stimmenauszählung bewirkt nicht die Unwirksamkeit eines Beschlusses, vielmehr ist auch ein „falscher" Beschluss wirksam, wenn er nicht angefochten und durch das Gericht für ungültig erklärt wird.

Der Niederschrift sind die mit der Tagesordnung übersandten Beschlussunterlagen sowie die Anwesenheitsliste und die Stimmrechtsvollmachten als Anlagen beizufügen.

Neben der Niederschrift ist zusätzlich gemäß § 24 Abs. 7 WEG eine Beschlusssammlung zu führen, die nicht nur über die Beschlussinhalte Aufschluss gibt, sondern auch über Änderungen, Aufhebungen oder gerichtliche Entscheidungen zu den jeweiligen Beschlüssen und damit über deren aktuelle Rechtsfolgen informiert.

Niedrigenergiehaus
low-energy house

Das Niedrig-Energiehaus zeichnet sich vor allem dadurch aus, dass Wärmeverluste durch Verwendung wärmedämmender Baumaterialien vermieden werden. Dies spart Energiekosten.

Durch Energieeinsparung wird die CO_2-Emission verringert. Neben dem Niedrigenergiehaus ist auch das sog. Passivhaus höchst energiesparend. Ob das Energieeinsparpotenzial des Niedrigenergiehauses aber tatsächlich ausgeschöpft wird, hängt naturgemäß von den Nutzern des Hauses, insbesondere von ihrem Lüftungsverhalten ab.

Nutzer von Niedrigenergiehäusern können bis zu 40 Prozent Heizenergie einsparen im Vergleich zu Nutzern konventionell gebauter Häuser.

Um den Niedrigenergiehaus-Standard zu erreichen, bietet sich die Kombination mehrerer technischer Komponenten an. Hierzu zählen eine Gebäudeform mit einem optimalen Verhältnis von umbautem Raum zur Fläche der Außenwände, Wärmeschutz an Außenwänden, Dach und Kellerdecke, luftdichte Gebäudehülle (zu messen im Blower-Door-Messverfahren), Wohnungslüftung mit Wärmerückgewinnung, regelbare Heizwärmeverteilung. Hinzu kommen Anlagen, die den Verbrauch von Primärenergie senken etwa durch effiziente Heizanlagen mit hohem Wirkungsgrad und Solaranlagen (Sonnenkollektoren und Photovoltaik).

Nießbrauch (allgemein)
life estate; life interest; usufruct; beneficial enjoyment of property; beneficial interest; lifehold; lifelong right of use; usufructuary right (general)

Beim Nießbrauch ist zwischen dem Nießbrauch an Sachen, dem Nießbrauch an Rechten und dem Nießbrauch an Vermögen zu unterscheiden. Beim Nießbrauch an Sachen ist wiederum zwischen dem Nießbrauch an beweglichen Sachen und dem Nießbrauch an Grundstücken zu unterscheiden. Ein Nießbrauch an Rechten ist nur möglich, wenn das Recht nutzbar ist. Ein Nießbrauch kann unentgeltlich, teilentgeltlich oder entgeltlich eingeräumt werden. Charakteristisch für alle Fallgestaltungen des Nießbrauchs ist dessen Unveräußerlichkeit. Nießbrauch kann auch nicht vererbt werden. Die Ausübung des Nießbrauchs kann aber Dritten überlassen werden. Man spricht hier von Übertragung des Nießbrauchs.

Vor größerer Bedeutung ist der Nießbrauch an Grundstücken. Nießbrauch kann auch an Grundstücksteilen eingeräumt werden, zum Beispiel an bestimmten Wohnungen eines Mietshauses. Möglich ist auch die Einräumung eines Nießbrauchsrechts an einer Eigentumswohnung. In der Regel handelt es sich bei der Einräumung von Nießbrauch an Grundstücken um eine steuerrechtliche Angelegenheit im Zusammenhang mit einer Erbschaft. Dabei wird zwischen dem Vorbehaltsnießbrauch und dem Zuwendungsnießbrauch unterschieden. Beim Vorbehaltsnießbrauch überträgt der Grundstückseigentümer das Grundstückseigentum an den vorgesehenen Erben und behält sich das Nutzungsrecht vor. Beim Zuwendungsnießbrauch räumt der Grundstückseigentümer dem vorgesehenen Erben den Nießbrauch ein.

Der Nießbrauchberechtigte hat weitgehend die Stellung eines „wirtschaftlichen Eigentümers". Das Nießbrauchrecht ist nicht nur ein Nutzungsrecht. Es beinhaltet nach § 1.047 BGB auch die Verpflichtung der Tragung öffentlicher und privatrechtlicher Lasten, soweit diese bei Bestellung des Nießbrauchs bestanden haben. Zu den Lasten zählen auch Zinsen für bei der Nießbrauchsbestellung schon bestehende Grundschulddarlehen. Da der Nießbrauchsberechtigte jedoch nach wie vor nicht tatsächlicher Eigentümer ist, kann er keine weiteren Belastungen des Grundstücks vornehmen. Er kann also zum Beispiel keine neue Grundschuld eintragen lassen. Er hat ferner auch den Nießbrauchsgegenstand – zum Beispiel das Grundstück mit darauf befindlichem Haus – in seinem wirtschaftlichen Bestand zu erhalten. Auch gewisse Ausbesserungen und Erneuerungen muss er (im Rahmen üblicher Erhaltungsarbeiten) durchführen.

Notar
notary; notary public

Der Notar ist ein von der Justizverwaltung eines Bundeslandes nach dem Bedarfsprinzip bestellter Volljurist, der bestimmte Aufgaben im Rahmen der freiwilligen Gerichtsbarkeit und der Rechtspflege wahrzunehmen hat. Voraussetzung der Bestellung ist eine in der Regel dreijährige Anwärterzeit als Notarassessor. Bei Immobiliengeschäften ist die Mitwirkung des Notars vielfach erforderlich (notarielle Beurkundung). Bei den Rechtsgeschäften, die vom Notar beurkundet werden, hat der Notar nach dem Beurkundungsgesetz eine besondere Belehrungspflicht. Er muss die Parteien über die rechtliche Tragweite des Vertrages aufklären, den die Parteien schliessen wollen. Alle Beurkundungen, die der Notar vornimmt, sind in zeitlicher Reihenfolge in ein gebundenes Register einzutragen (Urkundenrolle). Für seine Tätigkeit erhält der Notar Gebühren und Auslagen. Sie richten sich nach der Kostenordnung. Zur Absicherung der finanziellen Abwicklung eines beurkundeten Geschäftes kann der Notar ein besonderes Konto („Notaranderkonto") zur Verfügung stellen, über das er treuhänderisch verfügt.

Notarielle Beurkundung
recorded by a notary

Bestimmte Verträge müssen vom Notar beurkundet werden, damit sie wirksam werden. Dies sind u. a. der Grundstückskaufvertrag, der Bauträgervertrag, die Bestellung eines Erbbaurechts, sowie die Einräumung von Wohneigentum. Die Rolle des Notars besteht darin, den Vertragswillen der Parteien zu erforschen und zu formulieren. Er muss die Vertragsparteien über die rechtlichen Konsequenzen des Geschäfts belehren und ihre Erklärungen klar und eindeutig in der Urkunde wiedergeben. Mit der Unterschrift der Parteien auf der Urkunde wird bestätigt, dass der formulierte Vertragsinhalt dem Vertragswillen beider Parteien entspricht.

Voraussetzung dafür, dass ein Notar einen Vertrag beurkunden kann, sind Informationen, die er sich über Vor- und Familienname, Anschriften und die Güterstände der an der Beurkundung teilnehmenden Parteien verschaffen muss. Diese identifizieren sich durch Vorlage eines Personalausweises oder eines Reisepasses. Daraus ergeben sich auch die Geburtsdaten der Parteien.

Notwegerecht
right of an emergency way

Der Eigentümer eines Grundstückes, das keine direkte Anbindung an öffentliche Wege hat, kann von seinem Nachbarn verlangen, dessen Grundstück benutzen zu dürfen, um die notwendige Verbindung herzustellen (§ 917 BGB). Dafür hat der Notwegeberechtigte jährlich im Voraus eine Geldrente zu bezahlen. Das Recht auf Rente geht allen anderen Rechten an dem belasteten Grundstück vor, auch wenn es nicht im Grundbuch eingetragen wird. Wird für das bisher von der öffentlichen Straße „abgeschnittene" Grundstück eine neue eigene Verbindung zur Straße hergestellt, endet das Notwegerecht.

Das Notwegerecht muss nicht eingeräumt werden, wenn der Nachbar durch eigene, willkürliche Schritte sein Grundstück vom Zugang zur öffentlichen Straße abgeschnitten hat.

Wird durch den Verkauf eines Grundstücksteils der verkaufte oder behaltene Teil von der Verbindung zur öffentlichen Straße abgeschnitten, muss der Eigentümer des Grundstücksteils, über den bisher die Verbindung geführt hat, den Notweg hinnehmen. Das Gleiche gilt beim Verkauf von einem von mehreren Grundstücken, die dem selben Eigentümer gehören (§ 918 BGB).

Sträubt sich der Grundstücksnachbar, so können Richtung und Umfang des Notweges durch ein Gerichtsurteil bestimmt werden. Der Bundesgerichtshof hat klargestellt, dass es ein Notwegerecht nur für Eigentümer gibt, nicht aber für Mieter oder Pächter. In dem verhandelten Fall ging es um ein Bootshaus auf einem zugangslosen Seegrundstück in Mecklenburg-Vorpommern. Der BGH verwies den Mieter auf den Gesetzeswortlaut (Urteil vom 5.5.2006, Az. V ZR 139/05). Der Mieter hat hier allenfalls die Möglichkeit, sich an den Vermieter

zu wenden, damit dieser gegenüber dem Nachbarn das Notwegerecht durchsetzt. Der Vermieter wiederum darf ohne Weiteres das Notwegerecht für den Mieter geltend machen, da es ja um die Nutzungsmöglichkeit seines eigenen Grundstückes geht und er selbst Anspruchsinhaber ist. Er kann gegenüber dem Mieter aus dem Mietvertrag sogar dazu verpflichtet sein, das Notwegerecht durchzusetzen, da ohne ein solches gegebenenfalls keine vertragsgemäße Grundstücksnutzung stattfinden kann.

Objekt
property; object; piece of real estate; item; cost object

Objekte sind nach § 2 HOAI „Gebäude, raumbildende Ausbauten, Freianlagen, Ingenieurbauwerke, Verkehrsanlagen, Tragwerke und Anlagen der Technischen Ausrüstung", auf die sich Architektenleistungen beziehen. Gegenüber „vorhandenen Objekten" bezieht sich der Begriff der Neubauten und Neuanlagen in der HOAI auf „neu zu errichtende oder herzustellende Objekte". Im Bereich der Umbauten, Modernisierungen und Instandsetzungsmaßnahmen wird der Objektbegriff der HOAI auch für Bestandsimmobilien verwendet. Im Maklergeschäft bezieht sich der Objektbegriff nach § 34c GewO auf „Grundstücke, grundstücksgleiche Rechte, gewerbliche Räume und Wohnräume", die Gegenstand der Vertragsvermittlung sind. Neubauten werden dort als „Bauvorhaben" bezeichnet. Im Maklergeschäft wird als Objekt der Gegenstand bezeichnet, auf den sich das Vermittlungsgeschäft bezieht.

Offshore-Windenergie-Anlagen
offshore wind energy/power plants

Offshore-Windenergie-Anlagen sind Windkraft-Anlagen, die innerhalb der 12-Seemeilen-Zone vor der Küste oder in bestimmten Seegebieten außerhalb davon (sogenannte Ausschließliche Wirtschaftszone) errichtet werden. Da an Land der Widerstand gegen die zunehmende Anzahl der stromerzeugenden Windräder wächst und höhere Stromausbeute durch stärkeren und kontinuierlicheren Wind winkt, betreibt die Windenergie-Wirtschaft die Expansion auf das Meer.

Zuständige Genehmigungsbehörde ist das BSH (Bundesamt für Hydrografie und Seeschifffahrt in Hamburg). Deutschland ist gegenüber England und Dänemark in diesem Bereich bereits zum Nachzügler geworden, da hier weniger geeignete flache Küstengewässer vorhanden sind. Es muss daher auf tiefere Gewässer ausgewichen werden, die es wiederum erforderlich machen, weniger Windanlagen mit höherer Leistung zu installieren. Das Erneuerbare-Energien-Gesetz (EEG) regelt die Mindest-Einspeisungspreise für in derartigen Anlagen erzeugten Strom. Die Mindestpreise für Anlagen an Land wurden mittlerweile gesenkt, für Offshore-Anlagen wurden demgegenüber höhere Preise festgelegt. Bisher sind in der deutschen Ausschließlichen Wirtschaftszone (AWZ) in Nord- und Ostsee vom Bundesamt für Seeschifffahrt und Hydrographie (BSH) 25 Offshore-Windparks mit insgesamt 1.689 Rotoren genehmigt worden. Nach Fertigstellung können damit 7.500 Megawatt erzeugt werden. Umfangreichere Vorhaben sind in Planung. Es wird für möglich gehalten, dass Ende 2015 drei Gigawatt Offshoreleistung verfügbar sind. Der im Jahr 2013 in Bau befindliche Offshore-Windpark BARD Offshore 1 umfasst 80 Anlagen mit einer Leistung von 400 Megawatt. Er wird damit 400.000 Haushalte versorgen können.

Ombudsmann/Ombudsfrau
ombudsman

Ombudsmann und Ombudsfrau sind juristisch versierte neutrale Streitschlichter. Sie sind in vielen Bereichen institutionalisiert. So gibt es den Versicherungsombudsmann, einen Ombudsmann für den Online-Handel, den Ombudsmann im Bereich des Handwerks usw. Bei Rechtsstreitigkeiten mit einem privaten Kreditinstitut zum Beispiel wegen einer strittigen Vorfälligkeitsentschädigung helfen ebenfalls Ombudsleute. Die Schlichtungsstellen, die Ombudsleute beschäftigen, sind vielfach eingetragene Vereine. Die Inanspruchnahme einer solchen Schiedsstelle ist in der Regel kostenlos.

Ombudsmänner und -frauen gibt es in vielen Ländern. Überwiegend sind sie auch Interessenvertreter von Bürgern gegenüber öffentlichen Dienststellen (zum Beispiel in der Schweiz). In Österreich steht der Internet-Ombudsmann im Vordergrund. Eine Ombudsmannrolle spielt auch der „Europäische Bürgerbeauftragte" der sich aufgrund von Beschwerden mit Missständen in der Verwaltung von Organen und Einrichtungen der Europäischen Union (nicht aber nationalen, regionalen oder lokalen Behörden) befasst.

Seit 2008 existiert in der Immobilienwirtschaft in Deutschland eine vom Immobilienverband Deutschland IVD ins Leben gerufene Schlichtungsstelle in Berlin. Sie kann von Verbrauchern angerufen werden, wenn der mögliche Streitwert über 3.000 Euro liegt. Das Verfahren selbst ist kostenlos. Der Ombudsmann muss die Befähigung zum Richteramt haben und wird für jeweils vier Jahre vom Präsidenten des IVD berufen. Voraussetzung für die

Einleitung des Verfahrens ist, dass es nicht bereits gerichtsanhängig ist.

Ordnungsmäßige Verwaltung (Wohnungseigentum)
orderly administration/management (German condominium act)

Über die ordnungsmäßige Verwaltung des gemeinschaftlichen Eigentums beschließen die Wohnungseigentümer mit einfacher Stimmenmehrheit. Sie kann auch von jedem einzelnen Eigentümer verlangt und gegebenenfalls auch gerichtlich durchgesetzt werden. Zur ordnungsmäßigen Verwaltung gehören gemäß § 21 Abs. 5 WEG

- Aufstellung einer Hausordnung,
- ordnungsgemäße Instandhaltung und Instandsetzung des gemeinschaftlichen Eigentums,
- Abschluss einer Feuerversicherung des gemeinschaftlichen Eigentums zum Neuwert und einer Haushaftpflichtversicherung,
- Ansammlung einer angemessenen Instandhaltungsrückstellung,
- Aufstellung eines Wirtschaftsplanes,
- Duldung aller Maßnahmen, die zur Herstellung einer Fernsprecheinrichtung, einer Rundfunkanlage oder eines Energieversorgungsanschlusses zugunsten eines Wohnungseigentümers erforderlich sind.

Im Rahmen ordnungsmäßiger Verwaltung können die Wohnungseigentümer gemäß § 21 Abs. 7 WEG ferner mit einfacher Mehrheit Regelungen beschließen

- zur Art und Weise von Zahlungen (zum Beispiel Hausgeldzahlungen),
- zur Fälligkeit und zu Folgen des Verzugs sowie zu Regelungen über
- Kosten für eine besondere Nutzung des gemeinschaftlichen Eingentums (zum Beispiel Umzugskostenpauschale) oder
- Kosten für einen besonderen Verwaltungsaufwand (zum Beispiel Ausstellung von Bescheinigungen für haushaltsnahe Dienstleistungen).

Diese Aufzählung im WEG ist nicht abschließend. Andererseits bedarf alles, was über die ordnungsmäßige Verwaltung hinausgeht, der Zustimmung aller Wohnungseigentümer. Probleme ergeben sich häufig bei der Frage, wo die Grenze zwischen einer Instandhaltung und einer Modernisierung oder baulichen Veränderung verläuft. So ist bereits eine Balkonüberdachung oder Balkonverkleidung eine bauliche Veränderung. Ähnliches gilt für einen Außenmauerdurchbruch oder eine Umstellung der Heizanlage auf eine neue Energieart, obwohl noch kein Reparaturbedarf gegeben ist. Werden Beschlüsse dieser Art nicht allstimmig gefasst, besteht für jeden Wohnungseigentümer, der mit der Maßnahme nicht einverstanden ist, die Möglichkeit der Anfechtung bei Gericht.

Pachtvertrag
tenancy agreement; leasehold agreement; lease contract; contract of lease; lease (agreement)

Ein Pachtvertrag regelt die Überlassung von Grundstücken und Gebäuden mit dem im Vergleich zur Miete zusätzlichen Recht zur „Fruchtziehung". Das bedeutet, dass der Ertrag aus dem Grundstück (zum Beispiel Kiesgrube) dem Pächter zusteht. Bei entsprechend ausgestatteten Gebäuden (zum Beispiel Gasthäusern) steht der aus dem damit verbundenen Betrieb zu erzielende Ertrag ebenfalls dem Pächter zu. Die landwirtschaftliche Pacht umfasst auch das „lebende Inventar", d. h. das Nutzvieh. Das BGB enthält Grundregeln für Pachtverträge im Allgemeinen sowie Vorschriften speziell für den Landpachtvertrag. Während für den allgemeinen Pachtvertrag die meisten Vorschriften des Mietrechts anwendbar sind, gibt es für die Landpacht spezielle Regelungen – besonders hinsichtlich der Kündigung. Weitere Besonderheiten gelten für die Jagdpacht, Fischereirechte und Kleingärten. Gepachtet werden können auch Rechte (zum Beispiel Patente).

Pachtverträge werden i. d. R. langfristig geschlossen. Grundsätzlich ist die Schriftform zu empfehlen. Landpachtverträge mit einer Laufzeit von mehr als zwei Jahren, die nicht in Schriftform abgeschlossen werden, gelten für unbestimmte Zeit.

Bei landwirtschaftlichen Pachtgrundstücken liegen die Vertragslaufzeiten teilweise bei neun oder 18 Jahren. Daraus ergeben sich Notwendigkeiten zur Anpassung der Pacht, die früher im Landpachtgesetz, jetzt im BGB geregelt sind (§ 585 ff. BGB). Ein Landpachtvertrag kann auch auf Lebenszeit des Pächters geschlossen werden. Ähnlich wie bei der Miete gilt der Grundsatz: Kauf bricht nicht Pacht. Die Vermittlung von Pachtverträgen im Bereich der Landwirtschaft ist Geschäftszweck darauf besonders spezialisierter Makler für Land- und Forstwirtschaften. Im Übrigen befassen sich mit der Vermittlung von Pachtverträgen auch Spezialmakler für Geschäftsbetriebe.

Parabolantenne
parabolic (reflector) antenna; mirror reflector

Parabolantennen sind eine Empfangsantennenform für Frequenzen oberhalb 1 Gigahertz. Sie ermöglichen bei richtiger Installation einen sehr guten Empfang von UKW- und Fernsehsendungen über Satelliten. Da die hohen Frequenzen lichtähnliches Ausbreitungsverhalten zeigen, liegen die Zeitverzögerungen zwischen Sende- und Empfangsort im Bereich der Verzögerung nahe der Lichtgeschwindigkeit.

Im Zusammenhang mit der Installation von Parabolantennen bei Mietwohnungen kommt es immer wieder zu Rechtsstreitigkeiten. Inzwischen gilt als gesichert, dass der Mieter ein grundsätzliches Recht hat, eine Parabolantenne anzubringen. Dieses Recht wird durch die verfassungsrechtlich verankerte Informationsfreiheit garantiert (Art. 5 Abs.1 Grundgesetz). Der Mieter kann sich jedoch nur dann darauf berufen, wenn die vermietete Wohnung nicht an das Breitbandkabel angeschlossen ist. Will der Mieter eine Parabolantenne installieren, muss er vom Vermieter die Erlaubnis einholen. Der muss zustimmen, wenn das Haus weder über eine Gemeinschafts-Parabolantenne noch über einen Kabelanschluss verfügt. Die Parabolantenne muss auch baurechtlich zulässig sein und fachmännisch an einem Ort installiert werden, an dem sie optisch am wenigsten stört. Die Kosten hierfür trägt der Mieter (OLG Frankfurt 20 RE-Miet 1/91, WM 92, 458).

Trotz Kabelanschluss kann der Mieter ausnahmsweise die Erlaubnis zum Aufstellen einer Parabolantenne verlangen, wenn er hierfür ein besonderes Interesse nachweisen kann. Das ist bei einem ausländischen Mieter zu bejahen, der nur über eine Parabolantenne seine Heimatsender empfangen kann

(OLG Karlsruhe 3 RE-Miet 2/93, WM 93, 525; BVerfG 1 BvR 16 187/92, WM 94, 251). Kann der ausländische Mieter bereits über einen Kabelanschluss fünf Programme aus seinem Heimatland empfangen, hat er kein Anrecht auf die zusätzliche Installation einer Parabolantenne (BGH, Az. VIII ZR 118/04, Urteil vom 2.3.2005).

Nach dem Bundesgerichtshof kann der Vermieter verpflichtet sein, dem Wunsch des Mieters nach Aufstellung einer Parabolantenne zuzustimmen, wenn weder die Gebäudesubstanz verletzt noch das Eigentum des Vermieters optisch beeinträchtigt wird. Im verhandelten Fall sollte trotz vorhandenem Kabelanschluss eine Antenne ohne feste Installation im hinteren Bereich eines sichtgeschützten Balkons aufgestellt werden (BGH, Az. VIII ZR 207/04, Urteil vom 16.5.2007).

Parzellierung
parcelling; subdivision

Unter Parzellierung versteht man die Aufteilung eines Flurstücks in einzelne Teile (Parzellen). Sie wird von öffentlich bestellten Landvermessern und Vermessungsingenieuren der Vermessungsämter vorgenommen. Durch eine entsprechende Erklärung des Eigentümers gegenüber dem Grundbuch werden die neu entstandenen Flurstücke als Grundstücke unter neuen laufenden Nummern im Bestandsverzeichnis des Grundbuchs eintragen und gleichzeitig von der Ursprungsfläche „abgeschrieben". Das unter einer laufenden Nummer eingetragene Flurstück wird sachenrechtlich als Grundstück bezeichnet. Denkbar ist auch die Eintragung zweier oder mehrerer Flurstücke unter einer laufenden Nummer. Es handelt sich dann um eine Zuschreibung einer Parzelle als Bestandteil eines anderen Grundstücks, sofern sie aneinandergrenzen.

Passivhaus
low-energy house; zero energy house
(or building)

Im Gegensatz zum Niedrigenergiehaus, das durch eine entsprechende Wärmedämmung und durch Energieerzeugung über Solaranlagen Energieeinsparungspotenziale ausschöpft, kommt das Passivhaus mit einem Bruchteil der konventionellen Energiezufuhr zur Erwärmung des Hauses aus. Im Schnitt beträgt der Energieverbrauch des Passivhauses zwischen 12 und 15 Prozent des Energieverbrauchs eines konventionellen Hauses des Baustandards um 1990.

Grundgedanke des Passivhauses ist es, die ohnehin vorhandene Wärmeenergie optimal aufzufangen und zu nutzen. Zu dieser Wärmeenergie zählen u. a. Lampen, Fernsehgeräte und der „Wärmespeicher Mensch". In Verbindung mit einem besonderen Ent- und Belüftungssystem wird durch diese zusätzliche Energiequelle das konventionelle Lüften durch Öffnen der Fenster überflüssig.

Eine Weiterentwicklung des Passivhauses zum „Plusenergiehaus" leistete der Architekt Rolf Disch. Er setzte konsequent alle Elemente der von der Natur angebotenen Möglichkeiten des Bauens ein (recyclingfähige Materialien, Nutzung von Abfällen für Kompost und Biogas, Nutzung von Regenwasser und Sonnenlicht).

Pelletheizung
pellet heating

Pelletheizungen werden mit Holzpellets betrieben (kleinen Presslingen aus Holz bzw. Sägespänen). Es gibt Pellet-Zentralheizungssysteme und Pellet-Einzelöfen. Einige Anlagen sind so konzipiert, dass sie sowohl Pellets als auch Holz-Hackschnitzel oder Scheitholz verbrennen können. Pellet-Einzelöfen arbeiten im Leistungsbereich bis circa acht Kilowatt, Pellet-Zentralheizungen ab acht Kilowatt. Moderne Pelletheizungen arbeiten in vielen Fällen mit Brennwerttechnik und sind damit deutlich effektiver als ältere Modelle. Sie sind meist für den vollautomatischen Betrieb konzipiert. Oft ist nur einmal im Jahr eine Wartung erforderlich.

Die Lagerung der Pellets erfordert einen eigenen trockenen Lagerraum beziehungsweise -tank mit trichterförmigem Boden. Sie werden mittels eines automatischen Fördersystems, meist einer Förderschnecke, in den Heizkessel transportiert. Die Holzpellets werden per Tanklaster angeliefert und in den Lagerraum eingeblasen. Sie können auch in 20-Kilo-Säcken gekauft werden. Einzelöfen oder kleine Heizanlagen werden manuell befüllt.

Die Preise für Pellet-Einzelöfen beginnen bei etwa 1.600 Euro. Eine Komplettanlage zum Anschluss an die bestehende Zentralheizung liegt bei circa 11.000 bis 20.000 Euro. Damit sind Pelletheizungen teurer als herkömliche Heizanlagen mit Öl- oder Gasfeuerung. Ein Öl-Brennwertkessel ist ab circa 3.100 Euro zu haben; eine komplette Heizanlage mit (herkömmlichem) Niedertemperaturkessel zum Anschluss an den bestehenden Heizkreislauf gibt es schon ab ca. 3.200 Euro zu kaufen (alle Preise ohne Brennstofftank). Es ist möglich, an einen bestehenden Öl- oder Holzheizkessel einen Anbaubrenner anzuschließen, der etwa 2.000 Euro kostet. Zum Beheizen eines Einfamilienhauses mit 15-Kilowatt-Heizanlage sind etwa drei bis vier Tonnen Pellets im Jahr erforderlich. Diese nehmen etwa fünf bis sieben Kubikmeter Platz ein.

Penthousewohnung
penthouse

Ein Penthouse im ursprünglichen Sinne ist ein Haus auf dem Haus. Das untere Haus besitzt ein Flachdach, auf dem das Penthouse aufgesetzt ist. Unter einer Penthousewohnung versteht man eine großzügig bemessene und luxuriös ausgestattete Wohnung direkt unter dem Dach eines mehrstöckigen Wohnhauses, die mit einer Dachterrasse versehen ist. Penthousewohnungen verfügen teilweise auch über Schwimmbäder. Sie können als Maisonetten konzipiert sein.

Pflegeverpflichtung
obligation to keep up a property

Nach dem Bundesnaturschutzgesetz können Eigentümer und Nutzungsberechtigte von Grundstücken im Siedlungsbereich zu einer angemessenen und zumutbaren Pflege des Grundstücks verpflichtet werden, wenn ohne diese Pflege Natur und Landschaft erheblich und nachhaltig beeinträchtigt werden. Eine nähere und weitergehende Ausgestaltung dieser Pflegeverpflichtung ist Sache der Bundesländer.

Pflegewohngeld
housing assistance for residents of nursing homes

Pflegewohngeld ist nicht zu verwechseln mit dem Wohngeld nach dem Wohngeldgesetz. Mit dem Pflegewohngeld werden die Investitionskosten für stationäre Pflegeeinrichtungen gefördert.
Es kann bis zur Höhe der gesamten Investitionskosten des Heimes gewährt werden. Das Pflegewohngeld wird gezahlt an die Träger der Einrichtungen. Die Berechnungsgrundlage ist die Anzahl derjenigen pflegebedürftigen Bewohner, deren Einkom-

men eine bestimmte Grenze nicht überschreitet. Vorteil für die betreffenden Bewohner: Die von ihnen zu tragenden Unterbringungskosten werden um den auf den jeweiligen Bewohner entfallenden Anteil der Förderung gekürzt.
Rein informatorisch erhalten die Bewohner einen Bescheid über das Pflegewohngeld, obwohl es nicht an sie selbst ausgezahlt wird. Das Pflegewohngeld gibt es nur in den Bundesländern Schleswig-Holstein, Nordrhein-Westfalen und seit 1.1.2004 in Mecklenburg-Vorpommern. Es wird nur für Bewohner vollstationärer Einrichtungen gewährt. In Niedersachsen, Hamburg und dem Saarland gibt es kein Pflegewohngeld mehr.

Planfeststellungsverfahren
public works planning procedure; zoning; plan/project approval procedure

Ob raumbedeutsame Maßnahmen (Maßnahmen von überörtlicher Bedeutung) zulässig oder nicht zulässig sind, wird in einem Planfeststellungsverfahren geklärt. Es kann sich dabei um Straßenbau, Verkehrsflughäfen, Mülldeponien, Schienenstränge usw. handeln.
Der Vorhabenträger reicht seine Pläne mit allen erforderlichen Unterlagen (detaillierte Beschreibung des Vorhabens, Umweltverträglichkeitsstudie, Begründung für die Notwendigkeit) bei der zuständigen Stelle (Planfeststellungsbehörde) ein. Diese fordert die in Frage kommenden Fachbehörden zur Stellungnahme auf. Die Pläne werden den betroffenen Gemeinden zur öffentlichen Auslegung zugeleitet. Diese Auslegung ist eine Woche vorher öffentlich bekannt zu machen. Die Auslegungsfrist beträgt einen Monat. Die Bevölkerung kann bis zwei Wochen nach Ende der Auslegungsfrist Bedenken gegen das geplante Vorhaben vorbringen und Anregungen äußern.
Daran schließt sich der Planfeststellungsbeschluss an, der auch den Einwendungsführern, deren Einwendungen nicht berücksichtigt wurden, zuzustellen ist. Diese haben dann die Möglichkeit der Anfechtungsklage.
Bei der Planfeststellungsbehörde kann es sich – je nach Vorhaben – um ein Landratsamt, eine Bezirksregierung oder zum Beispiel auch das Eisenbahnbundesamt handeln.

Planungshoheit der Gemeinden
local/municipal planning competence/ planning jurisdiction

Die Planungshoheit der Gemeinden ist verfassungsrechtlich verankert. Nach Artikel 28 Abs. 2 des Grundgesetzes muss den Gemeinden das Recht gewährleistet sein, alle Angelegenheiten der örtlichen Gemeinschaft selbst zu regeln. Konkretisiert wird dies im Bundesbaugesetz (BauGB). Nach § 1 Abs. 3 haben Gemeinden Bauleitpläne aufzustellen, sobald und soweit dies für die städtebauliche Entwicklung und Ordnung erforderlich ist. Teilweise können Gemeinden auf der Rechtsgrundlage des BauBG autonom Satzungen erlassen, teilweise sind ihre städtebaulichen Planungen von der Genehmigung der nächsthöheren Verwaltungsinstanz abhängig. Genehmigungspflichtig sind danach Flächennutzungspläne einschließlich Änderungen und Ergänzungen im vereinfachten Verfahren, selbstständige Bebauungspläne in den Fällen, in denen ein Flächennutzungsplan fehlt, vorgezogene, vorzeitige Bebauungspläne, wenn ein Flächennutzungsplan fehlt oder im Parallelverfahren zusammen mit dem Bebauungsplan aufgestellt wird. Die gilt auch für Änderungen von Bebauungsplänen, bei denen Flächennutzungspläne mit betroffen sind. Genehmigungsfrei sind dagegen alle Bebauungspläne, die aus einem bestehenden (genehmigten) Flächennutzungsplan entwickelt worden sind. Außerdem sind die Gemeinden hinsichtlich vieler Gemeindesatzungen autonom und können ohne Genehmigungsvorbehalte Satzungen beschließen. Dies gilt etwa für die Klarstellungssatzungen, Entwicklungssatzungen, Ergänzungssatzungen, Außenbereichssatzungen, Satzungen über die Veränderungssperre einschließlich möglicher Verlängerungen, Fremdenverkehrssatzungen Vorkaufsrechtssatzungen, Erschließungsbeitragssatzungen, Kostenerstattungssatzungen, Sanierungssatzungen, Satzungen über Entwicklungsbereiche, Satzungen zur Sicherung von Durchführungsmaßnahmen in Stadtumbaugebieten und schließlich auch für Erhaltungssatzungen.

Plattenbauten
concrete slab building

Mehrgeschossige Wohnbauten, die aus Großplatten in industrieller Bauweise erstellt werden. Die Errichtung von Plattenbauten war in den ehemaligen Ostblockländern weit verbreitet. In der früheren DDR wurde 1971 mit dem Bau von Wohnhäusern in Form von Plattenbauten begonnen. Die Entwicklung von Plattenbauten begann bereits 1956 in der damaligen Sowjetunion. Ihr voraus ging eine von Nikita S. Chruschtschow inszenierte Kampagne gegen den Zuckerbäckerstil der Stalinära. Er ermunterte Architekten zu neuen Lösungen. In der Sowjetunion wurden daraufhin ganze Siedlungskonstruktionen in gleichförmiger Weise in den verschiedenen Städten errichtet. Plattenbauten bestehen im Wesentlichen aus bereits vorgefertigten Bauelementen, die an der Baustelle montiert wurden. Auf diese Weise konnte der Bauvorgang erheblich beschleunigt werden. Bauzeiten von zwei Monaten waren keine Seltenheit. Allerdings war die Bauqualität außerordentlich niedrig.

Plusenergiehaus
plus energy house
Unter einem Plusenergiehaus versteht man ein Gebäude, das mehr Energie erzeugt, als es verbraucht. „Plusenergiehaus" ist eine geschützte Marke des Architekten Rolf Disch. Das von Disch konzipierte Plusenergiehaus verfügt über ein Dach, das ausschließlich aus Solarpaneelen besteht. Die Brauchwassererwärmung erfolgt über Solarthermie, es wird jedoch auch über Photovoltaik Strom erzeugt. Die Gebäudeform ist so angelegt, dass das Haus die größtmögliche Menge an Tageslicht einfängt. Die Gebäudehülle ist abgedichtet und ohne Wärmebrücken gedämmt. Die Frischluftzufuhr erfolgt über ein Lüftungssystem mit Wärmerückgewinnung. Das Konzept soll nach Angaben des Architekten an jedem Standort funktionieren und an individuelle Bedürfnisse anpassbar sein. Als Prototyp wurde 1994 in Freiburg im Breisgau das Haus „Heliotrop" gebaut. Ab 2000 entstand ebenfalls in Freiburg die sogenannte Solarsiedlung mit 59 Plusenergiehäusern.

Primärenergiebedarf
primary energy demand/requirement
Der Primärenergiebedarf zeigt die Gesamtenergieeffizienz eines Gebäudes auf. Neben der Endenergie berücksichtigt er auch die sogenannte Vorkette aus Erkundung, Gewinnung, Verteilung und Umwandlung der jeweils eingesetzten Energieträger, zum Beispiel Heizöl, Gas, Strom oder erneuerbare Energien. Ein geringer Bedarf und damit eine hohe Energieeffizienz werden durch kleine Werte signalisiert. Eine hohe Energieeffizienz zeichnet

sich eine Energienutzung aus, die Ressourcen und die Umwelt schont.

Privates Veräußerungsgeschäft
private sale

Seit Inkrafttreten des Steuerentlastungsgesetzes am 1.1.1999 werden Spekulationsgeschäfte als „Private Veräußerungsgeschäfte" bezeichnet. Die Änderung in der Terminologie trägt der Tatsache Rechnung, dass durch die Ausweitung der so genannten Spekulationsfrist von zwei auf zehn Jahre bei Grundstücken von einer „Spekulation" nicht mehr gesprochen werden kann. Ein privates Veräußerungsgeschäft unterliegt also gemäß § 23 EStG der Besteuerung, wenn es in den zeitlichen Grenzen des § 23 EStG getätigt wird. Ein etwaiger Verlust kann bis zur Höhe eines Gewinns aus Veräußerungsgeschäften im gleichen Jahr verrechnet werden. Die Berechnung des Gewinns bei einem privaten Veräußerungsgeschäft einer Immobilie erfolgt nach folgender Formel:
- Veräußerungspreis minus veräußerungsbedingte Werbungskosten plus in Anspruch genommene AfA
- Ergebnis minus Anschaffungskosten plus Werbungskosten der Anschaffung.

Als Zahlenbeispiel:
- Veräußerungspreis: 500.000 Euro minus Werbungskosten der Veräußerung (zum Beispiel Maklergebühr): 15.000 Euro, plus in Anspruch genommene AfA: 60.000 Euro = 545.000 Euro
- Hiervon werden die Anschaffungskosten abgezogen: 420.000 Euro plus Werbungskosten der Anschaffung: 32.000 Euro = 452.000 Euro
- Die Differenz von 545.000 und 452.000 Euro (93.000 Euro) ist zu versteuern.

Wird auf einem Grundstück innerhalb der Zehnjahresfrist ein Gebäude errichtet, ausgebaut oder erweitert, ist dies bei Berechnung des Spekulationsgewinns zu berücksichtigen.

Wegen der Anhebung der Spekulationsfrist von zwei auf zehn Jahre mit Rückwirkung ergaben sich steuerliche Nachteile, die das Bundesverfassungsgericht im Jahr 2010 für nichtig erklärt hatte. Nunmehr wird die Verschärfung auf Wertsteigerungen beschränkt, die nach dem 31.3.1999 entstanden sind.

Zur Schonung des eigen genutzten Wohnraums gilt allerdings, dass die zwischen Anschaffung und Veräußerung ausschließlich zu eigenen Wohnzwecken genutzten Gebäude bzw. Gebäudeteile nicht von der Steuer erfasst werden. Dabei reicht es aus, dass das Gebäude im Jahr der Veräußerung und in den zwei vorhergegangenen Jahren zu eigenen Wohnzwecken genutzt wird.

Hier kann es Abgrenzungsprobleme geben. Ein häusliches Arbeitszimmer dient zum Beispiel nicht Wohnzwecken. Zu Wohnzwecken dient allerdings auch der hierfür erforderliche Anteil am Grundstück, nicht aber ein Garten oder weitere Grundstücksparzellen, die nicht unmittelbar der Wohnung zugerechnet werden können.

Geht ein Grundstück innerhalb der Zehnjahresfrist im Wege der Erbfolge auf den Erben über, ist für die Berechnung der Zehnjahresfrist der Erwerbszeitpunkt des Erblassers maßgeblich. Anschaffungs- und Veräußerungszeitpunkte sind die Tage des Abschlusses der notariellen Kaufverträge und nicht – wie sonst im Steuerrecht definiert – die Tage der Besitzübergänge. Hängt die Wirksamkeit des Vertrages von einer Genehmigung ab, ist der Tag der Genehmigung maßgeblich.

Problemimmobilie
distressed property

Unter einer Problemimmobilie versteht man ein Immobilienobjekt, dessen Zustandsmerkmale – rechtliche Besonderheiten, Beschaffenheit oder auch Lage – Verwertungsprobleme aufwerfen. Um Problemimmobilien vermarkten und richtig bewerten zu können, ist eine genaue Objekt- und Lageanalyse erforderlich. Dies kann zu „Problemlösungsvorschlägen" führen, soweit die Probleme behebbar sind. Bei nicht behebbaren Problemen (zum Beispiel ungünstige Lage mit starken Lärmimmissionen) muss eine Vermarktungsstrategie eingesetzt werden, die bewusst auf Interessenten abzielt, für die die Problemschwelle nicht hoch oder überhaupt nicht vorhanden ist. So ist es möglich, dass eine in unmittelbarer Bahnhofsnähe befindliche Wohnung für einen Interessenten in Frage kommt, der ein Eisenbahnfan ist, bei dem die Möglichkeit, Züge und Lokomotiven zu studieren, die Hemmschwelle Lärm aufhebt oder mindert.

Projekt
project

Nach DIN 69901 kennzeichnet ein Projekt ein definiertes Projektziel, die Einmaligkeit (Erstmaligkeit) des Projektes, das besondere Risiko wegen fehlender Erfahrungsgrundlagen, eine projektspezifische Organisation und die zeitliche und sachliche Begrenzung. Im Bereich der Immobilienwirtschaft, in der Bauprojekte verwirklicht werden, hat die Projektentwicklung wegen der Individualität vieler Baumaßnahmen (zum Beispiel Entwicklung von

Spezialimmobilien in einem einmaligen Umfeld) eine besondere Bedeutung. Bauträger sind insoweit Projektentwickler, als sie innovative Produkte am Markt platzieren. Soweit Projekte zum Standard und damit wiederholt verwirklicht werden, verlieren sie ihren Projektcharakter.

Prospekt
brochure; prospectus; leaflet

Im Prospekt wird ein Vorhaben beschrieben, das in der Zukunft durchgeführt werden soll. Da es sich also nicht um bestehende Objekte handelt, die beschrieben werden sollen und der Besichtigungskontrolle unterliegen, sondern um Projekte, die erst in Angriff genommen werden, gibt es für Prospekte erhöhte Anforderungen an die Prospektinhalte.

Im Immobilienbereich werden Prospekte vor allem für Bauvorhaben erstellt, mit denen Anleger angesprochen werden sollen. Der Prospektinhalt soll so dimensioniert sein, dass er dem Informationsbedarf des Anlegers Rechnung trägt. Zwar besteht zumindest im Bereich des sogenannten grauen Kapitalmarktes keine Prospektpflicht. Wenn aber Angaben im Prospekt gemacht werden, müssen sie so vollständig sein, dass kein unzutreffender Erwartungshorizont beim Anlegerpublikum entsteht. Dies gilt sowohl für Tatsachenangaben als auch für Werturteile und Prognosen. Prospekte sollten von einem Wirtschaftsprüfer überprüft werden. Er stellt dann fest, ob der Prospekt die für die Entscheidung des Kapitalanlegers wesentlichen und nachprüfbaren Angaben vollständig und richtig enthält.

Prospekthaftung
liability for statements made in a prospectus

Die Prospekthaftung bezieht sich auf Prospektangaben bei bestimmten Kapitalanlagen und bei Baumodellen. Haftbar gemacht werden können Initiatoren, Gründer und Gestalter einer Kapitalanlagegesellschaft. Diese müssen den Interessenten in den Verkaufsunterlagen über alle wichtigen Daten der Anlage informieren und ihn so in die Lage versetzen, das Risiko einer Investition richtig einschätzen zu können. Dazu zählt, dass alle wirtschaftlichen und insbesondere rechtlichen Verhältnisse des Investments offengelegt werden. Darüber hinaus dürfen auch die aktuelle Steuergesetzgebung sowie die Verwaltungspraxis nicht außer Acht gelassen werden. Für die Information gelten die Grundsätze der Prospektwahrheit und der Prospektklarheit. Das heißt: Die gemachten Angaben müssen vollständig und richtig sein. Wer einen finanziellen Schaden durch falsche oder fehlende Angaben des Prospektherausgebers erleidet, wird so gestellt, als hätte er

überhaupt keinen Vertrag mit ihm abgeschlossen; vorausgesetzt, die Schadenersatzansprüche sind noch nicht verjährt. Die Verjährungsfrist für Verkaufsprospekte beträgt nach § 127 Investment-Gesetz regelmäßig ein Jahr ab Kenntnis und wird auf drei Jahre ab Veröffentlichung des Prospektes begrenzt.

Provisionsanspruch nach § 354 HGB
accrued commission in acc. with Section 354 of the German Commercial Code

Der Makler als Gewerbetreibender, der nicht im Handelsregister eingetragen ist, braucht als erste Voraussetzung für seinen Provisionsanspruch nach § 652 BGB einen Maklervertrag. Der Auftraggeber muss sich zumindest zur Zahlung der Provision verpflichtet haben. Sobald der Makler Kaufmann durch Eintragung in das Handelsregister ist, kann er sich auf § 354 HGB berufen. Nach dieser Vorschrift steht dem Kaufmann, der in Ausübung seines Handelsgewerbes einem anderen ein Geschäft besorgt oder Dienste leistet, auch ohne Vereinbarung die ortsübliche Provision zu. Die Vorschrift des § 354 HGB ist grundsätzlich auf den Makler anwendbar (vergleiche BGH RDM-Rspr. A 121 Bl.8).

Der Makler gibt auf seinem Geschäftspapier seine Eigenschaft als eingetragener Kaufmann (e. K.) mit Handelsregisternummer an. Wer sein Exposé erhält, weiß daher, dass der Makler Kaufmann ist. Der Makler muss nicht auf die Rechtsfolgen von Tatsachen hinweisen. Trotzdem darf er sich auf seine Kaufmannseigenschaft nicht einfach verlassen. Folgt man dem Wortlaut des § 354 HGB, brauchte der Makler im Exposé seine Provisionsforderung nicht mitzuteilen, da ein Maklervertrag nicht erforderlich ist. Die Mitteilung der Provisionsforderung macht dem Empfänger des Exposés klar, dass der Makler für ihn tätig werden will. Genau das verlangt die Vorschrift: Der Makler soll für den Kaufinteressenten „erkennbar" tätig werden. Grund: Der Kaufinteressent kann dies nicht ohne Weiteres erkennen, da der Makler in der Regel zunächst einen Auftrag vom Verkäufer erhält.

Würde sich der Makler allein auf die Mitteilung seiner Provisionsforderung im Exposé verlassen, wäre die Situation nicht anders als die des Nichtkaufmanns. Der Interessent müsste dieses Angebot des Maklers zum Abschluss eines Maklervertrages durch entsprechende Handlungen annehmen. Andererseits hat § 354 HGB nicht die Bedeutung, dass der Makler einem anderen gegen seinen Willen seine Tätigkeit aufdrängen kann, mit der Folge, dass dieser Provision zahlen muss (vergleiche BGH WM 1963, 165, 167). Ergebnis: Der Makler kann sich nur dann auf den gesetzlichen Provisionsanspruch des § 354 HGB berufen, wenn der Kunde sich zwar nicht zur Provisionszahlung verpflichtet hat, aber damit einverstanden war und gewusst hat, dass der Makler (auch) für ihn „das Geschäft besorgen will". Dies ist zum Beispieler Fall, wenn der Maklervertrag aus formalen Gründen unwirksam ist (vergleiche Schwerdtner, Maklerrecht, Rdnr. 150). Hat der Makler als Kaufmann dagegen vom Interessenten einen mündlichen oder schriftlichen Auftrag erhalten, für ihn ein Objekt zu suchen, so sollte der Makler in einem Begleitschreiben oder direkt im Exposé ausdrücklich darauf hinweisen, dass der Nachweis im Auftrag des Kunden erfolgt.

Provisionsanspruch nach § 652 BGB
entitlement to/accrued commission in accordance with Section 652 of the German Civil Code

Die Aufmerksamkeit des Maklers kann nicht allein dem Dienst am Kunden gelten, so wichtig dieser vor allem auf lange Sicht ist. Zunächst muss er, und zwar bei jedem Auftrag, den er hereinholt, auf die Sicherung seines Provisionsanspruchs achten. Er muss von Anfang an dafür sorgen, dass die Voraussetzungen des gesetzlichen Provisionsanspruchs vorliegen und notfalls beweisbar sind:

- 1. Maklervertrag
- 2. Maklerleistung
- 3. Hauptvertrag
- 4. Ursächlichkeit
- 5. Kenntnis der Maklertätigkeit

Zu 1) Der Maklervertrag ist die erste und schwierigste Hürde zum Erfolg. Viele zögern oder sträuben sich sogar, einen Vertrag zu unterschreiben, obwohl dies für sie Vorteile hätte, die ihnen der Makler leicht erklären kann. Dieser verlässt sich daher häufig auf den stillschweigenden Vertragsschluss. Ausgangspunkt ist die Provisionsforderung in der Anzeige oder im Exposé. Achtung: An dieser Stelle steht und fällt der Provisionsanspruch mit der Sicherung des Beweises.

Zu 2) Wird die Maklerleistung als Nachweis erbracht, kommt der Beweissicherung eine ebenso zentrale Bedeutung zu wie beim konkludenten Maklervertrag. Da oft mehrere Makler ein Objekt anbieten, ist es sehr leicht für den Interessenten sich auf Vorkenntnis zu berufen. Dies wird ihm durch die Rechtsprechung noch in der Hinsicht erleichtert, dass der Kunde auf seine Vorkenntnis nicht hinweisen muss, nicht einmal bei der Besichtigung.

Zu 3) Auf den Inhalt des Hauptvertrages hat der Makler dann Einfluss, wenn er von einer Seite mit der Vermittlung beauftragt wird und durch Beeinflussung der anderen Seite die Vorstellungen seines Auftraggebers in den Hauptvertrag einbringen kann. Stellt er dagegen fest, dass der Inhalt des Hauptvertrages erheblich vom Maklerauftrag abweicht, bleibt ihm nur der Versuch, den Maklervertrag nachträglich anzupassen.

Zu 4) Auf die Ursächlichkeit hat der Makler nur insofern Einfluss, als er versuchen muss, den Nachweis als Erster zu erbringen und den Beweis dafür zu sichern.

Zu 5) In bestimmten Fällen kann der Provisionsanspruch davon abhängen, dass der Auftraggeber über die Tätigkeit des Maklers vor Abschluss des Kaufvertrages informiert ist. Beim Nachweis ist das kein Problem: Beides fällt zwangsläufig zusammen. Anders kann es dagegen bei der Vermittlungtätigkeit sein. Ergreift der Makler die Initiative, und handelt er für den Käufer eine Herabsetzung des Kaufpreises aus, muss er danach im eigenen Interesse darüber informieren. Ist ein Nachweis nicht mehr möglich (zum Beispiel wegen Vorkenntnis), so hängt der Anspruch des Maklers von erfolgreicher Vermittlung ab. Diese kann auch in der Veränderung des Kaufpreises zugunsten des Auftraggebers bestehen.

Schließt der Käufer hiernach den Kaufvertrag ab, ohne dass er von der erfolgreichen Tätigkeit des Maklers erfährt, so kann er die anfallende Vermittlungsprovision nicht einkalkulieren. Im Einzelfall wird es darauf ankommen, wie hoch die Herabsetzung ist, ob sie den Provisionsbetrag übersteigt oder nur einen Bruchteil darstellt.

Fazit: Schweigen gegenüber dem eigenen Auftraggeber ist fast immer von Nachteil.

Prozesskostenhilfe (Mietrecht)
(civil) legal aid (German law of tenancy)

Viele Mietstreitigkeiten enden vor Gericht. Nicht immer sind die Beteiligten jedoch in der Lage, das finanzielle Risiko des Verfahrens zu tragen. Auch eine Rechtsschutzversicherung ist nicht immer vorhanden. Für derartige Fälle gibt es die staatliche Prozesskostenhilfe (PKH). Diese übernimmt die Prozesskosten, also bei einem verlorenen Prozess die Gerichtskosten und den eigenen Anwalt. Die Kosten für den gegnerischen Anwalt werden nicht übernommen und sind vom Prozessverlierer immer selbst zu bezahlen. Prozesskostenhilfe kann unter folgenden Voraussetzungen beantragt werden:

- der Antragsteller hat nicht die finanziellen Mittel für einen anstehenden Prozess,
- die Klage des Antragstellers hat Aussicht auf Erfolg,
- die Klage ist nicht mutwillig.

Der Antrag auf Prozesskostenhilfe ist beim zuständigen Amtsgericht vor dem Verfahren oder während des laufenden Verfahrens zu stellen. Der Antragsteller muss seine finanziellen Verhältnisse offenlegen. Bei Überschreitung bestimmter Einkommensgrenzen wird keine Prozesskostenhilfe, sondern ein zinsloses Darlehen für die Prozesskosten gewährt. Bei allzu hohem Einkommen wird keinerlei staatliche Hilfe gewährt.

Räum- und Streupflicht
duty to clear street or footpaths from snow and ice and strew sand or other suitable materials on icy surfaces

Zur Verkehrssicherungspflicht der Hauseigentümer gehört es, in der Winterzeit nach Schneefall und gefrierender Nässe Unfällen durch Ausrutschen von Passanten, Besuchern oder Nachbarn durch Schneeräumen und bei Eisglätte durch Streuen von Streukies bzw. Streusalz vorzubeugen. Die Pflicht bezieht sich auf Privatwege, Hauszugänge und Garagenvorplätze. In Bezug auf öffentliche Bürgersteige sind die Straßenanlieger für die Einhaltung der Räum- und Streupflicht verantwortlich. Ein Fußgänger muss die Möglichkeit haben, auf Gehwegbreite den Bürgersteig ohne Rutschgefahr entlang gehen zu können. Die ganze Bürgersteigfläche ist dann zu räumen bzw. zu bestreuen, wenn – wie in einem Großstadtzentrum üblich, eine hohe Passantenfrequenz vorherrscht, so dass in der Regel mehrere Personen nebeneinander den Bürgersteig benutzen.

Rauchwarnmelder (Rauchmelder)
smoke detector

Bei Wohnungsbränden fordert nicht das Feuer selbst, sondern der Rauch die meisten Todesopfer. In einigen Bundesländern ist daher der Einbau von Rauchmeldern zur Pflicht gemacht worden. Dies wird in der jeweiligen Landesbauordnung geregelt.

- In Schleswig-Holstein ist seit 2005 für Neubauwohnungen vorgeschrieben, dass in Schlafräumen, Kinderzimmern und im Flur zumindest ein Rauchmelder installiert sein muss. Bestehende Objekte müssen seit 31.12.2010 mit Rauchmeldern ausgestattet sein.
- In Rheinland-Pfalz müssen seit 2003 Neubauten mit Rauchmeldern ausgerüstet werden und seit Juli 2012 auch bestehende Wohnungen.
- Im Saarland gibt es seit 2004 eine Rauchmelderpflicht für Neubauten.
- In Hamburg besteht seit Inkrafttreten der neuen Bauordnung am 1.4.2006 die Pflicht, Schlafräume, Kinderzimmer und als Rettungswege dienende Flure von Neubauten mit Rauchmeldern auszustatten. Für Bestandswohnungen lief eine Nachrüstpflicht bis 31.12.2010.
- Auch Mecklenburg-Vorpommern hat mit Wirkung zum 1.9.2006 eine Rauchmelderpflicht für Neubauwohnungen eingeführt. Bestandswohnungen waren bis 31.12.2009 nachzurüsten.
- Hessen verlangt seit 2005 Rauchmelder in Neubauten, bis 2014 müssen Bestandsgebäude nachgerüstet werden.
- Auch in Thüringen gibt es seit 2008 eine Rauchmelderpflicht für Neubauten.
- In Bremen trat 2010 eine Rauchmelderpflicht für Neu- und Umbauten in Kraft. Bestehende Gebäude müssen bis 31.12.2015 nachgerüstet werden.
- Sachsen-Anhalt schreibt seit 2009 Rauchmelder in Neu- und Umbauten vor; bei Bestandswohnungen gibt es eine Nachrüstfrist bis 31.12.2015.
- Niedersachsen hat mit Wirkung ab 1.11.2012 eine Rauchmelderpflicht für Neubauten eingeführt; für Bestandsgebäude (bis zum 31.10.2012 errichtet oder genehmigt) existiert ebenfalls eine Übergangsfrist bis 31.12.2015.
- Auch Bayern hat zum 1.1.2013 die Rauchmelderpflicht für Neubauten eingeführt. Bestandswohnungen müssen bis 31.12.2017 nachgerüstet werden.
- In Nordrhein-Westfalen gibt es eine Rauchmelderpflicht für Neubauten seit 1.4.2013, Bestandsgebäude sind bis 31.12.2016 nachzurüsten.

In der Regel ist der Eigentümer bzw. Vermieter von Wohnräumen in der Pflicht, diese mit Rauchmeldern auszustatten und deren ständige Betriebsbereitschaft zu gewährleisten. In einigen Bundesländern gibt es jedoch Ausnahmen:

- Mecklenburg-Vorpommern: Der Besitzer der Wohnung (also der Bewohner, bei Mietwohnungen der Mieter) ist verpflichtet, diese mit Rauchmeldern auszustatten und deren Betriebsbereitschaft zu gewährleisten.
- Schleswig-Holstein: Die Eigentümer der Wohnungen sind zur Ausstattung mit Rauchmeldern verpflichtet; die Sicherstellung der Betriebsbereitschaft (Wartung) ist jedoch Sache des unmittelbaren Besitzers beziehungsweise Mieters.
- Niedersachsen: Auch hier ist der Eigentümer

für den Einbau, der unmittelbare Besitzer beziehungsweise Mieter der Wohnung für die Betriebsbereitschaft der Rauchmelder verantwortlich (soweit nichts anderes vereinbart wird).

Moderne optische Rauchmelder besitzen eine Messkammer, in die eine Leuchtdiode regelmäßig Lichtstrahlen sendet. Im Normalfall trifft das Licht nicht auf das eingebaute Fotoelement. Wenn Rauch in den Rauchmelder eintritt, wird das Licht vom Rauch reflektiert, trifft auf die Fotolinse und löst Alarm aus. Tabakrauch löst bei modernen Geräten keinen Alarm aus.

Optische Rauchmelder sollten folgende Merkmale erfüllen:
- VdS-Prüfzeichen
- Hinweis auf die DIN EN 14604
- Warnfunktion bei Nachlassen der Batterieleistung
- batteriebetrieben
- Testknopf zur Funktionsüberprüfung
- Rauch kann von allen Seiten in Melder eindringen

Seit 1.8.2008 dürfen nur noch Rauchmelder in den Handel gebracht werden, die der Norm DIN EN 14604 entsprechen. Dies muss auf dem Gerät vermerkt sein. Außer den üblichen netzunabhängigen Rauchmeldern gibt es auch vernetzte Geräte. Stellt ein Gerät Rauch fest, lösen alle Geräte Alarm aus. Funkvernetzte Rauchmelder können auch im privaten Wohnbereich eingesetzt werden. Ihre Installation erfordert meist keinen Fachmann. Anders ist es bei kabelvernetzten Rauch- und Brandmeldern, die Teil einer Brandmeldeanlage sind. Solche Anlagen sind zum Beispiel im gewerblichen Bereich vorgeschrieben. Nach der DIN 14676 sollten Rauchmelder zumindest in Wohn-, Kinder- und Schlafzimmer angebracht sein, sowie in Fluren, die als Rettungswege dienen. Sie sind waagerecht in der Mitte der Zimmerdecke zu befestigen.

Real Estate Investment Trust (REIT)
Real Estate Investment Trust (REIT)

REITs in USA
In den Vereinigten Staaten gibt es seit Anfang der 60er-Jahre des 20. Jahrhunderts Real Estate Investment Trusts. Die Entwicklung war anfänglich nicht Aufsehen erregend. Erst ab der 90er-Jahre begann der große Aufschwung. Heute liegt dort das Volumen der Marktkapitalisierung bei mindestens 250 Milliarden US-Dollar.

Bei Real Estate Investment Trusts (REITs) handelt es sich um börsennotierte US-Aktiengesellschaf-

ten, die mindestens 75 Prozent ihres Kapitals in Immobilien investiert haben. Parallel dazu müssen 75 Prozent des Bruttogewinnes aus Mieteinnahmen von Immobilien stammen. Weitere Kennzeichen amerikanischer REITs sind:
- 95 Prozent ihrer erwirtschafteten Erträge müssen die REITs an ihre Anteilseigner ausschütten,
- Durchschnittsrendite in den letzten 25 Jahren 12,8 Prozent,
- geringe Kursschwankungen (Schwankungsbreite im Vergleich zu Industrieaktien das 0,43-fache),
- Die Zahl der Aktionäre muss mindestens 100 betragen,
- 5 Aktionäre dürfen nicht mehr als 50 Prozent der Anteile halten,
- REITs unterliegen nicht der amerikanischen Körperschaftssteuer.

Das Konzept wurde von anderen Ländern als Vorbild gesehen und hat sich weltweit bereits in mehr als 20 Staaten etabliert. So gibt es zum Beispiel REITs in Belgien („SICAFI"), den Niederlanden („FBI"), Frankreich („SIIC"), Italien (FII), Australien, Kanada, Japan, Südkorea, Singapur, Malaysia und Hongkong. In Großbritannien wurden die gesetzlichen Grundlagen für REITs (Property Investment Fund) geschaffen. Bei den europäischen REITs gibt es unterschiedliche Ausschüttungsvorschriften. Sie liegen zwischen 80 und 100 Prozent.

REITs in Deutschland („G-REITs")
In Deutschland wurde mit dem „Gesetz zur Schaffung deutscher Immobilien-Aktiengesellschaften mit börsennotierten Anteilen" (REIT-Gesetz) der Startschuss für deutsche REITs gegeben. Die Aktiengesellschaften sind von der Körperschafts- und Gewerbesteuer befreit, wenn sie die im Gesetz vorgegebenen Bedingungen erfüllen. Dazu gehört unter anderem, dass die Aktiengesellschaft mindestens 75 Prozent ihrer Erträge aus Immobilien erzielen und mindestens 75 Prozent ihres Vermögens in Immobilien anlegen muss. Mindestens 90 Prozent ihrer Erträge hat die Gesellschaft an die Aktionäre auszuschütten, bei denen die Gewinne dann aber voll versteuert werden. Das Halbeinkünfteverfahren gilt hier nicht.

Die Höchstbeteiligungssumme pro Aktionäre liegt bei zehn Prozent des Aktienkapitals. Ein besonderer Anreiz zur Einbringung von Immobilien in REITs besteht darin, dass die sogenannte „Exit Tax", also die Besteuerung von dabei aufgedeckten Gewinnen nur den halben Wertansatz dieser Gewinne erfasst. Man erhofft sich dadurch, dass viele Unternehmer ermutigt werden, Ihre Betriebsgrundstücke in eine REIT-AG zu einzubringen.

Inländische Wohnimmobilien, die vor 2007 errichtet wurden, können nicht in den Vermögensstock einbezogen werden. Damit wurde speziellen deutschen Befürchtungen Rechnung getragen, REITs könnten wegen ihrer Gewinnorientierung den Interessen von Wohnungsmietern zuwiderlaufen.

Eine in Deutschland ansässige REIT-AG (deutscher REIT) muss zwingend an der Börse notiert sein. Immobilienaktiengesellschaften, die kurz vor der Börsenzulassung stehen, erhalten zwei Jahre Zeit, die an deutsche REITs gestellten Auflagen zu erfüllen. Damit soll ein Ventil für die Realisierung aufgestauter Gründungsabsichten geöffnet werden. Ausschüttungen, aus den seit dem 1.1.2009 erworbenen Anteilen unterliegen der Abgeltungssteuer in Höhe von 25 Prozent. Der Gewinn aus Verkäufen dieser Anteile unterliegt ebenfalls der Abgeltungssteuer, es sei denn sie wurden vor dem 1.1.2009 erworben.

Realkredit
real estate loan; collateral loan

Realkredite sind langfristige Kredite (Kredite mit einer Mindestlaufzeit von vier Jahren) die durch im Grundbuch eingetragene Grundpfandrechte abgesichert sind. Sie werden nach einer Beleihungsprüfung des zu beleihenden Objektes gewährt. Die Beleihungsgrenze für einen Realkredit liegt bei 60 Prozent des Beleihungswertes. Sofern die Beleihungsgrenze überschritten wird, hängt die Gewährung des Kredits in besonderem Maße von der persönlichen Kreditwürdigkeit des Darlehensnehmers ab. Realkredite werden nicht nur durch Realkreditinstitute gewährt (Pfandbriefbanken und Landesbanken mit Pfandbriefprivileg) sondern auch durch Sparkassen, Bausparkassen und in eingeschränktem Umfange Genossenschaftsbanken. Auch Versicherungsgesellschaften gewähren aus ihrem Deckungsstock Realkredite. Je nach Art der Gewährung und der Refinanzierung der Realkredite sind besondere Gesetze und Vorschriften zu beachten, die der jeweils besonderen Form des gesicherten Realkredites Rechnung tragen, so vor allem das Kreditwesengesetz, aber auch das Pfandbriefgesetz, das Gesetz über Bausparkassen und das Gesetz über die Beaufsichtigung der Versicherungsunternehmen.

Reallast
land charge; ground rent

Eine Reallast belastet ein Grundstück dergestalt, dass dieses für wiederkehrende Leistungen des Berechtigten dinglich haftet. Mit einer Reallast können sowohl wiederkehrende Geldleistungen (Erbbauzinsen, Kaufpreisrenten, Überbaurenten) als auch Naturalleistungen und -lieferungen (zum Beispiel von elektrischem Strom, Wärme, Wasser und Bodenerzeugnissen) etwa im Rahmen eines Leibgedings abgesichert werden. Auch die Absicherung von Pflegeverpflichtungen oder der Unterhaltung eines Gebäudes ist über eine Reallast möglich.

Bei Reallasten werden oft Wertsicherungsvereinbarungen getroffen. Diese können zum Beispiel an den Verbraucherpreisindex anknüpfen. Nicht zulässig, da allzu unbestimmt, sind sogenannte Leistungsvorbehaltsklauseln, nach denen bei Eintritt bestimmter Voraussetzungen erst noch über die genaue Höhe der Wertsicherung verhandelt werden soll. Ist der durch die Reallast Begünstigte eine bestimmte Person, spricht man von einer subjektiv persönlichen Reallast. Diese Reallast kann nicht mit dem Eigentum an einem Grundstück verbunden werden. Andererseits kann Begünstigter auch der jeweilige Eigentümer eines anderen Grundstücks sein. Dann spricht man von einer subjektiv dinglichen Reallast. Diese kann nicht vom Eigentum am Grundstück getrennt werden; die Berechtigung aus der Reallast ist ein wesentlicher Bestandteil des Grundstücks. Der Eigentümer des belasteten Grundstücks haftet für die Erbringung der Leistungen nicht nur dinglich, sondern auch persönlich. Es ist allerdings möglich, die persönliche Haftung aus der Reallast auszuschließen oder einzuschränken (§ 1.108 Abs. 1 BGB). Eine solche Einschränkung bedarf zu ihrer Wirksamkeit nicht der Eintragung ins Grundbuch. Ein Eintrag ist jedoch zu empfehlen – insbesondere für den Notar, der sich sonst einer Haftung ausgesetzt sehen kann. Bei der schweizerischen Grundlast beschränkt sich die Haftung generell auf das belastete Grundstück.

Rechnungslegung
accountancy; accounting; rendering of accounts; (financial) reporting

Rechnungslegung bezieht sich auf Berichte aus dem Rechnungswesen und der Geschäftsführung dessen, der fremdes Vermögen verwaltet. Inhalt und Umfang der Rechnungslegung sind im Einzelnen nicht vorgeschrieben, doch sind alle Einnahmen/Ausgaben des Abrechnungszeitraums nach Kostenarten gegliedert mit Bankkonten, Geldkonten, Geldanlagen und Rücklagen nachzuweisen. Die Belege sind geordnet vorzulegen. Im immobilienwirtschaftlichen Bereich unterliegen der Miethaus- und Vermögensverwalter, Wohnungseigentums-Verwalter und Baubetreuer der Pflicht zur Rechnungslegung.

Rechnungsprüfung
audit; auditing (accounts); accounting control; auditing/checking of accounts
In § 29 (3) WEG wird vorgeschrieben, dass der Wirtschaftsplan, die Abrechnung über den Wirtschaftsplan, Rechnungslegungen und Kostenanschläge vom Verwaltungsbeirat geprüft werden sollen. Diese Aufgabe kann delegiert werden. Der Prüfung unterliegen nur die gemeinschaftlichen Gelder, nicht etwa Buchungsvorgänge aus dem Bereich der Sondereigentumsverwaltung.

Rechtsfähigkeit (Wohnungseigentümergemeinschaft)
legal capacity; capacity to act (freehold flat owners' association)
Nach früherem Recht wurde die Wohnungseigentümergemeinschaft, anders als eine natürliche Person, ein Unternehmen oder ein Verein in der Form der juristischen Person, nicht als selbständiges Rechtssubjekt anerkannt. Auch wenn Verträge im Namen der Wohnungseigentümergemeinschaft abgeschlossen wurden, war nicht die Gemeinschaft als solche, sondern die jeweils zum Zeitpunkt des Vertragsabschlusses im Grundbuch eingetragenen einzelnen Wohnungseigentümer Vertragspartner.
Nachdem der BGH (2.6.2005, Az. V ZB 32/05) entschieden hatte, dass die Wohnungseigentümergemeinschaft rechtsfähig ist, soweit sie im Rahmen der Verwaltung des gemeinschaftlichen Eigentums am Rechtsverkehr teilnimmt, ist die Rechtsfähigkeit der Wohnungseigentümergemeinschaft (insoweit auch als Verband bezeichnet) seit dem 1.7.2007 auch gesetzlich geregelt (§ 10 Abs. 1, 6-8 WEG).
Die Rechtsfähigkeit beschränkt sich dabei nicht nur auf das so genannte Außenverhältnis, also auf Rechtsgeschäfte und Rechtshandlungen mit Dritten, die Lieferungen oder Leistungen für die Gemeinschaft erbringen. Die Rechtsfähigkeit erstreckt sich auch auf das Innenverhältnis der Wohnungseigentümer, so unter anderem auch auf die Geltendmachung von Beitrags- und Hausgeldvorschüssen, von Schadensersatzansprüchen oder anderen Forderungen (Sonderumlagen) der Gemeinschaft gegen einzelne Miteigentümer.
Nicht der Rechtsfähigkeit unterliegen das Sonder- und das Gemeinschaftseigentum. Von der Rechtsfähigkeit ausgenommen bleibt auch die Anfechtung von Beschlüssen der Wohnungseigentümer. Hierbei handelt es sich um die Willensbildung innerhalb der Gemeinschaft und nicht um eine Angelegenheit des rechtsgeschäftlichen Verkehrs bei der Verwaltung des gemeinschaftlichen Eigentums. Beschlussanfechtungen sind deshalb grundsätzlich gegen die übrigen Wohnungseigentümer gerichtet (§ 46 Abs. 1 WEG).
Konkret wirkt sich die Rechtsfähigkeit insbesondere auch auf das Haftungssystem aus. Andererseits ergeben sich auch verfahrensrechtliche Konsequenzen insoweit, als die Wohnungseigentümergemeinschaft als solche klagen oder verklagt werden kann, wenn es um Forderungen oder Verbindlichkeiten geht, die das Verwaltungsvermögen betreffen. Insofern wird bei der gerichtlichen Geltendmachung dieser Forderungen die Vorlage von Eigentümerlisten entbehrlich. Auch bei der Eintragung von Sicherungs-Hypotheken oder bei der Kontoeröffnung kann nunmehr die Wohnungseigentümergemeinschaft als solche eingetragen werden, ohne dass sich alle Wohnungseigentümer persönlich ausweisen müssen.
Aus dem Recht der Gemeinschaft, Rechte zu erwerben, folgt auch das Recht, Immobilien zu erwerben, wenn dies im Rahmen ordnungsgemäßer Verwaltung liegt und dem Interesse aller Wohnungseigentümer dient. Dies ist beispielsweise dann der Fall, wenn die Wohnungseigentümergemeinschaft eine Hausmeisterwohnung in der eigenen Anlage erwirbt oder auch Stellplätze in der Tiefgarage mit dem Zweck, diese zu vermieten. Die Wohnungseigentümergemeinschaft ist grundbuchfähig. Mit der Zuerkennung der Teilrechtsfähigkeit der Gemeinschaft ist nunmehr auch die früher strittige Frage des anteiligen Übergangs an der Instandhaltungsrückstellung in der Zwangsversteigerung dahingehend geklärt, dass der Anteil automatisch auf den Käufer übergeht. Auch bei rechtsgeschäftlichem Erwerb ist eine gesonderte Regelung über den Übergang des Anteils an der Instandhaltungsrückstellung auf den Erwerber nicht mehr erforderlich.

Rechtsschutzversicherung
legal expenses insurance; insurance for legal costs
Versicherungsschutz, mit dem im Falle einer rechtlichen Auseinandersetzung die Streitkosten im Rahmen gehalten werden können. Je nach Risiko, gegen das versichert werden soll, kann zwischen unterschiedlichen Bausteinen gewählt werden. Kosten aus Rechtsstreitigkeiten mit Nachbarn, sowie rechtliche Konflikte aus Miet- und Pachtverhältnissen sind zum Beispiel durch eine Haus- und Grundbesitzerrechtsschutzversicherung gedeckt. Streitigkeiten, die beim Errichten eines Bauwerks entstehen können, sind mit der Bauausschlussklausel jedoch grundsätzlich vom Versicherungsschutz ausgenommen.

Regionalplan
regional economic plan; regional plan

Eine Planungsregion umfasst in der Regel das Gebiet einiger Stadt- und Landkreise. Der hierfür aufgestellte Regionalplan stellt die fachlichen und überfachlichen Ziele für die Entwicklung der Planungsregion dar. Die überfachlichen Ziele beziehen sich auf die Konkretisierung der Versorgungsaufgaben und der Versorgungsreichweiten der zentralen Orte für das Umland wie auch die Entwicklung der Verkehrsachsen. Das Zentrale-Orte-System unterscheidet dabei zwischen Oberzentrum, mögliches Oberzentrum, Mittelzentrum und Unterzentrum.

Die fachlichen Ziele zeigen die gewollten Entwicklungs- Erhaltungs- und Sicherungsperspektiven auf, die für die einzelnen Bereiche (Gewerbe, Siedlungswesen, Landwirtschaft, Kultur, Landschaft usw.) angestrebt werden. Jeder Regionalplan enthält umfangreiches kartographisches Material. Er kann bei den Geschäftsstellen der regionalen Planungsverbände auch erworben werden. Der Regionalplan ist für Makler, Bauträger und Projektentwickler eine bedeutende Informationsquelle, die sie für Exposés bzw. Prospekte gut nutzen können.

Reihenhaus/Reiheneinfamilienhaus
(individually owned) terraced house/row house

Reiheneinfamilienhäuser sind in geschlossener Bauweise errichtete Einfamilienhäuser (eine sog. Hausgruppe). Die an beiden Enden der Reihenhauszeile liegenden Häuser werden in der Bewertungsliteratur als Kopfhäuser und in der Praxis als Reiheneckhäuser bezeichnet. Die dazwischen liegenden Häuser sind Reihenmittelhäuser. Eine besondere Form der Reihenhausbebauung stellen die Kettenhäuser dar, bei denen Reihenmittelhäuser durch beidseitig angebaute Garagen in einer Zeile mit anderen Reihenmittelhäusern verbunden sind. Die durchgehende Reihe bezieht sich damit auf die Erdgeschosshöhe. Reiheneinfamilienhäuser sind wegen des geringen Grundstücksanteils rela-

tiv kostengünstig. Die Grundrisse sind weitgehend standardisiert. Es gibt allerdings nur einen geringen Spielraum für Aus- und Umbauten. Reihenhäuser werden von Bauträgern und Wohnungsunternehmen errichtet.

Reihenhäuser können – mangels Parzellierungsmöglichkeit der Grundstücke – auch in der Rechtsform des Wohnungseigentums errichtet werden. In diesen Fällen sind die Vorschriften des Wohnungseigentumsgesetzes uneingeschränkt anzuwenden.

Renaturierung
renaturation

Unter Renaturierung im Zusammenhang mit Stadtumbauprojekten versteht man Maßnahmen, die darauf abzielen, ehemalige Bauflächen dauerhaft in Grün- und Freilandflächen umzuwandeln. Dabei können parkartige extensiv gepflegte Erholungsflächen oder alternativ hierzu Landschaften entstehen, die land- und fortwirtschaftlich genutzt werden. Von Renaturierung wird aber allgemein auch dann gesprochen, wenn Flächen – die durch menschliches Einwirken verändert (in ihren Naturfunktionen zerstört) wurden – in ihren ursprünglichen Naturzustand versetzt werden.

Von einer Renaturierung von Feuchtgebieten wird gesprochen, wenn Gebiete, die durch Bau- und andere Maßnahmen ihre natürlichen Qualitäten (Wasserqualitäten, Fischreichtum, Fauna, Flora usw.) verloren haben, auf ihren Ursprungszustand zurückgeführt werden. So können begradigte Flussläufe, die ihre natürlichen Überschwemmungsgebiete verloren haben, wieder in einen naturnahen Zustand zurückgeführt werden. Von Renaturierung wird auch gesprochen, wenn zum Beispiel Kies- und Sandabbaustellen in ihrer weiteren Entwicklung der Natur überlassen werden.

Allerdings ist nicht jede Renaturierung sinnvoll. Sonst würden auch historisch gewachsene Kulturlandschaften Opfer von Renaturierungsmaßnahmen sein. Eingriffe in die Natur hat es in einer Jahrtausende währenden Geschichte in oft erheblichen Umfang gegeben.

Rentabilität
profitability; viability; rate of return

Unter Rentabilität versteht man eine betriebswirtschaftliche Kennziffer, mit der der Unternehmenserfolg gemessen werden kann. Man unterscheidet zwischen der Kapital- und der Umsatzrentabilität. Die Kapitalrentabilität misst den Gewinn am Kapitaleinsatz. Dabei kann unterschieden werden zwischen der Gesamtkapitalrentabilität und der Eigenkapitalrentabilität. Da das Eigenkapital eines

Unternehmens das eigentliche Risikokapital darstellt, sollte wegen dieser Risikokomponente die Eigenkapitalrentabilität zumindest über der Fremdfinanzierungsmarge liegen und damit größer sein, als die Gesamtkapitalrentabilität. Die Umsatzrentabilität ist eine Messzahl, die den Gewinnanteil am Umsatz zum Ausdruck bringt. Rentabilitätskennziffern können Benchmarks für Betriebsvergleiche sein, insbesondere wenn es darum geht, sich an einem bestimmten Unternehmen zu beteiligen. Bei Immobilienobjekten kommt es ausschließlich auf die Kapitalrentabilität an. In Beziehung gesetzt werden hier die Reinerträge des Objektes mit den Anschaffungskosten.

Rentenversicherung, private
private pension (insurance) policy/annuity insurance/pension fund/pension scheme
Die private Rentenversicherung ist eine Alternative oder Ergänzung zu staatlichen Altersrente. Es ist möglich, mit einer Lebensversicherungsgesellschaft einen Vertrag dergestalt abzuschließen, dass aufgrund laufender Beitragszahlung von einem bestimmten Alter ab der Betrag, der sonst als Ablaufleistung ausbezahlt wird, in Form einer monatlichen Rente geleistet wird. Der gleiche Effekt kann aber auch dadurch erreicht werden, dass ein Einmalbetrag in die private Rentenversicherung einbezahlt wird. So kann beispielsweise der Verkaufspreis, den ein Immobilienverkäufer erlöst, für eine solche Rentenversicherung verwendet werden. Er hat dann indirekt – also unter Einschaltung einer Lebensversicherung – sein Objekt „verrentet".Eine Variante bildet die fondsgebundene Rentenversicherung, bei der der Sparanteil in Investmentfonds einbezahlt wird. Die Rente ist dann – je nach Entwicklung des Fonds und der Laufzeit höher aber auch risikoreicher.

Risiko
risk; venture; peril; hazard
Es gibt zwei verschiedene Begriffsauslegungen von Risiko. Risiko in weiterem Sinne bezeichnet Wirkungen, die dazu führen, dass die tatsächlichen Ergebnisse eines Handelns oder Unterlassens zu einem Abweichen von erwarteten bzw. geplanten Ergebnissen führen. Das abweichende Ergebnis kann wirtschaftlich positiv oder negativ zu Buche schlagen. In diesem Begriff kommen die beiden Dimensionen des Risikos zu Ausdruck. Wird nur die negative Seite betrachtet und die positive (Chance) ausgeblendet, haben wir es mit dem eindimensionalen Risikobegriff zu tun. Risiko ist Unsicherheit. Im Gegensatz dazu steht

die Ungewissheit, die nicht kalkulierbar ist. Risiko als Unsicherheit dagegen ist eingrenzbar, quantifizierbar bzw. auch kalkulierbar. Grundlage der Risikokalkulation ist die Wahrscheinlichkeitsrechnung. Das Risiko nimmt die Größenordnung Häufigkeit x Schadenshöhe pro (langem) Zeitraum an.

Auch immobilienwirtschaftliche Unternehmen unterliegen – je nach Geschäftsfeld – unterschiedlich beachtlichen Risiken. Zu bedenken sind die zeitlichen Bindungen, die mit der Errichtung und Bewirtschaftung von Gebäuden verbunden sind: Projekt-, Finanzierungs- und Kapitaleinsatzrisiken der Bauherren, die Vermietungsrisiken der Bestandshalter, die Kosteneinsatzrisiken, der Makler, die Rechtsrisiken der Berater usw. Zu beachten ist, dass nicht alle Risiken versicherbar sind. Dies gilt insbesondere für typische Unternehmerrisiken.

Unternehmerische Risiken, die ja nicht versicherbar sind, können durch geeignete Maßnahmen begrenzt werden. Dabei können zum Beispielportfoliotheoretische Aspekte eine Rolle spielen. Durch Aufbau einer risikoarmen Hausverwaltungsabteilung kann zum Beispieldas hohe Risiko des Maklerunternehmens abgemildert werden. Die Hausverwaltungsabteilung sorgt für konstante Erträge und kann mit Ertragsüberschüssen einen Deckungsbeitrag für die Fixkosten des Maklerbereiches erwirtschaften, wenn dort die Geschäfte konjunkturell bedingt einbrechen.

Risikolebensversicherung
term assurance; temporary assurance; term/temporary/credit life insurance
Eine Risikolebensversicherung wird in der Regel im Zusammenhang mit einer Baufinanzierung abgeschlossen. Gegenüber der Kapitallebensversicherung erbringt sie nach Ablauf der Versicherungsdauer keine Leistung. Wenn der Bauherr oder Käufer der finanzierten Immobilie jedoch stirbt, schützt die Versicherung die Erben vor der Gefahr, dass diese wegen der durch den Tod hervorgerufenen Einkommensminderung oder gar des gänzlichen Einkommensverlustes den Kapitaldienst nicht mehr leisten zu können. Es gibt verschiedene Varianten der Risikolebensversicherung.

Rohbauland
greenfield site; land zoned for development in a local plan; unservices building land; undeveloped land
Rohbauland bezeichnet den Entwicklungszustand von Flächen mit Baurecht, deren Erschließung noch nicht gesichert ist oder das von der Flächengestaltung (Lage, Form und Größe) durch ein

Umlegungsverfahren noch so parzelliert werden muss, dass die zulässige Bebauung erst möglich wird („Bruttorohbauland"). Ist die Parzellierung erfolgt, die Erschließung aber noch nicht gesichert, spricht man von „Nettorohbauland". Sind Flächen nach den öffentlich rechtlichen Vorschriften baulich nutzbar, spricht man von baureifem Land.

Rücktritt
cancellation of/withdrawal from a contract
Rücktritt ist die Rückgängigmachung eines wirksam zustande gekommenen Vertrages durch einseitige Erklärung einer Vertragspartei. Voraussetzung ist, dass ein gesetzliches Rücktrittsrecht vorliegt oder ein solches Recht im Vertrag vereinbart wurde. Der Rücktritt ist formlos möglich, sollte jedoch zur Sicherheit immer schriftlich erklärt werden.
Ein gesetzliches Rücktrittsrecht kann zum Beispiel bestehen, wenn
- eine gekaufte Sache mangelhaft ist oder eine dritte Person daran Rechte hat (§ 437 Nr. 2, § 440 BGB),
- der Schuldner eine fällige Leistung nicht oder nicht vertragsgemäß erbringt (§ 323 Abs. 1 BGB). Beispiel: Keine Räumung des verkauften Hauses zum vereinbarten Termin. Hier müsste der Gläubiger dem Schuldner allerdings erfolglos eine angemessene Frist zur Leistung beziehungsweise Nacherfüllung gesetzt haben, bevor er zurücktreten kann. Eine Fristsetzung ist entbehrlich, wenn der Schuldner zu einem vertraglich festgelegten Termin nicht leistet und der Gläubiger ausdrücklich vertraglich sein Interesse am Geschäft an eine pünktliche Leistung gekoppelt hat – oder wenn andere besondere Umstände bestehen, die unter Abwägung der beiderseitigen Interessen den Rücktritt rechtfertigen.
- Wegen einer Störung der Geschäftsgrundlage: Entscheidende Umstände haben sich nach Vertragsschluss derartig geändert, dass die Parteien den Vertrag bei deren Kenntnis nicht oder nicht so abgeschlossen haben würden. Ist keine Vertragsanpassung möglich oder zumutbar, kann ein Rücktritt nach § 313 BGB erfolgen. Beispiel: Nach Vertragsschluss wird bekannt, dass neben dem verkauften Wohnhaus eine Schweinemastanlage errichtet werden soll.
Wirkung: Durch den Rücktritt wird der Vertrag nach § 346 ff. BGB in ein Rückabwicklungsverhältnis, das weiterhin ein Vertragsverhältnis ist, umgestaltet. Daher wird nach § 325 BGB durch den Rücktritt, im Gegensatz zum früheren Recht,

die Geltendmachung von Schadensersatz nicht ausgeschlossen. Nach § 346 BGB sind die empfangenen Leistungen zurückzugewähren. **Beispiel:** Das erworbene Grundstück ist, falls der Kaufvertrag schon vollzogen wurde, zurückzuübereignen und herauszugeben. Der Kaufpreis ist zurückzuzahlen. Auf die Maklerprovision wirkt sich der Rücktritt nicht aus. Der Anspruch bleibt bestehen.

Sachverständige für die Bewertung von Grundstücken
expert/valuer for the appraisal of real estate
Zu unterscheiden ist zwischen öffentlich bestellten und vereidigten, zertifizierten, institutsanerkannten sowie freien Sachverständigen. Die öffentlich bestellten und vereidigten Sachverständigen werden von einer Industrie- und Handelskammer bestellt. Voraussetzung ist, dass derjenige, der den Antrag stellt, seine besondere Sachkunde nachweisen kann und die persönlichen Voraussetzungen gegeben sind. Die IHK legt dabei die „Fachlichen Bestellungsvoraussetzungen für das Sachgebiet Bewertung von bebauten und unbebauten Grundstücken sowie Mieten und Pachten" zugrunde. Regelvoraussetzung ist die Ablegung einer Prüfung vor einem Fachausschuss, der aus Sachverständigen besteht.
Eine weitere Möglichkeit, sich als Sachverständiger eine gewisse Verkehrsgeltung zu verschaffen, besteht in seiner Zertifizierung, die innerhalb der Europäischen Union anerkannt wird. Die Zertifizierung erfolgt über zwei Zertifizierungsstellen, (die DIA Consulting AG in Freiburg (ZIB-DIA-Zert) oder den Verband privater Pfandbriefbanken (Hyp-Zert), die wiederum beim Deutschen Akkreditierungsrat „akkreditiert" und damit als Zertifizierungsstelle anerkannt sind. Das Verhältnis zwischen den öffentlich bestellten und vereidigten Sachverständigen und den zertifizierten Sachverständigen bedarf noch eines gewissen Klärungsprozesses.
Institutsanerkannte Sachverständige sind solche, die auf der Grundlage eines entsprechenden Studiengangs des jeweiligen Instituts oder einer Hochschule in einer Prüfung ihre Qualifikation nachgewiesen haben.
Schließlich kann sich aber jeder, der über die entsprechende Fachkunde verfügt, als „freier" Sachverständiger betätigen.
Öffentlich bestellte und vereidigte Sachverständige für die Bewertung von bebauten und unbebauten Grundstücken sowie Mieten und Pachten sind verpflichtet, auf Anforderung durch Privatpersonen Behörden oder Gerichten Bewertungsgutachten

über Grundstücke oder Rechte an Grundstücken zu erstellen. Dabei wenden sie in der Regel die in der Immobilienwertermittlungsverordnung festgeschriebenen Bewertungsverfahren an.

Für die Beurteilung von Bauschäden oder Baumängeln sind nicht Bewertungssachverständige zuständig, sondern Bauschadenssachverständige. Auch in dieser Sparte gibt es „öffentlich bestellte und vereidigte Sachverständige".

Ursprünglich rekrutierten sich die Sachverständigen für die Immobilienbewertung nahezu ausschließlich aus studierten Architekten und Bauingenieuren. Seit Einführung des Kontaktstudienganges für Sachverständige an der Deutschen Immobilien Akademie (DIA) 1992 nimmt der Anteil der Berufsgruppe, die für eine Immobilienbewertung besonders geeignet erscheint, nämlich der Immobilienmakler, unter den Sachverständigen beständig zu.

Sachwert
real asset; asset value; depreciated replacement cost

Der Sachwert ist das Ergebnis einer Wertermittlung nach dem Sachwertverfahren, das sich an den Herstellungskosten des Bewertungsgegenstandes orientiert. Sie sind die Basis für die Ermittlung des Herstellungswertes. Da die Kosten nicht mit Preisen identisch sind, muss die Lücke zwischen Herstellungswert und dem tatsächlichen „Preis" (Verkehrswert) stets im Wege der Marktanpassung überwunden werden. Gutachterausschüsse stellen teilweise Marktanpassungsfaktoren zur Verfügung.

Das Sachwertverfahren wird eingesetzt, um den Verkehrswert von Objekten zu ermitteln, bei denen Vergleiche mit anderen Grundstücken für ein Vergleichswertverfahren nicht tauglich sind und auch Ertragsgesichtspunkte vor allem wegen bevorzugter Eigennutzung keine Rolle spielen. Typisches Beispiel ist das freistehende Einfamilienhaus.

Beim Sachwertverfahren werden getrennt Bodenwert einerseits und Gebäudewert einschließlich Wert der Außenanlagen und sonstigen Betriebseinrichtungen andererseits ermittelt. Der Bodenwert und der Wert der baulichen Anlagen bilden den Sachwert des Objektes. Der Bodenwert wird durch ein Vergleichswertverfahren ermittelt. Die Wertermittlung des Gebäudeanteils richtet sich vor allem nach dessen technischen Aspekten.

Die Herstellungskosten werden durch Hochrechnen der Baukosten eines bestimmten Basisjahres über den Baukostenindex ermittelt und durch die Alterswertminderung bereinigt. Baunebenkosten werden durch einen Zuschlag berücksichtigt. Die Wertminderung wegen Baumängel und Bauschäden wird durch Abschläge Rechnung getragen. Zu berücksichtigen sind auch sonstige wertbeeinflussende Umstände (zum Beispiel wirtschaftliche Überalterung oder überdurchschnittlicher Erhaltungszustand). Auch die Außenanlagen müssen dann berücksichtigt werden, wenn ihnen eine besondere Bedeutung zukommt.

Üblicherweise werden heute zur Ermittlung des Herstellungswertes die NHK 2000 verwendet. Das Sachwertverfahren wird in erster Linie bei Einfamilienhäusern angewendet. Die Schwachstelle des Verfahrens beruht in einer gewissen Marktferne, so dass die Ermittlung des Verkehrswerts mit Hilfe dieses Verfahrens hauptsächlich von der richtigen Wahl der Marktanpassungsfaktoren abhängt.

Sanierung
refurbishment; restoration; rehabilitation; redevelopment; reconstruction; reclamation; clean-up; recapitalisation

Städtebauliche Sanierung

Städtebauliche Sanierungsmaßnahmen werden durchgeführt, wenn ein Stadtgebiet den allgemeinen Anforderungen an gesunde Wohn- und Arbeitsverhältnisse oder an die Sicherheit der in dem Gebiet wohnenden und arbeitenden Menschen nicht mehr entspricht oder wenn seine Funktionen (etwas im Hinblick auf den Verkehr) erheblich beeinträchtigt sind (siehe § 136 BauGB). Beurteilungskriterien dabei sind u. a. Belichtung, Besonnung und Belüftung der Gebäude, deren bauliche Beschaffenheit, die Zugänglichkeit zu den Grundstücken, Art, Maß und Zustand der baulichen Nutzung, die vorhandene Erschließung usw. Mit den Betroffenen (Eigentümern, Mietern, Pächtern) soll die Sanierungsmaßnahme erörtert werden. Ebenso sind öffentliche Aufgabenträger einzubeziehen.

Für dieses Gebiet wird eine Sanierungssatzung erlassen, in der die Sanierungsziele festgelegt werden. Damit einher geht eine Veränderungssperre, die alle das Gebiet verändernden Vorhaben und Rechtsvorgänge genehmigungsabhängig machen. Die Sanierung umfasst nicht nur Einzelobjektsanierungen, sondern kann auch in einer Flächensanierung bestehen, die meist Maßnahmen der Bodenordnung voraussetzen. Die Sanierung kann auch einem privaten Sanierungsträger im Rahmen eines städtebaulichen Vertrages übertragen werden. Für nach dem 1.7.2007 erlassene Satzungen gilt eine zeitliche Befristung zur Durchführung der Sanierungsmaßnahme von höchstens 15 Jahren.

Finanziert wird die Sanierungsmaßnahme durch Abschöpfung der sanierungsbedingten Bodenwertsteigerungen. Dabei werden vom Gutachterausschuss die sanierungsunbeeinflussten Anfangswerte und die Endwerte nach Abschluss der Sanierung ermittelt. Die Eigentümer zahlen den Differenzbetrag als Ausgleich für die erfolgte Sanierung. Der Ausgleichsbetrag wird nach den Flächenanteilen ihrer Grundstücke am Sanierungsgebiet von der Gemeinde in Rechnung gestellt. Der Ausgleichsbetrag kann auch in ein Tilgungsdarlehen umgewandelt werden.

Seit 1.1.2007 haben die Gemeinden die alternative Möglichkeit, den Ausgleichsbetrag kostenorientiert zu ermitteln. Bestimmt wird dies in einer eigenen Satzung. Zugrunde gelegt werden nur die Kosten für die Erweiterung und Verbesserung der Erschließungsmaßnahmen, soweit sie sich auf die zum Anbau bestimmte Anliegerstraßen, Wege und Plätze, Fuß- und Wohnwege sowie um Sammelstraßen innerhalb des Sanierungsgebietes beziehen. Hiervon wird ein bestimmter Prozentsatz, der 50 Prozent der Gesamtkosten nicht übersteigen kann, in der Satzung festgelegt.

Eine Entscheidung der Gemeinde für die neue Berechnungsalternative ist nur möglich, wenn keine Anhaltspunkte dafür sprechen, dass eine sanierungsbedingte Erhöhung des Bodenwerts die Hälfte des Gesamtaufwandes nicht übersteigt. Im Rahmen eines Sozialplanes wird dafür gesorgt, dass nachteilige Auswirkungen der Sanierung gemildert werden. Über Härteausgleichsregelungen wird den betroffenen Mietern und Pächtern geholfen.

Miet- und Pachtverhältnisse können im Rahmen von Sanierungsmaßnahmen durch die Gemeinde auf Antrag des Gebäudeeigentümers aufgehoben werden. Bei Mietverträgen ist dies nur zulässig, wenn angemessener Ersatzwohnraum zur Verfügung gestellt wird (§ 182 BauGB).

Der Ersatz von Umzugskosten für Mieter kann im Sozialplan vorgesehen werden. In Härtefällen sieht das Gesetz einen finanziellen Ausgleich für beide Vertragspartner und damit auch für den Vermieter vor, wenn die Kündigung zur Durchführung städtebaulicher Maßnahmen erforderlich war oder wenn ohne Kündigung des Mietvertrages das Miet- bzw. Pachtobjekt aufgrund städtebaulicher Maßnahmen vorübergehend unbenutzbar ist (vgl. § 181 BauGB).

Gebäudesanierung

Der Begriff der Sanierung im Rahmen von Instandhaltungs- und Modernisierungsmaßnahmen ist nicht eindeutig. In der Regel werden darunter grundlegende Erneuerungsmaßnahmen verstanden, die bis zur Entkernung eines Gebäudes führen können. Teilweise wird der Sanierungsbegriff auch auf

die Erneuerung von bestimmten Gebäudeteilen beschränkt (Beispiel „Flachdachsanierung"). Sanierung im umgangssprachlichen Sinne ist immer entweder Instandsetzung in großem Umfange plus Modernisierung oder nur Instandsetzung. In den neuen Bundesländern wurde vor der Wiedervereinigung der Begriff der „Rekonstruktion" für Sanierung gebraucht.

„Nachhaltige Sanierung im Bestand"

Das Projekt „Nachhaltiges Sanieren im Bestand – integrierte Dienstleistungen für zukunftsfähige Wohnstile" war ein vom Bundesministerium für Bildung und Forschung gefördertes Projekt im Förderschwerpunkt „Modellprojekte für nachhaltiges Wirtschaften – Innovation durch Umweltvorsorge". Es begann am 1.11.1998 und endete am 31.3.2001. Beteiligt waren daran:

- Institut für sozial-ökologische Forschung (ISOE), Frankfurt am Main (verantwortlich für das Gesamtprojekt),
- Öko-Institut e.V. (ÖI) Darmstadt (verantwortlich für alle mit baulich-technischen Fragen),
- Institut für ökologische Wirtschaftsforschung GmbH (IÖW), Berlin (verantwortlich für Koordination),
- Nassauische Heimstätte – Gesellschaft für innovative Projekte im Wohnungsbau mbH, Frankfurt am Main (verantwortlich für die Vermittlung der Kontakte mit den verschiedenen Abteilungen der Nassauischen Heimstätte und für die Kommunikation mit dem Mieterbeirat),
- Nassauische Heimstätte (verantwortlich für Vorbereitung und Durchführung der Modernisierungsmaßnahmen an insgesamt drei Projekten aus der Baualtersklasse 1950/1960).

Es ging um Projekte mit dem Versuch, die Bewohner der Siedlungen in die Projektarbeit mit einzubeziehen, wobei nicht nur bautechnische Maßnahmen, sondern auch andere integrative Maßnahmen im ökologisch-sozialen Bereich eine Rolle spielten. Damit soll eine nachhaltige Wirkung in der Bestandssicherung erreicht und ein erneutes Abgleiten des Quartiers in Richtung „Slum" verhindert werden. Die gewonnenen Erkenntnisse flossen auch in Projekte der „Sozialen Stadt" ein.

Schallschutz
noise insulation; sound insulation; sound proofing

Übermäßige Lärmimmissionen erfordern einen Schallschutz. Störender Lärm kann von außerhalb des Gebäudes oder auch von Nachbarwohnungen und Hausinstallationen (Sanitäranlagen, Aufzügen) herrühren. Bei den gesetzlichen Rahmenbedingungen sind der Schallschutz im Städtebau und der Schallschutz bei der Errichtung von Gebäuden zu unterscheiden. Grundsätzlich müssen nach § 1 Abs. 5 Baugesetzbuch (BauGB) die Belange des Umweltschutzes bei der Bauleitplanung beachtet werden. Dazu gehört auch der Schallschutz.

§ 50 Bundesimmissionsschutzgesetz (BImschG) schreibt vor, dass für eine bestimmte Nutzung vorgesehene Flächen einander so zugeordnet werden müssen, dass schädliche Umwelteinwirkungen auf Wohngebiete möglichst nicht stattfinden. Der Schallschutz soll nach diesen Vorschriften soweit wie möglich berücksichtigt werden, er hat jedoch keinen Vorrang gegenüber anderen Belangen. Werkzeug der sachgerechten Schallschutzplanung ist die DIN 18005 Teil 1, die sowohl Orientierungswerte für Schallimmissionen im Städtebau, als auch Berechnungsverfahren enthält. Die Orientierungswerte sind dabei nicht Teil der Norm, da sie nur in einem Beiblatt erwähnt werden. Sie sind nicht rechtsverbindlich. Die Planungsbehörde kann bei der Erstellung des Bebauungsplanes Lärmschutzmaßnahmen vorsehen. Dies können zum Beispiel Lärmschutzwände, nicht bebaubare Flächen zur Abstandswahrung oder Maßnahmen an Gebäuden wie zum Beispiel Schallschutzfenster sein. Als weitere wichtige Vorschrift ist die TA Lärm (Technische Anleitung zum Schutz gegen Lärm) zu nennen. In dieser Regelung finden sich Immissionsrichtwerte für Schallimmissionen von Gewerbebetrieben und genehmigungsbedürftigen sowie bestimmten nicht genehmigungsbedürftigen Anlagen. Diese Richtwerte dürfen nur in einem bestimmten (meist tageszeitabhängigen) Maße überschritten werden. Die VDI-Richtlinie 2058 enthält Richtwerte zur Beurteilung von Lärm am Arbeitsplatz. Ferner behandelt die VDI-Richtlinie 3724 von Freizeiteinrichtungen (zum Beispiel Sportstätten) ausgehende Geräusche. Bei Errichtung und Umbau von Gebäuden ist die DIN 4109 (Schallschutz im Hochbau) zu beachten. Diese Norm enthält verbindliche Grenzwerte zum Beispiel für den in einer Wohnung hörbaren Trittschall aus der darüber liegenden Wohnung.

Scheinbestandteil
temporary element of a property that does not form part of e.g. the freehold, e.g. contractor's huts on a building site

Im Gegensatz zum wesentlichen Bestandteil eines Grundstücks, der auf Dauer fest mit dem Grundstück verbunden ist, ist die feste Verbindung des Scheinbestandteils mit dem Grundstück nur vorübergehender Natur. So sind zum Beispiel die von einem Gärtner eingepflanzten, aber zum Verkauf und damit zur Umpflanzung bestimmten Bäume Scheinbestandteil.

Das gleiche gilt von festen Einbauten eines Mieters in der Wohnung, der diese Einbauten nach Beendigung des Mietverhältnisses wieder entfernen muss. Vom Zubehör unterscheidet sich der wesentliche Bestandteil dadurch, dass Zubehör beweglich und nicht mit einer anderen Sache bzw. einem Grundstück fest verbunden ist.

Schiedsverfahren/Streitschlichtung
arbitration; arbitration procedure; conciliation; mediation; settlement in arbitration proceedings/procedure to settle disputes

Im Streitfalle muss der erste Weg nicht immer vor Gericht führen. In allen Bundesländern gibt es – mit unterschiedlichen landesrechtlichen Regelungen – Schiedspersonen, die im Streitfall zwischen den Beteiligten schlichten sollen, um eine gütliche Einigung herbeizuführen.

Meist schreiben die Landesgesetze vor, dass in bestimmten Fällen eine gerichtliche Klage erst dann erhoben werden kann, wenn zuvor ein erfolgloses Schlichtungsverfahren durchgeführt wurde. Die Schlichter oder Schiedsleute sind meist Privatpersonen, die sich für das Amt zur Verfügung haben. Zwingend ist ein Schlichtungsversuch zum Beispiel in Nordrhein-Westfalen in folgenden bürgerlichen Rechtsstreitigkeiten: In Streitigkeiten über Ansprüche wegen

- der in § 906 des Bürgerlichen Gesetzbuches (BGB) geregelten Einwirkungen (unwägbare Stoffe, zum Beispiel Lärm, Gerüche, Rauch, Erschütterungen) vom Nachbargrundstück, sofern es sich nicht um Einwirkungen von einem Gewerbebetrieb handelt,
- Überwuchses nach § 910 BGB,
- Hinüberfalls nach § 911 BGB,
- eines Grenzbaums nach § 923 BGB,
- der im Nachbarrechtsgesetz für Nordrhein-Westfalen geregelten Nachbarrechte, sofern es sich nicht um Einwirkungen von einem Gewerbebetrieb handelt,
- in Streitigkeiten über Ansprüche wegen Verletzungen der persönlichen Ehre, die nicht in Presse oder Rundfunk begangen worden sind.
- In Streitigkeiten über Ansprüche nach Abschnitt 3 des Allgemeinen Gleichbehandlungsgesetzes.

Eine Klage ist in diesen Fällen erst bei Vorlage einer schriftlichen Bescheinigung über die Erfolglosigkeit des Schiedsverfahrens zulässig. Ist das Verfahren erfolgreich, wird eine schriftliche Vereinbarung erstellt. Deren Einhaltung ist einklagbar. Schiedsverfahren sind kostengünstig, die Kosten liegen zum Teil nur bei 25 Euro. Auch im Strafrecht muss in bestimmten Fällen ein Schiedsverfahren oder „Sühneversuch" durchgeführt werden, bevor es vor Gericht geht. Betroffen sind hiervon die so genannten „Privatklagedelikte", zum Beispiel Hausfriedensbruch, Beleidigung, Bedrohung.

Schimmelbefall/Mietwohnung
mold growth/mildew attack in a rented flat

Erheblicher Schimmelbefall in der Mietwohnung stellt immer einen Wohnungsmangel dar. Er kann den Mieter zur Mietminderung oder in schlimmen Fällen zur fristlosen Kündigung berechtigen. Schimmelpilze können ernsthafte Erkrankungen verursachen und sind in Wohnräumen nicht zu tolerieren. Darüber hinaus führen sie oft – meist in der Zusammenwirkung mit Feuchtigkeit – zu erheblichen Bauschäden (zum Beispiel Oxidation von Metallteilen, Zerrüttung von Baustoffen, Verfärbungen, abgeplatzter Putz, Verlust der Dämmwirkung von Dämmstoffen). Streit zwischen Mietern und Vermietern entsteht immer wieder darüber, wer für die Entstehung des Schimmelproblems verantwortlich ist. Denn der Verantwortliche hat auch für die Entfernung des Schimmels aufzukommen. Oft wird pauschal von Mieterseite mit Baumängeln und von Vermieterseite mit unzureichendem Lüften und Heizen argumentiert. Schimmelbildung in Wohnräumen kann jedoch eine Vielzahl von Gründen haben. Ein häufiger Grund für Schimmelbefall besteht in der zunehmenden Nachrüstung von Altbauten mit Wärmedämmungen. Häufig werden dabei wasserdampfundurchlässige Folien oder Baustoffe und Isolierfenster nachgerüstet. Beides führt dazu, dass der durch Atmung, Zimmerpflanzen, Duschen, Kochen, Wäschewaschen etc. entstehende Wasserdampf nicht mehr aus der Wohnung entweichen kann. Bei gut gedämmten Wohnungen muss deutlich häufiger gelüftet werden als vor der Sanierung. Empfohlen werden zwei bis drei Mal täglich circa 15 Minuten Stoßlüften. Gekippte Fenster sind nicht ausreichend. Nach Sanierungsmaßnahmen kann eine Aufklärungspflicht des Vermieters über das notwendige neue Lüftungsverhalten bestehen.

Weitere Ursachen können zum Beispiel vor Außenwänden abgestellte Möbelstücke sein, Dämmtapeten, Wärmebrücken, Baumängel wie unsachgemäß eingebaute Dachfenster oder fehlerhafte Wärmedämmungen, Restfeuchtigkeit im Neubau

oder undichte Rohrleitungen. Welche Ursache im Einzelnen vorliegt, kann oft nur ein Gutachter entscheiden. Im Handel sind jedoch Schnelltests, mit denen für wenig Geld jeder nachprüfen kann, ob in der Wohnung ein Schimmelbefall vorliegt. Ob es sich um gefährliche Schimmelarten handelt, kann meist nur ein Labortest ergeben.

Von Mietern kann nicht verlangt werden, dass sie übermäßig heizen (zum Beispiel über 20 Grad Celsius, Landgericht Lüneburg, Az. 6 S 70/00), um einer Schimmelentwicklung vorzubeugen. Mieter sind jedoch grundsätzlich zum ausreichenden Heizen und Lüften der Wohnung verpflichtet. Zu den einzuhaltenden Temperaturen und Lüftungsintervallen entscheiden die Gerichte unterschiedlich. Es ist in der Praxis schwierig, die Missachtung dieser Pflichten nachzuweisen – es sei denn, ein Gutachter hat Baumängel oder Gebäudeschäden als Ursache ausgeschlossen. Baulich bedingte Ursachen liegen im Verantwortungsbereich des Vermieters.

Nach einem Urteil des Amtsgerichts Hamburg St. Georg kann dem Mieter keine Schuld an einer Schimmelentwicklung zugeschrieben werden, weil er die Möbel seiner Wohnung ungünstig angeordnet hat. In diesem Fall war ein Kleiderschrank an einer Außenwand platziert worden; der Vermieter hatte auf Schadenersatz geklagt (Az. 915 C 515/08, Urteil vom 19.2.2009).

Ist unklar, ob Baumängel oder falsches Mieterverhalten Ursache für die Feuchtigkeits- beziehungsweise Schimmelschäden sind, muss nach dem Bundesgerichtshof zunächst der Vermieter beweisen, dass die Ursache nicht in seinem Pflichtenbereich, sondern in dem des Mieters liegt (Az. XII ZR 272/97). Kann der Vermieter diesen Nachweis erbringen und steht fest, dass die Schadensursache im Bereich der betroffenen Wohnung liegt, müssen die Mieter beweisen, dass sie nicht durch vertragswidriges Verhalten wie unzureichendes Heizen und Lüften den Schimmelbefall verursacht haben (OLG Karlsruhe Az. 3 RE Miet 6/84).

In einem Urteil vom 11.7.2012 hat der Bundesgerichtshof betont, dass eine fristlose Kündigung durch den Vermieter auch möglich ist, wenn der Mieter die Miete mindert, weil er die Entstehung von Schimmel irrtümlich Baumängeln und damit dem Verantwortungsbereich des Vermieters zuschreibt. Im konkreten Fall kam das Gericht nach einem Sachverständigengutachten zu dem Ergebnis, dass tatsächlich mehr hätte gelüftet und geheizt werden müssen. Erreicht der Betrag der ausstehenden Miete in solchen Fällen die Höhe von zwei Monatsmieten, kann eine fristlose Kündigung berechtigt sein (BGH, Az. VIII ZR 138/11).

Schlüsselfertig
turnkey
Planmäßiger Endzustand eines Neubaus. Beim Kauf eines „schlüsselfertigen Hauses" braucht sich der Bauherr bzw. Käufer nicht um die Fertigstellung zu kümmern. Er hat von der Planung bis zur Schlüsselübergabe nur einen Bauträger oder Generalunternehmer als Ansprechpartner. In aller Regel errichten Bauträger schlüsselfertige Häuser und verlangen dafür einen Festpreis.

Schönheitsreparaturen
basic repairs; (internal) decorative repairs
Unter Schönheitsreparaturen versteht man Renovierungsarbeiten, mit denen gebrauchsbedingte Abnutzungserscheinungen in Räumen beseitigt werden. Dazu zählt man:
- Streichen und Tapezieren von Wänden und Decken,
- Streichen von Fußböden bzw. Reinigen von Teppichböden,
- Lackieren von Heizkörpern und -rohren,
- Streichen von Holzfenstern und Außentüren jeweils von innen,
- Reparatur kleiner Putz- und Holzschäden.
- Nicht dazu gehören zum Beispiel:
- Austausch des vom Vermieter verlegten durch normalen Gebrauch abgenutzten Teppichbodens,
- Abschleifen und Versiegeln des Parkettbodens,
- Streichen von Treppenhäusern und Gemeinschaftsräumen,
- Streichen der Fenster von außen.

Nach den gesetzlichen Vorschriften ist der Vermieter für die Schönheitsreparaturen zuständig. Durchführung und Kostentragung dürfen jedoch vom Vermieter auf den Mieter im Mietvertrag abgewälzt werden. Angemessene Zeiträume, nach deren Ablauf im Allgemeinen Schönheitsreparaturen durchzuführen sind, sollten im Mietvertrag vereinbart werden. Allgemein wird von folgenden Zeitintervallen ausgegangen: Küche, Bäder und Duschräume alle drei Jahre; Toiletten, Dielen, Flure, Wohn- und Schlafräume alle fünf Jahre sowie Nebenräume alle sieben Jahre.

Allerdings sind vertraglichen Vereinbarungen in Formularmietverträgen und anderen vorformulierten Vereinbarungen über Schönheitsreparaturen Grenzen gesetzt. So darf beispielsweise nicht verlangt werden, dass der Mieter – unabhängig vom Zustand der Räume – bei Auszug alle Schönheitsreparaturen durchführen muss. Enthält der gleiche Mietvertrag unterschiedliche Klauseln, nach denen der Mieter einerseits regelmäßig Schönheitsreparaturen durchführen muss, aber zusätzlich bei Auszug eine Endrenovierung durchzuführen hat, sind beide Klauseln unwirksam (BGH, Az. VIII ZR 308/02, Urteil vom 14.5.2003). Auch im Rahmen von isolierten Endrenovierungsklauseln, bei denen der Vertrag ansonsten nichts zu den Schönheitsreparaturen regelt, darf keine Endrenovierung unabhängig vom Zustand der Wohnung und dem Zeitabstand zur letzten Renovierung verlangt werden (BGH, Az. VIII ZR 316/06, Urteil vom 12.9.2007).

Der BGH hat in einem weiteren Urteil vom 6.4.2005 (XII ZR 308/02) die Unwirksamkeit einer Kombination zweier unterschiedlicher Renovierungsklauseln in einem Formularmietvertrag über Wohnraum auch auf Gewerberaummietverträge erstreckt. Leitsatz: „Wie im Wohnraummietrecht führt auch in Formularmietverträgen über Gewerberäume die Kombination einer Endrenovierungsklausel mit einer solchen über turnusmäßig vorzunehmende Schönheitsreparaturen wegen des dabei auftretenden Summierungseffekts zur Unwirksamkeit beider Klauseln."

Der BGH (VIII ZR 361/03) hat ferner eine Klausel für unwirksam erklärt, nach der der Mieter auf seine Kosten die Schönheitsreparaturen wenn erforderlich, mindestens aber in der nachstehenden Zeitfolge (dem bekannten Fristenplan) durchzuführen hatte. Grund: Hier war ein starrer Fristenplan vereinbart worden, bei dem die Renovierung unabhängig vom Wohnungszustand immer nach Fristablauf erfolgen musste. Wirksam wäre die Klausel gewesen, wenn der Vermieter statt „mindestens" die Ausdrücke „im Allgemeinen" oder „in der Regel" verwendet hätte (vgl. Bundesgerichtshof, Az. VIII ZR 77/03, VIII ZR 230/03).

Üblich und wirksam sind so genannte Prozentual-Klauseln bzw. Abgeltungs-Klauseln, nach denen der Mieter bei Auszug vor Ablauf der im Fristenplan genannten Zeiträume einen bestimmten Prozentsatz der für die Schönheitsreparaturen anfallenden Kosten trägt. Diese richten sich nach dem Kostenvoranschlag einer Fachfirma. Die Klauseln müssen allerdings vorschreiben, dass die Beteiligungsquote des Mieters nicht nur von Zeitablauf bzw. Mietdauer, sondern auch vom tatsächlichen Zustand und Renovierungsbedarf der Wohnung abhängt (Bundesgerichtshof, Az. VIII ZR 52/06, Urteil vom 18.10.2006). Zusätzlich müssen die Vertragsklauseln nach dem Bundesgerichtshof so formuliert werden, dass auch Nichtjuristen sie noch verstehen (Az. VIII ZR 143/06, Urteil vom 26.9.2007). Unwirksam sind meist auch die sogenannten „Farbwahlklauseln", bei denen dem Mieter auferlegt wird, die Wohnung in einem bestimmten Farbton zu streichen. Insbesondere gilt dies, wenn sich der Farbenzwang auch auf das laufende Mietverhältnis erstreckt (zum Beispiel Klausel „Die Schönheitsreparaturen sind in neutralen, hellen, deckenden Farben und Tapeten auszuführen", BGH, Urteil vom 18.6.2008, Az. VIII ZR 224/07). Auch zum Vertragsende kann keine Übergabe der Wohnung in weiß gestrichenem Zustand gefordert werden (BGH, Beschluss vom 14.12.2010, Az. VIII ZR 198/10).

Weitere Beispiele für unwirksame vertragliche Regelungen:
- Renovierung allein „nach Bedarf",
- Durchführung von Schönheitsreparaturen nur durch Fachbetrieb,
- Renovierung immer alle zwei Jahre,
- Renovierung bei Ein- und Auszug,
- Entfernung aller Tapeten bei Auszug unabhängig vom Zustand und vom Zeitpunkt der letzten Renovierung,
- Wohnung muss unabhängig vom Zeitpunkt der letzten Renovierung bei Auszug „weiß gestrichen" sein (handschriftlicher Vertragszusatz),
- Mieter muss im Rahmen der Schönheitsreparaturen Wände und Decken „weißen" (gesamte Schönheitsreparaturenklausel unwirksam),
- Außenanstrich von Fenstern und Türen erforderlich (Folge: gesamte Schönheitsreparaturen-Regelung im Mietvertrag unwirksam).

Einige Gerichte sehen ferner die Erstreckung des üblichen Fristenplans auf Lackierarbeiten an Fenstern und Türen (innen) sowie Rohren und Heizkörpern als unwirksam an, wenn hierbei nicht zusätzlich auf die Erforderlichkeit abgestellt wird. Argumentiert wird damit, dass es üblicherweise kaum erforderlich sein kann, einen Heizkörper im Bad alle drei Jahre neu zu lackieren. Derartige Lackierarbeiten können also nur gefordert werden, wenn sie tatsächlich vom Zustand der Bauteile her angezeigt sind (vgl. Landgericht Köln, Az. 1 S 63/96).

In einem extremen Fall sprach der BGH einem Vermieter einen Kostenvorschuss von mehreren Tausend Euro für Schönheitsreparaturen zu. Der Mietvertrag hatte nur allgemein festgelegt, dass der Mieter Schönheitsreparaturen durchführen musste. Das hatte dieser jedoch trotz Aufforderung unterlassen – 47 Jahre lang (BGH, Urt. v. 6.4.2005, Az. VIII ZR 192/04). Der Fall ist jedoch derart extrem gelagert, dass das Urteil nicht unbedingt auf andere Fälle übertragbar sein dürfte.

Dass eine mietvertragliche Schönheitsreparatur-

klausel unwirksam ist, rechtfertigt nach dem Bundesgerichtshof keine Erhöhung der Miete über die ortsübliche Miete hinaus. Eine entsprechende Ergänzungsvereinbarung zum Mietvertrag muss der Mieter nicht unterschreiben (BGH, Urt. v. 9.7.2008, Az. VIII ZR 181/07 und Urt. v. 11.2.2009, Az. VIII ZR 118/07).

Die Beurteilung des Wohnungszustandes erfolgt im Streitfall durch Sachverständige und kann sehr unterschiedlich ausfallen.

Im Mai 2009 entschied der BGH, dass der Mieter gegen den Vermieter einen Schadenersatzanspruch haben kann, wenn er im guten Glauben an die Wirksamkeit einer in Wahrheit unwirksamen Endrenovierungsklausel Schönheitsreparaturen durchgeführt hat. In solchen Fällen geht der BGH von einer rechtsgrundlos erfolgten Leistung aus (Urteil vom 27.5.2009, Az. VIII ZR 302/07).

Die Durchführung von Schönheitsreparaturen ausschließlich durch einen Fachbetrieb kann im Formularmietvertrag nicht wirksam vereinbart werden. Auch Klauseln, die dies lediglich nahelegen („der Mieter hat die Schönheitsreparaturen ... durchführen zu lassen") sind unwirksam (BGH, Urteil vom 9.6.2010, Az VIII ZR 294/09). Der Mieter muss immer die Möglichkeit haben, die Arbeiten auch selbst auszuführen. Bei Mietvertragsende kann der Vermieter nur noch sechs Monate lang (ab Rückgabe der Wohnung) die Durchführung von Schönheitsreparaturen oder einen Ersatz der entsprechenden Kosten wegen unterlassener Renovierung fordern. Danach tritt Verjährung ein (BGH, Urteil vom 15.3.2006, Az. VIII ZR 123/05).

Schufa
German Protection Association for General Credit Security

Schufa bedeutet „Schutzgemeinschaft für allgemeine Kreditsicherung". Es handelt sich um ein Unternehmen, das für seine Vertragspartner Informationen über die Kreditwürdigkeit von Kunden sammelt, um die Vertragspartner vor finanziellen Einbußen zu schützen. Kunden sind Geldinstitute und Kreditkartenunternehmen, aber auch Versandhäuser oder Kaufhäuser (da auch diese Kredite gewähren).

Die Schufa bezieht ihr Wissen aus den bei den Amtsgerichten geführten Schuldnerverzeichnissen, aber auch von ihren Kunden. Wenn zum Beispiel bei einer Bank ein Kredit abgeschlossen wird, meldet die Bank dessen Kerndaten (Betrag, Laufzeit, Kreditnehmer) an die Schufa weiter. Wird der Kredit nicht rechtzeitig zurückgezahlt, erfolgt ebenfalls Meldung. Dies gilt nicht nur für größere Kredite zum Beispiel für den Eigenheimbau, sondern auch für den geleasten Fernseher. Da die Tätigkeit der Schufa dem Bundesdatenschutzgesetz unterliegt, darf sie nur Daten bekommen und speichern, wenn der Betroffene eingewilligt hat. Jeder Kreditvertrag enthält heute daher eine „Schufa-Klausel".

Schuldzinsen
interest on debts
Schuldzinsen sind Zinsen, die ein Kreditnehmer seiner Bank für ein Darlehen bezahlt. Bei Selbstnutzern sind diese seit 1995 nicht mehr steuerlich absetzbar. Vermieter dürfen weiterhin die Schuldzinsen als Werbungskosten von den Mieteinnahmen abziehen. Stehen sie im Zusammenhang mit Kapitalerträgen (zum Beispiel kreditfinanzierte Investmentanlage), sind sie ab 2009 nach Einführung der Abgeltungssteuer nicht mehr dort abziehbar.

Nach einer Entscheidung des Bundesfinanzhofes aus dem Jahr 2012 sind Schuldzinsen für ein Darlehen, welches zur Anschaffung einer vermieteten Immobilie aufgenommen wurde, auch absetzbar, soweit sie auf die Zeit nach Veräußerung zu zahlen sind. Voraussetzung ist, dass die Immobilie innerhalb der 10-jährigen Spekulationsfrist angeschafft und veräußert wurde, also ein steuerpflichtiges Veräußerungsgeschäft vorliegt.

Darüber hinaus sind diese Schuldzinsen nur absetzbar, wenn das Darlehen nicht mit dem Erlös aus der Veräußerung der Immobilie abgelöst werden konnte. Der Abzug ist allerdings ausgeschlossen, wenn die Vermietungsabsicht bereits vor der Veräußerung aufgegeben wurde.

Die Begrenzung des möglichen Schuldzinsenabzugs auf die Fälle innerhalb des 10-jährigen Spekulationszeitraums leitet die Finanzverwaltung aus dem Urteil des BFH ab. Ob dies allerdings so richtig ist, oder ob auch Fälle zugelassen werden, die außerhalb der 10-Jahresfrist liegen, werden vermutlich weitere Verfahren regeln.

Schwarzbau
illegal construction/built without construction permit
Errichtung eines Gebäudes ohne die erforderliche Baugenehmigung. Wer schwarz baut, riskiert im schlimmsten Fall den Abriss. Ansonsten kann die Baubehörde Bußgelder verhängen oder die Baustelle stilllegen.

Der Nachbar hat keinen Anspruch auf ein Eingreifen der Behörde. Ob Maßnahmen eingeleitet werden, ist eine Ermessensentscheidung. Auch auf die Eigentumsgarantie des Grundgesetzes (Art.14) kann sich der Grundstücksnachbar des Schwarz-

baues nicht berufen, da in der Regel sein eigenes Grundstück nicht unmittelbar betroffen ist. Anders sieht es jedoch aus, wenn so genannte nachbarschützende Vorschriften verletzt worden sind. Dabei kann es sich zum Beispiel um Regelungen der Landesbauordnungen über Abstandsflächen bei Grenzbebauung handeln. Ignoriert der Bauherr ohne Genehmigung der Baubehörde derartige Vorschriften, kann der Nachbar nach § 1.004 BGB in Verbindung mit den jeweiligen baurechtlichen Regelungen vor dem Zivilgericht den Rückbau oder die Beseitigung des Bauwerks fordern (Oberlandesgericht München, Az. 25 U 6426/91).

Schwarze Wohnungen
flats full of black dust from the heating system; fogging; magic dust
Bei dem Phänomen der „schwarzen Wohnungen" handelt es sich um plötzlich auftretende Ablagerungen innerhalb von Wohnungen, sog. schwarzen Staub, der vorwiegend während der Heizperiode bestimmte Stellen der Wohnungen schwarz einfärbt. Das Phänomen wird auch als „Fogging" bzw. Magic Dust" bezeichnet. In der Regel tritt das Phänomen bei Neubauten oder frisch renovierten Wohnungen auf. Es verschwindet im Sommer, tritt aber in der folgenden Heizperiode wieder auf.

Die Ablagerungen sind nicht auf Heizmaterial, sondern auf bestimmte chemische Substanzen in den beim Bau verwendeten Materialien (Weichmacher, langkettige Alkane, Alkohole und Carbonsäuren) zurückzuführen. Sie treten vor allem dort auf, wo Wärmebrücken oder Risse vorhanden sind und wo in der Ausstattung der Wohnungen ebenfalls die erwähnten Materialien konzentriert vorkommen. Schwarzer Staub wird auch erzeugt durch brennende Kerzen und Öllampen. Durch ausreichende Lüftung der Räume vor allem im Winter kann der Konzentration der Stoffe, die zu solchen Staubablagerungen führen, entgegengewirkt werden. Auftretender schwarzer Staub bei Mietwohnungen kann zu Mietminderungen führen.

Der Bundesgerichtshof hat im Mai 2008 zum Fogging entschieden. Im verhandelten Fall ging es um eine Mietwohnung, in der nach einer Renovierung durch die Mieterin (Neuverlegung von Teppichböden und Neuanstrich der Wände mit handelsüblichen Farben, Putzen der Fenster im Winter mit üblichen Reinigungsmitteln) alle Decken und Wände der Wohnung mit Schwarzstaubablagerungen betroffen waren. Der Bundesgerichtshof entschied, dass zwar nur die genannten Maßnahmen der Mieterin als Ursache in Betracht kämen. Eine freiwillige Renovierung und regelmäßiges Fensterputzen seien jedoch als vertragsgemäßer Gebrauch der Wohnung zu werten. Damit habe die Mieterin die Entstehung des Wohnungsmangels nicht zu vertreten. Den Schaden (rund 5.400 Euro) hatte damit der Vermieter zu tragen (BGH, Urteil vom 28.5.2008, Az. VIII ZR 271/07).

Segregation
segregation

Unter Segregation versteht man die räumliche Absonderung bestimmter Teile der Bevölkerung einer Stadt von der übrigen Bevölkerung, was zu bestimmten Quartiersbildungen führt. Der Vorgang dieser Entmischung der Bevölkerung wurde zuerst in den USA untersucht, wo es im 18. und 19. Jahrhundert nach der Sklavenbefreiung zu starken Abgrenzungserscheinungen zwischen der schwarzen und weißen Bevölkerung kam. Aber auch andere Bevölkerungsgruppen wie etwa Chinesen („Chinesenviertel" von San Francisco) Italiener und Mexikaner lebten in ihren Quartieren „unter sich". In Europa waren die jüdischen Ghettos Ausdruck einer Segregation.

Allgemeiner formuliert kann unter Segregation eine disproportionale Bevölkerungsverteilung über die Teilgebiete einer Stadt verstanden werden.

Die Segregation entsteht auf der Grundlage einer sozialen, religiösen, oder ethnischen Distanz zwischen verschiedenen Bevölkerungsgruppen. Soziale Statusmerkmale, die bestimmte Bevölkerungsteile miteinander verbinden, ergeben sich zum Beispiel durch Unterschiede in der Bildung, der Sprache, der Hautfarbe aber auch durch Altersunterschiede, Unterschiede in der Haushaltsgröße, Kinderzahl, der Lebensphilosophie. Segregation kann angestrebt werden. Sie kann Personen aber auch gesellschaftlich aufgezwungen werden (passive Segregation).

Je nach Ursache des Phänomens kann Segregation zu einem positiven oder zu einem negativen Image von Stadtteilen (und ganzen Städten) führen. Das Segregationsphänomen hat sich in allen Kulturen, die ein Mindestmaß an sozialer Differenzierung kennen, nachweisen lassen. Heute wird Segregation vielfach aus einer kritischen Distanz als ein Phänomen beurteilt, das im Zeitalter der Gleichheit aller Menschen und der Nichtdiskriminierung zurückgedrängt werden sollte. Andererseits macht sich auch die Erkenntnis breit, dass die Ungleichheit die Wurzel aller Kulturen ist. Die Segregationsforschung ist Teil der Soziologie, genauer der soziologischen Stadtforschung.

Selbstschuldnerische Bankbürgschaft
facility letter; bank guarantee

Der Bankbürgschaft liegt ein Vertrag zwischen der bürgenden Bank und einem Schuldner zugrunde, in der sich die Bank verpflichtet, für die Verbindlichkeit des Schuldners gegenüber dessen Gläubiger einzustehen. Die Bürgschaftserklärung bedarf der Schriftform.Der Bürge kann die Einreden geltend machen, die dem Schuldner zustehen. In der Regel wird die Einrede der Anfechtbarkeit, der Aufrechenbarkeit und der Vorausklage ausgeschlossen. Die Bürgschaft kann zeitlich befristet oder unbefristet gewährt werden. Die Bürgschaft endet, wenn die ihr zugrunde liegende Forderung erlischt oder die Bürgschaftsurkunde zurückgegeben wird. Befriedigt die bürgende Bank den Gläubiger, geht dessen Forderungsrecht auf die Bank über. Bei einer selbstschuldnerischen Bankbürgschaft wird die Einrede der Vorausklage ausgeschlossen.

Das bedeutet, dass die Bank auf die erste Anforderung des durch die Bürgschaft Begünstigten zu zahlen hat.

Bankbürgschaften spielen bei der Baufinanzierung eine große Rolle. Eine Bankbürgschaft wird gegen eine Bürgschaftsgebühr (Aval) gewährt, die eine Risikoprämie darstellt und zusätzlich den Prüfungs- und Verwaltungsaufwand abdeckt. Diese Gebühr wird entweder einmalig oder laufend in Rechnung gestellt.

Seniorenimmobilien
facilities/housing/residences for the elderly

Seniorenimmobilien gibt es in verschiedenen Ausprägungsformen. Sie gehen vom schlichten Altenwohnheim, bei dem die Bewohner ihren Haushalt selbst führen, über das Altenheim, bei dem für volle Verpflegung und Betreuung gesorgt wird bis hin zum Altenpflegeheim, bei denen die Bewohner Pflegedienste in Anspruch nehmen müssen.Vom „Heimgedanken" weg bewegen sich die „Seniorenresidenzen" die eine altersaktive Autonomie der Bewohner weitgehend respektieren und der Bewohner als Kunde wahrgenommen wird. Starker Nachfrage erfreuen sich Konzepte des „Betreuten Wohnens". Dabei werden altersgerechte Wohnungen in größeren Objekten einzeln an Investoren verkauft, die sich dabei die Eigennutzung im Alter vorbehalten. Bis zu diesem Zeitpunkt erzielt der Anleger Mieteinnahmen. Auch über Geschlossene Immobilienfonds ist die Beteiligung an derartigen Projekten möglich. Altersgerechte Immobilien sind gekennzeichnet durch eine Architektur, die der abnehmenden Beweglichkeit Rechnung trägt. Zudem werden ein Grundservice (Notruf) und ein Zusatzservice (Verpflegung, Reinigung, Einkaufsdienst) angeboten.

Shopping-Center
shopping centre

Shopping-Center sind abgegrenzte Einkaufszentren, innerhalb der Handelsbetriebe verschiedener Branchenzugehörigkeit Waren und Dienstleistungen anbieten. Entscheidend für den Erfolg ist der richtige Branchenmix, der auf der Grundlage einer kundenorientierten Wichtigkeitsskala ermittelt wird und an deren Spitze ein Anchor (Publikumsmagnet) steht.

Zu unterscheiden sind Shopping-Center in den Innenstädten und in Stadtteilzentren von Shopping-Center an Stadträndern oder „auf der grünen Wiese". Etwa 60 Prozent der rund 460 deutschen Shopping Centers befinden sich in den Stadt- oder Stadtteilzentren. Shopping-Center verfügen im Schnitt über 25.000 Quadratmeter. Die Shopping-Center auf der grünen Wiese sind im Schnitt doppelt so groß (ca. 35.000 Quadratmeter) als in den Stadtzentren angesiedelten Shopping-Center (knapp 19.000 Quadratmeter). Aus der Perspektive der Handelsbetriebe sind entscheidende Größen die erreichbare Flächenproduktivität (Umsatz je Quadratmeter Geschäftsfläche), der Umsatz je Beschäftigter und der Mietkostenanteil am Umsatz.

Zum Imageaufbau eines Shoppings Centers sind einerseits mietvertraglich vereinbarte Betriebspflichten, andererseits Werbekonzepte erforderlich, die im Rahmen von Werbegemeinschaften konzipiert

und realisiert werden. Das Shopping-Center ist eine Erfindung aus den USA. Dort wurde bereits 1923 das Kansas-City Einkaufszentrum realisiert. In Deutschland entstand in Berlin-Charlottenburg 1961 ein Shopping Center und auf der grünen Wiese das Main-Taunus-Zentrum (1968).

Vielfalt unter einem Dach
Anzahl der Shopping-Center in Deutschland
jeweils am Jahresanfang

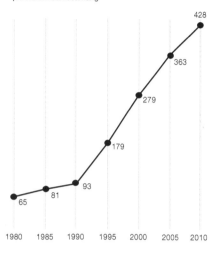

Sick Building Syndrom
sick building syndrome

Das Sick Building Syndrom (Krankes Gebäude Syndrom) ist kein medizinischer Fachbegriff, sondern ein Komplex unspezifischer Krankheitssymptome, die nicht unmittelbar einer Krankheit zugeordnet werden können und dem Aufenthalt in Gebäuden zugeschrieben werden. Diese Symptome zeigen eine charakteristische Periodizität, indem sie im Laufe des Arbeitstages an Intensität zunehmen und meist schnell nach Verlassen des Gebäudes abklingen. Verschiedene nationale und internationale Studien zeigen, dass dieser Erkrankungskomplex einen nicht unbeträchtlichen volkswirtschaftlichen Schaden verursachen kann. Diese Krankheitserscheinungen wurden vorwiegend in Bürogebäuden, aber auch in Schulen, Kindergärten und Krankenhäusern beobachtet.

Der Name Sick Building Syndrom wurde von der Weltgesundheitsorganisation (WHO) 1983 geprägt und ist eigentlich irreführend und unwissenschaftlich, da man ein Gebäude nicht als krank oder gesund bezeichnen kann, sondern nur die Menschen durch die Gebäude krank werden können. Der bessere Begriff wäre sicher krankmachende Gebäude. Allerdings ist auch diese Bezeichnung nicht exakt, denn beim SBS ist es nicht ganz klar, ob oder welche Gebäudeeinflüsse zu den Befindlichkeitsstörungen führen. Trotzdem hat sich dieser Begriff auch in der wissenschaftlichen Literatur durchgesetzt.

Eine Vielzahl von nationalen und internationalen wissenschaftlichen Studien hat die Existenz des Sick Building Syndroms bestätigt. Trotz der Mängel in der Vergleichbarkeit internationaler Untersuchungen, hat sich eine Anzahl von Kernsymptomen herausgestellt, welche immer wieder beim Sick Building Syndrom beobachtet werden: Es handelt sich hierbei insbesondere um Symptome

- des zentralen Nervensystems (ZNS) wie Kopfschmerzen, Schwindel, Unwohlsein, Konzentrationsschwierigkeiten, schnellere, insbesondere geistige Ermüdung, Erschöpfung, Schweregefühl im Kopf,
- der Schleimhäute der Augen und Atemwege insbesondere Reizungen (laufende Nase, tränende Augen, Trockenheitsgefühl, Stechen, Brennen oder Jucken, Heiserkeit),
- der Haut wie Reizungen, trockene Haut, Stechen, Brennen oder Jucken sowie
- von Geruchs- und Geschmacksorganen wie veränderte Empfindlichkeit, unangenehme Geruchs- bzw. Geschmackswahrnehmung.

Die Symptome des Sick Building Syndroms treten signifikant häufiger in klimatisierten Räumen als in konventionell belüfteten, sowie vorwiegend in Bürogebäuden auf. Diese gebäudebezogenen Gesundheitsstörungen lassen sich keiner spezifischen Erkrankung zuordnen und sind auch nicht durch laborchemische Untersuchungen objektivierbar.

Die Weltgesundheitsorganisation (1983) spricht von einem „temporären SBS" wenn die Symptome in neu erbauten bzw. renovierten Gebäuden auftreten und die Symptomatik nach ca. einen halben Jahr abnimmt sowie von „permanentem SBS", wenn die entsprechende Gesundheitsstörungen über Jahre bestehen bleiben. Hierbei besteht kein einfacher Zusammenhang zwischen den aufgetretenen Beschwerden, der Empfindlichkeit der Gebäudenutzer sowie der Exposition. Der Prozentsatz der Betroffenen übersteigt beim SBS deutlich den in jeder Bevölkerung vorhandenen Anteil von Personen, die aus medizinischen oder biologischen Gründen besonders empfindlich sind.

Das SBS ist auf vielfache Ursachen zurückzuführen (multifaktorielles Geschehen), bei welchen physikalische, chemische, biologische sowie psychologische Faktoren beteiligt sind. Hierbei ist auch zu berücksichtigen, dass in der Bevölkerung normalerweise zwischen zehn bis 20 Prozent der Personen verschiedenste unspezifische Beschwerden haben. Deshalb wird gefordert, dass man nur dann von SBS-Syndrom sprechen kann, wenn die zehn bis 20 Prozent-Grenze bei der Anzahl der Personen mit den betreffenden Beschwerden in einer Untersuchung überstiegen wird. Die Diagnose Sick Building Syndrom wird dann gestellt, wenn alle gebäudebezogenen Gesundheitsprobleme, welche auf eine bestimmte Ursache zurückzuführen sind, ausgeschlossen wurden. Es handelt sich hier also um eine Ausschlussdiagnose. Die Beschwerden des Sick Building Syndroms können bei Einzelpersonen sowie bei Gruppen von Personen in Wohngebäuden, öffentlichen Gebäuden sowie auch in Gewerbebetrieben auftreten.

In der ProKlimA-Studie erfolgten in 14 Bürogebäuden an ca. 1.500 Arbeitsplätzen Befragungen zum Sick Building Syndrom sowie chemische, physikalische und biologische Messungen und arbeitswissenschaftliche und soziodemographische Erhebungen, einschließlich medizinischer Screeningsverfahren (Bischof u. Mitarbeiter 2003). Hierbei ergab sich, dass der Anteil von Personen die über Befindlichkeitsstörungen aus dem SBS-Syndrom klagten, in klimatisierten Räumen im Mittel höher lag, als in natürlich belüfteten. Die Untersuchung erbrachte aber auch, dass klimatisierte Gebäude geringere physikalische, chemische und biologische Lasten aufwiesen, d. h. ein günstigeres Raumklima sowie niedrigere Schadstoffkonzentrationen und Bakterienkonzentrationen zeigten, als nichtklimatisierte Gebäude. Das widerspricht der Auffassung, dass das SBS durch erhöhte Expositionen von Schadstoffen, Mikroorganismen oder ungünstige klimatische Verhältnisse hervorgerufen wird. Die Gründe für das vermehrte Vorkommen des Sick Building Syndroms in Räumen mit Klimaanlagen könnten Vorurteile von Personen gegenüber klimatisierten Räumen sein, welche die „klassische" Fensterlüftung bevorzugen. Allein schon die Tatsache, dass man in Gebäuden mit Klimaanlagen die Fenster nicht mehr zum Lüften öffnen kann oder darf, ruft bei manchen Menschen ein Unbehagen herrvor.

Detaillierte Untersuchungen der erhobenen Daten zeigten (multiple logistische Modelle), dass in den untersuchten Bürogebäuden Befindlichkeitsstörungen primär mit Faktoren aus Bereichen der Tätigkeit und Ergonomie sowie der persönlichen Dispositionen und psychosozialen Gegebenheiten verbunden waren. So erhöhten das Vorhandensein einer akuten Erkrankung zum Zeitpunkt der Untersuchung die Arbeitsunzufriedenheit sowie der tägliche Umgang mit schlechter Computersoftware das Risiko für SBS-Beschwerden signifikant. Besonders hoch war der Anteil von Personen mit SBS bei solchen, welche über eine Allergie sowie Haut- und Nasenbeschwerden berichteten. Frauen hatten generell ein höheres Beschwerderisiko, während Alter und Bildungsniveau eine untergeordnete Rolle spielten.

Hinsichtlich der Arbeitsunzufriedenheit zeigte sich ein klarer Trend: Je ungünstiger die eigene Tätigkeit bewertet wurde, umso höher wurde das Risiko für SBS. Es muss in diesem Zusammenhang betont werden, dass in den untersuchten Gebäuden und Räumen nur in Ausnahmefällen Richtwerte physikalischer, chemischer oder biologischer Innenraumparameter überschritten wurden, d. h. dass die Betreffenden nicht oder nur gering durch diese Umweltfaktoren negativ beeinflusst waren. Die Belastung der Innenraumluft durch Schadstoffe, zum Beispiel flüchtige organische Verbindungen (VOC) oder schwer flüchtige organischer Verbindungen (SVOC), ein Befall mit Mikroorganismen (Schimmelpilze) und andere Faktoren spielten nur in Einzelfällen eine Rolle für Beschwerden.

Als Ursachen für das SBS werden angegeben:
- Arbeitsunzufriedenheit,
- ungenügende Lüftung,
- Raumtemperaturen über 22°C (dadurch auch Möglichkeit vermehrter Ausgasung von flüchtigen organischen Verbindungen – VOC),
- Luftfeuchtigkeit über 70 Prozent (Unbehaglichkeitsempfindungen),
- Luftfeuchtigkeit unter 20 Prozent (Austrocknen der Schleimhäute, elektrostatische Aufladung),
- künstliches Licht, Art der Beleuchtung sowie der Beleuchtungskörper,
- Lärm, Schwingungen, niederfrequenter Schall,
- Luftionen, insbesondere Überwiegen positiv geladener Ionen,
- nicht zu öffnende Fenster,
- Großraumbüros,
- psychophysische Faktoren (zum Beispiel Bildschirmarbeit, Stress),
- soziale Faktoren,
- gegenseitige Beeinflussung der Beschäftigten (Massenhysterie),
- chemische Luftinhaltsstoffe aus der Außenluft (gasförmige Luftverunreinigungen, Schwebstaub) und/oder aus der Innenraumluft insbesondere flüchtige und schwer

flüchtige organische Verbindungen (VOC und SVOC) zum Beispiel durch Tabakrauch, Baumaterialien, Raumausstattungsgegenstände, Teppichböden, Haushaltsprodukte, Fotokopierer, Pestizide, RLT-Anlagen. Diese Luftverunreinigungen können geruchlos sein, oder sich als Gerüche manifestieren.

Ein entscheidender Faktor zur Vermeidung gesundheitsbeeinträchtigender Ansammlungen von Schadstoffen in der Innenraumluft sowie für die Sicherung der Abfuhr der Feuchtigkeit aus Innenräumen ist eine ausreichende Lüftung.

Für die Prophylaxe und Bekämpfung der im Zusammenhang mit den Bedingungen in Gebäuden auftretenden Erkrankungen gelten neben der Beseitigung spezieller gefundener Ursachen folgende allgemeinen Prinzipien:

Auf die Anwendung von RLT-Anlagen in Büro- und Wohngebäuden sollte, wenn eine Luftwechselzahl von mindestens 0,5 auch ohne Öffnen der Fenster gesichert ist, weitgehend verzichtet werden. Zum Einsatz kommende RLT-Anlagen sind unter Beachtung der hygienischen Aspekte zu planen, zu bauen und zu warten.

Eine ausreichende Lüftung und günstige Raumlufttemperatur ist zu sichern.

Innenraumemissionen sind durch geeignete Wahl der Baustoffe, Farben und Raumausstattungsgegenstände zu minimieren durch regelmäßige Reinigung des Gebäudes, ergometrische Arbeitsplatzgestaltung und Nichtrauchen am Arbeitsplatz. Da es sich bei dem Sick Building Syndrom nicht um ein klar definiertes Krankheitsbild handelt, gibt es keine spezifische Behandlung. Die individuelle Therapie orientiert sich an den Beschwerden (Linderung der Symptome). Kurse zur Stressbewältigung können für manche Betroffene sinnvoll sein. Auch eine zeitlich befristete Expositionskarenz kann zum Erfolg führen. Wenn erforderlich, sind gebäudebezogene Sanierungsmaßnahmen einzuleiten.

Siedlungs- und Verkehrsfläche
residential areas and public thoroughfares

In periodischen Abständen wird im Rahmen der amtlichen Bodennutzungsstatistik auch die Siedlungs- und Verkehrsfläche ermittelt. Es handelt sich für die jeweiligen Gebiete um die Summe der Gebäude- und Freiflächen, um Verkehrsflächen, Erholungsflächen, Friedhofsflächen sowie um Teile der Betriebsflächen, die nicht Abbauflächen sind. In Deutschland betrug die Siedlungs- und Verkehrsfläche Ende 2012 13,4 Prozent der Gesamtfläche oder 47.971 km². Da die Entwicklung der Siedlungs- und Verkehrsfläche Ausdruck der Entwicklung des Versiegelungsgrades der Erdoberfläche ist, gehen die Bestrebungen dahin, das Wachstum dieser Flächen im Interesse der Erhaltung naturnaher Räume und der natürlichen Bodenfunktionen so gut wie möglich zu bremsen.

Nach den Vorstellungen des Bundesumweltamtes soll die Zunahme bis zum Jahr 2020 bis auf 30 ha pro Tag gesenkt werden. Im Jahr 2006 waren es noch 106 ha pro Tag. Von 2008 bis 2011 wurde eine Zunahme um 2,5 Prozent oder 1.182 km^2 festgestellt. Dies entsprach immer noch 81 ha pro Tag. Die Absenkung soll durch eine Reihe von Maßnahmen erreicht werden, zu denen insbesondere die Förderung der Innenentwicklung der Städte gehören, aber auch eine sinnvolle Entsiegelung von Bodenoberflächen, Wiedernutzung von Brachen, Schließung von Baulücken und so weiter.

Zunehmend wird für die Erreichung der Verringerungsziele das bauplanerische Instrumentarium eingesetzt (tendenzielle Verringerung der Grundflächenzahlen bei gleichzeitiger Erhöhung der Geschossflächenzahlen).

Sofortrente
immediate annuity

Zunehmende Bedeutung für die private Altersversorgung kommt der Sofortrente zu. Es handelt sich um eine besondere Form der privaten Rentenversicherung. Wer zum Beispiel aus einer fällig gewordenen Lebensversicherung, einer Erbschaft oder dem Verkauf einer Immobilie über eine größere Barsumme verfügt, kann diese in eine mit Rentenversicherungen befasste Versicherungsgesellschaft einbezahlen (Einmalzahlung) und erhält ab sofort lebenslang eine monatliche Rente ausbezahlt.

Die Höhe der Sofortrente ist naturgemäß abhängig vom Eintrittsalter. Je älter der Einzahler ist, desto höher ist die Rente. Sofortrenten eignen sich vor allem für Personen, die sich schon im Rentenalter befinden und ihr Monatseinkommen aufbessern wollen. Ein Vorteil dabei ist, dass der zu versteuernde Ertragsanteil mit zunehmendem Alter geringer wird.

Die Rente besteht aus einer garantierten Rentenzahlung und einer Überschussbeteiligung, die sich aus Erträgen der Anlage des eingezahlten Geldes finanziert. Die Überschussbeteiligung ist deshalb variabel. In der Regel wird auch eine Garantielaufzeit vereinbart, die dazu führt, dass nach dem Tod des Rentenempfängers während der Garantielaufzeit der nicht verbrauchte Teil der Rente an die Erben ausgezahlt wird. Wer über keine Erben verfügt, kann darauf verzichten, was sich positiv auf die Rentenhöhe auswirkt. Eine Sofortrente kann auch als Verbundrente (zum Beispiel für Ehegatten) vereinbart werden. Die Rente läuft dann bis zum Tod des länger lebenden Ehegatten.

Konstruktionsmerkmal der Rente kann auch eine Art Inflationsausgleich sein. So kann etwa eine Rentenerhöhung von zwei Prozent pro Jahr vereinbart werden. Wer eine Sofortrente anstrebt, sollte sich mit einem von keiner Versicherungsanstalt abhängigen Versicherungsmakler in Verbindung setzen, der dann den jeweils optimalen Versicherungsvertrag vermitteln wird.

Solaranlagen
solar collector system; solar power plant

Solaranlagen nutzen die Sonnenstrahlen hauptsächlichen zur Gewinnung von Wärme oder mit Hilfe der Fotovoltaik zur Stromerzeugung. Die Solaranlage besteht aus Sonnenkollektoren und einem Wärmespeicher, die über Rohrleitungen hydraulisch mit einander verbunden sind. Praktische Bedeutung hat die Solaranlage vor allem im Sommer zu Erwärmung des Brauchwassers. Je nach geographischem Raum ergibt sich ein unterschiedliches Strahlungsangebot der Sonne. In Deutschland liegt es im Schnitt pro Tag zwischen 860 (Norddeutschland) und 1.100 kWh pro Quadratmeter (Süddeutschland). Zum Vergleich: Sahara 2.500 KWh/Quadratmeter.

Sondereigentum
(individual freehold ownership) in a particular (commonhold) apartment, plus (part ownership) of non-habitable rooms

Das Wohnungseigentumsgesetz unterscheidet zwischen dem Gegenstand des Sondereigentums und dem Inhalt des Sondereigentums. Gegenstand des Sondereigentums sind zunächst die jeweiligen Wohnungen (Wohnungseigentum) beziehungsweise die nicht zu Wohnzwecken dienenden Räume (Teileigentum), die in sich abgeschlossen sein müssen (§§ 1 und 3 WEG). Zum Gegenstand des Sondereigentums zählen darüber hinaus die zu den Räumen gehörenden Bestandteile des Gebäudes, die verändert, beseitigt oder eingefügt werden können, ohne dass das gemeinschaftliche Eigentum oder das Sondereigentum beziehungsweise die Rechte der übrigen Eigentümer beeinträchtigt oder die äußere Gestaltung des Gebäudes verändert wird (§ 5 Abs. 1 und 2 WEG).

Zum Sondereigentum zählen zum Beispiel die Heizkörper in der Wohnung, die Sanitär- und Elektroinstallationen ab Abzweigung in die Sondereigentumsräume sowie Wand- und Deckenputz und die Fußbodenbeläge.

Soweit Balkone gemäß Teilungserklärung dem Sondereigentum zugeordnet sind, bezieht sich diese Zuordnung nur auf die Bestandteile, die dem Sondereigentum zuordnungsfähig sind: auf den Balkonraum, die begehbaren Boden-/Plattenbeläge und innenseitig angebrachte und von außen nicht einsehbare Verkleidungen der Balkonbrüstung und -rückwand.

Die konstruktiven Bestandteile des Balkons wie die (tragende) Balkonplatte und deren Isolierungsschicht sowie die Balkonbrüstung beziehungsweise Balkongitter sind zwingend gemeinschaftliches Eigentum. Ebenso zählen auch nachträglich angebrachten Balkontrennwände oder -verglasungen zum gemeinschaftlichen Eigentum.

Diese Abgrenzung und Zuordnung zum Sondereigentum ist für den Gebrauch und die Nutzung, aber auch für die Instandhaltung und die Instandsetzung und somit auch für die Kostenverteilung von Bedeutung. So hat jeder Wohnungseigentümer für die Instandhaltung und Instandsetzung der im Sondereigentum stehenden Balkonteile selbst zu sorgen und die dafür erforderlichen Kosten zu tragen. Die Instandhaltung und Instandsetzung der im gemeinschaftlichen Eigentum stehenden Balkonbestandteile ist dagegen grundsätzlich Sache aller Wohnungseigentümer, die deshalb auch die Kosten anteilig zu tragen haben. Allerdings können die Wohnungseigentümer nach neuem Recht gemäß § 16 Abs. 4 WEG jetzt auch im Einzelfall mit doppelt qualifizierter Mehrheit beschließen, dass jeder Wohnungseigentümer die Kosten für die Sanierung seines Balkons selber trägt.

Als Inhalt des Sondereigentums werden die Regelungen bezeichnet, die als Vereinbarung abweichend von den gesetzlichen Regelungen beziehungsweise entsprechender Regelungen in der Teilungserklärung beziehungsweise in der Gemeinschaftsordnung getroffen werden (§ 10 Abs. 2 Satz 2 und Abs. 3 WEG). Diese als Inhalt des Sonde-

reigentums in das Grundbuch eingetragenen Vereinbarungen binden grundsätzlich alle Eigentümer, auch die neuen Eigentümer (Sondernachfolger) im Falle des Eigentümerwechsels.

Der Bundesgerichtshof hat in einem Urteil vom 20.1.2012 betont, dass auch der Inhalt des Sondereigentums dem sachenrechtlichen Bestimmtheitsgrundsatz entsprechen muss. Das bedeutet: Jedermann muss den Inhalt eines dinglichen Rechts anhand der Eintragungen im Grundbuch eindeutig erkennen können. Nach Entstehen der werdenden Wohnungseigentümergemeinschaft können Sondernutzungsrechte nur durch Vereinbarung der Wohnungseigentümer begründet werden. Möchte der ein Grundstück teilende Eigentümer sich für später das Recht vorbehalten, einseitig den einzelnen Einheiten Garten- und Terrassenflächen aus dem bisherigen Gemeinschaftseigentum als Sondereigentum zuzuweisen, entspricht dies einer Vereinbarung, die zum Inhalt des Sondereigentums wird, wenn sie ins Grundbuch eingetragen ist. Die Einhaltung des Bestimmtheitsgrundsatzes erfordert, dass aus dem Grundbuch eindeutig hervorgehen muss, welche Flächen nachträglich zugeteilt werden können (BGH, Az. V ZR 125/11).

Das Sondereigentum gehört gemäß § 10 Abs. 1 WEG nicht zum Verwaltungsvermögen.

Sondertilgung
extraordinary redemption payment

Kreditnehmer, die ihre Immobilie möglichst bald schuldenfrei haben oder ihre jährliche Belastung senken wollen, können – falls vertraglich vereinbart – Sondertilgungen vornehmen. Dies sind Zahlungen, die die vereinbarte Tilgungsrate übersteigen. Solche Sondertilgungen sind bei Bauspardarlehen ohne gesonderte Vereinbarungen möglich. Bei Darlehen mit variabler Verzinsung bestehen ebenfalls keine Probleme, weil diese Darlehen unter Einhaltung einer vierteljährlichen Kündigungsfrist rückzahlbar sind. Bei Darlehen mit Zinsbindungsdauer müssen Sondertilgungen innerhalb dieses Zeitraums zu genau fixierten Terminen vereinbart werden. Übersteigt die Darlehenslaufzeit zehn Jahre, können aufgrund der gesetzlichen Sonderkündigungsmöglichkeit unter Einhaltung einer Frist von drei Monaten beliebige Teile des Kredits oder der gesamte Darlehensbetrag zum Ablauf des zehnten Jahres zurück gezahlt werden.

Sonnenschutzanlagen
sun protection equipment/sunshade devices

Die Lichtzufuhr in Gebäuden erfolgt über Fenster, Türen mit Glasflächen, Dachfenster, Glaskugeln

u. a. Lichtöffnungen. Vielfach werden Wohnhäusern auch noch Wintergärten hinzugefügt, die vor allem im Winter den Wohnbereich nach außen öffnen. Im Sommer kann durch erhöhte Sonneneinstrahlungen vor allem bei großflächigen Verglasungen der Außenfront erhebliche Wärmeenergie ins Haus einströmen. An einem wolkenlosen Sommertag produziert die Sonneneinstrahlung eine Energiemenge von 600 bis 800 W/m². Vor allem die Temperatur im Wintergarten kann damit überdimensional bis auf 60° Celsius steigen.

Dagegen helfen nur Sonnenschutzvorrichtungen. Hierzu gehören Jalousien, Faltstores, Rollos, Markisen, Lamellenanlagen und Fensterläden.

Jalousien (Außenrollladen) sind außen vor den Fenstern angebracht. Sie können Räume je nach Lichtdurchlässigkeit bis zu 100 Prozent verdunkeln.

Faltstores sind Plissee-Konstruktionen, die vor senkrechten, waagerechten, oder schräg verlaufenden Fenstern angebracht werden und mit Schnüren, Kurbeln oder Stäben betrieben werden können. Werden Faltstores zusammengezogen, dann ergibt sich ein relativ kleines Faltpaket. Bei einer Raumhöhe von zwei Meter beträgt das Faltpaket etwa sechs Zentimeter.

Rollos werden in der Regel aus lichtdurchlässigen bzw. lichtdämpfenden Stoffen hergestellt, die in den Räumen vor den Fenstern angebracht werden. Solche Rollos können auch an schrägen Dachfenstern angebracht werden. Bei den Rollos muss darauf geachtet werden, dass durch UV-Strahlen keine Farbveränderungen oder Verblassungen stattfinden. Man spricht von Lichtechtheit. Je höher die Lichtechtheit eingestuft wird, desto besser die Qualität.

Markisen sind schräg nach unten ausfahrbare Stoffvorrichtungen, die eine bestimmte Bodenfläche vom Lichteinfall abdecken. Markisen können auf der Grundlage verschiedener Techniken funktionieren (Fallarmmarkise, Gelenkarmmarkise, Kassettenmarkise). Sie werden meist über Terrassen angebracht. Es gibt allerdings auch andere Anwendungsbereiche zum Beispiel für Biergärten oder innerhalb von Wintergärten.

Lamellenanlagen findet man überwiegend in Büros. Es handelt sich um senkrecht aneinandergereihte Lamellen. Sie sind, je nach gewünschtem Lichteinfall, um 180 Grad drehbar. Lamellen können zu einem Paket zusammengefahren werden.

Fensterläden sind die älteste Form der Sonnenschutzanlagen. In der Regel handelt es sich um Klappläden, die an der Außenwand befestigt werden und auf und zugeklappt werden können. Quer verlaufende lamellenförmige Elemente sorgen für eine Belichtung des Raumes auch bei geschlossenen Läden. Heute werden auch Fensterläden mit beweglichen Lamellen zur Regulierung des Lichteinfalls angeboten. Moderne Formen von Fensterläden sind Schiebeläden, die an der Hauswand entlang nach rechts oder links geschoben werden können.

Sonnenschutzanlagen sind nicht nur im Hinblick auf den gewährten Sonnenschutz bedeutsam. Sie erfüllen auch andere Funktionen. Sie dienen zum Beispiel als Sichtschutz, Einbruchshemmung, aber auch der Dämpfung des Außenlärms.

Soziale Stadt
The Socially Integrative City – Districts with Special Development Needs

Durch die für den Städtebau zuständigen Länderminister wurde 1996 eine Gemeinschaftsinitiative entwickelt, die den plakativen Titel Soziale Stadt erhielt.

Problemhintergrund dieser Initiative war die in vielen Städten der Bundesrepublik sich abzeichnende Gefahr, dass ganze Stadtviertel durch den Prozess einer problematischen Entmischung der Bevölkerung, des Verfalls und der öffentlichen Verwahrlosung in eine sozial nicht tragbare Ghettosituation zu geraten drohten. Einerseits wurde die Situation durch den zunehmenden Anteil der ausländischen Bevölkerung aus den Problemzonen Europas und Afrikas verschärft, der sich in den Großstädten auf wenige Stadtviertel konzentrierte. Andererseits führte der zunehmende Verlust des auf der früheren Industriegesellschaft beruhenden Sozialgefüges zu einer schichtspezifischen Ausgrenzung ganzer Bevölkerungsteile, die den Gesellschaftswandel nicht mitvollziehen konnten und die mit dem Etikett Langzeitarbeitslose sozial ausgegrenzt wurden. Die fehlende Integrationsbereitschaft beziehungsweise Integrationskraft der Gemeindeverwaltungen verschärfte die Situation. Nachdem sich das Bundesbauministerium der Länderinitiative angeschlossen hat, wurde 1999 ein Modellprogramm entwickelt, mit dessen Hilfe die vom ökonomischen und baulichen Abstieg bedrohten Wohnquartiere (Stadtteile mit besonderem Entwicklungsbedarf) vor dem Umkippen in die Slum-Bildung bewahrt werden sollten. Die Anzahl der Programmgebiete beträgt 161. Sie befinden sich in 123 Gemeinden. In jedem Bundesland steht ein Gebiet unter der besonderen Obhut des Bundes und hat Modellcharakter. Im Jahr 2000 kamen noch 49 weitere Gebiete dazu. Zum Teil handelt es sich um innerstädtische Altbauquartiere (Beispiel Innenstadt Neunkirchen im Saarland) zum Teil um Großwohnsiedlungen aus der Nachkriegszeit (Beispiel Siedlung Hasenbergl in München). Die Grundidee der Sozialen Stadt ist es, mit Hilfe eines integrierten Maßnahmebündels alle das Zusammenleben betreffenden Lebensbereiche des geförderten Wohnquartiers zu erfassen. Es bezieht sich auf Handlungsfelder wie Arbeit und Beschäftigung zum Beispiel Jobvermittlung für Schulabgänger, soziale, kulturelle, bildungs- und freizeitbezogene Infrastruktur, Teilnahme der Bewohner am Stadtteilleben, integrierte Förderung und Finanzierung von Gemeinschaftsanlagen.

Zwischen 1999 und 2004 haben Bund, Länder und Gemeinden die Entwicklung in den Quartieren der Sozialen Stadt mit 1,2 Milliarden Euro gefördert. Das Fördervolumen reduzierte sich konstant. Eine Bundestransferstelle soll einen bundesweiten Informations- und Datenaustausch ermöglichen. 2011 betrug die Anzahl der Programmgebiete 374. Sie befinden sich in 253 Gemeinden.

Im Zusammenhang mit der Änderung des BauGB am 20.7.2004 wurde den Maßnahmen eine gesetzliche Grundlage gegeben. Städtebauliche Maßnahmen der Sozialen Stadt werden in § 171e definiert als Maßnahmen zur Stabilisierung und Aufwertung von durch soziale Missstände benachteiligte Ortsteile des Gemeindegebietes, in denen ein besonderer Entwicklungsbedarf besteht. Das Gebiet, auf das sich die Maßnehmen beziehen, muss förmlich festgelegt werden.

Städte und Zahl der Projekte, in denen Soziale-Stadt-Maßnahmen durchgeführt werden

Bundesland:	Städte	Maßnahmen
Baden-Württemberg:	47	15
Bayern:	481	62
Berlin:	1	16
Brandenburg:	17	11
Bremen / Bremerhaven:	2	11
Hamburg:	1	8
Hessen:	34	24
Mecklenb.-Vorpommern:	6	10
Niedersachsen:	34	27
Nordrhein-Westfalen:	53	19
Rheinland-Pfalz:	21	12
Saarland:	12	4
Sachsen:	20	7
Sachsen-Anhalt:	15	5
Schleswig-Holstein:	14	4
Thüringen:	16	18
Gesamtdeutschland	374	253

Sozialer Wohnungsbau

public housing; low-income housing; council housing; social housing; social housebuilding; subsidised housing; low-cost house-building

Der Soziale Wohnungsbau stellt ein besonderes Segment der Wohnungswirtschaft dar, bei dem der Staat zusätzliche öffentliche Mittel gewährt. Während des zeitlichen Geltungsbereichs des II. Wohnungsbaugesetzes, das mit Wirkung vom 1.1.2002 (bzw. optional 1.1.2003) durch das Wohnraumförderungsgesetz abgelöst wurde, war es das Ziel, die Versorgung breiter Schichten des Volkes mit Wohnraum zu tragbaren Bedingungen sicherzustellen. Um öffentliche Mittel bewilligt zu bekommen, mussten bestimmte gesetzlich definierte Standards eingehalten werden. Bestimmte Wohnflächengrenzen durften nicht überschritten werden und die Mietbelastung durfte nicht über die Bewilligungsmiete hinausgehen. Für die damals geförderten Wohnungen gilt auch noch heute, dass sie nur Wohnungssuchenden mit Wohnberechtigungsschein überlassen werden dürfen. Mieterhöhungen bei solchen Wohnungen (durch einseitige Mieterhöhungserklärung) sind nach wie vor durch die Kostenmiete beschränkt. Altes Recht wirkt hier fort. Die Einhaltung der Vorschriften wird überwacht. Einen Rechtsanspruch auf eine Sozialwohnung gibt es nicht. Makler dürfen bei Vermittlung von Sozialwohnungen vom Mieter keine Provision fordern, wohl aber vom Vermieter.

Die Berechtigung zum Bezug einer Sozialbauwohnung, die im 1. Förderweg gefördert wurde, ist davon abhängig, dass bestimmte Einkommensgrenzen nicht überschritten werden. Beim 2. Förderweg ist eine Überschreitung der Einkommensgrenzen bis 60 Prozent zulässig. Auch die Höchstwohnflächen dürfen um 20 Prozent überschritten werden. Der 2. Förderweg spielt heute keine Rolle mehr. Der 3. Förderweg bestand in einer vereinbarten Förderung. Vereinbart wurden Art und Umfang der finanziellen Förderung, Zweckbestimmung und Belegungsbindung (nicht nach dem Wohnungsbindungsgesetz), Beachtung der Einkommensgrenzen sowie Höhe der Anfangsmieten und Mieterhöhungen, die dann später in die Vergleichsmiete einmünden sollen.Nicht in allen Bundesländern gibt es diese Art der Förderung. Wesentliche Elemente dieses Förderweges wurden in das neue Fördersystem des Wohnraumfördergesetzes übernommen. Im Rahmen des sozialen Wohnungsbaus wurden aber auch (selbst genutzte) Eigenheime und Eigentumswohnungen gefördert. Auch hier war Voraussetzung für den Erwerb, dass bestimmte Einkommensgrenzen nicht überschritten wurden. Neben

Wohnbaudarlehen wurden häufig auch noch Familienzusatzdarlehen gewährt. Am 1.1.2002 ist das Wohnraumförderungsgesetz in Kraft getreten, das für den Sozialen Wohnungsbau eine Zäsur bedeutet. Manche Bundesländer – wie Bayern – machten von der Möglichkeit Gebrauch, das Wohnraumförderungsgesetz erst am 1.1.2003 in Kraft treten zu lassen. Es wird nicht mehr auf die Förderung breiter Schichten der Bevölkerung, sondern nur noch auf bedürftige Haushalte abgestellt, die sich am Markt nicht selbst versorgen können und auf Unterstützung angewiesen sind. Außerdem wird jetzt auch der Wohnungsbestand und der Erwerb von bestehenden Wohnungen in die Förderung mit einbezogen.

Spielstraße
play street

Spielstraßen sind Straßen, die für Fahrzeuge aller Art gesperrt sind. Sie sind ausschließlich der Benutzung durch spielende Kinder und durch Fußgänger vorbehalten. Spielstraßen müssen durch entsprechende Hinweisschilder gekennzeichnet werden. Zeitliche Benutzungseinschränkungen durch Kinder, etwa Ruhepausen zur Mittagszeit, sind nicht möglich. Der von Kindern verursachte Lärm muss geduldet werden. Reine Spielstraßen sind relativ selten. Häufiger anzutreffen sind verkehrsberuhigte Straßen, bei denen Fußgänger, Rad- und Rollerfahrer sowie Kraftfahrzeuge gleichberechtigte Nutzer sind, weshalb dort nur im Schritttempo gefahren werden darf.

Stadt
town; municipality; city

Die Stadt ist rechtlich eine „politische" Gemeinde und geographisch ein Siedlungszentrum, das eine mehr oder weniger weitreichende Versorgungsfunktion für das Umland wahrnimmt. Die Stadt weist einen Stadtkern mit hoher Bebauungsverdichtung auf, die – sieht man einmal von Stadtnebenkernen ab – zu den Stadträndern hin abnimmt. Die Stadt ist ein in sich relativ abgeschlossenes Siedlungsgebilde, deren Bewohner bestimmte, von einem städtischen Bewusstsein geprägte, Lebensformen pflegen. Die Stadtteile sind unterschiedlich geprägt, was vielfach Ausdruck von Erscheinungen einer stark imageprägenden Segregation ist. Typenbilder von Stadtteilen ergeben sich aus den inhaltlichen Bestimmungen von Baugebietsarten, wie sie in Bebauungs- und Flächennutzungsplänen festgesetzt oder dargestellt werden.

Städte unterscheiden sich in vielfacher Hinsicht. Je nach hervorstechendem Merkmal spricht man von Seestädten, Industriestädten, Kulturstädten, Garnisonsstädten, Universitätsstädten, Hauptstädten usw. Die Stadtkultur lässt sich weit zurückverfolgen.

Antike Städte hatten zum Teil eine hohe Einwohnerzahl (Rom in seiner Blütezeit über 600.000, Konstantinopel nahezu 700.000). Die mittelalterlichen Städte in Deutschland hatten weitaus geringere Einwohnerzahlen, etwa zwischen 10.000 und 50.000, wie etwa Köln als größte deutsche Stadt im 13.-14. Jahrhundert, während in Italien Palermo mit 100.000 so groß war wie Paris. Neapel überschritt im 16. Jahrhundert die 200.000-Einwohnergrenze. Relativ groß waren auch die niederländischen Städte. Bedeutung erlangten die Städte durch das ihnen verliehene Marktrecht, besonders im Hinblick auf den Fernhandel. Das Marktrecht entwickelte sich zum Stadtrecht fort, das auch das Kaufmannsrecht, das Erbrecht, die Besteuerungshoheit, die Gerichtsbarkeit, Zollrechte usw. umfasste. Der Übergang von der Stadtherrschaft zur Selbstverwaltung mit ihrer Stadtverfassung und mit dem Bürgermeister an der Spitze begann im 12. Jahrhundert. Stadtmauern schlossen das Stadtgebiet nach außen ab. Mit zunehmender Bevölkerung verdichteten sich die Städte. Einen Mietwohnungsbau gab es nicht. Es entstand einerseits das „Stockwerkseigentum" (horizontale Eigentumstrennung) andererseits das „Teilhaus" (vertikale Eigentumstrennung).

In der Neuzeit begann ein Verstädterungsprozess. Paris und London zählten Ende des 17. Jahrhunderts 500.000 bzw. 670.000 Einwohner. Das Wachstum der Städte beschleunigte sich im Zeitalter der industriellen Revolution erheblich. In Deutschland lebten 1815 erst zwölf Prozent der Bevölkerung in „Städten" (mit über 5.000 Einwohnern) 1900 dagegen schon 42 Prozent. Parallel hierzu entwickelte sich das Wachstum der einzelnen Städte. Die Zahl der Großstädte (mit über 100.000 Einwohnern stieg von acht im Jahre 1871 auf 48 im Jahre 1910. Im Zuge der Auflockerung der Städte durch Grünanlagen fand auch ein Übergang vom Giebel- zum Fassadenhaus statt.

Ideen der „Gartenstadtbewegung" (Begründer dieser Bewegung war der Engländer Ebenezer Howard) fanden zunehmend Eingang in den Städtebau. Dieser wurde von städtischer Seite allerdings nur „baupolizeilich" gelenkt. Das Städtewachstum selbst fand – wie in England – unter privater Regie statt. Es war Angelegenheit von Terraingesellschaften und von ihnen häufig abhängigen Bauunternehmen.

Die Innenstädte von heute, soweit sie sich von der „Altstadt" vorbei entwickelten, sind trotz der Zerstörungen im 2. Weltkrieg noch weitgehend das Ergebnis dieser unternehmerischen Städtebau-aktivitäten des 19. Jahrhunderts. Eine Funktions-trennung im Städtebau wurde 1933 in der „Charta von Athen" gefordert – und auch in Deutschland mit Verspätung weitgehend befolgt. Heute lautet das Motto im Hinblick auf die wachsenden Ver-kehrsprobleme „Funktionsmischung". Die heutige amtliche Statistik unterscheidet zwischen:

- Landstädten 2.000 bis unter 5.000 Einwohner,
- Kleinstädten 5.000 bis unter 20.000 Einwohner,
- Mittelstädten 20.000 bis unter 100.000 Einwohner,
- Großstädten mit 100.000 Einwohnern und mehr.

Im Hinblick auf das mittlerweile eingetretene Städtewachstum, vor allem im internationalen Ver-gleich, erscheint diese Einteilung, die noch aus dem Jahre 1860 stammt, veraltet. Wenn man bedenkt, dass es mittlerweile auf dieser Erde 33 „Mega-städte" mit jeweils über acht Millionen Einwoh-nern gibt, erscheint manche deutsche Großstadt als „klein".

Staffelmiete/Staffelmietvertrag
stepped rent; graduated rent/lease contract with stepped rent (or predetermined rent increase)

Eine Staffelmiete ist eine im Mietvertrag bereits festgelegte Vereinbarung über künftige Mietsteige-rungen. Die Erhöhungsbeträge sind von Vertrags-beginn an exakt bestimmt. Dem Mieter ist also bekannt, um wie viel Euro in welchem Jahr die Miete ansteigt.

Bei Wohnraum
In einem Mietvertrag über Wohnraum kann be-stimmt werden, dass sich die Monatsmiete im Ver-lauf der Mietzeit ändert. Dabei müssen die Mieten oder die Änderungsbeträge betragsmäßig bestimmt werden. Eine Angabe in Prozenten ist unwirksam. Eine weitere Voraussetzung für die Wirksamkeit der Vereinbarung ist, dass die Mietstaffel jeweils mindestens ein Jahr unverändert bleiben muss. Das Kündigungsrecht des Mieters kann bei einem Staffelmietvertrag höchstens auf die Dauer von vier Jahren ab Vertragsbeginn ausgeschlossen werden. Neben den Mietstaffeln können Betriebskostenan-passungen vereinbart werden.
Zu beachten ist, dass die Mietstaffeln nicht zu einer Überhöhung der Miete führen dürfen, die dann ge-geben ist, wenn die Miete mehr als 20 Prozent der Vergleichsmiete übersteigt.

Bei Gewerberaum
Die Vereinbarung einer Staffelmiete ist auch bei Ge-werberaum möglich. Die für Wohnraum geltenden Beschränkungen brauchen hier nicht beachtet zu werden. Das bedeutet, dass die Intervalle für die Geltung von Mietstaffeln unterhalb eines Jahres lie-gen können, dass auch eine prozentuale Steigerung der Miete vereinbart werden kann und dass Kombi-nationsmöglichkeiten mit anderen Mietänderungs-regelungen zulässig sind (zum Beispiel Staffelmiete als Grundmiete zuzüglich Umsatzmiete).

Standort
location; locality; site; situation

Der Standort ist der elementare Teil einer Immobi-lie, die – wie der Name schon sagt – unbeweglich ist. Ein Standort steht immer in einem Bezug zu einer bestimmten Standortnutzung. In der Immo-bilienwirtschaft ist daher eine Standortanalyse von besonderer Bedeutung, um Rückschlüsse auf den Erfolg eines standortgebundenen Projektes oder ei-ner Immobilie ziehen zu können und gegebenenfalls konzeptionelle Maßnahmen zu berücksichtigen. Eine Standortanalyse kann als systematisches Sam-meln, Auswerten und Analysieren von Informati-onen, die direkt und indirekt mit der Immobilie in Zusammenhang stehen, bezeichnet werden. Zu un-terscheiden sind weiche und harte Standortfaktoren. Zu den harten Standortfaktoren zählen die Ver-kehrsanbindung, Topographie, technische Ver- und Entsorgung, Umfeldnutzungen sowie sozioöko-nomische Faktoren (Einwohner im Einzugsge-biet, Bevölkerungsstruktur, Wettbewerbssituation, vorhandene Wirtschaftskraft ...). Als weiche Stand-ortfaktoren bezeichnet man die Faktoren, die subjektive und emotionale Eindrücke und Bewer-tungen der Rahmenbedingungen darstellen. Solche Faktoren sind Verwaltungs-/politische Strukturen, Wirtschaftsklima, Image des Mikrostandortes so-wie Kultur-, Wohn- und Freizeitqualität.

Stellplätze
parking spaces

Nach den Landesbauordnungen sind Bauherrn verpflichtet, Stellplätze oder Garagen in ausreichendem Umfange zu Verfügung zu stellen. Die Zahl der Garagen bzw. Stellplätze richtet sich nach der Art der baulichen Anlage. In Nordrhein-Westfalen zum Beispiel bei Einfamilienhäusern 1-2, bei Miethäusern 1-1,5 je Wohnung, bei Büro- und Verwaltungsgebäuden ein Stellplatz je 40 m² Nutzfläche, bei Läden etwa ein Stellplatz je 30 m² Verkaufsfläche. Ist die Errichtung von Garagen oder Stellplätzen baurechtlich oder faktisch nicht möglich, kann der Bauherr sich durch Ablösevereinbarungen mit der Gemeinde hiervon befreien lassen. Entsprechende Ablösesatzungen der Gemeinden müssen von der übergeordneten Bauaufsichtsbehörde genehmigt werden.

Die Höhe dieser Ablösesummen ist vielfach ein Stein des Anstoßes. Sie kann sich zum Beispiel an den durchschnittlichen anteiligen Kosten der Errichtung eines Stellplatzes im Rahmen einer gemeindlichen Tiefgarage oder eines Parkhauses orientieren, darf aber 60 Prozent dieser Kosten nicht überschreiten. Die Gemeinde ist allerdings auch verpflichtet, die aus solchen Vereinbarungen resultierenden Geldbeträge für öffentliche Parkeinrichtungen oder die Schaffung zusätzlicher privater Stellplätze zu verwenden. Ein Anspruch aus dem Vertrag zur Errichtung solcher Anlagen ergibt sich für den Stellplatzpflichtigen allerdings ebenso wenig wie ein Rückerstattungsanspruch, wenn die Gemeinde ihrer Verpflichtung nicht nachkommt. Bezahlte Ablöseträge sind steuerrechtlich wie Herstellungskosten zu behandeln.

Steuerhinterziehung/Steuerverkürzung

tax evasion/tax reduction; unlawful curtailment of taxes

Steuerhinterziehung ist dann gegeben, wenn ein Steuerpflichtiger den

- Finanzbehörden oder anderen Behörden über steuerlich erhebliche Tatsachen unrichtige oder unvollständige Angaben macht,
- die Finanzbehörden pflichtwidrig über steuerlich erhebliche Tatsachen in Unkenntnis lässt oder
- pflichtwidrig die Verwendung von Steuerzeichen oder Steuerstemplern unterlässt

und dadurch Steuern verkürzt oder für sich oder einen anderen nicht gerechtfertigte Steuervorteile erlangt (§ 370 Abgabenordnung). Steuerhinterziehung setzt Vorsatz oder grobe Fahrlässigkeit voraus. Beispiel für eine Steuerhinterziehung: Um die Werbungskosten aus Einkünften aus Vermietung

und Verpachtung zu erhöhen, lässt sich der Hauseigentümer von einem Malermeister eine Rechnung ausstellen, die höher als der zu bezahlende Betrag ist. Mit dem Unterschiedsbetrag reduziert er das zu versteuernde Einkommen und verkürzt damit die Einkommensteuer. Steuerhinterziehung wird mit Geld- oder Freiheitsstrafe bis zu fünf Jahren bestraft. Steuerverkürzung ist kein Straftatbestand, sondern eine Ordnungswidrigkeit, daher wird sie in der Abgabenordnung auch als „leichtfertige Steuerverkürzung" bezeichnet. Sie ist dann gegeben, wenn jemand als Steuerpflichtiger oder bei Wahrnehmung der Angelegenheiten eines Steuerpflichtigen (Steuerberater) eine der oben bezeichneten Taten leichtfertig begeht. Die Ordnungswidrigkeit wird mit Geldbuße bis zu 50.000 Euro bestraft. Beispiel für eine Steuerverkürzung: Beim Ausfüllen einer Steuererklärung passiert dem Steuerpflichtigen ein Zahlendreher. Er gibt zum Beispiel bei den Instandhaltungskosten 996 Euro statt 969 Euro an.

Steuerveranlagung
tax assessment

Unterschieden wird bis 2012 bei Ehegatten zwischen der gemeinsamen und der getrennten Veranlagung. Ehegatten haben nur dann die Möglichkeit zur Zusammenveranlagung, wenn sie nicht dauernd getrennt leben. Liegen diese Voraussetzungen vor, können Ehegatten zwischen Zusammenveranlagung oder getrennter Veranlagung wählen.

Bei der Zusammenveranlagung wird das Einkommen der Eheleute zusammengerechnet. Es wird jedoch nur der Steuersatz angewendet, der auf das hälftige Einkommen entfällt (Splittingtabelle).

Entscheiden sich Ehegatten, für die getrennte Veranlagung, werden sie aus steuerlicher Sicht wie Ledige behandelt. Jeder zahlt dann gemäß der Grundtabelle wie ein Alleinstehender. In der Regel übersteigen die Steuern bei getrennter Veranlagung nach der Grundtabelle die Steuern, die bei der Berechnung nach der Splitting-Tabelle anfallen. Vorsichtshalber sollten Vor- und Nachteile der getrennten Veranlagung mit einem Fachmann (Steuerberater) im Einzelfall vorab geklärt werden. Ab 2013 ist bei Ehegatten die Zusammenveranlagung oder die Einzelveranlagung möglich.

Stimmrecht (Wohnungseigentümerversammlung)
voting right; right to vote; voting power (freehold flat owners' meeting)

In der Wohnungseigentümerversammlung hat jeder Wohnungseigentümer gemäß § 25 Abs. 2 WEG eine Stimme. Damit gilt, wenn in der Teilungserklärung oder der Gemeinschaftsordnung nicht etwas anderes ausdrücklich geregelt ist, das sogenannte Kopfprinzip.

Gehört eine Wohnung mehreren Eigentümern gemeinsam, beispielsweise Eheleuten jeweils zur Hälfte, können sie gemäß § 25 Abs. 2 Satz 2 WEG das Stimmrecht nur gemeinsam ausüben.

Unterteilt ein Wohnungseigentümer seine Wohnung nachträglich in zwei oder mehr rechtlich selbständige Wohnungen, tritt dadurch bei Geltung des Kopf- oder Objektstimmrechts keine Stimmrechtsvermehrung ein. Im Falle der Veräußerung der unterteilten Wohnungseinheiten ist das Stimmrecht auf die Erwerber nach Bruchteilen zu verteilen. Diese können das Stimmrecht dann unabhängig voneinander ausüben. Die Regelung des § 25 Abs. 2 Satz 2 WEG über die gemeinsame Ausübung des Stimmrechts kommt nicht zur Anwendung.

Abweichend vom gesetzlichen Kopfstimmrecht kann durch entsprechende Vereinbarung gemäß § 10 Abs. 2 Satz 2 WEG in der Gemeinschaftsordnung oder in der Teilungserklärung das Stimmrecht auch nach dem Objekt- oder dem Wertprinzip geregelt sein. Beim Objektprinzip entfällt auf jede Wohnung eine Stimme. Beim Wertprinzip ist das Stimmrecht nach der Höhe der Miteigentumsanteile geregelt. In beiden Fällen kann es dazu kommen, dass ein einzelner Eigentümer, dem mehrere oder sogar die meisten Wohnungen (noch) gehören, über die Stimmenmehrheit in der Wohnungseigentümerversammlung verfügt und er damit die Beschlussfassung in seinem Sinne beeinflussen kann.

Eine solche Majorisierung führt nach geltender Rechtsauffassung selbst bei beherrschender Stimmrechtsausübung durch einen einzigen Wohnungseigentümer nicht zur Unwirksamkeit der mit seiner Stimmenmehrheit gefassten Beschlüsse. Sie sind allerdings anfechtbar und unterliegen insoweit der richterlichen Überprüfung, werden aber nur im Falle des Missbrauchs bei der Stimmrechtsausübung, also bei Verstoß gegen die Grundsätze ordnungsgemäßer Verwaltung, für ungültig erklärt.

Das Stimmrecht in der Versammlung steht nur dem im Grundbuch eingetragenen Wohnungseigentümer zu. Deshalb ist auch der Käufer einer Eigentumswohnung erst dann stimmberechtigt, wenn er in das Grundbuch als Eigentümer eingetragen ist. Allerdings kann auch dem noch nicht eingetragenen neuen Eigentümer Vertretungsvollmacht durch den noch eingetragenen alten Eigentümer erteilt werden. Dies ist allerdings nur dann möglich, wenn keine Vertretungsbeschränkung vereinbart ist, wonach beispielsweise nur Ehegatten, Miteigentümer und der Verwalter als Vertreter mit der

Stimmrechtswahrnehmung in der Versammlung bevollmächtigt werden können.

Nießbraucher sind nicht stimmberechtigt. Strittig ist, ob dem Zwangsverwalter das Stimmrecht in der Versammlung zusteht. Mehrheitlich wird dabei die Auffassung vertreten, dass er allein stimmberechtigt ist.

Vom Stimmrecht ausgeschlossen sind Wohnungseigentümer gemäß § 25 Abs. 5 WEG grundsätzlich dann, wenn es bei der Beschlussfassung darum geht, mit ihnen ein Rechtsgeschäft im Zusammenhang mit der Verwaltung des gemeinschaftlichen Eigentums abzuschließen, um die Einleitung oder Erledigung eines mit ihnen geführten Rechtsstreits oder wenn ihnen das Wohnungseigentum rechtskräftig entzogen wurde.

Stoßlüften
ventilating a room by opening doors and windows wide for a brief period

Beim Stoßlüften werden – anders als beim Dauerlüften – Fenster und Türen für kurze Zeit weit geöffnet. Auch gelegentliches Stoßlüften spart gegenüber dem Dauerlüften bereits viel Energie ein. Der Unterschied: Beim Dauerlüften gelangt kontinuierlich Wärme von drinnen nach draußen. Beim Stoßlüften dagegen wird der gesamte Luftinhalt des Raumes bzw. der Wohnung einmal ausgetauscht. Mauerwerk und Inneneinrichtung bleiben dabei warm, es kommt nicht zu einer allmählichen Auskühlung. Entsprechend schneller erwärmt sich die Raumluft nach dem Schließen der Fenster. Tägliches Stoßlüften stellt auch eine sinnvolle Vorbeugung gegen Schimmelbildung in der Wohnung dar. Mauerwerk und Tapeten nehmen dabei nicht so viel Feuchtigkeit auf wie beim Dauerlüften.

Studentenwohnheim
student hostel; hall of residence

Es gibt unter Gerichten verschiedene Ansichten darüber, wann ein Gebäude als Studentenwohnheim anzusehen ist und damit unter die spezielle Regelung des § 549 Abs. 3 BGB fällt. Dieser Paragraph nimmt Studentenwohnheime von einer Reihe von Vorschriften des Mieterschutzes aus – insbesondere von denjenigen über die Kündigung. Teilweise wird verlangt, dass ein Studentenwohnheim vom Eigentümer dem Zweck des studentischen Wohnens gewidmet wurde und für diesen Zweck auch geeignet ist. Auch eine gegenüber der örtlichen Vergleichsmiete günstige Miete wird teilweise als Kriterium angesehen.

Der Bundesgerichtshof hat dazu in einem Urteil vom 13.6.2012 konkretere Aussagen gemacht: Danach ist eine Einschränkung des Mieterschutzes nur vor dem höherrangigen Ziel gerechtfertigt, möglichst vielen Studierenden das Wohnen in einem Studentenwohnheim zu ermöglichen und dabei alle Bewerber gleich zu behandeln. Das Benutzungskonzept des jeweiligen Objektes muss zeigen, dass diese Zielsetzung berücksichtigt wurde (BGH, Az. VIII ZR 92/11). Für besonders wichtig hält der BGH dabei einen zügigen Bewohnerwechsel (Rotation) bei Gleichbehandlung aller Interessenten. Dazu müsse die Dauer des Mietverhältnisses in der Regel zeitlich begrenzt sein, sie dürfe sich nicht an den „Zufälligkeiten studentischer Lebensplanung oder dem eigenen freien Belieben des Vermieters" ausrichten. Ein solches Konzept muss nicht nur theoretisch existieren, sondern es muss auch die praktische Umsetzung gewährleistet sein – durch Gesetze, eine Selbstbindung oder zumindest eine nachweisbare, dauerhafte tatsächliche Ausübung. Die Höhe der Miete allein sei kein Kriterium.

Im verhandelten Fall ging es um ein Gebäude, das 1972 mit Baugenehmigung als Studentenwohnheim errichtet worden war. Darin wurden Zimmer an Studenten vermietet. Küche, Sanitäranlagen und Waschräume waren Gemeinschaftsräume. Von 67 Zimmern waren vier an Nichtstudenten vergeben. Die auf ein Jahr befristeten Mietverträge verlängerten sich jeweils um ein Semester, wenn nicht drei Monate vor Semesterende gekündigt wurde. Einige Mieter blieben jahrelang. Zum Prozess war es gekommen, weil der Vermieter einem Mieter wegen „Hetzereien und Reibereien" gekündigt hatte. Der BGH bestätigte die Ansicht der Vorinstanzen, dass es sich hier nicht um ein Studentenwohnheim handelte, weil kein Konzept zum zügigen Mieterwechsel bei Gleichbehandlung aller Interessenten existierte und auch keine tatsächliche Durchführung einer solchen Praxis erkennbar war. Die Räumungsklage war nicht erfolgreich, da der mietrechtliche Kündigungsschutz zur Anwendung kam und der Vermieter ein berechtigtes Interesse an der Kündigung (§ 573 BGB) hätte darlegen müssen.

Für ein Studentenwohnheim, das die genannten Voraussetzungen erfüllt, gilt: Der Vermieter muss kein berechtigtes Interesse anführen, um den Mietvertrag zu kündigen. Trotzdem darf die Kündigung nur schriftlich erfolgen. Für die ordentliche Kündigung gilt die für Wohnräume übliche dreimonatige Frist. Der Vermieter muss in der Kündigung auf die Möglichkeit hinweisen, wegen eines Härtefalles der Kündigung zu widersprechen. Auch Form und Frist dieses Widerspruches sind zu nennen. Einem älteren Urteil zufolge gilt ein Einfamilienhaus, in dem fünf möblierte Zimmer einzeln an Stu-

denten vermietet werden, nicht als Wohnheim. Der verringerte Kündigungsschutz für Wohnheimzimmer kommt damit nicht zum Tragen (AG Frankfurt, Urteil vom 19.2.1997, Az: 33C 4666/96-28). Allein die „Sozialklausel" ermöglicht es den Studenten im Ausnahme- bzw. Härtefall, eine Verlängerung des Mietvertrages zu verlangen. Examensvorbereitungen werden hier als Begründung akzeptiert. Die meisten Mietverträge sehen eine ordentliche Kündigungsmöglichkeit zum Semesterende vor. Das Ende des Studiums muss dem Vermieter mitgeteilt werden, auch dann darf der Vermieter kündigen.

Auch die Einschränkungen für Zeitmietverträge (§ 575 Abs. 1 BGB), die nur bestimmte Befristungsgründe zulassen, sind auf Studentenwohnheime nicht anwendbar. Eine Befristung auf ein Semester ist also möglich, ein gesetzlicher Anspruch auf eine Verlängerung besteht bei einer solchen Befristung nicht. Ebenso gelten die Mieterschutzregelungen hinsichtlich einer Mieterhöhung bei Studentenwohnheimen nicht.

Die Mietkaution muss wie bei gewöhnlichen Mietwohnungen vom Vermieter getrennt von seinem übrigen Vermögen angelegt werden. Verzinst werden muss sie nach § 551 Abs. 3 BGB nicht.

Sturmschaden/Versicherung
storm loss/insurance

Sturmschäden haben in den letzten Jahren deutlich zugenommen. Immer öfter müssen Hauseigentümer und Mieter nach Schadensfällen ihre Versicherung in Anspruch nehmen. Für Hauseigentümer ist die Wohngebäudeversicherung von entscheidender Bedeutung. Diese muss jedoch eine Versicherung gegen Sturm- beziehungsweise Elementarschäden ausdrücklich einschließen. Bei den vom Versicherungsverband GDV ausgearbeiteten unverbindlichen Musterbedingungen für Wohngebäudeversicherungen 2010 (VGB 2010) ist dies der Fall.

Die Bedingungen der einzelnen Versicherungsunternehmen können sich hinsichtlich der versicherten Risiken unterscheiden. Teilweise müssen Risiken wie Schäden durch blitzschlagbedingte Überspannung oder Überschwemmung gegen Aufpreis versichert werden; dies ist in den jeweiligen AGB des Versicherers geregelt bzw. bei diesem zu erfragen.

Für selbstnutzende Eigentümer und Mieter lohnt sich eine Hausratversicherung. Grundregel: Die Gebäudeversicherung versichert das Gebäude selbst; die Hausratsversicherung versichert die darin befindlichen losen Gegenstände – etwa Möbel,

Kleidung, Dekoration, Elektrogeräte.

Wichtig kann auch die Kfz-Teilkaskoversicherung werden – wenn etwa durch einen Sturm Gegenstände auf das Auto fallen. Ein Hagelschaden wird ebenfalls von der Teilkaskoversicherung abgedeckt. Nicht versichert ist jedoch ein Unfall – wenn zum Beispiel während der Fahrt vom Sturm herabgewehte Äste oder gar ein umgeworfener Baum gerammt werden. Hier zahlt allenfalls eine Vollkaskoversicherung.

Die Gebäude-, Hausrat- und Kfz-Teilkaskoversicherungen akzeptieren Unwetterschäden dann als Sturmschäden, wenn mindestens Windstärke acht geherrscht hat. Im Schadensfall empfiehlt es sich, örtliche Zeitungsberichte über den Sturm aufzubewahren. Windstärke acht wird von den Versicherungen unterstellt, wenn der Sturm in der Umgebung auch einwandfreie, intakte Gebäude beschädigt hat oder das geschädigte Gebäude sich selbst in einwandfreiem Zustand befand, so dass der Schaden nur durch Sturm entstanden sein kann (Musterversicherungsbedingungen GDV 2010).

Grundsätzlich muss nach einem Sturmschaden sofort die Versicherung informiert werden. Ein allzu langes Abwarten kann dem Versicherungsnehmer als Verletzung seiner vertraglichen Pflichten ausgelegt werden mit der Folge, dass die Versicherung leistungsfrei wird.

Subsidiärhaftung
secondary liability

Von Subsidiärhaftung wird gesprochen, wenn es neben dem an erster Stelle für ein Verschulden Haftenden eine Person oder Institution gibt, die als zusätzlich Haftende dann in Anspruch genommen werden können, wenn der Haftungsanspruch gegen den „primär" Haftenden nicht durchgesetzt werden kann.In Bauträgerverträgen wird häufig der Anspruch wegen Baumängeln gegen Bauunternehmen, die an der Erstellung des Bauwerks beteiligt waren, an den Erwerber abgetreten. Der Erwerber muss also etwaige Haftungsansprüche gegen den Bauunternehmer geltend machen. Für den Fall, dass dieser zum Beispiel wegen Insolvenz zur Nacherfüllung nicht mehr in der Lage ist, muss der Bauträger als subsidiär Haftender für Abhilfe sorgen.

Teileigentum
part ownership; (residential) ownership of part of a co-woned otherwise residential property used for commercial purposes (e.g. office) and therefore not treated as a freehold flat

Als Teileigentum bezeichnet das Wohnungseigen-tumsgesetz das Sondereigentum (Alleineigentum) an Räumen, die nicht Wohnzwecen dienen in Verbindung mit einem Miteigentumsanteil am gemeinschaftlichen Eigentum zu dem es gehört (§ 1 Abs. 3 WEG). Ebenso wie bei der gesetzlichen Definition des Wohnungseigentums wohnt dem Begriff Teileigentum eine vom Gesetzgeber vorgegebene Zweckbestimmung inne, nämlich die Nutzung für Nicht-Wohnzwecke und damit allgemein für jede gewerbliche Nutzung, sei es als Laden, Büro, als Keller oder Bodenraum oder auch als Garage. Ausdrücklich ausgeschlossen ist gemäß gesetzlicher Regelung die Nutzung für Wohnzwecke.

In den meisten Teilungserklärungen ist die generell zulässige, allgemeine gewerbliche oder berufliche Nutzung von Räumen, die als Teileigentum ausgewiesen sind, durch Vereinbarungen im Sinne von § 10 Abs. 2 Satz 2 und Abs. 3 WEG dadurch eingeschränkt, dass eine ergänzende Zweckbestimmung mit Vereinbarungscharakter zur Nutzung als „Büro", „Laden", „Praxisräume" usw. aufgenommen wurde. In diesen Fällen ist nur die insoweit typische Nutzung zulässig, allerdings auch hier mit der Ausnahme, dass abweichende Nutzungen dann zulässig sind, wenn die dabei auftretenden Störungen nicht größer sind als die bei einer bestimmungsgemäßen Nutzung typischerweise zu erwarten sind. Unter diesem Gesichtspunkt ist beispielsweise die Nutzung eines „Ladens" als „Gaststätte" nicht zulässig.

Teilungserklärung
shared ownership deed

Ein Grundstückseigentümer kann gemäß § 8 Abs. 1 WEG sein Alleineigentum an einem Grundstück in der Weise in Miteigentumsanteile aufteilen, dass jeder Miteigentumsanteil am Grundstück mit dem Sondereigentum an einer bestimmten Wohnung (Wohnungseigentum) oder an nicht zu Wohnzwecken bestimmten Räumen (Teileigentum) in einem bereits bestehenden oder erst noch zu errichtenden Gebäude verbunden wird (§ 8 Abs. 1 WEG). Die Wohnungen oder die nicht zu Wohnzwecken dienenden Räume müssen in sich abgeschlossen sein (§ 8 Abs. 2 WEG).

In der Teilungserklärung, die gegenüber dem Grundbuchamt abzugeben ist, erfolgt die gegenständliche und räumliche Abgrenzung und Zuordnung der Grundstücks- und Gebäudeteile zum Sonder- und Gemeinschaftseigentum, sowie die Festlegung der Höhe der Miteigentumsanteile und die Abgrenzung und Zuordnung von Sondernutzungsrechten. Man spricht in diesem Fall von der Begründung des Wohnungseigentums durch

Teilungserklärung. Handelt es sich bei dem Grundstückseigentümer bereits um mehrere Eigentümer (zum Beispiel Erbengemeinschaft) erfolgt diese Begründung gemäß § 3 Abs. 1 WEG durch einen Einräumungsvertrag, also durch eine vertragliche Regelung zur Aufteilung des Grundstücks in Miteigentumsanteile bei entsprechender Verbindung mit dem Sondereigentum an einer bestimmten Wohnung oder an nicht zu Wohnzwecken dienenden Räumen eines bestehenden oder noch zu errichtenden Gebäudes.

Teilungserklärung und Einräumungsvertrag können später nur mit Zustimmung aller Eigentümer geändert werden. Änderungen bedürfen der Eintragung in das Grundbuch.

Terrasse
terrace

Unter Terrasse versteht man eine mit einem massiven Unterbau versehene Nutzungsebene über dem natürlichen Geländeniveau. Darin unterscheidet sie sich von einem Freisitz, der eine befestigte Fläche auf der Ebene des Gartens darstellt. Der Unterschied ist bauordnungsrechtlich relevant. Terrassen sind im Grenzabstandsbereich nicht zulässig, Freisitze (ohne Überdachung) jedoch schon. Terrassen werden häufig auch auf Garagendächern angelegt. Auch hier gilt, dass dies nur zulässig ist, wenn sich die Dächer nicht im Grenzabstandsbereich befinden. Als Terrassenhaus wird eine Hausanlage bezeichnet, die auf mehreren Geschossebenen über Terrassen verfügt, deren Anlage durch sukzessive Verkleinerung der jeweils darüber liegenden Geschosse ermöglicht wird. Oft wird jedoch nur dem obersten Geschoss eine „Dachterrasse" beigefügt.

Testament
will; testament
Das Testament ist eine Verfügung von Todes wegen. In diesem Schriftstück kann der Erblasser zum Beispiel eine oder mehrere Personen als Erben seines Vermögens einsetzen und eine Aufteilung seines Nachlasses auf diese vornehmen. Mit einem Testament kann der Erblasser aber auch eine Enterbung durchführen, ein Vermächtnis aussetzen, Auflagen oder Teilungsanordnungen treffen, die Testamentsvollstreckung anordnen oder den Pflichtteil eines Erben entziehen bzw. beschränken. Wer ein Testament eröffnen will, muss testierfähig sein. Dies ist der Fall, wenn er oder sie das 16. Lebensjahr vollendet hat und im Vollbesitz seiner geistigen Kräfte ist. Minderjährige ab 16 oder Leseunkundige sind nur beschränkt testierfähig. Sie können ein Testament nicht durch eine eigenhändig niedergeschriebene Erklärung errichten, sondern nur zur Niederschrift beim Notar.

Ein Testament kann grundsätzlich entweder zur Niederschrift beim Notar oder eigenhändig errichtet werden. Im ersten Fall erscheint der Betreffende beim Notar, teilt ihm seinen letzten Willen mit und dieser fertigt eine Niederschrift an. Bei schwer kranken Personen sind auch Hausbesuche des Notars möglich, wobei in bestimmten Fällen auch eine Kommunikation mit Nicken oder Augenbewegungen ausreichen kann. Der Erblasser kann dem Notar auch ein Schriftstück übergeben und dazu erklären, dass dies sein letzter Wille sei. Er braucht diesen Text dann nicht selbst geschrieben zu haben. Ein eigenhändiges Testament schreibt der Erblasser selbst handschriftlich (wichtig) nieder und unterschreibt es auch. Es sollte unbedingt mit Ort und Datum versehen werden.

Ein eigenhändiges Testament kann an einem beliebigen Ort aufbewahrt werden. Es kann auch dem Nachlassgericht zur amtlichen Verwahrung übergeben werden. Hat jemand ein Testament zur Aufbewahrung und der Erblasser verstirbt, muss der Aufbewahrer das Testament sofort beim Nachlassgericht abliefern. Dies gilt auch für Behörden.

Ein Testament kann zu Lebzeiten des Erblassers jederzeit widerrufen und zum Beispiel durch ein neues Testament ersetzt werden. Ehegatten haben die Möglichkeit, ein gemeinschaftliches Testament zu errichten.

Ein verbreiteter Irrtum ist, dass in einem Testament frei alles geregelt werden kann, was der Erblasser möchte – etwa eine völlige Enterbung naher Verwandter oder die Übertragung des Vermögens auf den Familienhund. In Wahrheit setzt das Erbrecht des BGB der Regelungsfreiheit jedoch deutliche Grenzen. Die Nichtbeachtung der komplizierten Regelungen führt oft zu Rechtsstreitigkeiten unter den Erben, so dass bei der Erstellung eines Testaments anwaltliche Beratung angezeigt ist.

Textform
text form

Mit Rücksicht auf den technischen Fortschritt ist in Gesetzen der Ausdruck „Schriftform" nun zum Teil durch „Textform" ersetzt worden. Im Mietrecht sind zum Beispiel Mieterhöhungen, Modernisierungen und Erhöhungen von Nebenkostenvorauszahlungen in Textform anzukündigen.

Bei einer Nachricht in Textform ist eine eigenhändige Unterschrift nicht mehr notwendig. Ausreichend ist es, wenn der Absender lesbar und klar erkennbar ist und am Ende des Textes eine Unterschrift zumindest maschinell nachgebildet ist (Name mit Maschine oder PC geschrieben, künstlich nachgeahmte Unterschrift), vgl. § 126 b BGB. Mieterhöhungen können durch den Vermieter also zum Beispiel per E-Mail oder Fax angekündigt werden.

Dies gilt aber nicht für alle Arten von Erklärungen: Zum Beispiel sind Kündigungen und Vollmachten immer noch in Schriftform zu erklären und nur mit eigenhändiger Unterschrift wirksam. Vertragsparteien können auch die Textform vereinbaren für Erklärungen, die im Rahmen des Vertrags abzugeben sind.

Die Einberufung zur Wohnungseigentümer-Versammlung erfolgt gemäß § 24 Abs. 4 Satz 1 WEG „in Textform". Das bedeutet, dass die Einladung zur Wohnungseigentümer-Versammlung nicht – wie nach früherem Recht – der eigenhändigen Unterzeichnung des Verwalters bedarf. Es reicht vielmehr die Einladung in kopierter oder sonstiger vervielfältigter Form, beispielsweise auch EDV-gefertigt. Grundsätzlich zulässig ist auch die Einladung per Fax, per E-Mail oder auch als SMS. Die letztgenannten Formen der Einberufung bedürfen allerdings derzeit noch der Zustimmung aller Eigentümer. Ein Mehrheitsbeschluss dürfte allerdings nicht nichtig, sondern nur anfechtbar sein. Wird gegen die Textform verstoßen, führt dies als Ladungsmangel nicht automatisch zur Ungültigkeit gefasster Beschlüsse, sondern nur zu deren Anfechtbarkeit.

Tierhaltung in Wohnungen
keeping of animals/pets in flats

Mietwohnung

Dem Mieter einer Wohnung ist Tierhaltung grundsätzlich gestattet. Ein in einem Formularmietvertrag vereinbartes generelles Verbot der Tierhaltung ist unwirksam. Im November 2007 hat der Bundesgerichtshof entschieden (Az. VIII ZR 340/06, Urteil vom 14.11.2007), dass auch Klauseln in Formularmietverträgen unwirksam sind, nach denen die Haltung aller Tiere mit Ausnahme von Zierfischen und Ziervögeln zustimmungsbedürftig ist. Allerdings kann der Vermieter die Haltung von Tieren, zum Beispiel Hund oder Katze, durch den Mieter von seiner Zustimmung abhängig machen, die er aber nur aus wichtigem Grund (zum Beispiel Haltung eines Kampfhundes oder wenn eine artgerechte Tierhaltung ausgeschlossen ist) verweigern darf. Grundsätzlich sei bei allen Kleintieren – also auch etwa Hamstern und Schildkröten – davon auszugehen, dass von ihnen keine Störung ausgehe. Sei dies ausnahmsweise doch der Fall, könne der Vermieter auf Unterlassung klagen. Die auch in diesem Verfahren aufgetauchte Frage, ob Katzen noch Kleintiere sind, hat der BGH nicht entschieden. Ob die Haltung von gängigen Hunderassen oder Katzen von der Erlaubnis des Vermieters abhängig gemacht werden kann, beurteilen die Gerichte je nach Fall und Tier unterschiedlich. Über die Haltung von zahmen (Farb-)Ratten wurde bereits des Öfteren prozessiert. Teilweise wurden Ratten nicht als genehmigungsfreie Kleintiere angesehen, da sie bei manchen Menschen Ekel hervorrufen können. In letzter Zeit werden Ratten jedoch zunehmend als gängige Haustiere angesehen, was ein Urteil des Amtsgerichts Hannover zeigt (26.9.2002, Az. 505 C 7715/02). Die Rechtsprechung ist hier uneinheitlich. Das Amtsgericht Köln gestattete einem Vermieter, die Haltung von zwei Hühnern in einer Mietwohnung im Mehrfamilienhaus zu untersagen (Az. 214 C 255/09). Eindeutig ist die Rechtslage nur bei wirklich großen oder gefährlichen Tieren – etwa Kampfhunden oder Würgeschlangen. Deren Haltung kann von der Zustimmung des Vermieters abhängig gemacht oder – zum Beispiel bei Kampfhunden – ganz untersagt werden. Dies ist auch noch nach einer irrtümlich erteilten Zustimmung des Vermieters möglich (Landgericht München, Az. 13 T 14 638/93, Urteil vom 10.9.1993).

Per Individualvereinbarung kann zwischen Mieter und Vermieter immer ein Tierhaltungsverbot für die Mietwohnung festgelegt werden. Enthält der Mietvertrag keine Regelung zur Tierhaltung, entscheiden die Gerichte im Einzelfall im Rahmen einer Abwägung der Interessen der Beteiligten. Dabei können zum Beispiel das besondere Interesse eines alleinstehenden älteren Mieters an tierischer Gesellschaft und das Maß der von dem Tier ausgehenden Belästigung für die Hausgemeinschaft in Betracht gezogen werden.

Aus einer Internet-Umfrage des Deutschen Mieterbundes geht hervor, dass 44 Prozent der befragten Mieter sich gegen ein Verbot der Tierhaltung aussprechen, 39 Prozent nur bei großen und gefährlichen Tieren, 17 Prozent sind für ein Verbot.

Eigentumswohnung

Ob die Haltung von Haustieren in Eigentumswohnungen zulässig ist, ist nach § 14 Abs. 1 Wohnungseigentumsgesetz (WEG) daran zu messen, ob und inwieweit für die anderen Wohnungseigentümer hieraus Nachteile entstehen.

Ein absolutes Tierhaltungsverbot kann die Wohnungseigentümergemeinschaft nicht beschließen, da ein solcher Beschluss als unterschiedsloses Verbot rechtswidrig und damit nichtig ist.

Auch ein auf die Haltung bestimmte Tiere beschränktes Verbot kann nicht mehrheitlich beschlossen werden, da eine solche Regelung über eine ordnungsmäßige Gebrauchsregelung hinausgeht. Vielmehr bedarf es hierzu einer Vereinbarung gemäß § 10 Abs. 2 Satz 2 WEG.

Ist allerdings eine solche Vereinbarung, beispielsweise über ein generelles Verbot der Hundehaltung, nicht getroffen, ist auch ein Mehrheitsbeschluss als vereinbarungsersetzender Beschluss nicht nichtig, sondern bedarf der Anfechtung.

Erfolgt keine Anfechtung, ist auch ein so beschlossenes Hundehaltungsverbot wirksam (BGH, 4.5.1995, V ZB 5/95). Ein solcher Beschluss kann allerdings als Maßnahme ordungsmäßiger Verwaltung jederzeit auch durch mehrheitliche Beschlussfassung wieder aufgehoben und durch eine ordnungsmäßige Gebrauchsregelung ersetzt werden.

In diesem Sinne entspricht eine einschränkende Tierhaltungsregelung, beispielsweise durch Leinenzwang für Hunde und Katzen oder durch zahlenmäßige Begrenzung, einer ordnungsmäßigen, mehrheitlich beschließbaren Gebrauchsregelung im Sinne von § 15 Abs. 2 WEG.

Tilgung
repayment; liquidation; acquittance; amortisation; liquidation; payback; redemption; erasure; deletion

Betrag, mit dem ein Kreditnehmer seine Schuld (meist in Raten) zurückbezahlt. Überwiegend wird im Immobilienbereich noch mit jährlichen Raten von ein oder zwei Prozent des Anfangsdarlehens getilgt, ausser bei Bausparkassen. Hier sind es normalerweise rund sieben Prozent. Der Anfangstilgungssatz kann auch einem individuell gewünschten zeitlichen Tilgungsziel (zum Beispiel Tilgung in 18 Jahren) angepasst werden. Der Anfangstilgungssatz beträgt im Beispielsfall 3,25 Prozent, bei sechs Prozent Zins. Bei einem Darlehen mit gleichbleibender Annuität (Annuität = Zins- + Tilgungsbetrag pro Jahr) wächst der Verzinsungsbetrag, der durch die geringer werdende Darlehensschuld erspart wird, der Tilgung zu.

Wer schnell tilgt, spart viel Zeit
Schon bei 4 % Tilgung wird die Laufzeit eines Hypothekendarlehens mehr als halbiert*

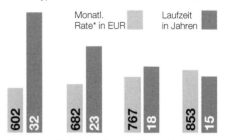

Monatl. Rate* in EUR   Laufzeit in Jahren

602 32   682 23   767 18   853 15

* Monatliche Belastung (Zinsen + Tilgung) bei einem Hypothekendarlehen von 102.301,79 EUR, Zinssatz 6%

Trennkanalisation
two-pipe (drainage) system

Bei einer Trennkanalisation werden Schmutzwasser (zum Beispiel aus Bad, WC und Küche) und Regenwasser in zwei getrennten Abwasserkanälen abgeleitet. Das Regenwasser fließt dabei ungeklärt ins nächste natürliche Gewässer, das Schmutzwasser gelangt in die Kläranlage. Der Vorteil einer Trennkanalisation besteht in der Entlastung der Kläranlage und des Vorfluters (Gewässers). Die Kläranlage muss nämlich bei Regenwetter keine größere Abwasserfracht bewältigen, die durch die Verdünnung des Schmutzwassers mit Regenwasser entsteht. Die Vorfluter-Gewässer können verschmutzt werden, wenn bei starken Niederschlägen und Mischkanalisation die Kläranlage die Abwassermenge nicht mehr bewältigt und der verdünnte Schmutzwasserüberschuss direkt in den nächsten Fluss gelangt.

Da den Gemeinden bei der entsprechenden Kläranlage je nach eingeleiteter Abwassermenge Kosten entstehen, ist eine Trennung auch wirtschaftlich sinnvoll. In vielen Gemeinden ist die bauliche Ausführung der Trennkanalisation nicht korrekt durchgeführt worden. Die Gemeinden überprüfen deshalb teilweise, ob Regenwasser auf den Einzelgrundstücken tatsächlich in den Regenwasserschacht gelangt und Abwasser in die Abwasserleitung. Dafür gibt es verschiedene Überprüfungsverfahren – etwa die Leitungsprüfung mit einer Rohrkamera oder – einfacher – die Einleitung von Rauch über einen Arbeitsschacht in der Straße. Raucht das angrenzende Gebäude dann aus den Regenrinnen, ist eine Änderung der Rohrleitungen angesagt – auf Kosten des Eigentümers.

Treuhänder

trustee; fiduciary; feoffee to uses; custodian; bailee; escrow (holder)

Treuhänder handeln im eigenen Namen für fremde Rechnung. Bei Treuhändern handelt es sich oft um Rechtsanwälte, Vermögensverwalter, Steuerberater oder Wirtschaftsprüfer und deren Gesellschaften. Sie verwalten das Vermögen ihrer Kunden und können aufgrund ihrer Vollmacht darüber verfügen. Besteht das Treugut in Geldvermögen, ruht es auf Treuhandkonten, die auf den Namen des Treuhänders lauten und über die der Treuhänder nach Maßgabe vertraglicher Vereinbarungen oder nach eigenem Ermessen im Interesse des Treugebers verfügen kann. Besteht das Treugut in Immobilienvermögen, sind die Treuhänder auch im Grundbuch eingetragen, wie etwa bei geschlossenen Immobilienfonds.

Trittschallschutz

impact noise insulation; subsonic sound insulation

Trittschall ist das von Schritten in einer Wohnung erzeugte Geräusch. Da dieses abhängig von der Bauausführung für Bewohner darunter liegender Wohnungen zu einer Belästigung führen kann, gibt es hierzu spezielle Regelungen. Die DIN 4109 schreibt vor, welche dB-Werte maximal noch erreicht werden dürfen und welche technischen Gegenmaßnahmen zur Schalldämmung bei Neubauten zu treffen sind. Derzeit gilt die Version der DIN 4109 von 1989.

Man unterscheidet zwischen erhöhtem Schallschutz, hier dürfen in der darunter liegenden Nachbarwohnung höchstens 46 dB messbar sein – und einfachem Schallschutz mit maximal 53 dB.

Nach der Rechtsprechung gelten bei Altbauten die Grenzwerte der maßgeblichen Normen zum Zeitpunkt der Errichtung des Gebäudes; eine Anpassung an heute gültige Richtlinien kann von Mietern nicht gefordert werden (vgl. BGH, 6.10.2004, Az. VIII ZR 355/03). Allerdings ist bei Aufstockung oder sonstigem maßgeblichem Umbau von Altbauten der einfache Schallschutz auf Basis der zum Umbauzeitpunkt geltenden Normen maßgeblich.

Nach einem Urteil des Bundesgerichtshofes vom 17.6.2009 (Az. VIII ZR 131/08) ist ein bloßer Austausch des Bodenbelages (hier: PVC durch Bodenfliesen ersetzt) kein Umbau in diesem Sinne. Mieter der darunter liegenden Wohnung können in diesem Fall also keine Mietminderung geltend machen, weil die Anforderungen an den Trittschallschutz zum Umbauzeitpunkt nicht gewahrt wurden. Die Grenzwerte der DIN 4109 in der bei Bau des Hauses geltenden Fassung sind jedoch einzuhalten. Als weitere Orientierungshilfe für Bauherren kann außer dem Beiblatt 2 zur DIN 4109 (Vorschläge für erhöhten Schallschutz) die Richtlinie VDI 4100 herangezogen werden. Sie enthält keine rechtsverbindlichen Vorgaben; mit Hilfe ihrer Empfehlungen kann jedoch ein höheres Schallschutzniveau als nach den Regelungen der DIN 4109 erreicht werden. Bei einem Bauprojekt sollte vertraglich vereinbart werden, nach welcher Norm bzw. Richtlinie vorzugehen ist. Hier wird von vielen Baufachleuten empfohlen, ein höheres Anforderungsniveau als das der DIN 4109 zu vereinbaren, da deren Werte mittlerweile nicht mehr zeitgemäß sind. Eine Reform der DIN 4109 ist in der Diskusion.

Wohnungseigentümer haben nach dem WEG das Recht, mit dem im Sondereigentum stehenden Fußboden ihrer Wohnung nach Belieben zu verfahren, sofern sie nicht Gesetze oder Rechte Dritter verletzen. Der Austausch von Bodenbelägen (Teppichboden gegen Parkett, Fliesenerneuerung) ist sogar dann zulässig, wenn die Trittschallbelastung steigt. Allerdings dürfen nicht die Grenzwerte der DIN 4109 (vom Zeitpunkt der Gebäudeerrichtung) überschritten werden. Steigt die Trittschallbelastung durch Handwerkerfehler, hat der darunter wohnende Nachbar einen Anspruch auf Beseitigung bzw. Rückbau.

Es existieren weitere Regelungen und Normen, die einen bestmöglichen Schallschutz für Wohnräume bzw. Wohngebiete zum Ziel haben. Als Beispiel ist hier die Technische Anleitung Lärm (TA Lärm) zu nennen. Bei der Stadtplanung ist der Schallschutz inzwischen ein wichtiges (aber nicht unbedingt vorrangiges) Planungsziel.

U-Wert

heat transfer coefficient

Früher: K-Wert. Maß für den Wärmedurchgang eines Bauteils. Der U-Wert hängt vom verwandten Material und der Dicke des Baustoffes ab. Die verwendete Maßeinheit ist $W/m^2 \times K$ (= Watt pro Quadratmeter mal Kelvin). Der Wert gibt an, welche Wärmemenge durch einen Quadratmeter eines Bauteiles bei einem Temperaturunterschied von $1°K$ hindurchströmt. Bei modernen Niedrigenergiehäusern sollte der U-Wert nach der Energieeinsparverordnung zum Beispiel beim Dach unter oder gleich 0,15, bei einer Massivwand unter oder gleich 0,20 liegen. Teilweise werden Abwandlungen wie U_g und U_w verwendet. Diese stehen für die U-Werte bestimmter Baustoffe/Bauteile, zum Beispiel bei Glasflächen U_g und für das gesamte Fenster inklusive Rahmen U_w.

Überbau
superstructure; structure extending over a boundary

Überschreitung der Grundstücksgrenze durch eine bauliche Anlage. Nach § 912 BGB hat der Grundstücksnachbar einen Überbau zu dulden, wenn dem Bauherrn dabei weder Vorsatz noch grobe Fahrlässigkeit zur Last gelegt werden kann („entschuldigter Überbau"). Dies gilt nicht, wenn der beeinträchtigte Nachbar vor oder sofort nach Grenzüberschreitung Widerspruch erhoben hat. Er kann jedoch als Entschädigung eine jährlich im Voraus zu bezahlende Rente verlangen und sie im Grundbuch des anderen Eigentümers als Reallast absichern lassen.

Die Berechnung der Rente erfolgt stets auf der Basis des Wertes des überbauten Grundstücksteils zum Zeitpunkt des Überbaues. Da spätere Wertsteigerungen des Grundstücks nicht die Rente erhöhen, ist in solchen Fällen stets zu raten, einen höheren Zinssatz für die Berechnung der Rente anzusetzen. Der BGH hat zum Beispiel einen Zinssatz von zehn Prozent akzeptiert. Ein Überbau, bei dem die Baumaßnahme gegen geltendes Baurecht verstößt oder nicht den allgemein geltenden Regeln der Baukunst entspricht, braucht nicht geduldet zu werden.

Überbaubare Grundstücksfläche
developable area; area (of a site) on which building is allowed

Die überbaubare Grundstücksfläche stellt den Teil eines Grundstücks dar, auf dem Gebäude errichtet werden dürfen. Sie wird im Bebauungsplan durch die Festsetzung von Baulinien, Baugrenzen und Bebauungstiefen bestimmt. Man spricht in der Praxis von Baufenster. Ein geringfügiges Vor- und Zurücktreten von Gebäudeteilen kann als Befreiung (§ 31 BauGB) zugelassen werden.Zu unterscheiden ist die überbaubare Grundstücksfläche von der zulässigen Grundfläche, die über die Grundflächenzahl bestimmt wird. Die Festsetzungen von überbaubaren Flächen können dazu führen, dass nicht die ganze zulässige Grundfläche auf einem Grundstück baulich genutzt werden kann. Neben der überbaubaren Grundstücksfläche und der zulässigen Grundfläche sind u. a. auch Festsetzungen zur Höhe der baulichen Anlage und der Geschossflächenzahl (GFZ) bei der Beurteilung der Nutzbarkeit eines Grundstücks zu beachten.

Überbelegung
overcrowding; overoccupation

Eine Überbelegung der Mietwohnung mit mehr Personen, als im Mietvertrag vorgesehen sind, kann einen Grund für eine außerordentliche Kündigung des Mietvertrages darstellen. Die Überbelegung allein reicht jedoch dafür nicht aus. Es kommt zusätzlich darauf an, ob die Wohnung aufgrund von Ausstattung, Grundriss etc. für die Personenzahl ungeeignet ist. Auch die Lebensgewohnheiten der Bewohner können eine Rolle spielen (Belästigung anderer Mieter). Die Rechte des Vermieters müssen in erheblicher Weise verletzt sein.

Die außerordentliche Kündigung ist ausgeschlossen, wenn sich die Personenzahl allmählich durch Zuzug von Lebensgefährten und Geburt von Kindern erhöht hat. Will der Vermieter in einem solchen Fall kündigen, muss er den Weg der entsprechend begründeten ordentlichen Kündigung mit gesetzlicher Frist einschlagen. Hat er die Überbelegung längere Zeit hingenommen, ist auch dieser Weg versperrt.

Übergabeprotokoll
record of delivery of possession

Werden Mieträume an einen neuen Mieter übergeben, wird hierüber in der Regel ein Übergabeprotokoll in zweifacher Ausfertigung angefertigt. Es dient der Feststellung des Zustandes der Mieträume einschließlich der mitvermieteten Einrichtung und des Zubehörs. Aufgezeichnet werden auch die Zählerstände für Gas, Strom und Wasser, sowie die Zahl der übergebenen Wohnungsschlüssel. Das Übergabeprotokoll wird vom Übergeber (Vermieter oder Verwalter) und dem Mieter unterzeichnet und hat Beweiskraft. Auf diese Weise sollen Rechtsstreitigkeiten vermieden werden. Dem Übergabeprotokoll entspricht das Abnahmeprotokoll bei Beendigung des Mietverhältnisses.

Überwuchs
outgrowth

Wenn Anpflanzungen mit ihren Zweigen oder Wurzeln über die Grenze zum Nachbargrundstück wachsen, spricht man von Überwuchs bzw. Überhang. Gegen den Überwuchs hat der Nachbar ein Selbsthilferecht nach § 910 BGB.

Diese Vorschrift berechtigt ihn, über die Grundstücksgrenze gewachsene Wurzeln von Bäumen oder Sträuchern abzuschneiden. Auch überhängende Äste dürfen abgeschnitten werden, aber nur, wenn dem Besitzer des Nachbargrundstücks vorher eine angemessene Frist zur Beseitigung der Zweige gesetzt wurde und dieser sich nicht darum gekümmert hat.

Grundvoraussetzung für Abschneide- und Absägeaktionen ist jedoch, dass durch die überhängenden bzw. herübergewachsenen Pflanzenteile die Nutzung des Grundstücks beeinträchtigt wird. Findet keine Nutzungsbeeinträchtigung statt, muss die Kettensäge im Keller bleiben.

Beim Entfernen von Überhängen sollte jedoch nicht übertrieben werden: Wer fremde Pflanzen so stark zurück schneidet, dass sie eingehen, muss Schadenersatz leisten und eine Ersatzbepflanzung finanzieren. Immerhin darf er dem unkooperativen Pflanzeneigentümer auch die Unkosten für die Gartenarbeit mit Schere oder Säge in Rechnng stellen, so dass die Beträge gegeneinander aufgerechnet werden. Die Kosten für zerstörte Ziergehölze können jedoch die Kosten für wenige Stunden Gartenarbeit durchaus erheblich übertreffen (vgl. Beschlüsse des Landgerichts Coburg, Az. 32 S 83/06 vom 25.9.2006 und 13.10.2006).

Übliche Vergütungen
customary payments; usual fees
In vielen Fällen nimmt der Gesetzgeber zur Klärung der Frage, welche Leistung geschuldet wird, wenn darüber keine ausdrückliche Vereinbarung getroffen wird, auf die Üblichkeit Bezug. Dies gilt etwa beim Dienstvertrag. Dort lautet die Vorschrift des § 612 Abs. 2 BGB: „Ist die Höhe der Vergütung nicht bestimmt, so ist bei dem Bestehen einer Taxe die taxmäßige Vergütung, in Ermangelung einer Taxe die übliche Vergütung als vereinbart anzusehen." Diese Vorschrift kann zum Beispiel auf einen Hausverwaltervertrag oder einen wirtschaftlichen Baubetreuungsvertrag angewendet werden, bei dem die Höhe der Vergütung nicht vereinbart wurde.

Gleiches gilt für den Werkvertrag (§ 632 BGB, Abs. 2) mit dem Zusatz von Abs. 3: „Ein Kostenanschlag ist im Zweifel nicht zu vergüten." Wenn zum Beispiel ein Haus renoviert werden soll und klar ist, dass der Handwerker dafür bezahlt werden will, aber die Höhe der Vergütung nicht besprochen wurde, gilt der übliche Werklohn als vereinbart.

Für den Maklervertrag lautet der entsprechende Gesetzestext in § 653 Abs. 2 BGB wie folgt: „Ist die Höhe der Vergütung nicht bestimmt, so ist bei dem Bestehen einer Taxe der taxmäßige Lohn, in Ermangelung einer Taxe der übliche Lohn als vereinbart anzusehen".

Umbauter Raum
building volume; cubic content; enclosed area; cubage; enclosed space
Der umbaute Raum wird in der DIN 277 in der Fassung von 1950 definiert. Er ist in Kubikmeter anzugeben. Unterschieden wird dabei zwischen voll anzurechnenden Räumen (der wesentliche Teil des Baukörpers), mit einem Drittel anzurechnenden Räumen (zum Beispiel nicht ausgebautes

Dachgeschoss) und Bauteilen, die nicht erfasst werden (zum Beispiel Freitreppen mit mehr als drei Stufen, Brüstungen von Balkonen und begehbaren Dachflächen usw. Der umbaute Raum spielt auch heute noch eine Rolle im Sachwertverfahren zur Ermittlung des Verkehrswertes, obwohl andere Bezugsgrundlagen (zum Beispiel Normalherstellungskosten 2000) in den Vordergrund treten. Unterschiede gibt es auch gegenüber den Festlegungen in der DIN 277 in der Fassung von 1973 und der neuesten Fassung von 1987, in der der Begriff des umbauten Raumes nicht mehr verwendet, sondern durch den Begriff des Bruttorauminhaltes (BRI) ersetzt wird.

Umlage (Mietrecht)
assignment of costs; apportionment of costs; cost allocation (law of tenancy)
Unter einer Umlage versteht man im Mietrecht die neben der Grundmiete zu zahlenden Betriebskostenvorauszahlungen, über die jährlich abzurechnen ist. Im Wohnungsmietrecht des freifinanzierten Wohnungsbaus kann zwischen einer abrechenbaren Umlage bzw. Betriebskostenvorauszahlung und einer nicht abrechenbaren Pauschale gewählt werden. Zu den umlagefähigen Betriebskosten zählen insgesamt 17 Positionen, die in § 2 der Betriebskostenverordnung (früher in Anlage 3 zu § 27 der II. Berechnungsverordnung) aufgelistet sind. In der gesetzlichen Aufzählung werden auch die „Sonstigen Betriebskosten" genannt. Hier dürfen jedoch nicht einfach beliebige Kostenpositionen untergebracht werden. Laut Rechtsprechung oder Betriebskostenverordnung sind nicht umlagefähige Kostenarten auch hier nicht zulässig.

Verteilungsmaßstab für die Umlage sind teils Wohnflächenproportionen und teils Verbrauchseinheiten, soweit die Betriebskosten verbrauchsbedingt sind.

Die Abrechnung der Umlage muss innerhalb von zwölf Monaten nach Ende des Abrechnungszeitraumes dem Mieter übersandt werden.

Nachforderungen können später nicht mehr geltend gemacht werden, es sei denn, der Vermieter hat die Verspätung nicht zu vertreten. Andererseits kann der Mieter Einwendungen gegen die Abrechnung spätestens bis zum Ablauf des zwölften Monats nach Erhalt der Abrechnung geltend machen. Nach Ablauf dieser Frist kann der Mieter Einwände nur noch vorbringen, wenn er selbst die verspätete Geltendmachung nicht zu vertreten hat.

Heiz- und Warmwasserkosten müssen stets nach einem in der Heiz- und Warmwasserkostenverordnung vorgegebenen Schlüssel (teils flächenbezogen, teils verbrauchsbezogen) umgelegt werden. Beispiele für nicht umlagefähige Kosten sind:

- Instandsetzungs- und Reparaturkosten,
- Anliegerbeiträge (zum Beispiel Straßenbaubeiträge),
- Verwaltungskosten,
- Kontoführungsgebühren für das Mietkonto,
- Instandhaltungsrücklagen,
- Rechtsschutzversicherung des Vermieters,
- Mietverlustversicherung,
- Reparaturkostenversicherung des Vermieters,
- Kreditzinsen,
- Portokosten.

Bei preisgebundenem Wohnraum müssen die Betriebskosten stets umgelegt werden. Hinzu kommt zusätzlich noch das Umlageausfallwagnis (zwei Prozent der Betriebskosten). Bei der Vermietung von Gewerberäumen ist die Umlagefähigkeit von Nebenkosten nicht gesetzlich geregelt. Die Umlage kann sich auch auf Kosten beziehen, die keine Betriebskosten im Sinne der Betriebskostenverordnung sind, zum Beispiel Umlagen für einen beschäftigten Sicherheitsdienst.

Umlaufbeschluss
circulation resolution; per rolam

Im Regelfall beschließen die Wohnungseigentümer über Verwaltungsangelegenheiten in der Wohnungseigentümerversammlung durch mehrheitliche Beschlussfassung. Das Gesetz räumt ihnen jedoch gemäß § 23 Abs. 3 WEG auch das Recht ein, ihre Angelegenheiten außerhalb der Versammlung zu regeln. Insoweit ist auch ohne Versammlung ein Beschluss gültig, wenn alle Wohnungseigentümer ihre Zustimmung zu diesem Beschluss durch eigenhändige Unterschrift schriftlich erklären, wobei auch ein Telefax für ausreichend gehalten wird. Dieses allstimmige Zustimmungserfordernis gilt auch für die Angelegenheiten, für die in der Versammlung ein Mehrheitsbeschluss ausgereicht hätte. Erst wenn die letzte Zustimmungserklärung vorliegt, kann der Verwalter das Zustandekommen des Beschlusses durch Mitteilung an alle Wohnungseigentümer verkünden. Mit der Mitteilung des Verwalters beziehungsweise dem Zugang der Mitteilung bei den Wohnungseigentümern beginnt dann auch die Frist der Beschlussanfechtung von einem Monat. Die Tatsache, dass alle Eigentümer schriftlich zugestimmt haben, hindert keinen Eigentümer daran, den schriftlich zustande gekommenen Beschluss anzufechten.

Umsatzmiete
turnover rent; percentage rent; participating lease; overage

Bei der Vermietung von Geschäftsräumen kann eine umsatzabhängige Miete vereinbart werden. Dies kann in der Weise geschehen, dass der Mieter als Überlassungsentgelt einen bestimmten Prozentsatz seines in den Mieträumen erzielten Umsatzes zu zahlen hat. Umsatzmieten werden in der Regel bei Vermietung von Ladenlokalen an einen Einzelhändler vereinbart. Da der Vermieter sich jedoch kaum in großem Umfang am Geschäftsrisiko des Mieters beteiligen und seine Kosten auch bei niedrigem Umsatz sichern will, wird üblicherweise zusätzlich eine bestimmte Mindestmiete vereinbart. Auch eine Begrenzung der Miete nach oben ist möglich, so kann zum Beispiel der umsatzabhängige Teil der Miete gedeckelt werden.

Um Streitigkeiten über die Höhe des Mietzinses zu vermeiden, empfiehlt sich eine genaue Definition von „Umsatz" im Mietvertrag. Meist wird der Nettoumsatz (ohne Mehrwertsteuer) verwendet, wobei genau festgelegt werden kann, welche Umsätze im Einzelnen eingerechnet werden sollen.

Bei der Vertragsgestaltung ist zu berücksichtigen, dass in einigen Fällen eine allzu enge Definition des Umsatzbegriffes zu Nachteilen für den Vermieter führen kann. Beispiele sind:

- Untervermietung von Geschäftsräumen durch Mieter (Umsatzvereinbarung im Mietvertrag betrifft nur Verkaufsumsatz des Hauptmieters),
- Änderung der Geschäftstätigkeit (Vereinbarung betrifft Umsatz aus Warenverkauf; es werden jedoch nur noch Beratungsdienstleistungen angeboten),
- Änderung des Warensortiments (bisher: Textil-Einzelhandel, künftig: Einzelhandel mit Mode-Accessoires und Kosmetika).

Derartige Veränderungen sollten in die Umsatzklausel des Mietvertrages eingeschlossen werden. Eine weitere mögliche Vereinbarung besteht darin, den Mieter zur regelmäßigen Offenlegung seiner Umsätze in bestimmten Zeitabständen (zum Beispiel jedes Quartal) zu verpflichten – gegebenenfalls durch Bescheinigungen seines Steuerberaters. Die Vereinbarung einer Umsatzmiete allein bringt für den Mieter noch keine Betriebspflicht mit sich. Diese muss zusätzlich vereinbart werden. Bei Mietverträgen über Apotheken sind Umsatzmietverträge nach § 8 S. 2 Apothekengesetz verboten. Ausnahme ist die Verpachtung einer Apotheke, die jedoch nur unter sehr engen Voraussetzungen zulässig ist (zum Beispiel wenn der Apotheker selbst seinen Beruf nicht mehr ausüben kann).

Umschuldung
rescheduling (of debts); debt restructuring; refinancing; refunding

Als Umschuldung wird die Ablösung laufender Kredite durch neue Kredite bezeichnet. Das wichtigste Motiv eines Darlehensnehmers für eine Umschuldung ist in der Regel die Möglichkeit, bei einem anderen Darlehensgeber günstigere Konditionen zu erhalten. Ob sich eine Umschuldung lohnt, hängt davon ab, ob die mit dem neuen Darlehen verbundenen Kosten einschließlich der Zinsen insgesamt geringer sind als diejenigen für das ursprüngliche Darlehen unter Berücksichtigung eventueller Vorfälligkeitsgebühren, Kosten für Notar und Grundbuch usw.

Im Rahmen der Immobilienfinanzierung ergeben sich Umschuldungsmöglichkeiten beispielsweise nach dem Auslaufen der Zinsfestschreibung eines bestehenden Darlehens, bei der Umwandlung von Zwischenfinanzierungen mittels kurzfristiger Bankkredite in langfristige Darlehen oder beim Ersetzen von Gleitzinsdarlehen durch Festzinshypotheken.

Im weiteren Sinne wird unter Umschuldung auch die strukturelle Optimierung der bestehenden Verbindlichkeiten – beispielsweise eines Unternehmens, eines Staates oder eines anderen Kreditnehmers – verstanden. Dabei kann neben dem Ablösen bestehender Kredite durch andere mit günstigeren Konditionen auch das Ablösen mehrerer Kredite bei einer Vielzahl von Gläubigern durch einen oder wenige größere Kredite eines Gläubigers oder einer geringeren Zahl von Gläubigern verstanden werden.

Außer einer Verringerung der Kreditkosten insgesamt kann auch die Reduzierung der laufenden Zins- und Tilgungsbelastungen und somit die Verbesserung der Liquidität ein entscheidendes Motiv für eine Umschuldung sein.

Umwandlung
change; transformation; conversion; commutation; reconversion; reorganisation

Als Umwandlung bezeichnet man einen Vorgang, bei dem Mietshäuser in die Rechtsform von Wohnungs- und Teileigentum überführt werden, meist zu dem Zweck, bei Verkauf der einzelnen Einheiten einen höheren als den für den Erwerb bezahlten Gesamtpreis zu erzielen. Die Möglichkeit der Begründung von Wohnungs- und Teileigentum durch Umwandlung führte Ende der 80er-Jahre zu einem Umwandlungsboom mit sozial nicht mehr hinnehmbaren Erscheinungsformen.

Es kam zu so genannten „Entmietungen". Erschweren wollten deshalb die Baubehörden die Umwandlung von Altbauten dadurch, dass sie die Anforderungen für die Erteilung von Abgeschlossenheitsbescheinigungen in die Höhe schraubten. Sie sollten

nur noch erteilt werden, wenn alle geltenden bauordnungsrechtlichen Bestimmungen hinsichtlich Schall-, Wärme- und Brandschutz erfüllt waren. Dieser Praxis hat der gemeinsame Senat der obersten Gerichtshöfe des Bundes mit seinem Beschluss vom 30.6.1992 einen Riegel vorgeschoben. Für die Erteilung von Abgeschlossenheitsbescheinigungen ist also nach wie vor lediglich der Nachweis der räumlichen Abgeschlossenheit in einem physischen Sinne erforderlich.

Eine Umwandlung bewirkt, dass den zum Umwandlungszeitpunkt im Objekt wohnenden Mietern ein besonderer Kündigungsschutz zuwächst. Es gilt im Fall der Umwandlung nach den Vorschriften des BGB generell eine dreijährige Kündigungssperrfrist, an die die normale Kündigungsfrist anschließt. Allerdings sind die Bundesländer ermächtigt, durch Verordnung Gemeinden oder Gemeindeteile festzulegen, in denen die Kündigungssperrfrist auf bis zu zehn Jahre erhöht werden kann. Es darf sich dabei nur um Gebiete handeln, bei denen die Versorgung der Bevölkerung mit Wohnraum erheblich gefährdet ist.

Seit der Mietrechtsreform vom Mai 2013 gilt die Kündigungsbeschränkung entsprechend, wenn vermieteter Wohnraum nach der Überlassung an den Mieter an eine Personengesellschaft oder an mehrere Erwerber veräußert worden ist oder zu Gunsten einer Personengesellschaft oder mehrerer Erwerber mit einem Recht belastet worden ist, durch dessen Ausübung dem Mieter der vertragsgemäße Gebrauch entzogen wird. Das früher oft genutzte „Münchner Modell" der Umwandlung ist damit unzulässig geworden. Zu Gunsten des Mieters besteht ferner nach Umwandlung seiner Mietwohnung in eine Eigentumswohnung ein gesetzliches Vorkaufsrecht, das innerhalb einer Frist von zwei Monaten nach Eingang der Verkaufsmitteilung beim Mieter ausgeübt werden kann. Das gesetzliche Vorkaufsrecht bei Umwandlung mit öffentlichen Mitteln geförderter Wohnungen nach dem Wohnungsbindungsgesetz, das dem Mieter eine Zeit von sechs Monaten für die Entscheidung einräumt, wurde von den Neuregelungen im BGB nicht berührt.

Heute sind Umwandlungen vor allem in Ostdeutschland im Rahmen der Privatisierung des Wohnungsbestandes gewollt. Dabei stehen vor allem Bemühungen im Vordergrund, die Mieter als Käufer für das durch Umwandlung entstehende Wohneigentum zu gewinnen.

Umweltzone
environmental zone

Umweltzonen sind bestimmte Gebiete im Stadtbereich, in denen nur noch Fahrzeuge einer bestimmten Emissionsklasse fahren dürfen. Ziel ist die Verringerung von Schadstoffen, wobei die Reduzierung der Belastung mit Feinstaub im Vordergrund steht. Die Verordnung über die Kennzeichnung emissionsarmer Fahrzeuge ist zum 1.3.2007 in Kraft getreten.

Sie teilt alle Pkw Lkw und Busse in vier Schadstoffgruppen ein. Fahrzeuge der Schadstoffgruppe 1 erhalten keine Plakette, Fahrzeuge der Schadstoffgruppen 2 bis 4 bekommen Plaketten in den Farben rot, gelb und grün. Die StVO wurde um zwei neue Verkehrszeichen bereichert, die Anfang und Ende der Umweltzone markieren; ein Zusatzzeichen zeigt die dort jeweils zulässige Plakettenfarbe an. Für alle Fahrzeuge ohne eine solche Plakette besteht in der Umweltzone permanentes Fahrverbot.

Ausnahme generell: Der Transport von Behinderten in der Umweltzone ist auch Fahrzeugen ohne Plakette gestattet. Allerdings muss der behinderte Fahrer oder Fahrgast einen Schwerbehindertenausweis vorweisen können.

Wer ohne Plakette und ohne Sondergenehmigung in eine Umweltzone einfährt, riskiert 40 Euro Bußgeld und einen Punkt in Flensburg. Auch ausländische Fahrzeuge benötigen die Umweltplakette; diese kann online bestellt werden.

Umzugskosten
moving/relocation expenses

Umzugskosten sind sowohl bei beruflich bedingten, als auch bei privat veranlassten Umzügen steuerlich abzugsfähig.

Beruflich bedingte Umzüge

Als beruflich veranlasst gelten Umzüge, bei denen sich die Entfernung zum Arbeitsplatz um mindestens eine Stunde Fahrzeit reduziert. Auch Versetzungen an einen anderen Einsatzort oder Bezug beziehungsweise Kündigung einer Werks-/Dienstwohnung und so weiter werden anerkannt. Die entstehenden Kosten können bei Nichtselbstständigen als Werbungskosten und bei Selbstständigen als Betriebsausgaben steuerlich geltend gemacht werden. Dabei kann entweder ein Einzelnachweis der entstandenen Kosten vorgenommen oder aber ein Pauschalbetrag angesetzt werden.

Bei Einzelnachweis durch Belege sind zum Beispiel abzugsfähig die Kosten für:

- Wohnungssuche und Besichtigung (Fahrtkosten mit 0,30 Euro/Kilometer, Zeitungsanzeigen),
- Schönheitsreparaturen beim Auszug,
- Transportkosten für Umzugsgut (sowohl Spe-

ditionskosten als auch Miete für Leih-Lkw),
- Miete (bei Doppelzahlung für höchstens sechs Monate: Miete für neue Wohnung bis Einzugsdatum und Miete für alte Wohnung ab Tag des Auszugs),
- Maklerprovision für Mietobjekt,
- umstritten: Anschaffungskosten bestimmter Geräte (Elektroherd, Heizgeräte, Öfen).

Die Pauschalen werden jährlich vom Bundesfinanzministerium angepasst und betragen ab 1.1.2013:
- Verheiratete: 1.374 Euro,
- Ledige: 687 Euro,
- weitere mit umgezogene Haushaltsmitglieder: 303 Euro pro Person,
- Höchstbetrag umzugsbedingte Unterrichtskosten für ein Kind: 1.732 Euro.

Ab 01.08.2013:
- Verheiratete: 1.390 Euro,
- Ledige: 695 Euro,
- weitere Familien- bzw. Haushaltsmitglieder: 306 Euro,
- Höchstbetrag umzugsbedingte Unterrichtskosten für ein Kind: 1.752 Euro.

Werden die Umzugskosten vom Arbeitgeber erstattet, können sie nicht mehr steuerlich geltend gemacht werden.

Private Umzüge

Auch die Kosten für private Umzüge sind seit 1.1.2006 teilweise abzugsfähig. Sie fallen unter die Regelungen über haushaltsnahe Dienstleistungen. Abgesetzt werden können 20 Prozent der beim Umzug anfallenden Arbeitskosten, seit 2009 maximal 4.000 Euro im Jahr. Materialkosten und so weiter sind nicht absetzbar. Wer also mit einem gemieteten Lkw umzieht, statt eine Spedition zu beauftragen, kann nichts absetzen. Dem Finanzamt muss die Rechnung des Spediteurs und zwingend ein Kontoauszug mit erfolgter Abbuchung vorgelegt werden. Quittungen für Barzahlung sind nicht ausreichend.

Unland
wasteland

Unter Unland versteht man Flächen, die wegen ihrer Art nicht land- und forstwirtschaftlich genutzt und auch nicht durch Kultivierungsmaßnahmen einer solchen Nutzung zugeführt werden können. Es handelt sich um Sandflächen, Felsen und Schutthalden. Nach dem Bewertungsgesetz wird Unland als eine Betriebsfläche bezeichnet, die auch bei geordneter Wirtschaftsweise keinen Ertrag abwirft. Unland wird nicht bewertet. Ökologisch kann Unland eine Nische für besonders widerstandsfähige Reliktpflanzen sein.

Unlautere und irreführende geschäftliche Handlungen (Wettbewerbsrecht)
dishonest and deceiving business practices/ acts (German law on competition)

Unlautere geschäftliche Handlungen, die geeignet sind, die Interessen von Mitbewerbern, Verbrauchern oder sonstigen Marktteilnehmern spürbar zu beeinträchtigen, sind nach § 3 UWG unzulässig. Dabei geht es auch besonders um den Verbraucherschutz. Im Anhang zu § 3 UWG sind 30 solcher Handlungsweisen im Einzelnen aufgeführt, die Verbrauchern gegenüber stets unzulässig sind.

Hierzu zählen, um nur einige Handlungen zu nennen, zum Beispiel

- die Verwendung von Gütezeichen, Qualitätszeichen oder Ähnlichem ohne die erforderliche Genehmigung.
- Die unwahre Angabe, eine vom Unternehmer vorgenommene geschäftliche Handlung oder Dienstleistung sei von einer öffentlichen oder privaten Stelle bestätigt, gebilligt oder genehmigt.
- Eine als objektive Information getarnte Werbung.
- Lockangebote, wenn sie nicht auf einem entsprechenden Angebotsvorrat basieren.
- Die unwahre Angabe, bestimmte Dienstleistungen seien zu bestimmten Bedingungen nur für einen sehr begrenzten Zeitraum verfügbar, um den Verbraucher zu einer sofortigen geschäftlichen Entscheidung zu veranlassen.
- Die unwahre Angabe oder das Erwecken des unzutreffenden Eindrucks, gesetzlich bestehende Rechte stellten eine Besonderheit des Angebots dar.

Weitere Beispiele unlauterer geschäftlicher Handlungen sind in § 4 UWG aufgeführt, so beispielsweise die Behauptung von Tatsachen über Dienstleistungen oder Unternehmen eines Mitbewerbers, die den Betrieb des Unternehmens schädigen können, sofern die Tatsachen nicht erweislich wahr sind.

Beispiele für speziell irreführende geschäftliche Handlungen sind in § 5 UWG gelistet, zum Beispiel unwahre Angaben über Befähigung, Status, Zulassung, Mitgliedschaften oder Beziehungen, Auszeichnungen oder Ehrungen des werbenden Unternehmers. Ebenso unwahre Angaben über die Ergebnisse oder wesentlichen Bestandteile von Tests der Dienstleistungen.

Auf das Maklergeschäft übertragen ist beispielsweise der unwahre Hinweis darauf unzulässig, der Kunde müsse sich schnell entscheiden, denn ein kaufentschlossener Interessent sei bereits vorhanden. Unlauter wäre auch der scheinbar objektive Bericht über bevorstehende steigende Preise bei bestimmten Immobilien, der aus der Feder eines Maklers stammt, wenn er auf der gleichen Seite der Zeitung entsprechende Objekte zum Sonderpreis anbietet, für den Fall dass der Vertrag innerhalb einer bestimmten Frist abgeschlossen würde.

Einen Sonderfall stellt die Irreführung durch Unterlassen dar (§ 5a UWG). Dabei geht es darum, ob das Verschweigen einer Tatsache eine Bedeutung für eine geschäftliche Entscheidung hat und ob das Verschweigen dazu führt, die Entscheidung zu beeinflussen. Vor Einführung des § 5a UWG hat die Rechtsprechung solche Fälle auch schon als Irreführung gesehen. Eine solche sahen die Gerichte zum Beispiel bei dem Verkauf einer vermieteten Eigentumswohnung ohne den Vermietungshinweis in der Werbung.

Unlauter und irreführend im Sinne des § 5a Abs. 3 Nr. 3 ist zum Beispiel auch die fehlende Preisangabe, wenn die Angabe des Preises es dem Verbraucher ansonsten ermöglichen würde, das Geschäft abzuschließen. Die Preisangabe ist in diesem Fall eine wesentliche Angabe, die nicht fehlen darf. Gleiches gilt für Pflichtinformationen, wie zum Beispiel die Verbrauchskennzahl eines Hauses beziehungsweise einer Wohnung in der Immobilienwerbung oder die Information zum Widerrufsrecht bei Geschäften des Fernabsatzes beispielsweise beim Buchverkauf im Internet.

Unterkunft
lodging; dwelling; accommodation; housing

Eine Unterkunft – auch Obdach genannt – ist alles, was Schutz vor Wind und Wetter bietet und entweder zum bloßen Übernachten oder zum vorübergehenden oder dauerhaften Wohnen dient. Ein Zelt fällt darunter, ebenso wie Gebäude und Fahrzeuge. Unterkünfte in Form von Gebäuden sind zum Beispiel Wohnheime, Kasernen, Krankenhäuser, Alten- und Pflegeheime, Ferienhäuser, Ferienwohnungen, Hotelzimmer, Pensionen, Baracken, Lauben, Gartenhütten, Almhütten, Jugendherbergen, Wohncontainer und auch Gefängnisse.

Gebäude mit ein bis zwei Freizeitwohneinheiten werden nur dann als Unterkünfte angesehen, wenn ihre Wohnfläche insgesamt unter 50 m² liegt. Unterkünfte in Form von Fahrzeugen werden meist eher vorübergehend benutzt: Zum Beispiel Wohnwagen, Wohnmobile, Wohnschiffe, Hausboote, Yachten, Kreuzfahrtschiffe und Eisenbahnzüge.

Statistische Datenerhebungen erfassen nur bewohnte Unterkünfte. Wohnwagen und Gartenlauben werden nur mitgezählt, wenn deren Bewohner

dort permanent wohnen und keine andere Wohnmöglichkeit haben.

Untermiete
subletting; underlease; sublease; sandwich lease

Das Gesetz schützt das Vertrauen und die Zielsetzung, aufgrund derer der Vermieter nach Prüfung
des Mieters den Vertrag abgeschlossen hat. Es
gibt daher dem Mieter grundsätzlich kein Recht
zur Untervermietung ohne entsprechende Erlaubnis des Vermieters. Der Gesetzgeber unterscheidet zwischen der Untervermietung von Teilen der
Wohnung und der Untervermietung der gesamten
Wohnung.

Soll nur ein Teil der Wohnung, etwa ein Zimmer,
untervermietet werden, kann der bisherige Mieter
in bestimmten Fällen ein berechtigtes Interesse an
der Untervermietung haben. Beispiele: Arbeitslo-
sigkeit des Mieters, mehrmonatiger Auslandsauf-
enthalt des Mieters, Verkleinerung der Familie,
eigene Pflegebedürftigkeit usw. In einem solchen
Fall kann der Mieter die Zustimmung des Vermieters zur Untervermietung (Gebrauchsüberlassung
an Dritte) verlangen. Dies gilt nur dann nicht, wenn
in der Person des Untermieters ein wichtiger Grund
für die Versagung der Erlaubnis liegt, oder es zu
einer übermäßigen Belegung der Wohnung käme
oder andere wichtige Gründe die Untervermietung
für den Vermieter unzumutbar machen (zum Beispiel geplante Gewerbeausübung in der Wohnung
durch Untermieter). Dass Nationalität, Geschlecht,
Hautfarbe, Religion etc. keine akzeptablen Gründe
für die Ablehnung eines Untermieters sind, versteht
sich von selbst. Dem stehen auch die Regelungen des
Allgemeinen Gleichbehandlungsgesetzes (AGG)
entgegen. Wenn dem Vermieter die Untervermietung nur gegen eine angemessene Erhöhung der
Miete zuzumuten ist, kann er die Erlaubnis davon
abhängig machen.

Soll die ganze Wohnung untervermietet werden,
ist die Erlaubnis des Vermieters erforderlich. Ein
Anspruch auf Erteilung der Erlaubnis bei berech-
tigtem Interesse besteht hier nicht. Wird die Erlaubnis nicht erteilt, hat der Mieter das Recht zur
außerordentlichen Kündigung mit gesetzlicher Frist
– sofern nicht in der Person des Untermieters ein
wichtiger Ablehnungsgrund vorliegt (zum Beispiel
Zahlungsunfähigkeit).

Die Erteilung der Erlaubnis durch den Vermieter
bedeutet nicht, dass dieser für etwaige Schäden
haftet, die der Untermieter an der Wohnung anrich-
tet. Für jedes dem Untermieter zur Last fallende
Verschulden muss der Mieter geradestehen. In Ge-

schäftsraummietverträgen ist es üblich, Regelungen
über das Recht zur Untervermietung zu treffen.

Für einen Gewerbemietvertrag hat der Bundesgerichtshof am 8.7.2009 entschieden (Az. XIII ZR
76/08), dass der Eigentümer gegen den Hauptmieter einen Anspruch auf Herausgabe des Mehrer-
löses aus einer Untervermietung haben kann. Dies
gilt ausschließlich für den Zeitraum nach Beendigung des Hauptmietvertrages, in dem der Untermieter das Mietobjekt weiter nutzt. Im verhandelten Fall war ein Gewerbeobjekt für 1.000 DM gemietet und für 7.000 DM untervermietet worden.
Nach Kündigung des Hauptmietverhältnisses durch
den Vermieter war eine Räumungsklage erfolglos
geblieben. Der Hauptmieter zahlte weiterhin 1.000
DM im Monat. Nach etwa vier Jahren wurde der
Untermietvertrag einvernehmlich beendet, der
Untermieter zahlte an den Hauptmieter eine Entschädigung von über 14.000 Euro wegen vorzei-
tiger Vertragsbeendigung. Der Bundesgerichtshof
entschied, dass der Hauptmieter ab Zeitpunkt der
ersten, wirksamen Kündigung des Hauptmietvertrages bis zum Zeitpunkt der Beendigung des Un-
termietvertrages den laufenden Mehrerlös aus der
Untervermietung (6.000 DM im Monat) sowie die
Entschädigung von 14.000 Euro an den Vermieter
herausgeben müsse. Die Entscheidung beruht auf
§ 546 Abs. 1, § 292 Abs. 2, 987 Abs. 1 BGB
(Herausgabe von gezogenen Nutzungen nach
Rechtshängigkeit).

Die Zwangsräumung von Wohnungen wurde in den
letzten Jahren immer wieder dadurch erschwert,
dass beim Räumungstermin ein dem Vermieter bis
dahin nicht bekannter Untermieter in der Wohnung
anzutreffen war. Da gegen diesen kein Räumungstitel vorlag, konnte der Gerichtsvollzieher die Räumung nicht vollstrecken. Im Zuge der Mietrechtsreform 2013 wurden die gesetzlichen Regelungen
geändert: Liegt gegen den Mieter ein vollstreck-
barer Räumungstitel vor, kann nun durch einst-
weilige Verfügung auch gegen einen Untermieter vollstreckt werden, von dessen Existenz der
Vermieter erst nach dem Schluss der mündlichen
Gerichtsverhandlung Kenntnis erlangt hat (§ 940a
Abs. 2 Zivilprozessordnung). Dies erleichtert die
Räumung für den Vermieter. Allerdings gilt weiterhin: Ohne Beteiligung eines Gerichts kann der
Untermieter nicht aus der Wohnung entfernt werden. Und wenn der Vermieter von dem Untermieter
weiß, sollte sich die Räumungsklage von Anfang an
auch gegen diesen richten.

Unterverbriefung
undervaluation (in the purchase contract)

Als Unterverbriefung oder Schwarzbeurkundung wird ein Tatbestand bezeichnet, bei dem die Parteien eines Grundstückskaufvertrages vereinbaren, einen Teil des Kaufpreises bei der notariellen Beurkundung des Kaufvertrages nicht anzugeben. Gleiches gilt, wenn sie einen sonstigen geldwerten Vorteil für den Verkäufer vereinbaren, der in der notariellen Urkunde nicht erscheinen soll (zum Beispiel dass der Verkäufer die verkaufte Wohnung noch ein Jahr lang kostenlos nutzen kann).

Es gibt zwei Hauptmotive für solche Vereinbarungen, nämlich Ersparnis von Erwerbsnebenkosten (Notar- und Grundbuchgebühren, Grunderwerbsteuer, eventuell auch Maklergebühren) oder Geldwäsche.

Rechtlich gesehen ist ein Kaufvertrag, der unter solchen Bedingungen geschlossen wird, unwirksam, weil er gegen die Formvorschrift des § 311b BGB verstößt. Außerdem handelt es sich um ein nichtiges Scheingeschäft. Geheilt wird der Vertrag allerdings durch Umschreibung im Grundbuch, da die Eintragungen in Abteilung I öffentlichen Glauben genießen. Bei der Unterverbriefung kommt noch der Straftatbestand der Steuerhinterziehung in Bezug auf die gewollte Steuerverkürzung bei der Grunderwerbsteuer hinzu.

Wirkt ein Makler bei dem Grundstücksgeschäft mit, macht er sich ebenfalls strafbar. Vorausgesetzt wird dabei, dass er einen strafbaren Tatbeitrag leistet, indem er etwa das Schwarzgeld in Empfang nimmt und nach Beurkundung an den Verkäufer weiterleitet. Reines „Mitbekommen" der Unterverbriefung ist nicht strafbar. Es gehört allerdings zu den Sorgfaltspflichten jeden Maklers, seine Auftraggeber vor einer Unterverbriefung eindringlich zu warnen und sie über die Folgen aufzuklären.

Wurde Schwarzgeld aus Gründen der Geldwäsche bezahlt, ist der Makler ohnehin verpflichtet, die Zentralstelle für Verdachtsanzeigen und die Staatsanwaltschaft zu informieren.

Die Parteien gehen bei solchen Manipulationen ein erhebliches Risiko ein. Zahlt der Käufer das Schwarzgeld vor der Verbriefung und weigert sich dann der Verkäufer zur Beurkundung zu erscheinen, dann ist das Geld schlicht verloren. Soll der Käufer das Schwarzgeld nach der Beurkundung zahlen, und weigert er sich, hat der Verkäufer keine Anspruchsgrundlage zur Durchsetzung seiner Forderung. Schließlich kann das Schwarzgeschäft noch durch Selbstanzeige eines der Beteiligten beim Finanzamt auffliegen.

Unterversicherung
underinsurance

Wer ein Risiko versichert und dafür den Wert – um die Prämie niedrig zu halten – zu niedrig angibt, riskiert, unterversichert zu sein. Man spricht von „Unterversicherung", wenn im Vertrag der Wert des versicherten Gegenstandes deutlich zu niedrig angegeben worden ist. Nach den Bestimmungen ist es der Versicherungsnehmer, der dafür verantwortlich ist, den Wert (vom Hausrat bis zur Immobilie) richtig und zeitgerecht anzugeben. Oft wird auch einfach vergessen, den Wert nach einigen Jahren anzupassen. Der Wille zu sparen kann zu bösen Überraschungen führen, denn im Schadensfall rechnet die Versicherung wie folgt:

$$\frac{\text{Versicherungssumme x Schaden}}{\text{Wiederbeschaffungspreis}} = \text{Entschädigung}$$

Beispiel: Im Vertrag wird die Versicherungssumme mit 100.000 Euro angegeben. Der Wiederbeschaffungswert beläuft sich nach Eintritt des Versicherungsfalles laut Gutachten auf 200.000 Euro. Der Schaden liegt bei 20.000 Euro.

Rechnung der Versicherung nach obiger Formel:

$$\frac{\text{100.000 Euro x 20.000 Euro}}{\text{200.000 Euro}} = 10.000 \text{ Euro}$$

Die festgestellte Unterversicherung führt zu einem Verlust von 10.000 Euro.

Bei der Hausratversicherung wird als Versicherungsstandard mit einem Versicherungswert von 650 Euro pro Quadratmeter Wohnfläche gerechnet.

Unzumutbare Belästigung
unreasonable nuisance

Unzumutbare Belästigung gehört zur „belästigenden Werbung" die im UWG in die Kategorie des unlauteren Wettbewerbs eingestuft wurde. Dies gilt im Grundsatz für jegliche Werbung, zu der der Beworbene nicht sein Einverständnis erteilt hat. Eine unzumutbare Belästigung nach § 7 UWG ist bei einer Werbung durch Telefonanrufe anzunehmen:

- Gegenüber Verbrauchern ohne deren Einwilligung. Die Einwilligung muss vorher und für den konkreten Fall erteilt sein. Verstöße können mit einem Bußgeld bis zu 50.000 Euro geahndet werden.
- Gegenüber sonstigen Marktteilnehmern ohne deren zumindest mutmaßliche Einwilligung. Eine mutmaßliche Einwilligung eines Unternehmens in die Telefonwerbung liegt in der Regel vor, wenn eine laufende Geschäftsbeziehung zwischen dem werbenden und dem angerufenen Unternehmen und ein sachlicher Zusammenhang mit dieser Geschäftsbeziehung bestehen.

Unzumutbar ist ferner eine Werbung unter Verwendung von automatischen Anrufmaschinen, Faxgeräten oder elektronischer Post, ohne dass eine Einwilligung der Adressaten vorliegt. Schließlich wird eine unzumutbare Belästigung bei einer Werbung mit Nachrichten unterstellt, bei der die Identität des Absenders, in dessen Auftrag die Nachricht übermittelt wird, verschleiert oder verheimlicht wird oder bei der keine gültige Adresse vorhanden ist, an die der Empfänger eine Aufforderung zur Einstellung solcher Nachrichten richten kann, ohne dass hierfür andere als die Übermittlungskosten nach den Basistarifen entstehen. Wer Rufnummern unterdrückt, muss ohnehin mit einem Bußgeld bis zu 10.000 Euro rechnen. Voraussetzung für die Zulässigkeit jeder Werbung ist, dass die Identität des Absenders oder Auftraggebers klar und eindeutig angegeben ist.

Eine unzumutbare Belästigung im Maklergeschäft kann sich durch die Methode der „Kaltakquise" ergeben, mit der Makler durch Anrufe, Fax oder E-Mail versuchen, einen Verkaufsauftrag von einem Immobilienanbieter zu erhalten, dessen Verkaufsabsichten dem Makler bekannt wurden. Seit Inkrafttreten des Gesetzes zur Bekämpfung unerlaubter Telefonwerbung und zur Verbesserung des Verbraucherschutzes am 4.8.2009 mit der Ergänzung des § 7 UWG dürfen Gewerbetreibende Verbraucher nicht mehr von sich aus telefonisch kontaktieren. Sie müssen vorher eine nachweisbare Erlaubnis einholen. Das wirkt sich auch auf das Maklergeschäft aus, da eine „Kaltakquise", die durch einen Telefonanruf des Maklers beim Verkäufer oder Vermieter eingeleitet wird, nicht mehr möglich ist. Der Makler kann auch keine möglichen Interessenten von sich aus anrufen, um sie über ein Objektangebot zu informieren. Erlaubt sind jedoch Telefonanrufe, wenn bereits ein Auftragsverhältnis, beziehungsweise eine Geschäftsbeziehung besteht. Zuwiderhandlungen stellen eine Ordnungswidrigkeit dar, die mit einem Bußgeld bis zu 50.000 Euro bei Vorsatz, ansonsten mit 25.000 Euro geahndet wird.

Vandalismus
vandalism

Vandalismus kann verschiedene Ursachen haben. Hierzu zählen Zerstörungswut, Demonstration jugendlicher Kraftmeierei, Psychopathie, aber auch Selbstverwirklichungssyndrome. Im Rahmen der Immobilienwirtschaft tritt Vandalismus überwiegend auf durch Sprayen von Graffitis an Hauswänden, Mauern, Schaufenstern. Aber auch Eisenbahn und S-Bahnwaggons sind Zielscheiben des Vandalismus. Um die Kosten der Beseitigung der Schäden an Gebäuden steuern zu können, ist es ratsam, die Risiken in die verbundene Wohngebäudeversicherung mit einzubeziehen.

Verbraucher
consumer

Unter Verbraucher versteht man nach § 13 BGB jede natürliche Person, die ein Rechtsgeschäft zu einem Zweck abschließt, der weder ihrer gewerblichen noch ihrer selbständigen beruflichen Tätigkeit zugerechnet werden kann. Verbraucher genießen einen besonderen zivilrechtlichen Schutz, insbesondere ein Widerrufsrecht bei Haustürgeschäften (§ 312 BGB), bei Abschluss eines Darlehensvertrages (§§ 419 ff BGB), Teilzeit-Wohnrechteverträgen (§§ 481 ff BGB) und bei Fernabsatzverträgen (§ 312e BGB). Verbraucherschützende Bestimmungen finden sich auch im Investmentgesetz und im Fernunterrichtsgesetz. Im weiteren Sinne haben auch die Vorschriften des BGB über das Wohnungsmietrecht verbraucherschützenden Charakter. Öffentlich rechtliche Schutzvorschriften für Verbraucher finden sich in der Preisangabenverordnung, der Makler-und Bauträger-Verordnung sowie dem Wohnungsvermittlungsgesetz.

Verbraucherdarlehen
consumer loan

Ergänzend zu den Vorschriften über das Darlehen im BGB wurden im Zuge der BGB Reform Vorschriften über den Verbraucherdarlehensvertrag eingefügt. Danach ist strikt Schriftform vorgeschrieben. Der Abschluss des Vertrags in elektronischer Form ist ausgeschlossen. Zwingend müssen im Darlehensvertrag nach § 492 BGB enthalten sein:
- Der Nettodarlehensbetrag,
- gegebenenfalls die Höchstgrenze des Darlehens,
- der Gesamtbetrag aller vom Darlehensnehmer zur Tilgung des Darlehens sowie zur Zahlung der Zinsen und sonstigen Kosten zu entrichtenden Teilzahlungen, wenn der Gesamtbetrag bei Abschluss des Verbraucherdarlehensvertrags für die gesamte Laufzeit der Höhe nach feststeht,

- bei Darlehen mit veränderlichen Bedingungen, die in Teilzahlungen getilgt werden, einen Gesamtbetrag auf der Grundlage der bei Abschluss des Vertrags maßgeblichen Darlehensbedingungen,
- die Art und Weise der Rückzahlung des Darlehens oder, wenn eine Vereinbarung hierüber nicht vorgesehen ist, die Regelung der Vertragsbeendigung,
- der Zinssatz und alle sonstigen Kosten des Darlehens, die, soweit ihre Höhe bekannt ist, im Einzelnen zu bezeichnen und dem Grunde nach anzugeben sind, einschließlich etwaiger vom Darlehensnehmer zu tragenden Vermittlungskosten,
- der effektive Jahreszins oder, wenn eine Änderung des Zinssatzes oder anderer preisbestimmender Faktoren vorbehalten ist, der anfängliche effektive Jahreszins. Zusammen mit dem anfänglichen effektiven Jahreszins ist auch anzugeben, unter welchen Voraussetzungen preisbestimmende Faktoren geändert werden können und auf welchen Zeitraum Belastungen, die sich aus einem Disagio oder aus einem Zuschlag zu dem Darlehen ergeben, bei der Berechnung des effektiven Jahreszinses verrechnet werden (dies gilt jedoch nicht bei grundbuchlich abgesicherten Immobiliendarlehen mit Verbrauchern). Fehlt die Angabe des effektiven oder anfänglichen effektiven Jahreszinses, ermäßigt sich der dem Verbraucherdarlehensvertrag zugrunde gelegte Zinssatz auf den gesetzlichen Zinssatz!
- Die Kosten einer Restschuld- oder sonstigen Versicherung, die im Zusammenhang mit dem Verbraucherdarlehensvertrag abgeschlossen wird,
- etwa zu bestellende Sicherheiten.

Endet eine vereinbarte Zinsbindung, muss der Darlehensgeber den Darlehensnehmer spätestens drei Monate vor Ende der Zinsbindung darüber unterrichten, ob er zu einer neuen Zinsbindungsabrede bereit ist. Dem Darlehensnehmer steht bei einem Verbraucherdarlehensvertrag ein Widerrufsrecht nach § 355 BGB zu, es sei denn, der Darlehensnehmer kann nach dem Vertrag das Darlehen jederzeit ohne Einhaltung einer Kündigungsfrist und ohne zusätzliche Kosten zurückzahlen.

Wie andere Verbraucherschutzvorschriften sind auch die des Verbraucherkreditgesetzes in das BGB eingefügt worden. Auch hier soll die Umsetzung der Vorschriften überwacht und notfalls gerichtlich geltend gemacht werden können. Ein Verstoß gegen die §§ 491-498 BGB kann daher auch eine Abmahnung nach dem Unterlassungsklagegesetz (UklaG) zur Folge haben.

Vergleichsmiete, ortsübliche (Wohnungsmiete)
comparable rent, based on a representative cross-section of local residential lettings (flat/residential rent)

Die ortsübliche Vergleichsmiete ist ein Maßstab für Mieterhöhungsverlangen (§ 558 BGB) und für Neuvermietungen (§ 5 WiStG). Als Bezugsgröße für den Vergleich sind Mieten heranzuziehen, die in den letzten vier Jahren neu vereinbart oder im Rahmen bestehender Mietverträge angepasst wurden. Vergleichbar müssen die Wohnungen hinsichtlich Art, Größe, Ausstattung, Beschaffenheit und Lage einschließlich der energetischen Beschaffenheit und Ausstattung innerhalb der Gemeinde oder vergleichbaren Gemeinden sein.

Orientierungsgrundlage sind so genannte Mietspiegel. Zu unterscheiden ist zwischen einem einfachen und einem qualifizierten Mietspiegel. Letzterer wird unterstellt, wenn er nach anerkannten wissenschaftlichen Grundsätzen erstellt und von den Interessenvertretern der Mietvertragsparteien anerkannt wurde.

Der Vermieter kann sich zur Begründung seines Mieterhöhungsverlangens aber auch auf die Mieten von drei vergleichbaren Wohnungen stützen, die die Vergleichsmiete annähernd repräsentieren. Eine weitere Möglichkeit besteht darin, das Gutachten eines öffentlich bestellten und vereidigten Sachverständigen oder eine Auskunft aus einer Mietdatenbank einzuholen. Zu beachten ist allerdings, dass eine gesetzliche Vermutung dafür spricht, dass ein qualifizierter Mietspiegel die ortsübliche Vergleichsmiete widerspiegelt und damit Vorrang hat.

Der Vermieter kann die Zustimmung zur Mieterhöhung grundsätzlich verlangen, wenn die neue Miete die ortsübliche Vergleichsmiete nicht überschreitet. Allerdings ist auch noch eine Kappungsgrenze zu beachten. Der Mieterhöhungsbetrag darf danach innerhalb von drei Jahren 20 Prozent der Ausgangsmiete nicht übersteigen. Bei niedrigem Ausgangsmietniveau kann die Anpassung an die Vergleichsmiete damit viele Jahre dauern. Bei Wohnungsmangel kann die jeweilige Landesregierung seit der Mietrechtsreform 2013 Gebiete festlegen, in denen die Kappungsgrenze auf 15 Prozent verringert wird.

Sichert der Verkäufer einer Immobilie dem Käufer zu, dass das Objekt bestimmte Mieterträge erzielen wird und dass diese sich im Rahmen der ortsüblichen Vergleichsmiete bewegen, stellt diese

Zusicherung eine Beschaffenheitsvereinbarung dar. Stellt sich später heraus, dass die angegebenen Mieten nicht erzielt werden können, weil diese den Straftatbestand des Mietwuchers erfüllen würden (Überschreitung der ortsüblichen Vergleichsmiete um mehr als 50 Prozent), hat der Käufer Anspruch auf Schadenersatz (Urteil des OLG Frankfurt vom 13.4.2011, Az. 19 U 45/08).

Verjährung
lapse of time (legal); limitation; statute of limitation(s); prescription

Ansprüche, von einem anderen ein Tun oder Unterlassen zu verlangen, unterliegen der Verjährung. Das bedeutet, dass die Ansprüche nicht zeitlich unbegrenzt geltend gemacht werden können. Die regelmäßige Verjährungsfrist beträgt drei Jahre (früher 30 Jahre!).

Entscheidend ist die Frage, wann die Verjährungsfrist zu laufen beginnt. Die regelmäßige Verjährungsfrist beginnt mit dem Schluss des Jahres, in dem der Anspruch entstanden ist und der Anspruchsberechtigte Kenntnis von den die Verjährung auslösenden Umständen und der Person des Schuldners erlangt hat oder (ohne grobe Fahrlässigkeit) hätte erlangen müssen. Das bedeutet, dass sich die Frist verlängern kann, wenn zwischen dem Zeitpunkt, in dem der Anspruch entsteht und dem Zeitpunkt der Kenntnisnahme des Umstandes, der den Anspruch entstehen ließ, eine längere Zeit verstreicht. Denn dann ist maßgebend für den Beginn der Frist die spätere Kenntnisnahme.

Da der Makler regelmäßig seinen Vertragspartner kennt und ihm ja auch die Provisionsrechnung geschickt hat, beginnt die Verjährung der Provisionsforderung aus einer Rechnung zum Beispiel vom 19.10.2012 mit Ablauf des Jahres 2012 und endet mit Ablauf des Jahres 2015. Um die Verjährung zu hemmen, muss der Makler also vor dem 31.12.2015 seinen Anspruch durch einen Mahnbescheid oder eine Klage geltend machen. Eine bloße Mahnung oder ähnliches reicht nicht aus. Allerdings kann der Anspruch nach Ablauf von zehn Jahren nach seiner Entstehung nicht mehr geltend gemacht werden. Bei bestimmten Schadensersatzansprüchen (etwa bei Verletzung der Gesundheit) liegt die Höchstfrist für die Geltendmachung des Schadens bei 30 Jahren.

Entsteht aufgrund einer Handlung, einer Pflichtverletzung oder eines anderen Schaden verursachenden Ereignisses der Schaden erst viel später, dann beginnt die dreijährige Verjährungsfrist erst ab dem Eintritt des Schadens und seiner Kenntnisnahme. Nach Ablauf von 30 Jahren aber kann auch

hier kein Anspruch mehr geltend gemacht werden. Die Verjährung kann gehemmt werden, etwa durch Verhandlungen, durch Klageerhebung, Mahnbescheid und so weiter. Sie kann aber auch neu beginnen, wenn der Anspruch von dem in Anspruch genommenen anerkannt wird (zum Beispiel durch Teilzahlung). Neben der dreijährigen Regelfrist kennt das BGB zehn- und 30-jährige Fristen. So verjähren in zehn Jahren Ansprüche auf Eigentumsübertrag an Grundstücken, auf Begründung, Übertragung oder Aufhebung von Rechten an Grundstücken. Die 30-jährige Verjährungsfrist bezieht sich unter anderem auf Herausgabeansprüche aus Eigentum und anderen dinglichen Rechten, familien- und erbrechtliche Ansprüche, rechtkräftig festgestellte Ansprüche.

Schließlich muss noch auf schuldrechtstypische Verjährungsregelungen hingewiesen werden. Hierzu gehören im immobilienwirtschaftlichen Bereich besonders miet-, kauf- und werkvertragliche Verjährungsfristen. Ferner gibt es in anderen Gesetzen außerhalb des BGB weitere Verjährungsregelungen.

Verkaufsbetreuung
sales support

Verkaufsbetreuung ist eine Dienstleistung, die alternativ zu einer Maklertätigkeit zur Förderung des Verkaufs einer Immobilie angeboten werden kann. Der Unterschied zur Maklertätigkeit besteht im Wesentlichen darin, dass der Verkaufsbetreuer für seine Dienstleistung und nicht für den Verkaufserfolg vergütet wird.

Der Leistungskatalog des Verkaufsbetreuers ist Gegenstand des Betreuungsvertrages. Er dürfte auch die Leistungen umfassen, die ein guter Makler im Falle seiner Beauftragung erbringen würde, um zum Erfolg zu gelangen. Der Leistungskatalog umfasst im Wesentlichen:

- Objektanalyse,
- Preisberatung/Objektbewertung,
- Erstellung eines Werbekonzepts und eines Exposés,
- Durchführung der geplanten Werbemaßnahmen,
- Interessentenbegleitung bei Besichtigungen,
- Beschaffung und Zurverfügungstellung von Beleihungsunterlagen,
- Beschaffung der Finanzierung,
- Verhandlungsführung,
- Vorbereitung der notariellen Beurkundung des Kaufvertrages,
- Nachbetreuung bei Erfüllung der Kaufvertragsverpflichtungen (zum Beispiel Umzugsservice usw.).

Das Dienstleistungshonorar wird analog zum Honorar des Baubetreuers als Prozentsatz des Geschäftswertes (Wert des Kaufgegenstandes) berechnet. Da der Verkaufsbetreuer keinem „Nichterfolgsrisiko" ausgesetzt ist, liegt das Betreuungshonorar unter dem eines Maklers, wenn von Sonderleistungen abgesehen wird.

Verkaufsbetreuung ist in Deutschland noch nicht weit verbreitet. Hier überwiegt die erfolgsorientierte Maklertätigkeit. Auch wenn der Verkaufsbetreuer kein Erfolgshonorar verlangt, bedarf er, wie ein Makler, einer Erlaubnis nach § 34c GewO, es sei denn, er klammert die Erbringung von Vermittlungs- und Nachweisleistungen aus seinem Leistungskatalog aus.

Verkehrsberuhigung
traffic reduction; traffic calming

Verkehrsberuhigung hat vornehmlich die Verringerung und die umweltschonende Abwicklung des Autoverkehrs zum Ziele. Es sollen dabei auch die Lärm- und Schadstoffemissionen reduziert werden. Man erhofft sich durch Geschwindigkeitsbegrenzungen auch eine Erhöhung der Verkehrssicherheit. Fußgängerzonen, Spielstraßen und Tempo-30-Zonen sind die gängigen Maßnahmen einer flächendeckenden Verkehrsberuhigung. Erreicht wird insbesondere eine Verringerung des gebietsfremden Durchgangsverkehrs. Verkehrsberuhigte Zonen werden an ihrem Beginn in der Regel durch Bremsschwellen markiert, die farblich gekennzeichnet sind und – bei Tempo-30-Zonen – bis zu sieben Zentimeter Höhe erreichen können. Sie zwingen den schnellen Autofahrer zur Drosselung seines Tempos. Verkehrsberuhigte Zonen steigern in der Regel den Wohnwert des davon betroffenen Gebietes nicht unerheblich.

Verkehrssicherungspflicht
liability for premises

Derjenige, der eine Gefahrenquelle schafft (Haus, Schwimmbad, usw.), ist verpflichtet, alle zumutbaren Maßnahmen zu treffen, damit die Gefahrenquelle beseitigt wird. Unterlässt er diese Sicherungsvorkehrungen, kann er schadensersatzpflichtig werden. Kommt beispielsweise ein Passant vor einem Haus zu Fall, weil der Grundstückseigentümer im Winter nicht den Schnee geräumt hat, kann der Fußgänger Ansprüche gegen den Grundstückseigentümer geltend machen.

Ebenso muss der Eigentümer in der Eigenschaft als Vermieter dafür sorgen, dass seine Mieter ohne Gefahr für Körper und Gesundheit die Mietwohnung vertragsgemäß nutzen können. Dies bezieht sich zum Beispiel auf sicheren Zustand der Leitungen, funktionierende Treppenhausbeleuchtung, mögliche Gefahrenquellen in Hof, Treppenhaus oder gemeinschaftlich genutzter Gartenanlage. Regelmäßige Kontrollen der Sicherheit sind erforderlich. Kommt es in den Mieträumen oder in Gemeinschaftsräumen, die der Mieter normalerweise berechtigtermaßen benutzt, zu einem Unfall mit Verletzungen, haftet der Vermieter unter Umständen auch auf Schmerzensgeld. So gestand das Landgericht Berlin einem Mieter, der beim Herauftragen von Kohlen aus dem Keller bei defekter Beleuchtung über einen vorstehenden Balken gestolpert war und sich erheblich verletzt hatte, 2.500 Euro Schmerzensgeld zu (Az. 67 S 319/03, Urteil vom 5.3.2007).

Die Beauftragung einer Hausverwaltungsfirma befreit den Vermieter nicht von seiner Haftung aus der Verletzung von Verkehrssicherungspflichten, da er nach dem Bürgerlichen Gesetzbuch für etwaige Pflichtverletzungen seiner Erfüllungsgehilfen – also der von ihm im Rahmen seiner vertraglichen Pflichten gegenüber den Mietern beauftragten Personen oder Unternehmen – haften muss.

Gewisse Einschränkungen dieser Vermieterhaftung ergeben sich für die Mieträume selbst. Treten hier Gefahren auf, muss der Mieter sie dem Vermieter melden. Tut er dies nicht, kann der Vermieter nicht reagieren. Damit haftet er nicht und kann gegebenenfalls vom Mieter Schadenersatz verlangen.

Auch haftet der Vermieter nicht gegen jede nur entfernt denkbare Gefahr Sicherheitsmaßnahmen treffen: Die Vorsichtsmaßnahmen müssen zumutbar bleiben. **Beispiel:** Ein Berliner Mieter scheiterte mit seiner Klage auf Schadenersatz und Schmerzensgeld, nachdem er in seiner Garagenzufahrt im August auf einer Öllache ausgerutscht war, die sich unter herabgefallenem Laub befand. Die Zufahrt war erst am Tag zuvor vermieterseitig gesäubert und kontrolliert worden. Eine tägliche Reinigung und Kontrolle war laut Gericht unzumutbar, weil kein besonderer Anlass bestand, wie etwa größere Mengen von Herbstlaub. Damit müsse jedoch im August noch nicht gerechnet werden (Kammergericht Berlin, Az. 9 U 185/05 vom 24.10.2006).

Gängige Mietverträge enthalten Regelungen, durch die ein Teil der Verkehrssicherungspflichten auf den Mieter abgewälzt wird – so zum Beispiel die Räum- und Streupflicht. Ein durch die Schuld des Mieters Geschädigter kann in diesem Fall sowohl Vermieter als auch Mieter in Anspruch nehmen. Kann der Vermieter nachweisen, dass er mit Bedacht einen zuverlässig erscheinenden Mieter ausgewählt hat, haftet er nicht. Gelingt der Nachweis nicht, muss er zwar Schadenersatz leisten, kann aber seinerseits den Mieter in Anspruch nehmen. Gegen Schadensersatzansprüche wegen Verletzung von Verkehrssicherungspflichten können sich Hausbesitzer durch den Abschluss einer Haus- und Grundbesitzerhaftpflichtversicherung (umgangssprachlich auch: Vermieterhaftpflicht) schützen. In vielen Privathaftpflicht-Policen ist bereits die Vermietung eines einzigen Mietobjekts, teilweise begrenzt auf eine bestimmte Objektgröße, eingeschlossen. Mieter können sich durch den Abschluss einer Privathaftpflichtversicherung absichern.

Verkehrswert
(current) market value; sale(s) value; fair market value

Der Verkehrswert (Marktwert) wird durch den Preis bestimmt, der zum Wertermittlungsstichtag im gewöhnlichen Geschäftsverkehr am Grundstücksmarkt im Falle eines Verkaufes am Bewertungsstichtag zu erzielen wäre. Dabei sind rechtliche Gegebenheiten (Beispiel Grunddienstbarkeit wie etwa ein Wegerecht, vertraglich vereinbarte Mietbindungen), tatsächliche Eigenschaften (Beispiel: Entwicklungszustand des Grundstücks – erschlossen, nicht erschlossen) sowie die sonstige Beschaffenheit (Beispiel: großer Reparaturstau) zu berücksichtigen. Außer Betracht bleiben persönliche und ungewöhnliche Verhältnisse, die das Marktgeschehen beeinflussen könnten. Hierzu zählt etwa die Gewährung eines Freundschaftspreises, die Zahlung eines Monopolpreises, weil der Erwerber nicht auf ein anderes Grundstück ausweichen kann oder ein Zwangsverkauf.

Die Definition des Verkehrswertes ergibt sich aus § 194 Baugesetzbuch.

Im Zusammenhang mit der Änderung des BauGB durch EAG-Bau 2004 wurde bei der Verkehrswertdefinition zu Zwecken der Klarstellung noch der Klammerzusatz „Marktwert" eingefügt. Damit soll die Identität des Begriffs mit dem des international gebräuchlichen Begriffs des „Market Value" klargestellt werden. Damit wird auch klargestellt, dass der Verkehrswert die tatsächlichen Marktverhältnisse widerspiegeln soll.

Denkbar ist, dass für den Wertermittlungsstichtag ein anderer als der zu diesem Tag tatsächlich gegebene Zustand des Grundstücks zu unterstellen ist. Beispiel: Bewertung eines erst nach dem Bewertungsstichtag auf dem Grundstück zu verwirklichenden Projektes. Den Verkehrswert stellen „Sachverständige für die Bewertung von bebauten und unbebauten Grundstücken" fest. Auch der Gutachterausschuss kann hierzu beauftragt werden.

Die Anlässe hierfür können vielfältig sein: Vermögensauseinandersetzungen zwischen Erben oder Eheleuten bei Ehescheidung, Zwangsversteigerungen, Überprüfung von finanzamtlichen Wertfestsetzungen, Beleihungen usw. Zu unterscheiden ist hinsichtlich der Adressaten für solche Bewertungen zwischen Gerichtsgutachten und Privatgutachten.

Vermieterpfandrecht
landlord's lien; legal mortgage by way of demise

Der Vermieter eines Grundstücks oder einiger Räume erwirbt ein Pfandrecht an den eingebrachten Sachen des Mieters. Dieses Pfandrecht entsteht kraft Gesetzes. Begründet wird es durch „Einbringen". Hierunter ist das bewusste Hineinschaffen in die Mieträume zu verstehen. Sachen, die in den Mieträumen hergestellt worden sind, gelten gleichfalls als eingebracht. Nicht eingebracht sind Gegenstände, die sich nur vorübergehend in den Mieträumen befinden. Stellt der Mieter regelmäßig sein Kraftfahrzeug auf dem Mietgrundstück ab, zum Beispiel in einer mit gemieteten Garage oder auf einem mit gemieteten Stellplatz, so ist es eingebracht. Das Landgericht Neuruppin hat im Falle einer Spedition entschieden, dass die LKW auch dann noch als eingebracht gelten, wenn sie täglich im Rahmen des Betriebes vom Grundstück entfernt und abends wieder dort abgestellt werden (Landgericht Neuruppin, Urteil vom 9.6.2000, Aktenzeichen 4 S 272/99).

Sobald die eingebrachten Sachen vom Grundstück entfernt werden, erlischt das Pfandrecht, außer die Entfernung erfolgt ohne Wissen oder mit Widerspruch des Vermieters. Nicht widersprechen darf der Vermieter, wenn die Gegenstände im Rahmen gewöhnlicher Lebensverhältnisse (zum Beispiel Berufsausübung) vom Grundstück entfernt werden oder wenn das, was übrig bleibt, seine Forderungen abdeckt.

Soweit der Vermieter in diesem Rahmen der Entfernung von Gegenständen widersprechen darf, hat er ein Selbsthilferecht. Das heißt: Er darf die Entfernung der Sachen vom Grundstück verhindern, ohne gerichtliche Hilfe in Anspruch zu nehmen. Dies gilt insbesondere beim Auszug des Mieters. Hat es der Mieter trotzdem geschafft, seine Wertgegenstände in Sicherheit zu bringen, hat der Vermieter das Recht auf Herausgabe zum Zwecke der Zurückschaffung auf das Grundstück. Allerdings erlischt das Pfandrecht, wenn der Vermieter innerhalb eines Monats nach Kenntniserlangung vom Wegschaffen der Sachen nicht gerichtlich vorgeht.

Solange der Mieter nicht auszieht und keine eingebrachten Sachen wegbringt, kann der Vermieter nicht zur Selbsthilfe greifen. Ein gewaltsames Eindringen in die Wohnung ist strafbarer Hausfriedensbruch. Der Vermieter kann sein Pfandrecht jedoch gerichtlich durchsetzen. Das Vermieterpfandrecht gibt ihm einen Herausgabeanspruch.

Das Vermieterpfandrecht geht anderen Pfandrechten vor. Allerdings müssen die eingebrachten Sachen im Eigentum des Mieters stehen und dürfen nicht dem Pfändungsschutz unterliegen. Nicht pfändbar sind zum Beispiel Sachen, die dem persönlichen Bedarf oder Haushalt dienen (zum Beispiel Kleidung, Herd, Kühlschrank, Fernseher), sowie Haustiere und auch Gegenstände, die der Berufsausübung des Schuldners dienen.

Wegen des Pfändungsschutzes hat das Vermieterpfandrecht bei Wohnraum (gegenüber Gewerberäumen) nur eine eingeschränkte Bedeutung. Der Vermieter kann selbst oft kaum beurteilen, ob die in Frage kommenden Gegenstände eventuell dem Pfändungsschutz nach § 811 Zivilprozessordnung unterliegen. Darüber hinaus kann ein Vermieter sich in diesem Bereich leicht strafbar machen, da die Grenzen zwischen erlaubter Selbsthilfe und Straftat (Hausfriedensbruch, Nötigung, bei Gewaltanwendung Körperverletzung) fließend sind. Gesetzliche Regelung: §§ 562 ff. BGB.

Versicherungen (Immobilienbereich)
insurances (real estate sector)

Versicherungen, die im Zusammenhang mit der Errichtung und Bewirtschaftung eines Hauses oder dem Erwerb von Immobilieneigentum von Bedeutung sein können, sind:

- Bauhelferversicherung,
- Bauherrenhaftpflichtversicherung,
- Bauleistungsversicherung,
- Feuerversicherung (sofern nicht in der verbundenen Gebäudeversicherung enthalten),
- Hausratversicherung,
- Haus- und Grundbesitzer-Haftpflichtversicherung,
- Rechtschutzversicherung,
- Wohngebäudeversicherung.

Verteilungsschlüssel (Wohnungseigentum)
distribution ratio; allocation/apportionment formula; basis of allocation/apportionment; scale (freehold flat)

Die Verteilung von Lasten und Kosten der Verwaltung des gemeinschaftlichen Eigentums, seiner Instandhaltung und Instandsetzung, des gemeinschaftlichen Gebrauchs und der sonstigen Verwaltung richtet sich nach dem Verhältnis der für die einzelnen Wohnungseigentümer im Grundbuch eingetragenen Miteigentumsanteile (§ 16 Abs. 2 WEG), oder abweichend von § 16 Abs. 2 WEG nach einem anderen Verteilungsschlüssel, entweder auf Grund einer Vereinbarung gemäß § 10 Abs. 2 Satz 2 WEG oder, soweit das Gesetz dies zulässt, auf Grund einer mehrheitlichen Beschlussfassung gemäß § 16 Abs. 3 und 4 WEG.

Abweichend vereinbarte oder beschlossene Verteilungsschlüssel können sich nach der Größe der Wohnfläche, der Zahl der Wohnungen (Objektprinzip) oder auch nach der Personenzahl (Kopfprinzip) beziehungsweise nach dem Verbrauchs- oder Verursacherprinzip richten, oder aber nach einem anderen Verteilungsschlüssel, sofern dies ordnungsgemäßer Verwaltung entspricht. Abweichende Regelungen können bereits in der Teilungserklärung oder der Gemeinschaftsordnung durch den teilenden Eigentümer vorgenommen werden, also durch denjenigen, der die Eigentumswohnungen errichtet. Sie können aber auch durch eine Vereinbarung gemäß § 10 Abs. 2 Satz 2 WEG durch die späteren Eigentümer erfolgen. Abweichend gemäß § 10 Abs. 2 Satz 2 WEG vereinbarte Verteilungsschlüssel bedürfen, damit sie im Falle eines Eigentümerwechsels auch gegenüber dem neuen Eigentümer gelten, der Eintragung in das Grundbuch. Werden Verteilungsschlüssel gemäß § 16 Abs. 3 WEG abweichend von § 16 Abs. 2 WEG generell oder im Einzelfall gemäß § 16 Abs. 4 WEG durch Mehrheitsbeschluss geändert, sind diese Beschlüsse wie alle anderen Beschlüsse in die Beschlusssammlung gemäß § 24 Abs. 7 WEG aufzunehmen. Die fehlende Aufnahme und damit auch der fehlende Nachweis stehen allerdings der Wirksamkeit des beschlossenen Verteilungsschlüssels nicht entgegen.

Vertragsfreiheit
freedom of contract; contract liberty; free contracts

Das Zivilrecht wird vom Grundsatz der Vertragsfreiheit beherrscht. Rechtsbeziehungen können von den Vertragspartnern frei gestaltet werden. Gesetzliche Regelungen greifen ein, soweit vertragliche Lücken bestehen. Die Vertragsfreiheit kann jedoch durch zwingende Vorschriften und gesetzliche Verbote außer Kraft gesetzt werden. Nichtig sind auch Vereinbarungen, die gegen die guten Sitten verstoßen. Das öffentliche Recht kennt im Rahmen des Verwaltungshandelns keine Vertragsfreiheit.

Vertragsstrafe

contract penalty; contractual penalty (allowed under German law: often referred to as „liquidated damages" in common-law countries where contract penalties are not legal)

Die Vertragsstrafe ist eine Geldsumme, die der Schuldner seinem Gläubiger für den Fall verspricht, dass er mit der zugesagten Leistung in Verzug gerät, oder diese Leistung nicht mängelfrei erbringt. Die Vertragsstrafe kann vom Gericht herabgesetzt werden.

In der Bauwirtschaft handelt es sich um ein Instrument, mit dem zum Beispiel abgesichert werden soll, dass Bauzeiten-Pläne eingehalten werden. Der Bauherr muss sich bei der Abnahme die Geltendmachung der Vertragsstrafe vorbehalten. Fehlt der Hinweis, kann sich der Bauherr nicht mehr auf die vereinbarte Vertragsstrafe berufen. Es kann jedoch auch im Bauvertrag per AGB vorgesehen sein, dass der Auftraggeber die Vertragsstrafe bis zur Schlusszahlung geltend machen kann. Vertragsstrafen werden auch im Zusammenhang mit einer wettbewerbsrechtlichen Unterlassungsverpflichtung versprochen, um die Wiederholungsgefahr unlauterer Handlungen zu verringern.

Grundsätzlich regelt § 339 BGB im deutschen Recht die Vertragsstrafe.

Für den Bauvertrag enthält § 11 der Vergabe-und Vertragsordnung für Bauleistungen (VOB/B) eine Regelung über die Vertragsstrafe; hier wird auf die §§ 339 ff. BGB verwiesen.

- Eine Vertragsstrafe muss ausdrücklich und klar vereinbart werden, auch wenn die VOB/B Vertragsbestandteil sind.
- Die Vertragsstrafe setzt immer voraus, dass der Schuldner schuldhaft gehandelt hat.
- Die Rechtsprechung hat die Höhe der Vertragsstrafe begrenzt. Zulässig sind zur Zeit wohl 0,2 Prozent für jeden Werktag bei maximal 5 Prozent der Auftragssumme.

Im Mietrecht ist die Vereinbarung einer Vertragsstrafe zwischen Mieter und Vermieter unzulässig. Dies ist eindeutig in § 555 BGB geregelt. Eine entsprechende vertragliche Vereinbarung wäre unwirksam.

Vertrauensschadenversicherung

fidelity insurance; (blanket) crime insurance

Die Vertrauensschadenversicherung gewährt dem Versicherten Versicherungsschutz gegen Schäden aus vorsätzlichen Straftaten (Unterschlagung, Veruntreuung, Manipulationen an der Software usw.) die innerhalb des Unternehmens von Vertrauenspersonen begangen werden, zum Beispiel durch Geschäftsführer, Angestellte und sonstige für das Unternehmen handelnde Personen. Unter Umständen bietet die Versicherung darüber hinaus auch Schutz für vorsätzliche Handlungen durch betriebsfremde Dritte. Die Vertrauensschadenversicherung deckt nicht nur die Schäden des Firmeninhabers, sondern auch diejenigen der geschädigten Kunden. Gedeckt werden Schäden auch dann, wenn der Schädiger (zum Beispiel ein Hacker) nicht identifiziert werden kann. Je mehr Mitarbeiter ein Unternehmen beschäftigt und je komplexer das Geschäftsfeld ist, desto größer ist das Straftatenrisiko und desto notwendiger ist der Schutz durch eine Vertrauensschadenversicherung.

Baubetreuer und Immobilienmakler, die über Vermögenswerte der Auftraggeber verfügen sollen, müssen entweder eine Vertrauensschadenversicherung abschließen oder eine selbstschuldnerische Bankbürgschaft bereitstellen (§ 2 Abs. 2 und 3 MaBV).

Verwalter (WEG)

manager/estate manager/administrator/ service agent/managing agent (freehold flat owners' association)

In einer Wohnungseigentumsanlage obliegt die Verwaltung des gemeinschaftlichen Eigentums gemäß § 20 Abs. 1 WEG dem Verwalter. Die Bestellung des Verwalters durch mehrheitliche Beschlussfassung kann zwar nicht ausgeschlossen werden, ist aber auch nicht zwingend vorgeschrieben. Die Wohnungseigentümer sind also nicht gezwungen, einen Verwalter zu bestellen. Wenn jedoch nur ein einzelner Wohnungseigentümer die Bestellung des Verwalters verlangt, müssen die übrigen Eigentümer diesem Verlangen nachkommen. Gegebenenfalls ist die Bestellung gerichtlich durchsetzbar. Zum Verwalter kann sowohl eine natürliche als auch eine juristische Person bestellt werden, nicht jedoch eine BGB-Gesellschaft. Im Übrigen kann für jede Wohnungseigentumsanlage nur ein Verwalter bestellt werden. Dies gilt auch für die Verwalterbestellung in einer Mehrhausanlage. Die Bestellung von „Unterverwaltern" auch nur für einzelne bestimmte Verwaltungsangelegenheiten ist nicht zulässig. Ein Mehrheitsbeschluss wäre nichtig. Besondere fachliche Qualifikationen schreibt das Gesetz (leider) nicht vor. Die Rechtsprechung hat inzwischen zwar gewisse Grundsätze für eine ordnungsmäßige Verwalterbestellung entwickelt, unterscheidet allerdings hinsichtlich der fachlichen Anforderungen nach wie vor zwischen einem gewerblich tätigen Verwalter und einem nebenberuflichen (Hobby-) Verwalter. Fehlende rechtliche und kaufmännische Kenntnisse werden allerdings in der

Regel als Grund angesehen, einen Beschluss über die Verwalterbestellung für ungültig zu erklären.

Der Bestellungszeitraum ist bei Erstbestellung, die im Regelfall durch den Bauträger erfolgt, auf drei Jahre begrenzt, bei nachfolgenden Bestellungen auf fünf Jahre. Wiederholte Bestellungen sind zulässig. Das Vertragsverhältnis zwischen der (teilrechtsfähigen) Wohnungseigentümer-Gemeinschaft und dem Verwalter kommt durch Annahme des Bestellungsbeschlusses und Abschluss eines schriftlichen Vertrages zustande oder aber auch stillschweigend durch Aufnahme der Tätigkeit durch den Verwalter.

Neben den gesetzlich geregelten Aufgaben und Befugnissen können im Rahmen ordnungsgemäßer Verwaltung dem Verwalter zusätzliche Aufgaben übertragen werden. Sie sind in der Regel zusätzlich zu vergüten. Im Übrigen ist die Verwaltervergütung frei vereinbar, richtet sich jedoch nach den üblichen Sätzen, die sich meist an den Verwaltungspauschalen der Zweiten Berechnungsverordnung orientieren.

Die Abberufung des Verwalters ist grundsätzlich jederzeit durch mehrheitliche Beschlussfassung möglich, kann jedoch auf das Vorliegen eines wichtigen Grundes beschränkt werden. Bei einer Abberufung aus wichtigem Grund kann regelmäßig auch der Verwaltungsvertrag mit sofortiger Wirkung gekündigt werden.

Die Verwalterbefugnisse können ohne Zustimmung der Wohnungseigentümer nicht auf Dritte übertragen werden, selbst wenn dies nach einer Vereinbarung zulässig sein sollte. Entsprechende Vereinbarungen sind nichtig.

Verwaltungsbeirat
advisory board

Die Verwaltung des gemeinschaftlichen Eigentums obliegt den Wohnungseigentümern, dem Verwalter und dem Verwaltungsbeirat, sofern dieser bestellt ist (§ 20 Abs. 1 WEG). Die Wohnungseigentümer entscheiden über die Verwaltung, der Verwalter ist verantwortlich für die Durchführung der Verwaltung und der Verwaltungsbeirat unterstützt den Verwalter bei der Durchführung seiner Aufgaben. Daneben weist ihm das Gesetz im Rahmen der Verwaltung des gemeinschaftlichen Eigentums besondere Aufgaben zu, nämlich die Prüfung des Wirtschaftsplans, der Jahresabrechnung, der Rechnungslegung und der Kostenvoranschläge. Vor der Beschlussfassung hierüber soll der Verwaltungsbeirat gegenüber den Wohnungseigentümern in der Versammlung schriftlich oder auch mündlich eine entsprechende Stellungnahme abgeben (§ 29 Abs. 2 und 3 WEG). Darüber hinaus kann der Vorsitzende des Verwaltungsbeirates gemäß § 24 Abs. 3 WEG die

Versammlung der Wohnungseigentümer einberufen, falls ein Verwalter fehlt oder dieser pflichtwidrig die Einberufung verweigert. Im konkreten Einzelfall können dem Beirat auch weitere Aufgaben durch mehrheitliche Beschlussfassung übertragen werden, soweit diese Aufgaben ordnungsgemäßer Verwaltung entsprechen und dadurch die ureigenen Rechte und Pflichten der Wohnungseigentümer und des Verwalters nicht beeinträchtigt, eingeschränkt oder aufgehoben werden. Dazu kann unter anderem auch der Abschluss (Unterzeichnung) oder unter bestimmten Voraussetzungen auch das Aushandeln des Verwaltungsvertrages gehören. Erforderlich ist hierzu die entsprechende Ermächtigung durch Beschlussfassung in der Wohnungseigentümerversammlung.

Der Verwaltungsbeirat wird von der Wohnungseigentümerversammlung gewählt beziehungsweise bestellt. Er setzt sich aus drei Wohnungseigentümern zusammen, von denen einer als Vorsitzender und die beiden weiteren als Beisitzer fungieren. Bestellt die Wohnungseigentümerversammlung im konkreten Fall mehr als drei Mitglieder als Verwaltungsbeirat und gegebenenfalls auch nur einen oder mehrere Nichteigentümer, zum Beispiel einen Mieter, ist der konkrete mehrheitliche Bestellungsbeschluss nur gesetzeswidrig, nicht aber nichtig (BGH, Urteil vom 5.2.2010, Az. V ZR 126/09). Erfolgt also keine Anfechtung und Ungültigerklärung durch das Gericht, ist auch ein Beirat wirksam bestellt, dessen Zahl und Zusammensetzung der gesetzlichen Regelung widerspricht.

Videoüberwachung im Mietobjekt
video surveillance (CCTV) in a rented property

Im öffentlichen Raum kommt die Überwachung mit Videokameras immer stärker in Gebrauch. Relevant ist hier § 6b Bundesdatenschutzgesetz, der Voraussetzungen und Umstände der Überwachung regelt. Auch Vermieter oder Mieter interessieren sich aus Sicherheitsgründen verstärkt für derartige Geräte. Die rechtlichen Voraussetzungen für eine Überwachung im privaten Bereich unterscheiden sich von denen für die Überwachung öffentlicher Räume. Videoüberwachung ist rechtlich bedenklich, da sie in jedem Fall einen Eingriff in die Persönlichkeitsrechte anderer darstellt. Sie sollte daher immer der Ausnahmefall bleiben. Im Gemeinschaftsbereich einer Wohnanlage sind Kameras unter folgenden Voraussetzungen zulässig:

- Sie sind zur Wahrnehmung des Hausrechts erforderlich.
- Es wird durch deutliche Hinweisschilder darauf hingewiesen.

• Es findet keine Speicherung der Aufnahmen statt.

Die verdeckte Videoüberwachung durch versteckte Kameras ist unzulässig. Erlaubt sind Kameras, die direkt mit einem Bildschirm verbunden sind, ohne dass eine Aufzeichnung stattfindet (vgl. OLG Koblenz, NJW-RR 99, 1394).

Auch ein Mieter darf Kameras verwenden. So existieren bereits Systeme, bei denen eine Minikamera an Stelle des Türspions eingebaut wird und ihr Bild auf einen Monitor in der Wohnung überträgt. Gerichtlich zugelassen wurde dies insbesondere für behinderte Bewohner.

Voraussetzung für Mieter und Vermieter: Die Überwachung darf den Bereich nicht überschreiten, in dem der Überwacher sein Hausrecht ausüben kann. Eine flächendeckende Überwachung des gesamten Hausflurs ist unzulässig. Der Mieter darf zum Beispiel keine Besucher anderer Wohnungen überwachen (OLG Karlsruhe, WM 2000, 128), der Vermieter darf keine Wohnungstüren filmen, um zu überprüfen, welche Besucher der Mieter empfängt. Nur in einem Ausnahmefall erlauben die Gerichte eine Speicherung von privaten Überwachungsaufzeichnungen: Wenn konkrete Anhaltspunkte dafür bestehen, dass unmittelbare Angriffe auf bestimmte Personen zu erwarten sind und diese Gefahr nicht in anderer zumutbarer Weise abgewehrt werden kann. Das Landgericht Koblenz wies am 22.3.2006 die Klage eines Grundstückseigentümers ab, der sich durch Videokameras des Nachbarn überwacht fühlte. Letzterer hatte wegen wiederholter Übergriffe durch Unbekannte auf dem Grundstück die Kameras installiert. Das Gericht sah eine Überwachung hier als rechtmäßig an. Zusätzlich stellte es fest, dass die Kameras nicht schwenkbar seien und daher das Nachbargrundstück kaum erfassen konnten (Az.12 S 17/06).

Öffentliche Straßen und Wege oder Nachbargrundstücke dürfen nicht aufgenommen werden. So wurde ein Berliner Kaufhausbetreiber auf die Klage eines Passanten hin dazu verurteilt, den Überwachungsradius der an der Gebäudeaußenseite montierten Kameras erheblich einzuschränken, damit Fußgänger auf dem öffentlichen Gehweg nicht mehr flächendeckend erfasst werden konnten (Amtsgericht Berlin-Mitte, Az.: 16 C 427/02, 18.12.2003). Hier kam das Bundesdatenschutzgesetz zur Anwendung, da es um öffentliche Wege ging.

Villa
villa; mansion

Villa war ursprünglich die Bezeichnung für vornehme Landhäuser von Familien, die Ihren Hauptwohnsitz in einem Stadthaus hatten. Mit landwirtschaftlichen Gütern verbundene Villen bezeichnete man dagegen als Herrenhäuser. Der Übergang von der Villa zum kleinen Schloss ist fließend. Die Villeneinteilung geht auf das römische Reich zurück. Dort unterschied man zwischen der Villa Urbana (städtische Villa), der Villa suburbane (vorstädtische Villa) und Villa rustica, (ländliche Villa).

Eine ausgesprochene Villenkultur ist heute noch in Italien anzutreffen. Man denke an die Villen der Dogen an der Brenta zwischen Venedig und Padua, die zwischen 1500 und 1700 erbaut wurden. In Deutschland entstanden ab der Mitte des 19. Jahrhunderts die Villenviertel der Großstädte, die noch heute ihr großbürgerliches Gepräge haben: Berlin-Grunewald, Berlin-Dahlem, Elbchaussee in Hamburg, Bogenhausen in München, Bredney in Essen mit der Villa Hügel usw.

Wegen ihrer Vielfalt und den großen Zeiträumen, in denen Villen gebaut wurden, kann von einem einheitlichen Villenstil nicht gesprochen werden. Villen sind vielmehr hinsichtlich ihres Stils der jeweiligen Zeitepoche zuzuordnen, in der sie entstanden sind.

Charakteristisch ist dagegen ihre jeweils individuelle Prägung. Villen befinden sich in der Regel lange Zeiten im Familienbesitz. Selten wird eine Villa zu einem Objekt des Immobilienmarktes.

Vollgeschoss
entire floor; full storey

Bauordnungsrechtlich ist jedes Geschoss ein Vollgeschoss. Überwiegend ist in den Landesbauordnungen eine Mindesthöhe von 2,30 m bestimmt, soweit die Räume zum dauernden Aufenthalt von Personen geeignet sein sollen. Gemessen wird von der Fußbodenoberkante zur Fußbodenoberkante des darüber liegenden Geschosses (Bayerische Bauordnung). In der Musterbauordnung wird die „lichte Höhe" vorgeschlagen. Aufenthaltsräume in Kellergeschossen sind nach den meisten Landesbauordnungen möglich, wenn ihre Fußbodenoberkante nicht mehr als 0,7 m (teilweise sind 0,5 m vorgeschrieben) unter der natürlichen Geländeoberfläche liegt und die natürliche Belichtung durch ein Fenster einen Lichteinfallswinkel von 45° ermöglicht. Nach der Musterbauordnung muss die Deckenoberkante mehr als 1,4 m über die festgelegte Geländefläche hinausragen, wenn das Kellergeschoss als Vollgeschoss gelten soll. Ausnahmen sind nach den Länderbauordnungen möglich (Verkaufsräume, Räume für Gaststätten und sonstige Aufenthaltsräume, wenn sie zusätzlichen bauordnungsrechtlichen Anforderungen genügen). Aufenthaltsräume in Dachgeschossen müssen zur Hälfte ihrer Grundfläche mindesten eine lichte Höhe von 2,3 m haben (Sächsische Bauordnung). Gerade im Bereich der Festlegung dessen, was ein Vollgeschoss ist, gehen die Bestimmungen in den einzelnen Landesbauordnungen doch auseinander. Es ist deshalb ratsam, die für das jeweils zu beurteilende Objekt oder Bauvorhaben maßgebliche Bauordnung zu Rate zu ziehen. Die Musterbauordnung hat nur empfehlenden Charakter.

Vollmacht
power of attorney; warrant; proxy; mandate; letter of attorney; authority; power of representation
Die Vollmacht ermächtigt den Bevollmächtigten, für den Vollmachtgeber zu handeln.Grundsätzlich ist die Vollmacht formfrei und richtet sich nicht nach der Form, die gegebenenfalls für das Rechtsgeschäft vorgeschrieben ist. Wenn aber u. a. die Vollmacht bereits dem selben Zweck dienen soll, wie das Hauptgeschäft – so zum Beispiel beim Grundstückserwerb oder der Grundstücksveräußerung – dann entfällt grundsätzlich die Formfreiheit der Vollmacht.Die Form richtet sich dann nach § 311b BGB (notarielle Beurkundung). Dieses gilt immer dann, wenn die Grundstücksveräußerung oder Erwerbsvollmacht unwiderruflich erteilt ist.Unter den genannten Voraussetzungen ist die grundsätzlich ebenfalls formfreie Auflassungsvollmacht auch zu beurkunden.

Vorfälligkeitsentschädigung
prepayment penalty; pay-off penalty; early repayment penalty; early redemption charge
Mit der Vorfälligkeitsentschädigung lassen sich Kreditinstitute für den Fall einer Darlehensrückzahlung vor Ende der vereinbarten Laufzeit den Differenzbetrag entschädigen, der dadurch entsteht, dass die Bank den zurückfließenden Darlehensbetrag nur unter für sie ungünstigeren Bedingungen wieder anlegen kann. Als Anlagemöglichkeiten kommen Pfandbriefe, Kommunalobligationen und öffentliche Anleihen in Frage. Deren Konditionen stimmen aber oft nicht überein. Der BGH hat deshalb am 7.11.2000 entschieden, dass für die Berechnung der Vorfälligkeitsentschädigung der für den Darlehensnehmer günstigste Zinssatz für eine Anlage des zurückfließenden Darlehensbetrages anzusetzen ist (Az. XI ZR 27/00). Damit können Umfinanzierungen, die den Ersatz teurer Darlehen durch billige Darlehen bewirken sollen, durchaus interessant sein. Die Darlehnsnehmer haben Anspruch auf die Offenlegung der Berechnung der Vorfälligkeitsentschädigung.
Die gleichen Grundsätze gelten für die Nichtabnahmeentschädigung. Für den besonderen Fall, dass ein Darlehen im Zuge des Hausverkaufes zurückgeführt werden soll, weil der Erwerber das Darlehen nicht übernehmen will und der Verkäufer mit dem Kaufpreis den Erwerb eines anderen Hauses finanzieren will, hat der BGH eine Möglichkeit aufgezeigt, keine Vorfälligkeitsentschädigung bezahlen zu müssen. Urteil (Az. XI ZR 398/02). Das Darlehen kann nämlich bei gleichwertiger Besicherung fortgeführt werden. Allerdings ändert sich dann auch nichts an den Darlehenskonditionen. Bauherren brauchen aber nur die Gebühren für den Austausch der Sicherheiten zahlen. Ob sich dies rechnet, sollte sorgsam überprüft werden.
Tipp: Bauherren, die eine Immobilie mit Grundstück verkaufen und gleichzeitig eine andere bereits besitzen oder erwerben wollen, sollten ihrer Bank unter Hinweis auf das Urteil den Austausch der Sicherheiten dann vorschlagen, wenn die Aufnahme eines neuen Darlehens nur zu deutlich ungünstigeren Bedingungen möglich ist.

Vorfinanzierung
advance financing; prefinancing; preliminary financing
Vorfinanzierung ist die Bereitstellung von kurz- bis mittelfristigen Krediten, die zur Finanzierung der Herstellungskosten bei Bauvorhaben oder Kaufpreisen bei Häusern mit der Absicht eingesetzt werden, diese später durch langfristige Darlehen zu ersetzen. Eine Vorfinanzierung kann zum Beispiel sinnvoll sein, um niedrigere Zinsen abzuwarten oder um die Zeit bis zur Zuteilung eines Bausparvertrags zu überbrücken.

Bei Bausparverträgen kann die Bausparsumme, wenn das vertraglich festgelegte Mindestguthaben noch nicht erreicht ist, Darlehen und Guthaben jedoch früher benötigt werden, von der Bausparkasse vorfinanziert werden. Damit wird die Zeit bis zur Zuteilungsreife überbrückt. Dies geschieht allerdings meist zu höheren, von den Marktverhältnissen abhängigen Zinsen, als sie beim Bauspardarlehen anfallen.

Ist die Mindestbausparsumme oder die für die Zuteilung erforderliche Bewertungszahl erreicht, der Bausparvertrag also zuteilungsreif, spricht man von Zwischenfinanzierung, wenn der Auszahlung des Bauspardarlehens noch Hinderungsgründe im Wege stehen.

Im Bauträgergeschäft gibt es eine besondere Art der Vorfinanzierung. Es handelt sich um den Grundstücksankaufkredit, der – wie der Name schon sagt – zum Kauf des Baugrundstücks verwendet wird. Der Bauträger kann erst nach Vorliegen bestimmter Voraussetzungen Gelder der Auftraggeber verwenden. Bis dahin müssen viele Bauträger, deren Liquidität beschränkt ist, auf Fremdmittel zur Finanzierung des Erwerbs des Baugrundstücks zurückgreifen.

Vorhaben
scheme; intention; purpose; proposition; project; proposal

Vorhaben im Sinne des Bauplanungsrechts beziehen sich auf die Errichtung, Änderung und Nutzungsänderung baulicher Anlagen. Außerdem gehören dazu Aufschüttungen und Abgrabungen größeren Umfanges, sowie Ausschachtungen, Ablagerungen und Lagerstätten.Die Zulässigkeit von Vorhaben ergibt sich aus den §§ 30 sowie 33-35 BauGB. Sind mit Vorhaben bestimmte Eingriffe mit Beeinträchtigungen von Erhaltungszielen im Sinne des Bundesnaturschutzgesetzes verbunden, sind die Bestimmungen dieses Gesetzes zu beachten. Im Interesse der Erhaltung von Vogelschutzgebieten ist bei bestimmten Vorhaben vorher eine Stellungnahme der Europäischen Kommission einzuholen.

Vorhaben- und Erschließungsplan
projects and infrastructure plan

Unternehmen („Vorhabenträger") können mit einer Gemeinde einen Plan zur Durchführung eines bestimmten Bauvorhabens und den dazugehörenden Erschließungsmaßnahmen aushandeln. Voraussetzung ist, dass sich das geplante Vorhaben in die Vorgaben des Flächennutzungsplanes einfügt. Der Vorhabenträger verpflichtet sich zur Durchführung des Vorhabens und der Erschließung innerhalb einer im „Durchführungsvertrag" vereinbarten Frist und zur Tragung der Planungs- und Erschließungskosten. Der Vorhaben- und Erschließungsplan wird Bestandteil des von der Gemeinde als Satzung zu beschließenden „vorhabenbezogenen Bebauungsplans". Das „Gesetz zur Erleichterung von Planungsvorhaben für die Innenentwicklung der Städte" vom 21.12.2006 ermöglicht es, im Rahmen der Festsetzung des Baugebietes beim vorhabenbezogenen Bebauungsplan lediglich auf die Inhalte des Durchführungsvertrages zu verweisen, die dann ausschließlich gelten. Der Durchführungsvertrag selbst kann aber geändert werden.

Wird das Vorhaben nicht innerhalb der vereinbarten Frist ausgeführt, soll die Gemeinde den Bebauungsplan aufheben. Der Vorhabenträger kann seine Pflichten aus dem Durchführungsvertrag auch an einen anderen Vorhabenträger übertragen. Allerdings muss die Gemeinde dem zustimmen. Sie kann die Zustimmung nur verweigern, wenn davon auszugehen ist, dass die fristgemäße Durchführung des Vorhaben- und Erschließungsplanes gefährdet ist. Für das Aufstellungsverfahren des vorhabenbezogenen Bebauungsplans gelten die gleichen Vorschriften wie beim normalen Bebauungsplan. Das bedeutet, dass die Öffentlichkeit und die Behörden beteiligt werden müssen. Ebenso ist auch hier eine Umweltverträglichkeitsprüfung durchzuführen. Der Umweltbericht wird Bestandteil der Begründung des Bebauungsplanes.

Vorkaufsrecht
right of pre-emption; right of first refusal; option; first right to buy; pre-emptive right

Das Vorkaufsrecht verleiht dem Vorkaufsberechtigten das Recht, mit dem Verkäufer eines Grundstücks einen Kaufvertrag zu den Bedingungen zu schließen, zu denen vorher ein Kaufvertrag mit einem Dritten abgeschlossen wurde. Damit der Vorkaufsberechtigte in der Lage ist, sein Recht zu wahren, hat der Verkäufer die Verpflichtung, ihm unverzüglich den erfolgten Verkauf mitzuteilen. Diese Mitteilung wird in der Regel vom Notar übernommen. Das Vorkaufsrecht wird durch eine entsprechende Erklärung gegenüber dem Verkäufer ausgeübt, die innerhalb von zwei Monaten nach Eingang der Verkäufermitteilung abzugeben ist.

Bei Vorkaufsrechten ist einerseits zwischen gesetzlichen und vertraglichen und andererseits zwischen schuldrechtlichen und dinglichen Vorkaufsrechten zu unterscheiden. Gesetzliche Vorkaufsrechte haben für eine große Anzahl von Verkaufsfällen die Gemeinden nach dem BauGB. Diese können sie in beschränktem Umfange auch zu Gunsten Dritter ausüben. Überschreitet in Kaufverträgen der vereinbarte Kaufpreis den Verkehrswert in einer „dem Rechtsverkehr erkennbaren Weise" deutlich, kann das Vorkaufsrecht zum Verkehrswert ausgeübt werden (preislimitierendes Vorkaufsrecht). Der Verkäufer kann dann allerdings vom Vertrag zurücktreten, mit der Folge, dass die Gemeinde die Kosten des Vertrages (einschließlich einer etwaigen Maklergebühr) zu zahlen hat.

Weitere gesetzliche Vorkaufsrechte gibt es im Rahmen des Reichssiedlungsgesetzes (Verkauf landwirtschaftlicher Flächen über zwei Hektar Größe) und der Denkmalschutzgesetze einiger Bundesländer. Auch die Mieter von vorher in Wohnungseigentum umgewandelten Wohnungen haben im Verkaufsfalle ein gesetzliches Vorkaufsrecht. Soweit es sich um eine mit öffentlichen Mitteln geförderte Wohnung handelt, beträgt die Erklärungsfrist des Mieters für das Vorkaufsrecht sechs Monate. Nach einem Urteil des Bundesgerichtshofes haben Mieter nicht nur nach einer Umwandlung in Wohneigentum, sondern auch im Falle einer Realteilung des Gesamtgrundstücks mit darauf folgendem Verkauf der Einzelgrundstücke ein Vorkaufsrecht entsprechend der Regelung in § 577 BGB. Ebenso genießen sie gemäß § 577a BGB auch Kündigungsschutz wie bei einer Umwandlung (Urteil vom 28.5.2008, Az. VIII ZR 126/07). In den neuen Bundesländern haben Mieter und Nutzer auch nach dem Vermögensgesetz ein Vorkaufsrecht. Gesetzliche Vorkaufsrechte sind nicht im Grundbuch eingetragen.

Schuldrechtliche Vorkaufsrechte machen nur dann Sinn, wenn mindestens eine Vormerkung im Grundbuch eingetragen ist. Dingliche, also im Grundbuch eingetragene Vorkaufsrechte können eine bestimmte Person berechtigen (subjektiv persönliches Vorkaufsrecht), oder den jeweiligen Eigentümer eines anderen Grundstücks (subjektiv dingliches Vorkaufsrecht).

Hat ein Makler ein mit einem Vorkaufsrecht belastetes Grundstück vermittelt, und wird vom Vorkaufsrecht Gebrauch gemacht, kann er nur eine etwa vereinbarte Verkäuferprovision erhalten. Die Käuferprovision entfällt. Eine Sicherung der Provision gegenüber dem Käufer über eine Maklerklausel in der Form eines echten Vertrags zugunsten Dritter ist nicht möglich. Der BGH hat in seinem Urteil vom 11.1.2007 (Az. III ZR 7/06) entschieden, dass eine derartige Klausel unwirksam ist, da sie einen Fremdkörper in dem Kaufvertrag mit dem Vorkaufsberechtigten darstellt. Er ist daher nicht an die Maklerklausel gebunden, muss also auch keine Provision an den Makler zahlen.

Wurde in einem Mietvertrag ein Vorkaufsrecht vereinbart, ist es unwirksam, wenn es nicht notariell beurkundet wurde. Es kann auch sein, dass nicht nur die entsprechende Klausel, sondern der gesamte Mietvertrag unwirksam ist, dann nämlich, wenn durch das Vorkaufsrecht Investitionen des Mieters gesichert werden sollten und es damit für den Mieter eine wesentliche Bedeutung hatte (OLG Düsseldorf, Urt. v. 25.03.2003, Az. I 24 U 100/1).

Vormerkung
priority notice; caution; marking; reservation
Die Vormerkung sichert nach dem § 883 BGB einen zukünftigen Rechtsanspruch oder eine zukünftige Aufhebung eines Rechtes im Grundbuch ab. Die Vormerkung ist eine Anwartschaft auf ein Recht, die einseitig nicht mehr vom eingetragenen Eigentümer eines Grundstückes zerstört werden kann. Eine Verfügung, die nach Eintragung der Vormerkung in das Grundbuch getroffen wird, ist unwirksam, wenn der Anspruch des vorgemerkten Rechtes zerstört würde. Insbesondere sichert die Vormerkung vor dem Verlust des Rechtes bei gutgläubigem Eigentumserwerb durch einen Dritten bei unrichtigen Grundbuch.

Vorvertrag
provisional agreement; letter of intent; tentative agreement
Vorverträge enthalten verbindliche Erklärungen, die eine oder beide Parteien verpflichten, einen bestimmten Vertrag abzuschließen. Vorverträge kommen vor allem im Geschäftsverkehr zwischen Architekten und Bauherrn vor. Der Architekt will im Vorplanungsstadium sicherstellen, dass er dann, wenn sich der Bauherr zur Durchführung des Bauvorhabens entschließt, auch eingeschaltet wird. Solche Vorverträge sind wirksam. Im Gegensatz hierzu ist ein so genannter „Letter of Intent" eine Absichtserklärung, in der zwar bestimmte Absprachen und wirtschaftliche Eckdaten eines kommenden Vertrages formuliert werden. Der Abschluss des Vertrages wird aber nur unverbindlich in Aussicht gestellt.

Ähnliches gilt für „Vorverhandlungen". Allerdings kann hier ein Vertrauensverhältnis entstehen, das dem eines Vorvertrages ähnelt und das bei schuldhafter Verletzung der Pflicht zur Rücksichtnahme zu Schadensersatzansprüchen führen kann (culpa in contrahendo). Einseitige Vorverträge (Optionen) sind Vorkaufs- und Ankaufsrechte.

Vorverträge zwischen Grundstückskaufvertragsparteien bedürfen zu ihrer Wirksamkeit der notariellen Form. Makler, die Vorverträge vermitteln, die nicht dieser Form genügen, verlieren selbst dann ihren Provisionsanspruch, wenn auf der Grundlage solcher nichtigen Vorverträge ein wirksamer notarieller Vertrag zustande kommt.

Wärmedurchgangskoeffizient
heat transfer coefficient; thermal transmission coefficient

Der k-Wert als Maß für den Wärmedurchgang eines Bauteils wurde aufgrund Europäischer Normsetzung durch den U-Wert ersetzt. k- und U-Wert sind nicht identisch, da der k-Wert auf deutschen, der U-Wert auf europäischen Normen beruht und trotz gleicher Definition Unterschiede in der Berechnung bestehen. Der U-Wert ist meist etwa fünf Prozent höher als der k-Wert, bei einigen Bauteilen wie Fenstern auch bis zu 30 Prozent höher.

Der k-Wert bezeichnet den Wärmedurchgang durch eine ein- beziehungsweise mehrlagige Baumaterialschicht, auf deren Seiten unterschiedliche Temperaturen herrschen. Der k-Wert wird in der Einheit W/(Quadratmeter x K) angegeben. Er bezeichnet die Menge an Wärmeenergie, die durch eine Fläche von einem Quadratmeter fließt, wenn sich die beiderseits anliegenden Lufttemperaturen um ein Kelvin unterscheiden. Faustregel: Je höher der Wärmedurchgangskoeffizient, desto schlechter die Wärmedämmeigenschaften des Baustoffes.

Wärmepumpen
heat pump; reverse cycle heating system

Wärmepumpen gehören zu den Systemen, mit denen erneuerbare Wärmeenergie erzeugt werden kann. Mit Wärmepumpen wird Wärme von einem niedrigeren auf ein höheres Temperaturniveau gehoben, beziehungsweise gepumpt. Es gibt verschiedene Arten von Wärmepumpen:

- die Luft-Wasser-Wärmepumpe; sie gebraucht die rundherum liegende Außenluft als Wärmequelle,
- die Sole-Wasser-Wärmepumpe, welche die übers Jahr nahezu konstante Erdwärme nutzt,
- die Wasser-Wasser-Wärmepumpe, welche die Wärme des Grundwassers nutzt.

Die Wärmepumpe entzieht der Außenluft, der Erde oder dem Grundwasser Wärme. Diese wird mit Hilfe eines Ventilators einem Verdampfer zugeführt. Dort wird sie auf das eingesetzte Kältemittel (meist Fluor-Kohlenwasserstoffe oder Propan) übertragen, das dann verdampft. Im Verdichter wird dieser Dampf wiederum komprimiert und dadurch erhitzt. Diese Hitze wird an das Heiz- beziehungsweise Warmwassersystem abgegeben. Der durch die Kompression entstehende Druck wird durch

ein Expansionsventil abgebaut und der Kreislauf beginnt mit einem neuen Pumpvorgang.

Die gewonnene Wärmeenergie entspricht etwa dem zwei- bis fünffachen der zur Komprimierung erforderlichen Antriebsenergie (Strom, Gas). Neu entwickelte Wärmepumpen können durch eine Umkehrschaltung auch zur Raumkühlung benutzt werden.

Mietrechtlich ist bei der Nachrüstung von Wärmepumpen darauf zu achten, dass der Einbau keine anderweitigen negativen Folgen für das Gebäude hat. So entschied das Oberlandesgericht München, dass eine durch die im Keller eines vermieteten Hauses installierte Wärmepumpe verursachte Schallimmission von über 25 Dezibel im Schlafzimmer des Mieters nicht hinnehmbar sei. Dem Vermieter wurde aufgegeben, für zusätzlichen Schallschutz zu sorgen (Az. 34 Wx 23/07).

Wärmerückgewinnung
heat recovery

Der Begriff Wärmerückgewinnung fasst unterschiedliche technische Verfahren zusammen, mit denen die Abwärme eines Gebäudes wieder genutzt bzw. für die Erwärmung des Innenraums verwendet werden kann. Die Wärmerückgewinnung verringert den Primärenergieverbrauch des Gebäudes. Sie hilft, Energiekosten zu sparen und reduziert klimaschädliche Emissionen. Bei Einbau im Neubau ermöglicht sie eine kleinere Auslegung oder ein Wegfallen von anderen Bauelementen der Heiztechnik (zum Beispiel Heizkessel, Kältemaschine, Rückkühlwerk, Verrohrung, Technikzentrale, Schornstein). Ein Einbau ist auch in Altbauten oder Etagenwohnungen möglich. Durch die Wärmerückgewinnung können je nach System bis zu 90 Prozent der in der Abluft enthaltenen Energie zurückgewonnen werden.

Es gibt eine Reihe von Verfahren, die der Wärmerückgewinnung dienen. Am effektivsten sind davon Kreislaufverbundsysteme (Kompakt-Wärmetauscher, Gegenstrom-Schichtwärmetauscher) und Wärmepumpen (Kompressor-Wärmepumpen, Adsorptions-Wärmepumpen). Auch rotorbetriebene Systeme sind im Handel. Grundsätzlich wird die Anlage in ein Be- und Entlüftungssystem für das ansonsten luftdichte Gebäude integriert.

Meist verwendet die Wärmerückgewinnung die Abluft des Hauses, um die Zuluft zu erwärmen. Dieses Verfahren wird insbesondere bei klimatisierten Gebäuden und Passivhäusern eingesetzt. Neue energiesparende Gebäude sind besonders luftdicht ausgeführt. Hier wird bei geschlossenen Fenstern durch ein Lüftungssystem Frischluft zugeführt, gleichzeitig werden verbrauchte Luft und Feuchtigkeit nach draußen geleitet. Bei der Wärmerückgewinnung wird mit Hilfe etwa eines Wärmetauschers der abströmenden Luft die Wärme entzogen. Im Sommer kann eine Wärmerückgewinnung auch der Kühlung des Gebäudes dienen. Auch mit Hilfe von Abwasser kann Wärmerückgewinnung stattfinden. Aufgrund der relativ geringen Temperatur des Abwassers ist in Wohnhäusern dazu meist eine Wärmepumpe erforderlich. Derzeit werden erste Produkte entwickelt, mit deren Hilfe direkt das zum Beispielbeim Duschen entstehende Abwasser zur Kaltwassererwärmung genutzt und so Heißwasser gespart werden kann.

Wartung
servicing; maintenance; repair; upkeep; service
Durch Wartung, die im Allgemeinen in regelmäßigen Zeitabständen durchgeführt wird, soll die Betriebssicherheit von Anlagen und Einrichtungen aufrechterhalten werden. Dazu gehören das Überprüfen, Einstellen, Reinigen der Anlage sowie das Austauschen kleinerer Verschleißteile. Durch Abschluss eines Wartungsvertrages können diese Leistungen gegen ein pauschales Wartungsentgelt eingekauft werden. Bei maschinellen oder elektronischen Anlagen verkürzt sich die Mängelbeseitigungsfrist auf zwei Jahre, wenn VOB/B 2002 vereinbart ist und ein Wartungsvertrag nicht abgeschlossen wird (mit Wartungsvertrag beträgt sie vier Jahre).

Wellnessimmobilien
spa facilities
Wellnessimmobilien sind Wohlfühlimmobilien, d. h. Immobilien, deren Zweck darin besteht, den Besuchern ein Wohlgefühl zu vermitteln. Es handelt sich um eine Erfindung des antiken Roms. Seit 20 Jahren, zuerst in der Vereinigten Staaten, dann bei uns wieder belebt, bringt es den Betreibern teilweise gute Gewinne ein. Im Gegensatz zu Fitnessstudios, die dem Besucher Vergnügen dadurch bereiten wollen, dass sie ihnen harte Arbeit aufbürden, setzt Wellness auf die sanfte Tour: Sauna, Fußpflege, Massage bei freundlicher (sanfter) Musik. Zu Wellnessimmobilien rechnen sich auch die „Romantik-Hotels". Die Trends bei Wellnessimmobilien verlaufen in Richtung medizinische Vorsorge, ein Aspekt der dazu führt, dass zunehmend auch Fitnessbereiche integriert werden. Die Zahl der in Wellness- und Fitnessstudios organisierten Well- und Fitnessfreunde nahm jahrelang stetig zu, in den letzten Jahren allerdings spricht man von einem stagnierenden Wachstum.

Werbungskosten bei Vermietung und Verpachtung
expenses incurred when letting and leasing
Der Werbungskostenkatalog bei der Einkunftsart Vermietung und Verpachtung ist sehr umfangreich. Zum ihm gehören neben den Fremdkapitalzinsen und Finanzierungsnebenkosten alle Betriebskosten, Instandhaltungskosten, Verwaltungskosten sowie die AfA.

Steuerlich werden die Werbungskosten dem Jahr zugeordnet, in dem der Zahlungsabfluss stattfindet. Findet der Zahlungsabfluss bei regelmäßig wiederkehrenden Leistungen innerhalb von zehn Tagen vor Jahresbeginn oder nach dem Jahresende statt, sind sie dem Jahr zuzuordnen, in dem die Aufwendungen zu leisten sind.

Die Verteilung von größeren Instandhaltungskosten bei Wohngebäuden auf zwei bis fünf Jahre ist seit 1.1.2004 wieder möglich.

Bei Verkauf einer Immobilie ist zu beachten, dass für Aufwendungen, die mit dem Verkauf der Immobilie zusammenhängen, ein Werbungskostenabzug nicht möglich ist. Das bedeutet, dass zum Beispiel die Renovierung einer Eigentumswohnung nach Auszug des Mieters und vor Abschluss des Kaufvertrages durch den Verkäufer aus steuerlicher Perspektive uninteressant ist. Nach dem auch der Vorkostenabzug zugunsten des erwerbenden Selbstnutzers der Wohnung nicht mehr möglich ist, bleiben diese Kosten quasi in der Luft hängen. Etwas anderes gilt jedoch, wenn die Aufwendungen im Rahmen der Vermietung entstanden sind, aber erst nach dem Verkauf bezahlt werden. Auch ein Wohnungskäufer, der vermieten will, kann diese Renovierungskosten als Werbungskosten geltend machen.

Werkmietwohnung
factory-owned flat
Eine Werkmietwohnung/Werkwohnung wird mit Rücksicht auf das Bestehen eines Arbeitsverhältnisses vermietet. Der Vermieter kann mit Ende des Arbeitsvertrages mit folgenden besonderen Fristen den Mietvertrag kündigen:

- Wenn der Mieter weniger als zehn Jahre lang in der Wohnung gewohnt hat und diese für einen anderen Mitarbeiter benötigt wird: drei Monate (d. h. Kündigung spätestens am dritten Werktag eines Monats zum Ablauf des übernächsten Monats).
- Wenn das jeweilige Arbeitsverhältnis die Überlassung einer Wohnung in unmittelbarerer Nähe zur Arbeitsstätte erfordert hat und diese jetzt für einen anderen Mitarbeiter

benötigt wird: spätestens am dritten Werktag eines Monats zum Ablauf dieses Monats (vgl. § 576).

Werkvertrag
contract for work and services

Mit dem Abschluss eines Werkvertrags verpflichtet der Auftraggeber („Besteller") den Unternehmer zur Errichtung des versprochenen „Werks". Im Gegenzug muss der Auftraggeber das Werk abnehmen und die vereinbarte Vergütung zahlen. Ist keine Vergütung vereinbart, wird die übliche Vergütung geschuldet.

Wichtig ist die Erfolgsbezogenheit dieses Vertragstyps. Der Unternehmer schuldet also immer einen bestimmten Erfolg, zum Beispiel die fachgerechte Installation der Sanitäranlagen. Darin unterscheidet sich der Werkvertrag von einem Dienstvertrag, zum Beispiel einem Behandlungsvertrag mit einem Arzt. Der Dienstverpflichtete schuldet nur eine Tätigkeit, nicht aber den Erfolg seiner Tätigkeit.

Ist im Werkvertrag die Erbringung von Bauleistungen vereinbart, wird der Vertrag auch als Bauvertrag bezeichnet. Der Unternehmer schuldet ein Werk, das so funktioniert, wie die Werkvertragsparteien es vereinbart haben oder wie es üblich und zu erwarten ist.

Der Werkunternehmer hat Anspruch auf Abschlagszahlungen für teilweise fertiggestellte Arbeiten. Voraussetzung ist, dass die Leistung keine wesentlichen Mängel aufweist. Sonst kann der Auftraggeber die Abschlagszahlung verweigern. Ist der Auftraggeber ein Verbraucher, so muss der Auftragnehmer bei der ersten Abschlagsrechnung eine Sicherheit von fünf Prozent der angeforderten Zahlung leisten.

Voraussetzung für die Fälligkeit der Vergütung (Schlusszahlung) ist die Abnahme der Leistung durch den Auftraggeber. Der Auftraggeber nimmt damit das Werk als im wesentlichen vertragsgerecht entgegen.

Ist das Werk mangelhaft, muss der Auftragnehmer die Mängel beseitigen. Der Anspruch auf Nacherfüllung des Auftraggebers verjährt in zwei Jahren, in drei Jahren oder in fünf Jahren bei Neubauten. Der Auftraggeber kann unter bestimmten Voraussetzungen auch die Minderung des Werklohns, Vorschuss für die Kosten der Mängelbeseitigung oder Erstattung der Kosten, die er selbst für die Mängelbeseitigung aufgewandt hat, verlangen. Der Unternehmer einer Bauleistung hat den Anspruch gegen den Auftraggeber auf eine Bauhandwerkersicherungshypothek oder eine Bauhandwerkersicherheit, die üblicherweise in Form

einer Bürgschaft geleistet wird. Damit kann die Vergütung des Unternehmers gesichert werden. Der Werklohnanspruch verjährt in drei Jahren ab Schluss des Jahres, in dem die Vergütung fällig entstanden ist.

Wertsicherungsklausel
(rent) adjustment clause; fluctuation clause; index(ation) clause

Langjährige wiederkehrende Leistungen werden normalerweise gegen den Geldwertschwund durch Wertsicherungsklauseln abgesichert. In der Immobilienwirtschaft sind sie deshalb in Miet- und Pacht-, Erbbau- und Kaufverträgen üblich, wenn ein Teil des Kaufpreises verrentet wird. Grundsätzlich gilt ein allgemeines Verbot von Preisklauseln in Verträgen, mit denen für die Zukunft vereinbarte Leistungen abgesichert werden sollen. Gesetzliche Grundlage ist das Preisklauselgesetz. Es gibt aber eine Reihe von Ausnahmen. Hierzu zählen:

- Leistungsvorbehaltsklauseln, die es ermöglichen, bei Änderung des Verbraucherpreisindex um eine vereinbarte Marge „die neue Höhe der Geldschuld nach Billigkeitsgrundsätzen zu bestimmen". Leistungsvorbehaltsklauseln finden sich häufig in Gewerberaummietverträgen. In der Regel bestimmt im Falle der Nichteinigung ein unabhängiger Sachverständiger die neue Höhe der Leistung.
- Spannungsklauseln, bei denen die in ein Verhältnis zueinander gesetzten Güter oder Leistungen im Wesentlichen gleichartig oder zumindest vergleichbar sind. Bei ihnen wird die Höhe des geschuldeten Betrages vom künftigen Preis oder Wert eines gleichartigen Gutes abhängig gemacht (Beispiel: Baupreis wird an die Entwicklung des Baukostenindex gekoppelt). Diese Klausel wird wegen der schwierigen Nachweissituation relativ selten verwendet.
- Kostenelementklauseln sind ebenfalls genehmigungsfrei. Bei ihnen wird der geschuldete Betrag insoweit von der Entwicklung der Preise oder Werte für Güter oder Leistungen abhängig gemacht, „als diese die Selbstkosten des Gläubigers bei der Erbringung der Gegenleistung unmittelbar beeinflussen". Beispiel: ein Vertrag mit einem Generalunternehmer, der seinen Preis von der Entwicklung der Löhne der am Bau Beschäftigten abhängig machen will.
- Langfristige Verträge, bei denen wiederkehrende Leistungen auf Lebenszeit zu erbringen sind. Hier kann Anpassungsgrundlage ein

Index sein, aus dem sich die Entwicklung der Löhne, Gehälter, Ruhegehälter oder Renten ergibt.

• Verträge, bei denen für zehn Jahre ein Kündigungsverzicht des Gläubigers vereinbart wird oder der Schuldner das Recht hat, die Vertragsdauer auf mindestens zehn Jahre zu verlängern (häufig in Gewerberaummietverträgen). Bemessungsgrundlage kann hier nach wie vor der Verbraucherpreisindex sein.

• Gleiches gilt für Zahlungsvereinbarungen auf Grund einer Verbindlichkeit aus der Auseinandersetzung zwischen Miterben, Ehegatten, Eltern und Kindern, auf Grund einer Verfügung von Todes wegen oder zur Abdeckungen von Verpflichtungen für den Übernehmer eines Betriebes oder sonstigen Sachvermögens. Voraussetzung ist, dass zwischen der Begründung der Verbindlichkeit und der Endfälligkeit zehn Jahre verstreichen oder die Zahlungen nach dem Tode eines Beteiligten zu erfolgen haben.

Zulässig sind nach wie vor auch Preisklauseln in Erbbaurechtsverträgen und Erbbauzinsreallasten mit einer Laufzeit von mindestens 30 Jahren. Dabei sind bei Erbbaurechten, die Wohnzwecken dienen, ohnehin die Vorschriften des § 9a des Erbbaurechtsgesetzes zu beachten, wonach maßgeblich für die Erhöhungsobergrenze die Entwicklung der allgemeinen wirtschaftlichen Verhältnisse ist. Nicht unter den Regelungsbereich des Preisklauselgesetzes fallen Indexmietverträge über Wohnraum.

Wesentlicher Bestandteil
(essential) constituent

Wesentliche Bestandteile einer Sache sind nach § 93 BGB solche, die von ihr nicht ohne Zerstörung oder Veränderung ihres Wesens getrennt werden können. Deshalb sind zum Beispiel Gebäude oder Bäume und Sträucher wesentlicher Bestandteil eines Grundstücks. Wesentliche Bestandteile eines Gebäudes sind fest mit ihm verbundene Einrichtungen, zum Beispiel eingebaute Badewannen. Bei Einbauküchen ist zu prüfen, ob sie tatsächlich „eingebaut", also nicht mehr ohne Zerstörung herausnehmbar sind, oder ob es sich nur um ins Raumgefüge eingepasste Möbelteile handelt. Ein wesentlicher Bestandteil kann nicht Gegenstand besonderer Rechte sein. Bei einem bebauten Grundstück ist es nicht möglich, das Eigentumsrecht am Gebäude vom Eigentumsrecht am Grundstück zu trennen. Eine Ausnahme bildet das „grundstücksgleiche" Erbbaurecht. Im Gegensatz zum wesentlichen Bestandteil sind einfache Bestandteile eines Grund-

stücks handelbar. Über Bestandteile eines Gebäudes, zum Beispiel Feuermelder, Antennen usw., also alles, was abmontierbar ist, kann verfügt werden. Eigentumsvorbehalte bleiben nach Montage bestehen. Auch Rechte, die mit dem Grundstück verbunden sind (zum Beispiel ein Geh- und Fahrrecht an einem anderen Grundstück), sind einfache Bestandteile.

Wettbewerb
competition

Kennzeichen jeder Marktwirtschaft ist der Wettbewerb. Man kann die Marktwirtschaft auch als Wettbewerbswirtschaft bezeichnen. Der freie Wettbewerb muss nach zwei Seiten hin gesichert werden: Damit Wettbewerb funktioniert, muss sichergestellt werden, dass es weder Zugangsbarrieren auf der Anbieter- wie auf der Nachfrageseite gibt. Außerdem muss verhindert werden, dass durch wettbewerbsbeschränkende Absprachen (Kartelle) die Funktion des Wettbewerbs außer Kraft gesetzt wird. Die Sicherung des Wettbewerbs auf dieser Seite obliegt dem Bundeskartellamt.

Der Wettbewerb kann aber auch durch Verhaltensweisen außer Kraft gesetzt werden, die unlauter sind. Durch Irreführungen und Handlungen, die Mitbewerber in eine sachlich nicht gerechtfertigte Nachteilsposition am Markt versetzen. Hiergegen schützt in Deutschland das Gesetz gegen den unlauteren Wettbewerb.

Die Grundidee des Wettbewerbs besteht in der Erkenntnis, dass sich durch freies Anbieten und Nachfragen am Markt für Waren und Leistungen Preise herausbilden, die zu einem optimalen Versorgungsniveau der Marktteilnehmer in einer Volkswirtschaft führen.

Ob der Wettbewerb zu den erwarteten Allokationsergebnissen führt, hängt aber vom Grad der Markttransparenz ab. Sie ist von Marktgut zu Marktgut unterschiedlich. Je schwerer miteinander konkurrierende Güter vergleichbar sind, desto größer ist die Wahrscheinlichkeit, dass durch Wettbewerb das angestrebte Optimum nicht erreicht wird. Jede andere Lösung, die auf die Wirkungen des Marktes verzichtet, wäre aber eine schlechtere Lösung.

Der Immobilienmarkt ist ein typischer Markt heterogener Güter. Jede Immobilie ist allein schon durch ihre fest gefügte Lage ein besonderes unverwechselbares Marktgut.

Hinzu kommt, dass der Markt nur in einem beschränkten Umfang organisierbar ist, so dass die unterschiedlichsten Wettbewerbskräfte wirksam werden. Vom professionell aufbereiteten Angebot eines Maklers über Bauträger mit eigener Vertriebsorganisation und institutionalisierte Anbieter bis hin zum privaten Einmalanbieter reichen die Mitbewerber. Sie agieren, ausgestattet mit den unterschiedlichsten Wettbewerbsfähigkeiten und Marketingstrategien im Marktszenarium der Immobilienwirtschaft.

Auch auf europäischer Ebene ist der jeweilige Wettbewerbskommissar in Brüssel für die Aufrechterhaltung des Wettbewerbs in den Ländern der europäischen Union zuständig. Im Blickfeld des Wettbewerbskommissars stehen vor allem Fusionen großer Unternehmen.

Während der Markt für Bauträgerobjekte auf einer vom Bauträger kalkulierten Preisbasis auf der Angebotsseite beruht, bestimmen bei Bestandsimmobilien letztlich die Nachfrager den Preis, zu dem ein Vertrag zum Abschluss kommt.

Immerhin ist der Immobilienmarkt ein Musterbeispiel für das Funktionieren des Marktes, wenn der Wettbewerb als „Entdeckungsverfahren" (Wirtschaftsnobelpreisträger August Friedrich v. Hayek) verstanden wird. Es geht um das zielorientierte Entdecken des richtigen Objektes und des richtigen Käufers, das den konventionellen Immobilienmarkt mehr als andere Märkte auszeichnet.

Wirtschaftsplan
budget; economic plan

Dem Wohnungseigentumsverwalter obliegt gemäß § 20 Abs. 1 WEG die Verwaltung des gemeinschaftlichen Eigentums nach den entsprechenden Vorschriften des Gesetzes (§§ 26-28 WEG). Um jederzeit über die zur Verwaltung des gemeinschaftlichen Eigentums erforderlichen finanziellen Mittel verfügen zu können, sind die Wohnungseigentümer verpflichtet, entsprechende Vorschüsse an den Verwalter zu zahlen (§ 28 Abs. 2 WEG). Dazu hat der Verwalter gemäß § 28 Abs. 1 WEG jeweils für ein Kalenderjahr einen Wirtschaftsplan zu erstellen, der folgende Mindestangaben enthalten muss:

- die voraussichtlichen Einnahmen und Ausgaben bei der Verwaltung des gemeinschaftlichen Eigentums;
- die anteilmäßige Verpflichtung der Wohnungseigentümer zur Lasten- und Kostentragung;
- die Beiträge zu der nach dem Gesetz vorgesehenen Instandhaltungsrückstellung, die jeder Wohnungseigentümer zu leisten hat.

Die konkrete Ausgestaltung des Wirtschaftsplans hängt unter anderem von den Gegebenheiten in der Wohnungseigentums-Anlage ab und obliegt im Übrigen der Entscheidung der Wohnungseigentümer. Im Einzelfall sind auch die in Teilungserklärung und Gemeinschaftsordnung getroffenen Regelungen zu beachten, so insbesondere von der gesetzlichen Regelung (§ 16 Abs. 2 WEG) abweichende Verteilungsschlüssel, Ausnahmeregelungen hinsichtlich der Beteiligung nicht aller Eigentümer an einzelnen Verwaltungskosten (zum Beispiel Fahrstuhlkosten) oder auch Regelungen zu Terminen oder Fristen, innerhalb derer der Wirtschaftsplan zur Beschlussfassung vorzulegen ist.

Die Entscheidung zur Gliederung des Wirtschaftsplans in Einzelpositionen sollte sich sinnvollerweise an den Vorschriften der seit 1.1.2004 geltenden Betriebskosten-Verordnung orientieren, um bei vermieteten Eigentumswohnungen dem jeweiligen Eigentümer die Abrechnung der Betriebskosten zu erleichtern.

Die Beschlussfassung erfolgt durch mehrheitliche Entscheidung in der Wohnungseigentümerversammlung, und zwar über den Gesamt- und die Einzelwirtschaftspläne. Letztere legen die Zahlungsverpflichtung der einzelnen Wohnungseigentümer fest und sind deshalb unverzichtbarer Bestandteil der Beschlussfassung über den Wirtschaftsplan. Ein Mehrheitsbeschluss, der lediglich den Gesamtwirtschaftsplan zum Inhalt hat, ist auf Anfechtung hin für ungültig zu erklären (BGH, 2.6.2005, Az. V ZB 32/05). Enthält ein Wirtschaftsplan falsche Angaben, zum Beispiel einen falschen Verteilungsschlüssel, löst er dennoch für alle Eigentümer die Zahlungspflicht aus, wenn der Beschluss nicht bei Gericht angefochten und für ungültig erklärt wird. Sinnvoll ist es, mit der Beschlussfassung über den konkreten Wirtschaftsplan eines Kalenderjahres dessen Fortgeltung bis zur Beschlussfassung über den Wirtschaftsplan des Folgejahres zu beschließen. Gemäß § 21 Abs. 7 WEG können die Wohnungseigentümer im übrigen mehrheitlich auch die generelle Fortgeltung des Wirtschaftsplans beschließen.

Die Abrechnung über die tatsächlichen Einnahmen und Ausgaben hat der Verwalter in der ebenfalls vorzunehmenden Jahresgesamt- und Einzelabrechnung vorzunehmen und der Wohnungseigentümerversammlung zur genehmigenden Beschlussfassung vorzulegen (§ 28 Abs. 3 und 5 WEG).

Wohn-Riester
Home Ownership Pensions Act (named after Walter Riester, former Minister of Labour and Social Affairs, who created a grant-aided privately funded pension scheme)

Der Begriff „Wohn-Riester" umschreibt das Konzept, mit dessen Hilfe die Immobilie ab 2008 in die staatliche Förderung von privat finanzierten Altersvorsorgeprodukten einbezogen wurde.

Rechtsgrundlage ist das Eigenheimrentengesetz, das am 4.7.2008 vom Bundesrat verabschiedet wurde und das mit seiner Veröffentlichung rückwirkend ab 1.1.2008 in Kraft trat.

Die Grundzüge
Aus bisher schon verfügbaren Riester-Anlageprodukten (etwa Banksparplänen, Fondsparplänen, privaten Rentenversicherungen, fondsgebundenen Rentenversicherungen, bestimmten Pensionsfonds) kann seit der Neuregelung der angesparte Betrag wahlweise bis zu 75 oder 100 Prozent entnommen werden, um damit zum Beispiel den Erwerb oder Bau einer eigenen Immobilie zu finanzieren. Zusätzlich wurden Bausparverträge und Darlehen zum Zwecke des Immobilienerwerbs in die Liste der Produkte aufgenommen, die als förderungswürdige Riester-Produkte zertifiziert werden können. Die Tilgung eines Baudarlehens kann damit ebenso gefördert werden wie zuvor ein Riester-Fondssparplan.

Nur zertifizierte Produkte
„Geriestert" werden kann nur mit entsprechend zertifizierten Produkten. Um das Zertifikat zu erhalten, müssen die Anbieter dafür sorgen, dass die Verträge bestimmte Voraussetzungen einhalten – zum Beispiel die Beachtung von Informationspflichten gegenüber dem Kunden etwa über die Höhe der Verwaltungskosten und den Stand der Altersvorsorge. Neue zertifizierte Produkte (etwa Bausparverträge und Darlehen, aber auch Kombinationen von Vorsorge- und Darlehensverträgen) gibt es auf Grund einer Übergangsregelung seit November 2008.

Geförderte Anlageziele
Gefördert werden Kauf oder Errichtung einer inländischen, selbst genutzten Wohnimmobilie, die Tilgung eines dafür verwendeten Darlehens und der Kauf von mit einem Wohnrecht verbundenen Genossenschaftsanteilen. Nicht gefördert wird unter anderem der Kauf von Auslandsimmobilien (siehe unten: Änderung ab 2010), Ferienhäusern oder Vermietungsobjekten oder zum Beispiel die energetische Sanierung bestehender Gebäude.

Höhe der Förderung
Seit 2008 beträgt der staatliche Zuschuss für ein förderfähiges Riester-Produkt 154 Euro jährlich für den Förderberechtigten. Dazu kommen für jedes Kind, für welches Kindergeld gezahlt wird, noch einmal 185 Euro pro Jahr. Für ab 1.1.2008 geborene Kinder beträgt der Zuschuss 300 Euro im Jahr. Voraussetzung: Der Sparer zahlt mindestens vier Prozent seines Jahresbruttoeinkommens in den Riester-Vertrag ein. Bei geringeren Einzahlungen verringert sich die Zulage. Der geförderte Höchstbetrag beträgt pro Jahr 2.100 Euro. In dieser Höhe kann der Sparer einen Sonderausgabenabzug beim Finanzamt geltend machen.

Anreize für junge Leute
Zusätzlich zur Grundzulage von 154 Euro bekommen Personen unter 25 Jahren, die einen Riester-Vertrag abschließen, einen einmaligen Extrazuschuss von 200 Euro auf das Riester-Konto.

Begünstigte
Unmittelbar zulagenberechtigt sind alle unbeschränkt Steuerpflichtigen, die in der gesetzlichen Rentenversicherung pflichtversichert sind. Berechtigt sind nicht nur beschäftigte Arbeitnehmer, sondern zum Beispiel auch Empfänger von ALG I oder ALG II sowie etwa Bezieher von Kranken – und Vorruhestandsgeld. Auch Wehrpflichtige, Berufssoldaten, Beamte und Arbeitssuchende, die wegen vorhandenen Vermögens keine Leistungen beziehen, können „riestern".

Neuerdings sind auch Personen unmittelbar berechtigt, die wegen voller Erwerbs- oder Dienstunfähigkeit eine Rente oder Versorgung bekommen. Diese muss aus einem der bisher schon begünstigten staatlichen Versorgungs-Systeme stammen; der Empfänger muss unmittelbar vor dem Rentenbezug pflichtversichert gewesen sein. Als mittelbar zulagenberechtigt bezeichnet man den Ehepartner eines Förderberechtigten, der den Mindestbetrag einzahlt. Gemeint sind Fälle, in denen beide Riester-Verträge besitzen, jedoch nur ein Partner förderberechtigt ist. Dauerhaft getrennt lebende Ehepartner kommen nicht in den Genuss der Förderung.

Nicht begünstigt
... sind zum Beispiel nicht rentenversicherungspflichtige Selbstständige, freiwillig gesetzlich Rentenversicherte, Studenten, versicherungsfreie geringfügig Beschäftigte, Angestellte und Selbstständige als Mitglieder einer berufsständischen Rentenversicherung (zum Beispiel Apotheker). Solche Personen können jedoch Riester-Verträge ohne Förderung abschließen.

Mindestkontostand für Entnahmen
Zunächst konnte auch nach der Gesetzesänderung vom Riester-Konto nur dann Geld entnommen werden, wenn der Mindestkontostand bei 10.000 Euro lag. Diese Regelung entfiel am 1.1.2010.

Besteuerung

Riester-Produkte unterliegen der nachgelagerten Besteuerung. Das bedeutet: Während der Ansparphase fällt keine Steuer an. In der Rentenauszahlungsphase – diese beginnt je nach Vertrag zwischen dem 60. und dem 68. Lebensjahr – müssen eingezahlte Beträge und Zulagen zum persönlichen Steuersatz versteuert werden. Bei „Wohn-Riester" ist das Geld dann bereits in eine Immobilie geflossen – daher werden die geförderten Beträge und Zulagen auf einem fiktiven „Wohnförderkonto" verbucht. Zum Kontostand des Wohnförderkontos kommen jedes Jahr zwei Prozent fiktive Zinsen hinzu. Der Gesamtbetrag dient in der Auszahlungsphase als Besteuerungsgrundlage. Der Steuerzahler kann bei Beginn der Rentenauszahlungsphase wählen, ob er die Steuern gleich insgesamt bezahlen oder in monatlichen Raten über eine Zeit von 17 bis 25 Jahren abbezahlen möchte. Wählt er die Einmalzahlung, muss er nur 70 Prozent der Bemessungsgrundlage versteuern. Verkauft er das Haus innerhalb von 20 Jahren wieder, muss er jedoch den nicht versteuerten Betrag nachversteuern. Mit Erreichen des 85. Lebensjahres muss die Steuerzahlung beendet sein.

Schädliche Verwendung

Eine schädliche Verwendung liegt vor, wenn der Sparer das geförderte Ansparkapital für einen Zweck einsetzt, den der Gesetzgeber nicht fördern wollte – etwa für den Bau eines Hauses, das vermietet werden soll oder einer Ferienwohnung. Auch Verkauf oder Vermietung oder generell der Auszug aus dem mit Riester-Geldern erworbenen Eigenheim gelten als schädliche Verwendung. In derartigen Fällen kann der Betreffende sofort zur Entrichtung der Steuern herangezogen werden – bei Aufgabe der Selbstnutzung innerhalb von zehn Jahren ist das 1,5-fache des Wohnförderkontos zu versteuern, bei Nutzungsaufgabe innerhalb von 10 bis 20 Jahren wird nur der einfache Betrag des Wohnförderkontos besteuert. Die erhaltenen Zulagen und die durch den Sonderausgabenabzug entstandenen Steuervorteile sind zurückzuzahlen. Keine Auswirkungen hat zum Beispiel ein Verkauf der geförderten Wohnung, wenn der geförderte Geldbetrag innerhalb von vier Jahren wieder in eine andere selbst genutzte Immobilie (darunter kann auch ein Dauerwohnrecht in einer Seniorenwohnanlage fallen) investiert oder innerhalb eines Jahres in eine andere zertifizierte Altersvorsorge eingezahlt wird. Weitere Zulagen gibt es dann jedoch nicht.

Wenn die Selbstnutzung der Immobilie vorübergehend zugunsten einer Vermietung aufgegeben wird, weil der Nutzer beruflich auswärts eingesetzt wird, gilt dies nicht als schädliche Verwendung. Allerdings muss die Selbstnutzung bis zur Vollendung des 67. Lebensjahres wieder einsetzen. Auch für Ehepartner gibt es Ausnahmen – so liegt keine schädliche Verwendung vor, wenn der Zulageberechtigte verstirbt und der Ehepartner innerhalb eines Jahres Eigentümer der Wohnung wird und diese selbst bewohnt. Ebenfalls liegt keine schädliche Verwendung vor, wenn der Zulageberechtigte krankheits- oder pflegebedingt die geförderte Wohnung nicht mehr bewohnt, sofern er Eigentümer dieser Wohnung bleibt, sie ihm weiterhin zur Selbstnutzung zur Verfügung steht und sie nicht von Dritten, mit Ausnahme seines Ehegatten, genutzt wird (§ 92a Abs. 3 Nr. 5 EStG).

Im Jahr 2010 wurden die gesetzlichen Regelungen dahin geändert, dass auch selbstgenutzte Immobilien im EU/EWR-Ausland über Wohn-Riester gefördert werden. Das steuerlich geförderte Anlagevermögen kann also auch für deren Erwerb genutzt werden. Auch beim Umzug in das betreffende Land findet keine Rückforderung mehr statt. Förderschädlich ist weiterhin die Investition in Immobilien zum Beispiel in der Schweiz und der Türkei. Generell müssen auch mittelbar Zulageberechtigte mindestens den Sockelbetrag von 60 Euro im Jahr einzahlen, um in den Genuss von Zulagen zu kommen. Anfang 2012 wurde der Garantiezins für neu abgeschlossene Riester-Verträge von 2,25 Prozent auf 1,75 Prozent verringert.

Wohnberechtigungsschein
residence permit

Der Wohnberechtigungsschein ist eine amtliche Bescheinigung, mit deren Hilfe ein Mieter nachweisen kann, dass er berechtigt ist, eine mit öffentlichen Mitteln geförderte Wohnung („Sozialwohnung") zu beziehen. Der Wohnberechtigungsschein wird vom Wohnungsamt der Gemeinde an Personen ausgestellt, deren Einkommen die Grenzen nach dem Wohnraumförderungsgesetz nicht übersteigt. Die Grenzen sind gemäß § 9 Wohnraumförderungsgesetz:

• 12.000 Euro für einen Einpersonenhaushalt,
• 18.000 Euro für einen Zweipersonenhaushalt,
• plus 4.100 Euro für jede weitere Person (wenn die Person ein Kind ist nur plus 500 Euro).

Die Bundesländer können abweichende Grenzen festlegen. Bei der Berechnung des Haushaltseinkommens (auch: Gesamteinkommen) werden die Jahreseinkommen aller Haushaltsmitglieder addiert. Unter dem Jahreseinkommen ist das Bruttoeinkommen zu verstehen, abzüglich der Werbungskosten und einer zehnprozentigen Pauschale für die Entrichtung der Einkommenssteuer und der gesetzlichen Sozialversicherungsbeiträge. Werden keine Beiträge für gesetzliche Sozialversicherungen gezahlt, können auch die Prämien für private Versicherungen in gewissen Grenzen abgezogen werden. Vom Gesamteinkommen des Haushalts sind neben Unterhaltsleistungen noch verschiedene Freibeträge abzuziehen (zum Beispiel für Schwerbehinderte, junge Ehepaare, Kinder unter zwölf Jahren). Bei einer gewissen Überschreitung der angegebenen Maximalbeträge des Gesamt-Haushaltseinkommens (20 Prozent, zum Teil weniger abhängig vom Bundesland) entfällt die Berechtigung. Es können Ausgleichszahlungen fällig werden; vgl. WoFG § 34.

Wohngebiete (nach BauNVO)
residential areas/housing areas/residential zones in accordance with the German ordinance on land usage

Wohngebiete können in Flächennutzungsplänen dargestellt werden, müssen aber – soweit eine Wohnnutzung im Vordergrund stehen soll – in Bebauungsplänen verbindlich festgesetzt werden. Wohngebietsarten sind nach der Baunutzungsverordnung das Kleinsiedlungsgebiet, das reine Wohngebiet, das allgemeine Wohngebiet und das besondere Wohngebiet.

Art der baulichen Nutzung:
- Kleinsiedlungsgebiete (WS) dienen vorwiegend dem Bau von Kleinsiedlungen mit Häusern, deren besonderes Merkmal größere Nutzgärten oder landwirtschaftliche Nebenerwerbsstellen sind. Zulässig sind in diesen Gebieten auch Läden, Gastwirtschaften und nicht störende Handwerksbetriebe.
- Reine Wohngebiete (WR) dienen dem Wohnen. Ausnahmsweise können auch Läden, nicht störende Handwerksbetriebe (zum Beispiel Schneiderei), die zur Deckung des täglichen Bedarfs der Bewohner dienen und kleine Pensionen zugelassen werden. Seit 1990 können auch Anlagen für soziale Zwecke (zum Beispiel Pflegeheime) sowie für kirchliche, kulturelle und sportliche Zwecke in reinen Wohngebieten errichtet werden.
- Allgemeine Wohngebiete (WA) dienen vorwiegend dem Wohnen. Zulässig sind wie bei den Kleinsiedlungsgebieten auch Läden, Gastwirtschaften und nicht störende Handwerksbetriebe sowie Anlagen für soziale, kirchliche, kulturelle und sportliche Zwecke. Das allgemeine Wohngebiet kann sich dem Mischgebiet dadurch annähern, dass in Ausnahmefällen auch nicht störende Gewerbebetriebe, Pensionen, Gebäude der öffentlichen Verwaltung, Gartenbaubetriebe und Tankstellen zugelassen werden können.
- Besondere Wohngebiete (WB) haben eine Sonderstellung. Es handelt sich stets um bereits bebaute Gebiete, die den Status eines „Innenbereichs" haben. Durch entsprechende Festsetzungen soll die besondere Eigenart dieser Gebiete erhalten und noch weiter entwickelt werden. Einige nicht störender weitere Nutzungsarten sind wie beim reinen Wohngebiet zulässig. Allerdings ist der Katalog der Ausnahmen relativ groß und nähert sich dem des allgemeinen Wohngebietes. Durch die Festsetzung als besonderes Wohngebiet soll einem Abgleiten in Richtung Mischgebiet entgegen gesteuert werden. Aus diesem Grunde kann auch bestimmt werden, dass ab einer bestimmten Geschosszahl nur Wohnungen zulässig sind oder dass ein bestimmter Mindestgeschossflächenanteil dem Wohnen vorbehalten bleiben muss.

Die Gemeinden können bei ihren Festsetzungen von den Vorgaben der BauNVO zwar abweichen, jedoch nicht in einem Umfang, der den Wohngebietscharakter gefährden würde.

Wohngemeinschaft
flat sharing

Zweckgemeinschaft mehrerer Personen, die gemeinsam in einer Wohnung leben. Es gibt drei mögliche Konstruktionen:
- Ein Hauptmieter, mehrere Untermieter,
- alle als gleichberechtigte Hauptmieter,
- jeder mit Einzel-Mietvertrag.

Alternative 1: Der Hauptmieter schließt den Mietvertrag mit dem Vermieter und untervermietet einzelne Räume. Der Hauptmieter ist dann in einer starken Position gegenüber den Untermietern, denen er gegebenenfalls kündigen kann. Es besteht keine Vertragsbeziehung zwischen Untermietern und Vermieter (=Wohnungseigentümer). Der Hauptmieter muss für Miete und Nebenkosten geradestehen und ist für deren pünktliche Zahlung verantwortlich.

Vorteile: Einzelne Bewohner können gegebenenfalls einzeln (gegenüber dem Hauptmieter) kündigen und ausziehen. Hauptmieter kann „Störenfried" kündigen.

Nachteil: Wenn Hauptmieter kündigt oder gekündigt wird, ist WG beendet. Wenn Hauptmieter zum

Beispiel Stromrechnung nicht bezahlt, wird allen der Strom abgestellt.

Alternative 2: Alle unterschreiben einen Mietvertrag gemeinsam. Bezüglich der Miete, der Nebenkosten und eventueller weiterer Ansprüche haften alle als Gesamtschuldner, d. h. jeder muss notfalls für den gesamten Betrag der Forderungen (d. h. zum Beispiel die gesamte Wohnungsmiete) geradestehen. Der Vermieter kann sich aussuchen, an wen er sich notfalls klageweise wendet. Die Bewohner haben untereinander Ausgleichsansprüche.

Vorteil: Kein Hauptmieter.

Nachteile: Mietvertrag kann nur durch alle gemeinsam gekündigt werden. Führt zu Streitigkeiten, da oft ein Bewohner kündigen möchte und andere bleiben wollen. Da eine WG auch als „Gesellschaft bürgerlichen Rechts" betrachtet wird, kann in manchen Fällen eine Kündigung durch einen Einzelmieter nach § 723 BGB erfolgen („Kündigung durch Gesellschafter"). Der Vermieter kann nur allen gemeinsam kündigen und die Kündigung nicht auf Gründe stützen, die vor Eintritt der letzten WG-Bewohner entstanden sind.

Alternative 3: Vermieter schließt mit allen Mietern separate Verträge über ihr jeweiliges (Schlaf-)Zimmer. Alle zahlen ihre Miete getrennt. Die Verträge beinhalten Mitbenutzungsrechte für Küche, Bad, Flur, Wohnzimmer.

Vorteil: Mieter können separat kündigen und gekündigt werden.

Nachteile: Die WG hat kein Mitspracherecht, wer einzieht. Komplizierte Vertragskonstruktion mit der Gefahr der Überreglementierung.

Qualifizierte Zeitmietverträge oder Verträge mit befristetem gegenseitigem Verzicht auf das Recht der ordentlichen Kündigung widersprechen dem Zweck einer Wohngemeinschaft und führen mit fast an Sicherheit grenzender Wahrscheinlichkeit zu Problemen oder gar kostenintensiven Gerichtsverfahren. – Kündigungswillige WG-Mieter kommen dabei oft auf die Idee, einfach keine Miete mehr zu zahlen, um selbst außerordentlich gekündigt zu werden. Der Vermieter hat in diesem Fall Schadensersatzansprüche wegen entgangener Mietzahlung zumindest bis zur Neuvermietung der Wohnung.

Empfehlung: Abwandlung von Alternative 2.: Mietvertrag mit allen Mietern gemeinsam als ausdrücklicher „WG-Mietvertrag". Auszug einzelner Mieter gestattet. Neuvermietung des Zimmers möglich. Mieterauswahl durch Bewohner, aber mit Mitspracherecht des Vermieters. Gesetzliche Kündigungsfrist. Diese Variante kommt beiden Seiten zugute.

Wohnräume
living space; living area; living quarters

Ein Wohnraum ist eine abgeschlossene Wohneinheit, die der Wohnnutzung dient. Zu den Wohnräumen einer Wohnung zählen alle Räume mit mindestens sechs Quadratmetern, sofern sie zu Wohnzwecken bestimmt sind, einschließlich der Küchen. Küchen (sowohl Koch- als auch Wohnküchen) müssen im Bauplan als solche ausgewiesen werden. Wohnräume zwischen sechs und zehn Quadratmetern werden im Verkehr häufig als halbe Zimmer bezeichnet. Bauordnungsrechtlich gibt es bestimmte Anforderungen an Wohnräume. Sie dürfen eine bestimmte Mindesthöhe nicht unterschreiten. Nebenräume sind Dielen, Abstellräume, Windfänge, Baderäume, Toiletten, wobei hier keine Größenbeschränkung gilt. Sie zählen zur Wohnfläche. Zubehörräume dagegen sind Räume außerhalb der Wohnung, die aber entweder der Wohnung zugewiesen sind oder vom Wohnungsbesitzer mitbenutzt werden können. Hierzu zählen Keller- und Speicherabteile, Waschküchen, Heizungsräume und Garagen.

Wohnung
residence; habitation; dwelling; flat

Wohnung ist ein wirtschaftliches Gut, das das menschliche Bedürfnis eines „Daches über dem Kopf" befriedigt. Es genügt darüber hinaus kulturellen, gesundheitlichen, sozialen und technischen Ansprüchen der Wohnungsnutzer. Teilweise sind Wohnungsstandards durch den Gesetzgeber (Bauordnungsrecht) vorgegeben, teilweise entsprechen sie einer Übereinkunft von Fachleuten, die sie definieren.

So ist nach DIN 283 Blatt 1 unter einer Wohnung die Summe aller Räume zu verstehen, die die Führung eines Haushalts ermöglichen. Darunter muss sich eine Küche oder ein Raum mit Kochgelegenheit befinden. Nach den Landesbauordnungen muss außerdem jede Wohnung von anderen Wohnungen und fremden Räumen baulich abgeschlossen sein und einen eigenen abschließbaren Zugang unmittelbar vom Freien, von einem Treppenhaus, einem Flur oder Vorraum haben. Jede Wohnung, die heute gebaut wird, muss über ein WC und ein Bad mit Badewanne oder Dusche verfügen.

Von den Größenverhältnissen her betrachtet, wurde in der früheren Statistik zwischen Klein-, Mittel- und Großwohnungen unterschieden (klein: bis 65 Quadratmeter Wohnfläche, mittel: zwischen 65 Quadratmeter und 90 Quadratmeter, groß: über 90 Quadratmeter). Eine Sondergröße bildeten die Kleinstwohnungen bis 45 Quadratmeter Wohnfläche. Diese Größeneinteilung ist überholt.

Als repräsentative Normgröße, die die Gesamtheit des marktwirksamen Mietwohnungsbestandes repräsentiert, gilt nach dem IVD-Preisspiegel die 70 Quadratmeter Wohnung. Steuerrechtlich muss eine Wohnung 23 Quadratmeter nutzbarer Fläche umfassen, um als Wohnung anerkannt zu werden.

In der Vergangenheit gab es Überlegungen, die Wohnung zu einem „meritorischen Gut" zu erklären. Das bedeutet, dass von der Befriedigung eines subjektiven Wohnbedürfnisses abstrahiert wird – das im Einzelfall sehr niedrig angesiedelt sein kann. Es kommt vielmehr auf einen definierten objektiven Wohnbedarf an, der im Interesse der Gesundheit der Bevölkerung ein bestimmtes Wohnkonsumniveau vorschreibt. Insoweit besteht ein Verpflichtungsanspruch an die Haushalte hinsichtlich ihrer nachgefragten Wohnnutzung. So darf eine Überbelegung der Wohnung etwa durch übermäßige Untervermietung nicht stattfinden.

Die Wohnung wurde in der Vergangenheit auch als „Sozialgut" definiert, wobei allerdings der Sinn verschwommen bleibt. Soweit die Wohnung einem Haushalt als sozialer Einheit zur Daseinsverwirklichung dient, ist dagegen nichts einzuwenden. Sofern aber damit der Gedanke verbunden wird, die Wohnnutzung sei von wirtschaftlichen Interessenlagen abzukoppeln und damit auch generell unterhalb kostendeckender Marktpreise zur Verfügung zu stellen, kann dies nur vorübergehend und in Ausnahmezeiten (etwa der Zeit kurz nach dem 2. Weltkrieg) gelten. Die Konsequenz der aus einer solchen Haltung heraus praktizierten Wohnungspolitik zeigte sich offen im Schicksal des Wohnungsbestandes der früheren DDR. Während die Wohnung im vorindustriellen Zeitalter gleichzeitig Produktionsstätte war, fand im Zuge der industriellen Revolution eine Trennung von Wohnen und Arbeiten statt. Dies führte im weiteren Verlauf auch städteplanerisch zu einer funktionalen Trennung in Wohn- und Gewerbegebieten. Dies wurde vor allem durch die Charta von Athen (1933) als Zielvorstellung proklamiert. Heute gehen die städtebaulichen Konzepte umgekehrte Wege. Es geht zur Vermeidung bzw. Verringerung von Verkehrswegen im Interesse der Umwelt um Mischung der Funktionen. Die künftige Entwicklung wird im Rahmen der „Neuen Ökonomie" dadurch geprägt sein, dass die strenge Unterscheidung zwischen Wohnen und Arbeiten erheblich relativiert wird. Bestandteil künftiger Wohnungen wird zunehmend ein privat und geschäftlich zu nutzender virtueller Kommunikationsraum als Verbindungsstelle nach außen sein. Die demographische Entwicklung führt sukzessive zu einer weiteren Änderung der Wohnbedürfnisse.

Der Anteil der alten Bevölkerung steigt ständig. Hinter dem Schlagwort „altersgerechte Wohnungen" verbergen sich mittlerweile viele Initiativen. Zum einen geht es darum, Wohnungsbestände an die neuen Anforderungen an altengerechtes Wohnen anzupassen. Zum anderen ist bei der Planung neuer Wohnanlagen darauf zu achten, dass sie auf Dauer eine gute Durchmischung von Haushalten verschiedener Altersgruppen ermöglichen und damit Segregationserscheinungen entgegenwirken.

Wohnungs- und Teileigentumsgrundbuch
register of freehold flats and part ownership

Auf der Grundlage einer Teilungserklärung oder eines Teilungsvertrages nach dem WEG legt das Grundbuchamt von Amts wegen so genannte Wohnungs- und Teileigentumsgrundbücher an, die in Aufbau und Inhalt im Wesentlichen dem herkömmlichen Grundbuch entsprechen.

Es enthält auf dem Deckblatt den zusätzlichen Hinweis „Wohnungsgrundbuch" (bei Nichtwohnräumen „Teileigentumsgrundbuch"). Im Bestandsverzeichnis wird jeweils der Miteigentumsanteil an dem Grundstück eingetragen mit dem Vermerk: „verbunden mit dem Sondereigentum an der im Aufteilungsplan mit Nr. x bezeichneten Wohnung im 1. Obergeschoss. Für jeden Anteil ist ein besonderes Grundbuchblatt angelegt (Blatt 345-355)".

Außerdem wird vermerkt, dass der hier eingetragene Miteigentumsanteil durch die zu den anderen Miteigentumsanteilen gehörenden Sondereigentumsrechte beschränkt ist. Ebenfalls im Bestandsverzeichnis werden etwaige Veräußerungsbeschränkungen (Zustimmungserfordernisse des Verwalters) eingetragen.

Die Abteilungen I, II und III entsprechen im Übrigen dem normalen Grundbuchaufbau. Der Aufteilungsplan ist Bestandteil der Grundakte des Grundbuchs.

Wohnungseigentümer
flat owner

Wohnungseigentümer ist der Eigentümer, der als Eigentümer eines Wohnungs- oder Teileigentums im Wohnungsgrundbuch eingetragen ist. Der eingetragene Eigentümer ist Träger aller Rechte und Pflichten nach dem Wohnungseigentumsgesetz. Da die Vorschriften über das Wohnungseigentum entsprechend auch für das Teileigentum gelten, ist auch der Eigentümer eines Teileigentums als Wohnungseigentümer zu bezeichnen.

Der Ersterwerber eines Wohnungseigentums, der den Kaufvertrag unterschrieben hat und noch nicht als Eigentümer in das Grundbuch eingetragen ist, für den aber eine Auflassungsvormerkung im Grundbuch eingetragen ist und der die Wohnung in Besitz genommen hat, wird als „werdender Wohnungseigentümer" dann bezeichnet, wenn außer dem Bauträger oder dem Veräußerer noch kein weiterer Eigentümer in das Grundbuch eingetragen ist. Er hat als werdender Wohnungseigentümer alle Rechte und Pflichten nach dem Wohnungseigentumsgesetz. Er ist Mitglied der „werdenden Wohnungseigentümergemeinschaft".

Mit der Eintragung des zweiten Eigentümers entsteht die rechtlich in Vollzug gesetzte Wohnungseigentümergemeinschaft. Auch dann behalten allerdings die bisherigen werdenden Wohnungseigentümer ihre vollen Rechte und Pflichten nach dem Wohnungseigentumsgesetz. Dies gilt auch, wenn – aus welchen Gründen auch immer – sich ihre Eintragung in das Grundbuch noch über einen längeren Zeitraum, möglicherweise auch über mehrere Jahre hinziehen sollte (BGH 11.5.2012, Az. V ZR 196/11).

Wer dagegen als Erwerber in eine rechtlich in Vollzug gesetzte, also in eine aus mindestens zwei in das Grundbuch eingetragenen Wohnungseigentümern bestehende Wohnungseigentümergemeinschaft eintritt, erwirbt nach noch vorherrschender Meinung die Rechte und Pflichten eines Wohnungseigentümers – anders als der werdende Wohnungseigentümer – erst mit der Eintragung in das Grundbuch (andere Auffassung jedenfalls für Ersterwerber BGH, 11.5.2012, Az. V ZR 196/11). Dies gilt auch dann, wenn für ihn nach Abschluss des Kaufvertrages eine Auflassungsvormerkung in das Grundbuch eingetragen ist und er die Wohnung bereits in Besitz genommen hat.

Als „faktischer" Wohnungseigentümer ist der noch nicht eingetragene Eigentümer nur gegenüber dem Veräußerer aus dem Kaufvertrag verpflichtet, der ihn allerdings als Vertreter bevollmächtigen kann, an der Wohnungseigentümer-Versammlung teilzunehmen und für den noch eingetragenen Veräußerer das Stimmrecht auszuüben. Die Zulässigkeit einer solchen Vertretung steht allerdings unter dem Vorbehalt, dass keine Vertretungsbeschränkung vereinbart ist. Eine Zahlungspflicht des faktischen Eigentümers gegenüber der Wohnungseigentümergemeinschaft besteht aber nicht (BGH, 5.6.2008, Az. V ZB 85/07).

Wohnungseigentümerversammlung
freehold flat owners' meeting

Die Verwaltung ihres gemeinschaftlichen Eigentums steht allen Wohnungseigentümern gemeinschaftlich zu, wenn nicht das Gesetz selbst oder entsprechende Vereinbarungen etwas anderes vorschreiben (§ 21 Abs. 1 WEG).

Ist für die Verwaltung keine Vereinbarung getroffen, entscheiden die Wohnungseigentümer über alle Angelegenheiten und Maßnahmen der ordnungsgemäßen Verwaltung durch mehrheitliche Beschlussfassung (§ 21 Abs. 3 WEG).

Soll über Angelegenheiten entschieden werden, die über die ordnungsgemäße Verwaltung hinausgehen, wie beispielsweise über bauliche Veränderungen, von denen alle Eigentümer betroffen sind, ist die Zustimmung aller im Grundbuch eingetragenen Eigentümer erforderlich (ein- oder allstimmiger Beschluss). Die so zu treffenden Entscheidungen werden durch Beschlussfassung in der Wohnungseigentümerversammlung geregelt (§ 23 Abs. 1 WEG). Auch außerhalb der Wohnungseigentümerversammlung können die Wohnungseigentümer die Verwaltung des gemeinschaftlichen Eigentums regeln, und zwar auf schriftlichem Wege. Dazu bedarf es jedoch ausnahmslos der Zustimmung aller Wohnungseigentümer (§ 23 Abs. 3 WEG).

Üblicherweise erfolgt die Einberufung der Wohnungseigentümerversammlung mindestens einmal jährlich durch den Verwalter mit einer Mindestfrist von zwei Wochen (§ 24 Abs. 4 WEG). Die Einberufung hat in Textform zu erfolgen, den Eigentümern ist gleichzeitig mit der Einberufung die Tagesordnung zu übersenden (§ 24 WEG).

Damit die Versammlung beschlussfähig ist, müssen die anwesenden oder vertretenen Wohnungseigentümer mehr als die Hälfte der für sie eingetragenen Miteigentumsanteile repräsentieren (§ 25 Abs. 3 WEG).

Den Versammlungsvorsitz führt in der Regel der Verwalter der Wohnungseigentümergemeinschaft, sofern die Versammlung nichts anderes beschließt (§ 24 Abs. 5 WEG).

Über die in der Versammlung gefassten Beschlüsse hat der Verwalter gemäß § 24 Abs. 6 WEG eine Niederschrift anzufertigen, die vom Versammlungsvorsitzenden und einem Wohnungseigentümer und gegebenenfalls auch vom Verwaltungsbeirats-Vorsitzenden beziehungsweise seinem Stellvertreter zu unterzeichnen ist. Sie braucht den Wohnungseigentümern zwar nicht übersandt zu werden, muss aber rechtzeitig, spätestens eine Woche vor Ablauf der Anfechtungsfrist, zur Einsichtnahme zur Verfügung stehen.

Unabhängig von der Beschluss-Niederschrift ist gemäß § 24 Abs. 7 WEG eine Beschlusssammlung zu führen.

Wohnungseigentum
**commonhold ownership; flat ownership;
freehold flat**

Wohnungseigentum ist nach der gesetzlichen Regelung das Sondereigentum (Alleineigentum) an einer Wohnung in Verbindung mit einem Miteigentumsanteil am gemeinschaftlichen Eigentum, zu dem es gehört (§ 1 Abs. 2 WEG). Dieser gesetzlich definierte Begriff steht für das, was im allgemeinen Sprachgebrauch als Eigentumswohnung bezeichnet wird. Mit dieser Zweckbestimmung sind grundsätzlich Art und Umfang der zulässigen Nutzung der so bezeichneten Räume festgelegt. Räume, die in der Teilungserklärung als Wohnungseigentum bezeichnet sind, dürfen grundsätzlich nur für Wohnzwecke genutzt werden, wenn nicht bereits in der Teilungserklärung selbst oder in der Gemeinschaftsordnung eine ergänzende oder abweichende Vereinbarung getroffen wurde.

Nach geltender Rechtsprechung sind aber von der grundsätzlichen Zweckbestimmung (Nutzung für Wohnzwecke) abweichende Nutzungen dann zulässig, wenn die von der zweckwidrigen Nutzung ausgehenden Störungen nicht größer sind als die Störungen, die sich auch bei bestimmungsgemäßer Wohnnutzung ergeben würden. Danach können auch als Wohnungseigentum bezeichnete Räume für bestimmte berufliche Zwecke genutzt werden (Anwalts-, Steuerberaterkanzlei, Architekturbüro, Arztpraxis, allerdings keine Kinderarztpraxis). Einer besonderen Zustimmung bedarf eine solche Nutzung nicht, wenn keine weitergehenden Störungen auftreten oder die Teilungserklärung beziehungsweise die Gemeinschaftsordnung ausdrücklich die Zustimmung zur beruflichen Nutzung vorschreiben.

Das Wohnungseigentum gehört als Sondereigentum ebenso wie das gemeinschaftliche Eigentum nicht zum Verwaltungsvermögen der Wohnungseigentümergemeinschaft. Eine Ausnahme gilt allerdings für den Fall, dass die teilrechtsfähige Wohnungseigentümergemeinschaft durch Erwerb einer Wohnung in der betreffenden Anlage Wohnungseigentümer wird. Dies wird nach inzwischen geltender Rechtsprechung für zulässig erachtet.

Wohnungsgenossenschaft
**housing cooperative; housing trust; housing
association**

Wohnungsgenossenschaften sind wie die übrigen Arten von Genossenschaften Gesellschaften mit einer nicht geschlossenen Zahl von Mitgliedern (Genossen), die einen wirtschaftlichen Zweck verfolgen und sich dabei eines gemeinsamen Geschäftsbetriebes bedienen. Das Geschäftsprinzip ist Selbsthilfe der Mitglieder durch gegenseitige Förderung. Sie entstehen mit Eintragung in das Genossenschaftsregister. Finanzielle Geschäftsgrundlage der Genossenschaften sind die von den Mitgliedern eingezahlten Geschäftsanteile. Die Geschäftsanteile vermehren sich um die Gewinne.

Je nach Art der Wohnungsgenossenschaft ist es ihr Zweck, entweder an Mitglieder Genossenschaftswohnungen zu vermieten bzw. Ihnen die Nutzung der Wohnung zu überlassen oder bei Wohnbaugenossenschaften, an Mitglieder Eigenheime zu verkaufen. Eine Besonderheit der Genossenschaften besteht in der Identität von Träger und Kunden. Sie funktionieren auf der Grundlage genossenschaftlicher Solidarität – jedes Mitglied hilft dem anderen, zum Ziele zu gelangen. Der Vorstand hat alle Mitglieder gleich zu behandeln. Zum Beispiel müssen Mieterhöhungen deshalb für alle Mitglieder in gleicher Höhe vorgenommen werden.

Mietverträge mit einer Genossenschaft richten sich nach den üblichen mietrechtlichen Regelungen. Jedoch wirken auch das Genossenschaftsgesetz und die von der Genossenschaft selbst beschlossene Satzung ins Mietverhältnis hinein. Besonderheiten im Mietverhältnis:

- Beim Eintritt sind Genossenschaftsanteile zu erwerben.
- Genossenschaftsmieter entrichten üblicherweise keine Mietkaution.
- Die Höhe der Anteile übersteigt meist die einer Kaution.

Vorteil einer Genossenschaftswohnung aus Mietersicht ist die meist im Vergleich niedrigere Miete.

Zur Vermeidung von Wohnungsleerständen darf die Genossenschaft den Mietzins für eine oder mehrere Wohnungen senken, ohne das die Mieter anderer Wohnungen Anspruch auf eine entsprechende Senkung haben.

Eine Erhöhung der Miete für einzelne Wohnungen widerspricht dem genossenschaftlichen Gleichbehandlungsgrundsatz und ist unzulässig.

Wenn das Genossenschaftsmitglied verstirbt, wird das Mietverhältnis nach den gesetzlichen Bestimmungen mit dem Ehegatten fortgesetzt. Der Erbe des „Genossen" erbt auch die Genossenschaftsanteile und damit den Anspruch auf eine Wohnung.

Eine Eigenbedarfskündigung gibt es nicht. Allerdings hat die Genossenschaft ein berechtigtes Interesse an der Kündigung, wenn ein Mieter wegen genossenschaftswidrigen Verhaltens ausgeschlossen wird und die Wohnung für ein anderes Mitglied benötigt wird. Die Genossenschaftsanteile werden bei Ende des Mietverhältnisses zurückgezahlt. Bei manchen Genossenschaften kann die Kündigungsfrist für die Anteile länger als die für die Wohnung ausfallen, da die Einlagen in laufenden Projekten gebunden sind.

Manche Genossenschaften beteiligen den Mieter/das Mitglied an ihren Gewinnen. Geht eine Genossenschaft in Konkurs, fallen die Genossenschaftsanteile in die Konkursmasse. Eine Nachschusspflicht oder eine über den Anteil hinaus gehende Haftung des Mieters gibt es nicht.

Hartz IV: Genossenschaftsanteile werden (wie die Mietkaution) nicht zum Vermögen gerechnet. Wenn nach einem Wohnungswechsel die Genossenschaftsanteile zurückgezahlt und wieder auf dem Konto gutgeschrieben sind, müssen sie beim nächsten Antrag als Vermögen angegeben werden.

Zum 18.8.2006 sind erhebliche Änderungen des Genossenschaftsgesetzes in Kraft getreten. Die Reform soll die Genossenschaft als Rechtsform attraktiver machen. Die Gründung kleiner Genossenschaften wurde erleichtert; Genossenschaften mit einer Bilanzsumme bis zu eine Millionen Euro oder mit Umsatzerlösen bis zu zwei Millionen Euro sind von der Pflicht zur Prüfung des Jahresabschlusses befreit. Weitere Regelungen sollen eine bessere Informationsversorgung der Mitglieder sicher stellen.

Wohnungsgrundbuch
land register for commonhold flats

Sowohl bei der vertraglichen Begründung von Wohnungseigentum (§ 3 WEG) wie auch bei der Begründung durch Teilungserklärung (§ 8 WEG) wird vom Grundbuchamt für jeden Miteigentumsanteil ein besonderes Grundbuchblatt angelegt, das als Wohnungsgrundbuch (bei Wohnungen) oder als Teileigentumsgrundbuch (bei nicht zu Wohnzwecken dienenden Räumen) bezeichnet wird.

Im Bestandsverzeichnis wird der jeweilige Miteigentumsanteil eingetragen mit dem zusätzlichen Vermerk „verbunden mit dem Sondereigentum an der mit Nr. xx bezeichneten Wohnung und (gegebenenfalls) dem zugehörigen Kellerraum Nr. xx und dem Kfz-Stellplatz Nr. xx". Ergänzend wird vermerkt, dass der eingetragene Miteigentumsanteil durch die zu den anderen Miteigentumsanteilen gehörenden Sondereigentumsrechte beschränkt ist. Ebenfalls im Bestandsverzeichnis eingetragen sind als Inhalt des Sondereigentums weitere Regelungen – vielfach Beschränkungen – hinsichtlich der Veräußerung oder des Gebrauchs, ebenso vom Gesetz abweichende Vereinbarungen (§ 10 Abs. 2 Satz 2 WEG), beispielsweise zur abweichenden Kostenverteilung. Zur näheren Bezeichnung des Gegenstandes und des Inhalts des Sondereigentums kann

auf die Eintragungsbewilligung Bezug genommen werden (§ 7 Abs. 4 WEG).

Diese Eintragungen sind deshalb von besonderer Bedeutung, weil vom Gesetz abweichende Vereinbarungen im Falle des Eigentümerwechsels gemäß § 10 Abs. 3 WEG gegenüber dem neuen Eigentümer nur dann Rechtswirkung entfalten, wenn sie im Grundbuch eingetragen sind. Durch Erweiterung der Beschlusskompetenz im Rahmen der am 1.7.2007 in Kraft getretenen WEG-Reform, insbesondere hinsichtlich abweichender Kostenverteilungsregelungen durch mehrheitliche Beschlussfassung, ist jedoch zu berücksichtigen, dass die bis dahin geltende „Verlässlichkeit" auf die als Inhalt des Sondereigentums im Grundbuch eingetragenen Vereinbarungen nur noch beschränkt Geltung hat. Ergänzend ist deshalb die ab 1.7.2007 zu führende Beschlusssammlung auf vom Gesetz oder von einer Vereinbarung abweichende Beschlüsse zu prüfen.

Die Abteilungen I, II und III entsprechen dem normalen Grundbuchaufbau.

Wohnungsmarkt
housing market

In der Skala des Bedürfnisbewusstseins rangiert in unserem Kulturkreis die Wohnung an erster Stelle. Der größte Teil der Versorgung der Bevölkerung mit Wohnraum findet auf dem Wohnungsmarkt statt. Er ist deshalb Gegenstand zahlreicher Untersuchungen und politischer Steuerungsversuche. Im Zentrum der Betrachtung steht dabei die Mietpreisbildung. Der Staat will sie nicht dem ungebremsten Spiel der Marktkräfte überlassen.

Dies führte zu Gunsten einkommensschwacher Schichten zum Aufbau eines neben dem Wohnungsmarkt agierenden Wohnungszuteilungssystems mit Mietpreis- und Wohnungsbindung. Aber auch der Markt selbst wurde und wird auch heute noch trotz des relativ guten Versorgungsgrades durch zahlreiche miet- und mietpreisrechtliche Vorschriften gesteuert. Nach einer Verlautbarung des Bundesministeriums für Verkehr, Bau- und Stadtentwicklung soll immerhin der größte Teil der Haushalte mit niedrigem Einkommen, darunter zwei Drittel aller Wohngeldempfänger, in frei finanzierten Mietwohnungen wohnen.

Die Wohnungsmärkte in Deutschland weisen höchst unterschiedliche Entwicklungen auf. In Schrumpfungsgebieten gibt es einen permanenten Angebotsüberhang mit sinkenden Preistendenzen. Hierzu gehört ein großer Teil der östlichen Bundesländer. In Wachstumsregionen wird oft ein Mietpreisniveau erreicht, das bei vergleichbarem Wohnungsstandard mehr als das Doppelte der

Mietpreise in Schrumpfungsregionen erreicht. Im Laufe der Zeit wurden verschiedene „Gesetzmäßigkeiten", denen der Wohnungsmarkt unterworfen ist, formuliert. Es begann mit dem Schwabe'schen Gesetz. Der Statistiker Schwabe hat nachzuweisen versucht, dass Haushalte mit niedrigen Einkommen einen relativ größeren Einkommensteil für die Miete ausgeben müssen, Haushalte mit höheren Einkommen dagegen einen relativ niedrigen Einkommensteil. Lütge hat in seinem „Gesetz des sozialbedingten Wohnungsaufwandes" festgestellt, dass zum Beispiel bei vergleichbaren Einkommen bestimmte Schichten, hier die Beamten, mehr für die Miete ausgeben als andere Schichten.

Nachgegangen wurde auch der Frage, wie lang die durchschnittliche Umzugskette ist, die durch den Wohnungsbau hervorgerufen wird, bis sie schließlich versickert (Kurzfristig wirksame Sickerprozesse).

Die Filteringtheorie erörtert die Frage, wie durch den alterungsbedingten Qualitätsschwund des Wohnungsbestandes Haushalte mit höherem Einkommen in bessere Wohnquartiere übersiedeln und damit qualitativ geringwertigen Wohnraum Haushalten mit geringerem Einkommen zur Verfügung gestellt werden („Filtering-down"). Andererseits aber werden durch Modernisierungs- und Revitalisierungsmaßnahmen in alten Stadtvierteln Haushalte mit hohem Einkommen angezogen („Filtering-up"). Die Filteringtheorie beschreibt langfristige Wirkungen des Wohnungsmarkts.

Das Arbitragemodell zeigt, wie Wohnungsmärkte durch die Entwicklung von homogenen Nachbarschaften in Untermärkte aufgespalten werden, die zu Ghettobildungen aber auch zu Erscheinungen der Gentrification (Aufwertung von Wohnquartieren) führen.

Der Ratcheteffekt beschreibt das Phänomen, dass Haushalte mit steigendem Einkommen ihr Konsumniveau auch im Wohnbereich ständig nach oben anpassen. Sie „klinken" sich in diesen Prozess des steigenden Konsums ein. In Zeiten sinkender Einkommen halten sie jedoch an dem einmal erreichten Niveau aus Prestigegründen fest. Sie verzehren damit ihr Vermögen und fallen schließlich nach Eintritt der Zahlungsunfähigkeit der Armut anheim.

Wohnungsrecht
German housing law

Ein Wohnungsrecht, auch Wohnrecht genannt, ist ein subjektiv persönliches, also an eine bestimmte Person gebundenes Recht, das im Grundbuch als beschränkte persönliche Dienstbarkeit eingetragen

wird. Es wird dem Berechtigten meist im Gegenzug zur Übertragung (Erbschaft oder Schenkung oder Verkauf) eines Wohnhauses eingeräumt. In der Regel ist das Wohnungsrecht unentgeltlich. Es kann aber vereinbart werden, dass der Berechtigte bestimmte Unterhaltungspflichten (laufende Instandhaltung der Wohnung) übernimmt.

Die dem Eigentümer obliegenden Grundstückslasten können nicht mit dinglicher Wirkung auf den Wohnungsberechtigten im Rahmen des Wohnungsrechts übertragen werden. Da die Zweckbestimmung des Wohnungsrechts ausschließlich das Wohnen durch den Berechtigten ist, kann ein Wohnungsrecht nicht an einem Teileigentum nach dem WEG begründet werden. Das Wohnungsrecht kann nicht entgeltlich bestellt werden. Ausgewichen wird deshalb in seltenen Fällen auf eine schuldrechtliche Entgeltvereinbarung, in der die Verpflichtung zur Entgeltzahlung zur Bedingungen für die Ausübung des Wohnungsrechts gemacht wird. Es erlischt mit dem Tode des Berechtigten oder mit der Zerstörung des Gebäudes.

Im Gegensatz zum Wohnungsrecht steht eine Wohnungsreallast, die zum Inhalt die Gewährung von Wohnraum (nicht an einer bestimmten Wohnung) hat. Die Verpflichtung des Gebäudeeigentümers besteht in der Zurverfügungstellung von Wohnraum und seiner Erhaltung. In einigen Fällen werden auch unentgeltliche schuldrechtliche Wohnungsrechte vereinbart.

Beispiel: Erben lassen Hausangestellte eines verstorbenen Elternteils unentgeltlich in einem Teil des geerbten Hauses wohnen. Meist werden in diesen Fällen die Wohnräume unentgeltlich zur Nutzung auf Lebenszeit zur Verfügung gestellt. Besondere Formalien oder eine notarielle Beurkundung sind nicht erforderlich. Bei dieser Konstruktion kann vertraglich vereinbart werden, dass der Wohnberechtigte auch die für die Wohnung anfallenden Nebenkosten nicht zahlen muss. Ohne besondere Vereinbarung muss er diese übernehmen, außer wenn der zugrunde liegende Vertrag „Versorgungscharakter" hat, das heißt zum Beispiel einen Teil der Altersversorgung einer Person darstellt.

Problematisch ist, was mit einem schuldrechtlichen unentgeltlichen Wohnrecht bei Verkauf der Wohnung passiert: Es ist umstritten, ob der Käufer das Wohnungsrecht beachten muss.

Wohnungsunternehmen
housing company; housing firm

Von Wohnungsunternehmen spricht man, wenn die Zwecksetzung des Unternehmens ganz oder überwiegend in der Errichtung und Bewirtschaftung von eigenen Wohngebäuden, der Errichtung von Eigenheimen und Eigentumswohnungen für den Markt sowie der Verwaltung fremden Wohnungsbestandes besteht. Die frühere Abgrenzung zwischen gemeinnützigen und freien Wohnungsunternehmen ist nach Aufhebung des Wohnungsgemeinnützigkeitsgesetzes hinfällig geworden.

Allerdings haben viele Wohnungsunternehmen, vor allem die kommunalen und kirchlichen die Wohnungsgemeinnützigkeit weiterhin in ihrer Satzung verankert. Wer ausschließlich für den Markt produziert wird auch als Bauträger bezeichnet. Wohnungsunternehmen sind überwiegend im GdW Bundesverband deutscher Wohnungsunternehmen e.V. oder im Bundesverband Freier Wohnungsunternehmen e.V. organisiert.

Wohnungsvermittlung
estate agent; housing agency; accommodation bureau

Wohnungsvermittlung ist ein Teilbereich des Geschäftsfeldes von Maklern. Im Schnitt entfallen circa. zehn Prozent der Provisionserlöse der Maklerunternehmen auf diesen Bereich. Wohnungsvermittler müssen zusätzlich zum BGB-Maklerrecht die Spezialvorschriften des Wohnungsvermittlungsgesetzes beachten, die dem besonderen Schutzbedürfnis von Wohnungssuchenden dienen. Der Geschäftsbereich der Wohnungsvermittlung zeichnet sich durch eine relativ hohe Erfolgsquote aus und ist wegen der schnellen Umschlagsgeschwindigkeit des Marktgutes Wohnung trotz der Provisionsbegrenzung in normalen Zeiten ein stabiles Basisgeschäft.

Wohnwertverbesserungen (Mietrecht)
improvements on residential value/value for residential purposes (law on tenancy)

Wohnwertverbesserungen gehören zu den Modernisierungsmaßnahmen, die einen Vermieter zur Mieterhöhung bei Modernisierung berechtigen. Unter Wohnwertverbesserungen versteht man Maßnahmen, die die Mieträume oder das Wohnumfeld außerhalb der Wohnung selbst verbessern. Beispiele:

- Einbau von Isolierglasfenstern an Stelle von Einfachverglasung,
- Einbau einer Zentralheizung statt Einzelöfen,
- Einbau neuer Bäder und Toiletten,
- Wärmedämmung von Außenmauern,
- Befestigung des Hofes,
- Anschluss an Breitbandkabelnetz,
- Einrichtung neuer Kfz-Stellplätze.

Nicht als Wohnwertverbesserungen werden von den Gerichten anerkannt:

- Neue Hauseingangstür,
- Einbau einer Zentralheizung statt einer Gasetagenheizung,
- Erneuerung von Fliesen,
- jegliche Erhaltungsmaßnahmen (Instandhaltung und -setzung).

Wohnwertverbesserungen, die der Mieter auf eigene Kosten selbst durchgeführt hat, werden bei der Ermittlung der ortsüblichen Vergleichsmiete zwecks Mieterhöhung auf Dauer nicht berücksichtigt. Es sind also die Vergleichswerte für Wohnungen ohne die entsprechenden Einbauten heranzuziehen (BGH, Urteil vom 7.7.2010, Az. VIII ZR 315/09).

Zeitmietvertrag
tenancy (or lease) for a fixed period

Zu unterscheiden ist zwischen einem Mietvertrag, der ohne Verlängerungsklausel für eine bestimmte Laufzeit abgeschlossen wurde und einem Zeitmietvertrag, dessen Terminierung zusätzlich verbunden wurde mit dem Hinweis auf eine besondere Verwendungsabsicht des Vermieters nach Ablauf der Mietzeit. Die erste Variante des Zeitmietvertrags kann nur noch bei Mietverträgen über Gewerberäume sowie in weiteren Sonderfällen abgeschlossen werden (Wohnräume, die nur zum vorübergehenden Gebrauch vermietet sind, möblierte Zimmer in der Wohnung des Vermieters, Räume, die von Sozialbehörden oder Trägern der Wohlfahrtspflege für Personen mit dringendem Wohnbedarf angemietet worden sind, Räume in Studenten- und Jugendwohnheimen). Die Mietrechtsreform 2001 sieht eine solche Vereinbarungsmöglichkeit für normalen Wohnraum nicht vor.

Bei der zweiten Variante des Zeitmietvertrages kann der Mieter frühestens vier Monate vor Ablauf der Frist verlangen, dass der Vermieter ihm binnen eines Monats mitteilt, ob der Grund für die Befristung noch besteht.

Als Verwendungsabsicht kann nur geltend gemacht werden, wenn der Vermieter

- Eigenbedarf für sich, eine zu seinem Hausstand gehörende Person oder einen Familienangehörigen geltend machen will,
- die Beseitigung, wesentliche Veränderung oder Instandsetzung der Mieträume beabsichtigt und die Fortsetzung des Mietverhältnisses dieses Vorhaben wesentlich erschweren würde oder wenn
- die Räume an einen Dienstverpflichteten (zum Beispiel Angestellten des Vermieters) vermietet werden sollen.

Darüber hinaus kann bei einem gängigen unbefristeten Mietvertrag das Kündigungsrecht für eine bestimmte Zeit beiderseitig ausgeschlossen werden. Der Vertrag hat damit eine bestimmte vertraglich vereinbarte Mindestdauer. Ein gegenseitiger Ausschluss des Kündigungsrechtes ist nach höchstrichterlicher Rechtsprechung allerdings für maximal vier Jahre zulässig.

Zubehör
appurtenances; accessories; attachments; fittings

Zubehör sind nach § 97 BGB bewegliche Sachen, die dem wirtschaftlichen Zweck der Hauptsache zu dienen bestimmt sind, ohne Bestandteil der Hauptsache zu sein. Ein wichtiges Merkmal des Zubehörs besteht darin, dass die Sache in der Verkehrsauffassung auch als Zubehör betrachtet wird. Dies kann von Land zu Land, ja von Ort zu Ort unterschiedlich sein.

Zubehör zu einer Immobilie gilt beim Verkauf im Zweifel als mitverkauft, auch wenn darüber im notariellen Kaufvertrag nichts vereinbart wurde. Es gilt im Zwangsversteigerungsverfahren oder bei einer Beleihung als mitverpfändet.

Besonderes Gewicht kommt dem Zubehör bei gewerblichen und landwirtschaftlichen Betrieben zu. Zubehör des Gewerbebetriebes können zum Beispiel Maschinen und sonstige bewegliche Betriebseinrichtungen sein, die bei einem landwirtschaftlichen Betrieb gehören das Vieh und die landwirtschaftlichen Geräte zum Zubehör.

Da im Verkaufsfall Zubehör nicht mit der Grunderwerbsteuer belastet wird, ist es zweckmäßig, es in der notariellen Urkunde mit aufzuführen und einen Wert hierfür anzusetzen.

Beim Wohnungseigentum zählen zum Zubehör u. a. in den Wohnungen befindliche Warnanlagen, beispielsweise Rauchwarnmelder (LG Hamburg, Urteil vom 2.3.2011, 318 S 193/10, DWE 2011, 73). Zum Zubehör in einer Wohnungseigentümergemeinschaft zählen weiter Rasenmäher, Waschmaschinen, Reinigungsgeräte und andere bewegliche Sache, die dem wirtschaftlichen Gebrauch des gemeinschaftlichen Eigentums dienen. Auch der Heizölvorrat einer Wohnungseigentümergemeinschaft zählt zum Zubehör sämtlicher Wohnungseigentumseinheiten. Das Zubehör ist gemäß § 10 Abs. 7 WEG als „rechtsgeschäftlich erworbene Sache" Bestandteil des Verwaltungsvermögens der Wohnungseigentümergemeinschaft.

Beim Wohnungseigentum zählen zum Zubehör u. a. in den Wohnungen befindliche Alarmanlagen. Dazu zählen auch Rauchwarnmelder, soweit diese von einzelnen Eigentümern selbst oder aufgrund eines Beschlusses der Wohnungseigentümer angebracht worden sind. Im ersten Fall stehen sie im Eigentum der betreffenden Eigentümer im zweiten Fall sind sie Eigentum der (teilrechtsfähigen) Wohnungseigentümergemeinschaft und sind dann Bestandteil des Verwaltungsvermögens (BGH, Urteil vom 8.2.2013, V ZR 238/11, DWE 2013, 106; LG Hamburg, Urteil vom 2.3.2011, 318 S 193/10, DWE 2011, 73).

Zwangsversteigerung
compulsory auction; judicial sale; forced sale

Die gesetzliche Grundlage für die Zwangsversteigerung von Grundstücken ist das Gesetz über die Zwangsversteigerung und Zwangsverwaltung, das in seiner novellierten Fassung am 16.2.2007 in Kraft trat.

Die Ersteigerung einer Immobilie stellt oftmals eine interessante Alternative zum Bau oder zum Kauf eines vergleichbaren Objektes dar. Denn in der Regel erhält der Ersteigerer den Zuschlag zu einem niedrigeren Betrag als dem Verkehrswert. Zwangsversteigerungen werden von dem Amtsgericht durchgeführt, in dessen Zuständigkeitsbereich die Immobilie liegt.

Die Versteigerungstermine können daher auch beim jeweiligen Amtsgericht in Erfahrung gebracht werden. Darüber hinaus werden sie als amtliche Bekanntmachungen in der Tagespresse veröffentlicht. Manche Verlage bieten so genannte Versteigerungskalender an, die regelmäßig die aktuellen Termine mit Beschreibung der Objekte enthalten (zum Beispiel Argetra Verlag, Ratingen). Für die Zwangsversteigerung von Immobilien gelten besondere Regeln, über die sich Interessierte vorab informieren sollten. Einige davon:

- Die so genannte Bietzeit („Bietstunde") dauert mindestens 30 Minuten.
- Als Sicherheit sind 10 Prozent des Verkehrswertes zu hinterlegen.
- Eine Sicherheitsleistung durch Bargeld ist seit 16.2.2007 ausgeschlossen. Sie muss vielmehr so rechtzeitig auf das Konto des zuständigen Amtsgerichts unter Angabe des Aktenzeichens überwiesen werden, dass der Betrag der Gerichtskasse vor dem Verteilungstermin gutgeschrieben ist und ein Nachweis hierüber im Termin vorliegt. Der Einzahler und der Bieter sollten identisch sein, damit das Gericht beim Termin erkennen kann, welcher Bieter bereits den Sicherheitsbetrag überwiesen hat.
- Zur Sicherheitsleistung sind aber auch Bundesbankschecks und Verrechnungsschecks

geeignet, die frühestens am dritten Werktag vor dem Versteigerungstermin ausgestellt worden sind. Dies gilt nur, wenn sie von einem zum Betreiben von Bankgeschäften berechtigten Kreditinstitut oder der Bundesbank ausgestellt und im Inland zahlbar sind. Als berechtigt gelten Kreditinstitute, die in der Liste der zugelassenen Kreditinstitute aufgeführt sind.

• Wenn der Bieter nicht zum Zuge kommt, wird der von ihm bezahlte Betrag unverzüglich zurück überwiesen.

• Der Erwerb des Immobilieneigentums im Zwangsversteigerungsverfahren erfolgt bereits durch Zuschlag und nicht erst mit der darauf folgenden Umschreibung im Grundbuch.

Zu unterscheiden ist die Zwangsversteigerung, die ein Gläubiger betreibt, von der Zwangsversteigerung zum Zwecke der Aufhebung der Gemeinschaft. Letztere kommt vor, wenn sich zum Beispiel eine Erbengemeinschaft nicht auf einen Verkauf des gemeinsam geerbten Hauses einigen kann. Die Aufhebung einer Wohnungseigentümergemeinschaft ist dagegen nicht möglich, es sei denn, das Gebäude wird ganz oder teilweise zerstört. Für diesen Fall muss das Recht auf Aufhebung der Gemeinschaft in der Gemeinschaftsordnung vereinbart sein.

Zwangsversteigerungen

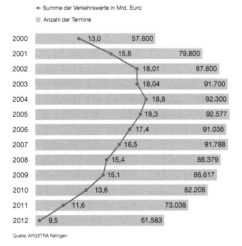

- Summe der Verkehrswerte in Mrd. Euro
- Anzahl der Termine

Jahr	Summe	Anzahl
2000	13,0	57.600
2001	15,8	79.800
2002	18,01	87.800
2003	18,04	91.700
2004	18,8	92.300
2005	18,3	92.577
2006	17,4	91.036
2007	16,5	91.788
2008	15,4	88.379
2009	15,1	86.617
2010	13,6	82.208
2011	11,6	73.038
2012	9,5	61.583

Quelle: ARGETRA Ratingen

Zwangsvollstreckung
judicial sale; judicial foreclosure; execution; distraint; compulsory execution; levy on property

Die Voraussetzung für eine Zwangsvollstreckung ist ein Zwangsvollstreckungstitel, der sich insbesondere aus einem Urteil, aus einem Prozessvergleich oder einer vollstreckbaren Urkunde (zum Beispiel vollstreckbare Kaufvertragsurkunde eines Notars) ergeben kann.

Weiter vorausgesetzt wird eine Vollstreckungsklausel, mit der das Urteil bzw. die Urkunde versehen wird („vollstreckbare Urkunde"). Schließlich muss durch Zustellung dafür gesorgt werden, dass der Schuldner Kenntnis von der gegen ihn eingeleiteten Zwangsvollstreckung erhält.

Die Zwangsvollstreckung von Immobilienvermögen erfolgt durch Eintragung einer Zwangshypothek und der Anordnung der Zwangsversteigerung bzw. Zwangsverwaltung.

Wird die Zwangsversteigerung über ein Grundstück angeordnet, dann gilt die Anordnung als Beschlagnahme des Grundstücks zugunsten des Gläubigers. Dadurch wird das Recht des Gläubigers begründet, seine Forderung aus dem Grundstück zu befriedigen. Durch die Beschlagnahme wird nicht nur das Grundstück selbst erfasst, sondern auch alle wesentlichen und nicht wesentlichen Bestandteile, sowie das Zubehör.

Die Unterwerfung eines Grundstückserwerbers in die „sofortige Zwangsvollstreckung" in sein Vermögen bei Nichteinhaltung der Fristen für die Zahlung des Kaufpreises bzw. von Kaufpreisteilen bedeutet, dass der Vollstreckung keine gerichtliche Entscheidung vorausgehen muss. Die Zwangsvollstreckung könnte vom Verkäufer sofort nach Verstreichen des Tages, für den die Fälligkeit vereinbart wurde, eingeleitet werden.

Zweitwohnungssteuer
tax on a second home

Die Zweitwohnungssteuer wird von der Gemeinde erhoben. Zunächst wurde sie von Gemeinden in Fremdenverkehrsgebieten eingesetzt, zuerst von Überlingen 1973, mittlerweile ist sie auch in Gemeinden in Nicht-Fremdenverkehrsgebieten üblich (zum Beispiel Köln ab 1.1.2005, Berlin ab 19.12.1997).

Eine Zweitwohnung (auch: Nebenwohnung) im Sinne der Zweitwohnungssteuer-Satzungen ist eine Wohnung, die der Inhaber unterhält:

• neben seiner Hauptwohnung,

• zu Zwecken seines persönlichen Lebensbedarfs oder des persönlichen Lebensbedarfs seiner Familie.

Eine vorübergehende Nutzung der Wohnung zu anderen Zwecken (Vermietung an Dritte) schließt nicht aus, dass die Wohnung als Zweitwohnung gilt. Steuerpflichtig ist der Inhaber (also der tatsächliche Nutzer der Wohnung), unabhängig davon, ob er Eigentümer oder Mieter oder Nutzungsberechtigter seiner Zweitwohnung ist.

Bemessungsgrundlage ist die Nettokaltmiete der Wohnung. Die Kölner Zweitwohnungssteuer beträgt zum Beispiel zehn Prozent der Jahresnettokaltmiete. Bei eigengenutzten Wohnungen wird die Miete nach dem jeweils gültigen Mietspiegel der Stadt herangezogen.

Wenn mehrere Personen die Wohnung nutzen, wird der auf den einzelnen Bewohner entfallende Wohnungsanteil als Zweitwohnung gerechnet, es kommen entsprechende Anteile für Küche und andere gemeinsam genutzte Räume hinzu. Bei zwei Personen, von denen eine ihren Nebenwohnsitz an der Adresse hat, ist Bemessungsgrundlage also die halbe Nettokaltmiete.

Von der Besteuerung sind meist verschiedene Arten von Wohnungen ausgenommen. Zum Beispiel:
• Wohnungen in Pflegeeinrichtungen,
• Wohnungen, die unentgeltlich zu Therapie- oder sozialpädagogischen Zwecken zur Verfügung gestellt wurden,
• Wohnungen, die von Trägern der Jugendhilfe entgeltlich/unentgeltlich zur Verfügung gestellt wurden,
• Zufluchtswohnungen in Frauenhäusern,
• Räume zum Zwecke des Strafvollzugs.

(Nach: Satzung Köln; je nach Gemeinde unterschiedliche Regelungen möglich). Bei Studenten geht man davon aus, dass der Hauptwohnsitz am Wohn- und Studienort liegt. Ehemalige „Kinderzimmer" bei den Eltern im Heimatort sind meist von der Zweitwohnungssteuer ausgenommen. Nach einem Urteil des Bundesverfassungsgerichts ist jedoch nichts gegen die Erhebung der Zweitwohnungssteuer einzuwenden, wenn ein Student sein Zimmer am Studienort als Zweitwohnsitz anmeldet und seine Hauptwohnung am Wohnort seiner Eltern behält. Das Argument einer Ungleichbehandlung mit Studenten, die ihren Hauptwohnsitz am Studienort unterhalten, ließ das Gericht nicht gelten (Urteil vom 17.2.2010, Az. 1 BvR 529/09).

Der Wohnungsinhaber muss sich bereits beim Einzug Gedanken über den Status der Wohnung machen, da er sich gegebenenfalls mit dem Nebenwohnsitz in der betreffenden Gemeinde anmelden muss. Inhaber von Nebenwohnungen fallen unter die Zweitwohnungssteuer. Es handelt sich um eine Jahressteuer, die per Quartal fällig wird.

Das Bundesverfassungsgericht (Beschluss vom 11.10.2005, Az. 1 BvR 1232/00 und 1 BvR 2627/03) hat entschieden, dass die Erhebung einer Zweitwohnungssteuer für die beruflich genutzte Nebenwohnung eines verheirateten, nicht getrennt lebenden Berufstätigen unzulässig ist. Im verhandelten Fall ging es um einen Ehemann, der sich in Hannover eine Nebenwohnung gemietet hatte, um dort während der Woche seiner Arbeit nachzugehen. Frau und Kind wohnten weiter anderenorts in der Hauptwohnung.

Das Gericht befand, dass die Erhebung der Zweitwohnungssteuer hier gegen Art. 6 Abs.1 des Grundgesetzes (Schutz von Ehe und Familie) verstoße. Die entsprechende Satzung der Stadt Hannover sei in diesem Punkt nichtig. Die meisten gemeindlichen Satzungen sind inzwischen dementsprechend geändert worden. Soweit dies noch nicht geschehen ist, können Steuerpflichtige unter Hinweis auf das Urteil gegen einen Steuerbescheid Widerspruch einlegen.

Dies bezieht sich jedoch nicht auf beruflich genutzte Zweitwohnungen unverheirateter Personen. So wies das Bundesverfassungsgericht die Verfassungsbeschwerde eines Polizisten ab, den die Stadt München zur Zahlung der Zweitwohnungssteuer herangezogen hatte. Der Beamte war von seinem Dienstherrn dazu verpflichtet worden, am Ort seiner Dienststelle in München eine Wohnung zu beziehen. Zwar enthielt die städtische Satzung eine entsprechende Ausnahme für beruflich veranlasste Zweitwohnungen. Diese galt aber nur für verheiratete Personen. Der ledige Kläger wohnte jedoch an seinem Heimatort bei seiner Mutter und war dort mit dem Hauptwohnsitz gemeldet (Urteil vom 17.2.2010, Az. 1 BvR 2664/09).

Wird eine Zweitwohnung als reine Kapitalanlage ohne Möglichkeit der Eigennutzung ausschließlich an Fremde vermietet – etwa als Ferienwohnung – scheidet eine Besteuerung mit der Zweitwohnungssteuer aus. Dies hat das Bundesverwaltungsgericht mehrfach betont (Urteil vom 30.6.1999, Az. 8 C 6.98, Urteil vom 26.9.2001, Az. 9 C 1.01). Probleme entstehen jedoch bei einer Mischnutzung. Bei einer mit der beauftragten Vermittlerin vereinbarten Eigennutzungsmöglichkeit von vier Wochen pro Jahr ist nach dem Bundesverwaltungsgericht eine Erhebung der Zweitwohnungssteuer auf Basis der Jahreskaltmiete unverhältnismäßig (Urteil vom 30.6.1999, Az. 8 C 6. 98). Hat der Eigentümer dagegen eine rechtlich abgesicherte Eigennutzungsmöglichkeit von mindestens zwei Monaten, ist bereits eine Besteuerung auf Basis der Jahreskaltmiete zulässig (Urteil vom 26.9.2001,

Az. 9 C 1.01). Maßgeblich ist dabei die theoretische Nutzungsmöglichkeit und nicht die tatsächlich erfolgte Nutzung. Ob eine anteilige Nutzung besteuert wird, ist Sache der Gemeinde; dies kann satzungsmäßig bestimmt werden. Ein Nachweis gegenüber dem Finanzamt kann etwa durch Vorlage eines Vertrages mit einem Vermittlungsunternehmen stattfinden, in dem eine Eigennutzung durch den Eigentümer ausgeschlossen wird.

Nach einem Urteil des Bundesfinanzhofes vom 15.10.2002 (Az. IX R 58/01) ist die vom Inhaber einer Ferienwohnung gezahlte Zweitwohnungssteuer mit dem auf die Vermietung der Wohnung an wechselnde Feriengäste entfallenden zeitlichen Anteil als Werbungskosten bei den Einkünften aus Vermietung und Verpachtung abziehbar.

Zwischenfinanzierung (Zwischenkredit)

bridge financing; interim financing; intermediate financing (bridge/gap/interim loan)

Bestehen Ansprüche auf Auszahlung langfristiger Darlehen zur Endfinanzierung im Rahmen der Erstellung eines Gebäudes und sind die Auszahlungsbedingungen noch nicht erfüllt, da das Bauvorhaben zum Beispiel noch nicht fertig gestellt ist, kann die Zeit bis zur Auszahlungsreife durch Zwischenfinanzierung überbrückt werden. Der Auszahlungsanspruch gegen das Kreditinstitut, das die Endfinanzierung zur Verfügung stellt, wird dabei an das zwischenfinanzierende Kreditinstitut abgetreten.

Im Gegensatz zur Zwischenfinanzierung liegen bei einer Vorfinanzierung keine Zusagen eines Kreditinstituts für eine Endfinanzierung vor.

Zyklopenmauerwerk

cyclopean masonry

Zyklopenmauerwerk ist die Bezeichnung für eine Sonderform des Bruchsteinmauerwerks ohne durchgehende Lagerfugen. Die unregelmäßigen, polygonalen Sichtseiten der meist relativ großen, gebrochenen Natursteine ergeben ein netzartiges Fugenbild. Zyklopenmauerwerk wurde bereits in alten Hochkulturen, beispielsweise in der griechischen Antike, hergestellt. Der Name spielt auf die Zyklopen, riesenhafte Wesen der altgriechischen Sagenwelt, an.